KB160919

대규모기업집단 소유지분도

10년

2 0 1 2 - 2 0 2 1

3

대규모기업집단 소유지분도

10년

2 0 1 2 - 2 0 2 1

3

김동운 지음

지은이의 말

이 책은 '대규모기업집단 소유지분도 10년 역사' 안내서이다. '한국의 대규모기업집단·재벌 역사 기초자료 구축 프로젝트'의 세 번째 결과물이다. 이전의 관련 두 저서는 다음과 같다: <한국의 대규모기업집단 30년, 1987-2016> (1·2권, 2019년 2월); <한국재벌과 지주회사체제 20년, 2000-2019> (2020년 6월).

분석 대상은 2012년부터 2021년까지 10년 동안 작성된 97개 대규모기업집단의 625개 소유지분도이다. 83개 사기업집단 지분도가 568개, 14개 공기업집단 지분도가 57개이다. 사기업집단은 2012-2021년의 10년 기간에, 공기업집단은 2012-2016년의 5년 기간에 관련되어 있다. 10년 내내 작성된 42개 사기업집단 지분도가 420개, 나머지 55개 사기업·공기업집단 지분도가 205개이다.

10년 개근한 집단 중에는, 5대 재벌인 삼성, 현대자동차, SK, LG 및 롯데가 있고, 2020년 즈음에 집단 이름이 영어로 변경된 DB, DL 및 HDC가 있으며, 동일인이 법인이면서 상위 순위를 유지한 POSCO, 농협 및 KT 그리고 동일인이 외국계 법인인 S-Oil과 한국GM도 있다. 또, 4-6년 동안 관련된 집단에는 IT재벌인 카카오, 네이버, 넥슨 및 넷마블이 포함되어 있으며, 공기업집단 1·2위인 한국전력공사와 한국토지주택공사도 포함되어 있다.

대규모기업집단의 소유지분도(所有持分圖)는 '기업집단 소속 계열회사들의 소유관계를 갖가지 색깔의 그림으로 설명한 도해(圖解)'이다. 소유하고 소유되는 관계는 화살표로 연결되어 있고, 여기에 소유의 크기를 나타내는 지분율이 표시되어 있다. 1개 집단의 1개 연도 소유 현황이 1개 쪽에 '멋진 그림'으로 일목요연하게 정돈되어 있어 한눈에 쏙 들어온다.

기업집단은 계열회사(系列會社)로 불리는 기업들의 모임이며, 이들을 동일 계열로 묶는 핵심 요소가 소유관계이다. 소유의 정점에는 계열회사들을 실질적으로 지배하는 주체인 동일인(同一人)이 자리 잡고 있는데, 대부분은 자연인 즉 개인이고 일부는 법인이다. 자연인인 동일인은 흔히 오너(owner) 또는 총수로 불리며, 오너가 지배하는 기업집단이 다름 아닌 재벌(財閥)이다. 따라서 동일인을 중심으로 전개되는 특유의 '소유방정식'을 정확하게 파악하는 것은 기업집단·재벌을 제대로 이해하기 위한 필수요건이며, 이 과정에서 지도, 등대 또는 나침반의 역할을 하는 것이 바로 소유지분도이다.

대규모기업집단은 기업집단 중 규모가 큰 집단이다. 한국경제의 중심축을 담당해 오고 있는 주역이며, 그 비중과 영향력이 매우 큰 점 때문에 1987년 대규모기업집단지정제도가 도입되어 공정거래위원회가 이들 집단을 특별히 관리해 오고 있다. 관리 사항 중 중요한 위치를 차지하는 것이 '소유 현황'이다. 소유지배는 경영지배 및 사업지배로 이어져 집단의 운명을 좌우할 수 있기 때문이다. 2004년부터는 보다 다양한 소유구조 정보가 공개되었으며, 이의 연장선상에서 2012년 처음으로 소유지분도가 등장하였다. 이후 2021년까지 10년 동안 매년 지정 집단 수만큼인 57-71개씩, 총 625개의 지분도가 작성되었다.

이 책에서는 연도별·집단별로 작성된 97개 집단의 625개 소유지분도를 집단별·연도별로 재구성하고 분석하면서 '안내 설명'을 덧붙였다. 집단별로 지분도가 시간의 흐름에 따라 어떻게 변해 왔는지 그리고 집단 간에 지분도가 어떤 공통점·차이점을 보이는지를 일목요연하게 파악함으로써 '대규모기업집단 소유지배구조'의 심층적인 연구를 위한 유용한 참고자료가 될 수 있도록 구성하였다. 1권에는 연구의 전반적인 내용과 지분도에 나타난 소유구조의 주요 특징을 정리하였으며, 2·3권에는 625개 지분도 그림 및 안내 설명을 수록하였다.

미진한 부분들을 뒤로 하고 원고를 마무리하고 보니 두려움이 앞선다. 따끔한 지적 그리고 따뜻한 격려를 부탁드린다. 이 종이책에는 아쉽게도 소유지분도가 흑백으로 인쇄되어 있는데, 전자책을 통해 원고에 담은 천연색 지분도가 독자들에게 전달될 수 있기를 기대해 본다. 천연색 원본 지분도는 기업집단포털(www.egroup.go.kr)에서 이용 가능하다. 꼼꼼하고 정성스럽게 책을 만들어 주신 출판사 여러분들께 진심으로 감사드린다.

2022년 5월 10일 화요일

20대 대통령 취임식 날

김 동 운

차례

표 차례

제1장

대규모기업집단과 소유지분도: 개관

1. 대규모기업집단과 소유지분도

'백문(百聞)이 불여일견(不如一見)', 'A picture is worth a thousand words'. 두 속담을 직역(直譯)하면 이렇다: 백 번 듣는 것은 한 번 보는 것과 같지 않다, 한 개 그림은 천 개 단어의 가치가 있다. 의미를 풀어보면 다음과 같다: 말로만 듣고 글로만 읽는 것보다는, 말과 글의 내용이 관련된 상황을 몸소 체험하거나 내용의 핵심이 담긴 시각화(視覺化)된 자료를 볼 때, 내용이 보다 잘 와닿을 수 있다.

대규모기업집단의 소유지분도(所有持分圖)는 이들 속담 특히 두 번째 속담에 딱 들어맞는 '멋진 그림'이다. 기업집단을 구성하는 회사들의 소유관계를 갖가지 색깔의 그림으로 설명한 도해(圖解)이다. 소유하고 소유되는 관계는 화살표로 연결되어 있고, 여기에 지분 즉 소유의 크기를 나타내는 비율이 표시되어 있다. 1개 집단의 1개 연도 소유 현황이 1개 쪽에 일목요연(一目瞭然)하게 정돈되어 있어 한눈에 쏙 들어온다.

기업집단은 계열회사(系列會社)로 불리는 기업들의 모임이며, 이들을 동일 계열로 묶는 핵심 요소가 '소유관계'이다. 소유의 정점에는 계열회사들을 실질적으로 지배하는 주체인 동일인(同一人)이 자리 잡고 있는데, 대부분은 자연인(自然人; 개인)이고 일부는 법인(法人; 회사 또는 단체)이다. 자연인인 동일인은 흔히 오너(owner; 소유자) 또는 총수(總帥)라고 불리며, 오너가 지배하는 기업집단은 재벌(財閥)로 불린다. 따라서 동일인을 중심으로 전개되는 특유의 '소유방정식'을 정확하게 파악하는 것은 기업집단을 제대로 이해하기 위한 필수 요건이며, 이 과정에서 지도, 등대 또는 나침반의 역할을 하는 것이 바로 소유지분도이다.

대규모기업집단(2017년 9월 이후의 '공시대상기업집단')은 기업집단 중 규모가 큰 집단이다. 한국경제의 중심축을 담당해 오고 있는 주역이며, 그 비중과 영향력이 매우 큰 점 때문에 1987년 대규모기업집단지정제도가 도입되어 공정거래위원회가 이들 집단을 특별히 관리해 오고 있다. 자산총액을 기준으로 2021년까지 35년 동안 매년 상위 30-79개씩의 집단이 지정되었으며, 2002-2016년의 15년 동안에는 사기업집단과 공기업집단이 함께, 나머지 20년 동안에는 사기업집단만 지정되었다 (<표 1.1>).

대규모기업집단에 대한 특별 관리 사항 중 중요한 위치를 차지하는 것이 '소유 현황'이다. 소유지배는 경영지배 및 사업지배로 이어져 집단의 운명을 좌우할 수 있기 때문이다. 2004년부터는 보다 상세한 소유지분구조 정보가 공개되었다.

1) 2003년까지는 회사별로 동일인 및 동일인 관련자(친인척, 임원, 비영리법인, 계열회사) 지분 공개; 2004년에는 ① 친인척을 4개 유형(배우자 및 혈족 1촌, 혈족 2-4촌, 혈족 5-8촌, 인척 4촌 이내)으로 세분화하여 지분 공개, ② 회사 간 출자관계를 매트릭스(출자회사와 피출자회사의 조합으로 된 행렬) 형태로 공개. 2) 투자자 및 이해관계자들에게 소유구조 정보를 투명하게 제공하여 시장참여자의 올바른 판단을 유도함으로써 시장 감시 기능을 강화하는 것이 목적.

이후 2011년까지 8년 동안 다양한 소유 현황 정보들이 발표되었으며, 그 연장선상에서 2012년에 처음으로 '소유지분도'가 등장하였다.

1) 소유지분도 개념: '기업집단 소속 동일인 및 계열회사 간 출자 현황(지분율)을 요약·정리한 도표'. 2) 출자관계 매트릭스는 내용이 방대하여 다소 이해하기 어려웠으며 가독성·활용성을 높이기 위해 출자관계를 한 장의 그림에 일목요연하게 정리한 지분도 작성. 3) 다음 4종류 포함 주요 사항 표기 - ① 동일인 및 계열회사 간 소유지분율(보통주·우선주 포함), ② 동일인 2세 보유 계열회사 주식, ③ 지주회사체제 소속 계열회사, ④ 상장(上場). 4) 주주·채권자 등 시장참여자들이 복잡한 소유지배구조를 일목요연하게 파악할 수 있으며, 이는 대기업집단 스스로 소유구조를 개선하도록 하는 시장압력으로 작용할 것으로 기대.

2012년부터 2021년까지 10년 동안 작성된 대규모기업집단 소유지분도는 총 625개, 관련 집단은 97개이다 (<표 1.1>).

첫째, 매년 작성된 소유지분도는 지정된 집단 수만큼인 57-71개씩이며, 총 625개이다. 사기업집단 지분도는 50-71개씩 568개, 공기업집단 지분도는 10-13개씩 57개이다. 사기업집단은 2012-2021년의 10년 동안, 공기업집단은 2012-2016년의 5년 동안 관련되어 있다.

〈표 1.1〉 대규모기업집단과 소유지분도, 2012-2021년

(1) 대규모기업집단, 1987-2021년 (개)

연도	사기업집단	공기업집단	합	연도	사기업집단	공기업집단	합
1987	32		32	2005	48	7	55
1988	40		40	2006	52	7	59
1989	43		43	2007	55	7	62
1990	53		53	2008	68	11	79
1991	61		61	2009	40	8	48
1992	78		78	2010	45	8	53
1993	30		30	2011	47	8	55
1994	30		30	2012	52	11	63
1995	30		30	2013	52	10	62
1996	30		30	2014	50	13	63
1997	30		30	2015	50	11	61
1998	30		30	2016	53	12	65
1999	30		30	2017	57		57
2000	30		30	2018	60		60
2001	30		30	2019	59		59
2002	34	9	43	2020	64		64
2003	42	7	49	2021	71		71
2004	45	6	51				

(2) 소유지분도 작성 집단, 2012-2021년: 97개 집단, 625개 지분도 (개)

'연도'별 집단 · 지분도 수			
연도	사기업 집단 (a)	공기업 집단 (b)	집단 · 지분도 수 (a+b)
2012	52	11	63
2013	52	10	62
2014	50	13	63
2015	50	11	61
2016	53	12	65
2017	57		57
2018	60		60
2019	59		59
2020	64		64
2021	71		71
지분도 총수	568	57	625
집단 총수	-	-	-

'지분도 연도 수'별 집단 · 지분도 수				
지분도 연도 수	a	b	집단 수 (a+b)	지분도 수
10	42		42	420
9	1		1	9
8	2		2	16
7	2		2	14
6	5		5	30
5	7	9	16	80
4	3	1	4	16
3	2	2	4	12
2	7		7	14
1	12	2	14	14
지분도 총수	-	-	-	625
집단 총수	83	14	97	-

(3) 97개 집단 이름

83개 사기업 집단	42개 집단 (10개 지분도 작성)	교보생명보험, 금호아시아나, 농협*, 대우건설*, 대우조선해양*, 동국제강, 두산, DB, DL, 롯데, 미래에셋, 부영, 삼성, 세아, CJ, 신세계, S-Oil*, SK, HDC, LS, LG, 영풍, OCI, 이랜드, GS, KCC, KT*, KT&G*, 코오롱, 태광, 태영, POSCO*, 하이트진로, 한국GM*, 한국타이어, 한라, 한진, 한화, 현대백화점, 현대자동차, 현대중공업, 효성
	41개 집단 (9-1개 지분도 작성)	금호석유화학, 네이버, 넥슨, 넷마블, 다우키움, 대방건설, 대성, 대한전선, 동양, 동원, 메리츠금융, 반도홀딩스, 삼양, 삼천리, 셀트리온, 아모레퍼시픽, IS지주, IMM인베스트먼트, 애경, SM, STX, HMM*, MDM, 웅진, 유진, 장금상선, 중앙, 중흥건설, 카카오, KG, 코닝정밀소재*, 쿠팡*, 하림, 한국투자금융, 한국항공우주산업*, 한솔, 한진중공업, 현대, 현대해상화재보험, 호반건설, 홈플러스*
14개 공기업 집단	(5-1개 지분도 작성)	부산항만공사, 서울메트로, 서울특별시도시철도공사, SH공사, 인천국제공항공사, 인천도시공사, 한국가스공사, 한국도로공사, 한국석유공사, 한국수자원공사, 한국전력공사, 한국지역난방공사, 한국철도공사, 한국토지주택공사

주: 1) 집단 지정: 1987-2016년 4월, 2017년 5월 또는 9월, 2018-2021년 5월.
2) 동일인: [자연인] 70개 사기업집단, [법인] 27개 집단 (13개 사기업집단(*) + 14개 공기업집단).

둘째, 관련 집단은 매년 57-71개씩이며, 총 97개이다. 사기업집단은 10년 동안 50-71개씩 83개, 공기업집단은 5년 동안 10-13개씩 14개이다. 즉, 568개 사기업집단 지분도는 83개 집단의 지분도이며, 57개 공기업집단 지분도는 14개 집단의 지분도이다.

셋째, 각 집단별 소유지분도 수는 10개에서 1개 사이이다. 10년 동안 관련된 사기업집단의 지분도 수는 10-1개, 5년 동안 관련된 공기업집단의 지분도 수는 5-1개이다.

10개 지분도가 작성된 사기업집단은 42개, 지분도 총수는 420개이다. 집단 수 '42개'는 전체 사기업집단 83개 중에서는 절반 이상(51%)이고 전체 사기업·공기업집단 97개 중에서는 2/5 이상(43%)이다. 또, 지분도 수 '420개'는 전체 사기업집단 지분도 568개 중에서는 3/4가량(74%)이고 전체 사기업·공기업집단 지분도 625개 중에서는 2/3 이상(67%)이다.

9-1개 지분도 작성 집단은 각각 1-12개씩이다. 사기업집단 1-12개씩, 공기업집단 1-9개씩이다. 사기업집단 중에서는 1개 지분도 작성 집단이 12개로 가장 많고 그다음이 5개 및 2개 지분도 작성 집단(각각 7개씩), 6개 지분도 작성 집단(5개) 순이다. 공기업집단 중에서는 가장 많은 5개 지분도 작성 집단이 9개이며, 전체 14개 중 2/3가량(64%)을 차지하고 있다.

2. 연구의 범위

2.1 연구의 목적 및 범위

본 연구의 목적은 '한국의 대규모기업집단 소유지분도 10년 역사의 기초자료'를 구축하는 것이다. 연도별·집단별로 공정거래위원회가 작성한 지분도를 집단별·연도별로 재구성하고 '안내 설명'을 덧붙였다. 집단별로 지분도가 시간의 흐름에 따라 어떻게 변해 왔는지 그리고 집단 간에 지분도가 어떤 공통점·차이점을 보이는지를 일목요연하게 파악함으로써 '대규모기업집단 소유지배구조'의 심층적인 연구를 위한 유용한 참고자료가 될 수 있도록 구성하였다.

분석 대상은 2012-2021년의 10년 동안 97개 대규모기업집단과 관련하여 작성된 625개 소유지분도이다. 83개 사기업집단 지분도가 568개, 14개 공기업집단 지분도가 57개이며, 집단별 지분도는 각각 10-1개씩이다.

'소유지분도에 대한 안내'가 주목적이며, 그런 만큼 지분도 정보를 기준으로 분석을 진행하였으며 추가적인 소유구조 자료를 별도로 분석하지는 않았다. 1개 쪽의 지분도에는 다양한 정보가 압축적으로 제시되어져 있는데, 경우에 따라서는 이를 온전하게 파악하는 것이 쉽지만은 않다. 특히, 집단의 계열회사 수가 많고 1개 회사가 지분을 보유하는 다른 회사의 수가 여러 개이며 회사들 간에 순환출자가 형성되어 있는 경우에는 소유구조를 파악하는 것이 더더욱 어려워진다. 따라서 분석 내용에는 잠정적인 내용이 일부 포함되어 있으며 다소의 오류 또한 있을 수 있을 것으로 생각된다.

집단 관련 일반적인 사항에 대해서는 대규모기업집단 지정 등의 공정거래위원회 자료 그리고 사업보고서·감사보고서 등의 금융감독원 전자공시시스템 자료를 주로 활용하였다.

2.2 소유지분도에 담긴 정보

'1개 집단의 1개 연도 소유 현황을 압축적으로 나타내는 1쪽 소유지분도'에 담긴 정보는 '그림에 표시된 정보'와 '그림 밖 여백에 표시된 정보'로 구분된다. 연도별 그리고 집단별로 정보의 내용과 글·그림 표시 방식에 적지 않은 차이가 있다 (<표 1.2>).

〈표 1.2〉 소유지분도에 담긴 정보

구분	항목	내용
그림에 표시된 정보	집단	1) 순위, 2) 이름
	소유관계	1) 동일인 이름, 2) 계열회사 이름, 3) 화살표 (소유관계), 4) 숫자 (지분율), 5) 기타
그림 밖 여백에 표시된 정보	범례(凡例)	1) 음영은 지주회사 등, 2) ★은 상장회사, 3) 기준 연월일, 4) 발행주식총수 기준, 5) 단위: %, 6) 기타
	주식 소유 현황	동일인 및 특수관계인의 계열회사에 대한 보유 지분
	주주 현황	계열회사 주주 및 보유 지분

2.2.1 그림에 표시된 정보

(1) [집단]

1) 순위: 2012-2016년에는 사기업집단과 공기업집단이 함께 지정되었으며, 순위는 이들 집단 전체 중에서의 순위; 이 책에서는 사기업집단과 공기업집단을 분리하여 각 집단 중에서의 순위를 표시함.

2) 이름: 거의 대부분 한글로 표기; 이 책에서는 일부 한글 이름을 영어로 표기함.

(2) [소유관계]

1) 동일인 이름: 자연인은 타원형으로, 법인은 사각형 또는 타원형으로 표시; 거의 대부분 맨 위쪽에 위치; 한글로 표기된 법인 이름 중 일부를 이 책에서는 영어로 표기함.

2) 계열회사 이름: 거의 대부분 한글로 표기, 사각형으로 표시, 상장회사인 경우 별표(★) 표시; 이 책에서는 일부 한글 이름을 영어로 표기함.

3) 화살표: 소유관계를 나타내는 기호; 동일인과 회사 사이 또는 회사와 회사 사이에 표시; 시작 부분에 소유하는 주체 위치, 끝 부분에 소유되는 대상 위치; 시작 부분에는 동일인 또는 1개 회사가 관련되고 끝 부분에는 1개 또는 2개 이상 회사가 관련됨.

4) 숫자: 동일인 또는 소유 회사가 다른 회사에 대해 보유하는 지분율 (%); 거의 대부분 소수점 한자리까지 표시, 주로 화살표 끝 부분에 위치.

5) 기타: 일부 집단의 일부 연도에는 추가 정보 포함; (KT) 회사 이름 밑 괄호에 자기주식 비율, (한국항공우주산업) 주식 수.

2.2.2 그림 밖 여백에 표시된 정보

(1) [범례(凡例)] 그림 관련 참고 사항, 괄호에 표시; 연도별·집단별로 항목 수와 표기 방식에 다소 차이가 있음, 2021년 현재 5개 항목.

1) '음영은 지주회사 등': 공정거래법상 지주회사 및 관련 계열회사는 사각형에 색깔을 넣어 음영 처리됨; 다른 표기 5종류 (음영은 지주회사체제; 음영은 지주회사 및 자회사, 손자회사; 음영은 지주회사 체제 내 회사; 음영은 지주사 체제 내의 계열회사; 음영: 지주회사 체제 계열사).

2) '★은 상장회사': 다른 표기 1종류 (★은 상장법인).

3) '기준 연월일(年月日)': 지분도 작성 기준 연월일; 2012-2016년 4월, 2017년 5월 또는 9월, 2018-2021년 5월.

4) '발행주식총수 기준': 지분율(%) 계산할 때 보통주와 우선주 합계를 기준; 다른 표기 6종류 (우선주 포함, 보통주+우선주 기준, 총발행주식수 기준, 총주식수 기준, 발행주식수 기준, 전체주식수 기준); (한화) 일부 연도에 '지분율 보통주 기준' 표시.

5) '단위: %'; {(동일인 또는 회사가 보유하는 다른 회사 주식 수) ÷ (다른 회사 발행주식총수)} x 100; 다른 표기 2종류 (지분율(%), 주식소유율(%)).

6) 기타: 일부 집단의 일부 연도에는 추가 정보 포함, 괄호 또는 여백에 표시.

- (네이버) 연두색 음영은 해외계열사.

- (농협) ♣ 사모투자전문회사.

- (롯데) ◎ 금융보험사.

- (CJ) ( )는 자기주식.

- (IMM인베스트먼트) 약어 (유) 유한회사, (주) 주식회사, (사) 사모투자합자회사; 빨간색 테두리: 자본시장법상 경영참여형 사모투자집합기구 (PEF), 노란색 테두리: 자본시장법상 투자목적회사 (SPC), 점선 테두리: 벤처투자촉진법상 벤처투자조합 (계열회사 아님).

- (태영) 회색 음영은 지주/자/손자회사, 회색 음영은 지주/자/손/증손회사; 회사명 주황음영: 우선주 보유, 회사명 초록음영: 우선주 보유.

- (한국항공우주산업) 파란 글씨: 주식 수(주).
- (효성) ◎ 금융보험사.

(2) [주식 소유 현황] 동일인 및 특수관계인(2세, 친족, 비영리법인·단체, 계열회사, 임원)의 계열회사에 대한 보유 지분; 박스 안에 주주 이름, 계열회사 이름, 지분율 등 표시; 다른 표기 1종류 (지분 현황).

(3) [주주 현황] 주요 계열회사의 주주 및 보유 지분; 박스 안에 주주 이름, 지분율 등 표시; 다른 표기 1종류 (주주).

2.3 분석 내용

책의 2·3권에 수록된 소유지분도 분석 내용은 '지분도 안내 설명'과 '지분도 그림'의 두 부분으로 구성되어 있으며, 안내 설명에는 '요약표'(2종류)와 '지분도 관련 주요 특징'(3개 항목)이 포함되어 있다. 개별 집단별로, 안내 설명 2-5쪽씩, 지분도 그림 1-10쪽씩, 합 3-15쪽씩이다. 97개 집단 전체로는, 안내 설명 285쪽, 지분도 그림 625쪽, 합 910쪽이다 (<표 1.3>).

책의 1권에서는 연구의 전반적인 내용 그리고 소유지분도에 나타난 97개 집단 소유구조의 주요 특징을 정리하였다.

2.3.1 요약표

(1) [요약표 1] 집단의 연도별 주요 지표 5-6종류.

1) 소유지분도 작성 연도인 '2012-2021년'에는 6개 지표 (동일인, 순위, 계열회사, 자산총액, 매출액, 당기순이익), 지분도 작성 이전 연도인 '1987-2011년'에는 동일인 제외 5개 지표; 집단 순위는 사기업집단 및 공기업집단 각각의 순위.

2) 집단 지정 기준 시점: 1987-2016년 4월, 2017년 5월 또는 9월, 2018-2021년 5월.

(2) [요약표 2] 소유구조; 관련 3개 사항 (주요 주주, 주요 지배 회사, 주요 계열회사).

〈표 1.3〉 소유지분도 분석 내용

<table>
<tr><td rowspan="3">요약표</td><td rowspan="2">요약표 1</td><td colspan="2">* 집단 지정 기준: 1987-2016년 4월, 2017년 5월 또는 9월,
2018-2021년 5월
* 집단 순위: 사기업집단, 공기업집단 각각의 순위</td></tr>
<tr><td colspan="2">집단의 연도별 주요 지표:
지분도 이전 (1987-2011년): 순위, 계열회사, 자산총액, 매출액,
당기순이익
지분도 기간 (2012-2021년): 동일인, 순위, 계열회사, 자산총액,
매출액, 당기순이익</td></tr>
<tr><td>요약표 2</td><td colspan="2">소유구조: 주요 주주, 주요 지배 회사, 주요 계열회사</td></tr>
<tr><td rowspan="6">소유지분도
관련
주요 특징</td><td>그룹</td><td colspan="2">대규모기업집단 지정 연도, 연도 수, 그룹 이름</td></tr>
<tr><td rowspan="4">소유지분도:
개관</td><td colspan="2">1) 소유지분도 작성 연도, 연도 수</td></tr>
<tr><td colspan="2">2) 그룹 주요 지표: 6개 지표 종합 (동일인, 순위, 계열회사,
자산총액, 매출액, 당기순이익)</td></tr>
<tr><td colspan="2">3) 소유구조:
◆ 소유구조 요약 ◆
① 주요 주주 : 명 수, 이름, 지분
② 주요 지배 회사: 개수, 이름, 기타
③ 계열회사 : 유형, 주요 회사 (개수, 이름, 계열회사2)</td></tr>
<tr><td colspan="2">4) 회사의 변동 사항</td></tr>
<tr><td>소유지분도:
연도별</td><td colspan="2">연도별 요약: (연도별 요약 합)
지분도 작성 연월, 집단 순위, 동일인, 계열회사
소유구조: 주요 주주 및 지분 →
주요 지배 회사 → 주요 계열회사</td></tr>
<tr><td rowspan="5">연도별
소유지분도</td><td rowspan="2">연도별 요약</td><td colspan="2">* 지분도 작성 기준: 2012-2016년 4월, 2017년 5월 또는 9월,
2018-2021년 5월</td></tr>
<tr><td colspan="2">개별 연도 요약: 지분도 작성 연월, 집단 순위, 동일인, 계열회사
소유구조: 주요 주주 및 지분 →
주요 지배 회사 → 주요 계열회사</td></tr>
<tr><td rowspan="3">지분도 그림</td><td>합</td><td>[625개] 97개 집단</td></tr>
<tr><td>책 2권 수록</td><td>[326개] 49개 사기업집단 (ㄱ - ㅇ)</td></tr>
<tr><td>책 3권 수록</td><td>[242개] 34개 사기업집단 (ㅈ - ㅎ)
[57개] 14개 공기업집단 (ㅂ - ㅎ)</td></tr>
</table>

2.3.2 소유지분도 관련 주요 특징

(1) [그룹]

1) 집단 관련 3개 기본사항: 대규모기업집단 지정 연도, 연도 수, 그룹 이름 (변경된 경우; 이름 및 관련 연도).

2) 그룹 이름: 공정거래위원회 자료에는 몇몇 경우만 제외하고 한글로 표기되어 있으며, 한글 이름 중 일부를 영어로 표기함; 영어 표기는 일반적으로 사용되는 경우이거나 영어로 표기하는 것이 보다 자연스럽다고 판단되는 경우임; 공정거래위원회 자료에서와는 달리, 집단 이름 뒤에 일반적으로 사용되는 '그룹'이라는 용어를 붙임.

(2) [소유지분도: 개관]

1) 소유지분도 작성 연도, 연도 수.

2) 그룹 주요 지표: 소유지분도 작성 연도 관련 6개 지표 종합

(동일인, 순위, 계열회사, 자산총액, 매출액, 당기순이익).

3) 소유구조

◆ 소유구조 요약 ◆ (3개 사항: 주요 주주, 주요 지배 회사, 계열회사)

① 【주요 주주】 '주요 지배 회사'를 소유하는 주주; 관련 3개 사항 (명 수, 이름, 지분).

‖명 수‖ 소유지분도 연도에 관련된 전체 주주 수이며, 1명 또는 2명 이상임; 2명 이상인 경우 매년 몇 명씩 관련되어 있는지 표시; 동일인이 민간단체인 농협의 경우에는 주주 '개수' 표시; 농협 외에 동일인이 법인인 집단의 경우 '주요 주주'는 없음.

‖이름‖ 주주의 이름 및 신분 (동일인 여부, 동일인과의 친족 관계); 동일인 신분이 계승되어 2명인 경우, 이름, 친족 관계 및 관련 연도.

‖지분‖ 주주 보유 지분; 주주가 2명 이상인 경우 주주별 지분 및 관련 연도.

② 【주요 지배 회사】 집단 계열회사 중 대다수 또는 가장 많은 수를 소유지배하는 상위의 계열회사; 관련 3개 사항 (개수, 이름, 기타).

‖개수‖ 소유지분도 연도에 관련된 전체 회사 수이며, 1개 또는 2개 이상임; 2개 이상인 경우 매년 몇 개 회사가 관련되어 있는지 표시; 동일인이 법인인 경우, 농협을 제외하고, '동일인 = 주요 지배 회사'임.

‖이름‖ 회사 이름, 상장(上場) 여부; 회사가 2개 이상인 경우 회사별 관련 연도.

‖기타‖ 일부 집단에서는 주요 주주의 친족 등이 소유지배하는 주요 계열회사가 있으며, 이를 '제2의 주요 지배 회사'로 간주하고 관련 2개 사항(개수, 이름)을 별도로 표시.

③ 【계열회사】 관련 2개 사항 (유형, 주요 회사 (개수, 이름, 계열회사2)).

‖유형‖ '주요 지배 회사'가 소유지배하는 하위의 계열회사들을 3가지 유형으로 분류함 (ⓐ 자회사, ⓑ 자회사 → 손자회사, ⓒ 자회사 → 손자회사 → 증손회사); 관련 유형은 1개 또는 2개 이상이며, 2개 이상인 경우 관련 연도 표시; 여기서의 자회사·손자회사·증손회사는 공정거래법 기준에 따른 엄밀한 구분이 아니며 출자·피출자 여부 및 정도를 기준으로 한 편의상의 구분임, 증손회사의 하위 계열회사는 제외함.

‖주요 회사‖ '주요 계열회사'를 가리키며, 다음 2가지를 기준으로 임의로 선정함 - ⓐ 상대적으로 보다 빈번하게 다른 계열회사들의 지분을 보유하는 회사, ⓑ 보유 지분이 없는 경우 주요 상장회사 또는 비상장회사; 대부분 주요 계열회사는 자회사임; 관련 3개 사항 (개수, 이름, 계열회사2).

- '개수': 소유지분도 연도에 관련된 전체 회사 수이며 1개 또는 2개 이상임; 2개 이상인 경우 매년 몇 개 회사가 관련되어 있는지 표시.

- '이름': 회사 이름, 상장 여부.

- '계열회사2': 일부 집단에서는 주요 주주의 친족이 소유지배하는 주요 계열회사가 있으며, 이를 '제2의 주요 계열회사'로 간주하고 관련 2개 사항(개수, 이름)을 별도로 표시.

4) 회사의 변동 사항: 주요 지배 회사 및 계열회사의 상호 변경 등.

(3) [소유지분도: 연도별]

연도별 요약: 연도별 요약 내용을 한 곳에 모음.

지분도 작성 연월, 집단 관련 3개 기본사항 (순위, 동일인, 계열회사; 계열회사의 경우, 공정거래위원회 대규모집단 지정 자료 기준이며 지분도의 회사 수와 다를 수 있음).

소유구조: 주요 주주 및 지분 → 주요 지배 회사 → 주요 계열회사.

2.3.3 연도별 소유지분도

(1) [연도별 요약]

개별 연도 요약.

지분도 작성 연월, 집단 관련 3개 기본사항 (순위, 동일인, 계열회사; 계열회사의 경우, 공정거래위원회 대규모집단 지정 자료 기준이며 지분도의 회사 수와 다를 수 있음).

소유구조: 주요 주주 및 지분 → 주요 지배 회사 → 주요 계열회사.

(2) [지분도 그림]

1) 매년 공개된 공정거래위원회 작성 소유지분도를 활용함; 2012-2020년 지분도는 천연색 원본을 복사 가능한 상태로 가공한 후 선택적으로 복사하여 천연색 상태로 원고 지면에 배치함, 2021년 지분도는 가공이 가능하지 않아 흑백으로 프린트한 후 스캔하여 활용함; 가공·변형된 지분도는 종이책에는 모두 흑백으로 인쇄되어 있음, 그림의 선명도는 원본 지분도에 비해 떨어지며 경우에 따라서는 그림의 내용을 파악하는 과정에서 다소의 혼선이 생길 수도 있음; 원고의 천연색 지분도가 포함된 전자책이 출판된다면 선명도 문제는 상당 부분 해소될 수 있을 것으로 생각됨; 천연색 원본 지분도는 해당 연도 공정거래위원회(www.ftc.go.kr) 자료 또는 기업집단포털(www.egroup.go.kr)에서 이용 가능함.

2) 지분도 작성 기준 시점: 2012-2016년 4월, 2017년 5월 또는 9월, 2018-2021년 5월(대규모집단 지정 시점과 동일).

3) 지분도는 총 625개, 관련 집단은 97개이며, 책의 2권과 3권에 나누어 수록함: [2권] 326개 지분도 (49개 사기업집단); [3권] 242개 지분도 (34개 사기업집단), 57개 지분도 (14개 공기업집단).

3. 대규모기업집단의 소유구조

3.1 개관

97개 집단의 소유구조는 '주요 주주의 신분 및 구성'을 기준으로 7개 유형으로 분류할 수 있다. 소유지분도의 정보만으로는 집단별·연도별로 소유구조를 파악하기가 쉽지 않은 경우가 적지 않고 1개 집단 내에서는 시기에 따라 소유구조가 변하는 경우가 있지만, 1개 집단의 소유구조는 1개 유형에 속하는 것으로 최대한 판단하였다 (<표 1.4>).

소유구조 7유형 중 5개 유형(I-V)은 동일인이 자연인인 70개 사기업집단과 관련이 있고 1개 유형(VI)은 동일인이 법인인 1개 사기업집단과 관련이 있으며, 이들 6개 유형에서는 '주요 주주'가 '주요 지배 회사'를 소유지배하고 있다. 나머지 1개 유형(VII)의 경우, 동일인이 법인인 26개 집단(12개 사기업집단, 14개 공기업집단)과 관련이 있는데, 동일인인 사기업·공기업이 '주요 지배 회사'이며 동일인을 소유지배하는 '주요 주주'는 알려져 있지 않아 '주요 주주 = 기타'로 분류하였다.

I-V의 5개 유형 중, 2개 유형(I, II)에서는 주요 주주에 동일인 1명이 관련되어 있고, 2개 유형(III, IV)에서는 동일인 2명이 관련되어 있으며, 1개 유형(V)에서는 동일인이 관련되어 있지 않다. '동일인 2명'은 동일인이 변경된 경우이며, 따라서 '유형I과 유형III' 그리고 '유형II와 유형IV'는 각각 유사하거나 동일한 유형으로 볼 수 있다. 97개 집단의 소유구조 중에서는 주요 주주에 동일인이 1명 관련된 2개 유형(I, II) 그리고 주요 주주가 '기타'로 분류된 1개 유형(VII)이 1/3가량씩(26-32개) 차지하고 있다.

각 유형의 소유구조는 다시 '단일소유구조'와 '복합소유구조'로 분류할 수 있다.

1) [단일소유구조] 주요 주주가 주요 지배 회사를 통해 집단 계열회사의 대부분을 소유지배하는 경우이며, '주요 주주 → 주요 지배 회사 → 계열회사'의 구조이다. 주요 주주가 없는 경우에는 '주요 지배 회사 → 계열회사'의 구조를 갖는다.

2) [복합소유구조] 주요 주주가 주요 지배 회사를 통해 대다수의 계열회사를 소유지배하는 가운데 동일인 또는 친족이 계열회사의 일부를 별개로 소유지배하는 경우이며, {(주요 주주 → 주요 지배 회사 → 계열회사) + (동일인 또는 친족 → 계열회사)}의 구조이다.

〈표 1.4〉 소유구조: 7유형 및 단일 · 복합소유구조

(1) 소유구조: 7유형 및 단일 · 복합소유구조 (집단 수, 개)

유형		주요 주주	단일 소유구조	복합 소유구조	합
I		동일인 1명	30	2	32
II		동일인 1명 + 특수관계인	11	16	27
	1	동일인 1명 + 2세	9	2	11
	2	동일인 1명 + 2세 + 친족	1	5	6
	3	동일인 1명 + 2세 + 친족 + 비영리법인		1	1
	4	동일인 1명 + 친족	1	8	9
III		동일인 2명 [1명 → 1명 (2세)]	5		5
IV		동일인 2명 + 특수관계인	1	4	5
	1	동일인 2명 [1명 → 1명 (2세)] + 2세 + 친족		1	1
	2	동일인 2명 [1명 → 1명 (2세)] + 친족		2	2
	3	동일인 2명 [1명 → 1명 (2세)] + 기타		1	1
	4	동일인 2명 [1명 → 1명 (친족)] + 친족	1		1
V		특수관계인		1	1
VI		동일인 1개 법인 [민간단체]	1		1
VII		기타	26		26
	1	(주요 지배 회사 = 동일인 1개 법인 [사기업])	12		12
	2	(주요 지배 회사 = 동일인 1개 법인 [공기업])	14		14
합		I-V / VI-VII	47 / 27	23 / 0	70 / 27
		I-VII	74	23	97

참고		
	I-V	동일인 = 자연인, 주요 주주 : 70개 사기업집단
	VI	동일인 = 법인, 주요 주주 : 1개 사기업집단
	VII	동일인 = 법인, 주요 지배 회사: 26개 집단 (12개 사기업집단, 14개 공기업집단)
	단일소유구조	주요 주주 → 주요 지배 회사 → 계열회사
	복합소유구조	{주요 주주 → 주요 지배 회사 → 계열회사} + {동일인 또는 친족 → 계열회사}

(2) 집단 이름

유형		단일소유구조	복합소유구조
I		교보생명보험, 네이버, 넥슨, 넷마블, 다우키움, 대한전선, 동국제강, 메리츠금융, 미래에셋, 삼양, CJ, 아모레퍼시픽, IMM인베스트먼트, SM, STX, HDC, 웅진, 유진, 이랜드, 카카오, 코오롱, 하림, 하이트진로, 한국투자금융, 한라, 한솔, 한진중공업, 현대, 현대백화점, 현대중공업	부영, 태광
II	1	동양, 동원, DB, DL, IS지주, 영풍, 중앙, KG, 태영	신세계, 호반건설
	2	금호석유화학	반도홀딩스, 애경, MDM, 중흥건설, 한국타이어
	3		금호아시아나
	4	삼천리	대성, 셀트리온, SK, 장금상선, GS, KCC, 한화, 현대해상화재보험
III		두산, 삼성, LG, 한진, 현대자동차	
IV	1		효성
	2		LS, OCI
	3		롯데
	4	세아	
V			대방건설
VI		농협	
VII	1	대우건설, 대우조선해양, S-Oil, HMM, KT, KT&G, 코닝정밀소재, 쿠팡, POSCO, 한국GM, 한국항공우주산업, 홈플러스	
	2	부산항만공사, 서울메트로, 서울특별시도시철도공사, SH공사, 인천국제공항공사, 인천도시공사, 한국가스공사, 한국도로공사, 한국석유공사, 한국수자원공사, 한국전력공사, 한국지역난방공사, 한국철도공사, 한국토지주택공사	

주: 다음 참고: 제4장 (97개 기업집단: 소유구조의 유형), 제5장 (97개 기업집단: 집단별 소유구조).

주요 주주가 동일인인 3개 유형(I, III, VI) 그리고 주요 주주가 없는 1개 유형(VII)은 거의 전부가 단일소유구조이고, 주요 주주에 특수관계인이 참여하는 3개 유형(II, IV, V)에서는 복합소유구조가 우위를 점하고 있다. 전체 97개 집단 중에서는, 3/4 이상(76%)인 74개 집단(60개 사기업집단, 14개 공기업집단)이 단일소유구조를, 나머지 23개 사기업집단이 복합소유구조를 가지고 있다. 앞의 '60개 사기업집단' 중 47개의 동일인은 자연인이고 13개의 동일인은 법인이며, '14개 공기업집단'의 동일인은 모두 법인이다. 즉 법인이 동일인인 27개 집단은 모두 단일소유구조를 가지고 있다. 이들 27개 집단 중 26개에서는 동일인이 '주요 지배 회사'와 동일하며, '주요 주주 = 기타'로 분류되어 있다.

3.2 소유구조 7유형

3.2.1 [유형 I] 주요 주주 = 동일인 1명

97개 집단의 1/3(33%)에 해당하는 가장 많은 32개 사기업집단이 관련되어 있다. 주요 주주인 동일인 1명의 소유지배 장악력이 가장 큰 유형으로 볼 수 있다. 동일인이 자연인인 70개 사기업집단 중에서는 거의 절반 수준(46%)이다. 30개 집단은 단일소유구조를 가지고 있고 2개 집단만 복합소유구조를 가지고 있다. 단일소유구조 집단 '30개'는 7유형 중에서는 가장 많은 수이며, 단일구조 전체 74개 집단의 2/5 이상(41%)을 차지하고 있다.

단일소유구조를 가지고 있는 30개 집단 중 24개에서는 주요 지배 회사가 1개이며, 네이버, 넥슨, 넷마블, 카카오 등 IT 관련 신생 대규모기업집단들이 여기에 속한다. 나머지 6개 집단(미래에셋, 웅진, 한라, 현대, 현대백화점, 현대중공업)에서는 주요 지배 회사가 총 2개씩이다.

복합소유구조를 가지고 있는 2개 집단은 부영과 태광이다. 두 집단 모두 {(동일인 → 주요 지배 회사 → 계열회사) + (동일인 → 계열회사)}의 2중 구조를 가지고 있다. 즉, 동일인 1명이 계열회사 전부를 소유지배하고 있는데, 많은 계열회사는 주요 지배 회사 1개를 통해 지배하고 나머지 계열회사는 동일인이 직접 지배하고 있다.

3.2.2 [유형 II] 주요 주주 = 동일인 1명 + 특수관계인

97개 집단의 1/3가량(28%)인 27개 사기업집단이 관련되어 있다. 동일인이 자연인인 70개 사기업집단 중에서는 2/5 수준(39%)이다. 11개 집단은 단일소유구조를, 보다 많은 16개 집단은 복합소유구조를 가지고 있다. 복합소유구조 집단 '16개'는 7유형 중에서는 가장 많은 수이며, 복합구조 전체 23개 집단의 2/3 이상(70%)을 차지하고 있다. 주요 주주에 특수관계인인 친족이 포함되어 있는데, 친족 중 일부가 독자적인 계열회사를 소유지배하면서 복합소유구조를 형성하게 되었다. 특수관계인의 유형 및 참여 정도에 따라 4개 하위 유형으로 세분화할 수 있다. 이들 중 3개 유형에서는 동일인 2세가 주요 주주로 참여하고 있다.

(1) 주요 주주 = 동일인 1명 + 2세

11개 사기업집단이 관련되어 있다. 9개 집단은 단일소유구조를, 2개 집단은 복합소유구조를 가지고 있다.

단일소유구조의 9개 집단 중 5개 집단(DB, IS지주, 영풍, 중앙, KG)에서는 동일인의 2세 2명이 그리고 4개 집단(동양, 동원, DL, 태영)에서는 2세 1명이 주요 주주로 참여하였다. 복합소유구조 2개 집단은 신세계와 호반건설이며, 각각 2세 2명이 주요 주주로 참여하여 2중 소유구조를 형성하고 있다. 신세계에서는 동일인과 2세 1명씩 2명이 각각 별개의 주요 지배 회사를 소유하고 있고, 호반건설에서는 동일인과 2세 1명의 2명 그리고 2세 1명이 각각의 주요 지배 회사를 소유하고 있다.

11개 집단 중 7개 집단에서는 주요 지배 회사가 1개이며, 2개 집단(태영, 신세계)에서는 주요 지배 회사가 총 2개씩 그리고 2개 집단(DB, 호반건설)에서는 총 3개씩이다.

(2) 주요 주주 = 동일인 1명 + 2세 + 친족

6개 사기업집단이 관련되어 있으며, 1개 집단은 단일소유구조를, 5개 집단은 복합소유구조를 가지고 있다.

단일소유구조 1개 집단은 금호석유화학이며, 동일인, 2세, 조카 등 총 3명이 주요 주주로 참여하고 있다. 복합소유구조 5개 집단 중에서는, 3개 집단(MDM, 중흥건설, 한국타이어)에서는 2세 2명이, 2개 집단(반도홀딩스, 애경)에서는 2세 1명이 주요 주주이다. 5개 집단의 복합소유구조는 주요 주주의 구도에 따라 2중, 3중, 4중 구조의 3유형으로 나눌 수 있다:

① [2중 소유구조] 반도홀딩스, 애경, 한국타이어 (주요 주주의 구도: 동일인, 2세 1·2명 vs. 친족); ② [3중 소유구조] MDM (동일인 vs. 동일인, 2세 2명 vs. 친족); ③ [4중 소유구조] 중흥건설 (동일인 vs. 2세 1명 vs. 2세 1명 vs. 동일인, 친족).

6개 집단 중 3개(반도홀딩스, 애경, 한국타이어)에서는 주요 지배 회사가 1개이며, 1개 집단(MDM)에서는 주요 지배 회사가 총 2개 그리고 1개 집단(중흥건설)에서는 총 3개이다. 주요 지배 회사는 친족을 제외한 주요 주주 즉 동일인 및 2세가 소유하고 있다.

(3) 주요 주주 = 동일인 1명 + 2세 + 친족 + 비영리법인

1개 사기업집단(금호아시아나)이 해당되며 복합소유구조를 가지고 있다. 주요 주주의 구도는 '동일인, 2세 1명 vs. 친족, 비영리법인'으로 2중 구조를 형성하고 있으며, 주요 지배 회사는 총 3개이고 동일인 및 2세가 소유하고 있다.

(4) 주요 주주 = 동일인 1명 + 친족

9개 사기업집단이 관련되어 있으며, 1개 집단은 단일소유구조를, 대다수인 8개 집단은 복합소유구조를 가지고 있다.

단일구조 1개 집단(삼천리)에서는 동일인과 조카가 주요 주주이다. 복합구조 8개 집단 중에서는 7개에서 주요 주주가 '동일인 vs. 친족' 또는 '동일인 vs. 동일인, 친족'의 구도를 가지면서 2중 구조를 형성하고 있다. 1개 집단(대성)은 독특한 6중 구조를 가지고 있다. 동일인, 형제 2명, 친족 등이 주요 주주로 참여하여, 각각 '동일인 vs. 친족', '형제 1명 vs. 친족', '형제 1명 vs. 동일 형제 1명'의 3중 구도를 가지면서 각각의 구도 안에서 다시 2중 구조를 형성하고 있다.

9개 집단 중 5개(셀트리온, 장금상선, KCC, 한화, 현대해상화재보험)에서는 주요 지배 회사가 1개씩이며, 3개 집단(삼천리, SK, GS)에서는 주요 지배 회사가 총 2개씩 그리고 1개 집단(대성)에서는 총 3개이다. 7개 집단에서는 동일인이 주요 지배 회사를 소유하고 있으며, 2개 집단(대성, SK)에서는 동일인과 친족이 각각의 주요 지배 회사를 소유하고 있다.

3.2.3 [유형 III] 주요 주주 = 동일인 2명 [1명 → 1명 (2세)]

5개 사기업집단이 관련되어 있으며 모두 단일소유구조를 가지고 있다. 동일인 신분이 후

세대로 계승된 경우이며, 동일인은 일정 기간에 1명씩이므로 실질적으로는 '유형 I'(주요 주주 = 동일인 1명)과 동일한 것으로 볼 수 있다. 다만, 소유지배의 주체가 변경된 만큼 2세 동일인의 소유지배 장악력은 '유형 I'에서와는 적지 않은 차이가 있을 것으로 보인다.

3개 집단(두산, 삼성, LG)에서는 주요 지배 회사가 1개씩이고, 1개 집단(현대자동차)에서는 주요 지배 회사가 총 2개 그리고 1개 집단(한진)에서는 총 3개이다.

3.2.4 [유형 IV] 주요 주주 = 동일인 2명 + 특수관계인

5개 사기업집단이 관련되어 있으며, 1개 집단은 단일소유구조를 그리고 4개 집단은 복합소유구조를 가지고 있다. 주요 주주 구성이 '유형 II'(주요 주주 = 동일인 1명 + 특수관계인)와 유사하다. 특수관계인의 유형 및 참여 정도에 따라 4개의 하위 유형으로 세분화할 수 있으며, 이들 중 1개 유형에서는 동일인 신분을 2세가 아닌 친족이 계승하였다.

(1) 주요 주주 = 동일인 2명 [1명 → 1명 (2세)] + 2세 + 친족

1개 사기업집단(효성)이 관련되어 있으며 복합(2중) 소유구조를 가지고 있다. 동일인과 2세 2명이 주요 주주로 참여하고 있으며, 2세 1명이 동일인 신분을 계승하였다. 주요 지배 회사는 1개로 동일인 및 2세가 소유하고 있다.

(2) 주요 주주 = 동일인 2명 [1명 → 1명 (2세)] + 친족

2개 사기업집단이 관련되어 있으며 복합소유구조를 가지고 있다. 1개 집단(LS)에서는 동일인, 2세, 조카, 친족 등이 주요 주주이며, '동일인, 2세, 조카 vs. 동일인, 2세 vs. 친족'의 구도를 가지면서 3중 소유구조를 형성하고 있다. 다른 1개 집단(OCI)은 '동일인, 2세 vs. 친족'의 구도 하에 2중 소유구조를 가지고 있다. 주요 지배 회사는 각각 3개, 2개이며, 2개 집단 모두에서 친족이 1개씩의 주요 지배 회사를 독자적으로 소유하고 있다.

(3) 주요 주주 = 동일인 2명 [1명 → 1명 (2세)] + 기타

1개 사기업집단(롯데)이 관련되어 있으며 복합(2중) 소유구조를 가지고 있다. 주요 지배 회사는 2개이며, 이 중 1개(호텔롯데)의 주요 주주는 일본 롯데그룹 계열회사인 것으로 알려져 있지만 소유지분도에는 관련 정보가 포함되어 있지 않아 편의상 '기타'로 분류하였다.

롯데그룹의 소유관계는 유난히 복잡하여 소유지분도 정보만으로는 소유구조의 내용을 파악하기가 가능하지 않다. 2012-2017년에는 더더욱 그렇고, 지주회사체제가 도입된 2018년 이후에도 파악의 어려움은 여전히 남아 있다. 책에서는 지주회사 롯데지주(이전 롯데제과)를 기준으로 소유구조를 잠정적으로 논의하였다.

(4) 주요 주주 = 동일인 2명 [1명 → 1명 (친족)] + 친족

1개 사기업집단(세아)이 관련되어 있으며 단일소유구조를 가지고 있다. 동일인, 동일인 신분을 계승한 형제, 새 동일인의 2세 등 총 3명이 주요 주주로 참여하고 있고, 주요 지배회사는 2개이다.

3.2.5 [유형 V] 주요 주주 = 특수관계인

1개 사기업집단(대방건설)이 관련되어 있다. 동일인은 주요 주주가 아니며, 2세 2명이 주요 주주로서 각각 1개씩의 주요 지배 회사를 소유하면서 2중의 복합소유구조를 형성하고 있다.

3.2.6 [유형 VI] 주요 주주 = 동일인 1개 법인 [민간단체]

1개 사기업집단(농협)이 관련되어 있으며 단일소유구조를 가지고 있다. 동일인은 민간단체(농협중앙회)이며 주요 지배 회사 2개를 소유하고 있다.

3.2.7 [유형 VII] 주요 주주 = 기타

26개 집단이 관련되어 있다. 12개는 사기업집단이고 14개는 공기업집단이다. 동일인인 1개 법인이 '주요 지배 회사'로서 계열회사를 소유하고 있으며, 이 법인을 소유하는 '주요 주주'는 소유지분도 정보에 포함되어 있지 않아 편의상 '기타'로 분류하였다. 모두 '동일인 겸 주요 지배 회사 → 계열회사'의 단일소유구조를 가지고 있다. 동일인이 사기업인지 공기업인지에 따라 2개 하위 유형으로 나눌 수 있다.

(1) 주요 지배 회사 = 동일인 1개 법인 [사기업]

12개 사기업집단이 관련되어 있다. 11개 집단에서는 집단 이름과 동일인 이름이 똑같으며, 1개 집단에서만 두 이름이 다르다 (코닝정밀소재 vs. 삼성코닝정밀소재). 1개 집단(한국GM)의 경우, 동일인이 지분을 보유하지 않은 상태에서 계열회사들에 대해 실질적인 지배력을 행사하고 있다.

(2) 주요 지배 회사 = 동일인 1개 법인 [공기업]

14개 공기업집단이 관련되어 있으며, 14개 집단 모두에서 집단 이름과 동일인 이름이 동일하다.

제2장

97개 기업집단: 이름 및 소유지분도 연도

1. 97개 기업집단의 이름

1.1 집단 이름: '가나다' 순

(1) 83개 사기업집단, 2012-2021년

ㄱ	교보생명보험	금호석유화학	금호아시아나	
ㄴ	네이버	넥슨	넷마블	농협
ㄷ	다우키움	대방건설	대성	대우건설
	대우조선해양	대한전선	동국제강	동양
	동원	두산	DB	DL
ㄹ	롯데			
ㅁ	메리츠금융	미래에셋		
ㅂ	반도홀딩스	부영		
ㅅ	삼성	삼양	삼천리	세아
	셀트리온	CJ	신세계	
ㅇ	아모레퍼시픽	IS지주	IMM인베스트먼트	애경
	SM	S-Oil	SK	STX
	HDC	HMM	LS	LG
	MDM	영풍	OCI	웅진
	유진	이랜드		
ㅈ	장금상선	중앙	중흥건설	GS
ㅋ	카카오	KCC	KG	KT
	KT&G	코닝정밀소재	코오롱	쿠팡
ㅌ	태광	태영		
ㅍ	POSCO			
ㅎ	하림	하이트진로	한국GM	한국타이어
	한국투자금융	한국항공우주산업	한라	한솔
	한진	한진중공업	한화	현대
	현대백화점	현대자동차	현대중공업	현대해상화재보험
	호반건설	홈플러스	효성	

(2) 14개 공기업집단, 2012-2016년

ㅂ	부산항만공사			
ㅅ	서울메트로	서울특별시 도시철도공사		
ㅇ	SH공사	인천국제공항공사	인천도시공사	
ㅎ	한국가스공사	한국도로공사	한국석유공사	한국수자원공사
	한국전력공사	한국지역난방공사	한국철도공사	한국토지주택공사

주: 1) 2012-2016년 4월, 2017년 5월 또는 9월, 2018-2021년 5월 지정.
2) 사기업집단 19개와 공기업집단 1개는 이름이 변경됨 ('1.3 이름이 변경된 20개 집단' 참고).

1.2 집단 이름: '소유지분도 연도 수' 순

(1) 83개 사기업집단, 2012-2021년

소유지분도 연도 수 (년)	집단 (개)	집단		
10	42	교보생명보험	금호아시아나	농협
		대우건설	대우조선해양	동국제강
		두산	DB	DL
		롯데	미래에셋	부영
		삼성	세아	CJ
		신세계	S-Oil	SK
		HDC	LS	LG
		영풍	OCI	이랜드
		GS	KCC	KT
		KT&G	코오롱	태광
		태영	POSCO	하이트진로
		한국GM	한국타이어	한라
		한진	한화	현대백화점
		현대자동차	현대중공업	효성

소유지분도 연도 수 (년)	집단 (개)	집단		
9	1	아모레퍼시픽		
8	2	삼천리	한국투자금융	
7	2	중흥건설	한진중공업	
6	5	금호석유화학	셀트리온	카카오
		하림	한솔	
5	7	네이버	넥슨	동원
		SM	유진	현대
		호반건설		
4	3	넷마블	대성	홈플러스
3	2	다우키움	애경	
2	7	동양	삼양	IMM인베스트먼트
		STX	HMM	웅진
		장금상선		
1	12	대방건설	대한전선	메리츠금융
		반도홀딩스	IS지주	MDM
		중앙	KG	코닝정밀소재
		쿠팡	한국항공우주산업	현대해상화재보험

(2) 14개 공기업집단, 2012-2016년

5	9	부산항만공사	서울특별시 도시철도공사	인천도시공사
		한국가스공사	한국도로공사	한국수자원공사
		한국전력공사	한국철도공사	한국토지주택공사
4	1	한국석유공사		
3	2	서울메트로	인천국제공항공사	
1	2	SH공사	한국지역난방공사	

주: 1) 2012-2016년 4월, 2017년 5월 또는 9월, 2018-2021년 5월 지정.
2) 사기업집단 19개와 공기업집단 1개는 이름이 변경됨 ('1.3 이름이 변경된 20개 집단' 참고).

1.3 이름이 변경된 20개 집단

(1) 19개 사기업집단, 1987-2021년

집단	이름	연도	이름	연도
금호아시아나	금호	1987-2003	금호아시아나	2004-21
대성	대성산업	1990-92	대성	2002-08, 2011-15
DB	동부	1987-2017	DB	2018-21
DL	대림	1987-2020	DL	2021
삼양	삼양사	1989-92	삼양	1999, 2004-08 2020-21
CJ	제일제당	1999-2002	CJ	2003-21
아모레퍼시픽	태평양화학	1988-92	아모레퍼시픽	2013-21
	태평양	2007-08		
SK	선경	1987-97	SK	1998-2021
HDC	현대산업개발	2000-18	HDC	2019-21
LS	LG전선	2004	LS	2005-21
LG	럭키금성	1987-94	LG	1995-2021
OCI	동양화학	1990-92, 2001-08	OCI	2009-21
중앙	중앙일보	2006	중앙	2021
태광	태광산업	1988-92, 2001-08	태광	2011-21
POSCO	포항제철	1989, 2001-02	POSCO	2003-21
하이트진로	조선맥주	1992	하이트진로	2011-21
	하이트맥주	2003-08, 2010		
한국GM	GM대우	2004-10	한국GM	2011-21
한화	한국화약	1987-92	한화	1993-2021
홈플러스	삼성테스코	2008-10	홈플러스	2011-15

(2) 1개 공기업집단, 2010-2016년

인천도시공사	인천광역시 도시개발공사	2010	인천도시공사	2012-16

2. 97개 기업집단의 소유지분도 연도

2.1 소유지분도 연도: 집단 이름 '가나다' 순

(1) 83개 사기업집단, 2012–2021년

집단	소유지분도 (년)		대규모기업집단 지정 (년)	
	연도	연도 수	연도	연도 수
교보생명보험	2012-21	10	2007-08, 2012-21	12
금호석유화학	2016-21	6	2016-21	6
금호아시아나	2012-21	10	1987-2021	35
네이버	2017-21	5	2017-21	5
넥슨	2017-21	5	2017-21	5
넷마블	2018-21	4	2018-21	4
농협	2012-21	10	2008, 2012-21	11
다우키움	2019-21	3	2019-21	3
대방건설	2021	1	2021	1
대성	2012-15	4	1990-92, 2002-08 2011-15	15
대우건설	2012-21	10	2004-06, 2011-21	14
대우조선해양	2012-21	10	2003-21	19
대한전선	2012	1	1992, 2003-12	11
동국제강	2012-21	10	1987-2021	35
동양	2012-13	2	1989-2013	25
동원	2017-21	5	1990-92, 2002-04 2017-21	11
두산	2012-21	10	1987-2021	35
DB	2012-21	10	1987-2021	35
DL	2012-21	10	1987-2021	35
롯데	2012-21	10	1987-2021	35
메리츠금융	2018	1	2018	1
미래에셋	2012-21	10	2008, 2010-21	13

집단	소유지분도 (년)		대규모기업집단 지정 (년)	
	연도	연도 수	연도	연도 수
반도홀딩스	2021	1	2021	1
부영	2012-21	10	2002-08, 2010-21	19
삼성	2012-21	10	1987-2021	35
삼양	2020-21	2	1989-92, 1999 2004-08, 2020-21	12
삼천리	2014-21	8	1992, 2014-21	9
세아	2012-21	10	2004-21	18
셀트리온	2016-21	6	2016-21	6
CJ	2012-21	10	1999-2021	23
신세계	2012-21	10	2000-21	22
아모레퍼시픽	2013-21	9	1988-92, 2007-08 2013-21	16
IS지주	2021	1	2021	1
IMM인베스트먼트	2020-21	2	2020-21	2
애경	2019-21	3	2008, 2019-21	4
SM	2017-21	5	2017-21	5
S-Oil	2012-21	10	2000, 2009-21	14
SK	2012-21	10	1987-2021	35
STX	2012-13	2	2005-13	9
HDC	2012-21	10	2000-21	22
HMM	2020-21	2	2020-21	2
LS	2012-21	10	2004-21	18
LG	2012-21	10	1987-2021	35
MDM	2021	1	2021	1
영풍	2012-21	10	1990-92, 2000-08 2010-21	24
OCI	2012-21	10	1990-92, 2001-21	24
웅진	2012-13	2	2008-13	6
유진	2012, 2018-21	5	2008, 2011-12 2018-21	7
이랜드	2012-21	10	2005-08, 2012-21	14

집단	소유지분도 (년)		대규모기업집단 지정 (년)	
	연도	연도 수	연도	연도 수
장금상선	2020-21	2	2020-21	2
중앙	2021	1	2006, 2021	2
중흥건설	2015-21	7	2015-21	7
GS	2012-21	10	2005-21	17
카카오	2016-21	6	2016-21	6
KCC	2012-21	10	2002-21	20
KG	2020	1	2020	1
KT	2012-21	10	2003-21	19
KT&G	2012-21	10	2003-21	19
코닝정밀소재	2014	1	2014	1
코오롱	2012-21	10	1987-2021	35
쿠팡	2021	1	2021	1
태광	2012-21	10	1988-92, 2001-08 2011-21	24
태영	2012-21	10	1992, 2006-08 2012-21	14
POSCO	2012-21	10	1989, 2001-21	22
하림	2016-21	6	2016-21	6
하이트진로	2012-21	10	1992, 2003-08 2010-21	19
한국GM	2012-21	10	2004-21	18
한국타이어	2012-21	10	1992, 2002-08 2012-21	18
한국투자금융	2012-13, 2016-21	8	2009-13, 2016-21	11
한국항공우주산업	2021	1	2021	1
한라	2012-21	10	1987-99, 2008 2012-21	24
한솔	2013-18	6	1996-2008, 2013-18	19
한진	2012-21	10	1987-2021	35
한진중공업	2012-18	7	2006-18	13

집단	소유지분도 (년)		대규모기업집단 지정 (년)	
	연도	연도 수	연도	연도 수
한화	2012-21	10	1987-2021	35
현대	2012-16	5	1987-2016	30
현대백화점	2012-21	10	2001-21	21
현대자동차	2012-21	10	2001-21	21
현대중공업	2012-21	10	2002-21	20
현대해상화재보험	2021	1	2021	1
호반건설	2017-21	5	2017-21	5
홈플러스	2012-15	4	2008-15	8
효성	2012-21	10	1987-2021	35

(2) 14개 공기업집단, 2012-2016년

부산항만공사	2012-16	5	2008, 2012-16	6
서울메트로	2014-16	3	2014-16	3
서울특별시 도시철도공사	2012-16	5	2010-16	7
SH공사	2016	1	2016	1
인천국제공항공사	2012-14	3	2010-14	5
인천도시공사	2012-16	5	2010, 2012-16	6
한국가스공사	2012-16	5	2002-16	15
한국도로공사	2012-16	5	2002-16	15
한국석유공사	2012, 2014-16	4	2009, 2011-12 2014-16	6
한국수자원공사	2012-16	5	2002-03, 2012-16	7
한국전력공사	2012-16	5	2002-16	15
한국지역난방공사	2014	1	2008, 2014	2
한국철도공사	2012-16	5	2005-16	12
한국토지주택공사	2012-16	5	2010-16	7

2.2 소유지분도 연도: '소유지분도 연도 수' 순

(1) 83개 사기업집단, 2012-2021년

소유 지분도 연도 수 (년)	집단 (개)	집단	소유지분도 연도 (년)	대규모기업집단 지정 (년)	
				연도 수	연도
10	42	교보생명보험	2012-21	12	2007-08, 2012-21
		금호아시아나	2012-21	35	1987-2021
		농협	2012-21	11	2008, 2012-21
		대우건설	2012-21	14	2004-06, 2011-21
		대우조선해양	2012-21	19	2003-21
		동국제강	2012-21	35	1987-2021
		두산	2012-21	35	1987-2021
		DB	2012-21	35	1987-2021
		DL	2012-21	35	1987-2021
		롯데	2012-21	35	1987-2021
		미래에셋	2012-21	13	2008, 2010-21
		부영	2012-21	19	2002-08, 2010-21
		삼성	2012-21	35	1987-2021
		세아	2012-21	18	2004-21
		CJ	2012-21	23	1999-2021
		신세계	2012-21	22	2000-21
		S-Oil	2012-21	14	2000, 2009-21
		SK	2012-21	35	1987-2021
		HDC	2012-21	22	2000-21
		LS	2012-21	18	2004-21
		LG	2012-21	35	1987-2021
		영풍	2012-21	24	1990-92, 2000-08 2010-21
		OCI	2012-21	24	1990-92, 2001-21
		이랜드	2012-21	14	2005-08, 2012-21

소유 지분도 연도 수 (년)	집단 (개)	집단	소유지분도 연도 (년)	대규모기업집단 지정 (년)	
				연도 수	연도
(10)	(42)	GS	2012-21	17	2005-21
		KCC	2012-21	20	2002-21
		KT	2012-21	19	2003-21
		KT&G	2012-21	19	2003-21
		코오롱	2012-21	35	1987-2021
		태광	2012-21	24	1988-92, 2001-08 2011-21
		태영	2012-21	14	1992, 2006-08 2012-21
		POSCO	2012-21	22	1989, 2001-21
		하이트진로	2012-21	19	1992, 2003-08 2010-21
		한국GM	2012-21	18	2004-21
		한국타이어	2012-21	18	1992, 2002-08 2012-21
		한라	2012-21	24	1987-99, 2008 2012-21
		한진	2012-21	35	1987-2021
		한화	2012-21	35	1987-2021
		현대백화점	2012-21	21	2001-21
		현대자동차	2012-21	21	2001-21
		현대중공업	2012-21	20	2002-21
		효성	2012-21	35	1987-2021
9	1	아모레퍼시픽	2013-21	16	1988-92, 2007-08 2013-21
8	2	삼천리	2014-21	9	1992, 2014-21
		한국투자금융	2012-13, 2016-21	11	2009-13, 2016-21
7	2	중흥건설	2015-21	7	2015-21
		한진중공업	2012-18	13	2006-18

소유 지분도 연도 수 (년)	집단 (개)	집단	소유지분도 연도 (년)	대규모기업집단 지정 (년)	
				연도 수	연도
6	5	금호석유화학	2016-21	6	2016-21
		셀트리온	2016-21	6	2016-21
		카카오	2016-21	6	2016-21
		하림	2016-21	6	2016-21
		한솔	2013-18	19	1996-2008, 2013-18
5	7	네이버	2017-21	5	2017-21
		넥슨	2017-21	5	2017-21
		동원	2017-21	11	1990-92, 2002-04 2017-21
		SM	2017-21	5	2017-21
		유진	2012, 2018-21	7	2008, 2011-12 2018-21
		현대	2012-16	30	1987-2016
		호반건설	2017-21	5	2017-21
4	3	넷마블	2018-21	4	2018-21
		대성	2012-15	15	1990-92, 2002-08 2011-15
		홈플러스	2012-15	8	2008-15
3	2	다우키움	2019-21	3	2019-21
		애경	2019-21	4	2008, 2019-21
2	7	동양	2012-13	25	1989-2013
		삼양	2020-21	12	1989-92, 1999 2004-08, 2020-21
		IMM인베스트먼트	2020-21	2	2020-21
		STX	2012-13	9	2005-13
		HMM	2020-21	2	2020-21
		웅진	2012-13	6	2008-13
		장금상선	2020-21	2	2020-21

소유 지분도 연도 수 (년)	집단 (개)	집단	소유지분도 연도 (년)	대규모기업집단 지정 (년)	
				연도 수	연도
1	12	대방건설	2021	1	2021
		대한전선	2012	11	1992, 2003-12
		메리츠금융	2018	1	2018
		반도홀딩스	2021	1	2021
		IS지주	2021	1	2021
		MDM	2021	1	2021
		중앙	2021	2	2006, 2021
		KG	2020	1	2020
		코닝정밀소재	2014	1	2014
		쿠팡	2021	1	2021
		한국항공우주산업	2021	1	2021
		현대해상화재보험	2021	1	2021

(2) 14개 공기업집단, 2012-2016년

5	9	부산항만공사	2012-16	6	2008, 2012-16
		서울특별시도시철도공사	2012-16	7	2010-16
		인천도시공사	2012-16	6	2010, 2012-16
		한국가스공사	2012-16	15	2002-16
		한국도로공사	2012-16	15	2002-16
		한국수자원공사	2012-16	7	2002-03, 2012-16
		한국전력공사	2012-16	15	2002-16
		한국철도공사	2012-16	12	2005-16
		한국토지주택공사	2012-16	7	2010-16
4	1	한국석유공사	2012, 2014-16	6	2009, 2011-12 2014-16
3	2	서울메트로	2014-16	3	2014-16
		인천국제공항공사	2012-14	5	2010-14
1	2	SH공사	2016	1	2016
		한국지역난방공사	2014	2	2008, 2014

제3장

97개 기업집단: 소유지분도 – (4) 15개 사기업집단

[ㅈ – ㅍ]

50. 장금상선그룹: 2020-2021년

연도	동일인	순위 (위)	계열회사 (개)	자산총액 (10억 원)	매출액 (10억 원)	당기순이익 (10억 원)
2020	정태순	54	17	6,388	2,271	16
2021	정태순	58	19	6,263	2,922	22

	[소유구조]	
주요 주주	정태순 (동일인)	친족
주요 지배 회사	장금상선	-
주요 계열회사	흥아라인, 조강해운	장금마리타임

1. 그룹

1) 대규모기업집단 지정 연도: 2020-2021년.

2) 연도 수: 2년.

2. 소유지분도: 개관

1) 소유지분도 작성 연도: 2020-2021년.

연도 수: 2년.

2) 그룹 주요 지표: [동일인] 정태순. [순위] 54-58위.

[계열회사] 17-19개. [자산총액] 6.3-6.4조 원.

[매출액] 2.3-2.9조 원. [당기순이익] 0.02조 원.

3) 소유구조

◆ {정태순 → 장금상선 → 계열회사} +

{친족 → 계열회사2} ◆

① [주요 주주]

1명.

정태순 (동일인).

지분: 16.9%.

② [주요 지배 회사]

1개.

장금상선.

③ [계열회사]

유형: 자회사 → 손자회사.

주요 회사: 2개 (2개씩 관련).

흥아라인, 조강해운.

* 계열회사2: 1개.

장금마리타임.

3. 소유지분도: 연도별, 2020-2021년

1) 2020년 5월: [순위] 54위, [동일인] 정태순, [계열회사] 17개

{정태순 (16.9%) →

장금상선 → 흥아라인, 조강해운 등} +

{친족 → 장금마리타임 등}.

2) 2021년 5월: [순위] 58위, [동일인] 정태순, [계열회사] 19개

{정태순 (16.9%) →

장금상선 → 흥아라인, 조강해운 등} +

{친족 → 장금마리타임 등}.

1) 장금상선그룹, 2020년 5월: [순위] 54위, [동일인] 정태순, [계열회사] 17개

{정태순 (16.9%) → 장금상선 → 흥아라인, 조강해운 등} + {친족 → 장금마리타임 등}

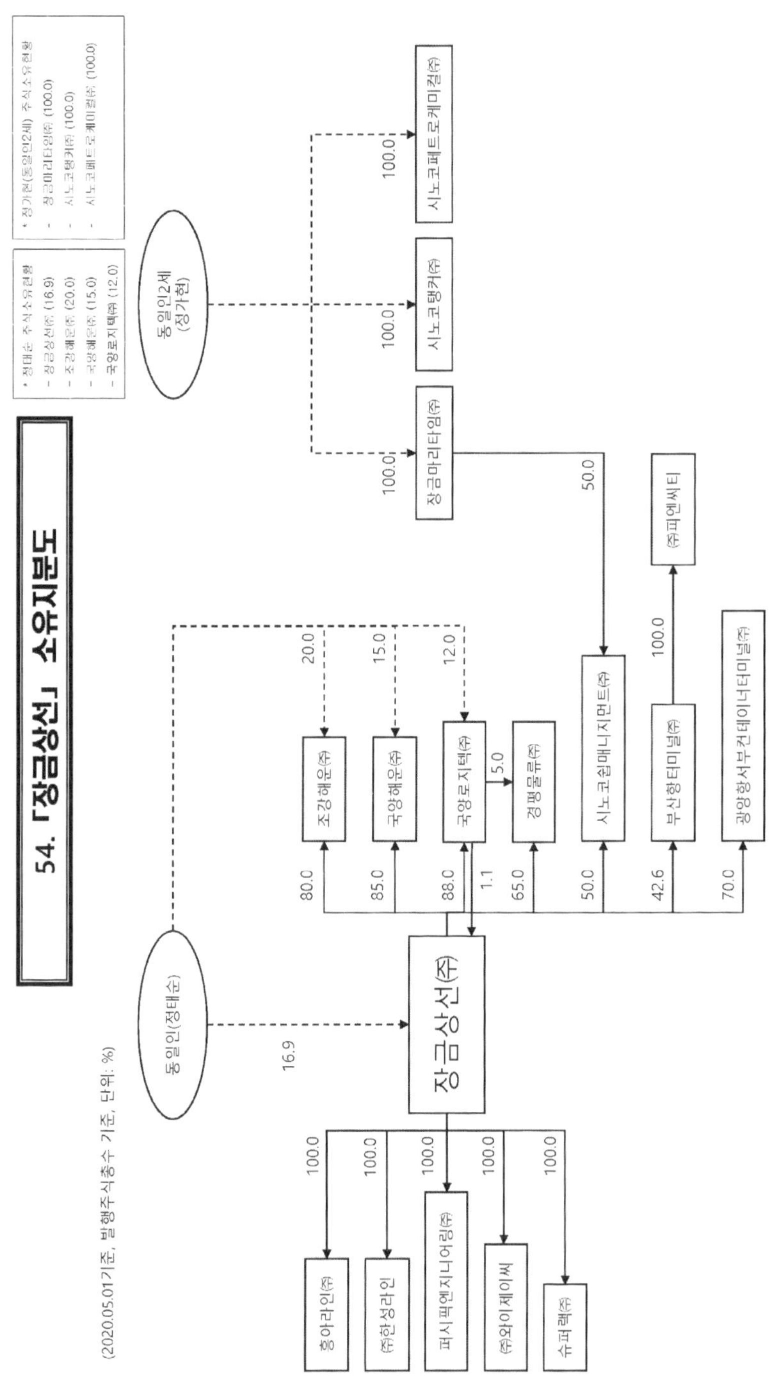

2) 장금상선그룹, 2021년 5월: [순위] 58위, [동일인] 정태순, [계열회사] 19개

{정태순 (16.9%) → 장금상선 → 흥아라인, 조강해운 등} + {친족 → 장금마리타임 등}

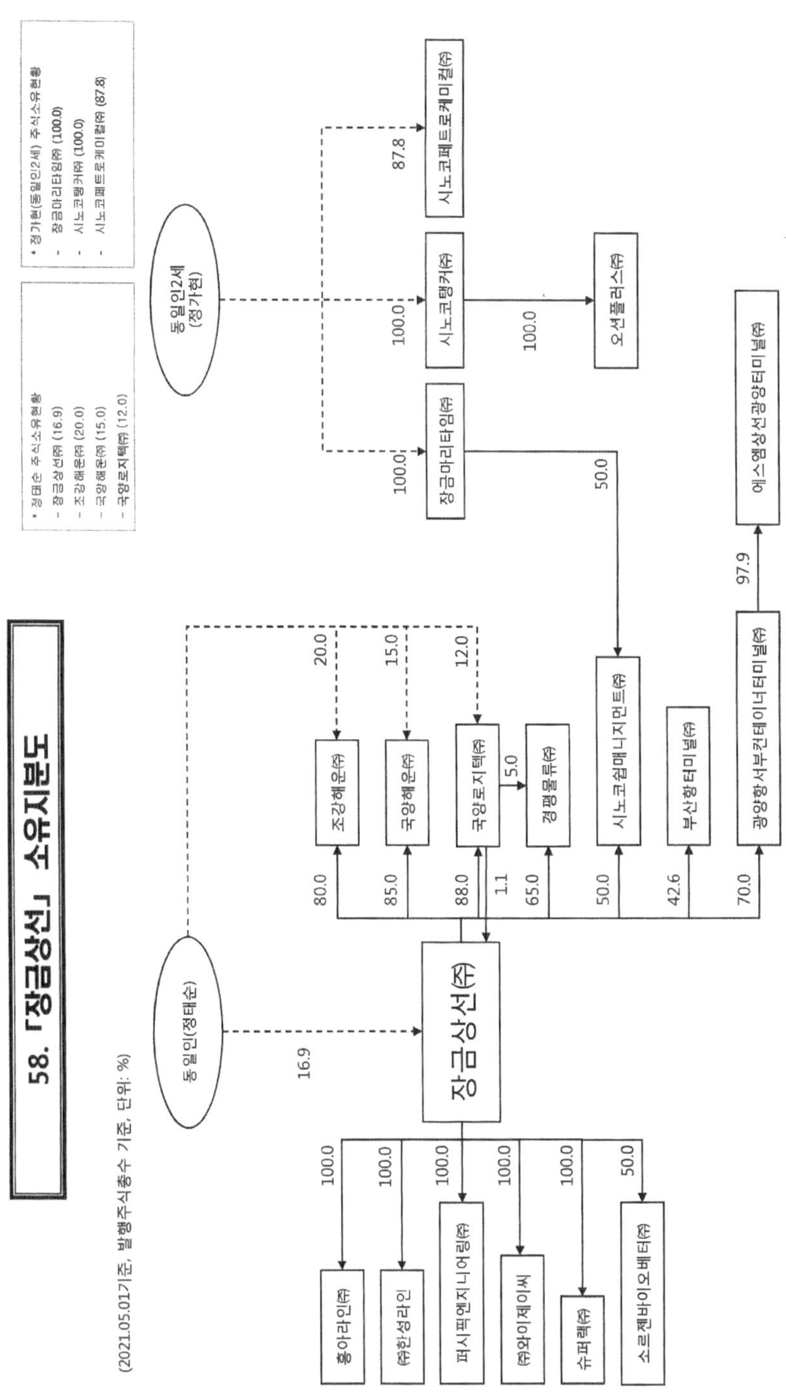

51. 중앙그룹: 2021년

연도	동일인	순위 (위)	계열회사 (개)	자산총액 (10억 원)	매출액 (10억 원)	당기순이익 (10억 원)
2006		52	73	2,166	2,540	34
2021	홍석현	71	56	5,014	1,576	-300

	[소유구조]
주요 주주	홍석현 (동일인), 홍정도 홍정인 (2세)
주요 지배 회사	중앙홀딩스
주요 계열회사	제이콘텐트리, 중앙일보, JTBC

주: 2006년 순위: 공기업집단을 제외한 순위.

1. 그룹

1) 대규모기업집단 지정 연도: 2006, 2021년.

2) 연도 수: 2년.

3) 그룹 이름: 중앙일보 (2006년), 중앙 (2021년).

2. 소유지분도: 개관

1) 소유지분도 작성 연도: 2021년.
연도 수: 1년.

2) 그룹 주요 지표: [동일인] 홍석현. [순위] 71위.
[계열회사] 56개. [자산총액] 5.0조 원.
[매출액] 1.6조 원. [당기순이익] (-0.3)조 원.

3) 소유구조

◆ 홍석현, 홍정도, 홍정인 → 중앙홀딩스 → 계열회사 ◆

① [주요 주주]

3명 (3명씩 지분 보유).

홍석현 (동일인) ‖ 홍정도 (2세; 아들, 형) ‖ 홍정인 (2세; 아들, 동생).

지분: 7% ‖ 55.8% ‖ 37.2%.

② [주요 지배 회사]

1개.

중앙홀딩스.

③ [계열회사]

유형: 자회사 → 손자회사 → 증손회사.

주요 회사: 3개 (3개씩 관련).

제이콘텐트리 (상장), 중앙일보, JTBC.

3. 소유지분도: 연도별, 2021년

2021년 5월: [순위] 71위, [동일인] 홍석현, [계열회사] 56개

홍석현 (7%), 홍정도 (55.8%), 홍정인 (37.2%) →

중앙홀딩스 → 제이콘텐트리, 중앙일보, JTBC 등.

중앙그룹, 2021년 5월: [순위] 71위, [동일인] 홍석현, [계열회사] 56개

홍석현 (7%), 홍정도 (55.8%), 홍정인 (37.2%) → 중앙홀딩스 → 제이콘텐트리, 중앙일보, JTBC 등

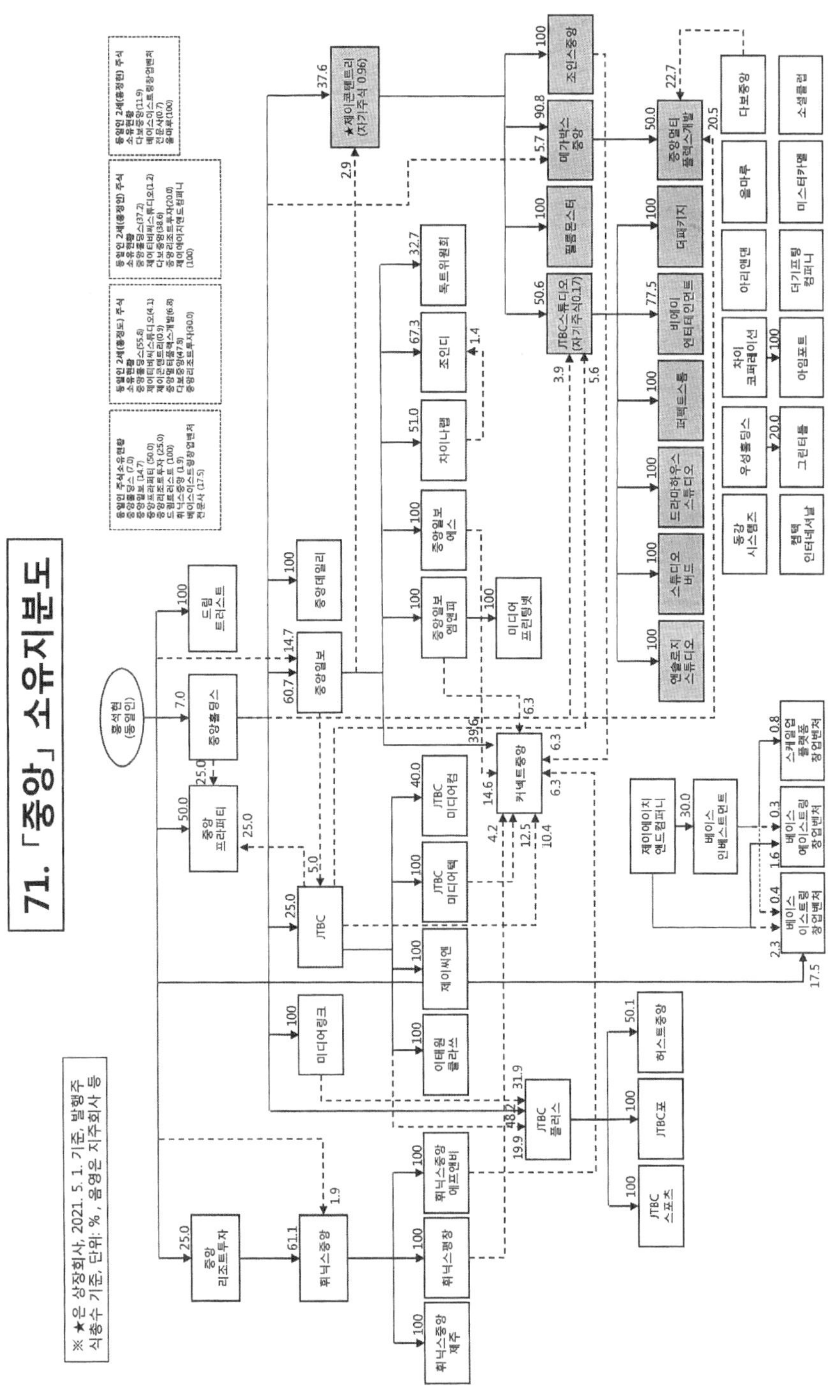

52. 중흥건설그룹: 2015-2021년

연도	동일인	순위 (위)	계열회사 (개)	자산총액 (10억 원)	매출액 (10억 원)	당기순이익 (10억 원)
2015	정창선	49	43	5,565	3,261	468
2016	정창선	41	49	7,603	4,569	613
2017	정창선	35	62	8,479	5,438	710
2018	정창선	34	61	9,598	6,821	1,013
2019	정창선	37	34	9,525	5,012	993
2020	정창선	46	35	8,420	3,406	505
2021	정창선	47	37	9,207	3,152	304

	[소유구조]			
주요 주주	정창선 (동일인)	정원주 (2세)	정원철 (2세)	정창선, 친족
주요 지배 회사	중흥건설	중흥토건	시티글로벌	-
주요 계열회사	중흥개발	중흥에스클래스	시티개발, 헤럴드	중흥주택

주: 2015-2016년 순위: 공기업집단을 제외한 순위.

1. 그룹

1) 대규모기업집단 지정 연도: 2015-2021년.

2) 연도 수: 7년.

2. 소유지분도: 개관

1) 소유지분도 작성 연도: 2015-2021년.
   연도 수: 7년.

2) 그룹 주요 지표: [동일인] 정창선. [순위] 34-49위.
   [계열회사] 34-62개. [자산총액] 5.6-9.6조 원.
   [매출액] 3.2-6.8조 원. [당기순이익] 0.3-1.0조 원.

3) 소유구조

◆ {정창선 → 중흥건설 → 계열회사} +
{정원주 → 중흥토건 → 계열회사} +
{정원철 → 시티글로벌 → 계열회사} +
{정창선, 친족 → 계열회사2} ◆

① [주요 주주]

3명 (2-3명 중 1명씩 독립적으로 지분 보유).

정창선 (동일인) ‖ 정원주 (2세; 아들, 형) ‖ 정원철 (2세; 아들, 동생).

지분: 51.4-76.7% (7년; 2015-2021년) ‖ 100% (7년; 2015-2021년) ‖ 100% (4년; 2015-2018년).

② [주요 지배 회사]

3개 (2-3개 중 1개씩 독립적으로 관련).

중흥건설 (7년; 2015-2021년), 중흥토건 (7년; 2015-2021년), 시티글로벌 (4년; 2015-2018년).

③ [계열회사]

유형: 자회사 → 손자회사 → 증손회사 (6년; 2015-2020년),
자회사 → 손자회사 (1년; 2021년).

주요 회사: 4개 (1-2개씩 독립적으로 관련).
중흥개발, 중흥에스클래스, 시티개발, 헤럴드.
* 계열회사2: 1개.
중흥주택.

3. 소유지분도: 연도별, 2015-2021년

1) 2015년 4월: [순위] 49위, [동일인] 정창선, [계열회사] 43개

{정창선 (51.4%) →

중흥건설 → 중흥개발 등} +

{정원주 (100%) →

중흥토건 → 중흥에스클래스 등} +

{정원철 (100%) →

시티글로벌 → 시티개발 등} +

{정창선, 친족 → 중흥주택 등}.

2) 2016년 4월: [순위] 41위, [동일인] 정창선, [계열회사] 49개

{정창선 (51.4%) →

중흥건설 → 중흥개발 등} +

{정원주 (100%) →

중흥토건 → 중흥에스클래스 등} +

{정원철 (100%) →

시티글로벌 → 시티개발 등} +

{정창선, 친족 → 중흥주택 등}.

3) 2017년 9월: [순위] 35위, [동일인] 정창선, [계열회사] 62개

{정창선 (76.7%) →

중흥건설 → 중흥개발 등} +

{정원주 (100%) →

중흥토건 → 중흥에스클래스 등} +

{정원철 (100%) →

시티글로벌 → 시티개발 등} +

{정창선, 친족 → 중흥주택 등}.

4) 2018년 5월: [순위] 34위, [동일인] 정창선, [계열회사] 61개

{정창선 (76.7%) →

중흥건설 → 중흥개발 등} +

{정원주 (100%) →

중흥토건 → 중흥에스클래스 등} +

{정원철 (100%) →

시티글로벌 → 시티개발 등} +

{정창선, 친족 → 중흥주택 등}.

5) 2019년 5월: [순위] 37위, [동일인] 정창선, [계열회사] 34개

{정창선 (76.7%) →

중흥건설 → 중흥개발 등} +

{정원주 (100%) →

중흥토건 → 중흥에스클래스 등} +

{정창선, 친족 → 중흥주택 등}.

6) 2020년 5월: [순위] 46위, [동일인] 정창선, [계열회사] 35개

{정창선 (76.7%) →

중흥건설 → 중흥개발 등} +

{정원주 (100%) →

중흥토건 → 중흥에스클래스, 헤럴드 등} +

{정창선, 친족 → 중흥주택 등}.

7) 2021년 5월: [순위] 47위, [동일인] 정창선, [계열회사] 37개

{정창선 (76.7%) →

중흥건설 → 중흥개발 등} +

{정원주 (100%) →

중흥토건 → 중흥에스클래스, 헤럴드 등} +

{정창선, 친족 → 중흥주택 등}.

1) 중흥건설그룹, 2015년 4월: [순위] 49위, [동일인] 정창선, [계열회사] 43개

{정창선 (51.4%) → 중흥건설 → 중흥개발 등} + {정원주 (100%) → 중흥토건 → 중흥에스클래스 등} + {정원철 (100%) → 시티글로벌 → 시티개발 등} + {정창선, 친족 → 중흥주택 등}

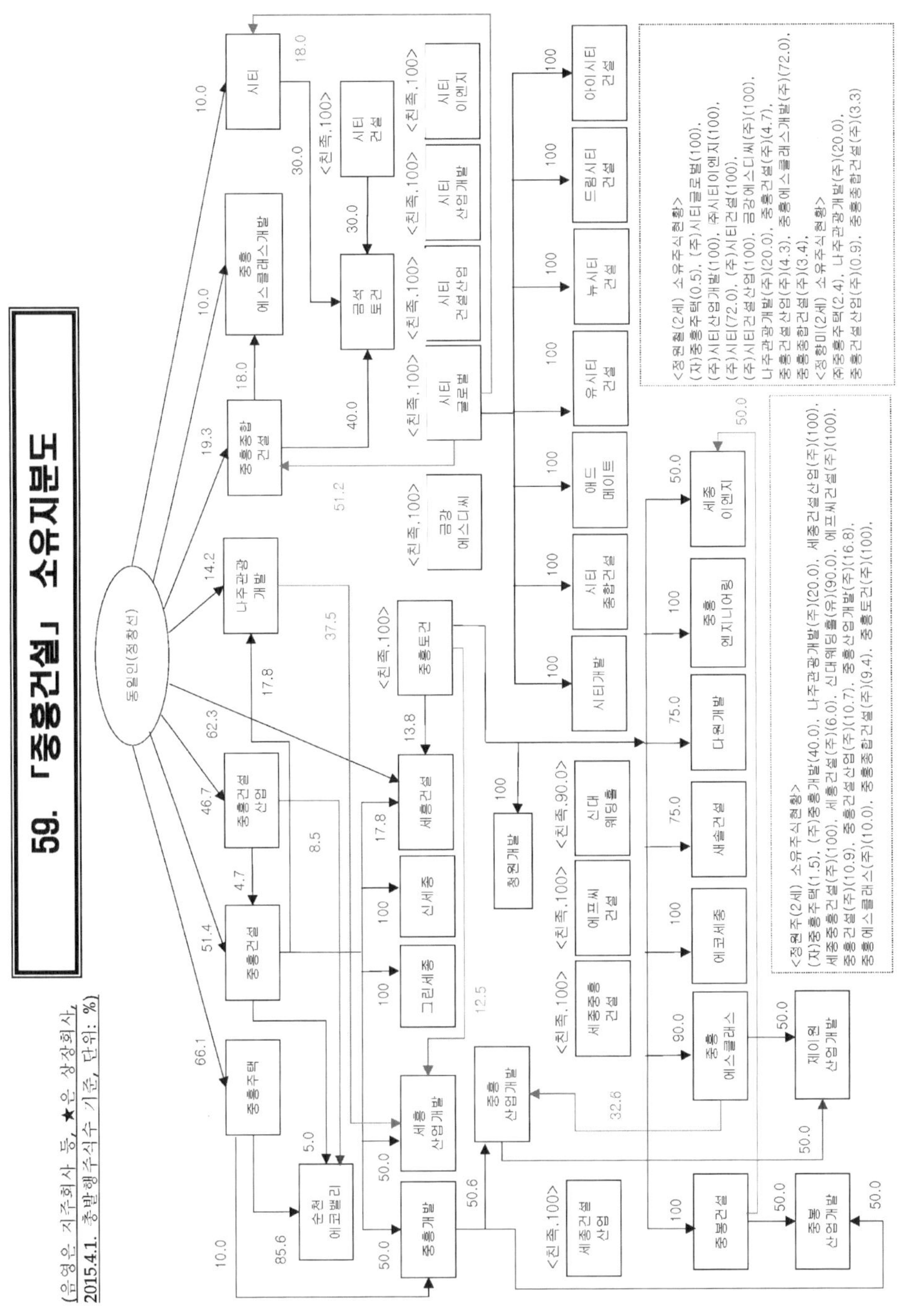

2) 중흥건설그룹, 2016년 4월: [순위] 41위, [동일인] 정창선, [계열회사] 49개

{정창선 (51.4%) → 중흥건설 → 중흥개발 등} + {정원주 (100%) → 중흥토건 → 중흥에스클래스 등} + {정원철 (100%) → 시티글로벌 → 시티개발 등} + {정창선, 친족 → 중흥주택 등}

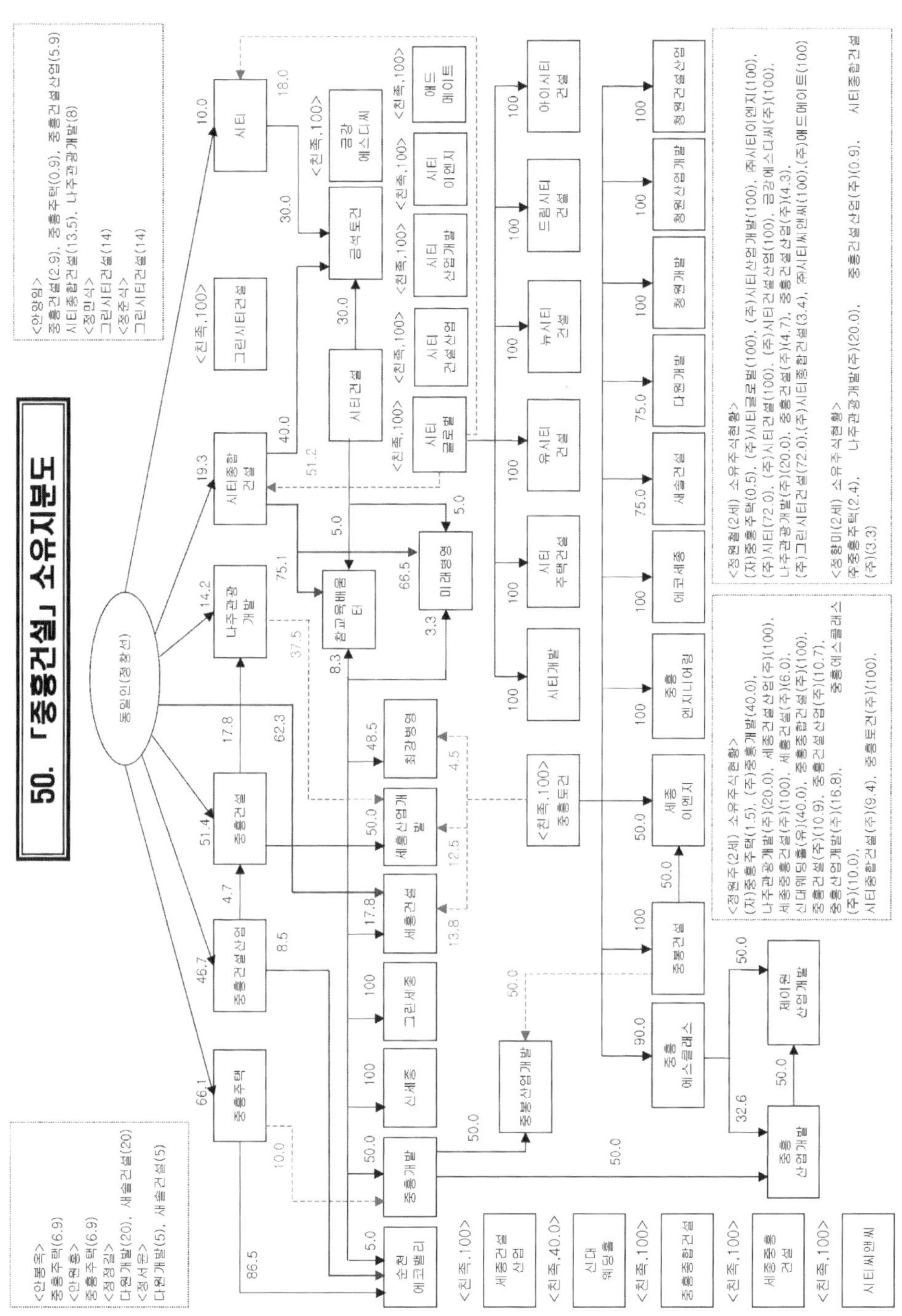

3) 중흥건설그룹, 2017년 9월: [순위] 35위, [동일인] 정창선, [계열회사] 62개

{정창선 (76.7%) → 중흥건설 → 중흥개발 등} + {정원주 (100%) → 중흥토건 → 중흥에스클래스 등} +
{정원철 (100%) → 시티글로벌 → 시티개발 등} + {정창선, 친족 → 중흥주택 등}

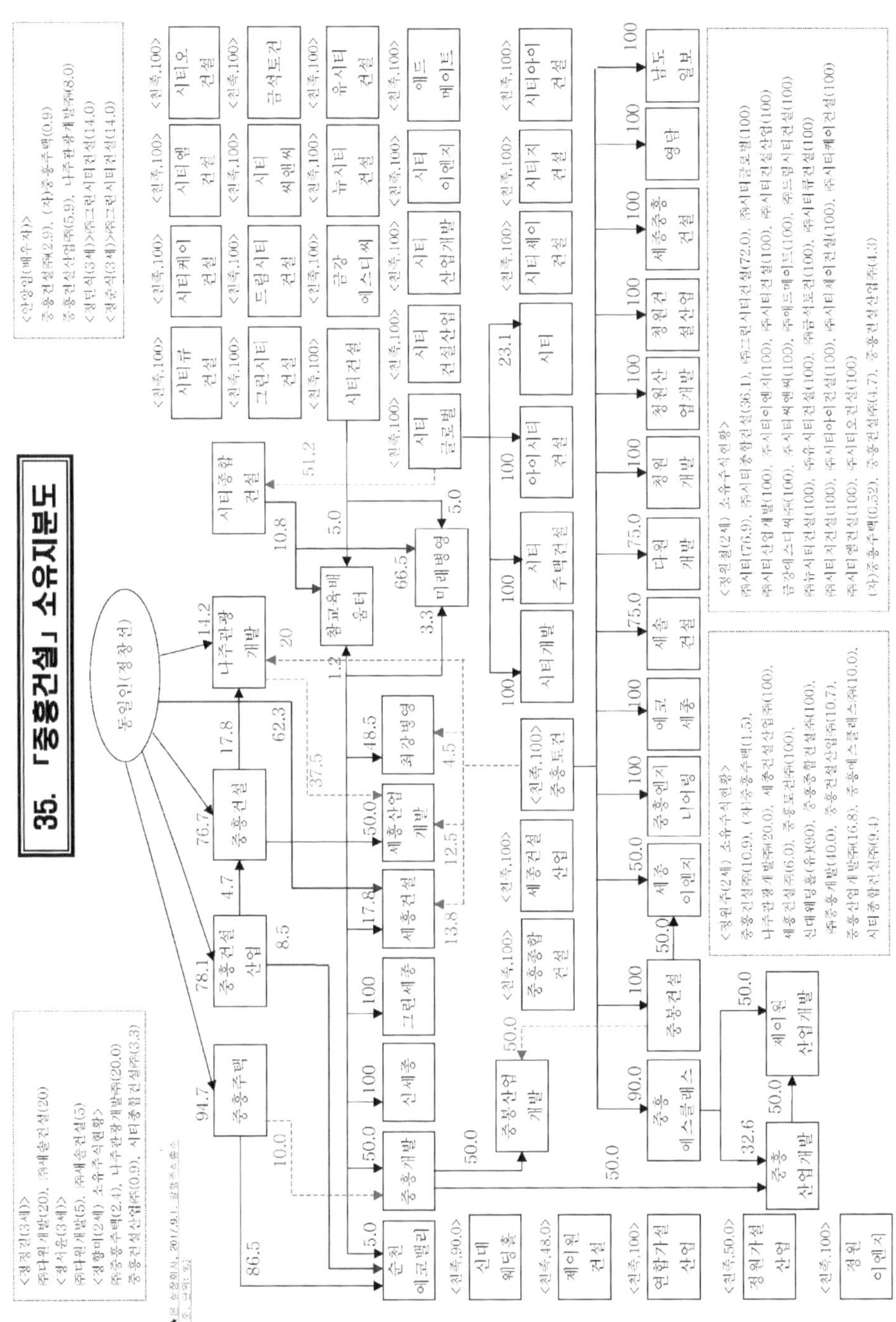

4) 중흥건설그룹, 2018년 5월: [순위] 34위, [동일인] 정창선, [계열회사] 61개

{정창선 (76.7%) → 중흥건설 → 중흥개발 등} + {정원주 (100%) → 중흥토건 → 중흥에스클래스 등} +
{정원철 (100%) → 시티글로벌 → 시티개발 등} + {정창선, 친족 → 중흥주택 등}

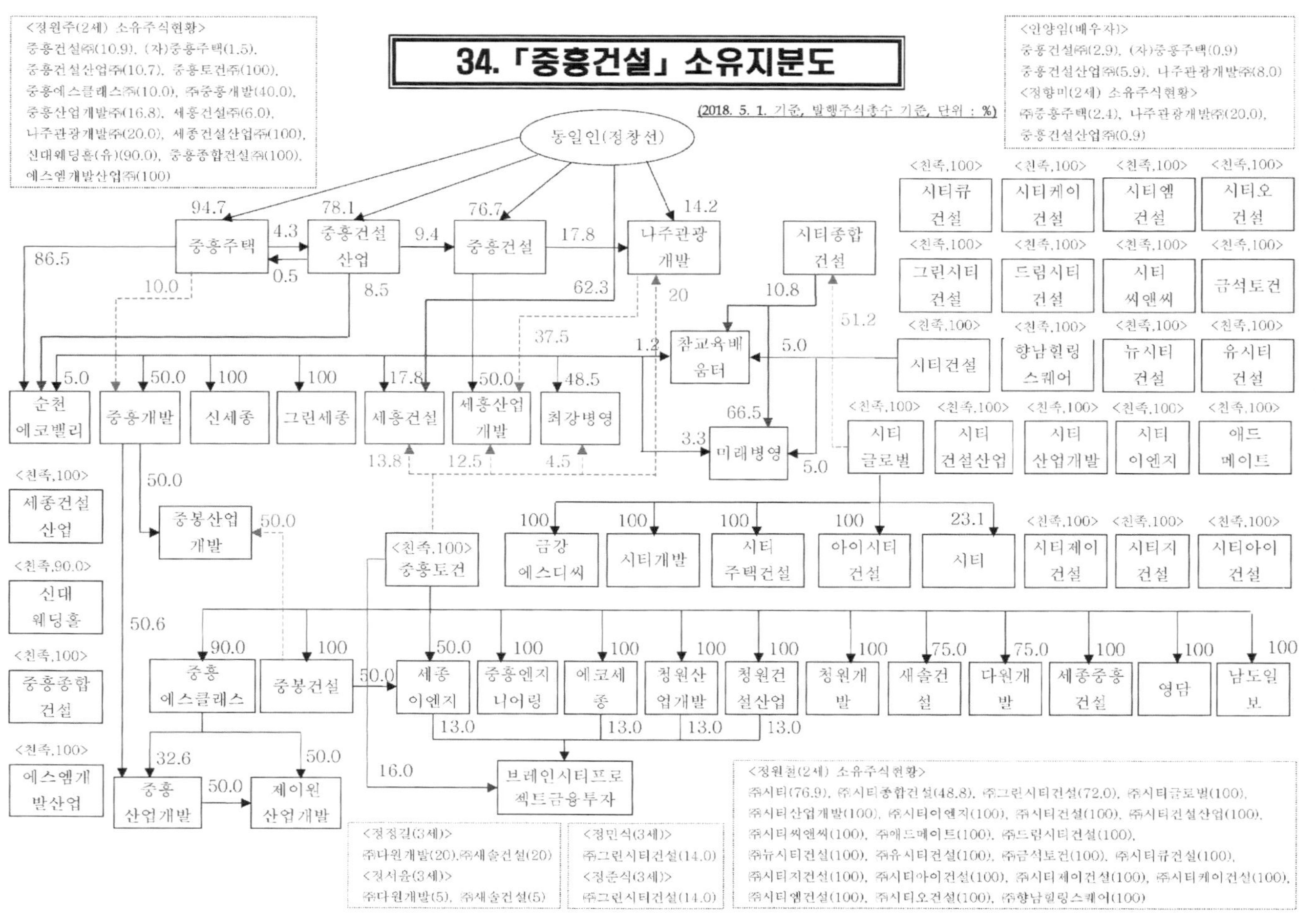

5) 중흥건설그룹, 2019년 5월: [순위] 37위, [동일인] 정창선, [계열회사] 34개

{정창선 (76.7%) → 중흥건설 → 중흥개발 등} +
{정원주 (100%) → 중흥토건 → 중흥에스클래스 등} + {정창선, 친족 → 중흥주택 등}

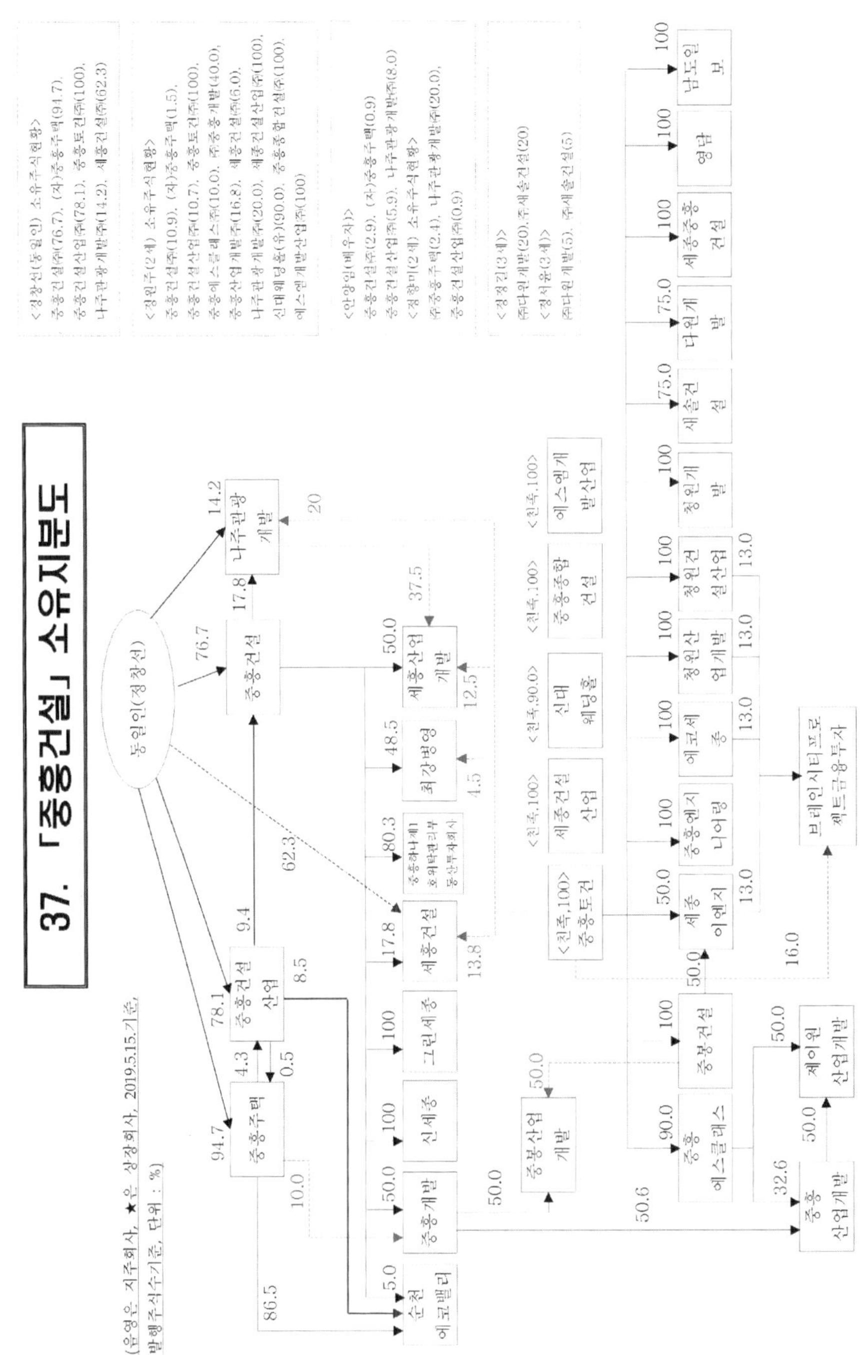

6) 중흥건설그룹, 2020년 5월: [순위] 46위, [동일인] 정창선, [계열회사] 35개

{정창선 (76.7%) → 중흥건설 → 중흥개발 등} +
{정원주 (100%) → 중흥토건 → 중흥에스클래스, 헤럴드 등} + {정창선, 친족 → 중흥주택 등}

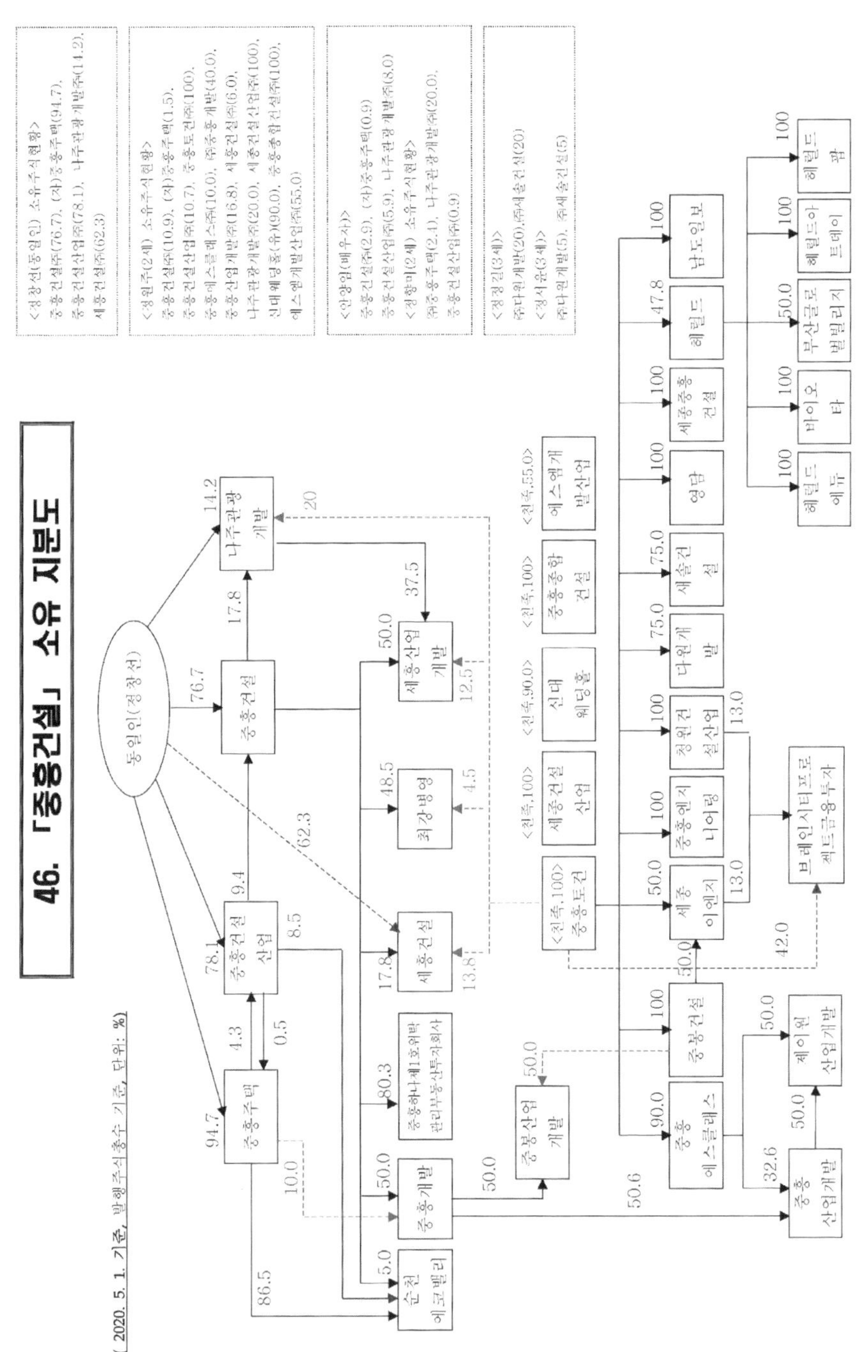

7) 중흥건설그룹, 2021년 5월: [순위] 47위, [동일인] 정창선, [계열회사] 37개

{정창선 (76.7%) → 중흥건설 → 중흥개발 등} +
{정원주 (100%) → 중흥토건 → 중흥에스클래스, 헤럴드 등} + {정창선, 친족 → 중흥주택 등}

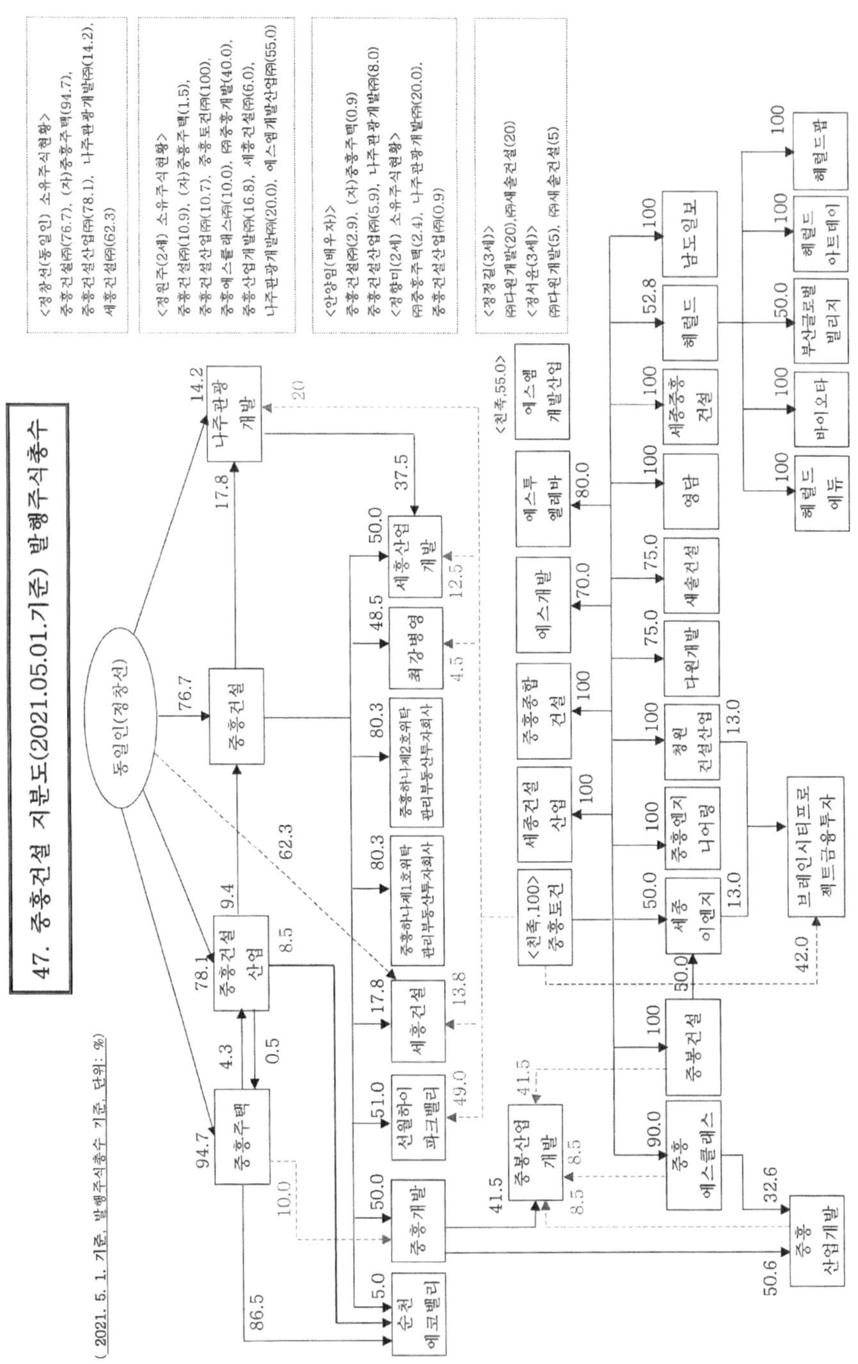

53. GS그룹: 2012-2021년

연도	동일인	순위 (위)	계열회사 (개)	자산총액 (10억 원)	매출액 (10억 원)	당기순이익 (10억 원)
2005		9	50	18,719	23,059	1,345
2006		8	50	21,827	27,614	1,589
2007		8	48	25,136	31,135	1,609
2008		7	57	31,051	34,517	1,631
2009		8	64	39,044	49,772	684
2010		7	69	43,084	43,898	1,967
2011		8	76	46,720	52,924	2,843
2012	허창수	8	73	51,388	67,228	2,336
2013	허창수	8	79	55,246	70,442	1,933
2014	허창수	8	80	58,087	68,477	-143
2015	허창수	7	79	58,506	63,491	-668
2016	허창수	7	69	60,294	52,139	929
2017	허창수	7	69	62,005	50,236	2,135
2018	허창수	7	71	65,036	58,526	2,681
2019	허창수	8	64	62,913	67,891	2,887
2020	허창수	8	69	66,753	62,404	1,943
2021	허창수	8	80	67,677	48,795	159

	[소유구조]	
주요 주주	허창수 (동일인)	친족
주요 지배 회사	GS, GS건설	-
주요 계열회사	GS에너지, GS리테일, GS이앤알	코스모앤컴퍼니, 삼양통상

주: 2005-2016년 순위: 공기업집단을 제외한 순위.

1. 그룹

1) 대규모기업집단 지정 연도: 2005-2021년.

2) 연도 수: 17년.

2. 소유지분도: 개관

1) 소유지분도 작성 연도: 2012-2021년.

   연도 수: 10년.

2) 그룹 주요 지표: [동일인] 허창수. [순위] 7-8위.

   [계열회사] 64-80개. [자산총액] 51.4-67.7조 원.

   [매출액] 48.8-70.4조 원. [당기순이익] (-0.7) - 2.9조 원.

3) 소유구조

◆ {허창수 → GS, GS건설 → 계열회사} +

{친족 → 계열회사2} ◆

① [주요 주주]

1명.

허창수 (동일인).

지분: 4.7-11.8%.

② [주요 지배 회사]

2개 (2개씩 관련).

GS (상장), GS건설 (상장).

③ [계열회사]

유형: 자회사 → 손자회사 → 증손회사.

주요 회사: 3개 (2-3개씩 관련).

GS에너지, GS리테일 (상장), GS이앤알.

* 계열회사2: 2개 (1-2개씩 관련).

코스모앤컴퍼니, 삼양통상.

3. 소유지분도: 연도별, 2012-2021년

1) 2012년 4월: [순위] 8위, [동일인] 허창수, [계열회사] 73개

{허창수 (4.8, 11.8%) →

GS, GS건설 → GS에너지, GS리테일 등} +

{친족 → 코스모앤컴퍼니, 삼양통상 등}.

2) 2013년 4월: [순위] 8위, [동일인] 허창수, [계열회사] 79개

{허창수 (4.7, 11.8%) →

GS, GS건설 → GS에너지, GS리테일 등} +

{친족 → 코스모앤컴퍼니, 삼양통상 등}.

3) 2014년 4월: [순위] 8위, [동일인] 허창수, [계열회사] 80개

{허창수 (4.7, 11.8%) →

GS, GS건설 → GS에너지, GS리테일, GS이앤알 등} +

{친족 → 코스모앤컴퍼니, 삼양통상 등}.

4) 2015년 4월: [순위] 7위, [동일인] 허창수, [계열회사] 79개

{허창수 (4.7, 11%) →

GS, GS건설 → GS에너지, GS리테일, GS이앤알 등} +

{친족 → 코스모앤컴퍼니, 삼양통상 등}.

5) 2016년 4월: [순위] 7위, [동일인] 허창수, [계열회사] 69개

{허창수 (4.7, 11%) →

GS, GS건설 → GS에너지, GS리테일, GS이앤알 등} +

{친족 → 삼양통상 등}.

6) 2017년 5월: [순위] 7위, [동일인] 허창수, [계열회사] 69개

{허창수 (4.7, 10.9%) →

GS, GS건설 → GS에너지, GS리테일, GS이앤알 등} +

{친족 → 삼양통상 등}.

7) 2018년 5월: [순위] 7위, [동일인] 허창수, [계열회사] 71개

{허창수 (4.7, 10.4%) →

GS, GS건설 → GS에너지, GS리테일, GS이앤알 등} +

{친족 → 삼양통상 등}.

8) 2019년 5월: [순위] 8위, [동일인] 허창수, [계열회사] 64개

{허창수 (4.7, 9.3%) →

GS, GS건설 → GS에너지, GS리테일, GS이앤알 등} +

{친족 → 삼양통상 등}.

9) 2020년 5월: [순위] 8위, [동일인] 허창수, [계열회사] 69개

{허창수 (4.7, 8.9%) →

GS, GS건설 → GS에너지, GS리테일, GS이앤알 등} +

{친족 → 삼양통상 등}.

10) 2021년 5월: [순위] 8위, [동일인] 허창수, [계열회사] 80개

{허창수 (4.7, 8.3%) →

GS, GS건설 → GS에너지, GS리테일, GS이앤알 등} +

{친족 → 삼양통상 등}.

1) GS그룹, 2012년 4월: [순위] 8위, [동일인] 허창수, [계열회사] 73개

{허창수 (4.8, 11.8%) → GS, GS건설 → GS에너지, GS리테일 등} + {친족 → 코스모앤컴퍼니, 삼양통상 등}

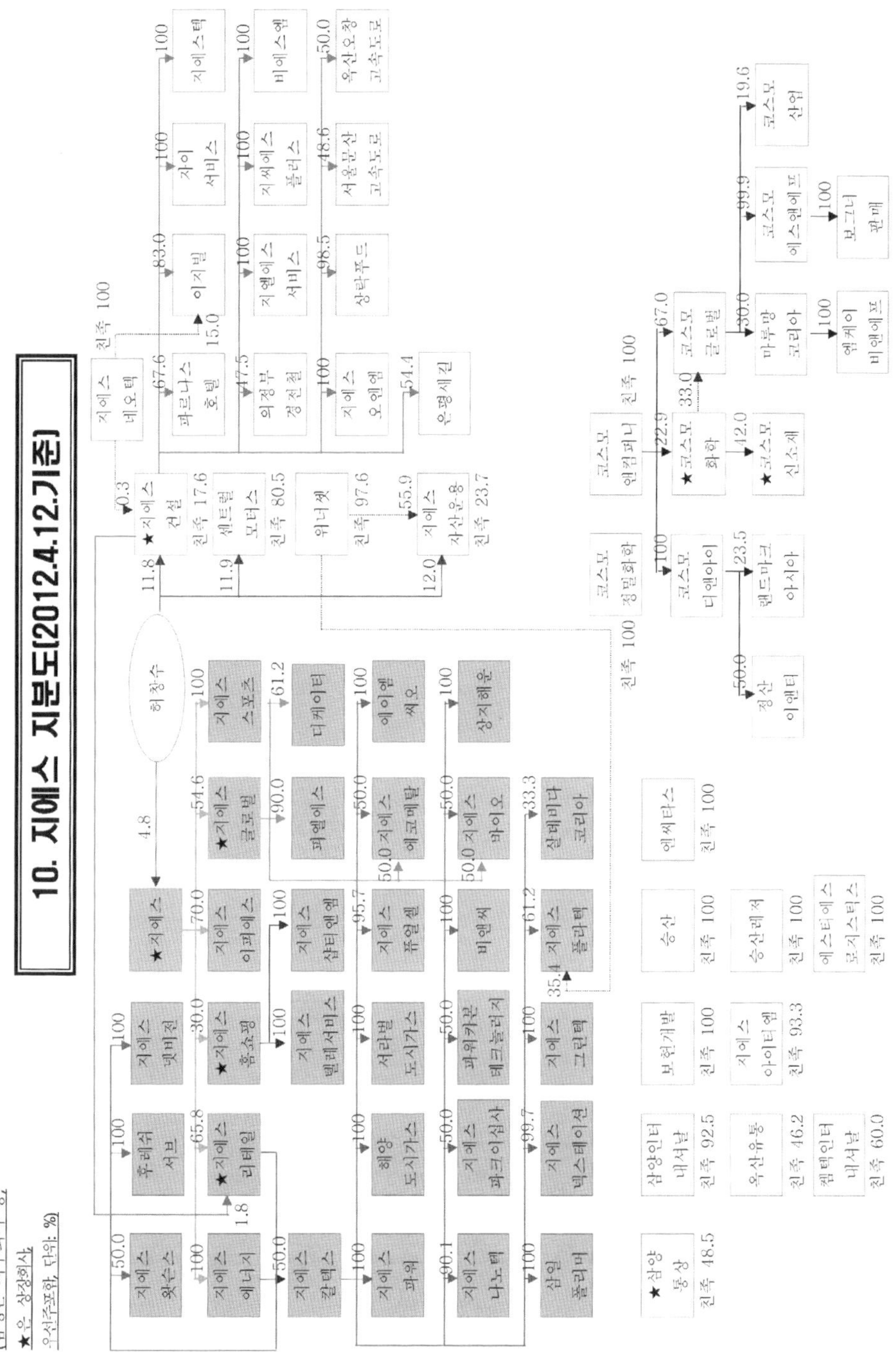

2) GS그룹, 2013년 4월: [순위] 8위, [동일인] 허창수, [계열회사] 79개

{허창수 (4.7, 11.8%) → GS, GS건설 → GS에너지, GS리테일 등} + {친족 → 코스모앤컴퍼니, 삼양통상 등}

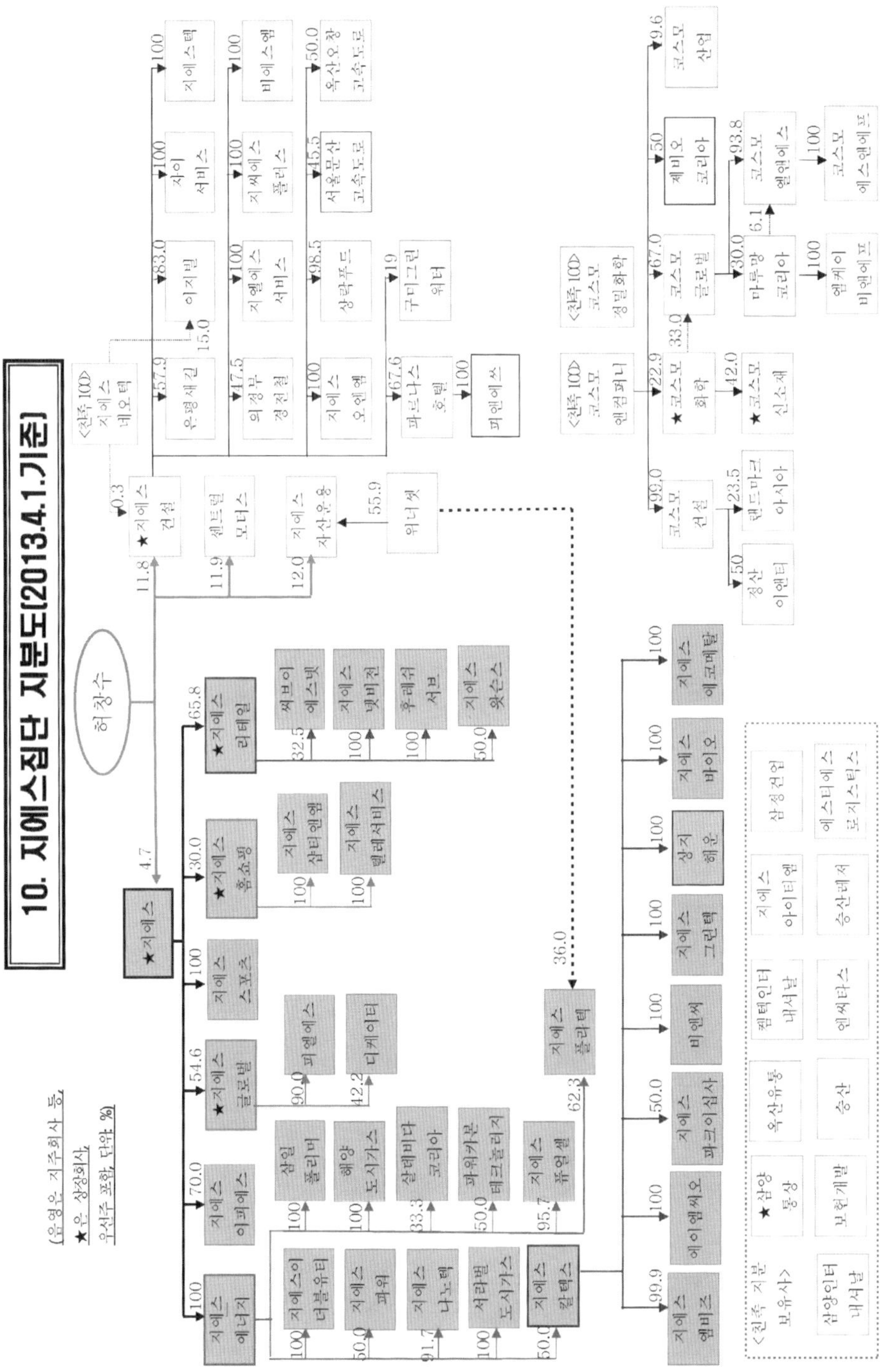

3) GS그룹, 2014년 4월: [순위] 8위, [동일인] 허창수, [계열회사] 80개

{허창수 (4.7, 11.8%) → GS, GS건설 → GS에너지, GS리테일, GS이앤알 등} + {친족 → 코스모앤컴퍼니, 삼양통상 등}

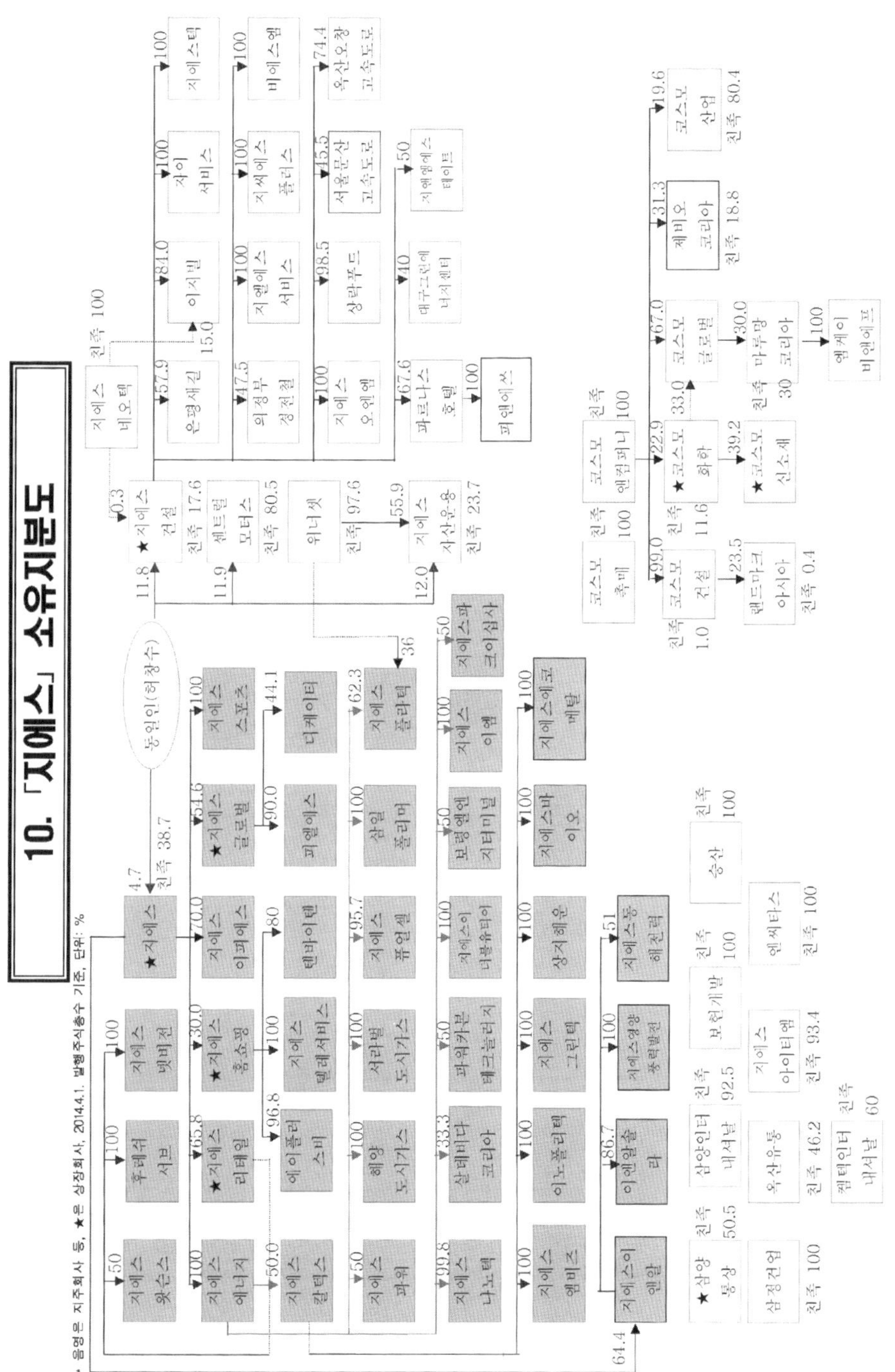

4) GS그룹, 2015년 4월: [순위] 7위, [동일인] 허창수, [계열회사] 79개

{허창수 (4.7, 11%) → GS, GS건설 → GS에너지, GS리테일, GS이앤알 등} + {친족 → 코스모앤컴퍼니, 삼양통상 등}

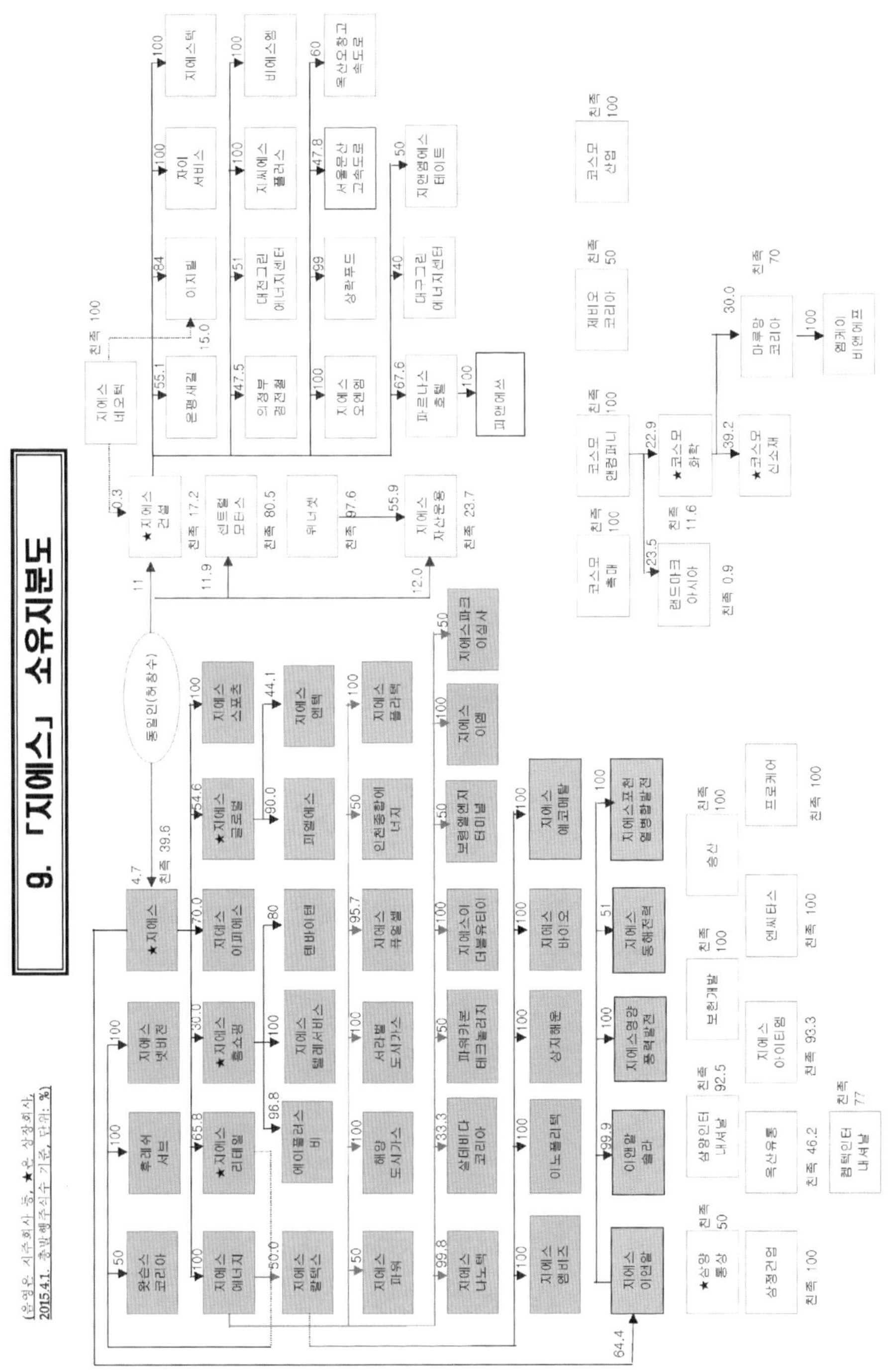

5) GS그룹, 2016년 4월: [순위] 7위, [동일인] 허창수, [계열회사] 69개

{허창수 (4.7, 11%) → GS, GS건설 → GS에너지, GS리테일, GS이앤알 등} + {친족 → 삼양통상 등}

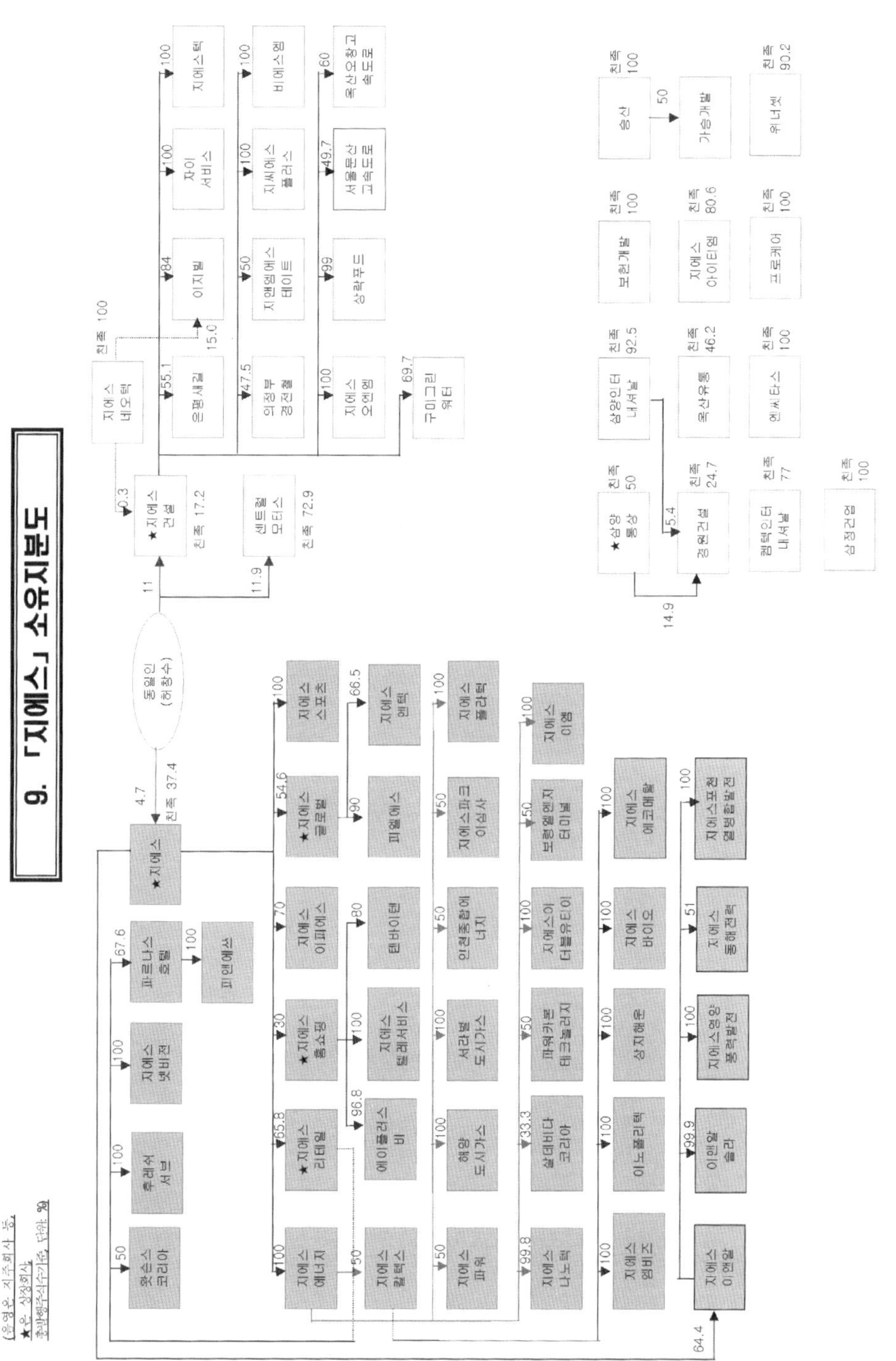

6) GS그룹, 2017년 5월: [순위] 7위, [동일인] 허창수, [계열회사] 69개

{허창수 (4.7, 10.9%) → GS, GS건설 → GS에너지, GS리테일, GS이앤알 등} + {친족 → 삼양통상 등}

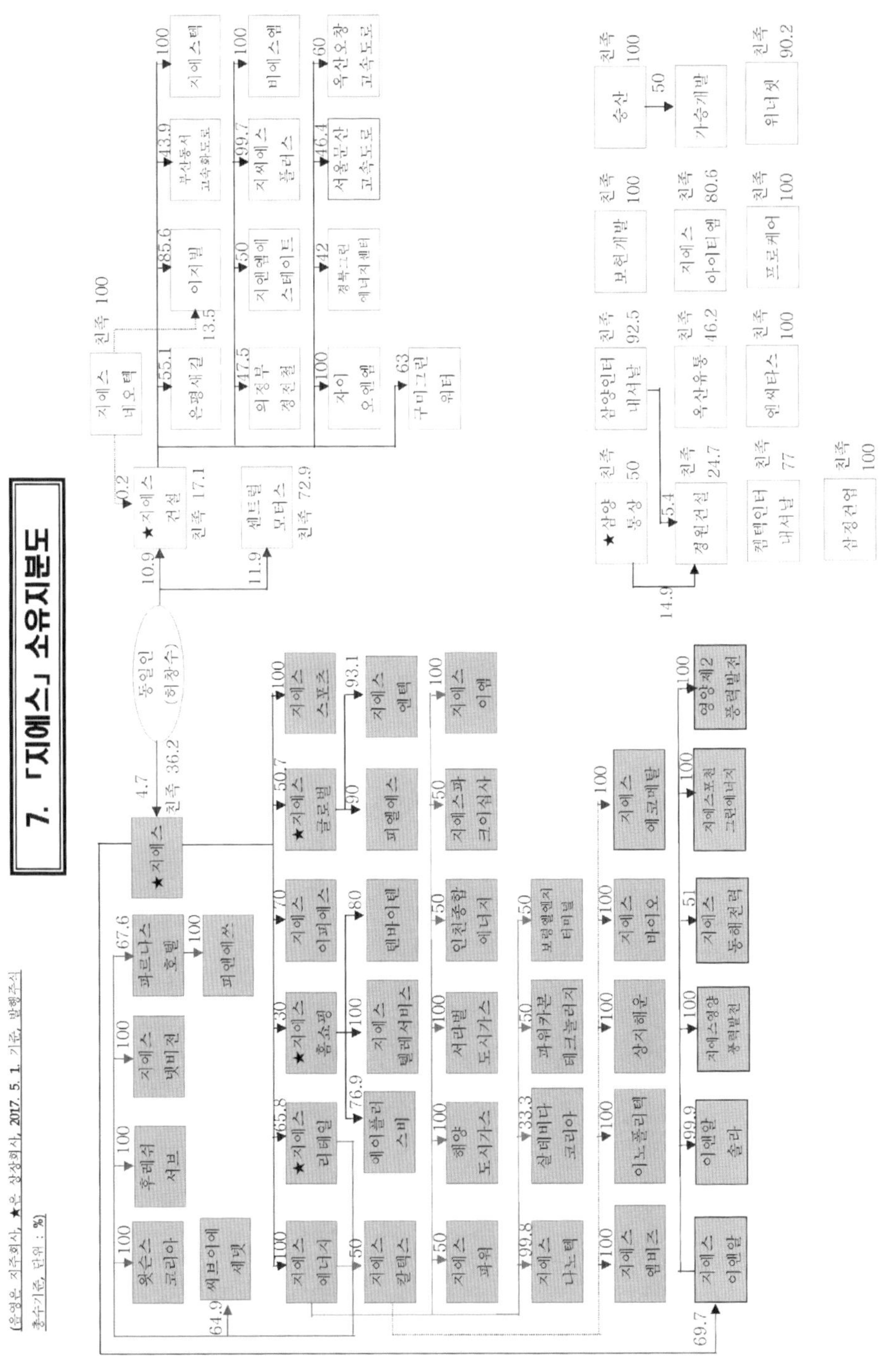

7) GS그룹, 2018년 5월: [순위] 7위, [동일인] 허창수, [계열회사] 71개

{허창수 (4.7, 10.4%) → GS, GS건설 → GS에너지, GS리테일, GS이앤알 등} + {친족 → 삼양통상 등}

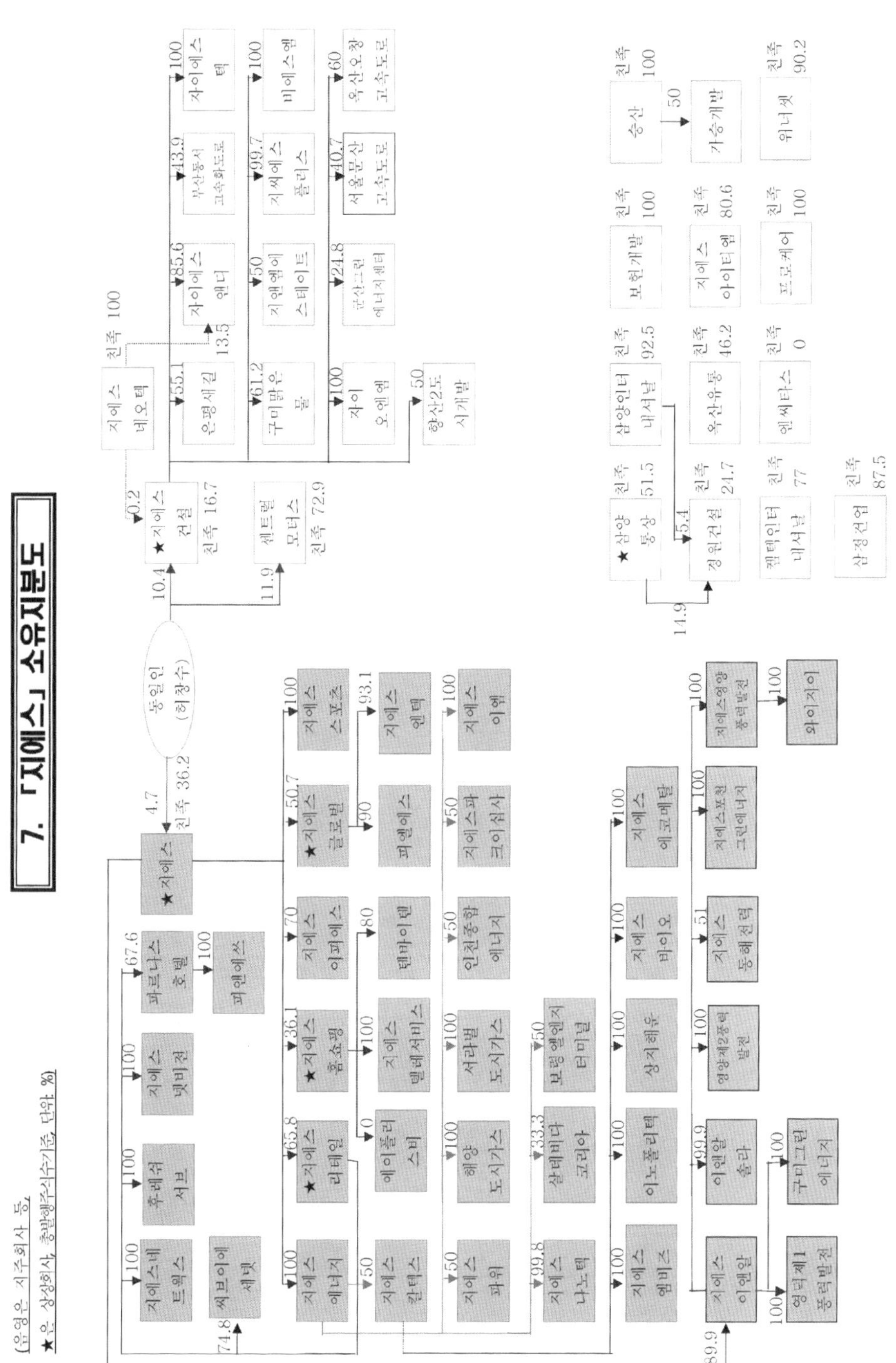

8) GS그룹, 2019년 5월: [순위] 8위, [동일인] 허창수, [계열회사] 64개

{허창수 (4.7, 9.3%) → GS, GS건설 → GS에너지, GS리테일, GS이앤알 등} + {친족 → 삼양통상 등}

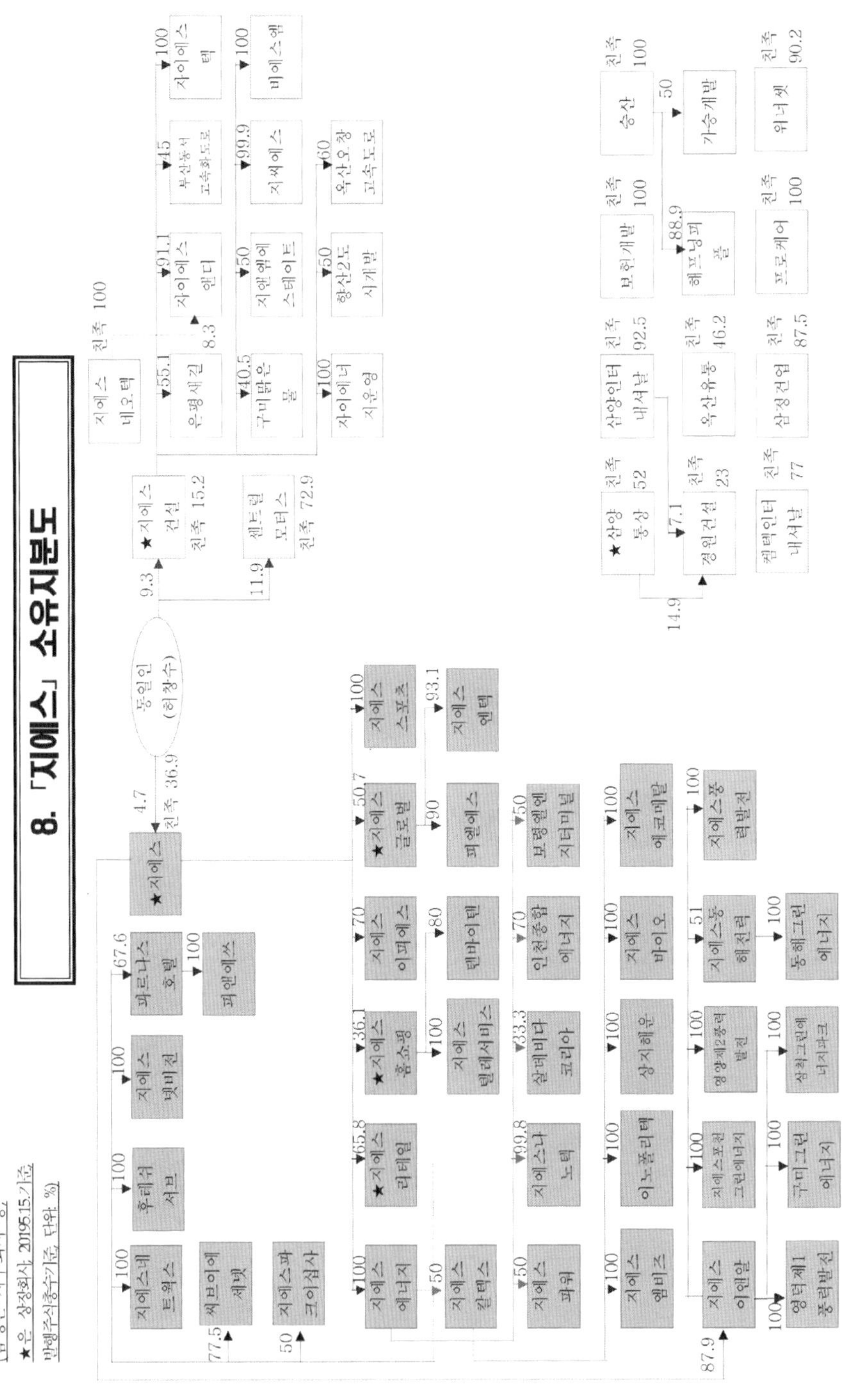

9) GS그룹, 2020년 5월: [순위] 8위, [동일인] 허창수, [계열회사] 69개

{허창수 (4.7, 8.9%) → GS, GS건설 → GS에너지, GS리테일, GS이앤알 등} + {친족 → 삼양통상 등}

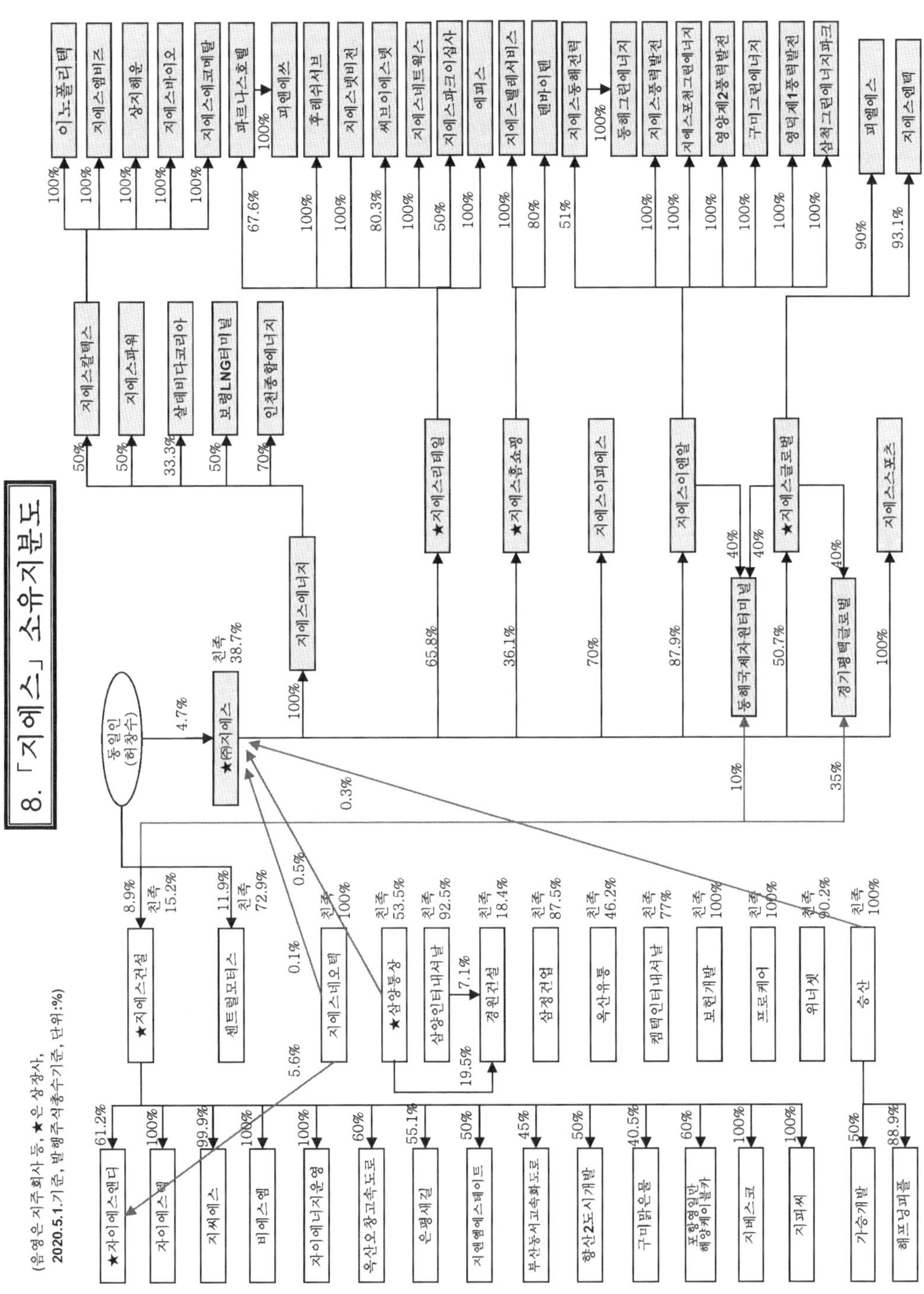

10) GS그룹, 2021년 5월: [순위] 8위, [동일인] 허창수, [계열회사] 80개

{허창수 (4.7, 8.3%) → GS, GS건설 → GS에너지, GS리테일, GS이앤알 등} + {친족 → 삼양통상 등}

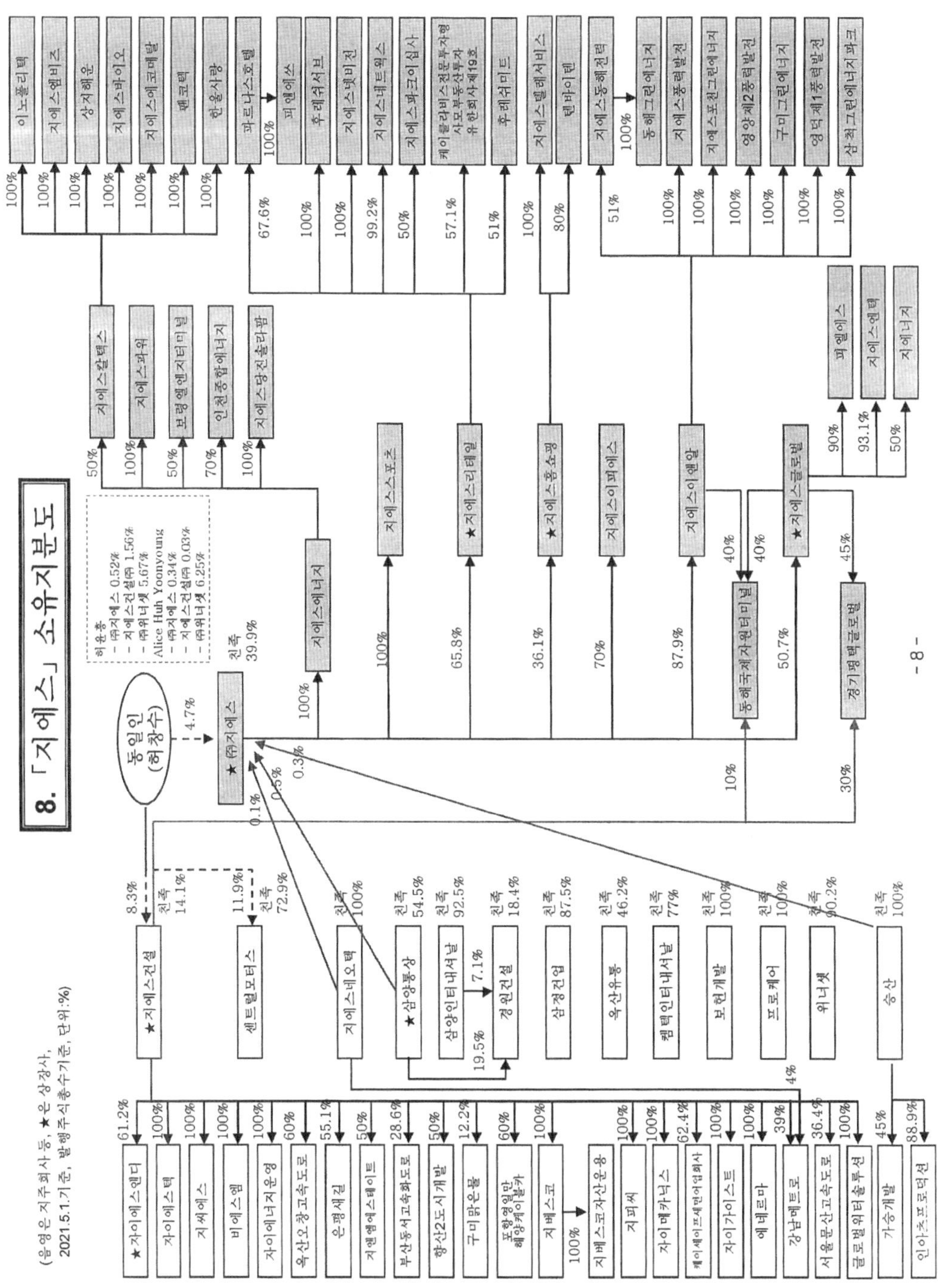

- 8 -

54. 카카오그룹: 2016-2021년

연도	동일인	순위 (위)	계열회사 (개)	자산총액 (10억 원)	매출액 (10억 원)	당기순이익 (10억 원)
2016	김범수	53	45	5,083	1,367	107
2017	김범수	50	63	6,752	1,635	78
2018	김범수	39	72	8,540	2,264	296
2019	김범수	32	71	10,603	2,380	-4
2020	김범수	23	97	14,243	4,301	-240
2021	김범수	18	118	19,952	5,599	164

	[소유구조]
주요 주주	김범수 (동일인)
주요 지배 회사	카카오
주요 계열회사	케이벤처그룹/카카오게임즈홀딩스, 카카오인베스트먼트, 카카오게임즈, 로엔엔터테인먼트/카카오엠, 카카오엠, 카카오엔터테인먼트, 카카오모빌리티

주: 2016년 순위: 공기업집단을 제외한 순위.

1. 그룹

1) 대규모기업집단 지정 연도: 2016-2021년.

2) 연도 수: 6년.

2. 소유지분도: 개관

1) 소유지분도 작성 연도: 2016-2021년.
연도 수: 6년.

2) 그룹 주요 지표: [동일인] 김범수. [순위] 18-53위.
[계열회사] 45-118개. [자산총액] 5.1-20.0조 원.
[매출액] 1.4-5.6조 원. [당기순이익] (-0.2) - 0.3조 원.

3) 소유구조

◆ 김범수 → 카카오 → 계열회사 ◆

① [주요 주주]

1명.

김범수 (동일인).

지분: 13.3-18.7%.

② [주요 지배 회사]

1개.

카카오 (상장).

③ [계열회사]

유형: 자회사 → 손자회사 → 증손회사.

주요 회사: 7개 (2-4개씩 관련).

케이벤처그룹 / 카카오게임즈홀딩스, 카카오인베스트먼트,
카카오게임즈 (2017-2020년 비상장, 2021년 상장),
로엔엔터테인먼트 (상장) / 카카오엠 (2018년 상장),
카카오엠 (2019-2020년 비상장), 카카오엔터테인먼트,
카카오모빌리티.

4) 케이벤처그룹: 카카오게임즈홀딩스 (2016년 4월 이후 상호 변경; 2017년 4월 인적분할 후 카카오인베스트먼트 신설; 2017년 9월 이후 카카오에 합병; 2017년 9월 이후 케이벤처그룹 신설).

로엔엔터테인먼트: 카카오엠 (2018년 3월 상호 변경; 2018년 9월 카카오에 합병).

이앤컴퍼니: 카카오엠 (2018년 8월 설립 후 9월 상호 변경).

카카오페이지: 카카오엔터테인먼트 (2021년 3월 카카오엠 합병 후 상호 변경).

엔진: 카카오게임즈 (2016년 4월 다음게임 합병 후 상호 변경).

3. 소유지분도: 연도별, 2016-2021년

1) 2016년 4월: [순위] 53위, [동일인] 김범수, [계열회사] 45개

김범수 (18.7%) →

카카오 → 케이벤처그룹, 로엔엔터테인먼트 등.

2) 2017년 9월: [순위] 50위, [동일인] 김범수, [계열회사] 63개

김범수 (18.5%) →

카카오 → 카카오게임즈홀딩스, 카카오인베스트먼트, 로엔엔터테인먼트 등.

3) 2018년 5월: [순위] 39위, [동일인] 김범수, [계열회사] 72개

김범수 (16.4%) →

카카오 → 카카오게임즈, 카카오인베스트먼트, 카카오엠 등.

4) 2019년 5월: [순위] 32위, [동일인] 김범수, [계열회사] 71개

김범수 (15%) →

카카오 → 카카오게임즈, 카카오인베스트먼트, 카카오엠 등.

5) 2020년 5월: [순위] 23위, [동일인] 김범수, [계열회사] 97개

김범수 (14.4%) →

카카오 → 카카오게임즈, 카카오인베스트먼트, 카카오엠, 카카오모빌리티 등.

6) 2021년 5월: [순위] 18위, [동일인] 김범수, [계열회사] 118개

김범수 (13.3%) →

카카오 → 카카오게임즈, 카카오인베스트먼트, 카카오엔터테인먼트, 카카오모빌리티 등.

1) 카카오그룹, 2016년 4월: [순위] 53위, [동일인] 김범수, [계열회사] 45개

김범수 (18.7%) → 카카오 → 케이벤처그룹, 로엔엔터테인먼트 등

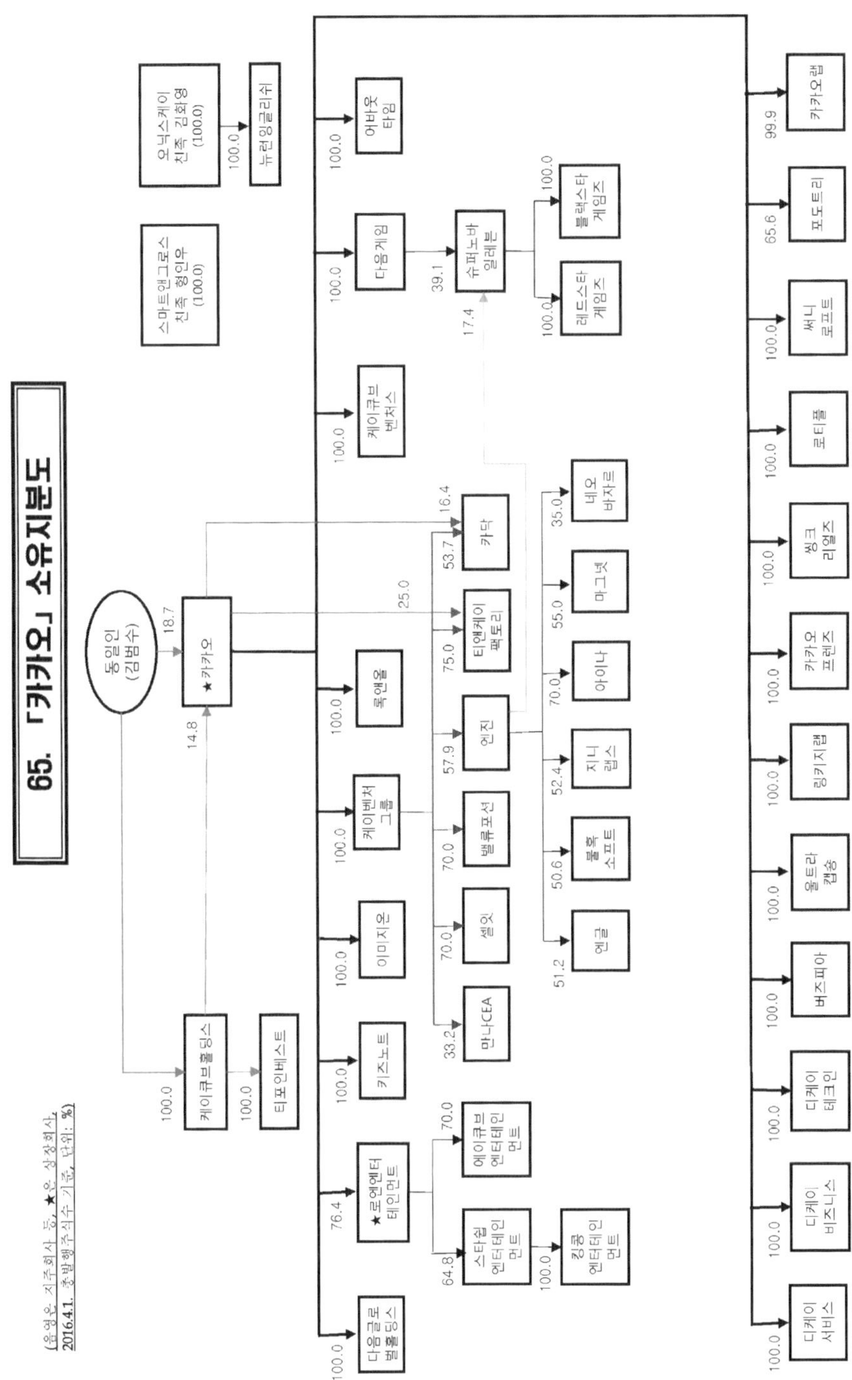

2) 카카오그룹, 2017년 9월: [순위] 50위, [동일인] 김범수, [계열회사] 63개

김범수 (18.5%) → 카카오 → 카카오게임즈홀딩스, 카카오인베스트먼트, 로엔엔터테인먼트 등

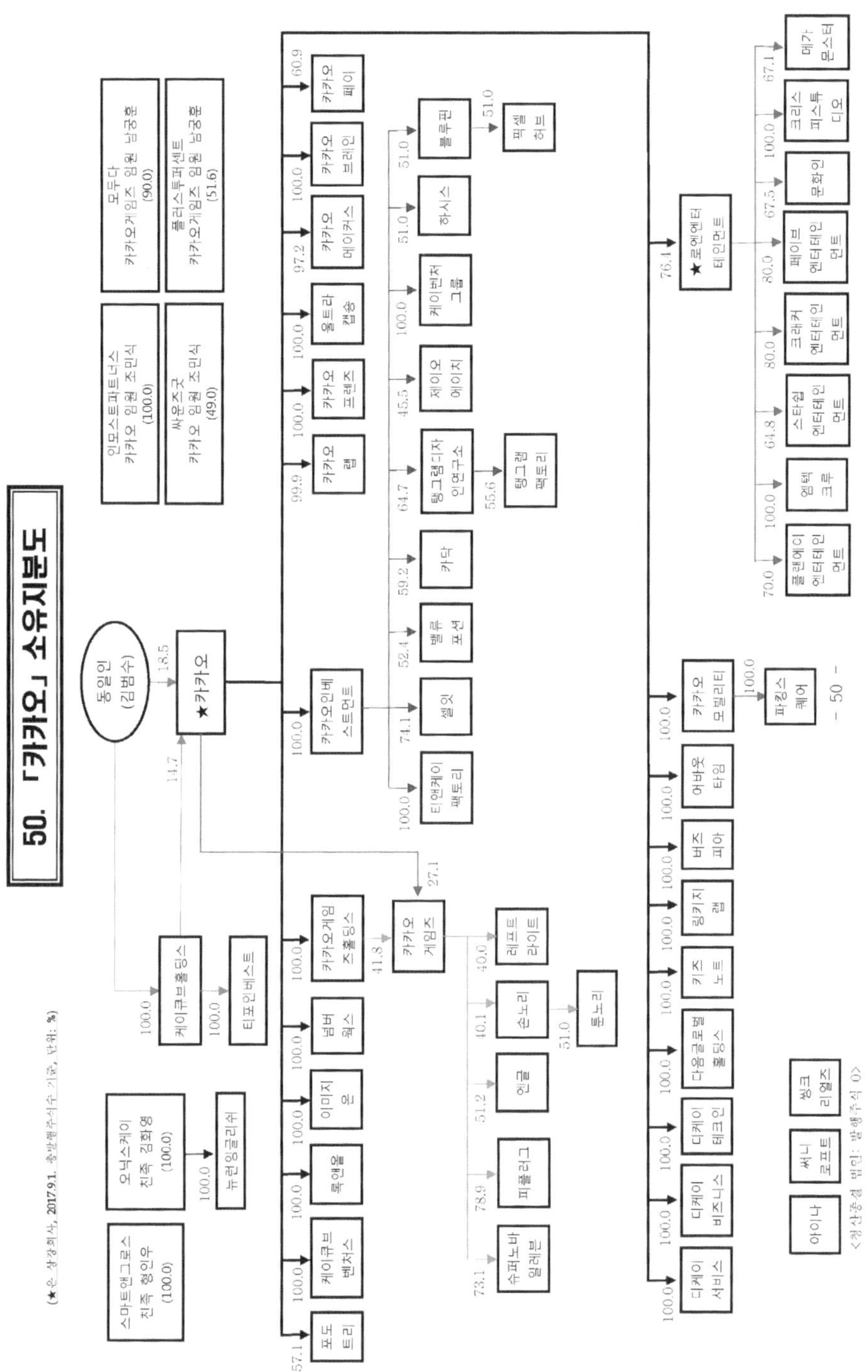

3) 카카오그룹, 2018년 5월: [순위] 39위, [동일인] 김범수, [계열회사] 72개

김범수 (16.4%) → 카카오 → 카카오게임즈, 카카오인베스트먼트, 카카오엠 등

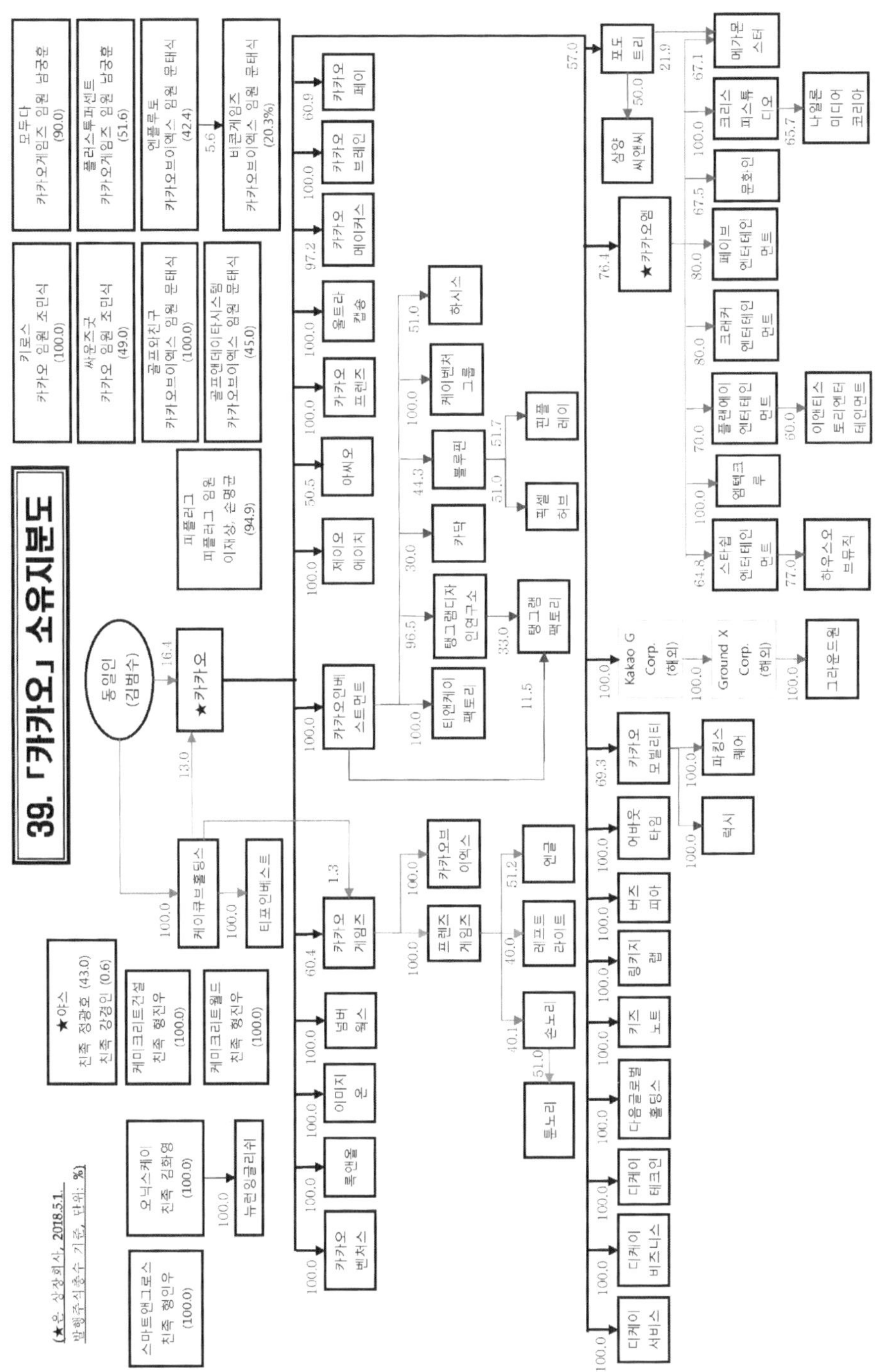

4) 카카오그룹, 2019년 5월: [순위] 32위, [동일인] 김범수, [계열회사] 71개

김범수 (15%) → 카카오 → 카카오게임즈, 카카오인베스트먼트, 카카오엠 등

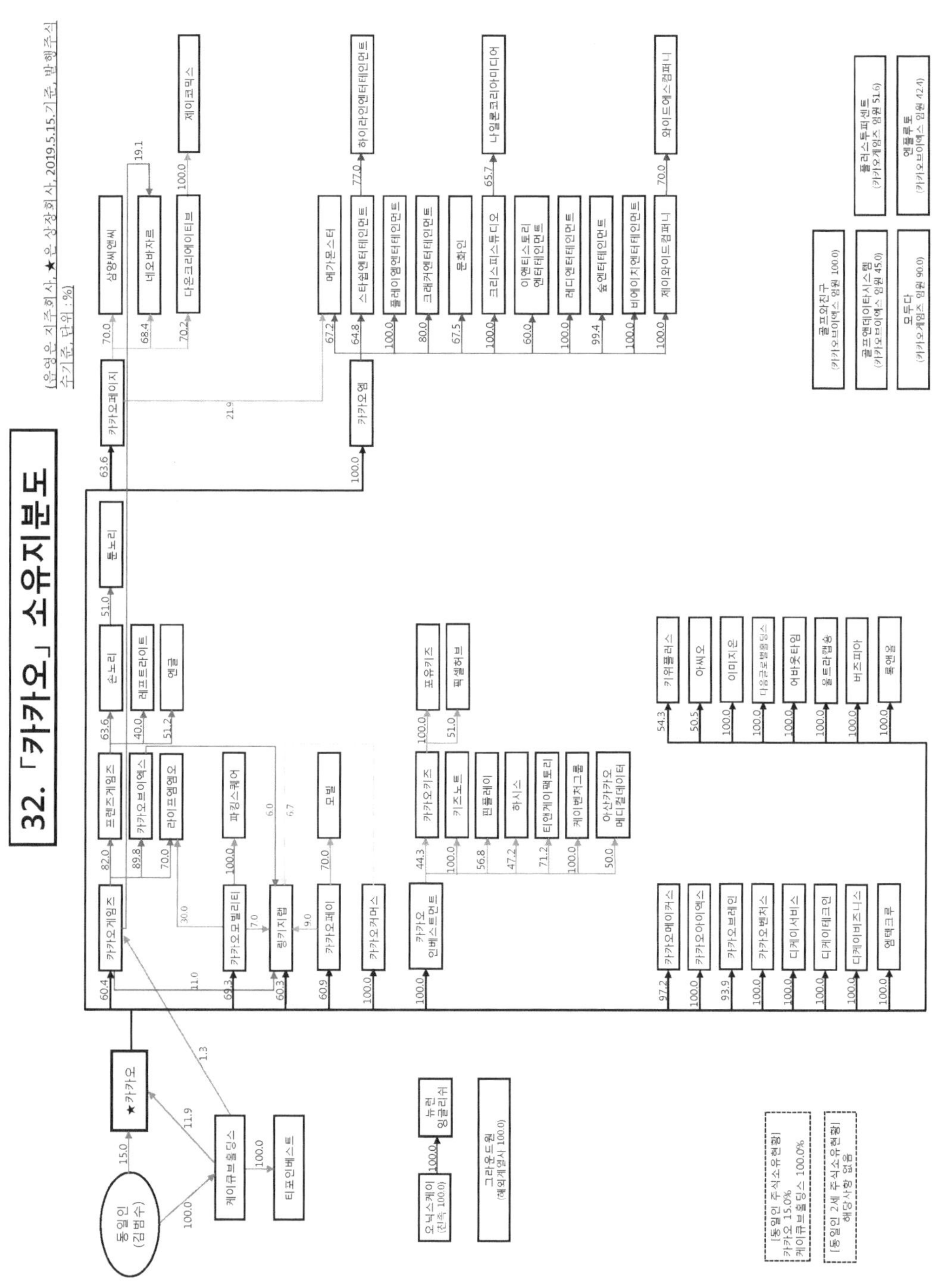

5) 카카오그룹, 2020년 5월: [순위] 23위, [동일인] 김범수, [계열회사] 97개

김범수 (14.4%) → 카카오 → 카카오게임즈, 카카오인베스트먼트, 카카오엠, 카카오모빌리티 등

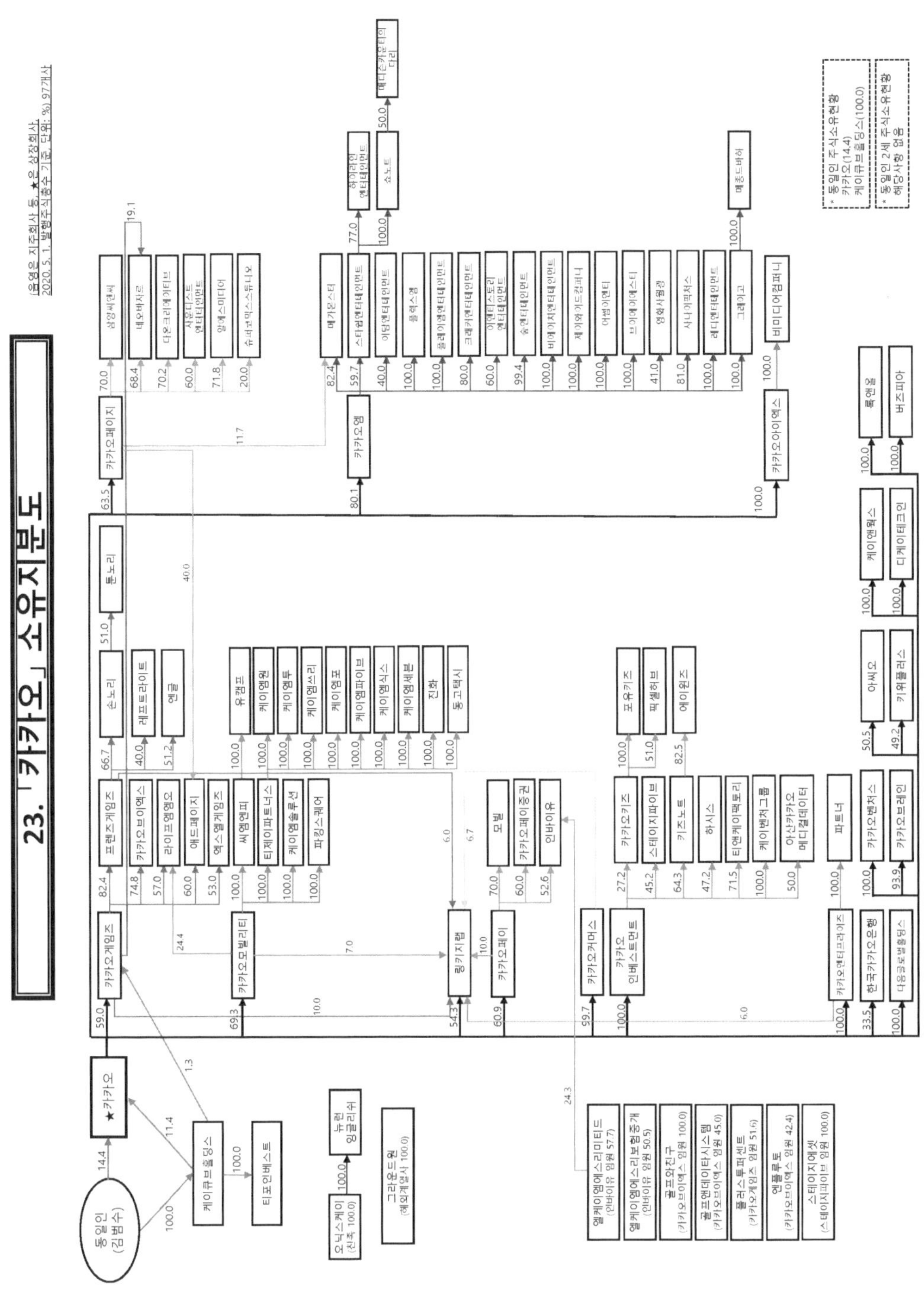

6) 카카오그룹, 2021년 5월: [순위] 18위, [동일인] 김범수, [계열회사] 118개

김범수 (13.3%) → 카카오 → 카카오게임즈, 카카오인베스트먼트, 카카오엔터테인먼트, 카카오모빌리티 등

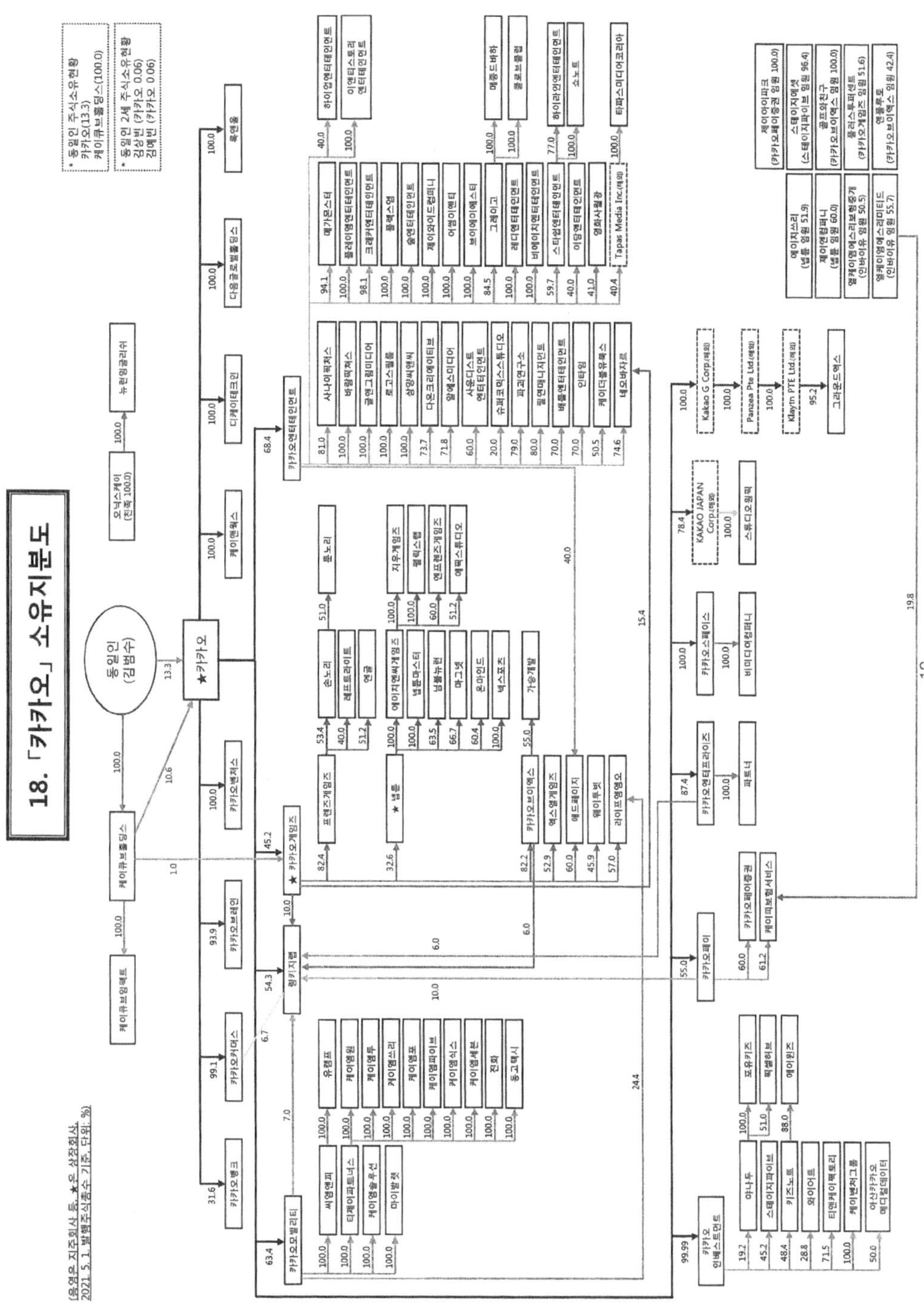

55. KCC그룹: 2012-2021년

연도	동일인	순위 (위)	계열회사 (개)	자산총액 (10억 원)	매출액 (10억 원)	당기순이익 (10억 원)
2002		30	6	2,311	1,986	101
2003		30	7	2,672	2,194	180
2004		28	10	3,422	2,452	240
2005		31	7	3,526	2,639	215
2006		34	7	4,098	2,785	289
2007		30	7	4,777	2,931	295
2008		23	7	8,013	3,046	282
2009		31	10	6,649	3,679	245
2010		28	10	8,701	4,492	444
2011		25	9	10,176	4,515	397
2012	정몽진	32	9	9,182	4,702	353
2013	정몽진	35	9	8,507	4,590	213
2014	정몽진	34	9	8,653	4,388	102
2015	정몽진	29	9	10,185	4,564	314
2016	정몽진	30	7	9,806	4,487	106
2017	정몽진	31	7	10,466	4,825	203
2018	정몽진	29	17	10,969	5,302	53
2019	정몽진	34	15	10,425	4,946	58
2020	정몽진	32	16	10,977	5,270	-54
2021	정몽진	33	18	12,277	4,069	885

	[소유구조]	
주요 주주	정몽진 (동일인)	정몽진, 친족
주요 지배 회사	KCC	-
주요 계열회사	KCC건설	금강레저, 동주피앤지

주: 2002-2016년 순위: 공기업집단을 제외한 순위.

1. 그룹

1) 대규모기업집단 지정 연도: 2002-2021년.

2) 연도 수: 20년.

2. 소유지분도: 개관

1) 소유지분도 작성 연도: 2012-2021년.

   연도 수: 10년.

2) 그룹 주요 지표: [동일인] 정몽진. [순위] 29-35위.

   [계열회사] 7-18개. [자산총액] 8.5-12.3조 원.

   [매출액] 4.1-5.3조 원. [당기순이익] (-0.1) - 0.9조 원.

3) 소유구조

◆ {정몽진 → KCC → 계열회사} +

{정몽진, 친족 → 계열회사2} ◆

① [주요 주주]

1명.

정몽진 (동일인).

지분: 17.8-18.6%.

② [주요 지배 회사]

1개.

KCC (상장).

③ [계열회사]

유형: 자회사 → 손자회사.

주요 회사: 1개.

KCC건설 (상장).

* 계열회사2: 2개 (1-2개씩 관련).

금강레저, 동주피앤지.

3. 소유지분도: 연도별, 2012-2021년

1) 2012년 4월: [순위] 32위, [동일인] 정몽진, [계열회사] 9개

{정몽진 (17.8%) →

KCC → KCC건설 등} +

{정몽진 → 금강레저}.

2) 2013년 4월: [순위] 35위, [동일인] 정몽진, [계열회사] 9개

{정몽진 (17.8%) →

KCC → KCC건설 등} +

{정몽진 → 금강레저}.

3) 2014년 4월: [순위] 34위, [동일인] 정몽진, [계열회사] 9개

{정몽진 (17.8%) →

KCC → KCC건설 등} +

{정몽진 → 금강레저}.

4) 2015년 4월: [순위] 29위, [동일인] 정몽진, [계열회사] 9개

{정몽진 (17.8%) →

KCC → KCC건설 등} +

{정몽진 → 금강레저}.

5) 2016년 4월: [순위] 30위, [동일인] 정몽진, [계열회사] 7개

{정몽진 (18.1%) →

KCC → KCC건설 등} +

{정몽진 → 금강레저 등}.

6) 2017년 5월: [순위] 31위, [동일인] 정몽진, [계열회사] 7개

{정몽진 (18.1%) →

KCC → KCC건설 등} +

{정몽진 → 금강레저 등}.

7) 2018년 5월: [순위] 29위, [동일인] 정몽진, [계열회사] 17개

{정몽진 (18.1%) →

KCC → KCC건설 등} +

{정몽진, 친족 → 금강레저, 동주피앤지 등}.

8) 2019년 5월: [순위] 34위, [동일인] 정몽진, [계열회사] 15개

{정몽진 (18.3%) →

KCC → KCC건설 등} +

{정몽진, 친족 → 금강레저, 동주피앤지 등}.

9) 2020년 5월: [순위] 32위, [동일인] 정몽진, [계열회사] 16개

{정몽진 (18.6%) →

KCC → KCC건설 등} +

{정몽진, 친족 → 금강레저, 동주피앤지 등}.

10) 2021년 5월: [순위] 33위, [동일인] 정몽진, [계열회사] 18개

{정몽진 (18.6%) →

KCC → KCC건설 등} +

{정몽진, 친족 → 금강레저, 동주피앤지 등}.

1) KCC그룹, 2012년 4월: [순위] 32위, [동일인] 정몽진, [계열회사] 9개

{정몽진 (17.8%) → KCC → KCC건설 등} + {정몽진 → 금강레저}

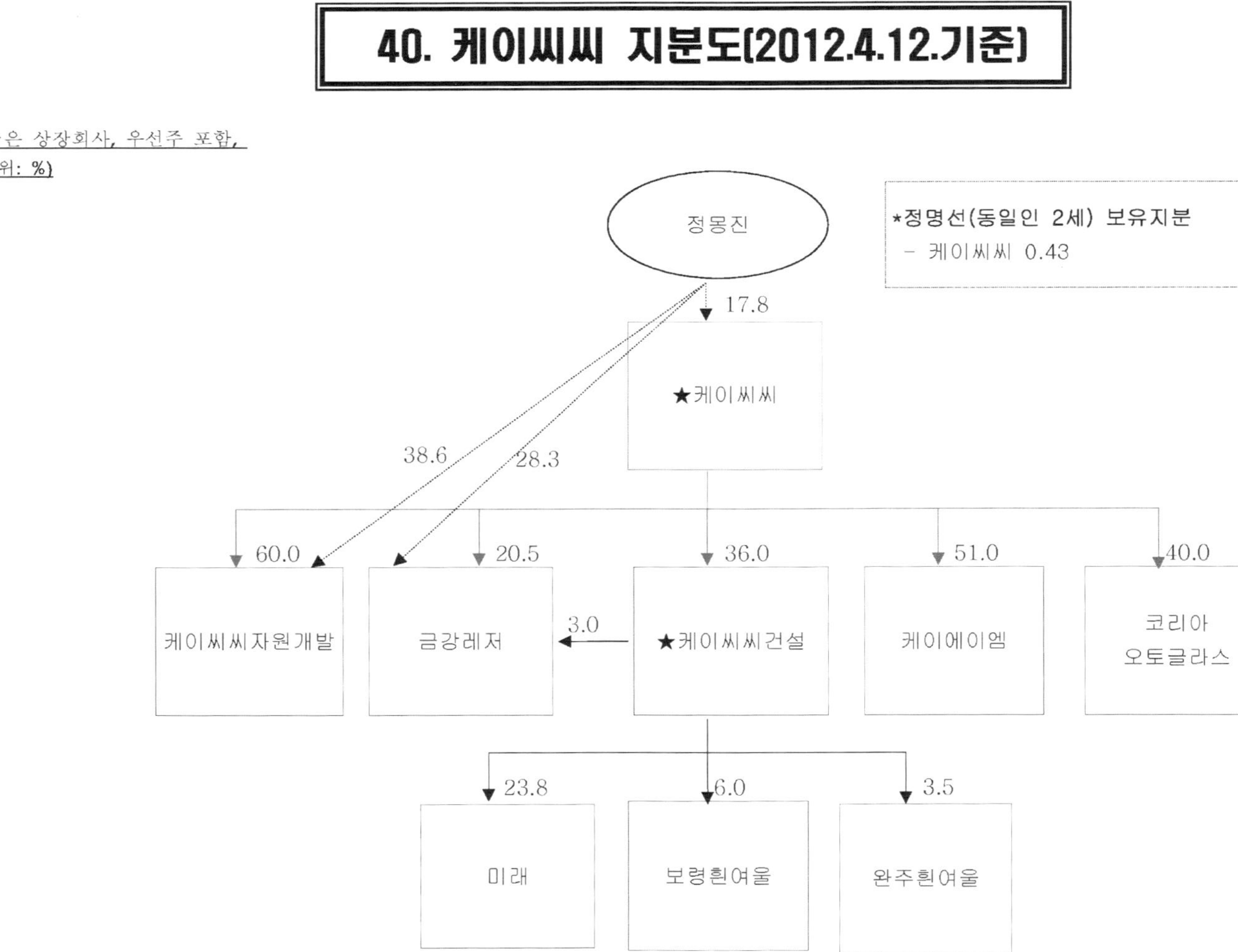

2) KCC그룹, 2013년 4월: [순위] 35위, [동일인] 정몽진, [계열회사] 9개

{정몽진 (17.8%) → KCC → KCC건설 등} + {정몽진 → 금강레저}

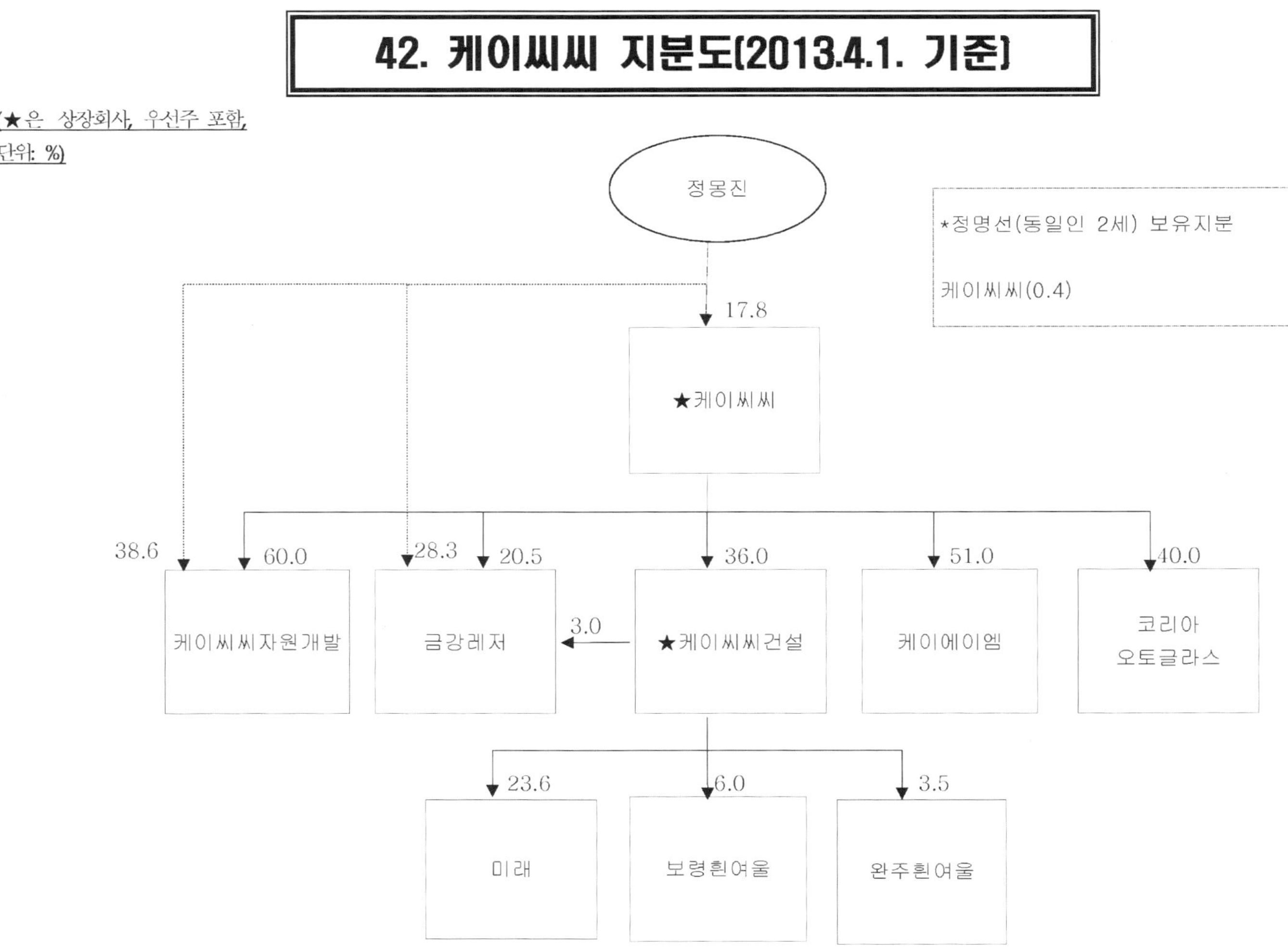

42. 「케이씨씨」 소유지분도

* ★은 상장회사, 2014.4.1. 발행주식총수 기준, 단위: %

3) KCC그룹, 2014년 4월: [순위] 34위, [동일인] 정몽진, [계열회사] 9개

{정몽진 (17.8%) → KCC → KCC건설 등} + {정몽진 → 금강레저}

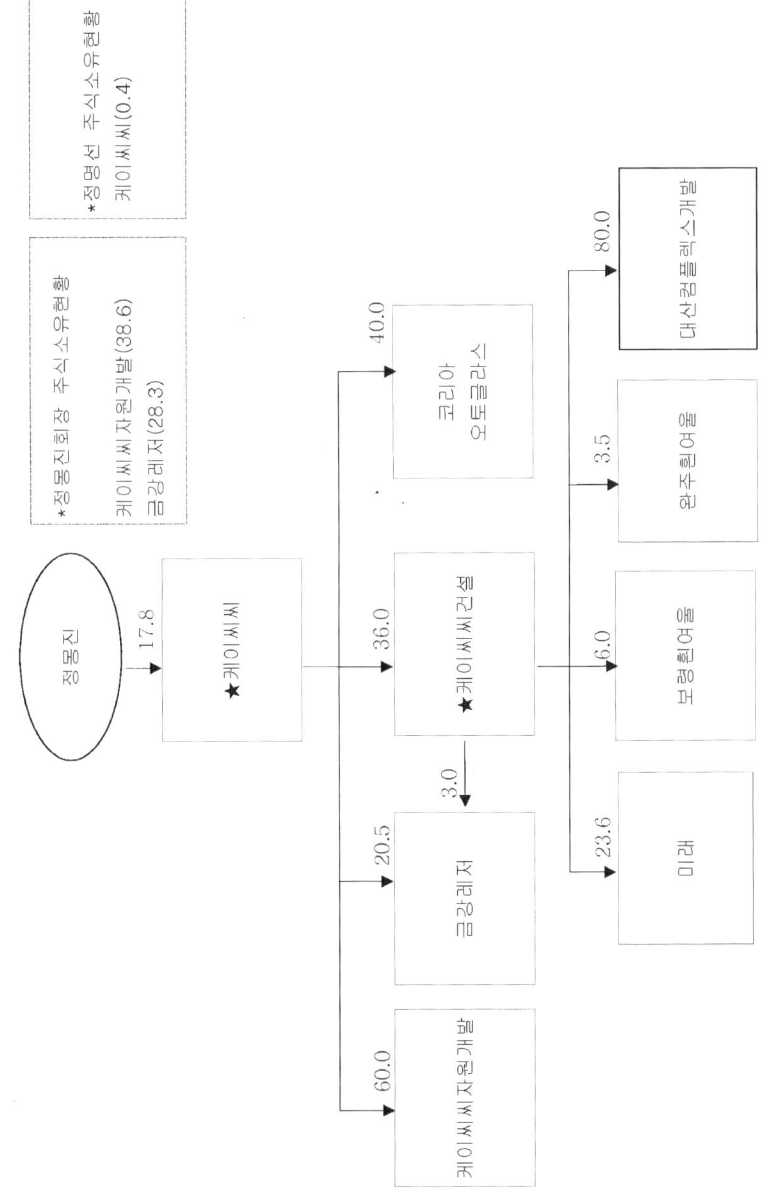

37. 「케이씨씨」 소유지분도

(음영은 지주회사 등, ★은 상장회사, 2015.4.1. 총발행주식수 기준, 단위: %)

4) KCC그룹, 2015년 4월: [순위] 29위, [동일인] 정몽진, [계열회사] 9개

{정몽진 (17.8%) → KCC → KCC건설 등} + {정몽진 → 금강레저}

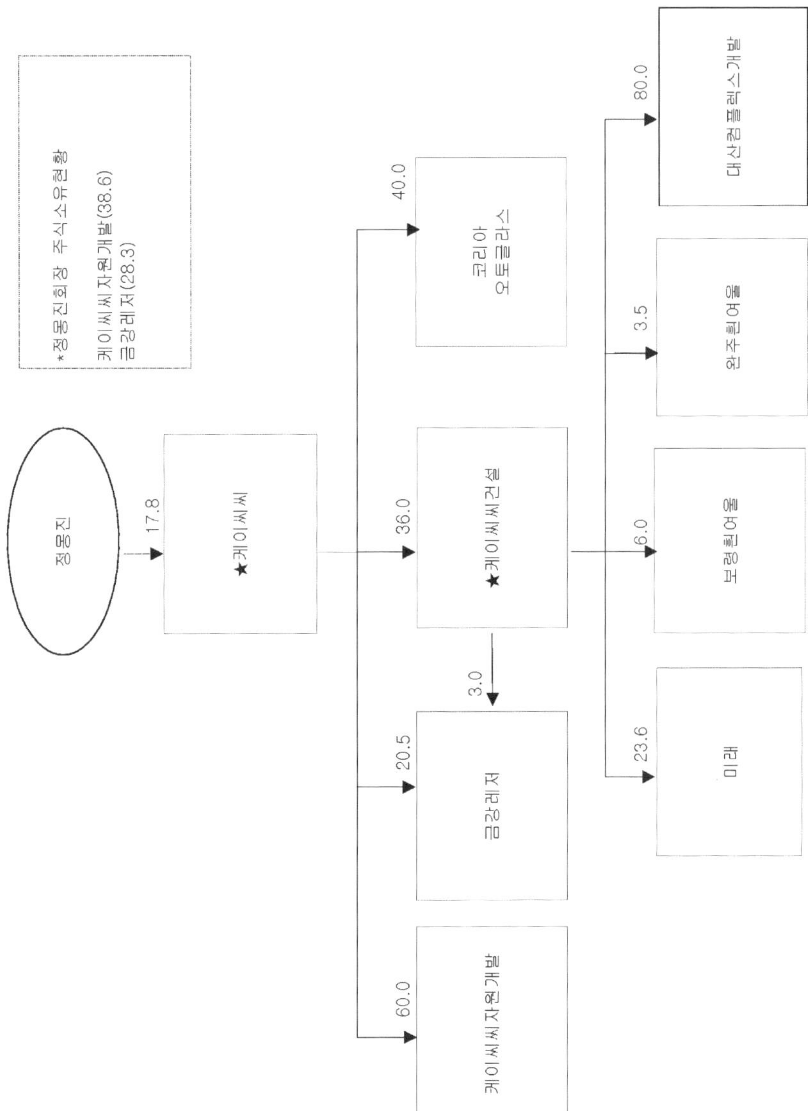

5) KCC그룹, 2016년 4월: [순위] 30위, [동일인] 정몽진, [계열회사] 7개

{정몽진 (18.1%) → KCC → KCC건설 등} + {정몽진 → 금강레저 등}

39. 「케이씨씨」 소유지분도

(음영은 지주회사 등, ★은 상장회사, 2016. 4. 1. 기준, 발행주식총수 기준, 단위: %)

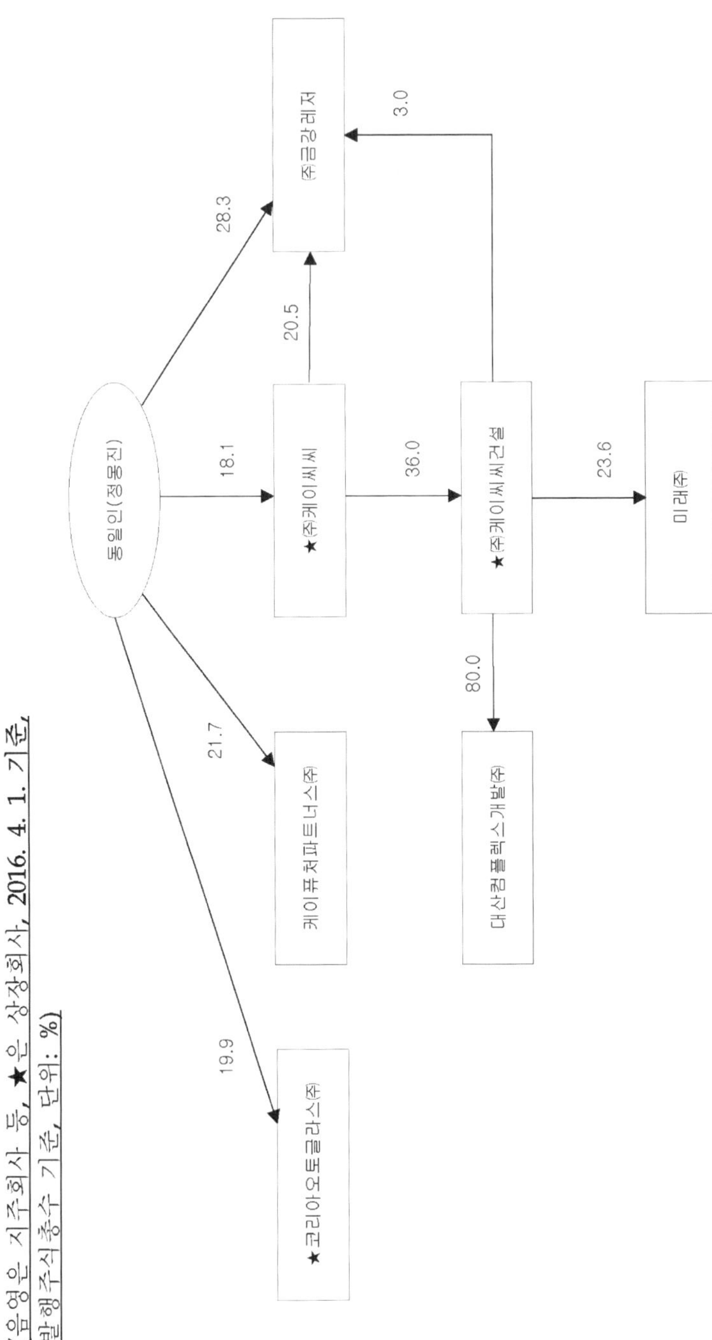

6) KCC그룹, 2017년 5월: [순위] 31위, [동일인] 정몽진, [계열회사] 7개

{정몽진 (18.1%) → KCC → KCC건설 등} + {정몽진 → 금강레저 등}

31. 「케이씨씨」 소유지분도

(★은 상장회사, 2017. 5. 1. 기준, 발행주식총수 기준, 단위: %)

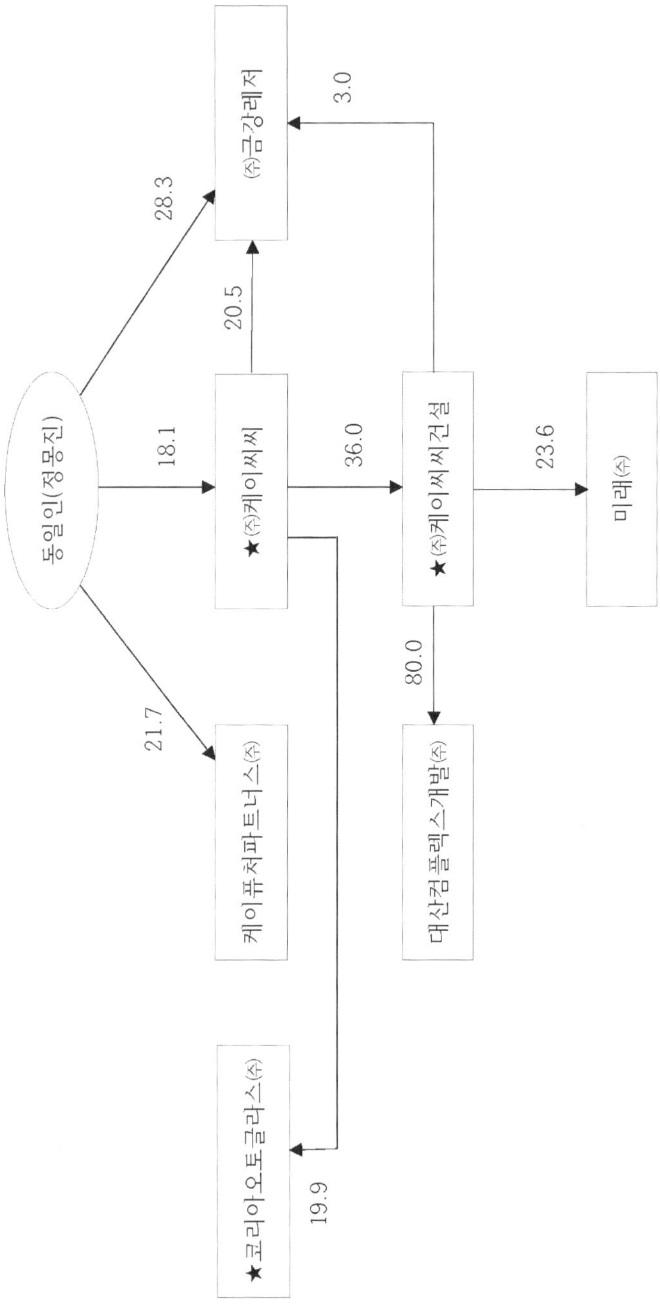

동일인(정몽진)
18.1
★㈜케이씨씨
28.3
㈜금강레저
21.7
케이퓨처파트너스㈜
20.5
36.0
★㈜케이씨씨건설
3.0
19.9
★코리아오토글라스㈜
23.6
미래㈜
80.0
대산컴플렉스개발㈜

7) KCC그룹, 2018년 5월: [순위] 29위, [동일인] 정몽진, [계열회사] 17개

{정몽진 (18.1%) → KCC → KCC건설 등} + {정몽진, 친족 → 금강레저, 동주피앤지 등}

29.「케이씨씨」소유지분도

(★은 상장회사, 2018. 5. 1. 기준, 발행주식총수 기준, 단위: %)

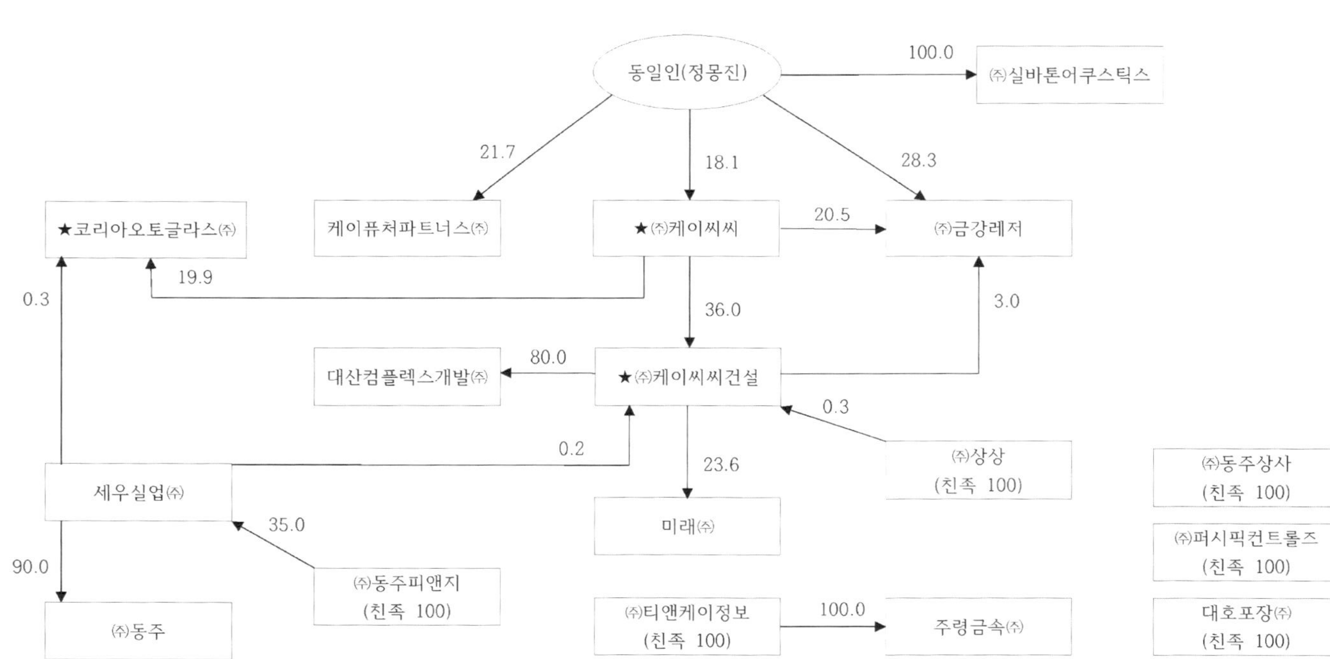

8) KCC그룹, 2019년 5월: [순위] 34위, [동일인] 정몽진, [계열회사] 15개

{정몽진 (18.3%) → KCC → KCC건설 등} + {정몽진, 친족 → 금강레저, 동주피앤지 등}

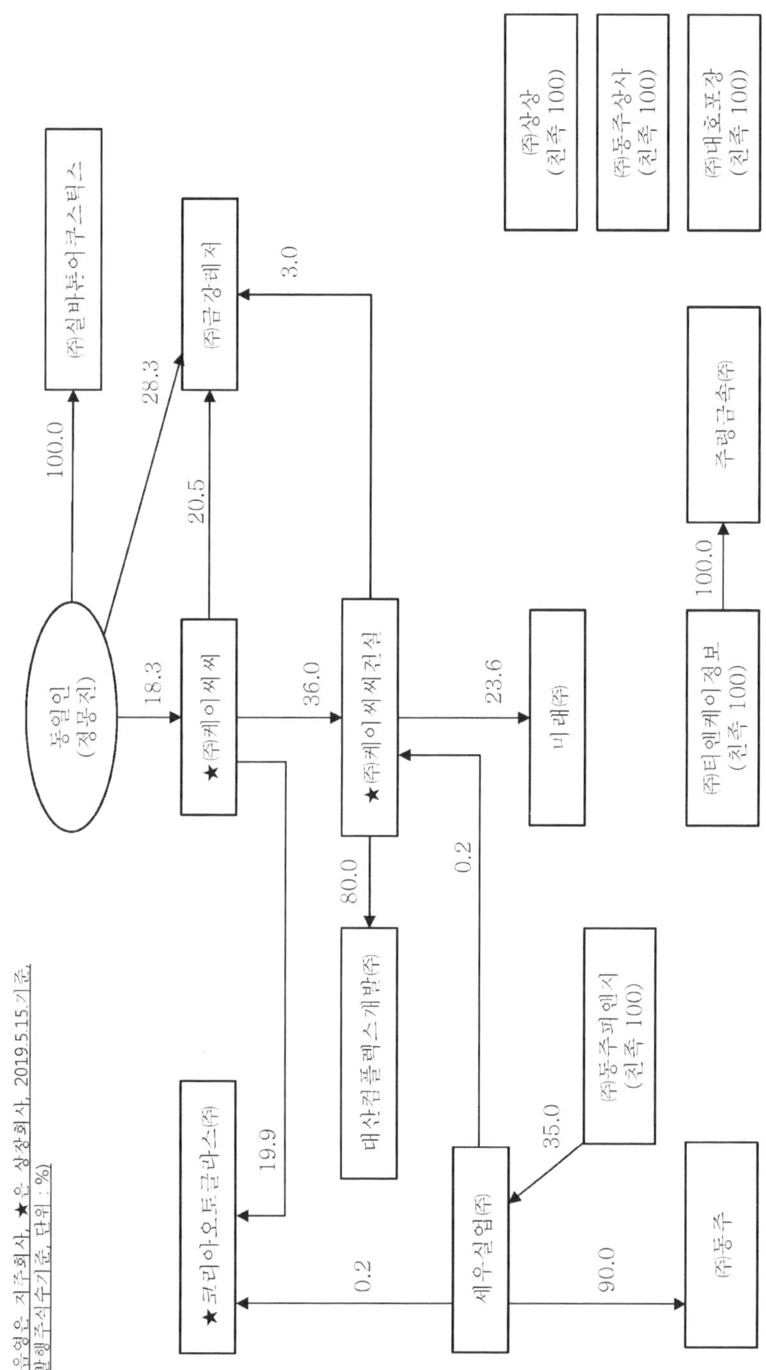

9) KCC그룹, 2020년 5월: [순위] 32위, [동일인] 정몽진, [계열회사] 16개

{정몽진 (18.6%) → KCC → KCC건설 등} + {정몽진, 친족 → 금강레저, 동주피앤지 등}

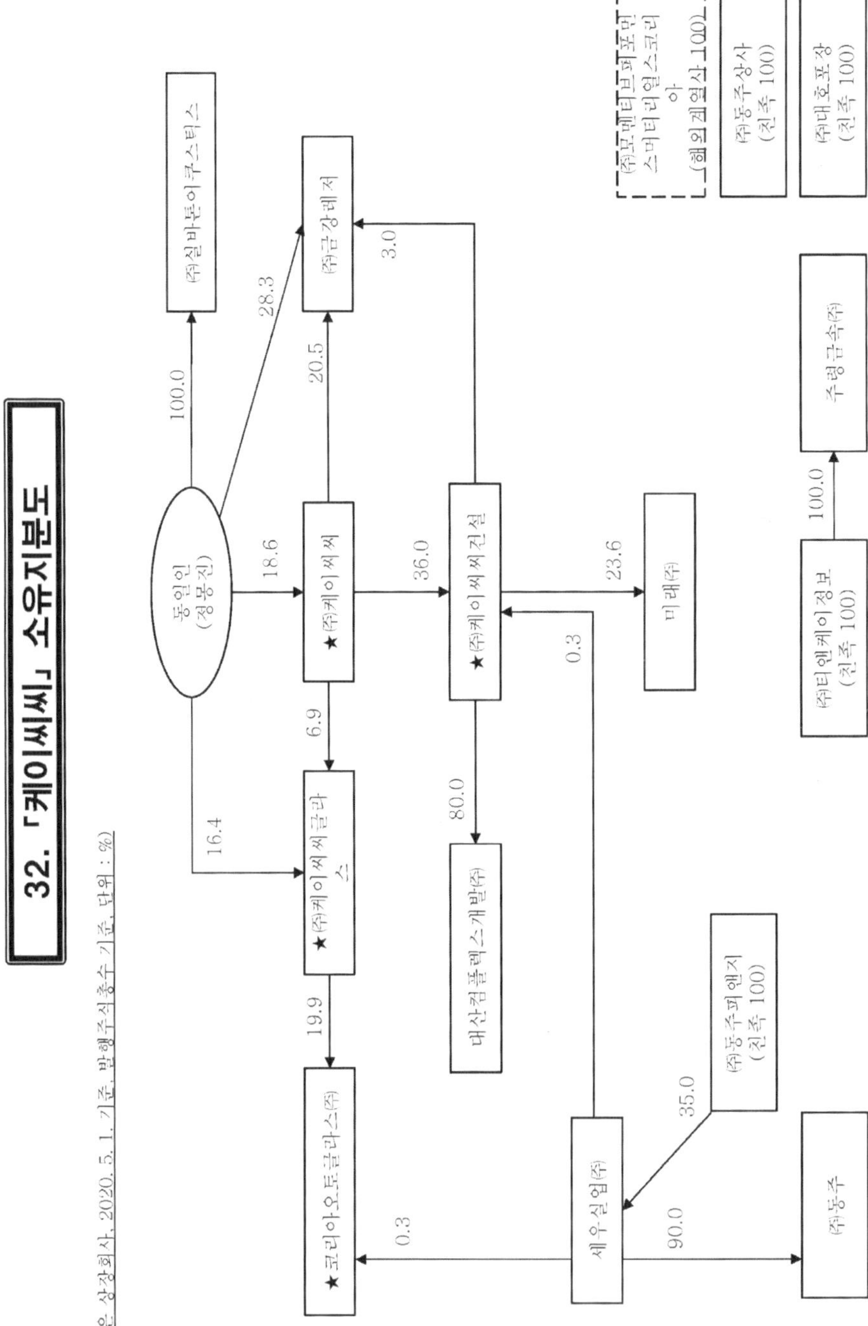

10) KCC그룹, 2021년 5월: [순위] 33위, [동일인] 정몽진, [계열회사] 18개

{정몽진 (18.6%) → KCC → KCC건설 등} + {정몽진, 친족 → 금강레저, 동주피앤지 등}

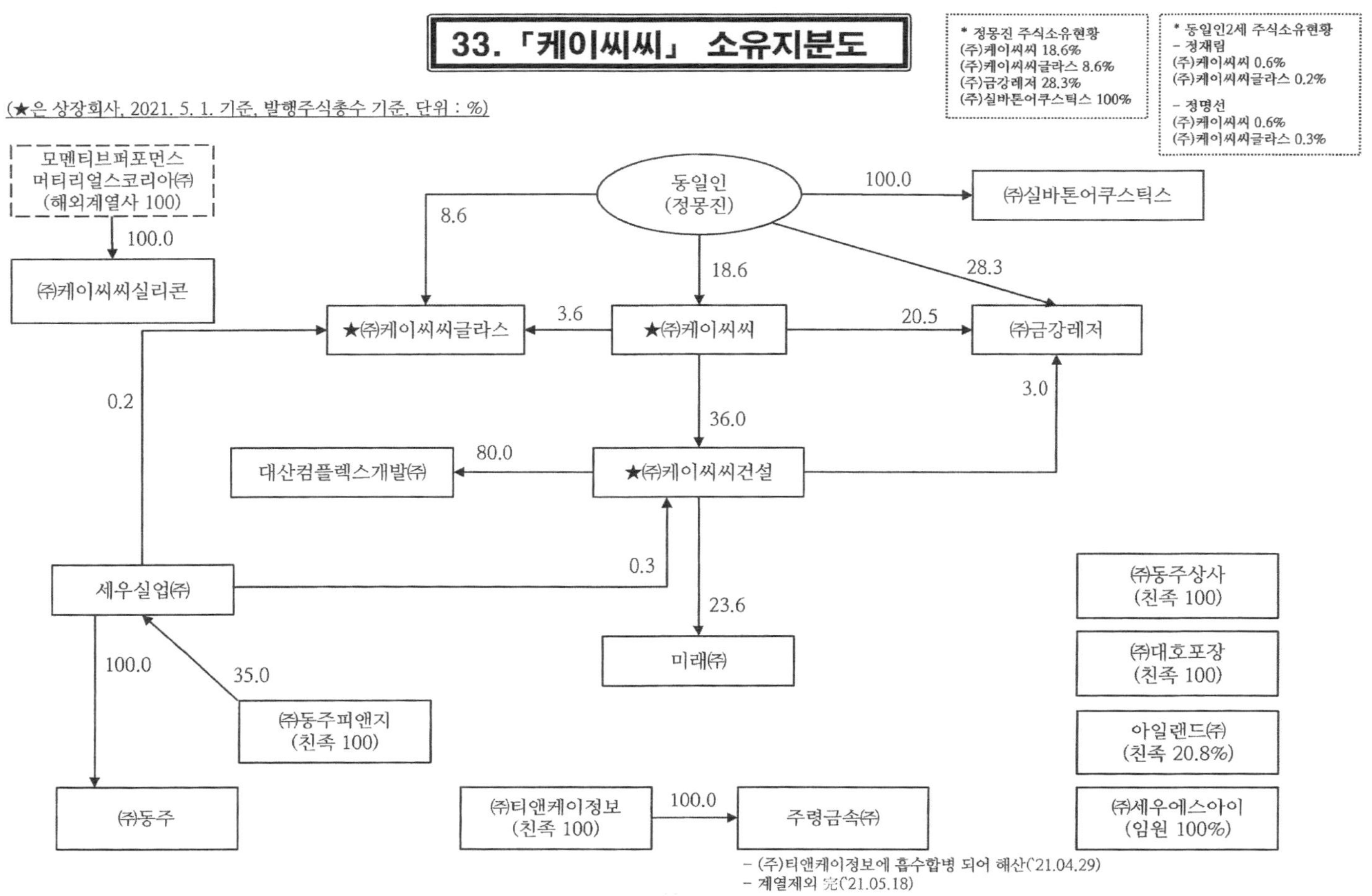

56. KG그룹: 2020년

연도	동일인	순위 (위)	계열회사 (개)	자산총액 (10억 원)	매출액 (10억 원)	당기순이익 (10억 원)
2020	곽재선	63	20	5,256	3,881	148

	[소유구조]
주요 주주	곽재선 (동일인), 곽정현 곽혜은 (2세)
주요 지배 회사	KG제로인
주요 계열회사	KG케미칼

1. 그룹

1) 대규모기업집단 지정 연도: 2020년.

2) 연도 수: 1년.

2. 소유지분도: 개관

1) 소유지분도 작성 연도: 2020년.
연도 수: 1년.

2) 그룹 주요 지표: [동일인] 곽재선. [순위] 63위.
[계열회사] 20개. [자산총액] 5.3조 원.
[매출액] 3.9조 원. [당기순이익] 0.1조 원.

3) 소유구조

◆ 곽재선, 곽정현, 곽혜은 → KG제로인 → 계열회사 ◆

① [주요 주주]

3명 (3명씩 지분 보유).

곽재선 (동일인) ‖ 곽정현 (2세; 아들) ‖ 곽혜은 (2세; 딸).

지분: 15.4% ‖ 34.8% ‖ 6.3%.

② [주요 지배 회사]

1개.

KG제로인.

③ [계열회사]

유형: 자회사 → 손자회사 → 증손회사.

주요 회사: 1개.

KG케미칼 (상장).

3. 소유지분도: 연도별, 2020년

2020년 5월: [순위] 63위, [동일인] 곽재선, [계열회사] 20개

곽재선 (15.4%), 곽정현 (34.8%), 곽혜은 (6.3%) →

KG제로인 → KG케미칼 등.

KG그룹, 2020년 5월: [순위] 63위, [동일인] 곽재선, [계열회사] 20개

곽재선 (15.4%), 곽정현 (34.8%), 곽혜은 (6.3%) → KG제로인 → KG케미칼 등

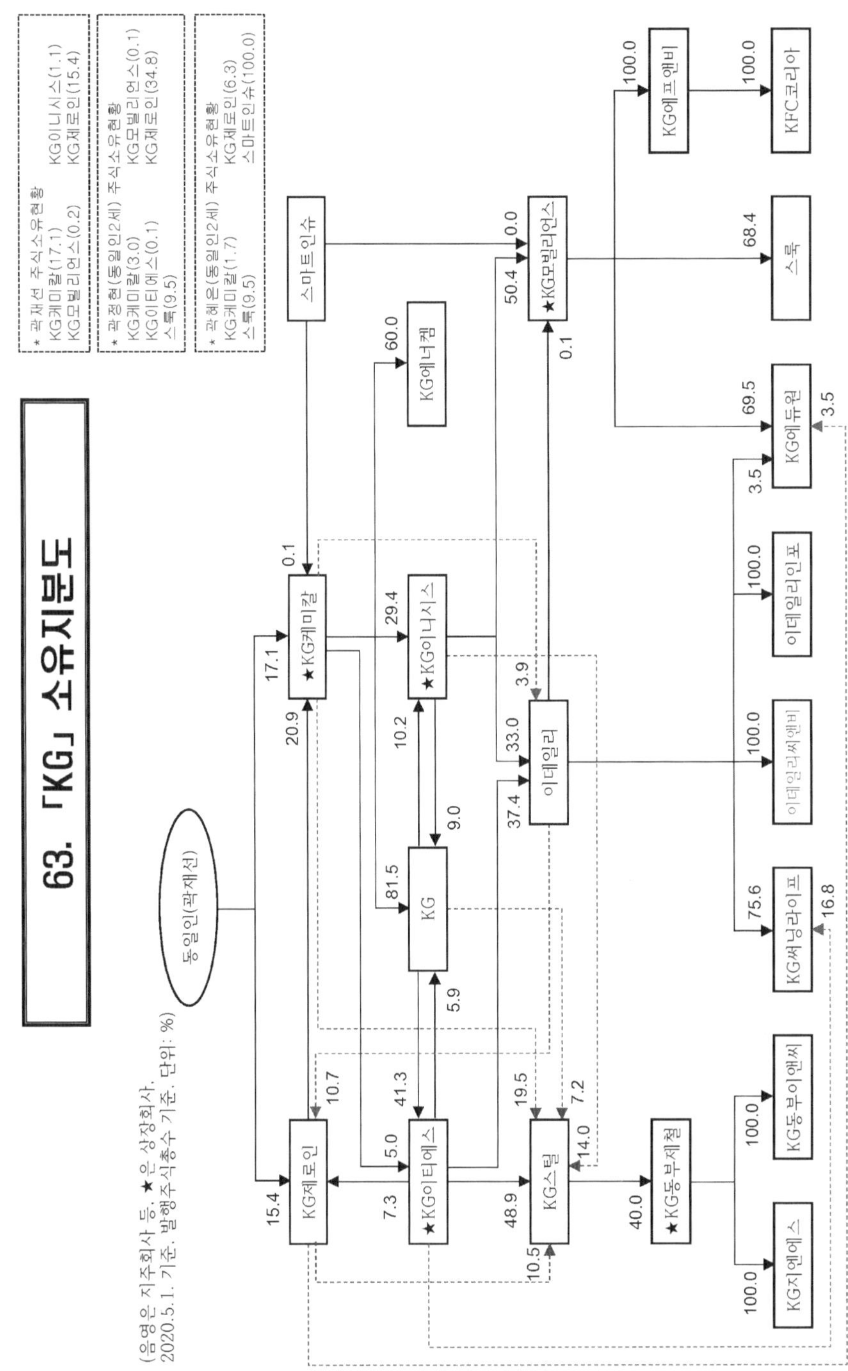

57. KT그룹: 2012-2021년

연도	동일인	순위 (위)	계열회사 (개)	자산총액 (10억 원)	매출액 (10억 원)	당기순이익 (10억 원)
2003		5	10	30,815	17,834	2,499
2004		5	11	28,270	17,483	1,207
2005		6	12	29,315	18,849	1,491
2006		7	12	27,520	19,281	1,500
2007		7	19	27,530	19,652	1,617
2008		9	29	27,073	20,961	1,193
2009		11	30	28,462	22,372	533
2010		11	30	27,099	18,995	560
2011		11	32	28,139	24,512	1,306
2012	KT	11	50	32,165	28,784	1,534
2013	KT	12	54	34,806	27,804	911
2014	KT	12	57	34,974	27,874	47
2015	KT	12	50	34,503	27,492	-905
2016	KT	13	40	31,315	26,283	958
2017	KT	12	38	32,073	26,763	1,109
2018	KT	12	36	30,736	27,328	827
2019	KT	12	43	33,971	27,509	808
2020	KT	12	44	36,315	28,522	729
2021	KT	12	48	37,701	28,051	767

	[소유구조]
주요 주주	-
주요 지배 회사	KT (동일인)
주요 계열회사	KT캐피탈, 비씨카드, KT스카이라이프, KT에스테이트

주: 2003-2016년 순위: 공기업집단을 제외한 순위.

1. 그룹

1) 대규모기업집단 지정 연도: 2003-2021년.

2) 연도 수: 19년.

2. 소유지분도: 개관

1) 소유지분도 작성 연도: 2012-2021년.

연도 수: 10년.

2) 그룹 주요 지표: [동일인] KT. [순위] 11-13위.

[계열회사] 36-57개. [자산총액] 30.7-37.7조 원.

[매출액] 26.3-28.8조 원. [당기순이익] (-0.9) - 1.5조 원.

3) 소유구조

◆ KT → 계열회사 ◆

① [주요 주주] -

② [주요 지배 회사]

1개.

KT (동일인, 상장).

지분: 17.8-100%.

③ [계열회사]

유형: 자회사 → 손자회사 → 증손회사.

주요 회사: 4개 (3-4개씩 관련).

KT캐피탈, 비씨카드, KT스카이라이프 (상장), KT에스테이트.

3. 소유지분도: 연도별, 2012-2021년

1) 2012년 4월: [순위] 11위, [동일인] KT, [계열회사] 50개

KT (17.8-100%) →

KT캐피탈, KT스카이라이프, KT에스테이트 등.

2) 2013년 4월: [순위] 12위, [동일인] KT, [계열회사] 54개

KT (17.8-100%) →

KT캐피탈, KT스카이라이프, KT에스테이트 등.

3) 2014년 4월: [순위] 12위, [동일인] KT, [계열회사] 57개

KT (17.8-100%) →

KT캐피탈, 비씨카드, KT스카이라이프, KT에스테이트 등.

4) 2015년 4월: [순위] 12위, [동일인] KT, [계열회사] 50개

KT (26.2-100%) →

KT캐피탈, 비씨카드, KT스카이라이프, KT에스테이트 등.

5) 2016년 4월: [순위] 13위, [동일인] KT, [계열회사] 40개

KT (26.2-100%) →

비씨카드, KT스카이라이프, KT에스테이트 등.

6) 2017년 5월: [순위] 12위, [동일인] KT, [계열회사] 38개

KT (29.3-100%) →

비씨카드, KT스카이라이프, KT에스테이트 등.

7) 2018년 5월: [순위] 12위, [동일인] KT, [계열회사] 36개

KT (29.3-100%) →

비씨카드, KT스카이라이프, KT에스테이트 등.

8) 2019년 5월: [순위] 12위, [동일인] KT, [계열회사] 43개

KT (29.3-100%) →

비씨카드, KT스카이라이프, KT에스테이트 등.

9) 2020년 5월: [순위] 12위, [동일인] KT, [계열회사] 44개

KT (29.3-100%) →

비씨카드, KT스카이라이프, KT에스테이트 등.

10) 2021년 5월: [순위] 12위, [동일인] KT, [계열회사] 48개

KT (29.3-100%) →

비씨카드, KT스카이라이프, KT에스테이트 등.

1) KT그룹, 2012년 4월: [순위] 11위, [동일인] KT, [계열회사] 50개

KT (17.8-100%) → KT캐피탈, KT스카이라이프, KT에스테이트 등

15. 케이티 지분도(2012.4.12.기준)

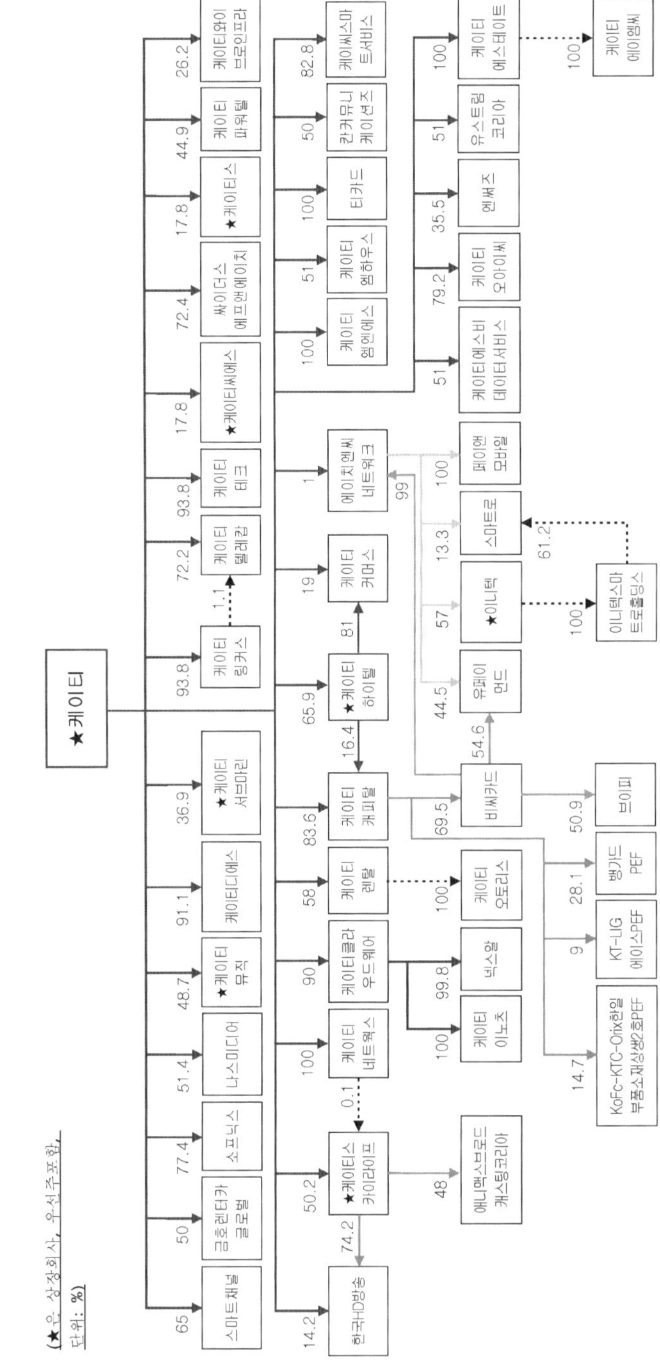

2) KT그룹, 2013년 4월: [순위] 12위, [동일인] KT, [계열회사] 54개

KT (17.8-100%) → KT캐피탈, KT스카이라이프, KT에스테이트 등

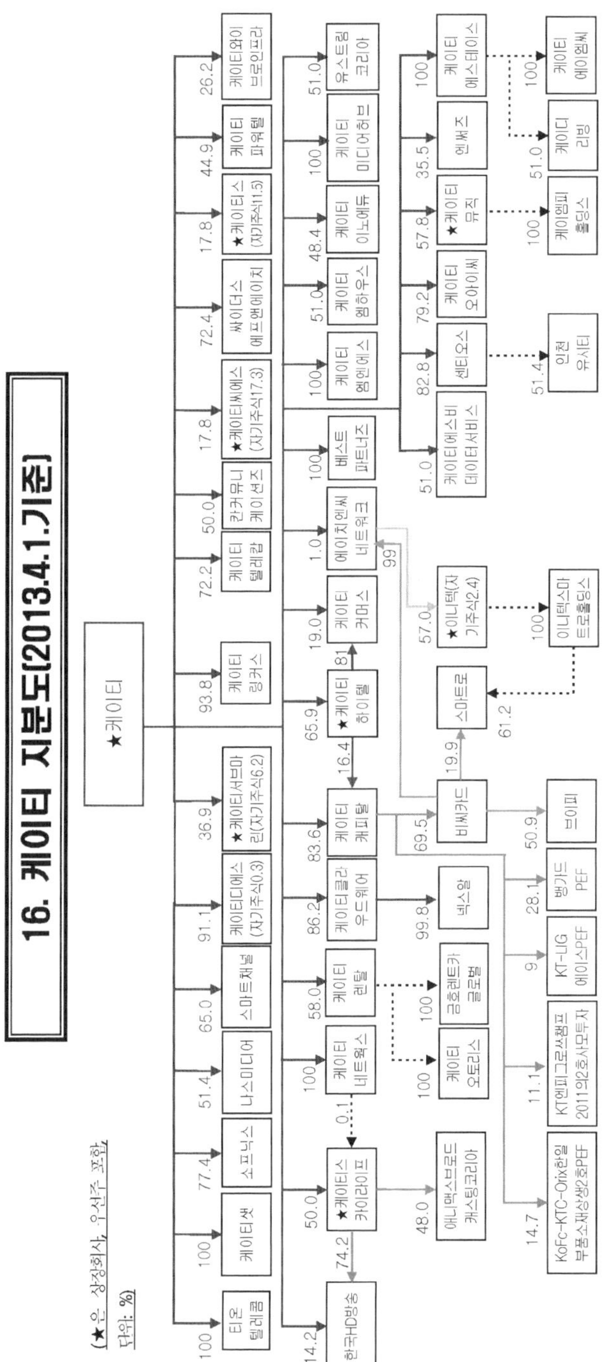

3) KT그룹, 2014년 4월: [순위] 12위, [동일인] KT, [계열회사] 57개

KT (17.8-100%) → KT캐피탈, 비씨카드, KT스카이라이프, KT에스테이트 등

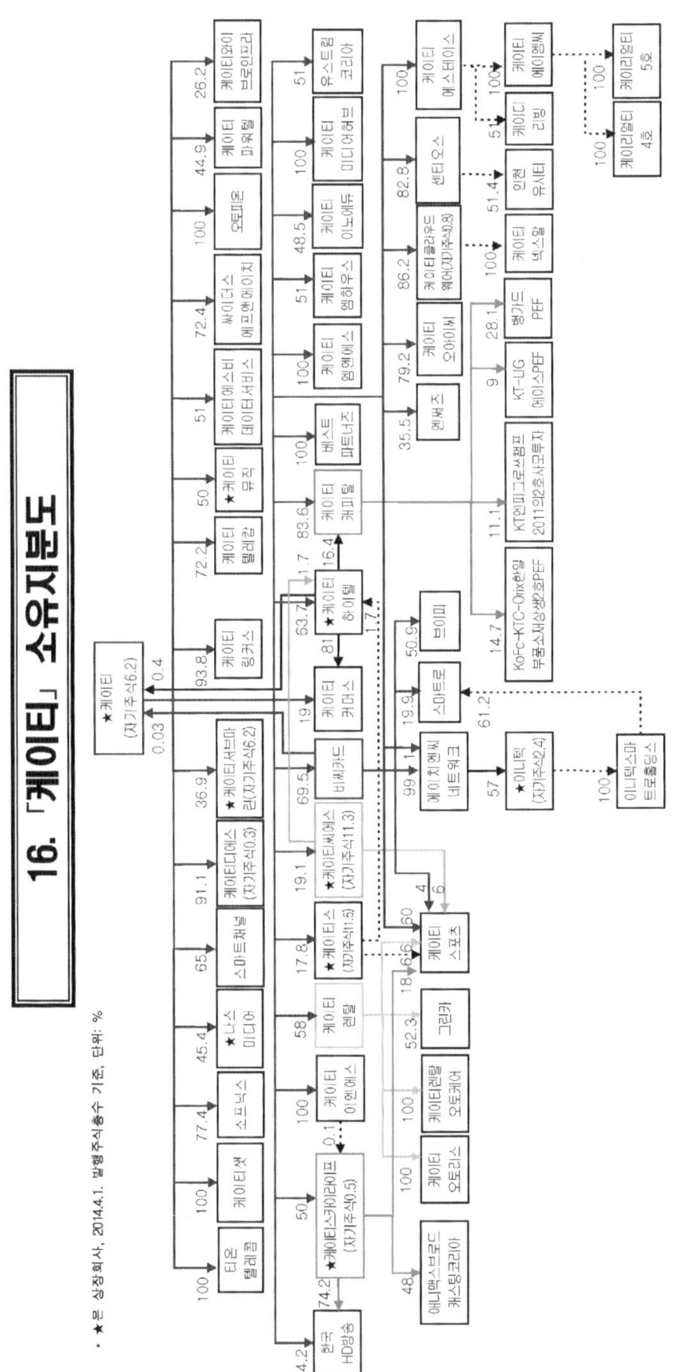

4) KT그룹, 2015년 4월: [순위] 12위, [동일인] KT, [계열회사] 50개

KT (26.2-100%) → KT캐피탈, 비씨카드, KT스카이라이프, KT에스테이트 등

16. 「케이티」 소유지분도

(음영은 지주회사 등, ★은 상장회사, 2015.4.1. 총발행주식수 기준, 단위: %)

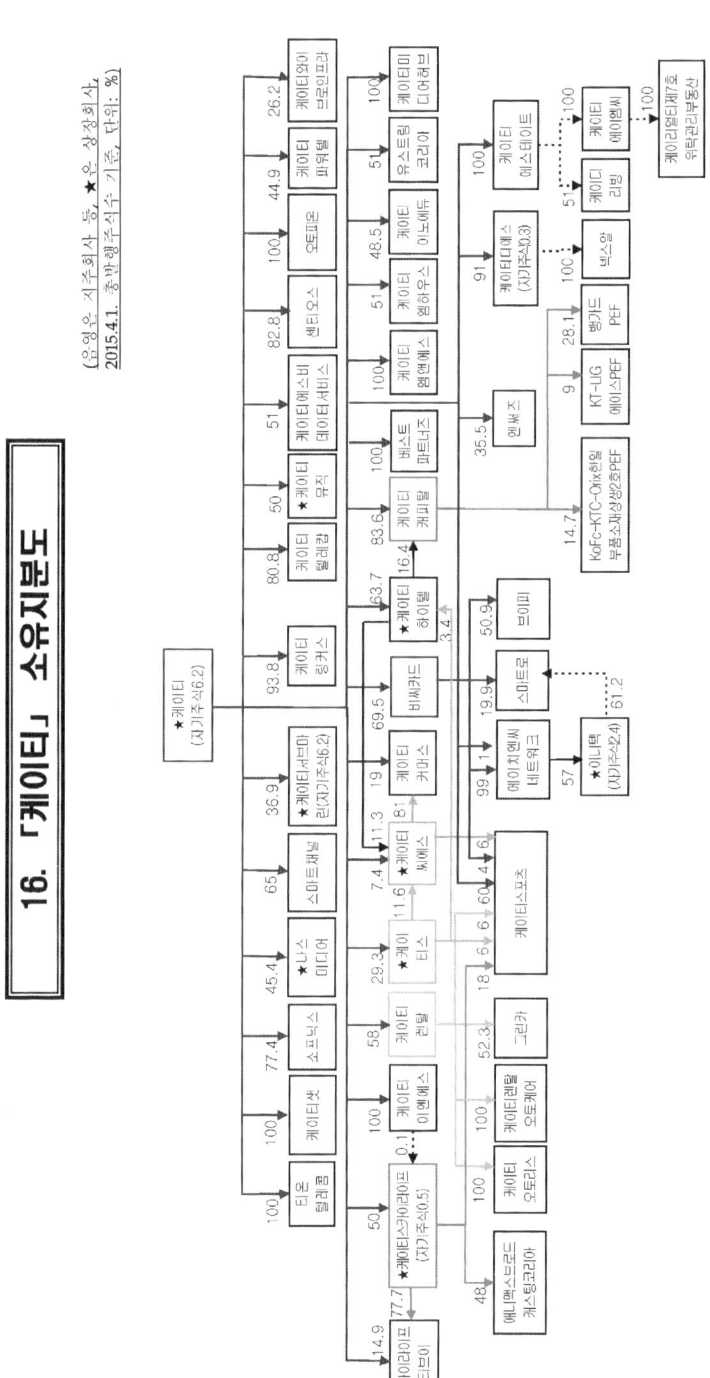

5) KT그룹, 2016년 4월: [순위] 13위, [동일인] KT, [계열회사] 40개

KT (26.2-100%) → 비씨카드, KT스카이라이프, KT에스테이트 등

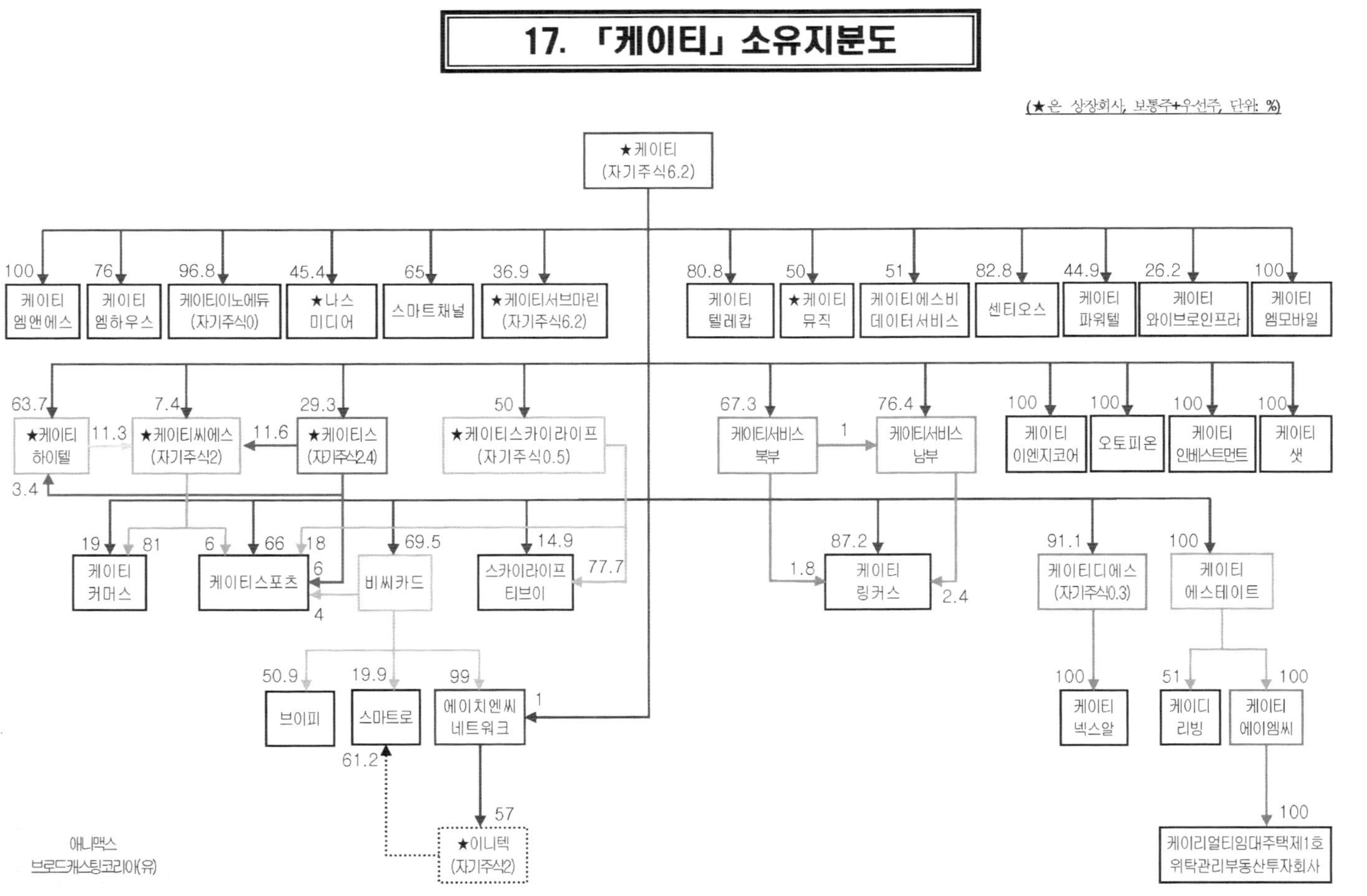

6) KT그룹, 2017년 5월: [순위] 12위, [동일인] KT, [계열회사] 38개

KT (29.3-100%) → 비씨카드, KT스카이라이프, KT에스테이트 등

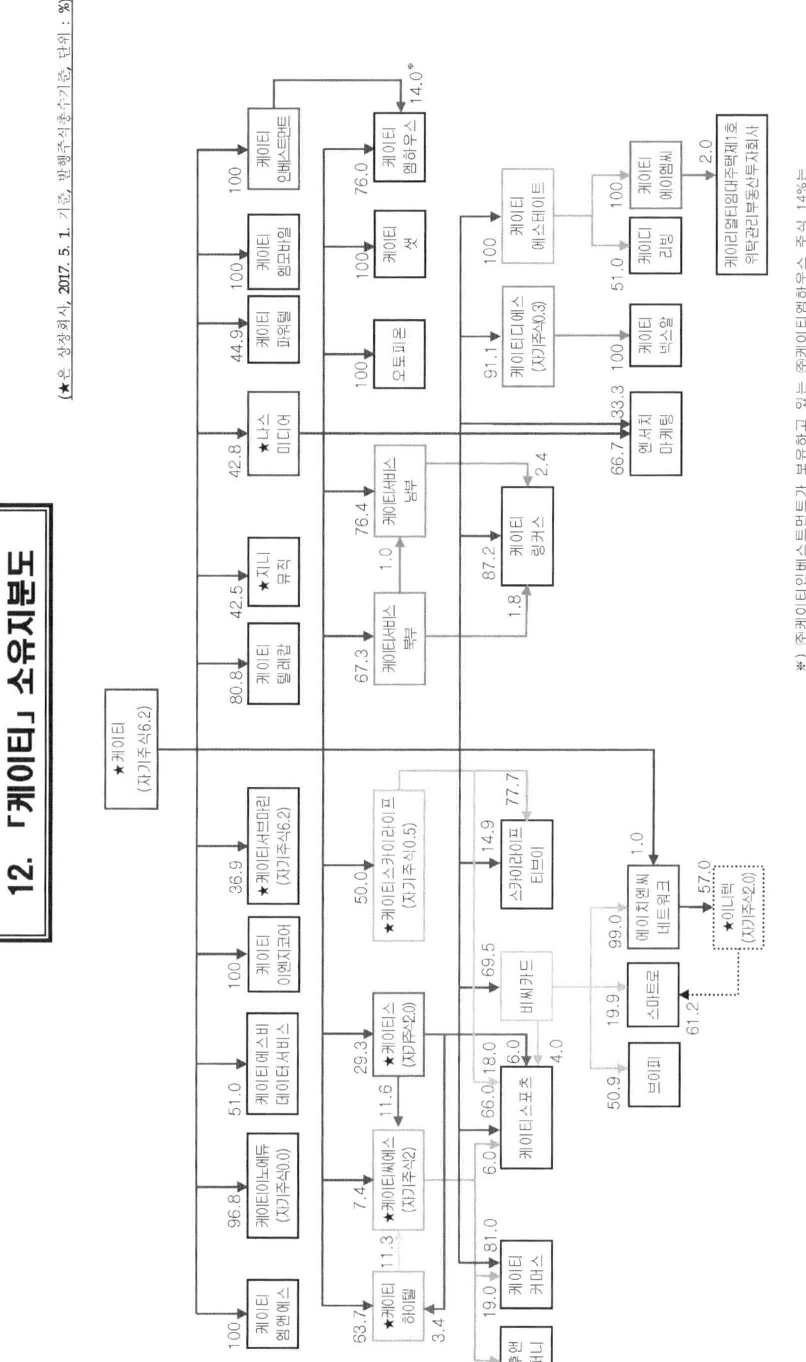

7) KT그룹, 2018년 5월: [순위] 12위, [동일인] KT, [계열회사] 36개

KT (29.3-100%) → 비씨카드, KT스카이라이프, KT에스테이트 등

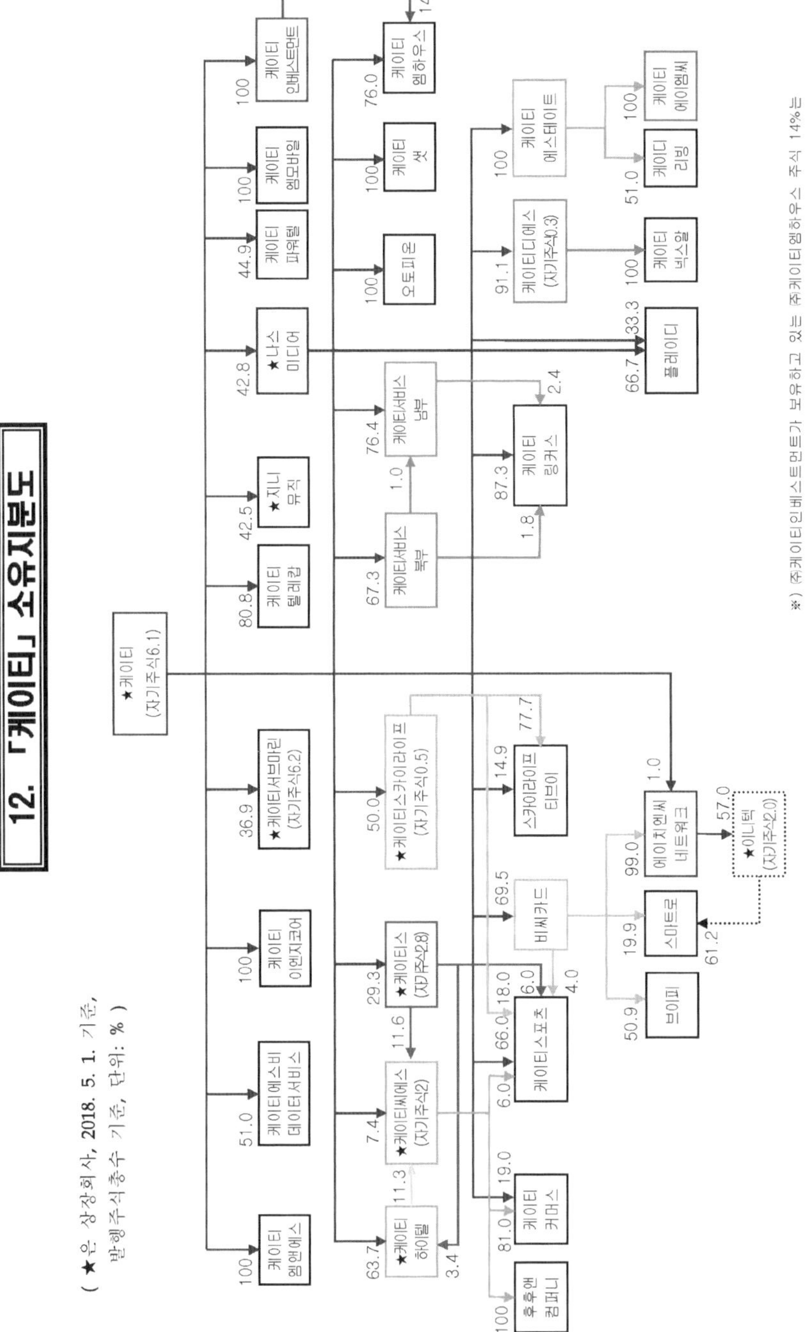

8) KT그룹, 2019년 5월: [순위] 12위, [동일인] KT, [계열회사] 43개

KT (29.3-100%) → 비씨카드, KT스카이라이프, KT에스테이트 등

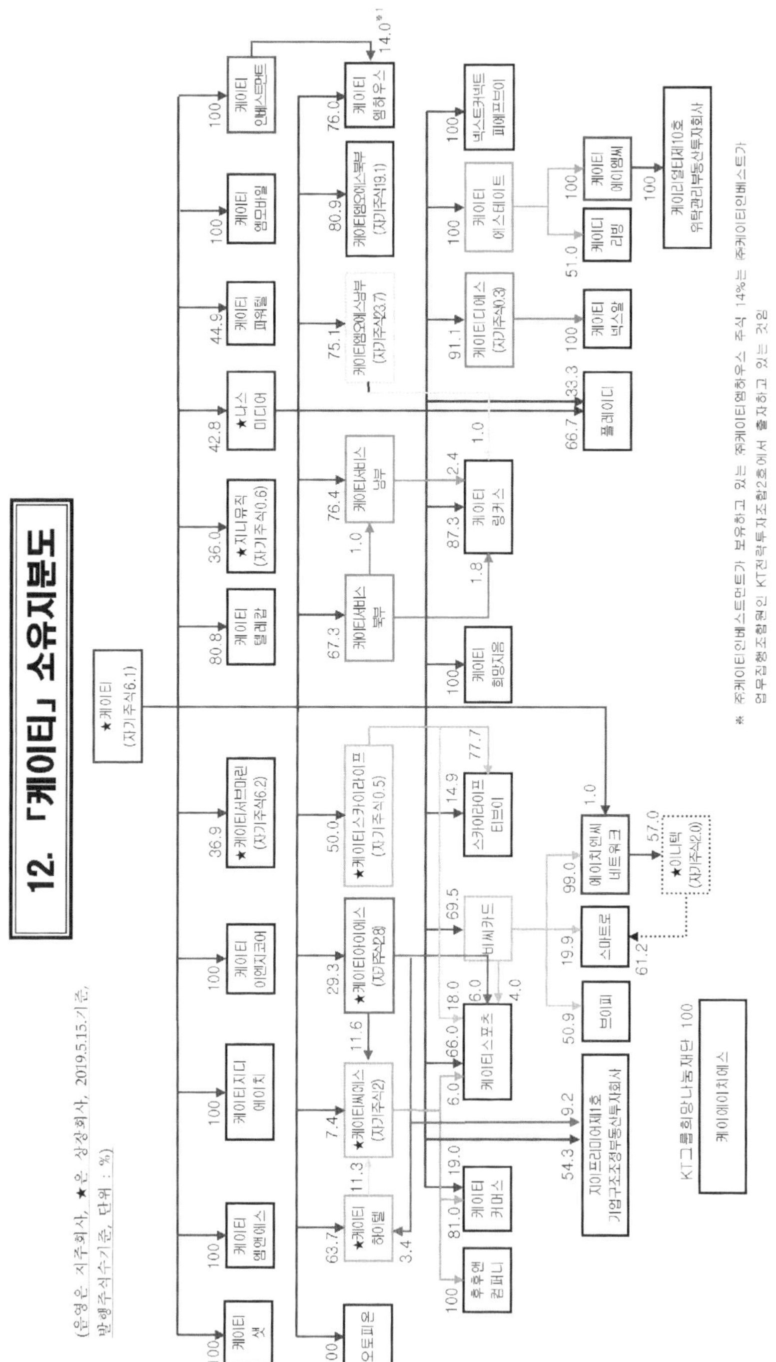

9) KT그룹, 2020년 5월: [순위] 12위, [동일인] KT, [계열회사] 44개

KT (29.3-100%) → 비씨카드, KT스카이라이프, KT에스테이트 등

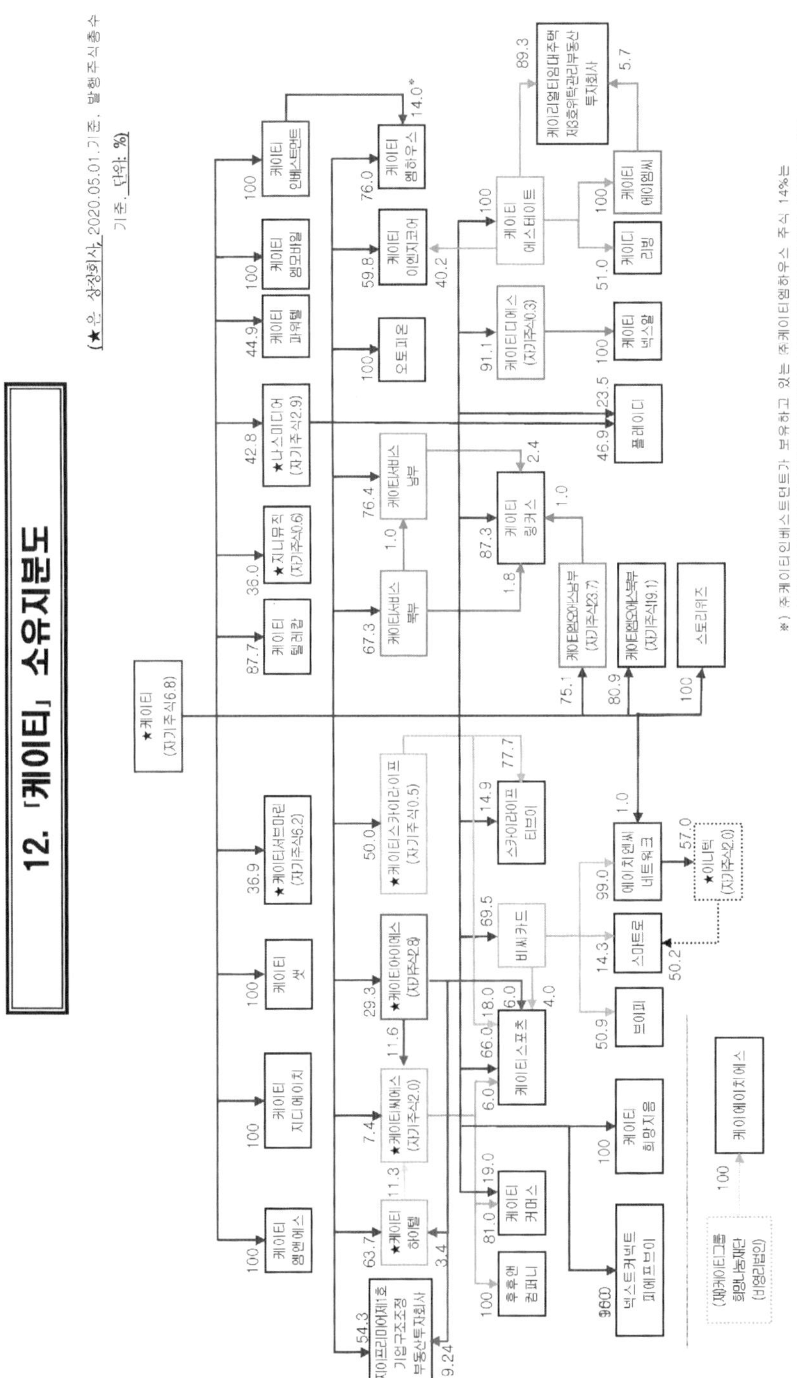

10) KT그룹, 2021년 5월: [순위] 12위, [동일인] KT, [계열회사] 48개

KT (29.3-100%) → 비씨카드, KT스카이라이프, KT에스테이트 등

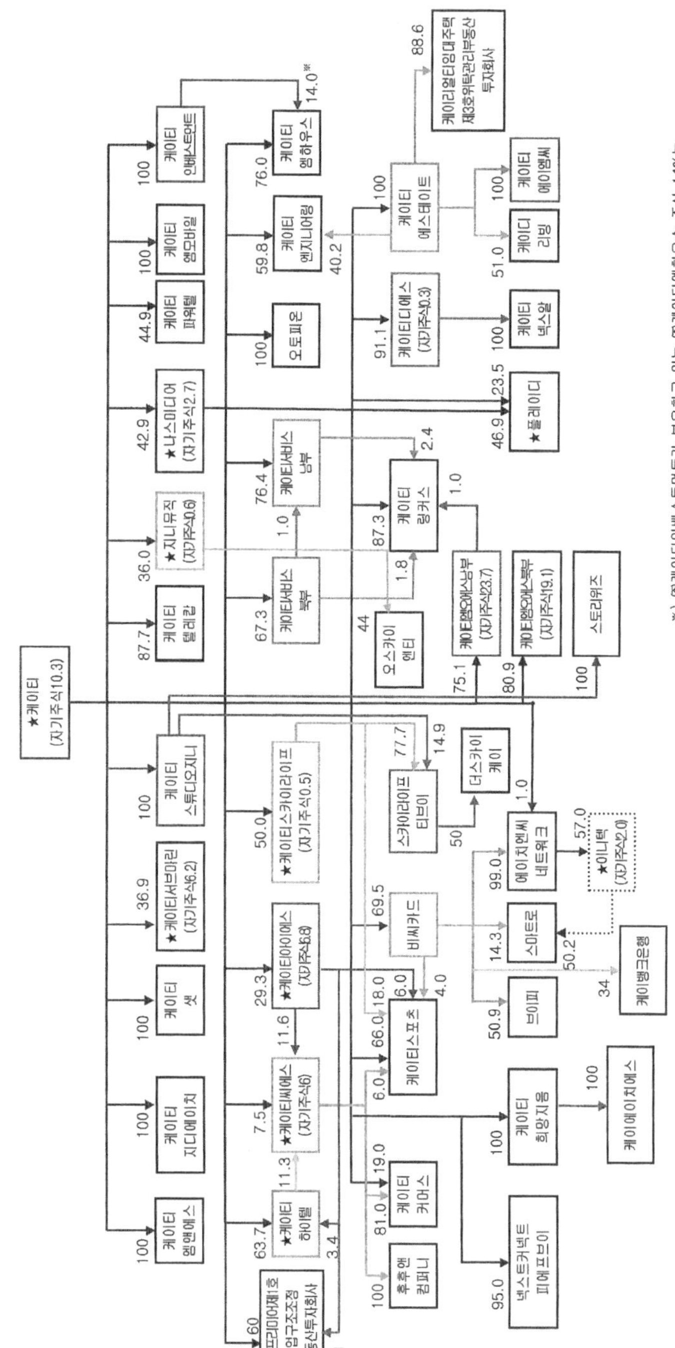

58. KT&G그룹: 2012-2021년

연도	동일인	순위 (위)	계열회사 (개)	자산총액 (10억 원)	매출액 (10억 원)	당기순이익 (10억 원)
2003		21	2	4,242	5,095	385
2004		25	4	4,370	5,728	527
2005		27	8	4,376	3,079	549
2006		28	7	4,511	2,678	587
2007		37	6	4,347	2,836	743
2008		39	6	4,737	3,075	775
2009		40	6	5,284	3,408	1,033
2010		40	6	5,817	3,653	903
2011		41	9	6,564	3,482	1,104
2012	KT&G	40	13	6,991	3,710	921
2013	KT&G	38	11	7,671	3,810	834
2014	KT&G	37	11	7,950	3,583	555
2015	KT&G	36	10	8,378	3,866	812
2016	KT&G	31	10	9,649	4,061	1,051
2017	KT&G	27	9	10,756	4,436	1,161
2018	KT&G	28	9	11,045	4,563	1,083
2019	KT&G	29	11	11,203	4,301	961
2020	KT&G	30	10	11,715	4,730	1,026
2021	KT&G	32	10	12,777	5,131	1,176

	[소유구조]
주요 주주	-
주요 지배 회사	KT&G (동일인)
주요 계열회사	한국인삼공사, 영진약품공업/영진약품

주: 2003-2016년 순위: 공기업집단을 제외한 순위.

1. 그룹

1) 대규모기업집단 지정 연도: 2003-2021년.

2) 연도 수: 19년.

2. 소유지분도: 개관

1) 소유지분도 작성 연도: 2012-2021년.
   연도 수: 10년.

2) 그룹 주요 지표: [동일인] KT&G. [순위] 27-40위.
   [계열회사] 9-13개. [자산총액] 7.0-12.8조 원.
   [매출액] 3.6-5.1조 원. [당기순이익] 0.6-1.2조 원.

3) 소유구조

◆ KT&G → 계열회사 ◆

① [주요 주주] -

② [주요 지배 회사]
   1개.
   KT&G (동일인, 상장).
   지분: 34.6-100%.

③ [계열회사]
   유형: 자회사 → 손자회사 (6년; 2012, 2017-2021년),
   자회사 (4년; 2013-2016년).
   주요 회사: 2개 (2개씩 관련).
   한국인삼공사, 영진약품공업 (상장) / 영진약품 (상장).

4) 영진약품공업: 영진약품 (2017년 6월 상호 변경).

3. 소유지분도: 연도별, 2012-2021년

1) 2012년 4월: [순위] 40위, [동일인] KT&G, [계열회사] 13개

KT&G (34.6-100%) →
한국인삼공사, 영진약품공업 등.

2) 2013년 4월: [순위] 38위, [동일인] KT&G, [계열회사] 11개

KT&G (34.6-100%) →

한국인삼공사, 영진약품공업 등.

3) 2014년 4월: [순위] 37위, [동일인] KT&G, [계열회사] 11개

KT&G (34.6-100%) →

한국인삼공사, 영진약품공업 등.

4) 2015년 4월: [순위] 36위, [동일인] KT&G, [계열회사] 10개

KT&G (34.6-100%) →

한국인삼공사, 영진약품공업 등.

5) 2016년 4월: [순위] 31위, [동일인] KT&G, [계열회사] 10개

KT&G (34.6-100%) →

한국인삼공사, 영진약품공업 등.

6) 2017년 5월: [순위] 27위, [동일인] KT&G, [계열회사] 9개

KT&G (34.6-100%) →

한국인삼공사, 영진약품공업 등.

7) 2018년 5월: [순위] 28위, [동일인] KT&G, [계열회사] 9개

KT&G (34.6-100%) →

한국인삼공사, 영진약품 등.

8) 2019년 5월: [순위] 29위, [동일인] KT&G, [계열회사] 11개

KT&G (34.6-100%) →

한국인삼공사, 영진약품 등.

9) 2020년 5월: [순위] 30위, [동일인] KT&G, [계열회사] 10개

KT&G (50-100%) →

한국인삼공사, 영진약품 등.

10) 2021년 5월: [순위] 32위, [동일인] KT&G, [계열회사] 10개

KT&G (50-100%) →

한국인삼공사, 영진약품 등.

1) KT&G그룹, 2012년 4월: [순위] 40위, [동일인] KT&G, [계열회사] 13개

KT&G (34.6-100%) → 한국인삼공사, 영진약품공업 등

49. 케이티엔지 지분도(2012.4.12.기준)

(★은 상장회사, 우선주포함, 단위 %)

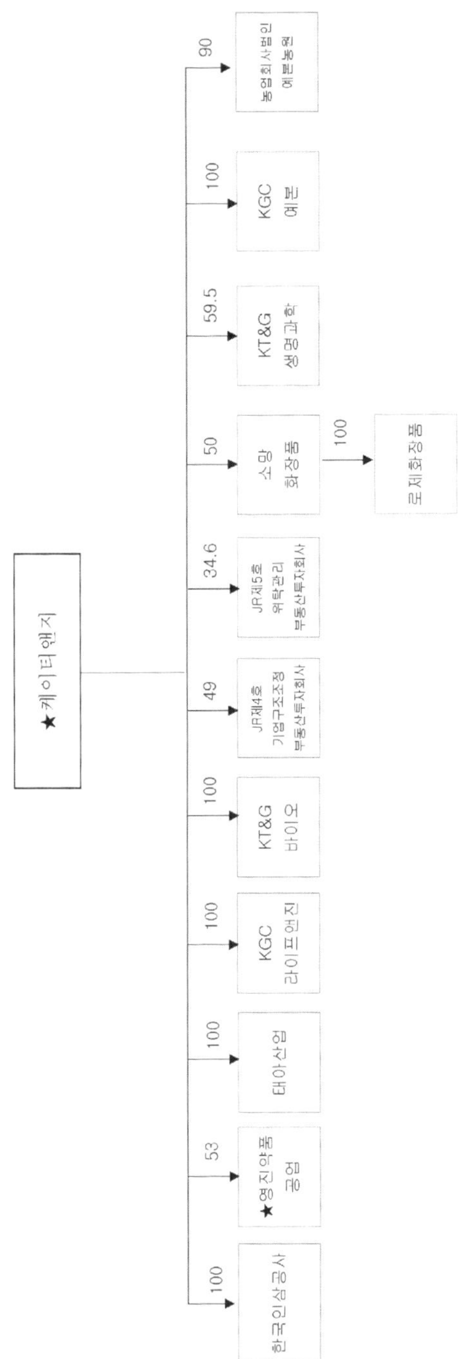

2) KT&G그룹, 2013년 4월: [순위] 38위, [동일인] KT&G, [계열회사] 11개

KT&G (34.6-100%) → 한국인삼공사, 영진약품공업 등

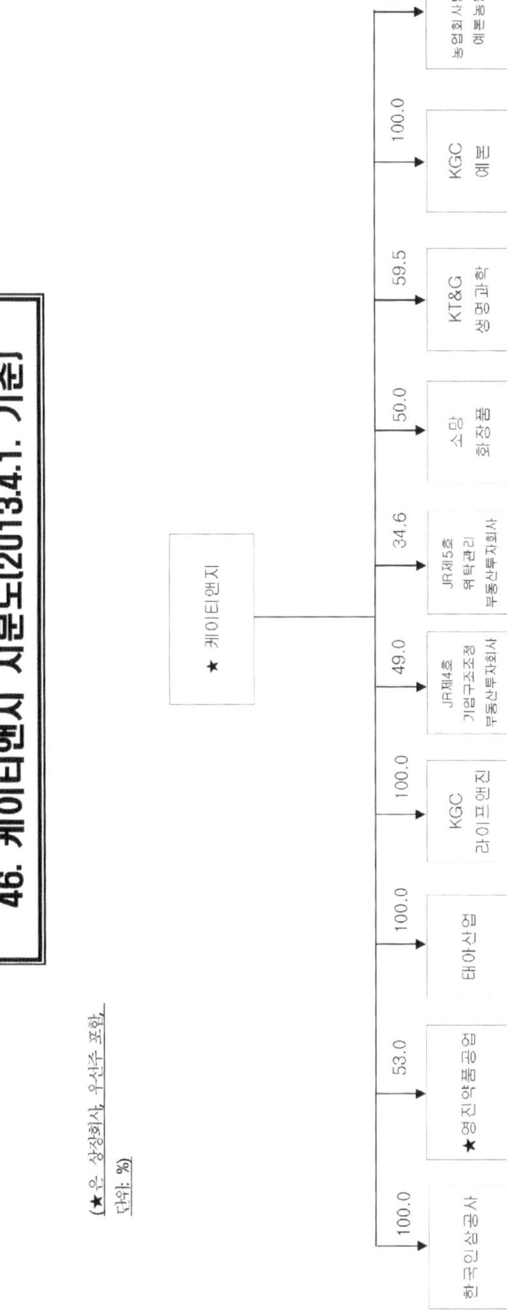

3) KT&G그룹, 2014년 4월: [순위] 37위, [동일인] KT&G, [계열회사] 11개

KT&G (34.6-100%) → 한국인삼공사, 영진약품공업 등

45. 「케이티앤지」 소유지분도

* ★은 상장회사, 2014.4.1. 발행주식총수 기준, 단위: %

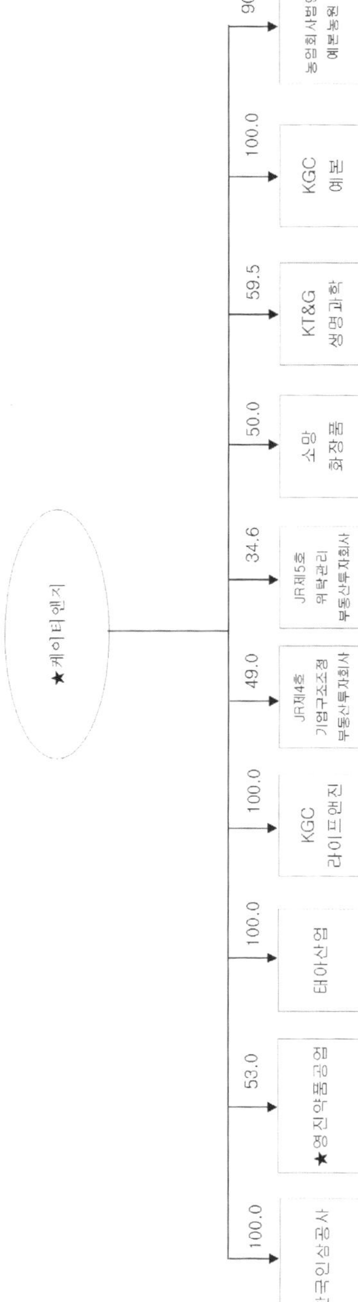

4) KT&G그룹, 2015년 4월: [순위] 36위, [동일인] KT&G, [계열회사] 10개

KT&G (34.6-100%) → 한국인삼공사, 영진약품공업 등

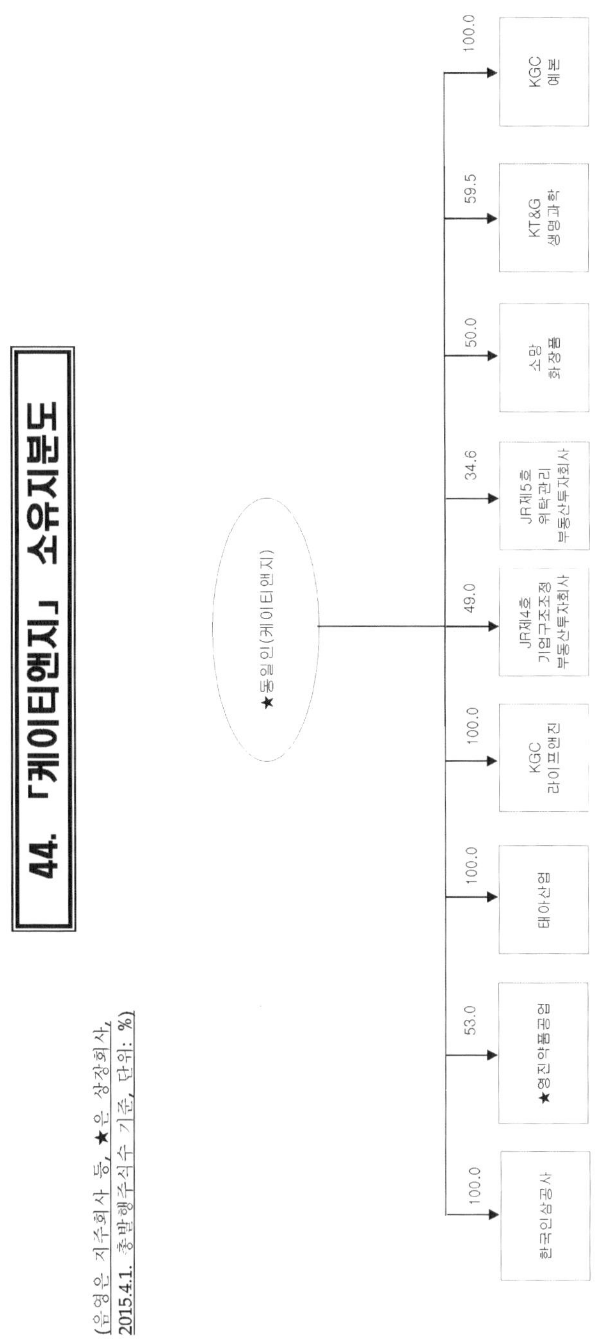

5) KT&G그룹, 2016년 4월: [순위] 31위, [동일인] KT&G, [계열회사] 10개

KT&G (34.6-100%) → 한국인삼공사, 영진약품공업 등

40. 「케이티엔지」 소유지분도

(음영은 지주회사 등, ★은 상장회사, 2016. 4. 1. 발행주식총수 기준, 단위: %)

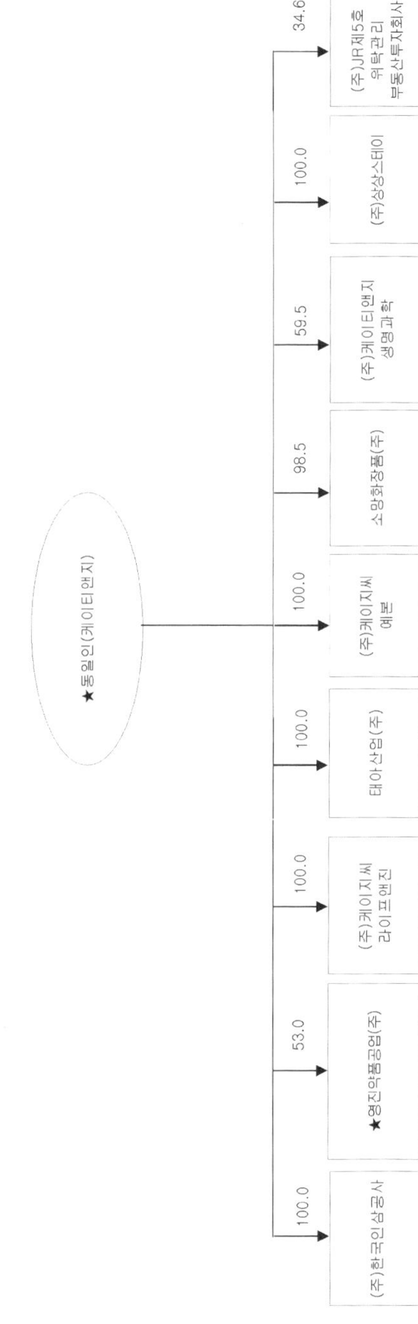

6) KT&G그룹, 2017년 5월: [순위] 27위, [동일인] KT&G, [계열회사] 9개

KT&G (34.6-100%) → 한국인삼공사, 영진약품공업 등

27. 「케이티앤지」 소유지분도

(★은 상장회사, 2017. 5. 1. 기준, 발행주식총수 기준, 단위: %)

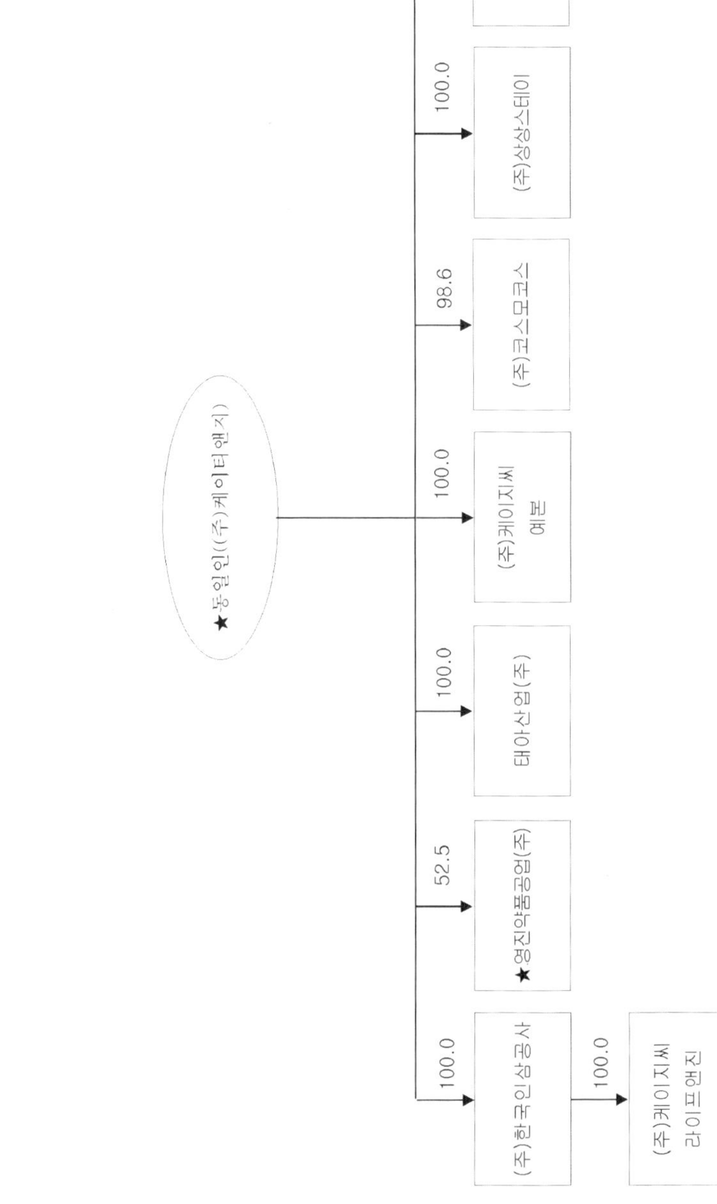

7) KT&G그룹, 2018년 5월: [순위] 28위, [동일인] KT&G, [계열회사] 9개

KT&G (34.6-100%) → 한국인삼공사, 영진약품 등

28. 「케이티앤지」 소유지분도

(★은 상장회사, 2018.5.1. 기준, 발행주식총수 기준, 단위: %)

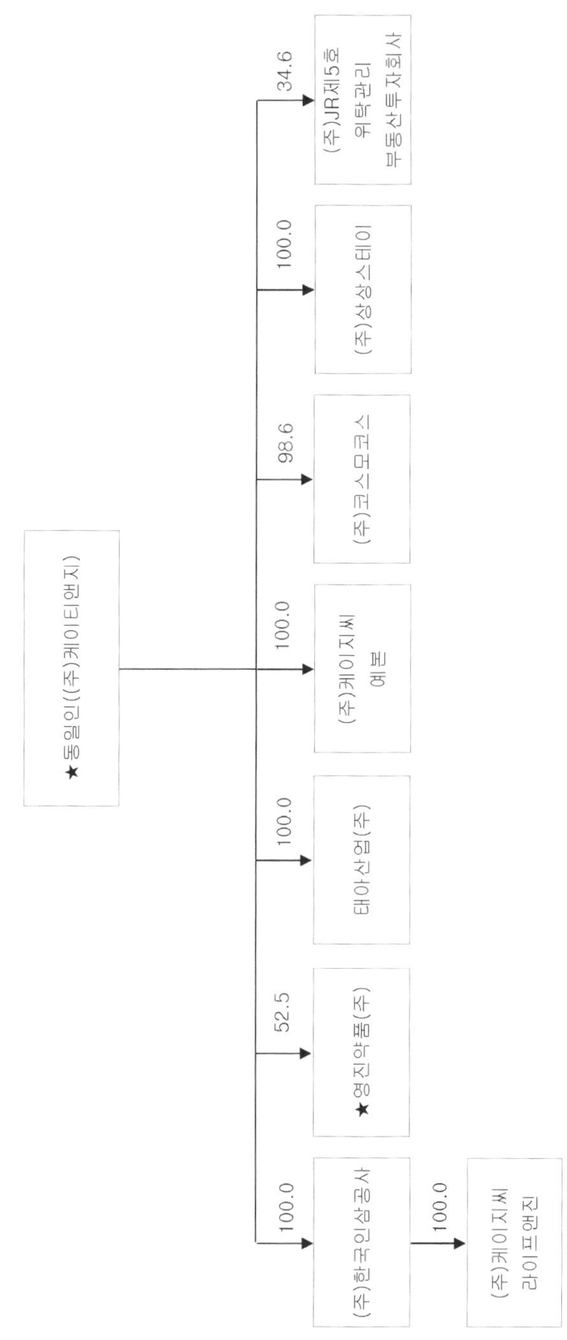

29. 「케이티엔지」 소유지분도

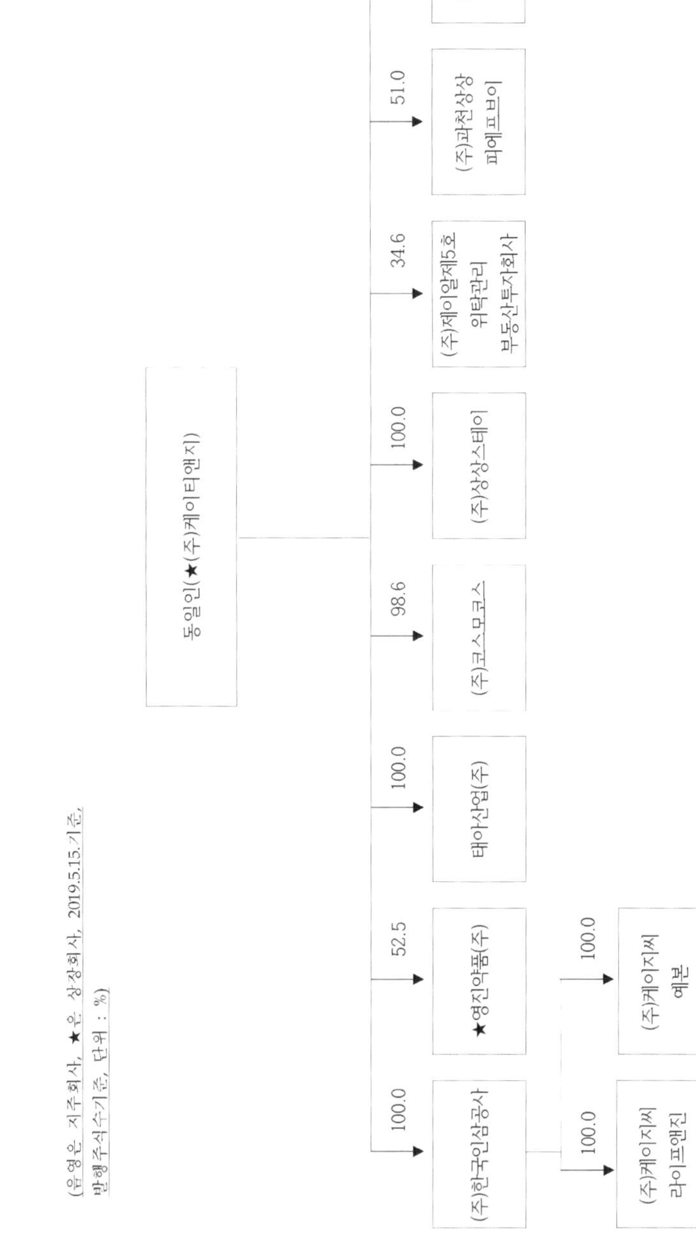

8) KT&G그룹, 2019년 5월: [순위] 29위, [동일인] KT&G, [계열회사] 11개

KT&G (34.6-100%) → 한국인삼공사, 영진약품 등

9) KT&G그룹, 2020년 5월: [순위] 30위, [동일인] KT&G, [계열회사] 10개

KT&G (50-100%) → 한국인삼공사, 영진약품 등

30.「케이티앤지」 소유지분도

(음영은 지주회사 등, ★은 상장회사, 2020. 5. 1. 기준, 발행주식총수 기준, 단위: %)

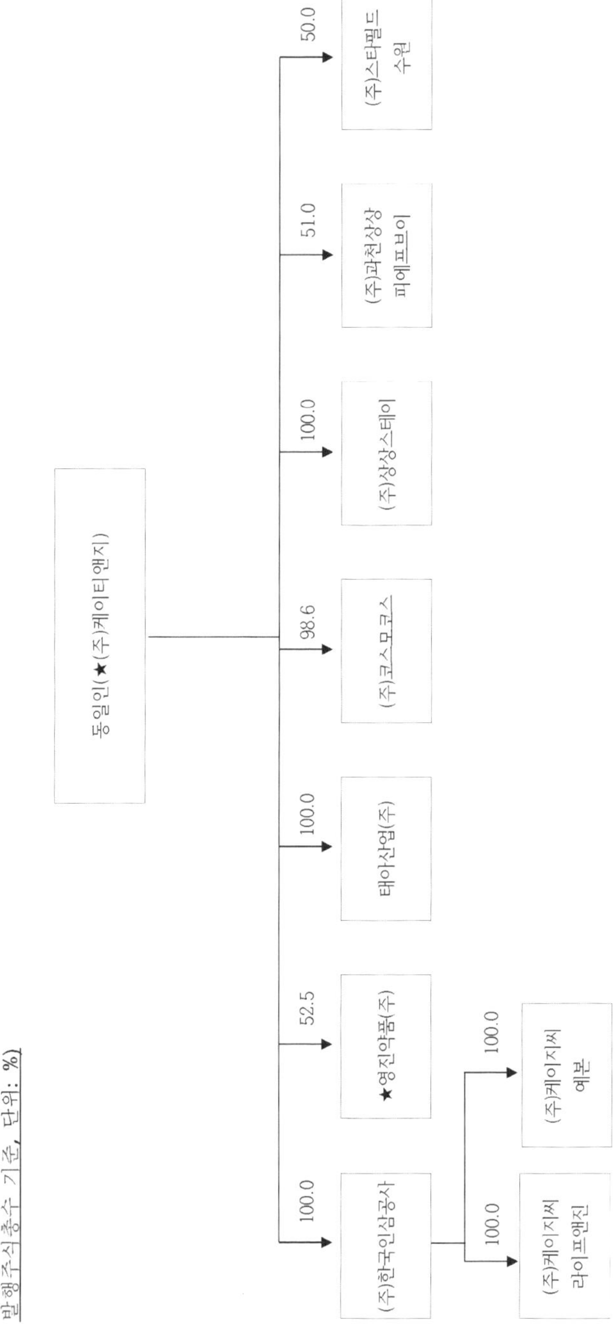

10) KT&G그룹, 2021년 5월: [순위] 32위, [동일인] KT&G, [계열회사] 10개

KT&G (50-100%) → 한국인삼공사, 영진약품 등

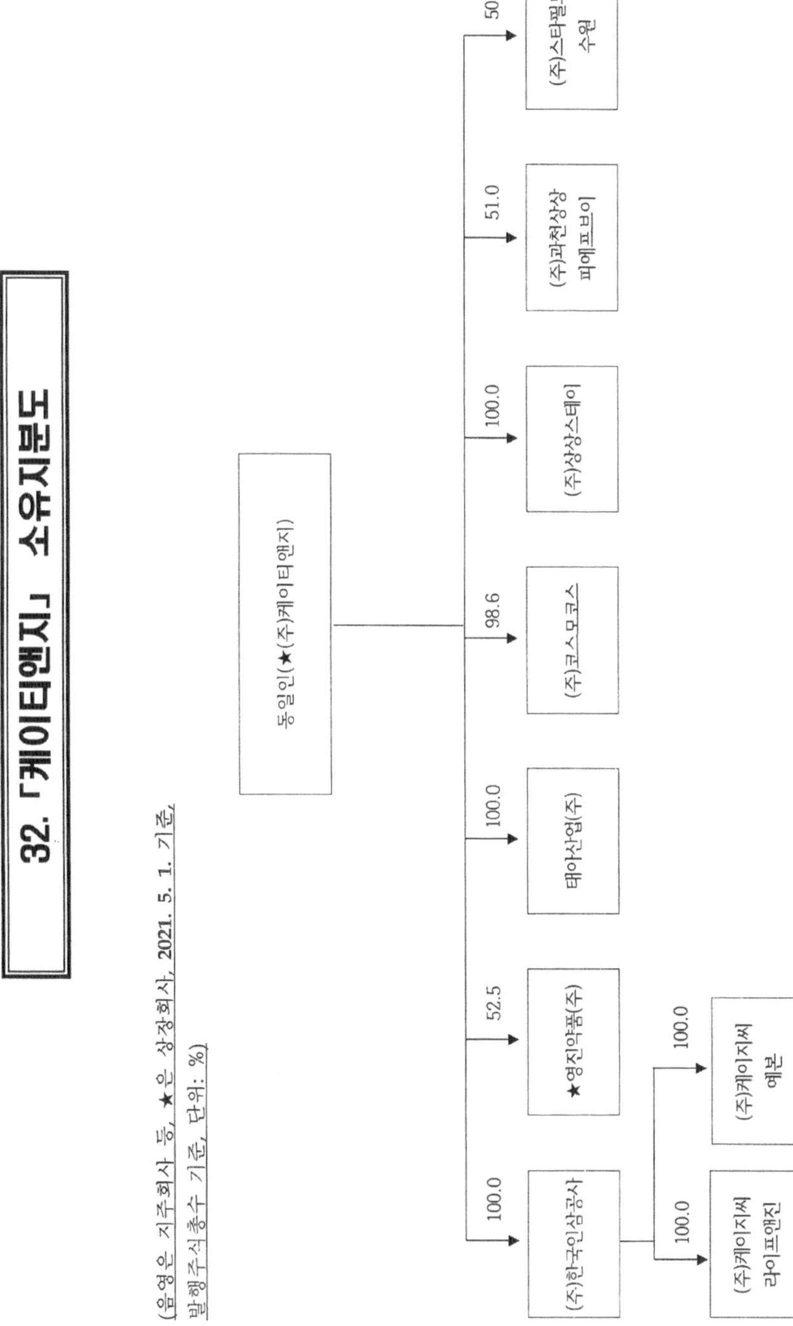

59. 코닝정밀소재그룹: 2014년

연도	동일인	순위 (위)	계열회사 (개)	자산총액 (10억 원)	매출액 (10억 원)	당기순이익 (10억 원)
2014	삼성코닝 정밀소재	43	2	6,843	2,439	831

	[소유구조]
주요 주주	-
주요 지배 회사	삼성코닝정밀소재 (동일인)
주요 계열회사	글로벌텍

주: 순위: 공기업집단을 제외한 순위.

1. 그룹

1) 대규모기업집단 지정 연도: 2014년.

2) 연도 수: 1년.

2. 소유지분도: 개관

1) 소유지분도 작성 연도: 2014년.

연도 수: 1년.

2) 그룹 주요 지표: [동일인] 삼성코닝정밀소재. [순위] 43위.

[계열회사] 2개. [자산총액] 6.8조 원.

[매출액] 2.4조 원. [당기순이익] 0.8조 원.

3) 소유구조

◆ 삼성코닝정밀소재 → 계열회사 ◆

① [주요 주주] -

② [주요 지배 회사]

1개.

삼성코닝정밀소재 (동일인).

지분: 51%.

③ [계열회사]

유형: 자회사.

주요 회사: 1개.

글로벌텍.

3. 소유지분도: 연도별, 2014년

2014년 4월: [순위] 43위, [동일인] 삼성코닝정밀소재, [계열회사] 2개

삼성코닝정밀소재 (51%) →

글로벌텍.

코닝정밀소재그룹, 2014년 4월: [순위] 43위, [동일인] 삼성코닝정밀소재, [계열회사] 2개

삼성코닝정밀소재 (51%) → 글로벌텍

52. 「코닝정밀소재」 소유지분도

* 2014.4.1. 발행주식총수 기준, 단위: %

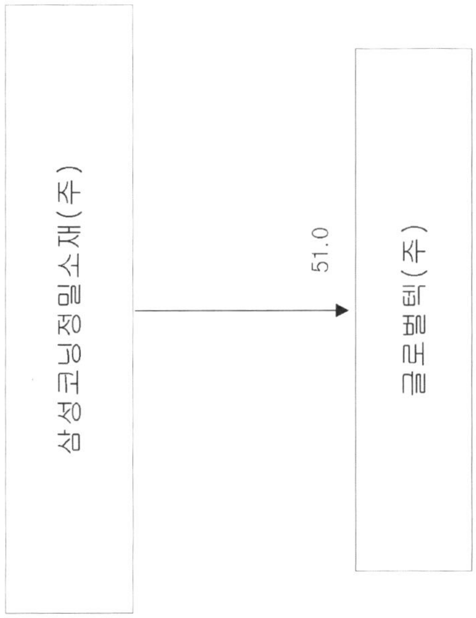

삼성코닝정밀소재(주) → 51.0 → 글로벌텍(주)

60. 코오롱그룹: 2012-2021년

연도	동일인	순위 (위)	계열회사 (개)	자산총액 (10억 원)	매출액 (10억 원)	당기순이익 (10억 원)
1987		21	17	713	1,020	21
1988		19	18	908	1,173	20
1989		20	16	1,015	1,317	20
1990		20	19	1,269	1,529	25
1991		22	21	1,460	1,854	29
1992		20	21	1,727	2,149	23
1993		22	21	1,919	-	-
1994		21	19	2,104	2,580	47
1995		21	20	2,535	3,206	42
1996		20	19	3,129	3,778	41
1997		20	24	3,910	4,471	8
1998		18	25	4,894	5,313	-36
1999		20	19	4,941	4,462	-215
2000		20	17	4,616	3,995	287
2001		20	25	4,640	3,631	-8
2002		17	29	4,589	4,073	-3
2003		20	32	4,380	3,932	36
2004		24	31	4,605	4,194	-137
2005		26	28	4,426	4,547	-405
2006		32	23	4,380	4,683	87
2007		28	33	4,927	5,180	81
2008		34	34	5,159	5,342	51
2009		32	38	5,881	6,849	135
2010		36	37	6,829	6,675	154
2011		33	39	8,050	8,563	308
2012	이웅열	30	40	9,378	8,207	326
2013	이웅열	32	38	9,620	10,495	153
2014	이웅열	31	37	9,400	9,919	34
2015	이웅열	32	43	9,032	9,167	-43
2016	이웅열	33	43	9,126	8,814	-200
2017	이웅열	32	40	9,643	8,524	191
2018	이웅열	31	39	10,841	9,067	57
2019	이웅열	30	41	10,710	9,304	93
2020	이웅열	33	37	10,428	9,023	-86
2021	이웅열	40	36	10,299	9,051	326

	[소유구조]
주요 주주	이웅열 (동일인)
주요 지배 회사	코오롱
주요 계열회사	코오롱인더스트리, 코오롱글로벌

주: 2002-2016년 순위: 공기업집단을 제외한 순위.

1. 그룹

1) 대규모기업집단 지정 연도: 1987-2021년.

2) 연도 수: 35년.

2. 소유지분도: 개관

1) 소유지분도 작성 연도: 2012-2021년.

연도 수: 10년.

2) 그룹 주요 지표: [동일인] 이웅열. [순위] 30-40위.

[계열회사] 36-43개. [자산총액] 9.0-10.8조 원.

[매출액] 8.2-10.5조 원. [당기순이익] (-0.2) - 0.3조 원.

3) 소유구조

◆ 이웅열 → 코오롱 → 계열회사 ◆

① [주요 주주]

1명.

이웅열 (동일인).

지분: 40.5-45.83%.

② [주요 지배 회사]

1개.

코오롱 (상장).

③ [계열회사]

유형: 자회사 → 손자회사 → 증손회사.

주요 회사: 2개 (2개씩 관련).

코오롱인더스트리 (상장), 코오롱글로벌 (상장).

3. 소유지분도: 연도별, 2012-2021년

1) 2012년 4월: [순위] 30위, [동일인] 이웅열, [계열회사] 40개

이웅열 (40.5%) →

코오롱 → 코오롱인더스트리, 코오롱글로벌 등.

2) 2013년 4월: [순위] 32위, [동일인] 이웅열, [계열회사] 38개

이웅열 (40.5%) →

코오롱 → 코오롱인더스트리, 코오롱글로벌 등.

3) 2014년 4월: [순위] 31위, [동일인] 이웅열, [계열회사] 37개

이웅열 (40.5%) →

코오롱 → 코오롱인더스트리, 코오롱글로벌 등.

4) 2015년 4월: [순위] 32위, [동일인] 이웅열, [계열회사] 43개

이웅열 (43.5%) →

코오롱 → 코오롱인더스트리, 코오롱글로벌 등.

5) 2016년 4월: [순위] 33위, [동일인] 이웅열, [계열회사] 43개

이웅열 (43.5%) →

코오롱 → 코오롱인더스트리, 코오롱글로벌 등.

6) 2017년 9월: [순위] 32위, [동일인] 이웅열, [계열회사] 40개

이웅열 (43.5%) →

코오롱 → 코오롱인더스트리, 코오롱글로벌 등.

7) 2018년 5월: [순위] 31위, [동일인] 이웅열, [계열회사] 39개

이웅열 (43.5%) →

코오롱 → 코오롱인더스트리, 코오롱글로벌 등.

8) 2019년 5월: [순위] 30위, [동일인] 이웅열, [계열회사] 41개

이웅열 (45.83%) →

코오롱 → 코오롱인더스트리, 코오롱글로벌 등.

9) 2020년 5월: [순위] 33위, [동일인] 이웅열, [계열회사] 37개

이웅열 (45.83%) →

코오롱 → 코오롱인더스트리, 코오롱글로벌 등.

10) 2021년 5월: [순위] 40위, [동일인] 이웅열, [계열회사] 36개

이웅열 (45.83%) →

코오롱 → 코오롱인더스트리, 코오롱글로벌 등.

1) 코오롱그룹, 2012년 4월: [순위] 30위, [동일인] 이웅열, [계열회사] 40개

이웅열 (40.5%) → 코오롱 → 코오롱인더스트리, 코오롱글로벌 등

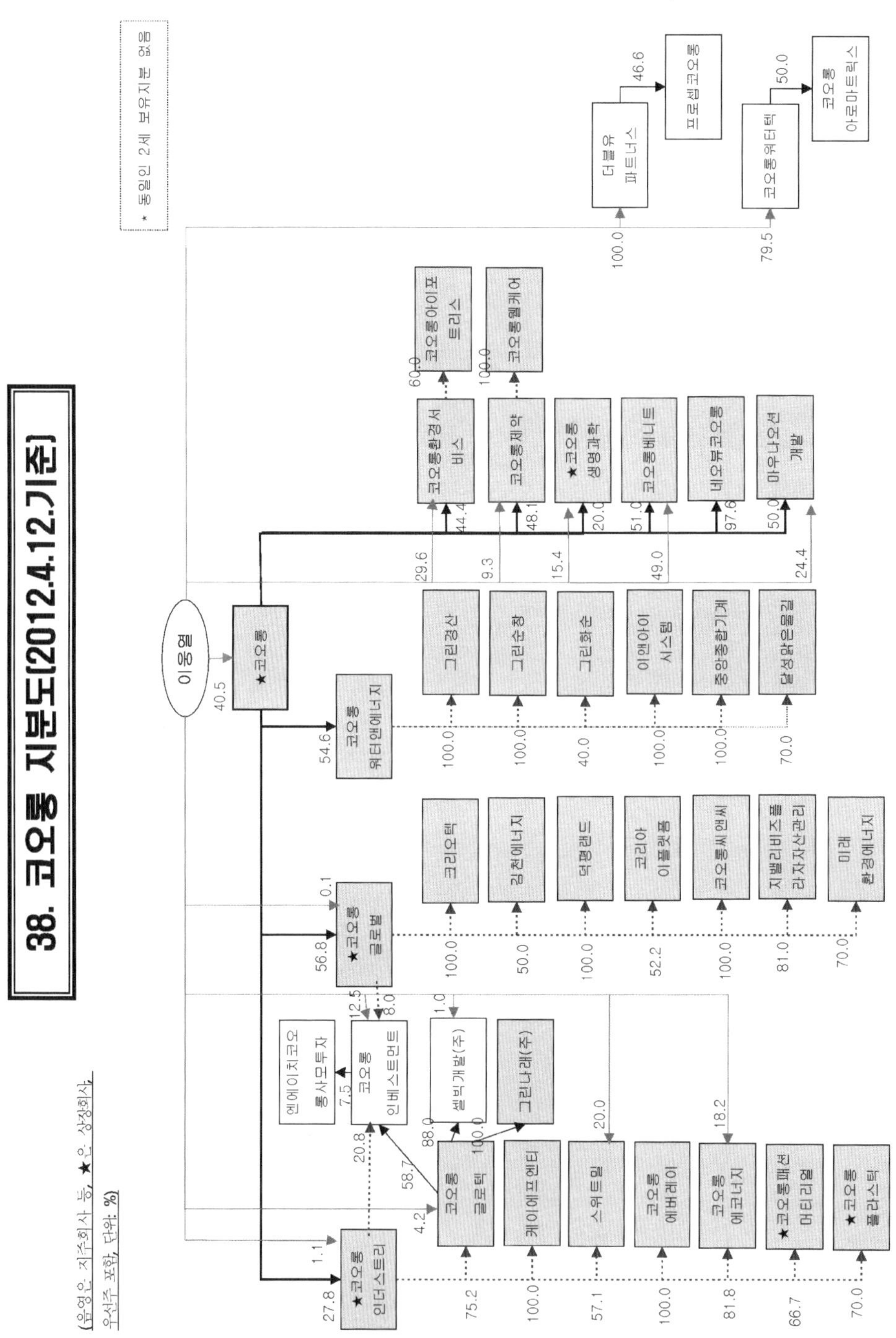

2) 코오롱그룹, 2013년 4월: [순위] 32위, [동일인] 이웅열, [계열회사] 38개

이웅열 (40.5%) → 코오롱 → 코오롱인더스트리, 코오롱글로벌 등

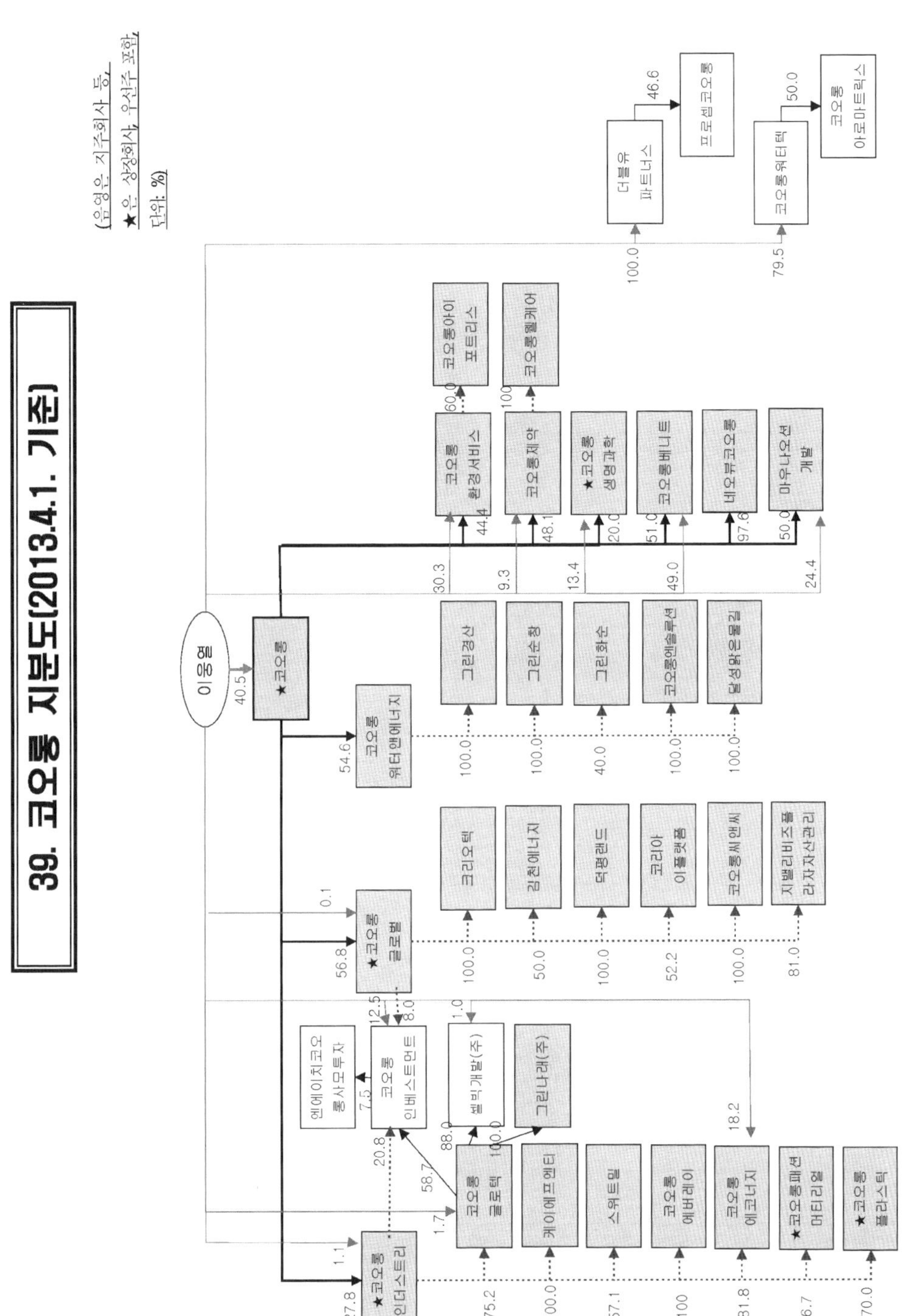

3) 코오롱그룹, 2014년 4월: [순위] 31위, [동일인] 이웅열, [계열회사] 37개

이웅열 (40.5%) → 코오롱 → 코오롱인더스트리, 코오롱글로벌 등

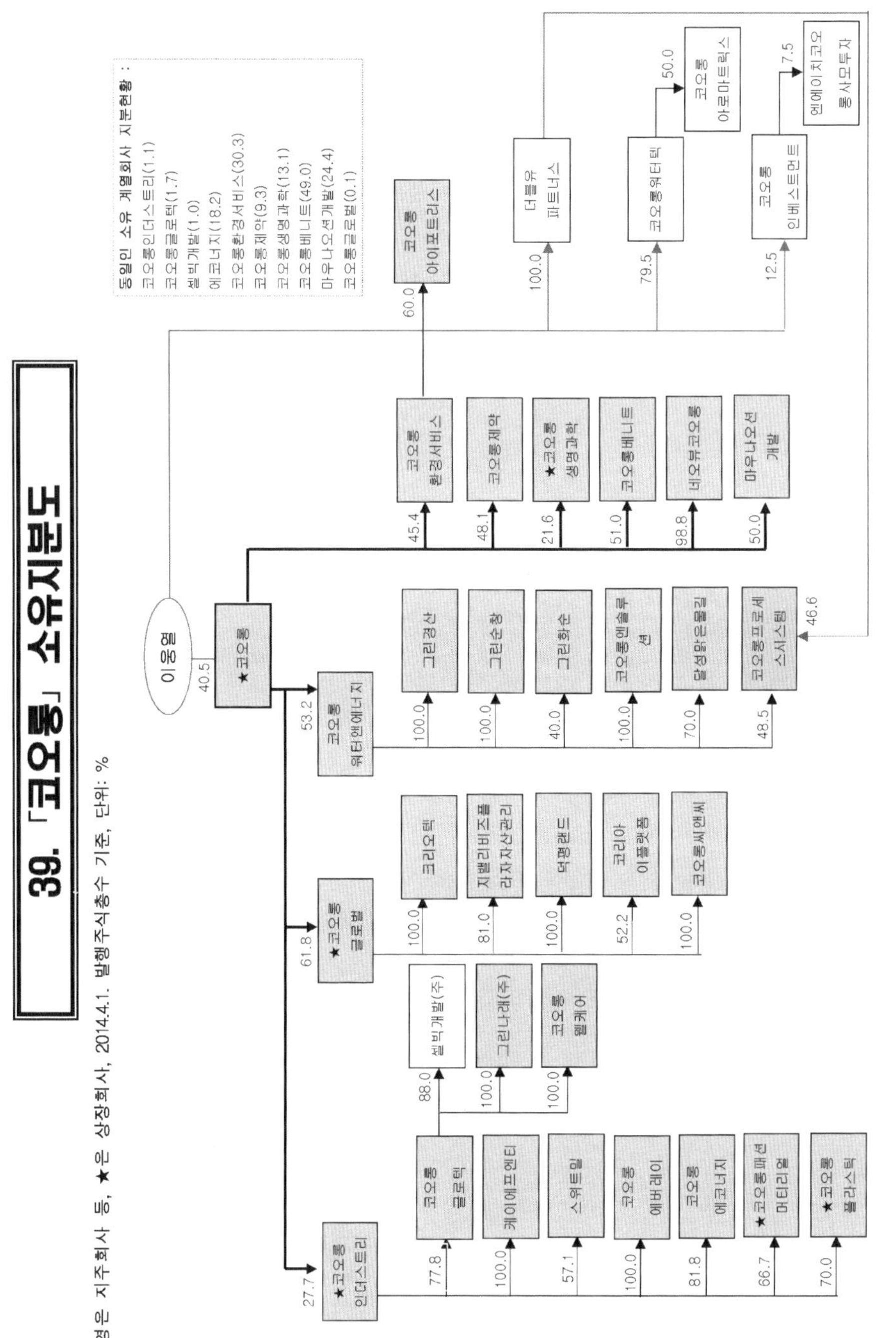

4) 코오롱그룹, 2015년 4월: [순위] 32위, [동일인] 이웅열, [계열회사] 43개

이웅열 (43.5%) → 코오롱 → 코오롱인더스트리, 코오롱글로벌 등

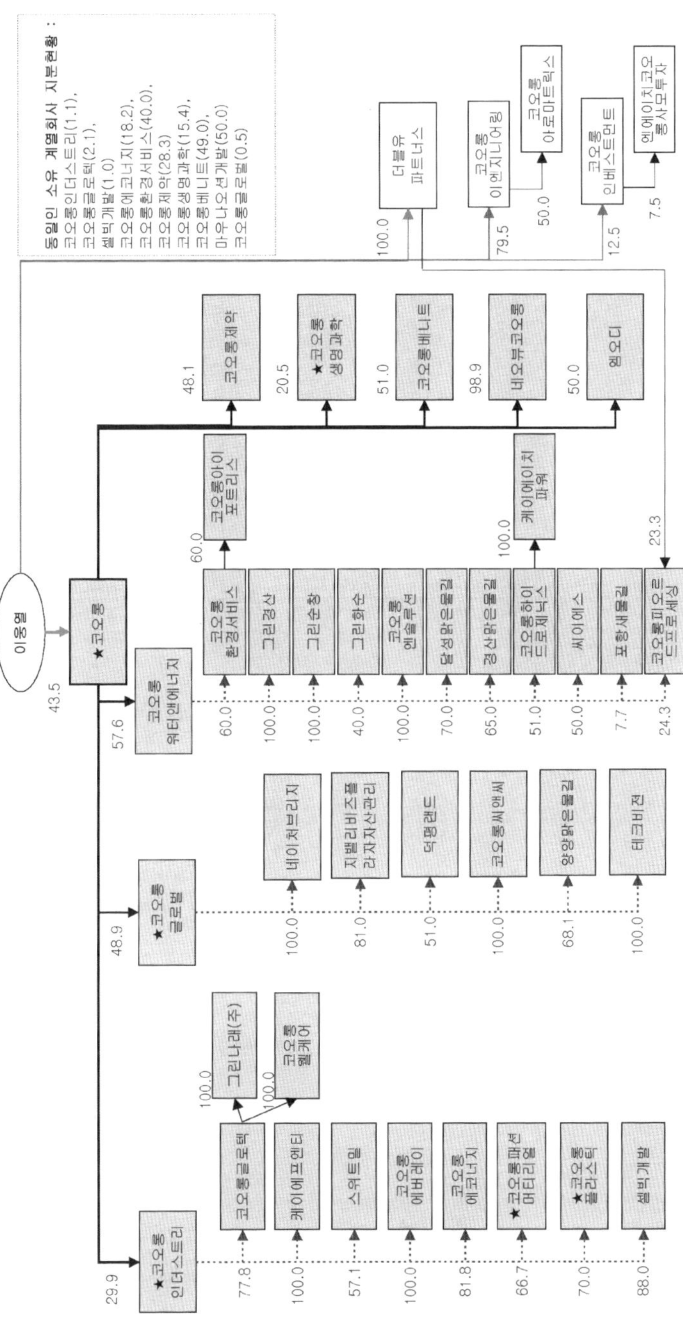

5) 코오롱그룹, 2016년 4월: [순위] 33위, [동일인] 이웅열, [계열회사] 43개

이웅열 (43.5%) → 코오롱 → 코오롱인더스트리, 코오롱글로벌 등

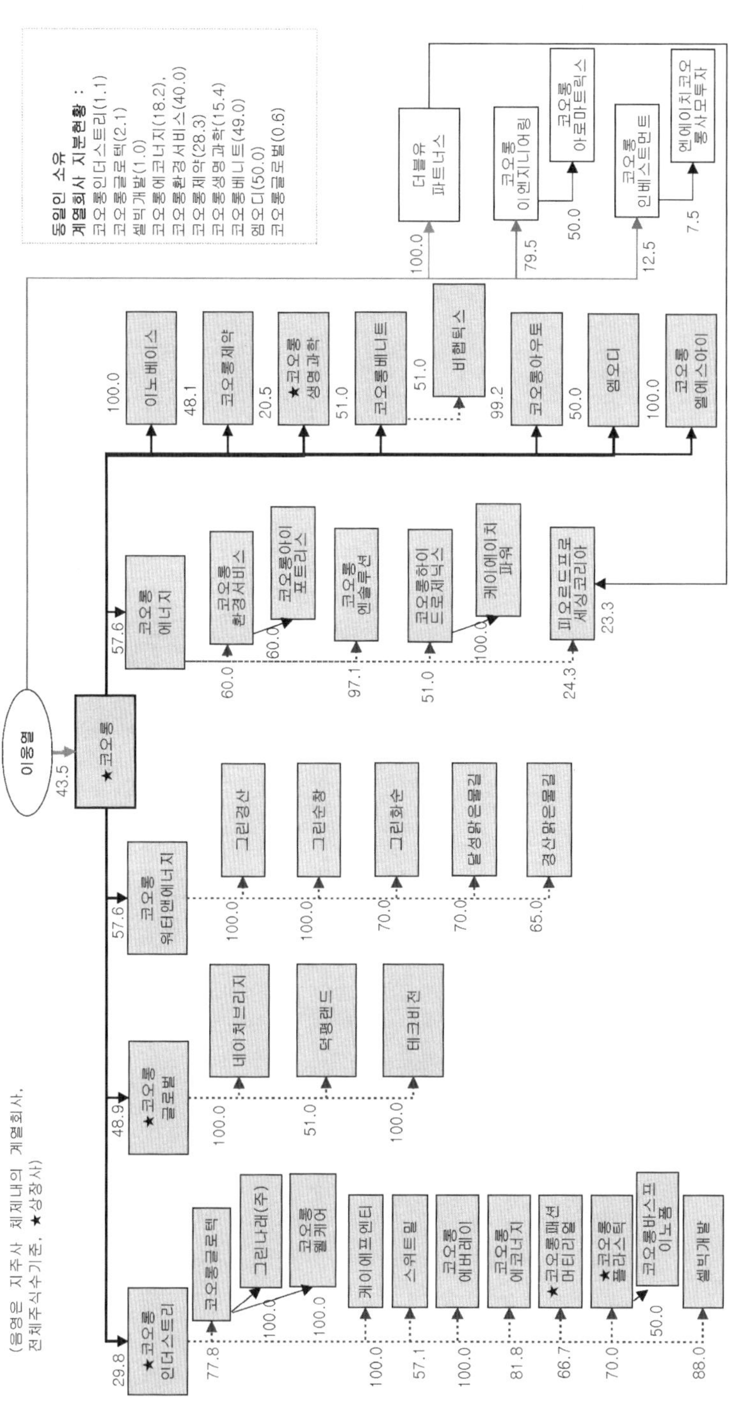

6) 코오롱그룹, 2017년 9월: [순위] 32위, [동일인] 이웅열, [계열회사] 40개

이웅열 (43.5%) → 코오롱 → 코오롱인더스트리, 코오롱글로벌 등

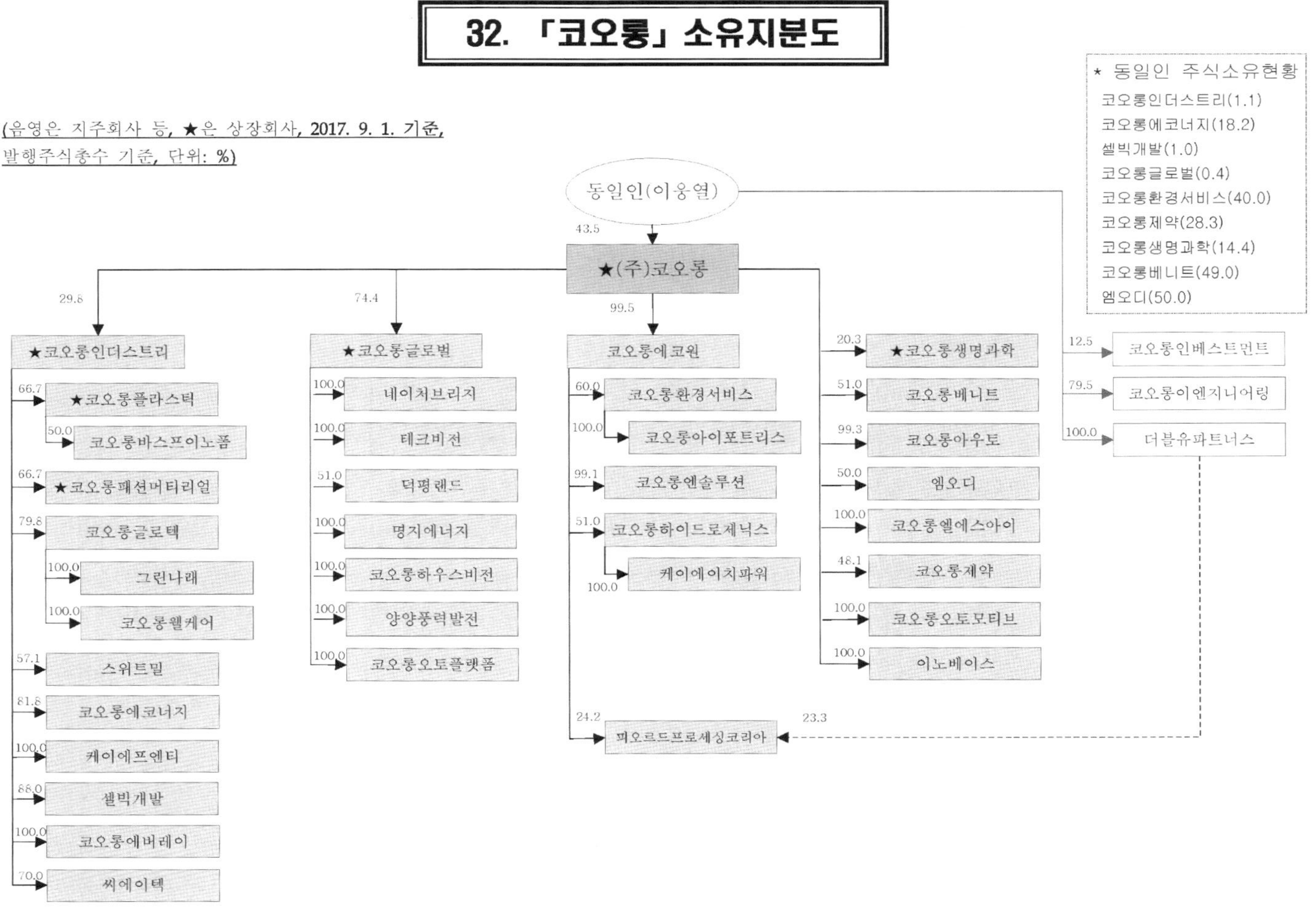

7) 코오롱그룹, 2018년 5월: [순위] 31위, [동일인] 이웅열, [계열회사] 39개

이웅열 (43.5%) → 코오롱 → 코오롱인더스트리, 코오롱글로벌 등

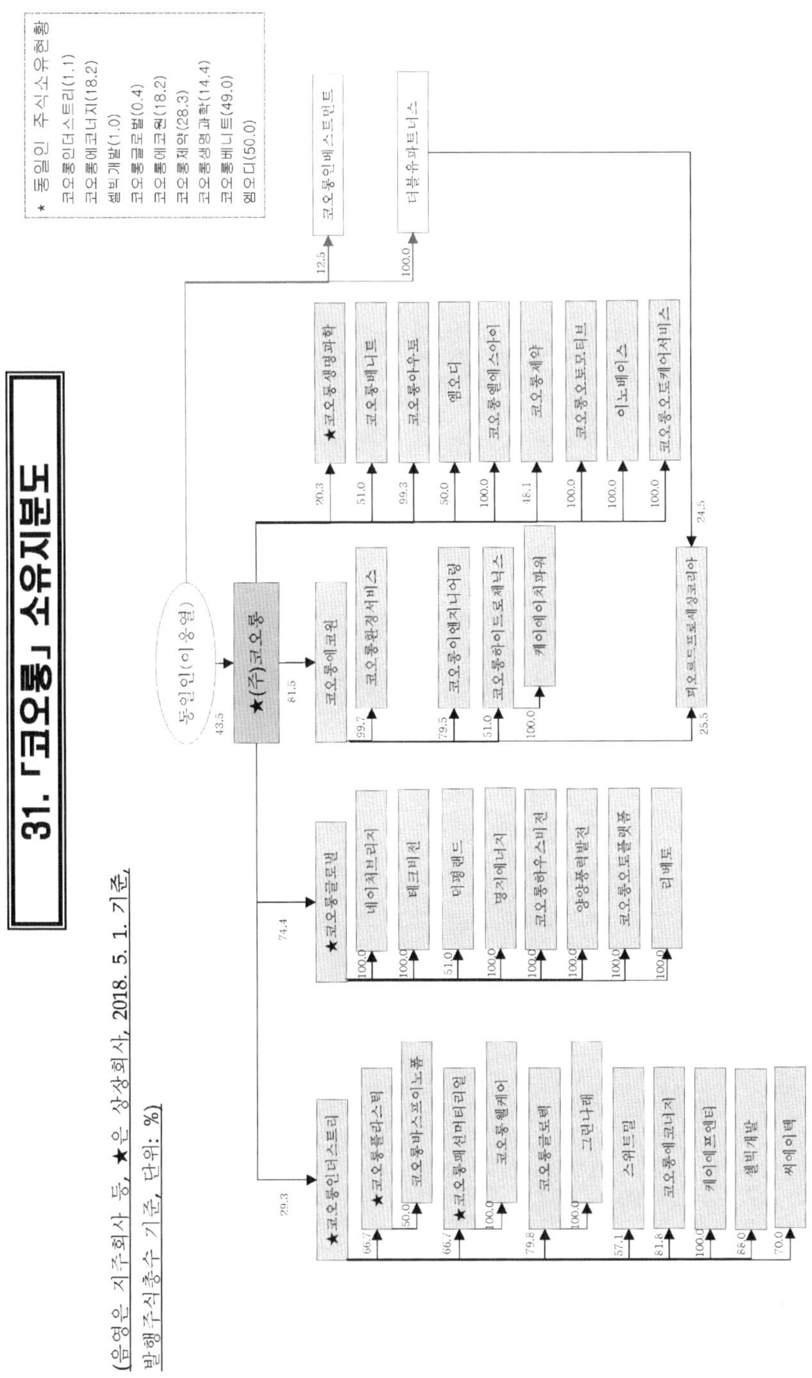

8) 코오롱그룹, 2019년 5월: [순위] 30위, [동일인] 이웅열, [계열회사] 41개

이웅열 (45.83%) → 코오롱 → 코오롱인더스트리, 코오롱글로벌 등

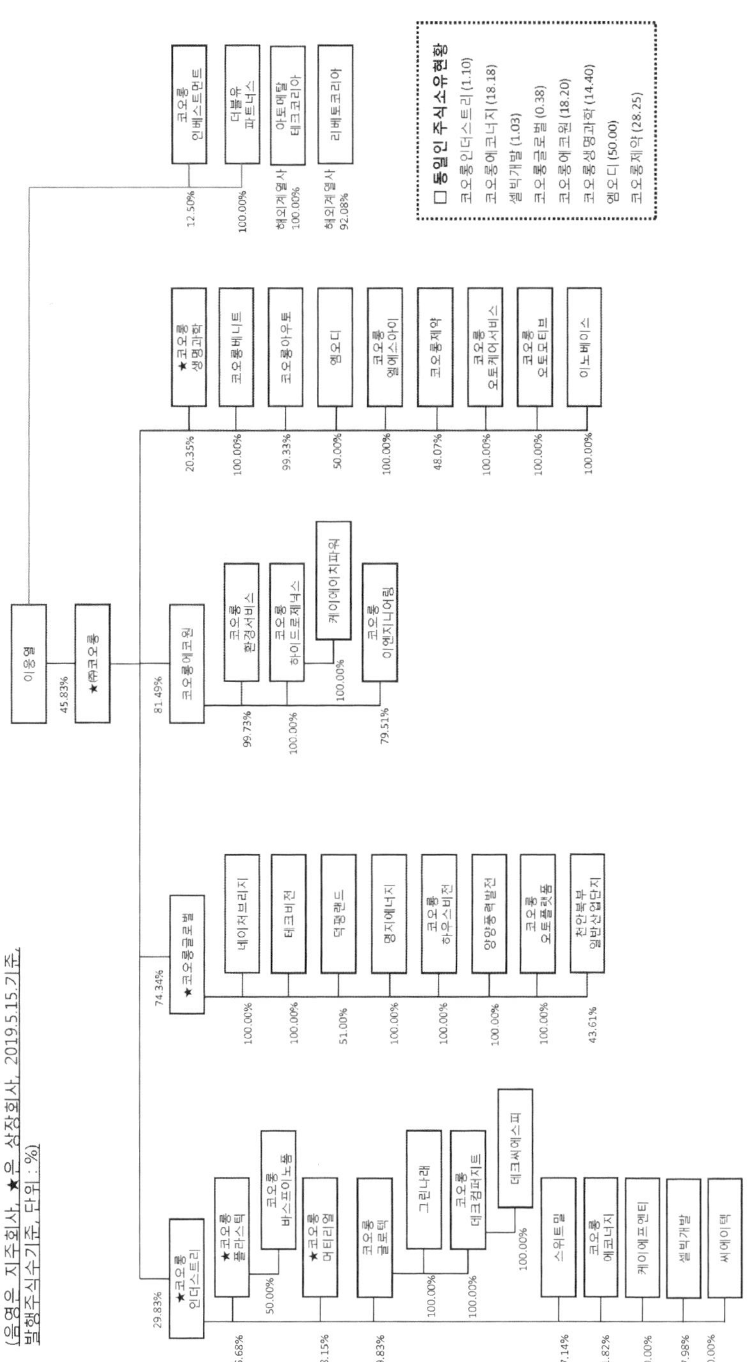

9) 코오롱그룹, 2020년 5월: [순위] 33위, [동일인] 이웅열, [계열회사] 37개

이웅열 (45.83%) → 코오롱 → 코오롱인더스트리, 코오롱글로벌 등

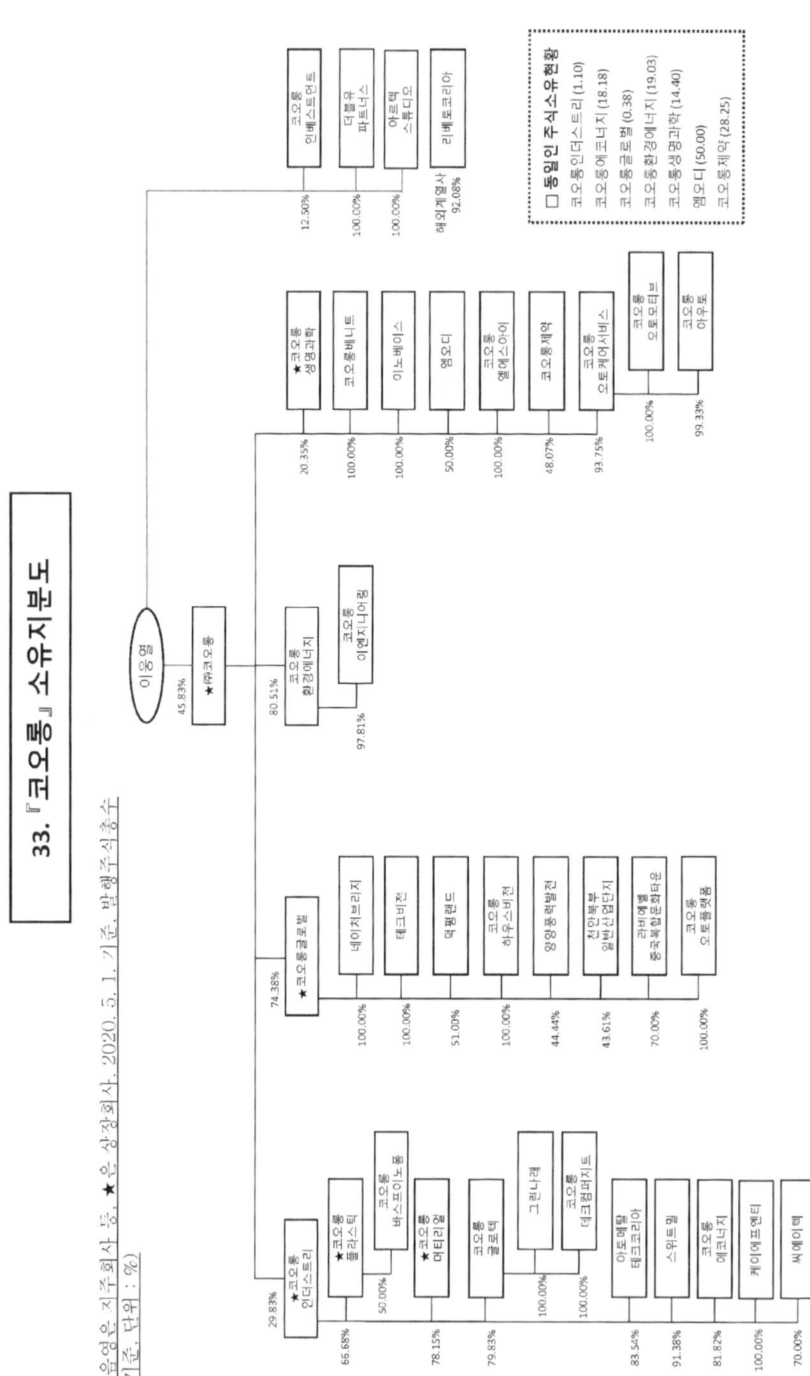

10) 코오롱그룹, 2021년 5월: [순위] 40위, [동일인] 이웅열, [계열회사] 36개

이웅열 (45.83%) → 코오롱 → 코오롱인더스트리, 코오롱글로벌 등

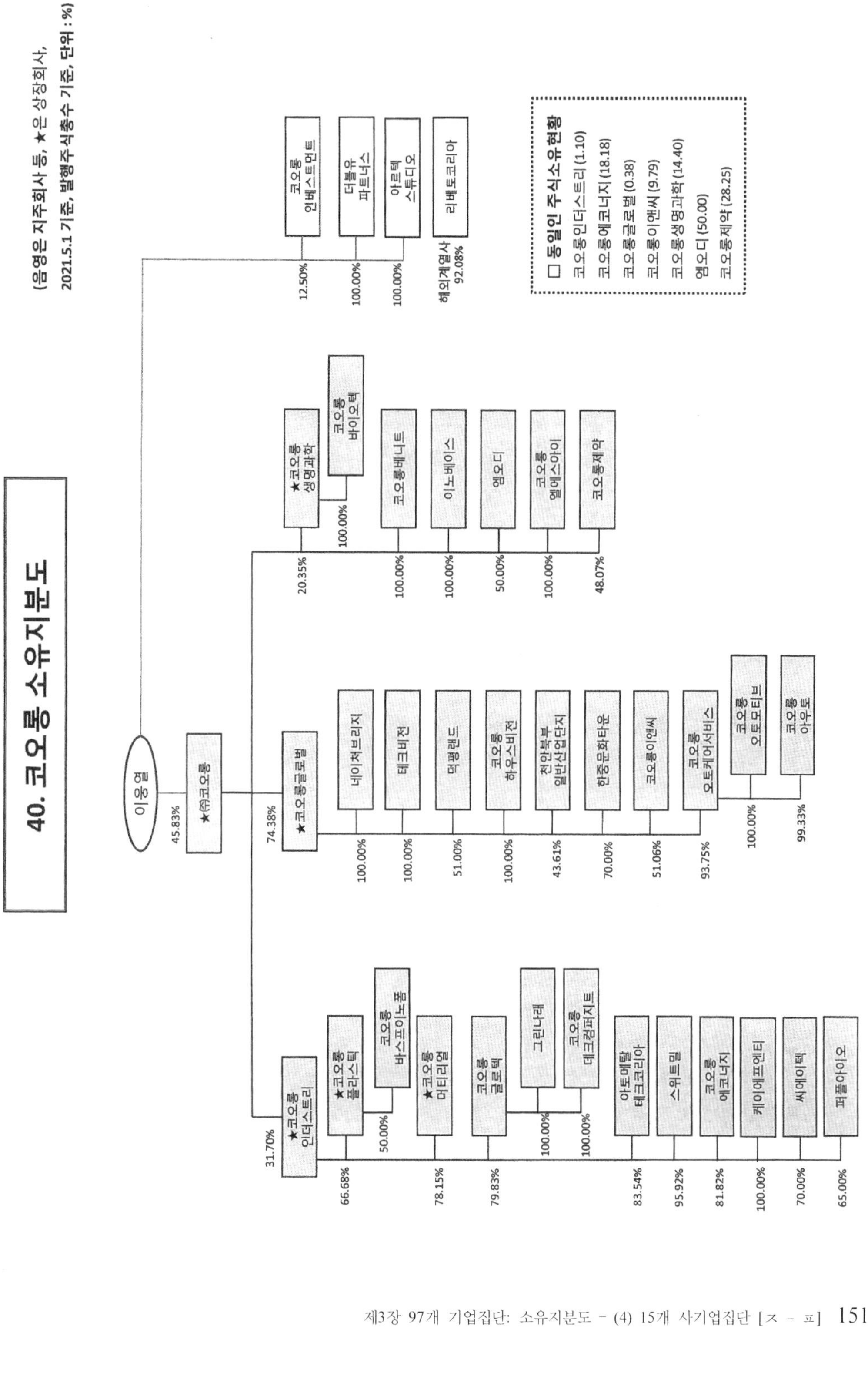

40. 코오롱 소유지분도

(음영은 지주회사 등, ★은 상장회사, 2021.5.1 기준, 발행주식총수 기준, 단위 : %)

이웅열
45.83%
★㈜코오롱
31.70%
★코오롱 인더스트리
66.68% ★코오롱 플라스틱
50.00% 코오롱 바스프이노폼
78.15% ★코오롱 머티리얼
79.83% 코오롱 글로텍
100.00% 그린나래
100.00% 코오롱 데크컴퍼지트
83.54% 아토메탈 테크코리아
95.92% 스위트밀
81.82% 코오롱 에코너지
100.00% 케이에프엔티
70.00% 씨메이텍
65.00% 퍼플아이오
74.38%
★코오롱글로벌
100.00% 네이처브리지
100.00% 테크비전
51.00% 덕평랜드
100.00% 코오롱 하우스비전
43.61% 천안북부 일반산업단지
70.00% 한중문화타운
51.06% 코오롱이앤씨
93.75% 코오롱 오토케어서비스
100.00% 코오롱 오토모티브
99.33% 코오롱 아우토
20.35%
★코오롱 생명과학
100.00% 코오롱 바이오텍
100.00% 코오롱베니트
100.00% 이노베이스
50.00% 엠오디
100.00% 코오롱 엘에스아이
48.07% 코오롱제약
12.50% 코오롱 인베스트먼트
100.00% 더블유 파트너스
100.00% 아르텍 스튜디오
해외계열사 92.08% 리베토코리아

□ 동일인 주식소유현황
코오롱인더스트리 (1.10)
코오롱에코너지 (18.18)
코오롱글로벌 (0.38)
코오롱이앤씨 (9.79)
코오롱생명과학 (14.40)
엠오디 (50.00)
코오롱제약 (28.25)

61. 쿠팡그룹: 2021년

연도	동일인	순위 (위)	계열회사 (개)	자산총액 (10억 원)	매출액 (10억 원)	당기순이익 (10억 원)
2021	쿠팡	60	8	5,775	15,374	-597

	[소유구조]
주요 주주	-
주요 지배 회사	쿠팡 (동일인)
주요 계열회사	씨피엘비, 쿠팡페이

1. 그룹

1) 대규모기업집단 지정 연도: 2021년.

2) 연도 수: 1년.

2. 소유지분도: 개관

1) 소유지분도 작성 연도: 2021년.

연도 수: 1년.

2) 그룹 주요 지표: [동일인] 쿠팡. [순위] 60위.

[계열회사] 8개. [자산총액] 5.8조 원.

[매출액] 15.4조 원. [당기순이익] -0.6조 원.

3) 소유구조

◆ 쿠팡 → 계열회사 ◆

① [주요 주주] -

② [주요 지배 회사]

1개.

쿠팡 (동일인).

지분: 100%.

③ [계열회사]

유형: 자회사.

주요 회사: 2개 (2개씩 관련).

씨피엘비, 쿠팡페이.

3. 소유지분도: 연도별, 2021년

<u>2021년 5월: [순위] 60위, [동일인] 쿠팡, [계열회사] 8개</u>

쿠팡 (100%) →

씨피엘비, 쿠팡페이 등.

쿠팡그룹, 2021년 5월: [순위] 60위, [동일인] 쿠팡, [계열회사] 8개

쿠팡 (100%) → 씨피엘비, 쿠팡페이 등

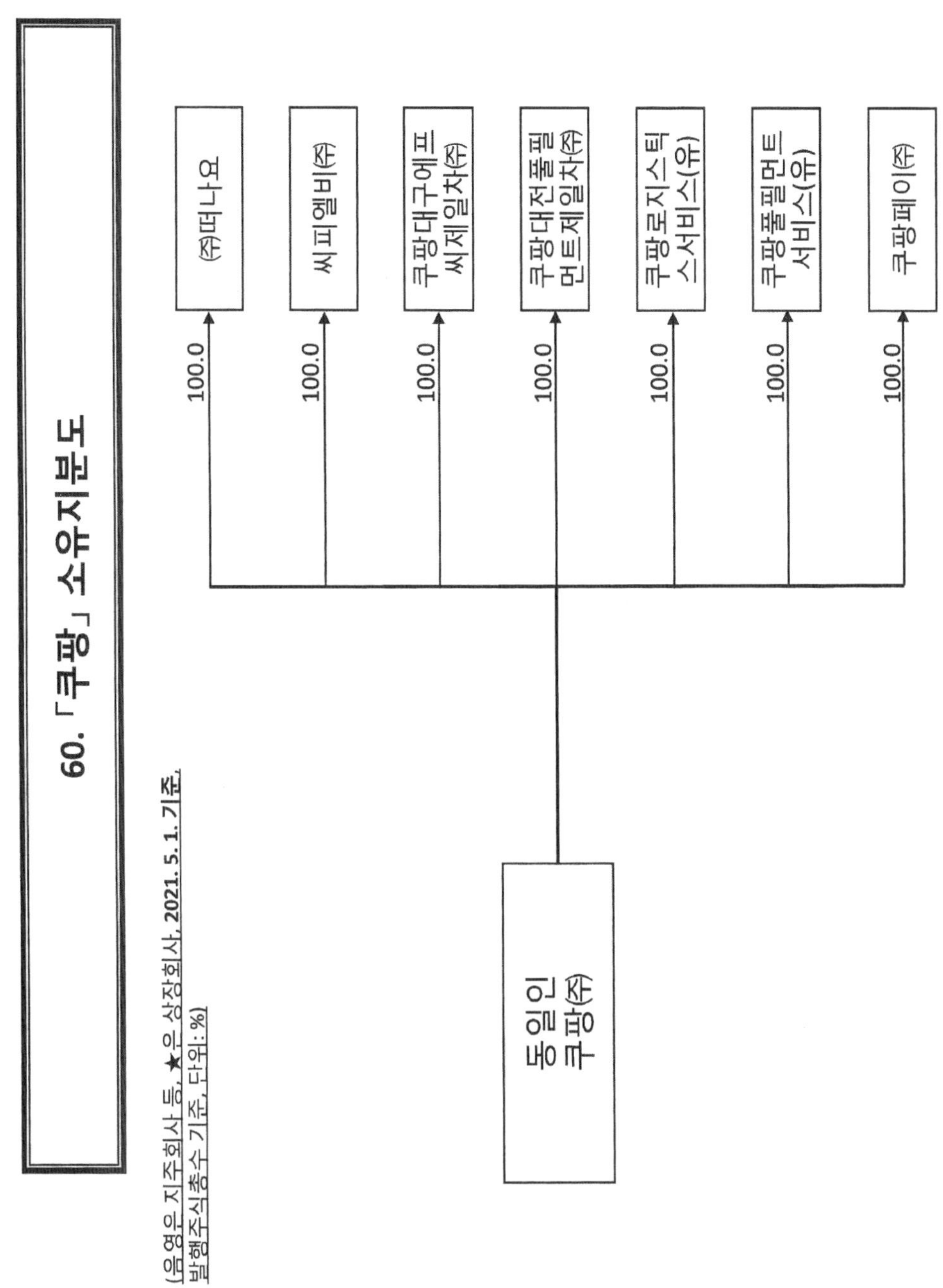

62. 태광그룹: 2012-2021년

연도	동일인	순위 (위)	계열회사 (개)	자산총액 (10억 원)	매출액 (10억 원)	당기순이익 (10억 원)
1988		(31)	8	(0)	877	57
1989		(31)	8	(0)	1,193	55
1990		(31)	8	(0)	1,541	66
1991		(31)	8	(0)	1,778	59
1992		(31)	9	(0)	2,324	69
2001		29	15	2,598	3,805	16
2002		29	18	2,315	3,386	-182
2003		34	20	2,326	3,288	63
2004		36	38	2,745	3,359	-31
2005		37	44	3,048	3,632	65
2006		38	52	3,571	4,760	19
2007		41	47	3,535	5,015	-105
2008		42	46	3,802	5,347	81
2011		46	50	5,479	9,294	472
2012	이호진	43	44	6,561	11,173	387
2013	이호진	43	44	6,984	11,721	288
2014	이호진	39	34	7,380	12,098	343
2015	이호진	40	32	7,329	12,100	288
2016	이호진	44	26	7,118	13,011	251
2017	이호진	44	26	7,392	13,539	271
2018	이호진	36	25	8,691	13,324	494
2019	이호진	40	23	9,298	12,424	521
2020	이호진	49	19	8,146	11,764	344
2021	이호진	49	19	8,767	11,630	670

	[소유구조]	
주요 주주	이호진 (동일인)	이호진
주요 지배 회사	태광산업	-
주요 계열회사	티브로드홀딩스/티브로드, 티시스	흥국생명보험, 티시스

주: 1) 2002-2016년 순위: 공기업집단을 제외한 순위.
2) 1988-1992년: 31위 이하 순위 및 자산총액 정보 없음, (31)/(0)으로 표시함.

1. 그룹

1) 대규모기업집단 지정 연도: 1988-1992, 2001-2008, 2011-2021년.

2) 연도 수: 24년.

3) 그룹 이름: 태광산업 (1988-1992, 2001-2008년), 태광 (2011-2021년).

2. 소유지분도: 개관

1) 소유지분도 작성 연도: 2012-2021년.

연도 수: 10년.

2) 그룹 주요 지표: [동일인] 이호진. [순위] 36-49위.

[계열회사] 19-44개. [자산총액] 6.6-9.3조 원.

[매출액] 11.2-13.5조 원. [당기순이익] 0.3-0.7조 원.

3) 소유구조

◆ {이호진 → 태광산업 → 계열회사} +
{이호진 → 계열회사2} ◆

① [주요 주주]

1명.

이호진 (동일인).

지분: 15.1-29.5%.

② [주요 지배 회사]

1개.

태광산업 (상장).

③ [계열회사]

유형: 자회사 → 손자회사 → 증손회사 (4년; 2012-2015년),
자회사 → 손자회사 (6년; 2016-2021년).

주요 회사: 2개 (1-2개씩 관련).

티브로드홀딩스 / 티브로드, 티시스.

* 계열회사2: 2개 (1-2개씩 관련).

흥국생명보험, 티시스.

4) 티브로드홀딩스: 티브로드 (2015년 3월 상호 변경).

3. 소유지분도: 연도별, 2012-2021년

1) 2012년 4월: [순위] 43위, [동일인] 이호진, [계열회사] 44개

{이호진 (15.1%) →

태광산업 → 티브로드홀딩스 등} +

{이호진 → 흥국생명보험, 티시스 등}.

2) 2013년 4월: [순위] 43위, [동일인] 이호진, [계열회사] 44개

{이호진 (15.1%) →

태광산업 → 티브로드홀딩스 등} +

{이호진 → 흥국생명보험, 티시스 등}.

3) 2014년 4월: [순위] 39위, [동일인] 이호진, [계열회사] 34개

{이호진 (15.1%) →

태광산업 → 티브로드홀딩스 등} +

{이호진 → 흥국생명보험, 티시스 등}.

4) 2015년 4월: [순위] 40위, [동일인] 이호진, [계열회사] 32개

{이호진 (15.1%) →

태광산업 → 티브로드홀딩스 등} +

{이호진 → 흥국생명보험, 티시스 등}.

5) 2016년 4월: [순위] 44위, [동일인] 이호진, [계열회사] 26개

{이호진 (15.1%) →

태광산업 → 티브로드 등} +

{이호진 → 흥국생명보험, 티시스 등}.

6) 2017년 9월: [순위] 44위, [동일인] 이호진, [계열회사] 26개

{이호진 (15.8%) →

태광산업 → 티브로드 등} +

{이호진 → 흥국생명보험, 티시스 등}.

7) 2018년 5월: [순위] 36위, [동일인] 이호진, [계열회사] 25개

{이호진 (15.8%) →

태광산업 → 티브로드 등} +

{이호진 → 흥국생명보험, 티시스 등}.

8) 2019년 5월: [순위] 40위, [동일인] 이호진, [계열회사] 23개

{이호진 (29.4%) →

태광산업 → 티브로드, 티시스 등} +

{이호진 → 흥국생명보험 등}.

9) 2020년 5월: [순위] 49위, [동일인] 이호진, [계열회사] 19개

{이호진 (29.5%) →

태광산업 → 티시스 등} +

{이호진 → 흥국생명보험 등}.

10) 2021년 5월: [순위] 49위, [동일인] 이호진, [계열회사] 19개

{이호진 (29.5%) →

태광산업 → 티시스 등} +

{이호진 → 흥국생명보험 등}.

1) 태광그룹, 2012년 4월: [순위] 43위, [동일인] 이호진, [계열회사] 44개

{이호진 (15.1%) → 태광산업 → 티브로드홀딩스 등} + {이호진 → 흥국생명보험, 티시스 등}

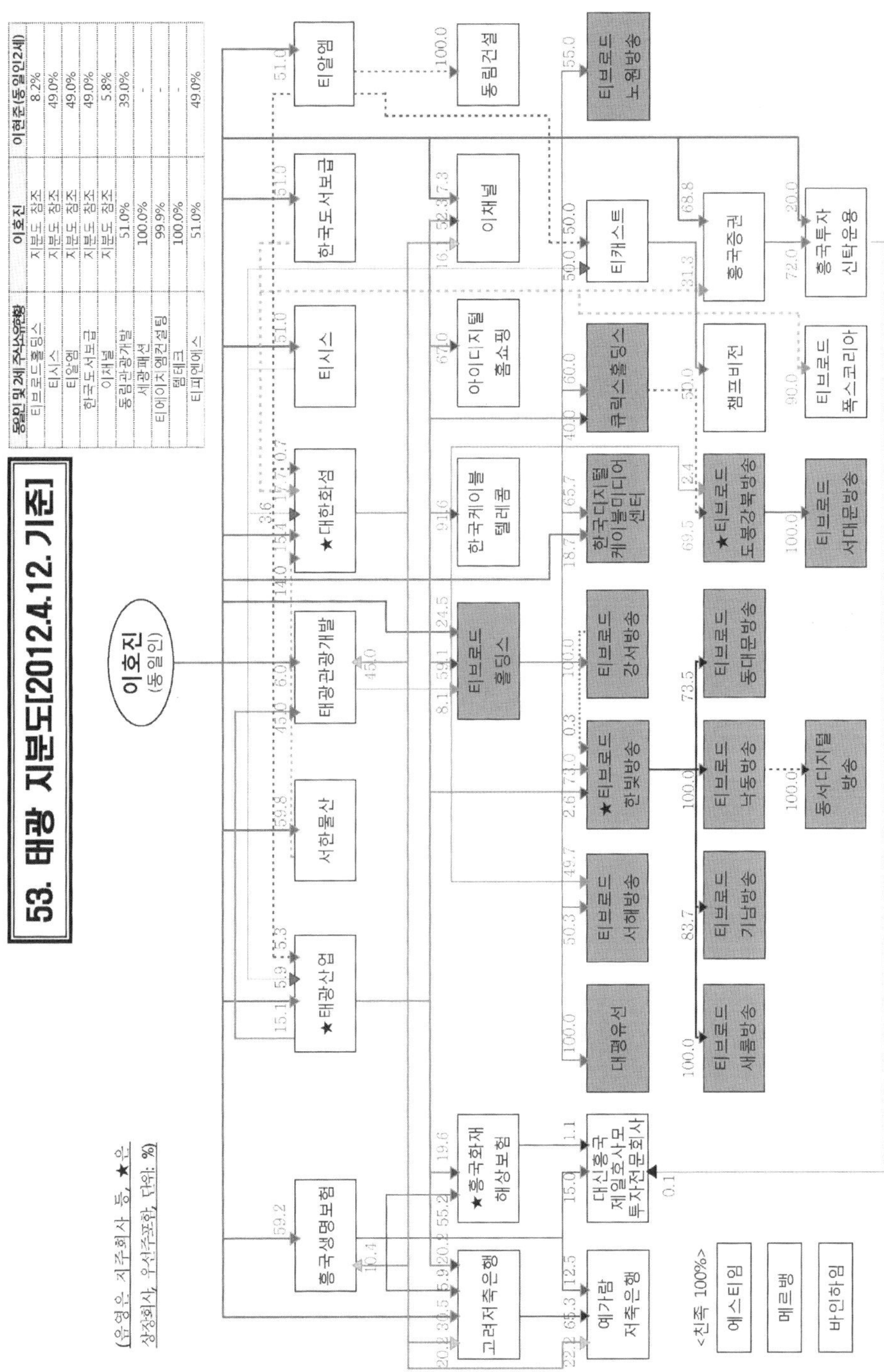

동일인 및 2세 주식소유현황	이호진	이현준(동일인2세)
티브로드홀딩스	지분도 참조	8.2%
티시스	지분도 참조	49.0%
티알엠	지분도 참조	49.0%
한국도서보급	지분도 참조	49.0%
이채널	지분도 참조	5.8%
동림관광개발	51.0%	39.0%
세광패션	100.0%	-
티에이치엠컨설팅	99.9%	-
템테크	100.0%	-
티피엠에스	51.0%	49.0%

2) 태광그룹, 2013년 4월: [순위] 43위, [동일인] 이호진, [계열회사] 44개

{이호진 (15.1%) → 태광산업 → 티브로드홀딩스 등} + {이호진 → 흥국생명보험, 티시스 등}

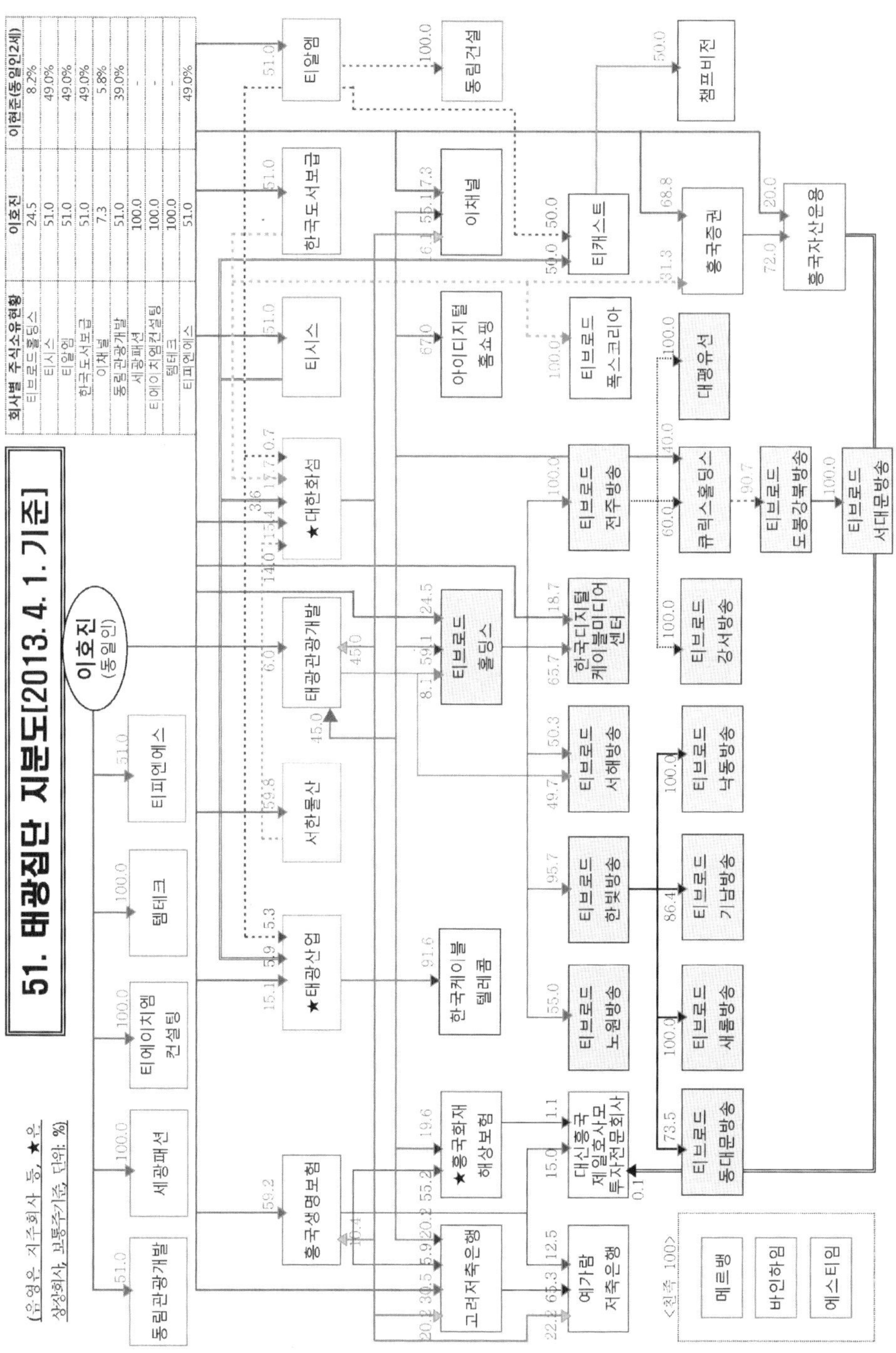

3) 태광그룹, 2014년 4월: [순위] 39위, [동일인] 이호진, [계열회사] 34개

{이호진 (15.1%) → 태광산업 → 티브로드홀딩스 등} + {이호진 → 흥국생명보험, 티시스 등}

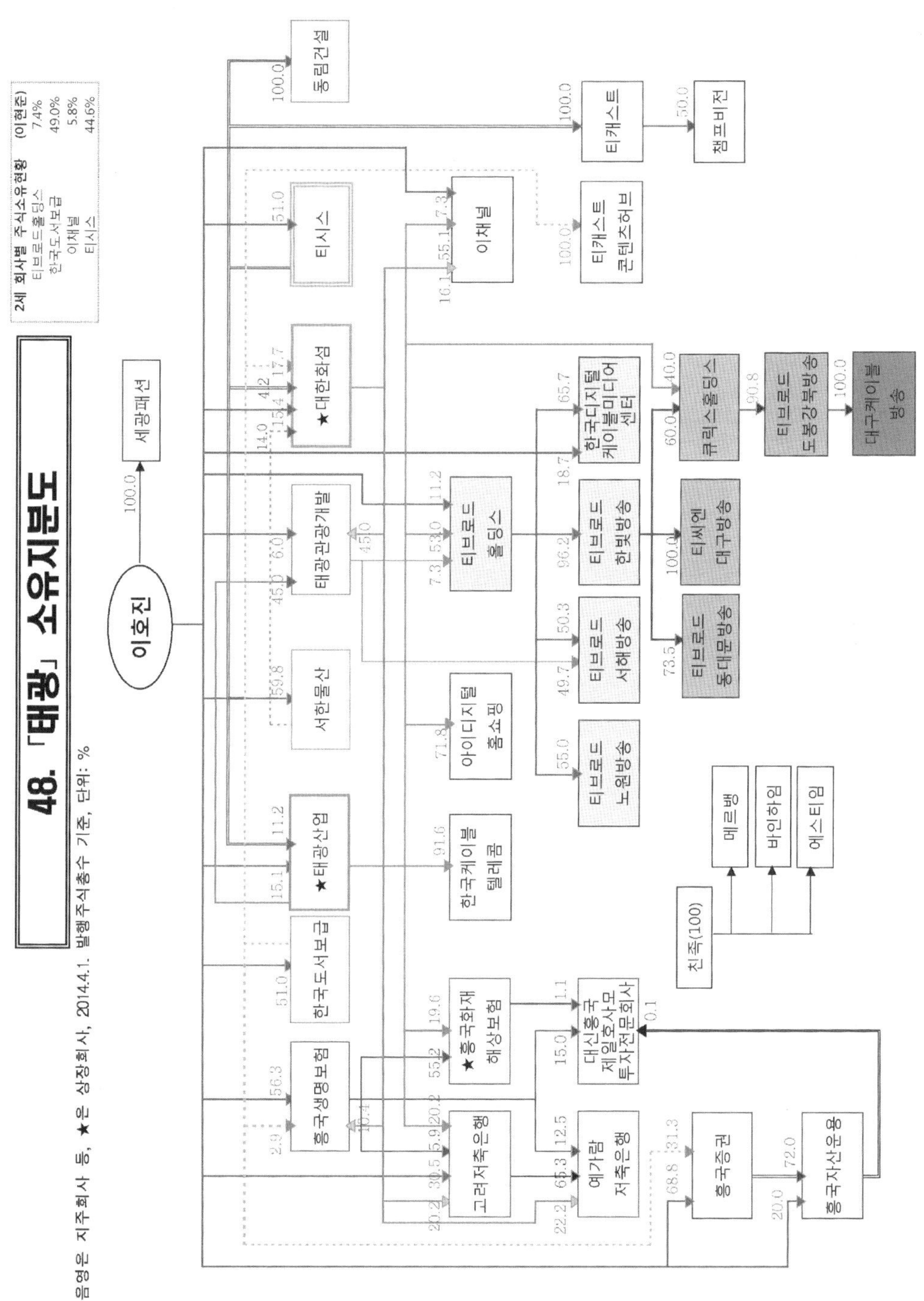

4) 태광그룹, 2015년 4월: [순위] 40위, [동일인] 이호진, [계열회사] 32개

{이호진 (15.1%) → 태광산업 → 티브로드홀딩스 등} + {이호진 → 흥국생명보험, 티시스 등}

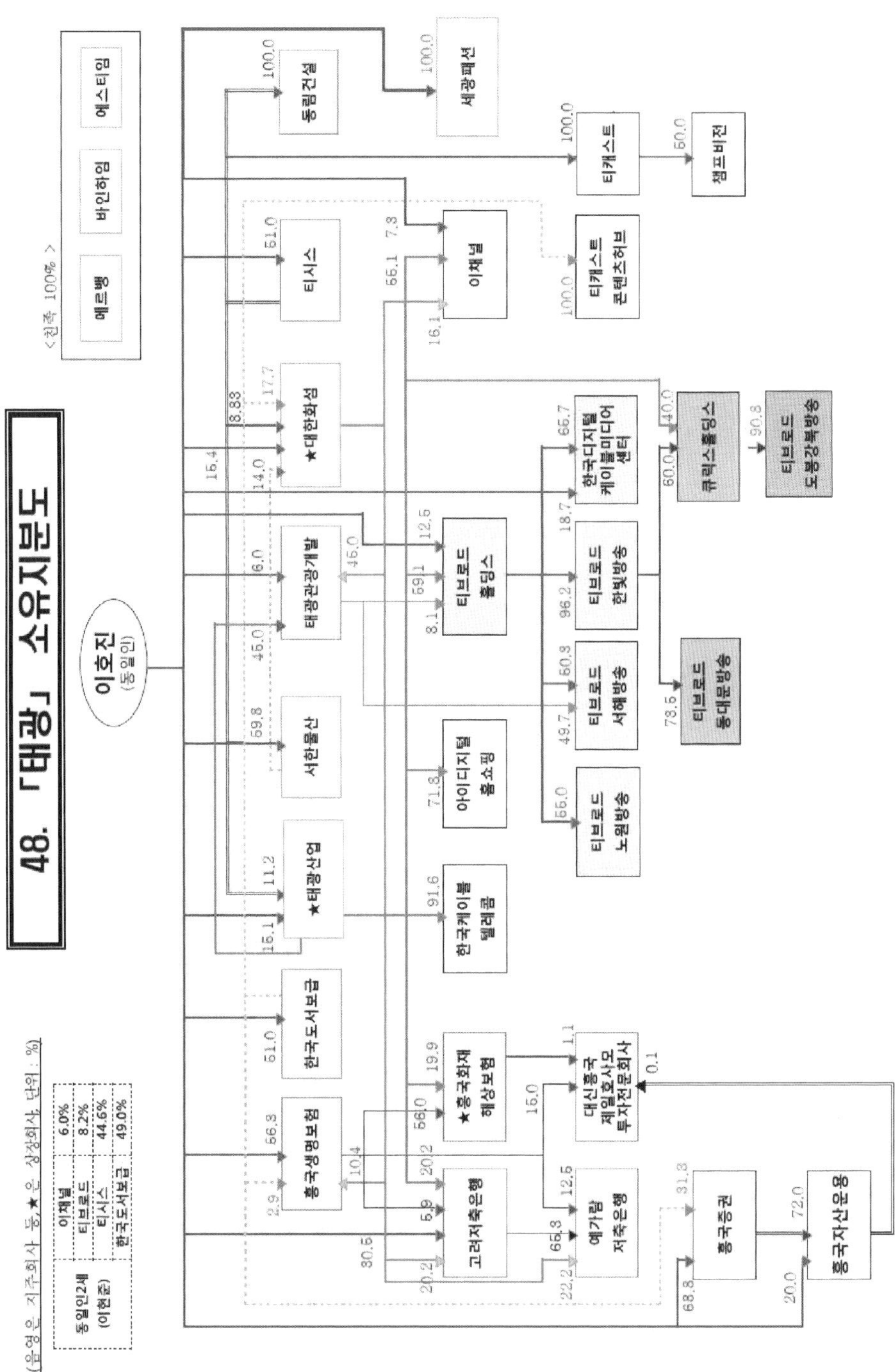

5) 태광그룹, 2016년 4월: [순위] 44위, [동일인] 이호진, [계열회사] 26개

{이호진 (15.1%) → 태광산업 → 티브로드 등} + {이호진 → 흥국생명보험, 티시스 등}

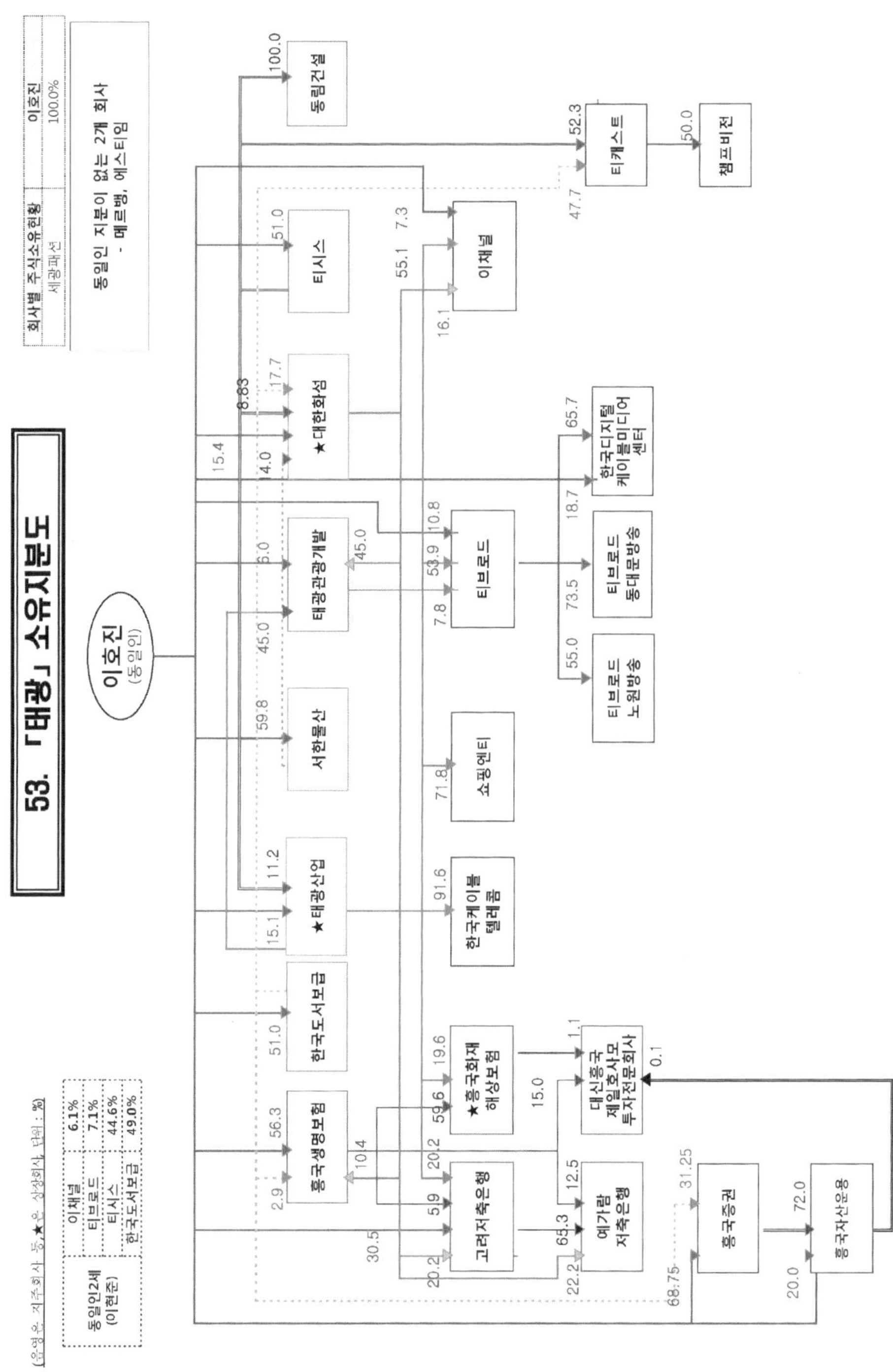

6) 태광그룹, 2017년 9월: [순위] 44위, [동일인] 이호진, [계열회사] 26개

{이호진 (15.8%) → 태광산업 → 티브로드 등} + {이호진 → 흥국생명보험, 티시스 등}

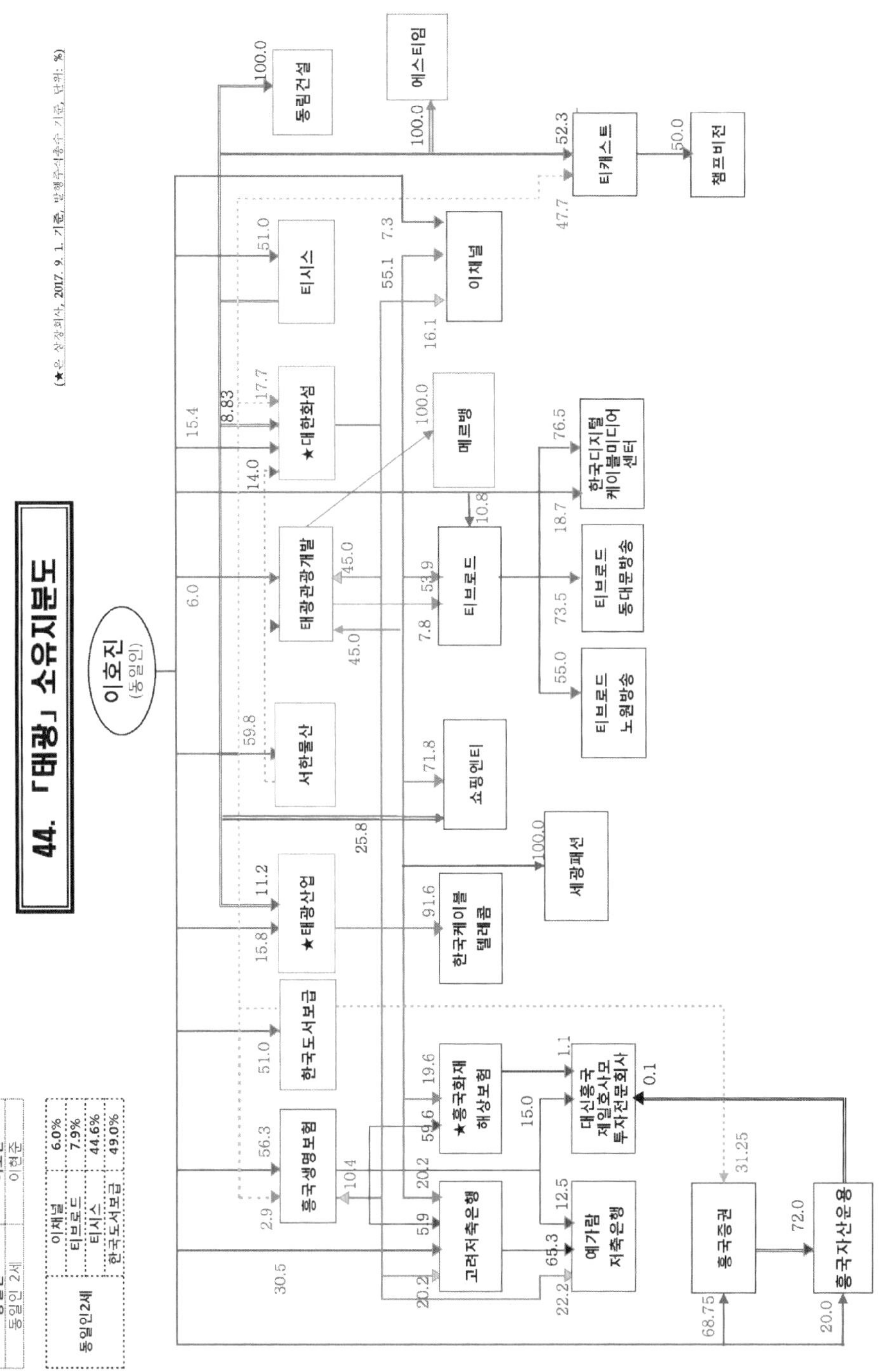

7) 태광그룹, 2018년 5월: [순위] 36위, [동일인] 이호진, [계열회사] 25개

{이호진 (15.8%) → 태광산업 → 티브로드 등} + {이호진 → 흥국생명보험, 티시스 등}

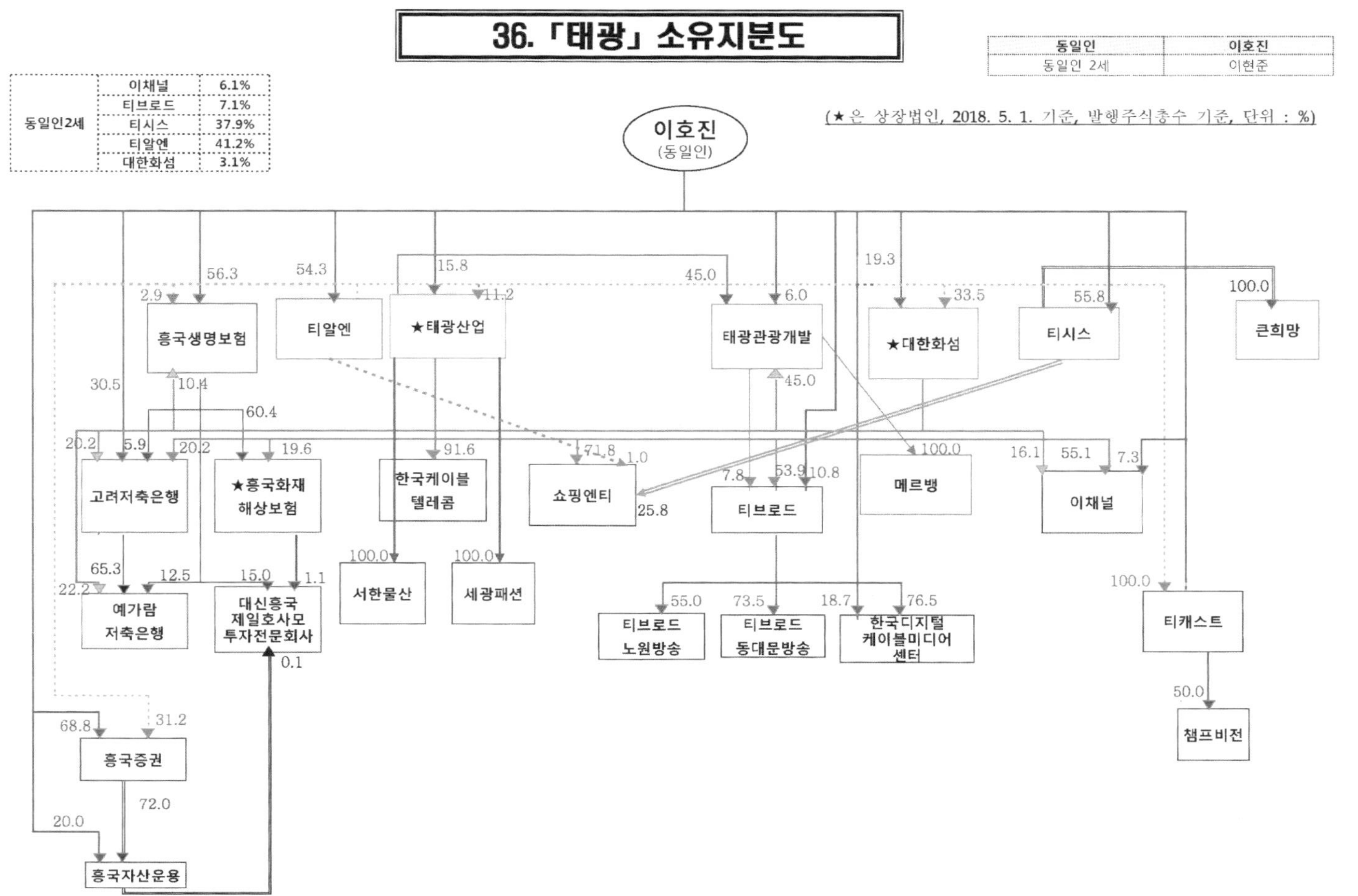

8) 태광그룹, 2019년 5월: [순위] 40위, [동일인] 이호진, [계열회사] 23개

{이호진 (29.4%) → 태광산업 → 티브로드, 티시스 등} + {이호진 → 흥국생명보험 등}

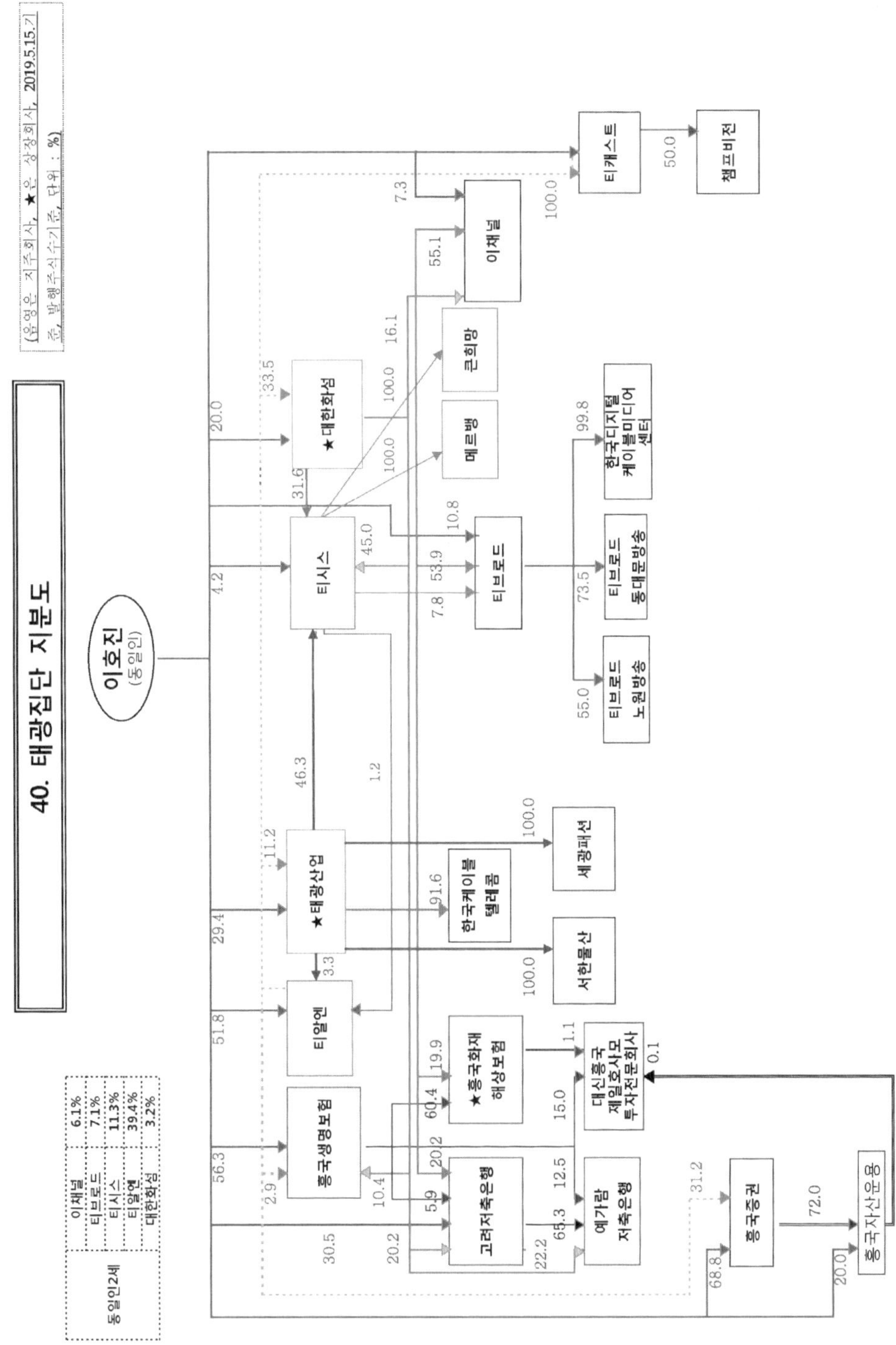

9) 태광그룹, 2020년 5월: [순위] 49위, [동일인] 이호진, [계열회사] 19개

{이호진 (29.5%) → 태광산업 → 티시스 등} + {이호진 → 흥국생명보험 등}

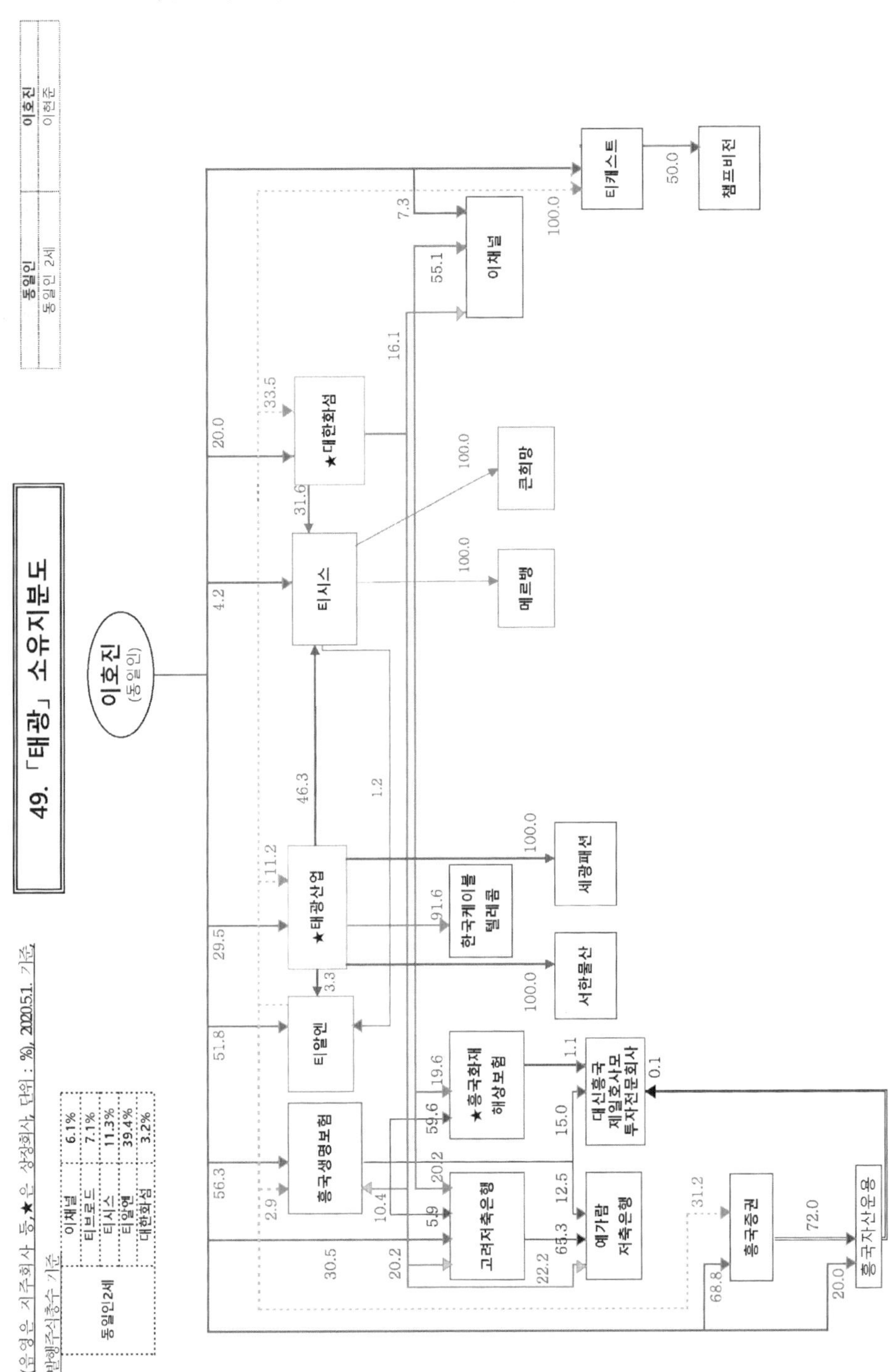

10) 태광그룹, 2021년 5월: [순위] 49위, [동일인] 이호진, [계열회사] 19개

{이호진 (29.5%) → 태광산업 → 티시스 등} + {이호진 → 흥국생명보험 등}

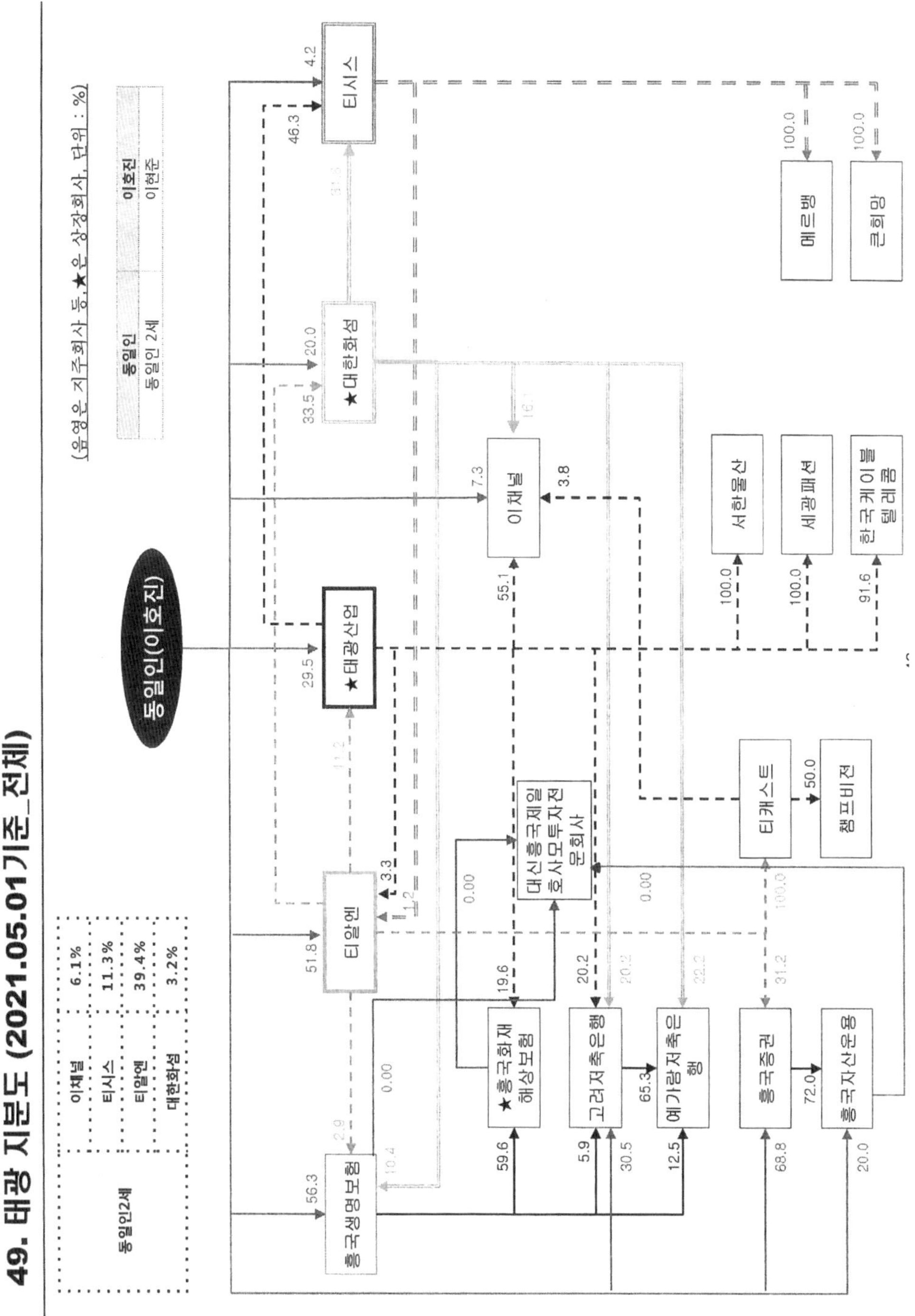

63. 태영그룹: 2012-2021년

연도	동일인	순위 (위)	계열회사 (개)	자산총액 (10억 원)	매출액 (10억 원)	당기순이익 (10억 원)
1992		(31)	5	(0)	279	-7
2006		50	19	2,335	1,765	107
2007		49	23	2,676	1,974	114
2008		46	26	3,215	2,263	143
2012	윤세영	48	40	5,443	3,636	161
2013	윤세영	48	40	5,912	3,780	104
2014	윤세영	46	42	6,208	3,723	71
2015	윤세영	44	44	6,379	3,283	-46
2016	윤세영	45	43	6,841	3,308	47
2017	윤세영	40	47	7,728	3,677	-16
2018	윤세영	47	48	7,869	5,244	118
2019	윤세영	46	53	8,256	6,328	305
2020	윤세영	37	61	9,720	6,110	36
2021	윤세영	44	63	9,800	5,015	770

	[소유구조]
주요 주주	윤세영 (동일인), 윤석민 (2세)
주요 지배 회사	태영건설, TY홀딩스
주요 계열회사	SBS미디어홀딩스, 티에스케이워터/티에스케이코퍼레이션, 태영건설

주: 1) 2006-2016년 순위: 공기업집단을 제외한 순위.
2) 1992년: 31위 이하 순위 및 자산총액 정보 없음. (31)/(0)으로 표시함.

1. 그룹

1) 대규모기업집단 지정 연도: 1992, 2006-2008, 2012-2021년.

2) 연도 수: 14년.

2. 소유지분도: 개관

1) 소유지분도 작성 연도: 2012-2021년.

연도 수: 10년.

2) 그룹 주요 지표: [동일인] 윤세영. [순위] 37-48위.
[계열회사] 40-63개. [자산총액] 5.4-9.8조 원.
[매출액] 3.3-6.3조 원. [당기순이익] (-0.05) - 0.8조 원.

3) 소유구조

◆ 윤세영, 윤석민 → 태영건설, TY홀딩스 → 계열회사 ◆

① [주요 주주]

2명 (0-2명씩 지분 보유).

윤세영 (동일인) ‖ 윤석민 (2세).

지분: 0.6% (5년; 2017-2021년) ‖ 26.2-31% (9년; 2013-2021년).

② [주요 지배 회사]

2개 (1개씩 관련).

태영건설 (상장)(9년; 2012-2020년), TY홀딩스 (상장)(1년; 2021년).

③ [계열회사]

유형: 자회사 → 손자회사 → 증손회사.

주요 회사: 3개 (2-3개씩 관련).

SBS미디어홀딩스 (상장),

티에스케이워터 / 티에스케이코퍼레이션 (= TSK코퍼레이션),

태영건설.

4) 태영건설, TY홀딩스: 2020년 9월 태영건설 인적분할 후 태영건설 존속, TY홀딩스 신설.

티에스케이워터: 티에스케이코퍼레이션 (2018년 10월 상호 변경;
2021년 10월 에코비트로 상호 변경).

3. 소유지분도: 연도별, 2012-2021년

1) 2012년 4월: [순위] 48위, [동일인] 윤세영, [계열회사] 40개

? →

태영건설 → SBS미디어홀딩스, 티에스케이워터 등.

2) 2013년 4월: [순위] 48위, [동일인] 윤세영, [계열회사] 40개

윤석민 (26.2%) →

태영건설 → SBS미디어홀딩스, 티에스케이워터 등.

3) 2014년 4월: [순위] 46위, [동일인] 윤세영, [계열회사] 42개

윤석민 (27.1%) →

태영건설 → SBS미디어홀딩스, 티에스케이워터 등.

4) 2015년 4월: [순위] 44위, [동일인] 윤세영, [계열회사] 44개

윤석민 (27.1%) →

태영건설 → SBS미디어홀딩스, 티에스케이워터 등.

5) 2016년 4월: [순위] 45위, [동일인] 윤세영, [계열회사] 43개

윤석민 (26.2%) →

태영건설 → SBS미디어홀딩스, 티에스케이워터 등.

6) 2017년 9월: [순위] 40위, [동일인] 윤세영, [계열회사] 47개

윤세영 (0.6%), 윤석민 (26.2%) →

태영건설 → SBS미디어홀딩스, 티에스케이워터 등.

7) 2018년 5월: [순위] 47위, [동일인] 윤세영, [계열회사] 48개

윤세영 (0.6%), 윤석민(26.2%) →

태영건설 → SBS미디어홀딩스, 티에스케이워터 등.

8) 2019년 5월: [순위] 46위, [동일인] 윤세영, [계열회사] 53개

윤세영 (0.6%), 윤석민 (26.2%) →

태영건설 → SBS미디어홀딩스, 티에스케이코퍼레이션 등.

9) 2020년 5월: [순위] 37위, [동일인] 윤세영, [계열회사] 61개

윤세영 (0.6%), 윤석민 (26.2%) →

태영건설 → SBS미디어홀딩스, 티에스케이코퍼레이션 등.

10) 2021년 5월: [순위] 44위, [동일인] 윤세영, [계열회사] 63개

윤세영 (0.6%), 윤석민 (31%) →

TY홀딩스 → 태영건설, SBS미디어홀딩스, TSK코퍼레이션 등.

1) 태영그룹, 2012년 4월: [순위] 48위, [동일인] 윤세영, [계열회사] 40개

? → 태영건설 → SBS미디어홀딩스, 티에스케이워터 등

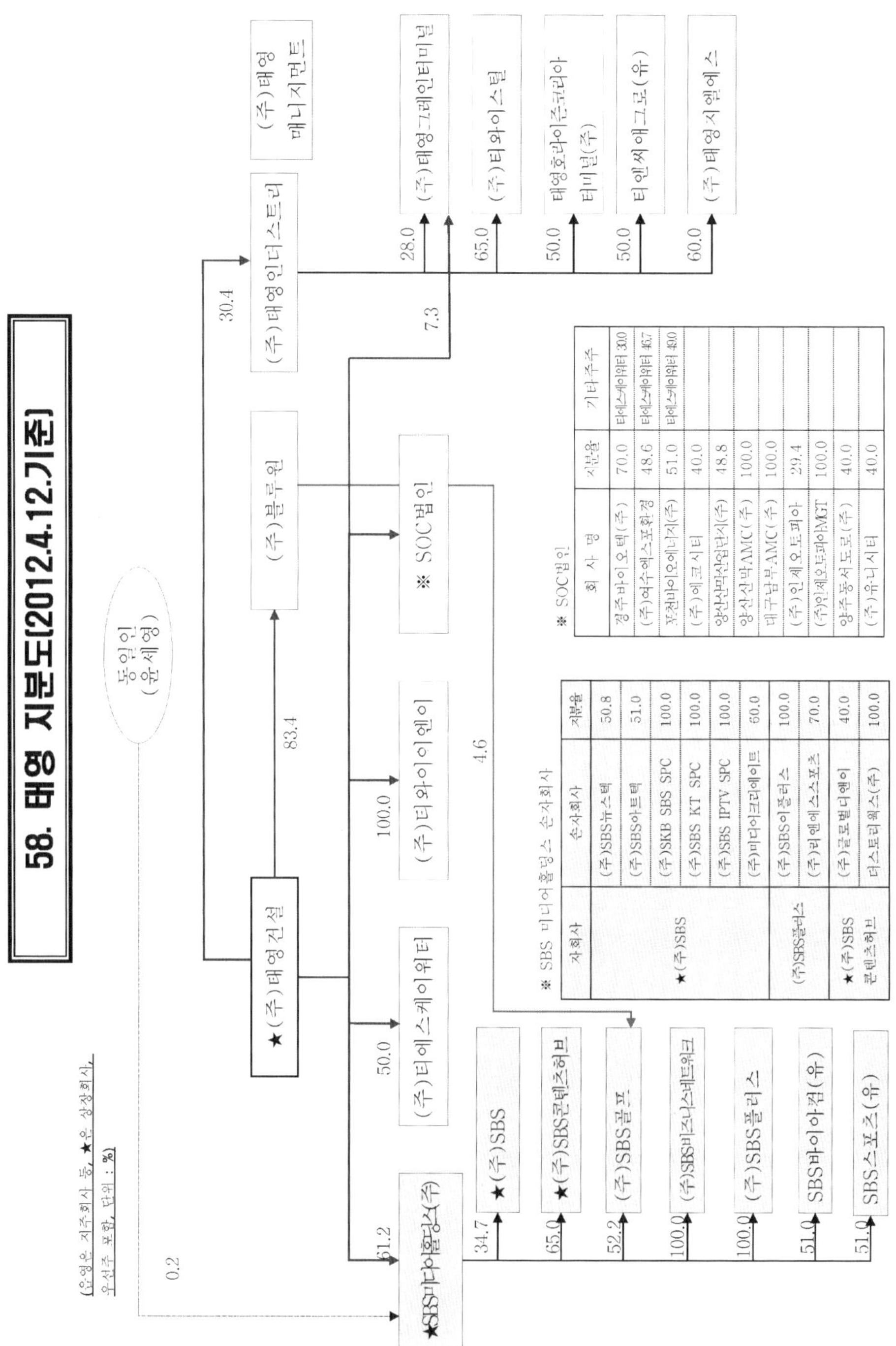

※ SBS 미디어홀딩스 손자회사

자회사	손자회사	지분율
★(주)SBS	(주)SBS뉴스텍	50.8
	(주)SBS아트텍	51.0
	(주)SKB SBS SPC	100.0
	(주)SBS KT SPC	100.0
	(주)SBS IPTV SPC	100.0
	(주)미디어크리에이트	60.0
(주)SBS플러스	(주)SBS이플러스	100.0
	(주)리엔에스스포츠	70.0
★(주)SBS 콘텐츠허브	(주)글로벌디앤이	40.0
	더스토리웍스(주)	100.0

※ SOC법인

회 사 명	지분율	기타주주
경주바이오텍(주)	70.0	티에스케이워터 30.0
(주)여수엑스포환경	48.6	티에스케이워터 46.7
포천바이오에너지(주)	51.0	티에스케이워터 49.0
(주)에코시티	40.0	
양산산막산업단지(주)	48.8	
양산산막AMC(주)	100.0	
대구남부AMC(주)	100.0	
(주)인제오토피아	29.4	
(주)인제오토피아MGT	100.0	
양주동서도로(주)	40.0	
(주)유니시티	40.0	

2) 태영그룹, 2013년 4월: [순위] 48위, [동일인] 윤세영, [계열회사] 40개

윤석민 (26.2%) → 태영건설 → SBS미디어홀딩스, 티에스케이워터 등

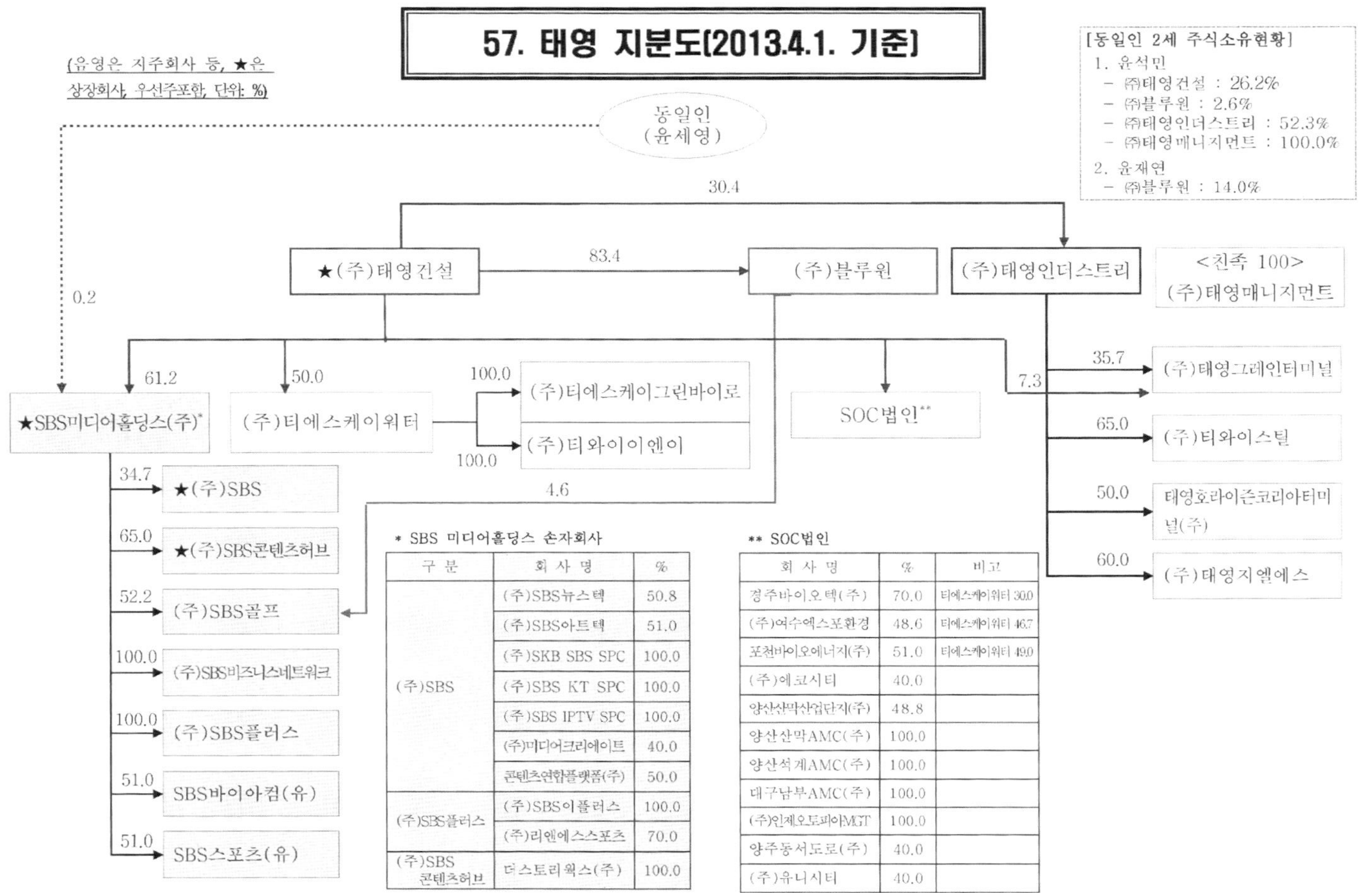

* SBS 미디어홀딩스 손자회사

구 분	회 사 명	%
(주)SBS	(주)SBS뉴스텍	50.8
	(주)SBS아트텍	51.0
	(주)SKB SBS SPC	100.0
	(주)SBS KT SPC	100.0
	(주)SBS IPTV SPC	100.0
	(주)미디어크리에이트	40.0
	콘텐츠연합플랫폼(주)	50.0
(주)SBS플러스	(주)SBS이플러스	100.0
	(주)리엔에스스포츠	70.0
(주)SBS 콘텐츠허브	더스토리웍스(주)	100.0

** SOC법인

회 사 명	%	비고
경주바이오텍(주)	70.0	티에스케이워터 30.0
(주)여수에스포환경	48.6	티에스케이워터 46.7
포천바이오에너지(주)	51.0	티에스케이워터 49.0
(주)에코시티	40.0	
양산산막산업단지(주)	48.8	
양산산막AMC(주)	100.0	
양산석계AMC(주)	100.0	
대구남부AMC(주)	100.0	
(주)인제오토피아MGT	100.0	
양주동서도로(주)	40.0	
(주)유니시티	40.0	

3) 태영그룹, 2014년 4월: [순위] 46위, [동일인] 윤세영, [계열회사] 42개

윤석민 (27.1%) → 태영건설 → SBS미디어홀딩스, 티에스케이워터 등

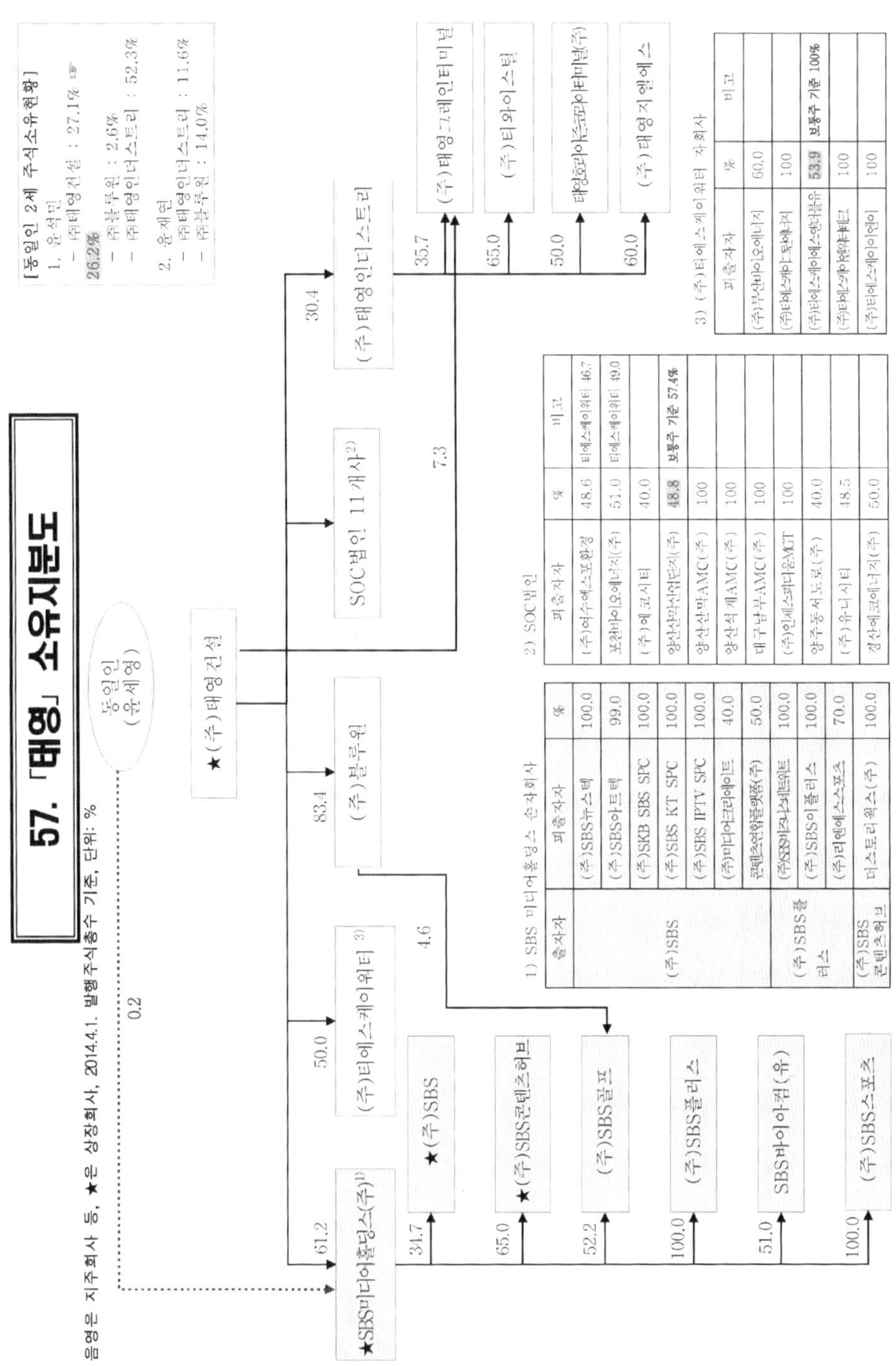

1) SBS 미디어홀딩스 손자회사

출자자	피출자자	%
(주)SBS	(주)SBS뉴스텍	100.0
	(주)SBS아트텍	99.0
	(주)SKB SBS SPC	100.0
	(주)SBS KT SPC	100.0
	(주)SBS IPTV SPC	100.0
	(주)미디어크리에이트	40.0
	콘텐츠연합플랫폼(주)	50.0
(주)SBS플러스	(주)SBS비즈니스네트워크	100.0
	(주)SBS이플러스	100.0
	(주)리앤에스스포츠	70.0
(주)SBS 콘텐츠허브	더스토리웍스(주)	100.0

2) SOC법인

피출자자	%	비고
(주)여수엑스포환경	48.6	티에스케이워터 46.7
포천바이오에너지(주)	51.0	티에스케이워터 49.0
(주)에코시티	40.0	
양산산막신업단지(주)	48.8	보통주 기준 57.4%
양산산막AMC(주)	100	
양산석계AMC(주)	100	
대구남부AMC(주)	100	
(주)인제스피디움MGT	100	
양주동서도로(주)	40.0	
(주)유니시티	48.5	
경산에코에너지(주)	50.0	

3) (주)티에스케이워터 자회사

피출자자	%	비고
(주)부산바이오에너지	60.0	
(주)티에스케이그린에너지	100	
(주)티에스케이에스앤더블유	53.9	보통주 기준 100%
(주)티에스케이엔워터테크	100	
(주)티에스케이이엔이	100	

4) 태영그룹, 2015년 4월: [순위] 44위, [동일인] 윤세영, [계열회사] 44개

윤석민 (27.1%) → 태영건설 → SBS미디어홀딩스, 티에스케이워터 등

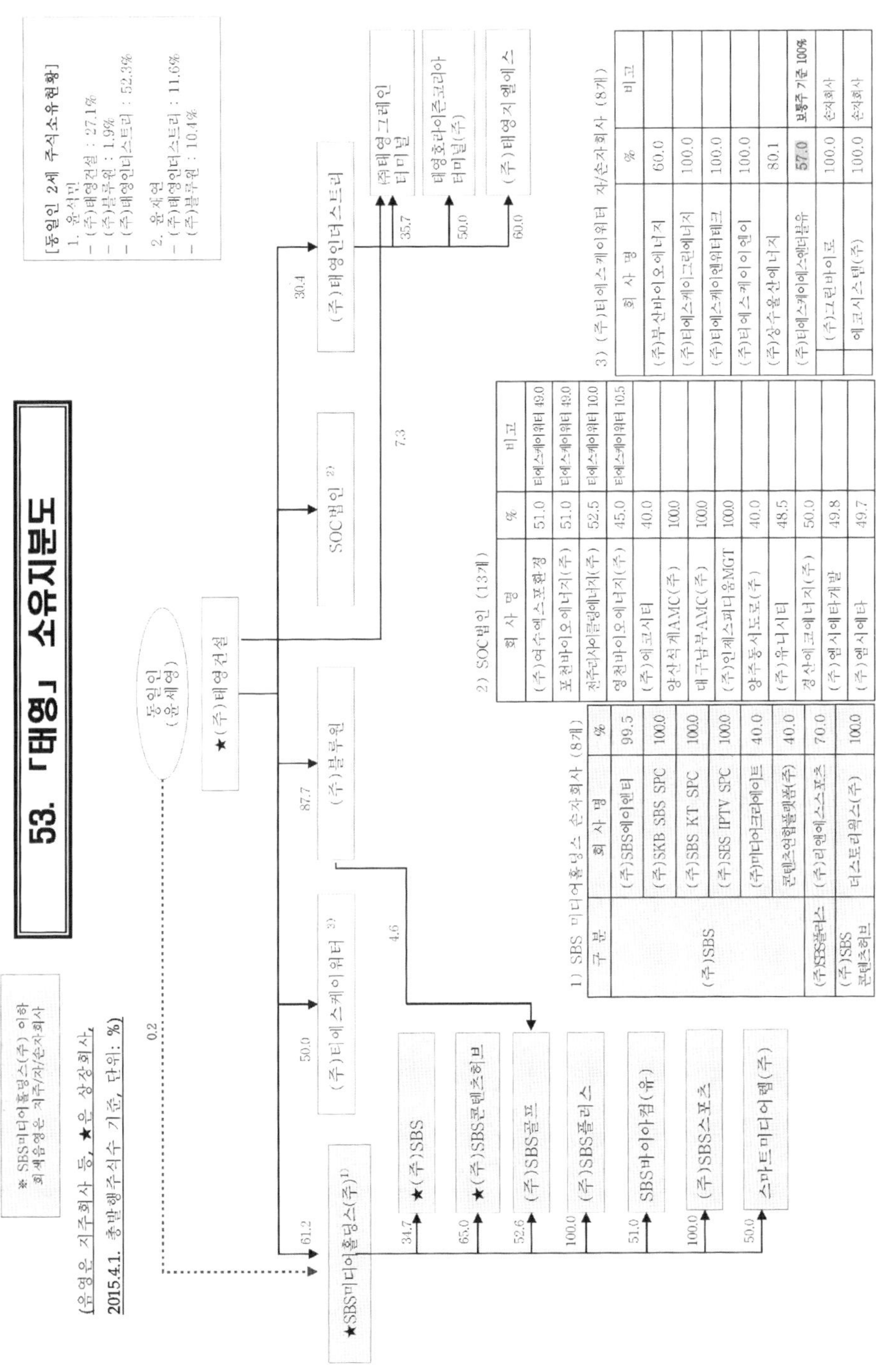

1) SBS 미디어홀딩스 손자회사 (8개)

구 분	회 사 명	%
(주)SBS	(주)SBS에이앤티	99.5
	(주)SKB SBS SPC	100.0
	(주)SBS KT SPC	100.0
	(주)SBS IPTV SPC	100.0
	(주)미디어크리에이트	40.0
	콘텐츠연합플랫폼(주)	40.0
(주)SBS플러스	(주)리앤에스스포츠	70.0
(주)SBS 콘텐츠허브	더스토리웍스(주)	100.0

2) SOC법인 (13개)

회 사 명	%	비고
(주)여수엑스포환경	51.0	티에스케이워터 49.0
포천바이오에너지(주)	51.0	티에스케이워터 49.0
전주리사이클링에너지(주)	52.5	티에스케이워터 10.0
영천바이오에너지(주)	45.0	티에스케이워터 10.5
(주)에코시티	40.0	
양산석계AMC(주)	100.0	
대구남부AMC(주)	100.0	
(주)인제스피디움MGT	100.0	
양주동서도로(주)	40.0	
(주)유니시티	48.5	
경산에코에너지(주)	50.0	
(주)엠시에타개발	49.8	
(주)엠시에타	49.7	

3) (주)티에스케이워터 자/손자회사 (8개)

회 사 명	%	비고
(주)부산바이오에너지	60.0	
(주)티에스케이그린에너지	100.0	
(주)티에스케이엔워터테크	100.0	
(주)티에스케이이엔이	100.0	
(주)상수울산에너지	80.1	
(주)티에스케이에스엔더블유	57.0	보통주 기준 100%
(주)그린바이로	100.0	손자회사
에코시스템(주)	100.0	손자회사

5) 태영그룹, 2016년 4월: [순위] 45위, [동일인] 윤세영, [계열회사] 43개

윤석민 (26.2%) → 태영건설 → SBS미디어홀딩스, 티에스케이워터 등

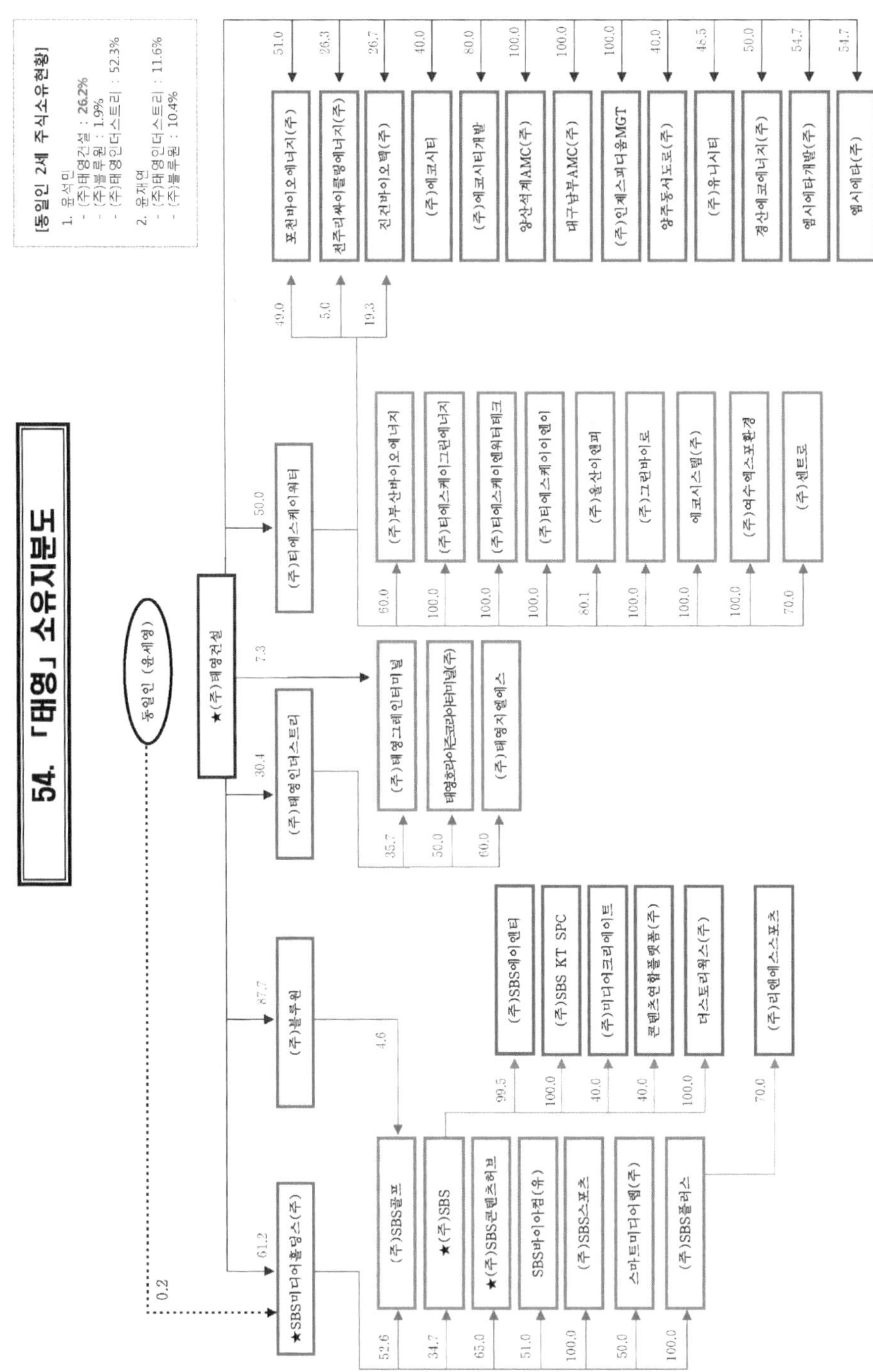

6) 태영그룹, 2017년 9월: [순위] 40위, [동일인] 윤세영, [계열회사] 47개

윤세영 (0.6%), 윤석민 (26.2%) → 태영건설 → SBS미디어홀딩스, 티에스케이워터 등

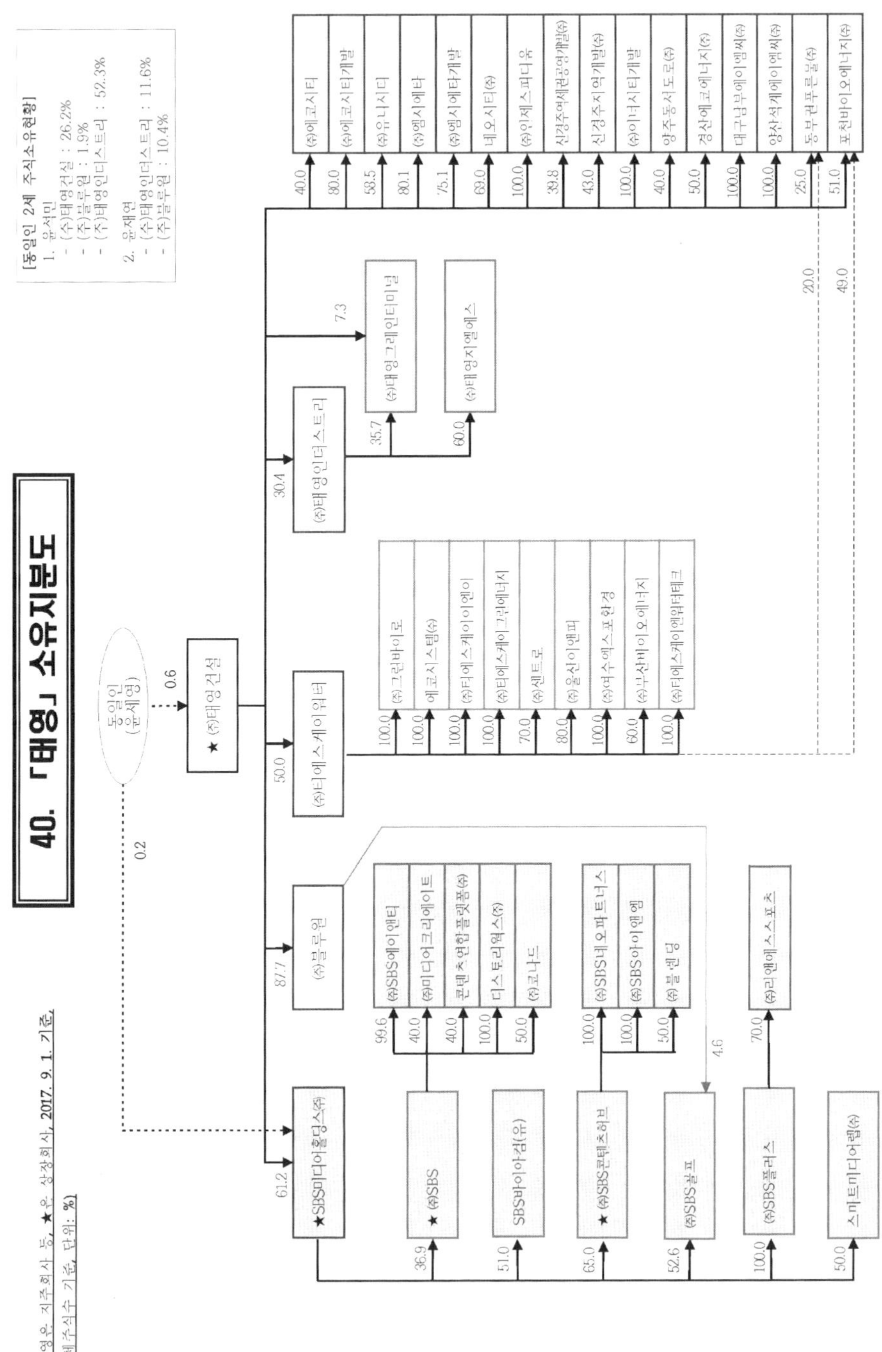

7) 태영그룹, 2018년 5월: [순위] 47위, [동일인] 윤세영, [계열회사] 48개

윤세영 (0.6%), 윤석민(26.2%) → 태영건설 → SBS미디어홀딩스, 티에스케이워터 등

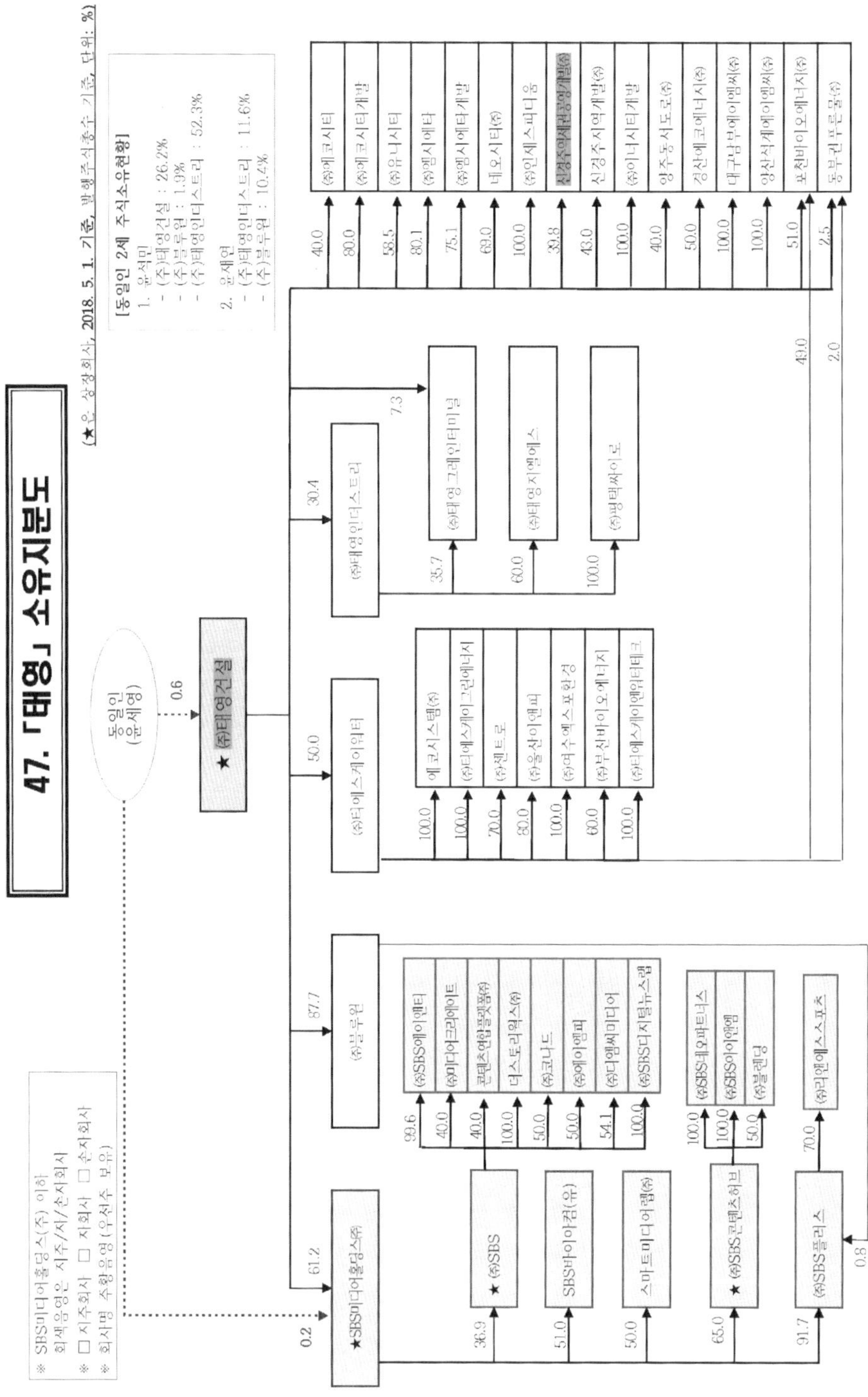

8) 태영그룹, 2019년 5월: [순위] 46위, [동일인] 윤세영, [계열회사] 53개

윤세영 (0.6%), 윤석민 (26.2%) → 태영건설 → SBS미디어홀딩스, 티에스케이코퍼레이션 등

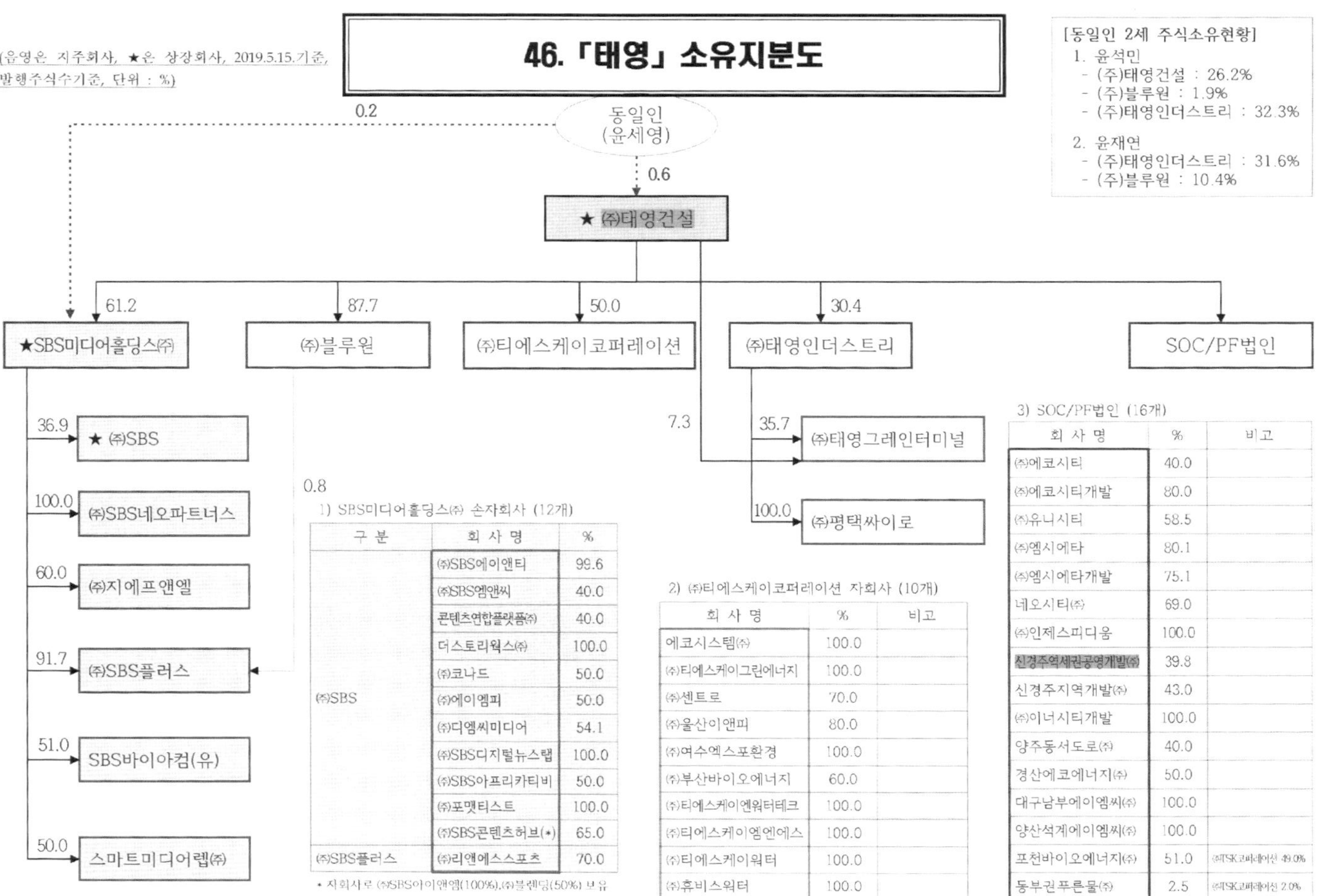

1) SBS미디어홀딩스㈜ 손자회사 (12개)

구 분	회 사 명	%
㈜SBS	㈜SBS에이앤티	99.6
	㈜SBS엠앤씨	40.0
	콘텐츠연합플랫폼㈜	40.0
	더스토리웍스㈜	100.0
	㈜코나드	50.0
	㈜에이엠피	50.0
	㈜디엠씨미디어	54.1
	㈜SBS디지털뉴스랩	100.0
	㈜SBS아프리카티비	50.0
	㈜포맷티스트	100.0
	㈜SBS콘텐츠허브(*)	65.0
㈜SBS플러스	㈜리앤에스스포츠	70.0

* 자회사로 ㈜SBS아이앤엠(100%),㈜블렌딩(50%) 보유

2) ㈜티에스케이코퍼레이션 자회사 (10개)

회 사 명	%	비고
에코시스템㈜	100.0	
㈜티에스케이그린에너지	100.0	
㈜센트로	70.0	
㈜울산이앤피	80.0	
㈜여수엑스포환경	100.0	
㈜부산바이오에너지	60.0	
㈜티에스케이엔워터테크	100.0	
㈜티에스케이엠엔에스	100.0	
㈜티에스케이워터	100.0	
㈜휴비스워터	100.0	

3) SOC/PF법인 (16개)

회 사 명	%	비고
㈜에코시티	40.0	
㈜에코시티개발	80.0	
㈜유니시티	58.5	
㈜엠시에타	80.1	
㈜엠시에타개발	75.1	
네오시티㈜	69.0	
㈜인제스피디움	100.0	
신경주역세권공영개발㈜	39.8	
신경주지역개발㈜	43.0	
㈜이너시티개발	100.0	
양주동서도로㈜	40.0	
경산에코에너지㈜	50.0	
대구남부에이엠씨㈜	100.0	
양산석계에이엠씨㈜	100.0	
포천바이오에너지㈜	51.0	㈜TSK코퍼레이션 49.0%
동부권푸른물㈜	2.5	㈜TSK코퍼레이션 2.0%

9) 태영그룹, 2020년 5월: [순위] 37위, [동일인] 윤세영, [계열회사] 61개

윤세영 (0.6%), 윤석민 (26.2%) → 태영건설 → SBS미디어홀딩스, 티에스케이코퍼레이션 등

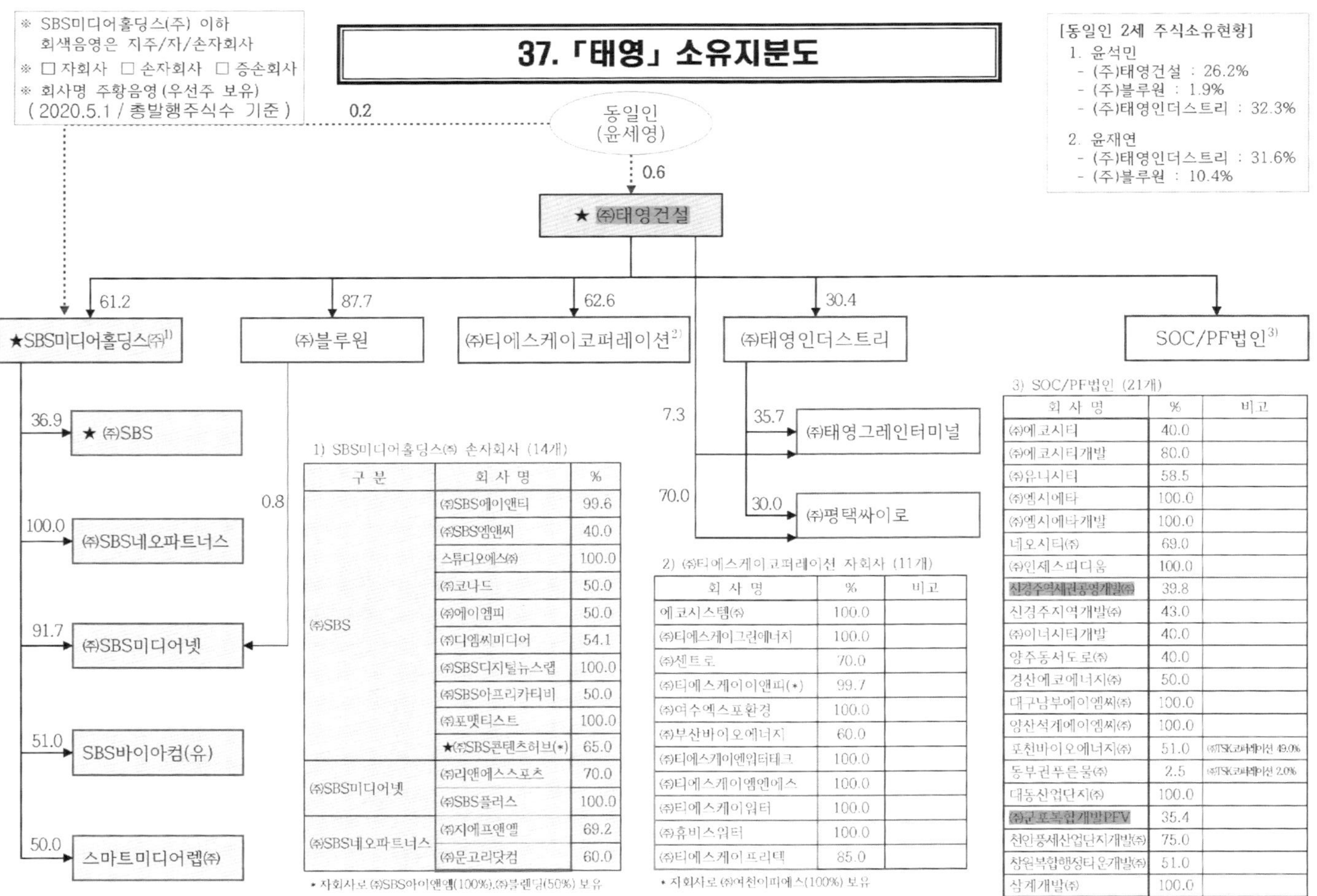

1) SBS미디어홀딩스㈜ 손자회사 (14개)

구 분	회 사 명	%
㈜SBS	㈜SBS에이앤티	99.6
	㈜SBS엠앤씨	40.0
	스튜디오에스㈜	100.0
	㈜코나드	50.0
	㈜에이엠피	50.0
	㈜디엠씨미디어	54.1
	㈜SBS디지털뉴스랩	100.0
	㈜SBS아프리카티비	50.0
	㈜포맷티스트	100.0
	★㈜SBS콘텐츠허브(*)	65.0
㈜SBS미디어넷	㈜리앤에스스포츠	70.0
	㈜SBS플러스	100.0
㈜SBS네오파트너스	㈜지에프앤엠	69.2
	㈜문고리닷컴	60.0

* 자회사로 ㈜SBS아이앤엠(100%),㈜블렌딩(50%) 보유

2) ㈜티에스케이코퍼레이션 자회사 (11개)

회 사 명	%	비고
에코시스템㈜	100.0	
㈜티에스케이그린에너지	100.0	
㈜센트로	70.0	
㈜티에스케이이앤피(*)	99.7	
㈜여수엑스포환경	100.0	
㈜부산바이오에너지	60.0	
㈜티에스케이엔워터테크	100.0	
㈜티에스케이엠엔에스	100.0	
㈜티에스케이워터	100.0	
㈜휴비스워터	100.0	
㈜티에스케이프리텍	85.0	

* 자회사로 ㈜여천이피에스(100%) 보유

3) SOC/PF법인 (21개)

회 사 명	%	비고
㈜에코시티	40.0	
㈜에코시티개발	80.0	
㈜유니시티	58.5	
㈜엠시에타	100.0	
㈜엠시에타개발	100.0	
네오시티㈜	69.0	
㈜인제스피디움	100.0	
신경주역세권공영개발㈜	39.8	
신경주지역개발㈜	43.0	
㈜이너시티개발	40.0	
양주동서도로㈜	40.0	
경산에코에너지㈜	50.0	
대구남부에이엠씨㈜	100.0	
양산석계에이엠씨㈜	100.0	
포천바이오에너지㈜	51.0	㈜TSK코퍼레이션 49.0%
동부권푸른물㈜	2.5	㈜TSK코퍼레이션 2.0%
대동산업단지㈜	100.0	
㈜군포복합개발PFV	35.4	
천안풍세산업단지개발㈜	75.0	
창원복합행정타운개발㈜	51.0	
삼계개발㈜	100.0	

10) 태영그룹, 2021년 5월: [순위] 44위, [동일인] 윤세영, [계열회사] 63개

윤세영 (0.6%), 윤석민 (31%) → TY홀딩스 → 태영건설, SBS미디어홀딩스, TSK코퍼레이션 등

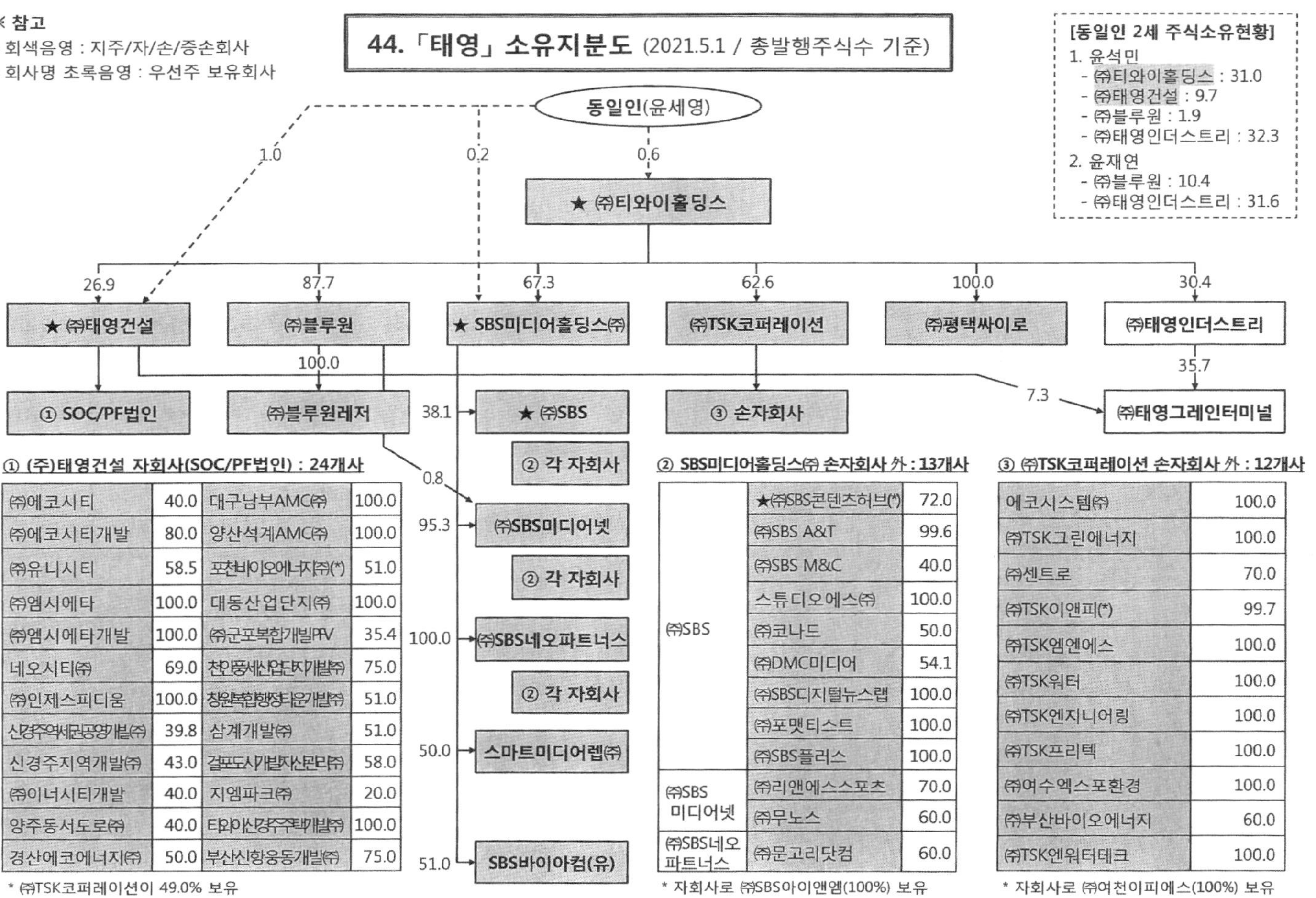

① (주)태영건설 자회사(SOC/PF법인) : 24개사

회사	지분	회사	지분
㈜에코시티	40.0	대구남부AMC㈜	100.0
㈜에코시티개발	80.0	양산석계AMC㈜	100.0
㈜유니시티	58.5	포천바이오에너지㈜(*)	51.0
㈜엠시에타	100.0	대동산업단지㈜	100.0
㈜엠시에타개발	100.0	㈜군포복합개발PFV	35.4
네오시티㈜	69.0	천안풍세산업단지개발㈜	75.0
㈜인제스피디움	100.0	창원복합행정타운개발㈜	51.0
신경주역세권공영개발㈜	39.8	삼계개발㈜	51.0
신경주지역개발㈜	43.0	경포도시개발자산관리㈜	58.0
㈜이너시티개발	40.0	지엠파크㈜	20.0
양주동서도로㈜	40.0	티와이신경주주택개발㈜	100.0
경산에코에너지㈜	50.0	부산신항웅동개발㈜	75.0

* ㈜TSK코퍼레이션이 49.0% 보유

② SBS미디어홀딩스㈜ 손자회사 外 : 13개사

자회사	손자회사	지분
㈜SBS	★㈜SBS콘텐츠허브(*)	72.0
	㈜SBS A&T	99.6
	㈜SBS M&C	40.0
	스튜디오에스㈜	100.0
	㈜코나드	50.0
	㈜DMC미디어	54.1
	㈜SBS디지털뉴스랩	100.0
	㈜포맷티스트	100.0
	㈜SBS플러스	100.0
㈜SBS 미디어넷	㈜리앤에스스포츠	70.0
	㈜무노스	60.0
㈜SBS네오파트너스	㈜문고리닷컴	60.0

* 자회사로 ㈜SBS아이앤엠(100%) 보유

③ ㈜TSK코퍼레이션 손자회사 外 : 12개사

회사	지분
에코시스템㈜	100.0
㈜TSK그린에너지	100.0
㈜센트로	70.0
㈜TSK이앤피(*)	99.7
㈜TSK엠엔에스	100.0
㈜TSK워터	100.0
㈜TSK엔지니어링	100.0
㈜TSK프리텍	100.0
㈜여수엑스포환경	100.0
㈜부산바이오에너지	60.0
㈜TSK엔워터테크	100.0

* 자회사로 ㈜여천이피에스(100%) 보유

64. POSCO그룹: 2012-2021년

연도	동일인	순위 (위)	계열회사 (개)	자산총액 (10억 원)	매출액 (10억 원)	당기순이익 (10억 원)
1989		5	21	5,930	4,078	139
2001		7	15	21,228	16,278	1,725
2002		6	15	20,835	15,893	961
2003		8	15	20,533	16,988	1,200
2004		8	16	22,058	19,517	2,103
2005		7	17	25,706	26,681	4,044
2006		6	21	30,183	31,034	4,337
2007		6	23	32,661	28,982	3,572
2008		6	31	38,496	32,267	4,081
2009		5	36	49,062	44,396	4,795
2010		6	48	52,877	42,479	3,686
2011		6	61	69,845	66,141	5,002
2012	POSCO	6	70	80,618	79,661	3,849
2013	POSCO	6	52	81,087	75,868	3,447
2014	POSCO	6	46	83,810	71,220	1,933
2015	POSCO	6	51	84,545	72,094	952
2016	POSCO	6	45	80,233	61,680	1,075
2017	POSCO	6	38	78,175	54,856	1,030
2018	POSCO	6	40	79,709	63,745	3,069
2019	POSCO	6	35	78,307	68,899	1,348
2020	POSCO	6	35	80,340	68,252	2,102
2021	POSCO	6	33	82,036	60,930	1,658

	[소유구조]
주요 주주	-
주요 지배 회사	POSCO (동일인)
주요 계열회사	POSCO강판, POSCO건설, POSCO에너지

주: 2002-2016년 순위: 공기업집단을 제외한 순위.

1. 그룹

1) 대규모기업집단 지정 연도: 1989, 2001-2021년.

2) 연도 수: 22년.

3) 그룹 이름: 포항제철 (1989, 2001-2002년), POSCO (2003-2021년).

2. 소유지분도: 개관

1) 소유지분도 작성 연도: 2012-2021년.

연도 수: 10년.

2) 그룹 주요 지표: [동일인] POSCO. [순위] 6위.

[계열회사] 33-70개. [자산총액] 78.2-84.5조 원.

[매출액] 54.9-79.7조 원. [당기순이익] 1.0-3.8조 원.

<u>3) 소유구조</u>

◆ POSCO → 계열회사 ◆

① [주요 주주] -

② [주요 지배 회사]

1개.

POSCO (동일인, 상장).

지분: 23.7-100%.

③ [계열회사]

유형: 자회사 → 손자회사 → 증손회사 (7년; 2012-2013, 2015-2016, 2019-2021년),

자회사 → 손자회사 (3년; 2014, 2017-2018년).

주요 회사: 3개 (3개씩 관련).

POSCO강판 (상장), POSCO건설, POSCO에너지.

3. 소유지분도: 연도별, 2012-2021년

1) 2012년 4월: [순위] 6위, [동일인] POSCO, [계열회사] 70개

POSCO (23.7-100%) →

POSCO강판, POSCO건설, POSCO에너지 등.

2) 2013년 4월: [순위] 6위, [동일인] POSCO, [계열회사] 52개

POSCO (23.7-100%) →

POSCO강판, POSCO건설, POSCO에너지 등.

3) 2014년 4월: [순위] 6위, [동일인] POSCO, [계열회사] 46개

POSCO (32.2-100%) →

POSCO강판, POSCO건설, POSCO에너지 등.

4) 2015년 4월: [순위] 6위, [동일인] POSCO, [계열회사] 51개

POSCO (48.9-100%) →

POSCO강판, POSCO건설, POSCO에너지 등.

5) 2016년 4월: [순위] 6위, [동일인] POSCO, [계열회사] 45개

POSCO (48.9-100%) →

POSCO강판, POSCO건설, POSCO에너지 등.

6) 2017년 5월: [순위] 6위, [동일인] POSCO, [계열회사] 38개

POSCO (48.9-100%) →

POSCO강판, POSCO건설, POSCO에너지 등.

7) 2018년 5월: [순위] 6위, [동일인] POSCO, [계열회사] 40개

POSCO (48.9-100%) →

POSCO강판, POSCO건설, POSCO에너지 등.

8) 2019년 5월: [순위] 6위, [동일인] POSCO, [계열회사] 35개

POSCO (48.9-100%) →

POSCO강판, POSCO건설, POSCO에너지 등.

9) 2020년 5월: [순위] 6위, [동일인] POSCO, [계열회사] 35개

POSCO (48.9-100%) →

POSCO강판, POSCO건설, POSCO에너지 등.

10) 2021년 5월: [순위] 6위, [동일인] POSCO, [계열회사] 33개

POSCO (48.9-100%) →

POSCO강판, POSCO건설, POSCO에너지 등.

1) POSCO그룹, 2012년 4월: [순위] 6위, [동일인] POSCO, [계열회사] 70개

POSCO (23.7-100%) → POSCO강판, POSCO건설, POSCO에너지 등

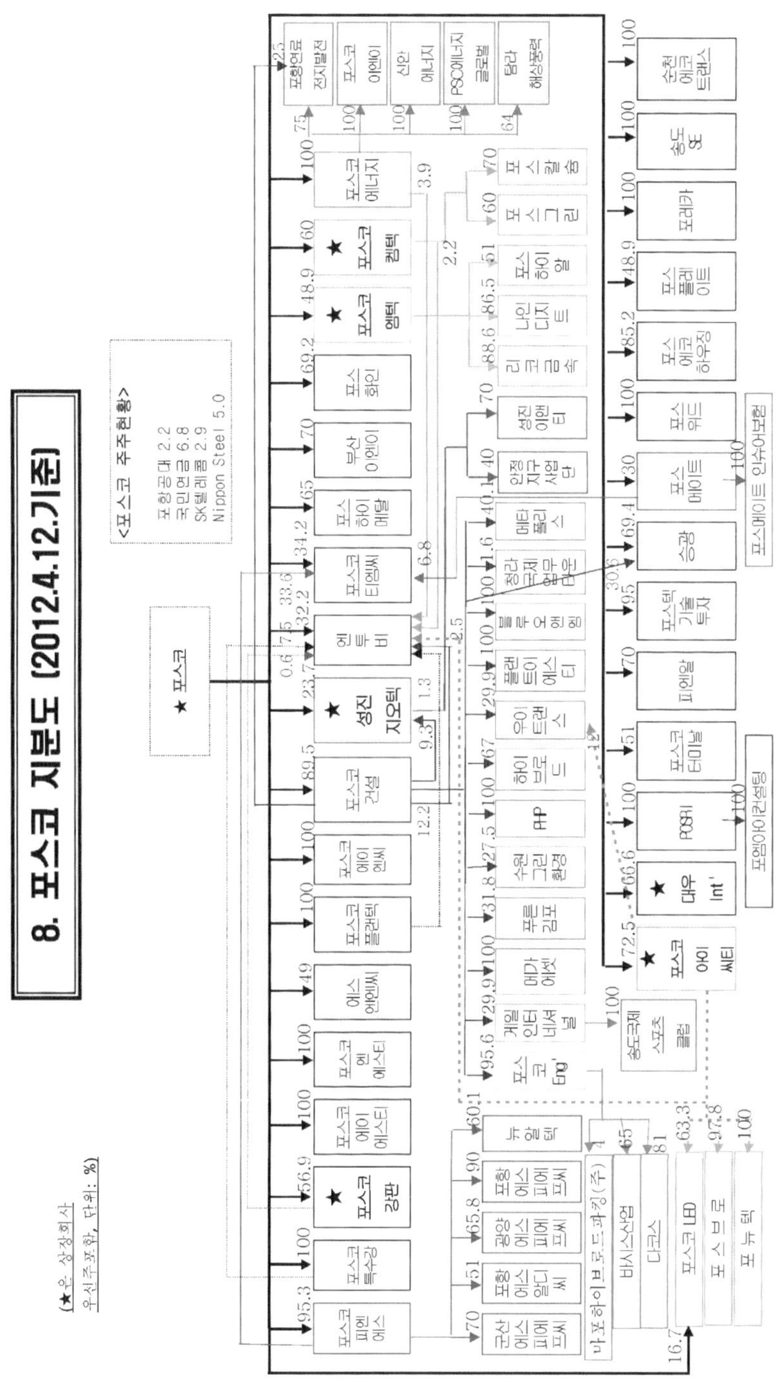

2) POSCO그룹, 2013년 4월: [순위] 6위, [동일인] POSCO, [계열회사] 52개

POSCO (23.7-100%) → POSCO강판, POSCO건설, POSCO에너지 등

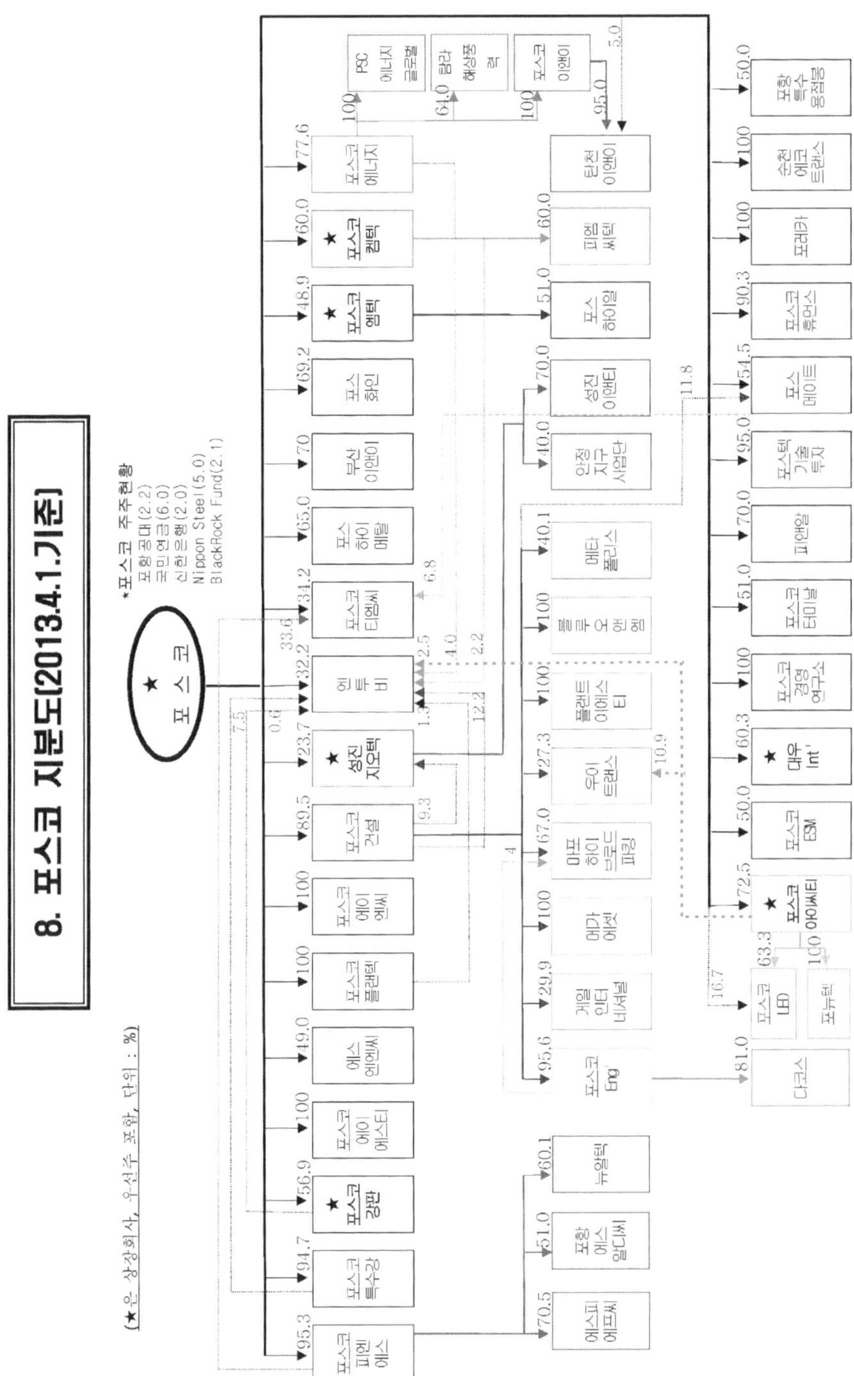

3) POSCO그룹, 2014년 4월: [순위] 6위, [동일인] POSCO, [계열회사] 46개

POSCO (32.2-100%) → POSCO강판, POSCO건설, POSCO에너지 등

8. 「포스코」 소유지분도

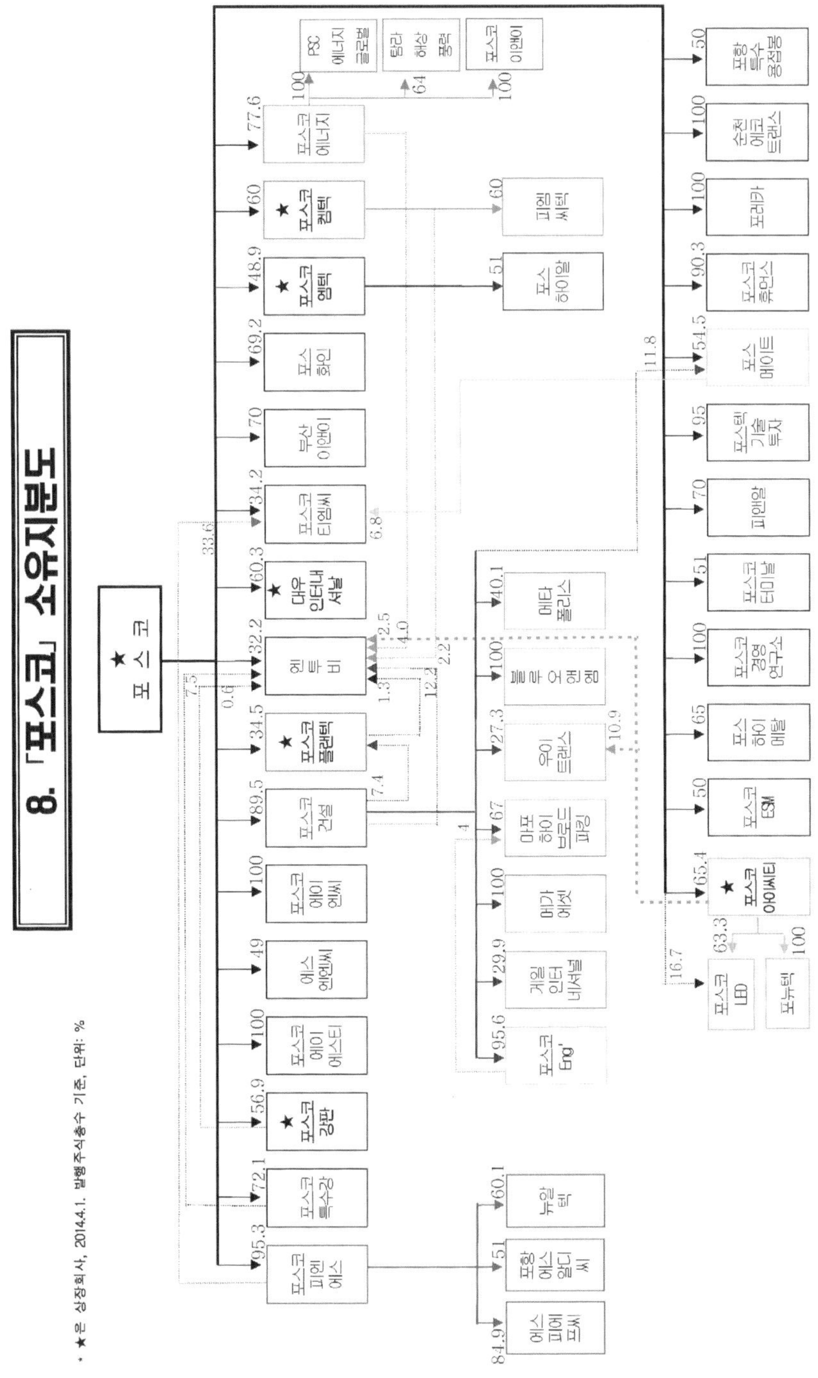

• ★은 상장회사, 2014.4.1. 발행주식총수 기준, 단위: %

4) POSCO그룹, 2015년 4월: [순위] 6위, [동일인] POSCO, [계열회사] 51개

POSCO (48.9-100%) → POSCO강판, POSCO건설, POSCO에너지 등

8. 「포스코」 소유지분도

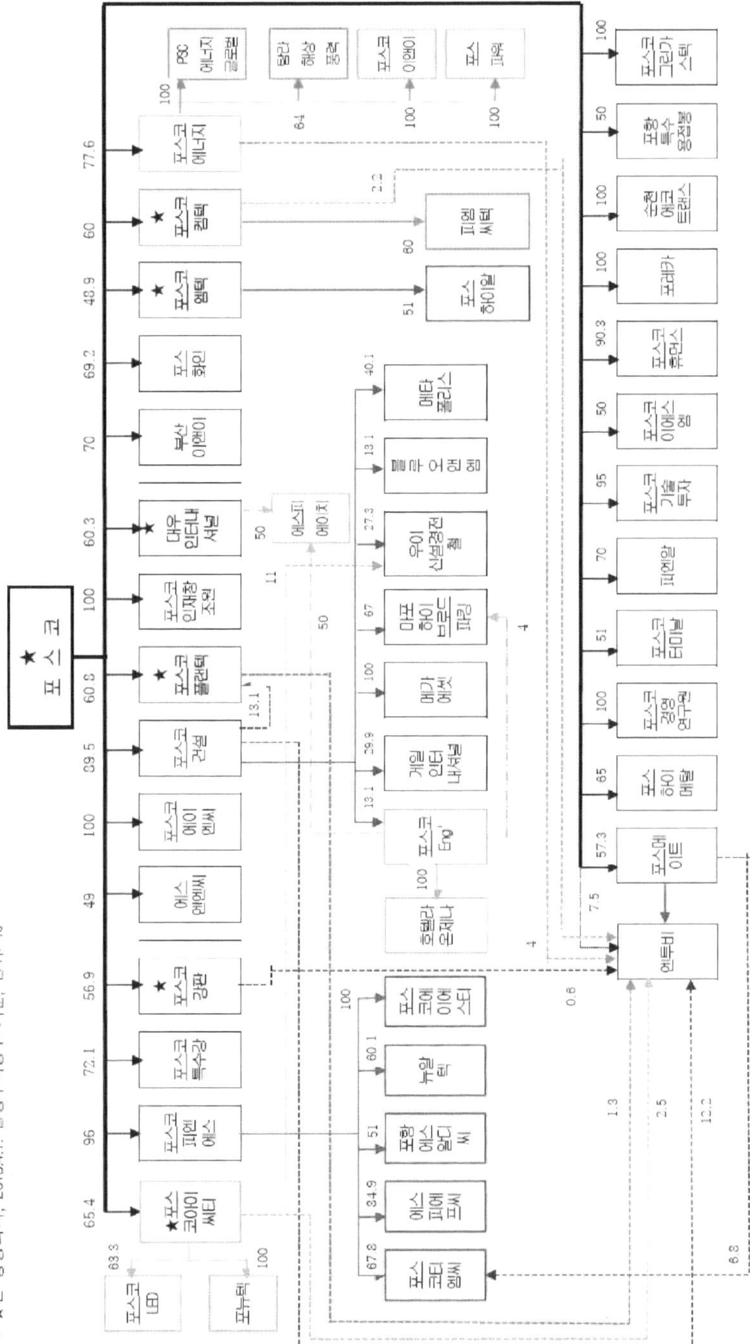

* ★은 상장회사, 2015.4.1. 발행주식총수 기준, 단위: %

5) POSCO그룹, 2016년 4월: [순위] 6위, [동일인] POSCO, [계열회사] 45개

POSCO (48.9-100%) → POSCO강판, POSCO건설, POSCO에너지 등

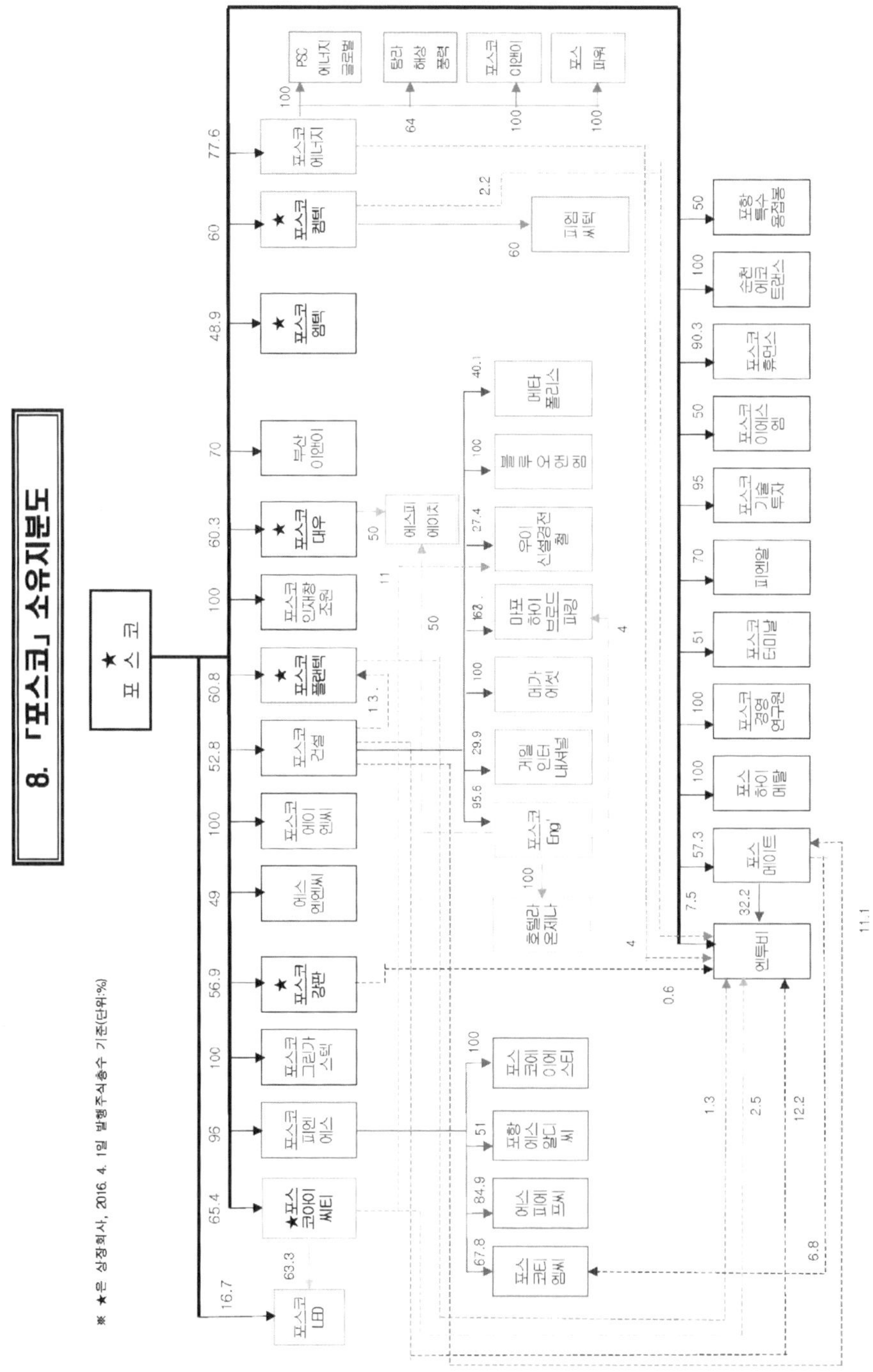

6) POSCO그룹, 2017년 5월: [순위] 6위, [동일인] POSCO, [계열회사] 38개

POSCO (48.9-100%) → POSCO강판, POSCO건설, POSCO에너지 등

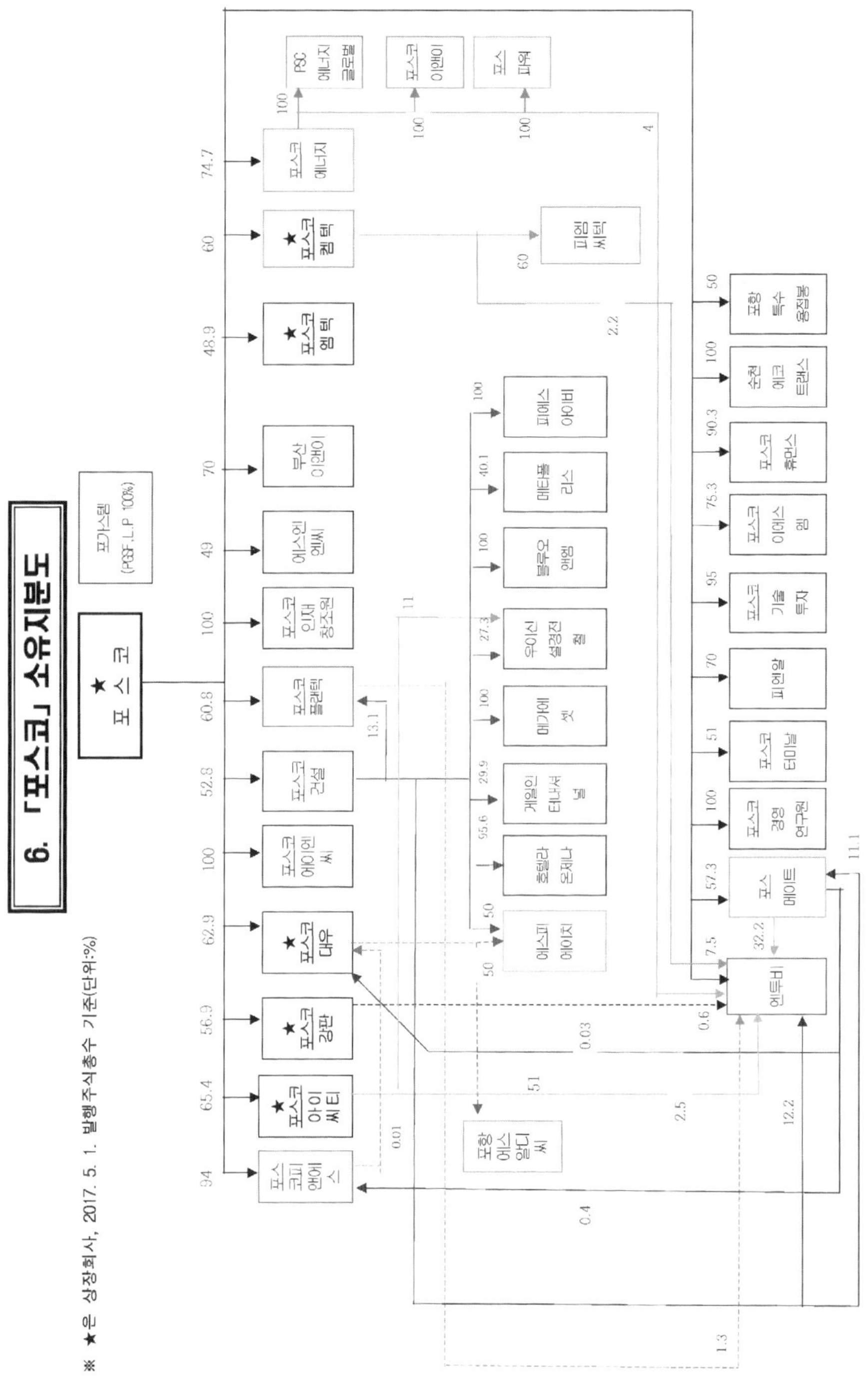

7) POSCO그룹, 2018년 5월: [순위] 6위, [동일인] POSCO, [계열회사] 40개

POSCO (48.9-100%) → POSCO강판, POSCO건설, POSCO에너지 등

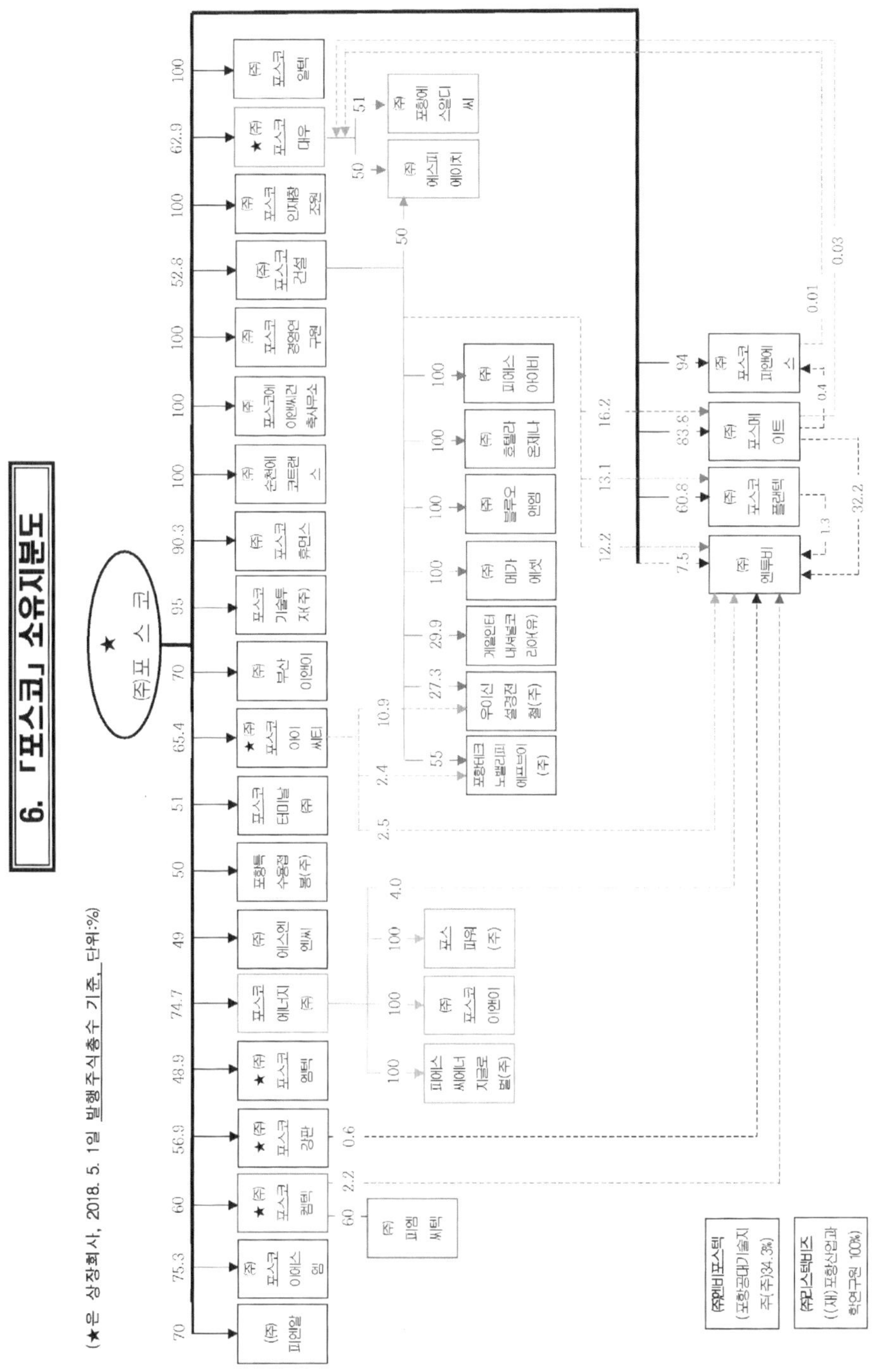

8) POSCO그룹, 2019년 5월: [순위] 6위, [동일인] POSCO, [계열회사] 35개

POSCO (48.9-100%) → POSCO강판, POSCO건설, POSCO에너지 등

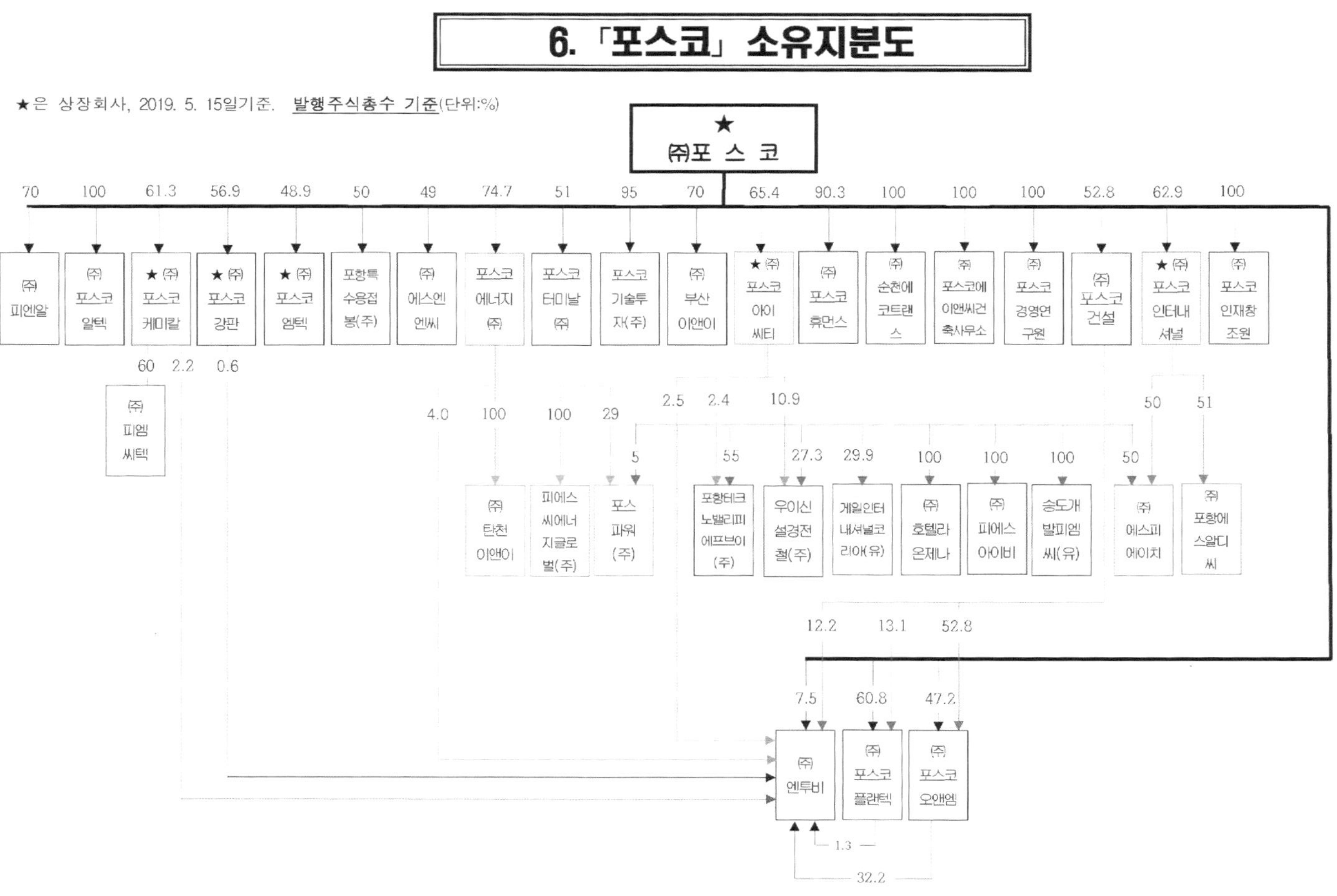

9) POSCO그룹, 2020년 5월: [순위] 6위, [동일인] POSCO, [계열회사] 35개

POSCO (48.9-100%) → POSCO강판, POSCO건설, POSCO에너지 등

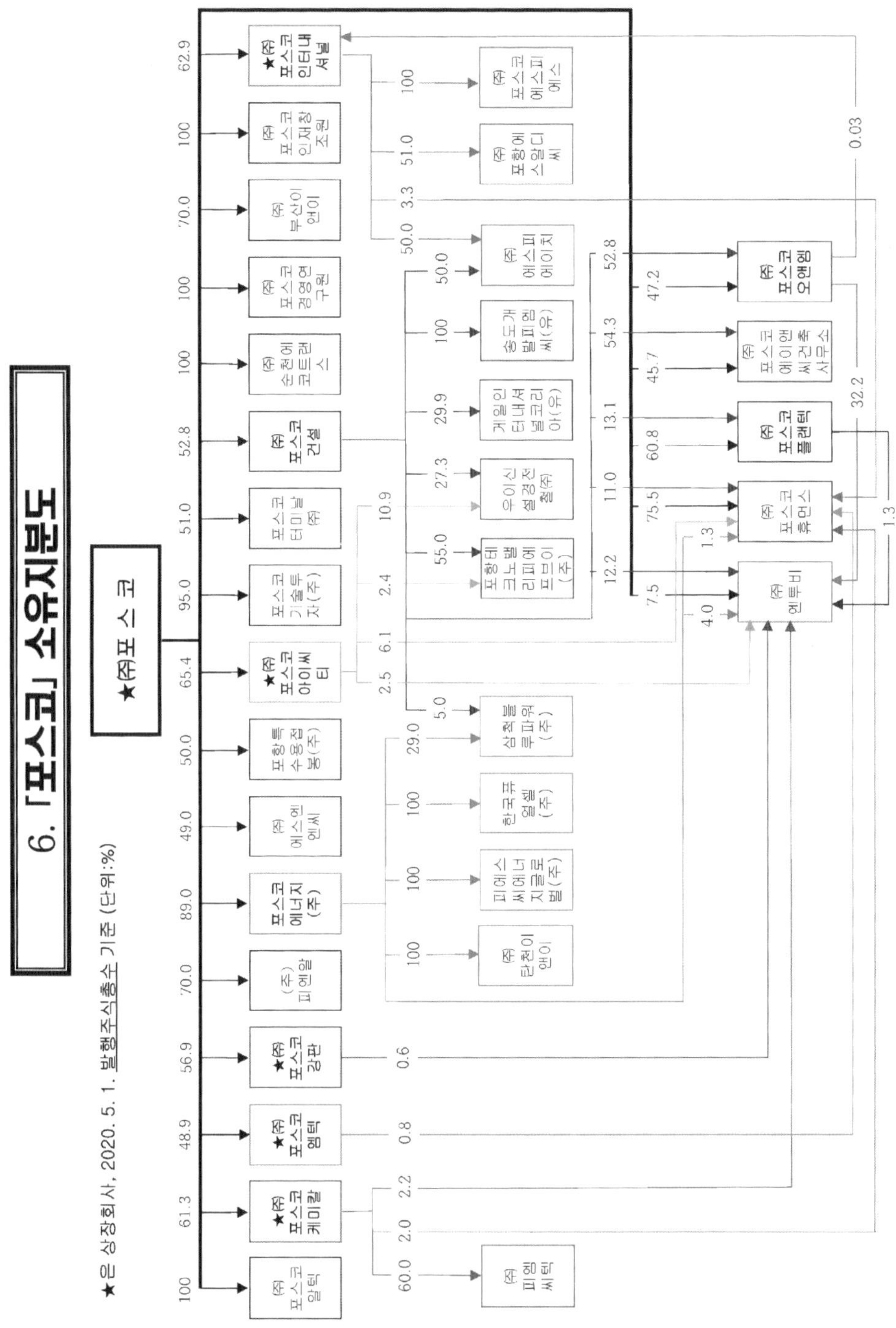

10) POSCO그룹, 2021년 5월: [순위] 6위, [동일인] POSCO, [계열회사] 33개

POSCO (48.9-100%) → POSCO강판, POSCO건설, POSCO에너지 등

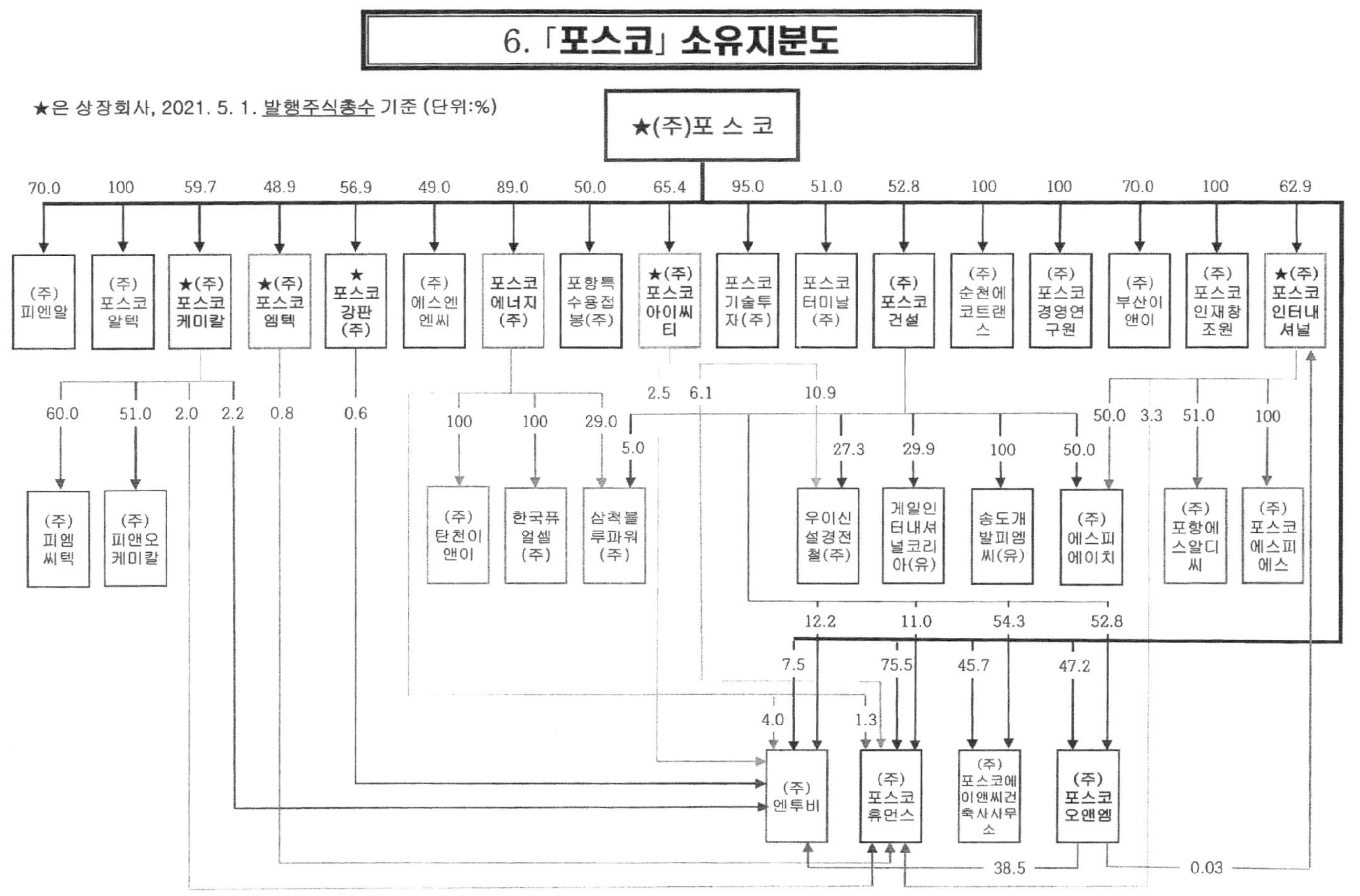

제4장

97개 기업집단: 소유지분도 - (5) 19개 사기업집단

[ㅎ]

65. 하림그룹: 2016-2021년

연도	동일인	순위 (위)	계열회사 (개)	자산총액 (10억 원)	매출액 (10억 원)	당기순이익 (10억 원)
2016	김홍국	29	58	9,910	6,208	195
2017	김홍국	30	58	10,505	6,377	321
2018	김홍국	32	58	10,515	7,068	417
2019	김홍국	26	53	11,850	7,339	239
2020	김홍국	27	52	12,478	7,331	58
2021	김홍국	31	55	13,044	7,895	120

	[소유구조]
주요 주주	김홍국 (동일인)
주요 지배 회사	제일홀딩스/하림지주
주요 계열회사	하림홀딩스, 선진, 팜스코, 엔에스쇼핑

주: 2016년 순위: 공기업집단을 제외한 순위.

1. 그룹

1) 대규모기업집단 지정 연도: 2016-2021년.

2) 연도 수: 6년.

2. 소유지분도: 개관

1) 소유지분도 작성 연도: 2016-2021년.
연도 수: 6년.

2) 그룹 주요 지표: [동일인] 김홍국. [순위] 26-32위.
[계열회사] 52-58개. [자산총액] 9.9-13.0조 원.
[매출액] 6.2-7.9조 원. [당기순이익] 0.1-0.4조 원.

3) 소유구조

◆ 김홍국 → 제일홀딩스/하림지주 → 계열회사 ◆

① [주요 주주]

1명.

김홍국 (동일인).

지분: 8.3-41.8%.

② [주요 지배 회사]

1개.

제일홀딩스 (2016-2017년 비상장, 2018년 상장) / 하림지주 (상장).

③ [계열회사]

유형: 자회사 → 손자회사 → 증손회사 (3년; 2016-2018년),

자회사 → 손자회사 (3년; 2019-2021년).

주요 회사: 4개 (3개씩 관련).

하림홀딩스 (상장), 선진 (상장), 팜스코 (상장), 엔에스쇼핑 (상장).

4) 제일홀딩스: 하림지주 (2018년 7월 하림홀딩스 합병 후 상호 변경).

3. 소유지분도: 연도별, 2016-2021년

1) 2016년 4월: [순위] 29위, [동일인] 김홍국, [계열회사] 58개

김홍국 (8.3%) →

제일홀딩스 → 하림홀딩스, 선진, 팜스코 등.

2) 2017년 5월: [순위] 30위, [동일인] 김홍국, [계열회사] 58개

김홍국 (41.8%) →

제일홀딩스 → 하림홀딩스, 선진, 팜스코 등.

3) 2018년 5월: [순위] 32위, [동일인] 김홍국, [계열회사] 58개

김홍국 (29.7%) →

제일홀딩스 → 하림홀딩스, 선진, 팜스코 등.

4) 2019년 5월: [순위] 26위, [동일인] 김홍국, [계열회사] 53개

김홍국 (22.6%) →

하림지주 → 선진, 팜스코, 엔에스쇼핑 등.

5) 2020년 5월: [순위] 27위, [동일인] 김홍국, [계열회사] 52개

김홍국 (22.6%) →

하림지주 → 선진, 팜스코, 엔에스쇼핑 등.

6) 2021년 5월: [순위] 31위, [동일인] 김홍국, [계열회사] 55개

김홍국 (22.9%) →

하림지주 → 선진, 팜스코, 엔에스쇼핑 등.

1) 하림그룹, 2016년 4월: [순위] 29위, [동일인] 김홍국, [계열회사] 58개

김홍국 (8.3%) → 제일홀딩스 → 하림홀딩스, 선진, 팜스코 등

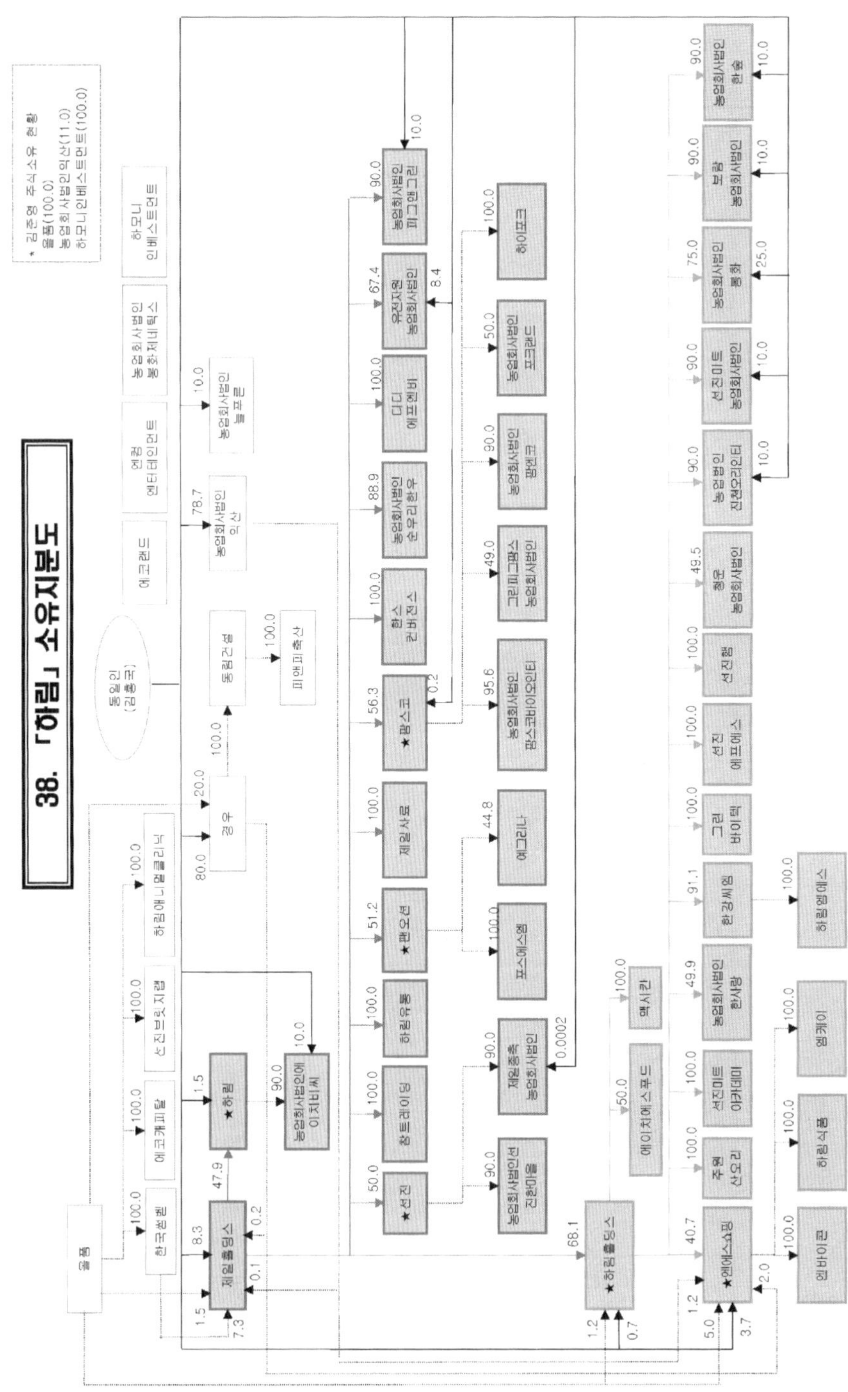

2) 하림그룹, 2017년 5월: [순위] 30위, [동일인] 김홍국, [계열회사] 58개

김홍국 (41.8%) → 제일홀딩스 → 하림홀딩스, 선진, 팜스코 등

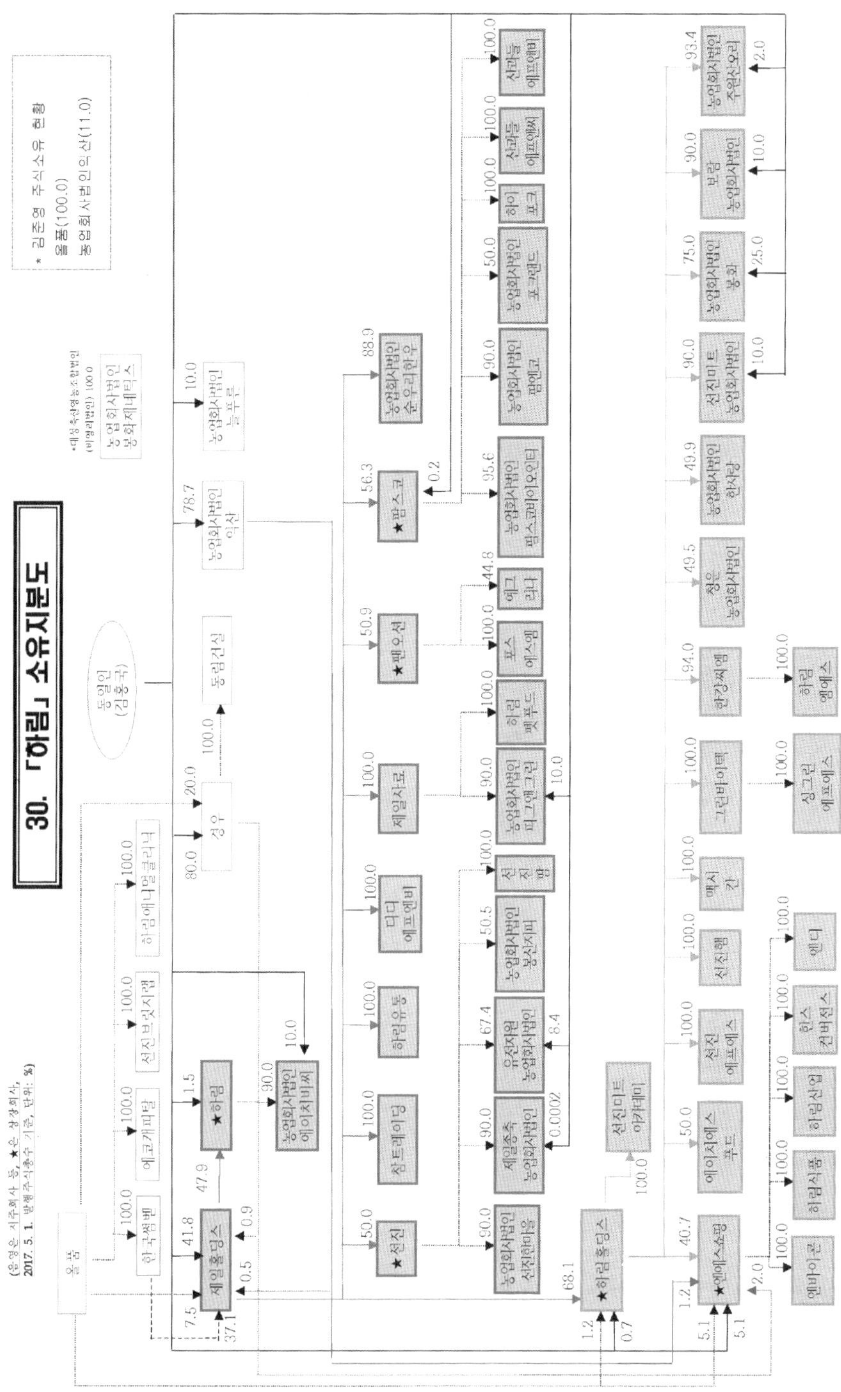

3) 하림그룹, 2018년 5월: [순위] 32위, [동일인] 김홍국, [계열회사] 58개

김홍국 (29.7%) → 제일홀딩스 → 하림홀딩스, 선진, 팜스코 등

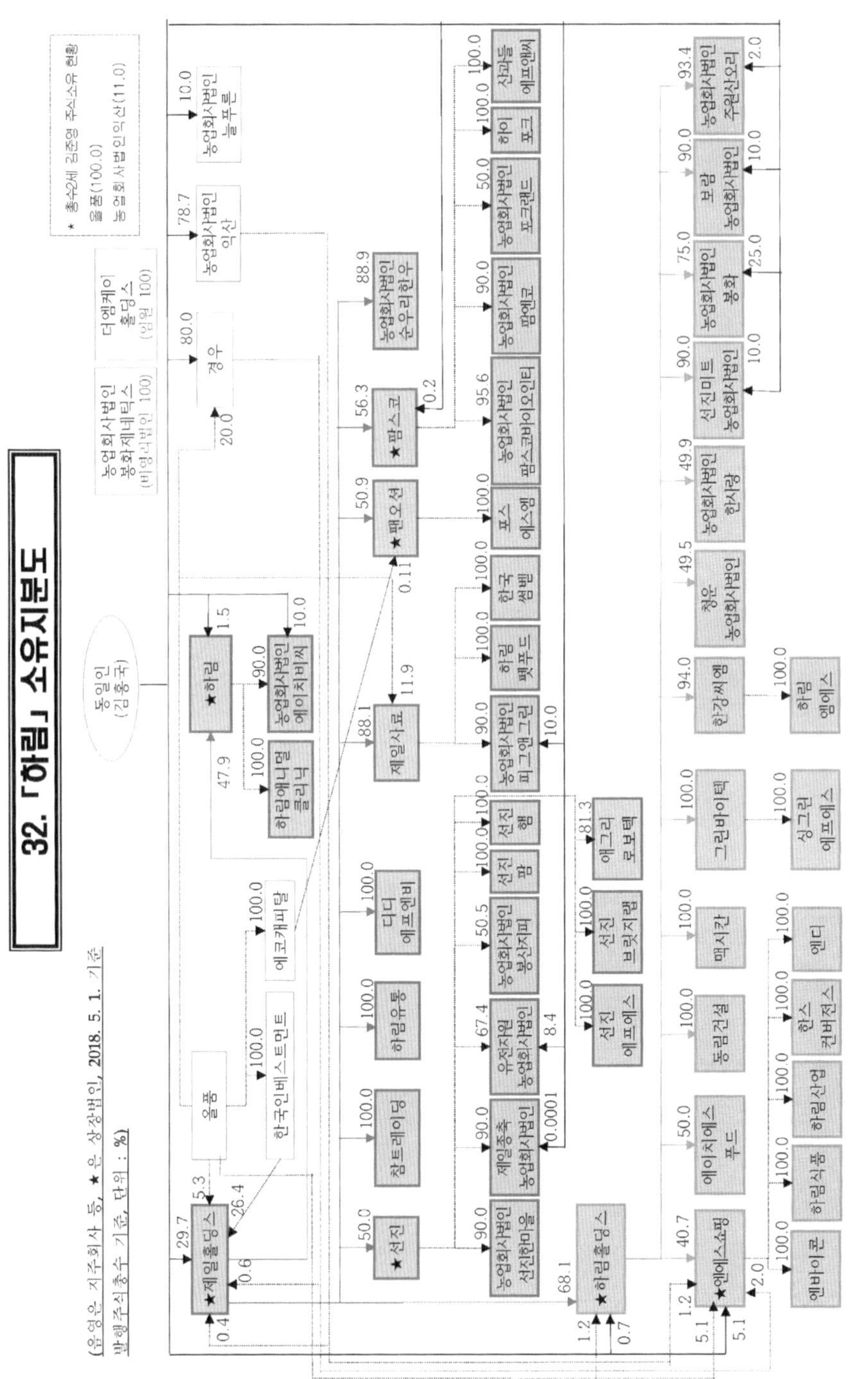

4) 하림그룹, 2019년 5월: [순위] 26위, [동일인] 김홍국, [계열회사] 53개

김홍국 (22.6%) → 하림지주 → 선진, 팜스코, 엔에스쇼핑 등

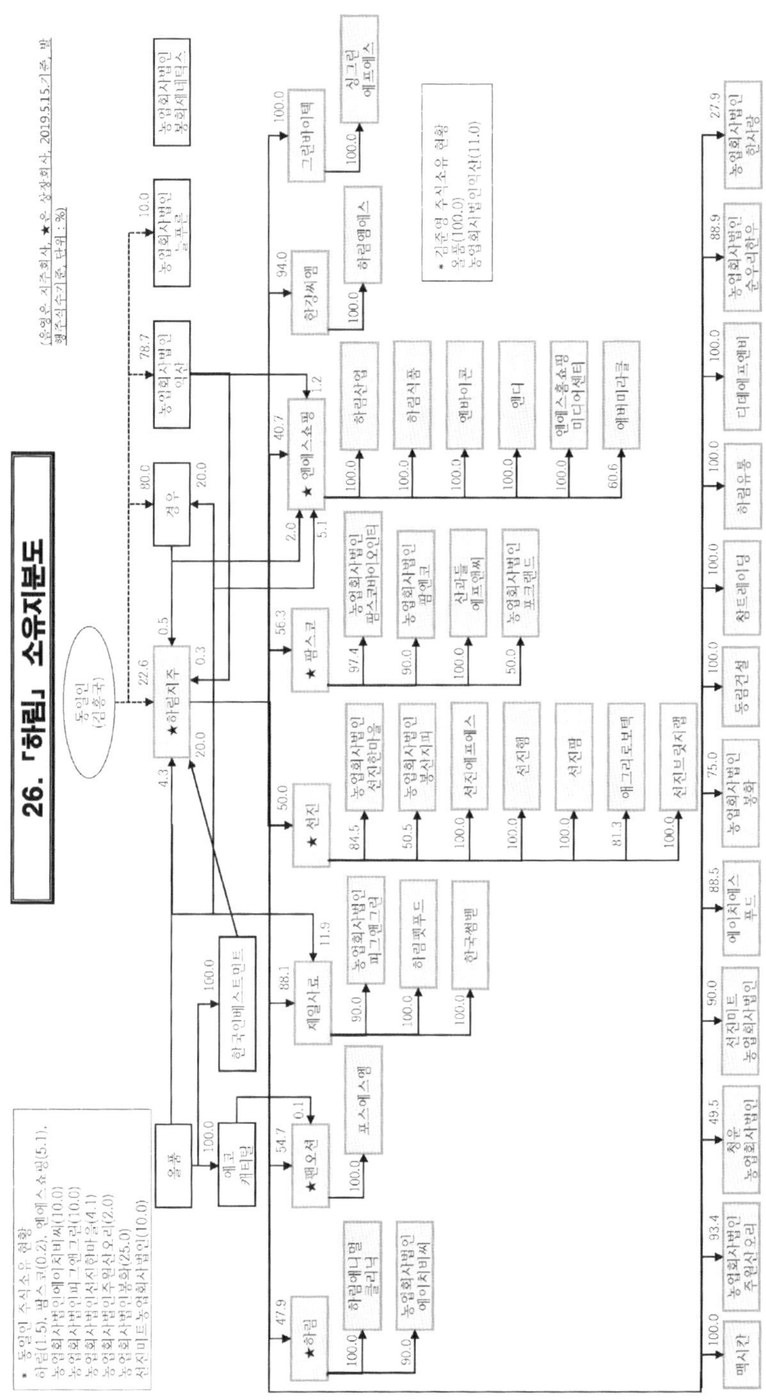

5) 하림그룹, 2020년 5월: [순위] 27위, [동일인] 김홍국, [계열회사] 52개

김홍국 (22.6%) → 하림지주 → 선진, 팜스코, 엔에스쇼핑 등

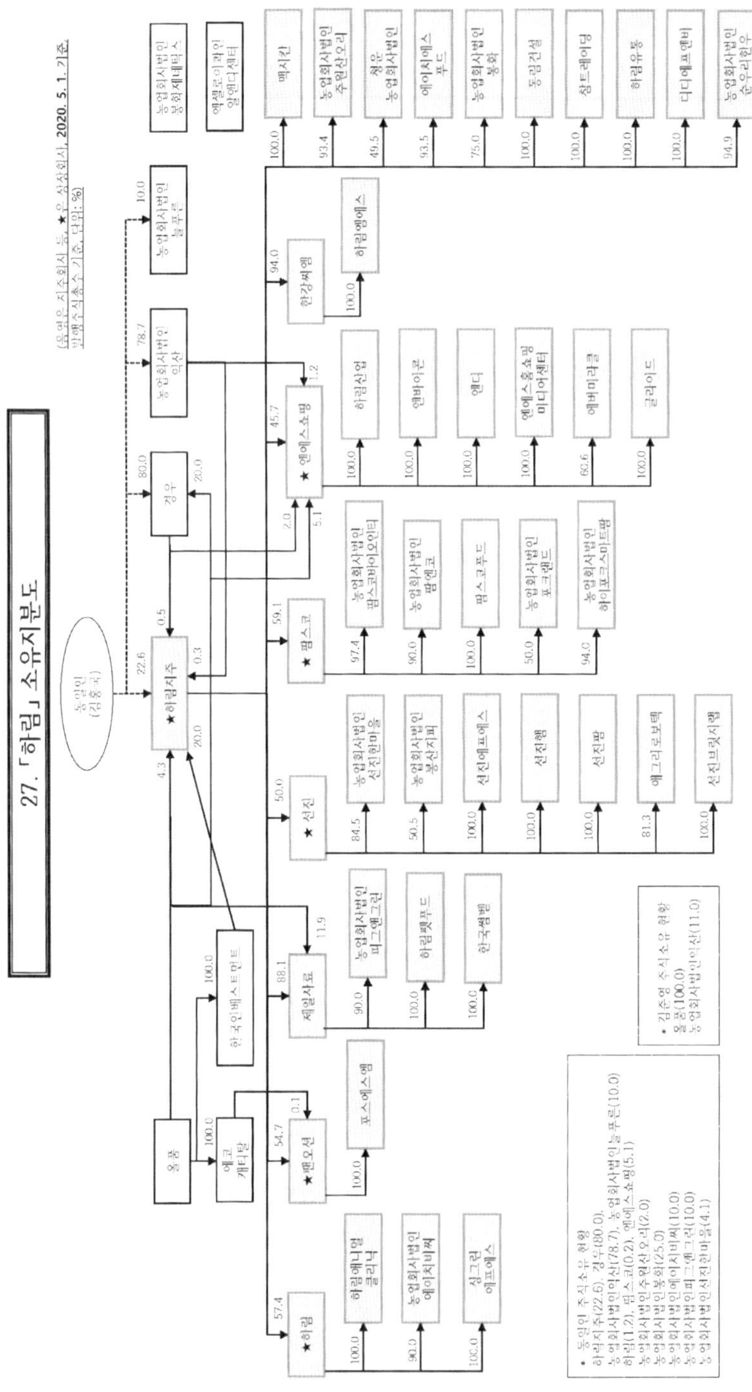

6) 하림그룹, 2021년 5월: [순위] 31위, [동일인] 김홍국, [계열회사] 55개

김홍국 (22.9%) → 하림지주 → 선진, 팜스코, 엔에스쇼핑 등

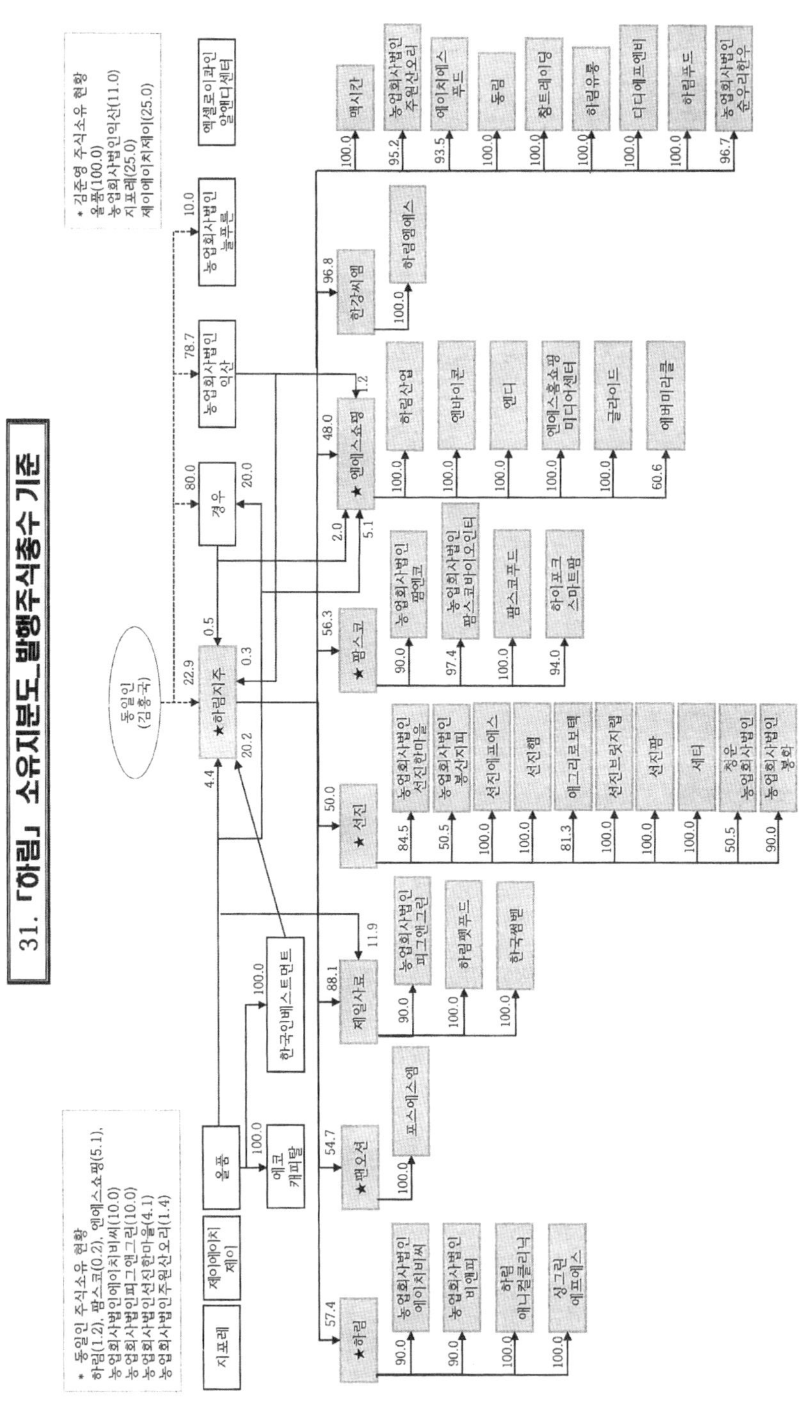

66. 하이트진로그룹: 2012-2021년

연도	동일인	순위 (위)	계열회사 (개)	자산총액 (10억 원)	매출액 (10억 원)	당기순이익 (10억 원)
1992		(31)	5	(0)	215	3
2003		37	9	2,132	2,034	122
2004		40	12	2,329	995	100
2005		45	11	2,327	1,023	114
2006		22	13	6,027	1,743	586
2007		31	13	4,772	1,808	217
2008		37	15	4,805	1,913	304
2010		38	16	6,254	2,265	535
2011		42	15	6,071	2,149	113
2012	박문덕	44	15	6,041	1,457	75
2013	박문덕	47	14	6,043	2,125	397
2014	박문덕	47	12	5,850	2,027	54
2015	박문덕	48	12	5,718	1,991	27
2016	박문덕	49	13	5,755	2,045	80
2017	박문덕	55	12	5,544	2,000	83
2018	박문덕	58	12	5,639	2,013	26
2019	박문덕	56	17	5,603	2,056	30
2020	박문덕	61	17	5,443	2,333	-28
2021	박문덕	64	18	5,448	2,562	91

	[소유구조]
주요 주주	박문덕 (동일인)
주요 지배 회사	하이트진로홀딩스
주요 계열회사	하이트진로

주: 1) 2003-2016년 순위: 공기업집단을 제외한 순위.
2) 1992년: 31위 이하 순위 및 자산총액 정보 없음, (31)/(0)으로 표시함.

1. 그룹

1) 대규모기업집단 지정 연도: 1992, 2003-2008, 2010-2021년.

2) 연도 수: 19년.

3) 그룹 이름: 조선맥주 (1992년), 하이트맥주 (2003-2008, 2010년),
하이트진로 (2011-2021년).

2. 소유지분도: 개관

1) 소유지분도 작성 연도: 2012-2021년.
연도 수: 10년.

2) 그룹 주요 지표: [동일인] 박문덕. [순위] 44-64위.
[계열회사] 12-18개. [자산총액] 5.4-6.0조 원.
[매출액] 1.5-2.6조 원. [당기순이익] (-0.03) - 0.4조 원.

3) 소유구조

◆ 박문덕 → 하이트진로홀딩스 → 계열회사 ◆

① [주요 주주]
1명.
박문덕 (동일인).
지분: 28.9%.

② [주요 지배 회사]
1개.
하이트진로홀딩스 (상장).

③ [계열회사]
유형: 자회사 → 손자회사 (2년; 2012-2013년),
자회사 → 손자회사 → 증손회사 (8년; 2014-2021년).
주요 회사: 1개.
하이트진로 (상장).

3. 소유지분도: 연도별, 2012-2021년

1) 2012년 4월: [순위] 44위, [동일인] 박문덕, [계열회사] 15개

박문덕 (28.9%) →

하이트진로홀딩스 → 하이트진로 등.

2) 2013년 4월: [순위] 47위, [동일인] 박문덕, [계열회사] 14개

박문덕 (28.9%) →

하이트진로홀딩스 → 하이트진로 등.

3) 2014년 4월: [순위] 47위, [동일인] 박문덕, [계열회사] 12개

박문덕 (28.9%) →

하이트진로홀딩스 → 하이트진로 등.

4) 2015년 4월: [순위] 48위, [동일인] 박문덕, [계열회사] 12개

박문덕 (28.9%) →

하이트진로홀딩스 → 하이트진로 등.

5) 2016년 4월: [순위] 49위, [동일인] 박문덕, [계열회사] 13개

박문덕 (28.9%) →

하이트진로홀딩스 → 하이트진로 등.

6) 2017년 9월: [순위] 55위, [동일인] 박문덕, [계열회사] 12개

박문덕 (28.9%) →

하이트진로홀딩스 → 하이트진로 등.

7) 2018년 5월: [순위] 58위, [동일인] 박문덕, [계열회사] 12개

박문덕 (28.9%) →

하이트진로홀딩스 → 하이트진로 등.

8) 2019년 5월: [순위] 56위, [동일인] 박문덕, [계열회사] 17개

박문덕 (28.9%) →

하이트진로홀딩스 → 하이트진로 등.

9) 2020년 5월: [순위] 61위, [동일인] 박문덕, [계열회사] 17개

박문덕 (28.9%) →

하이트진로홀딩스 → 하이트진로 등.

10) 2021년 5월: [순위] 64위, [동일인] 박문덕, [계열회사] 18개

박문덕 (28.9%) →

하이트진로홀딩스 → 하이트진로 등.

1) 하이트진로그룹, 2012년 4월: [순위] 44위, [동일인] 박문덕, [계열회사] 15개

박문덕 (28.9%) → 하이트진로홀딩스 → 하이트진로 등

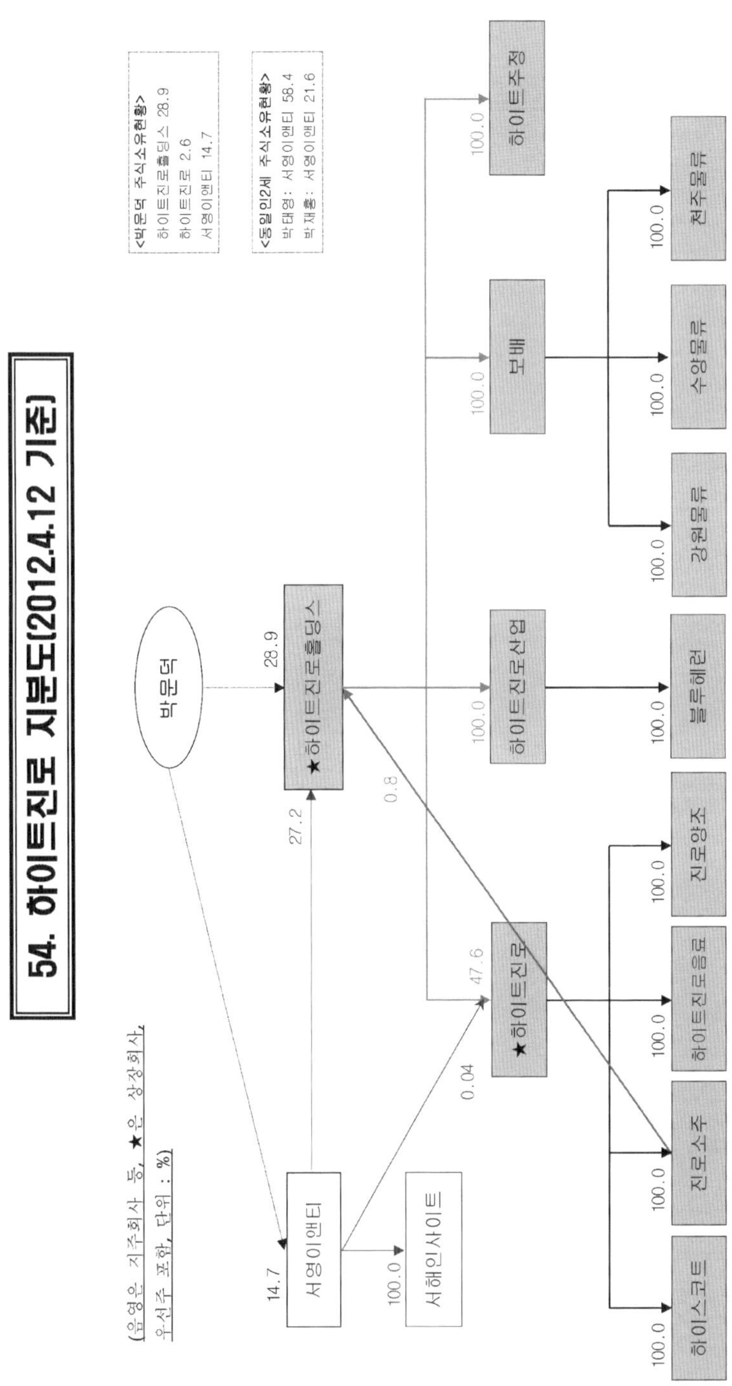

2) 하이트진로그룹, 2013년 4월: [순위] 47위, [동일인] 박문덕, [계열회사] 14개

박문덕 (28.9%) → 하이트진로홀딩스 → 하이트진로 등

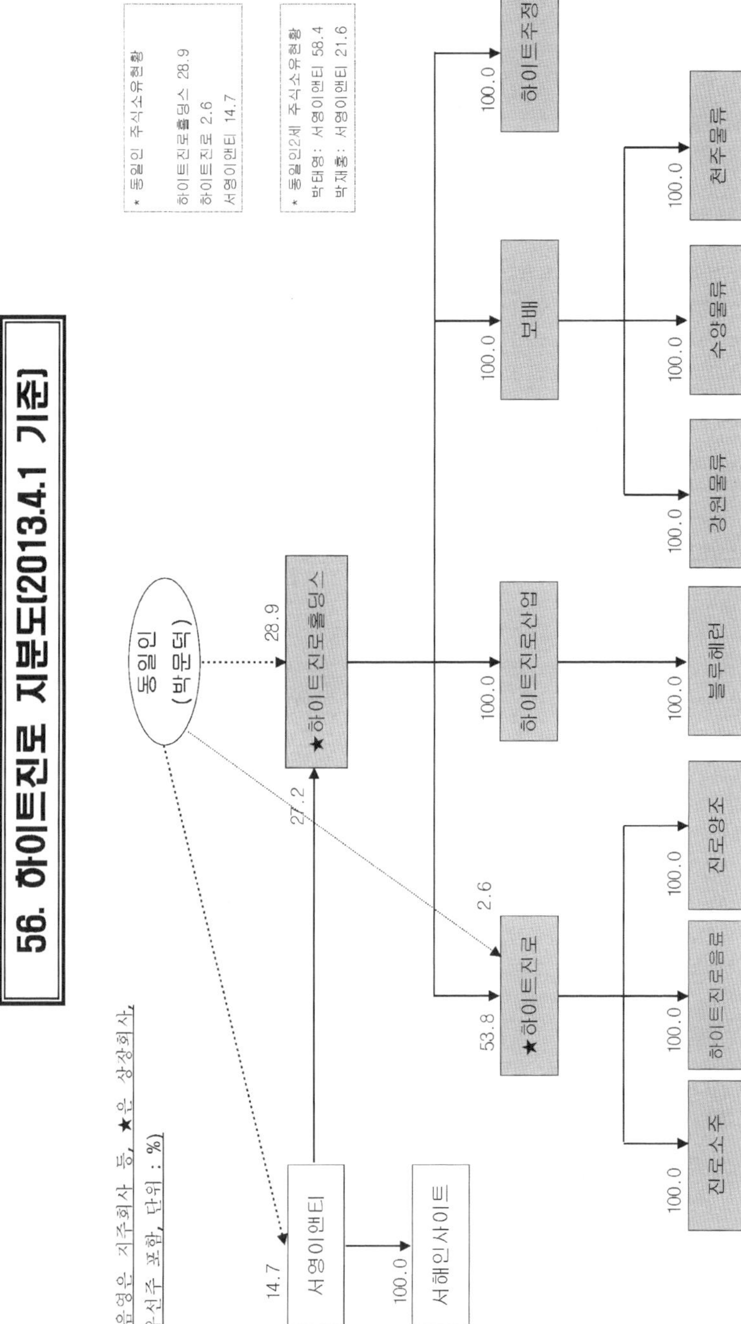

3) 하이트진로그룹, 2014년 4월: [순위] 47위, [동일인] 박문덕, [계열회사] 12개

박문덕 (28.9%) → 하이트진로홀딩스 → 하이트진로 등

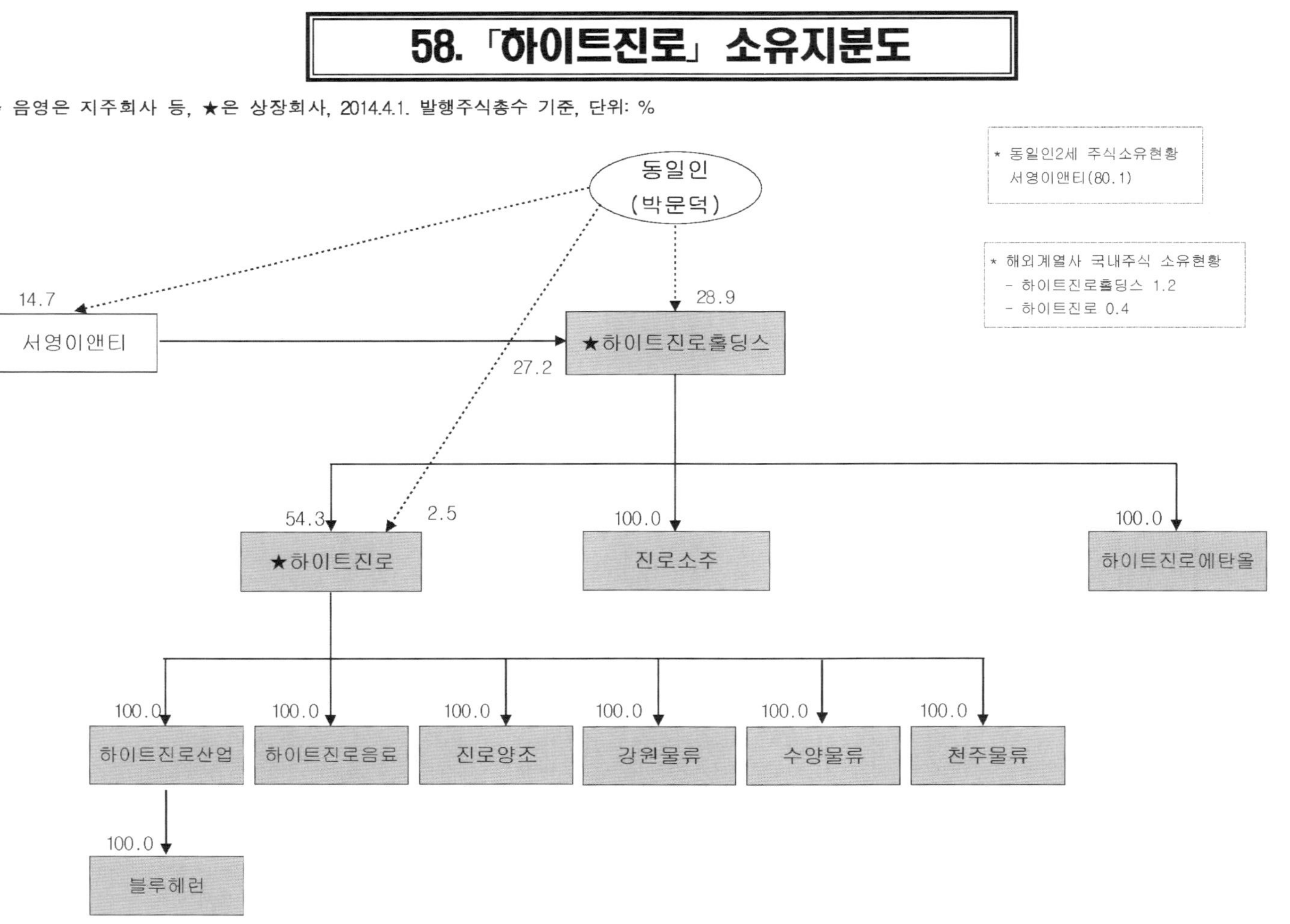

4) 하이트진로그룹, 2015년 4월: [순위] 48위, [동일인] 박문덕, [계열회사] 12개

박문덕 (28.9%) → 하이트진로홀딩스 → 하이트진로 등

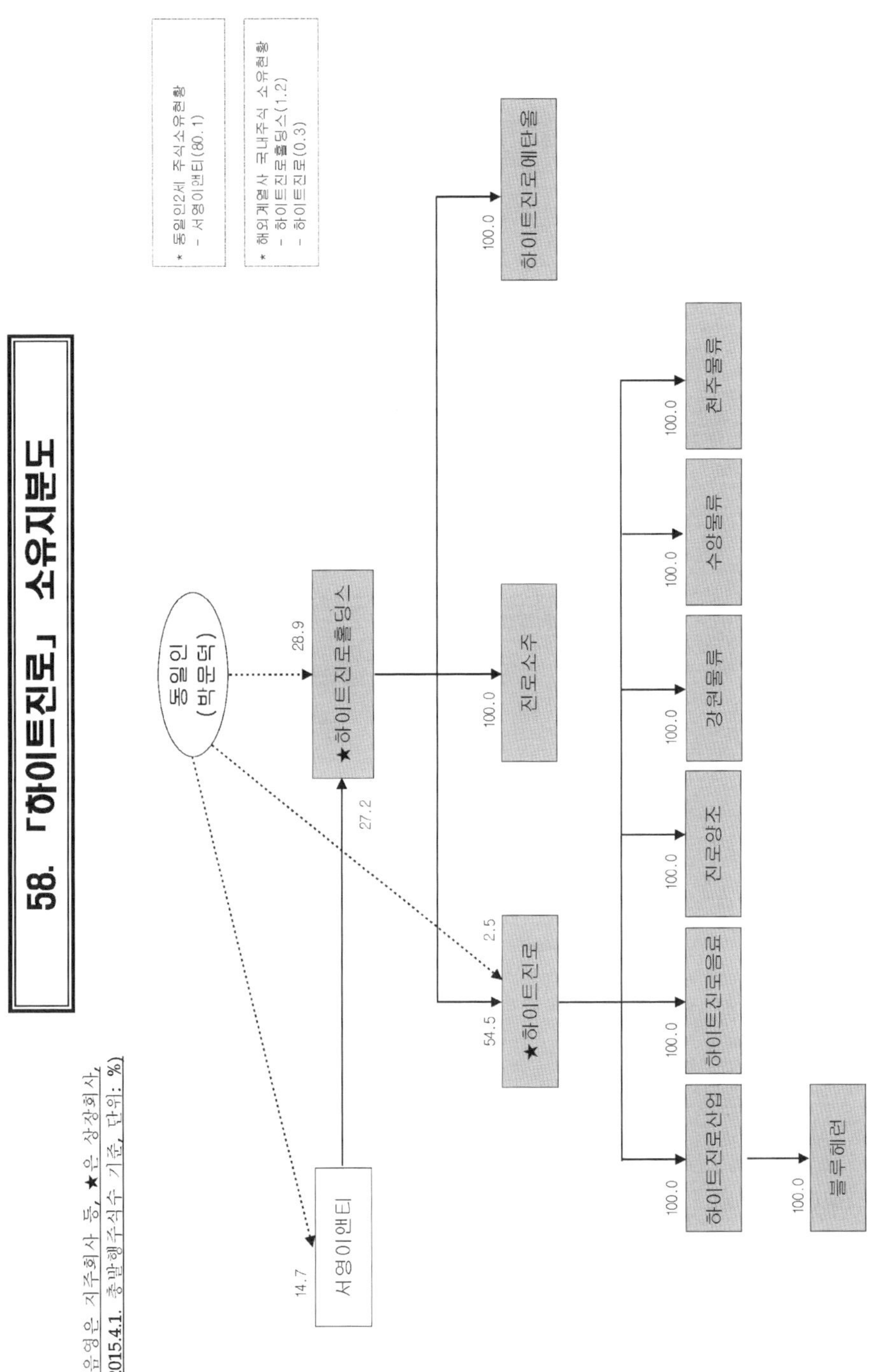

5) 하이트진로그룹, 2016년 4월: [순위] 49위, [동일인] 박문덕, [계열회사] 13개

박문덕 (28.9%) → 하이트진로홀딩스 → 하이트진로 등

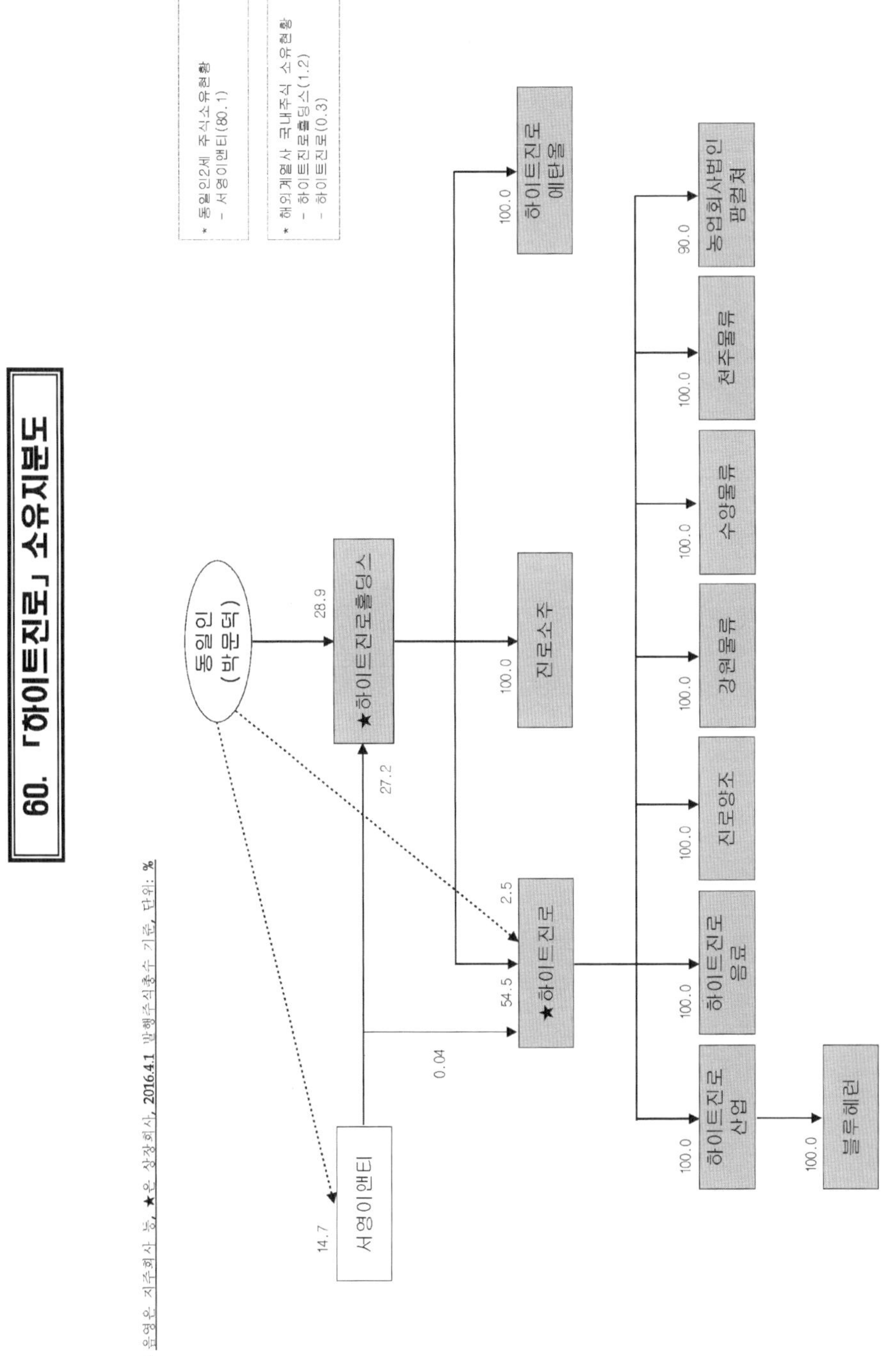

6) 하이트진로그룹, 2017년 9월: [순위] 55위, [동일인] 박문덕, [계열회사] 12개

박문덕 (28.9%) → 하이트진로홀딩스 → 하이트진로 등

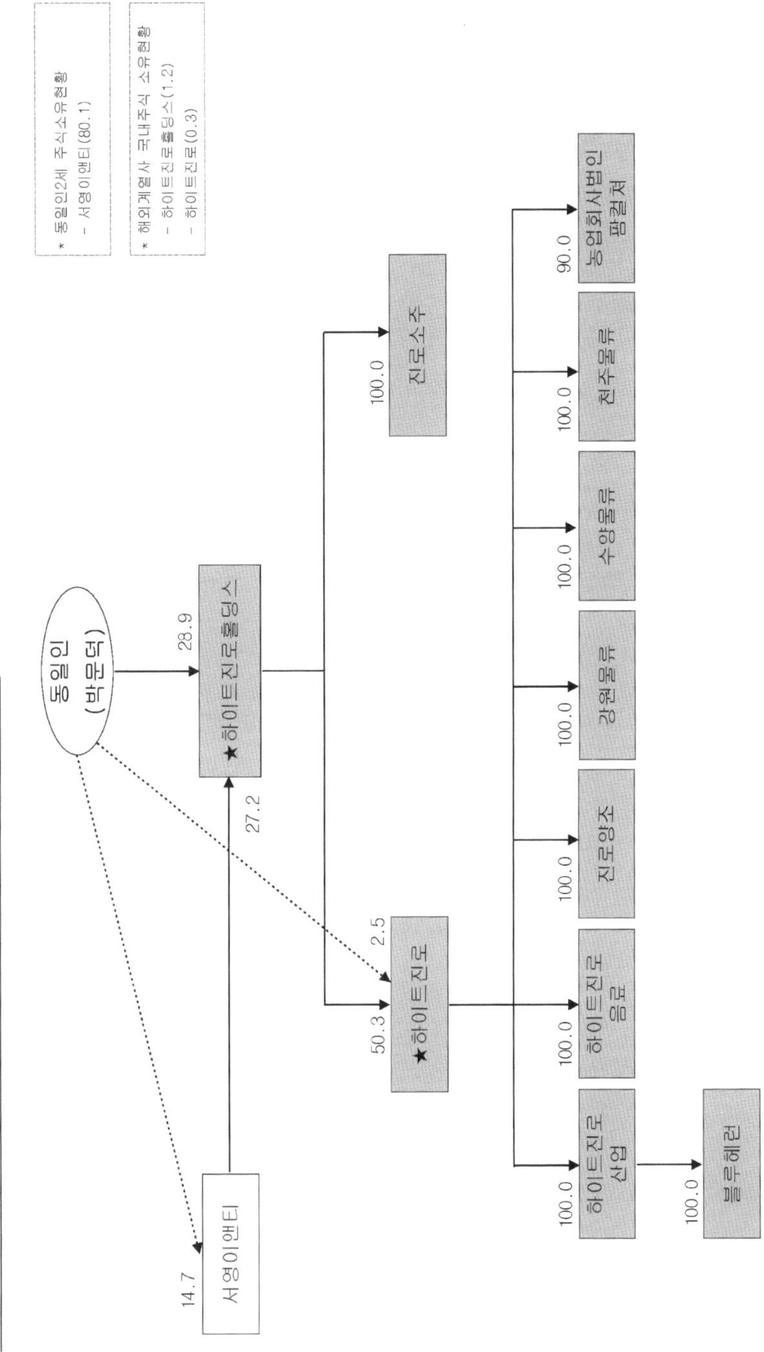

7) 하이트진로그룹, 2018년 5월: [순위] 58위, [동일인] 박문덕, [계열회사] 12개

박문덕 (28.9%) → 하이트진로홀딩스 → 하이트진로 등

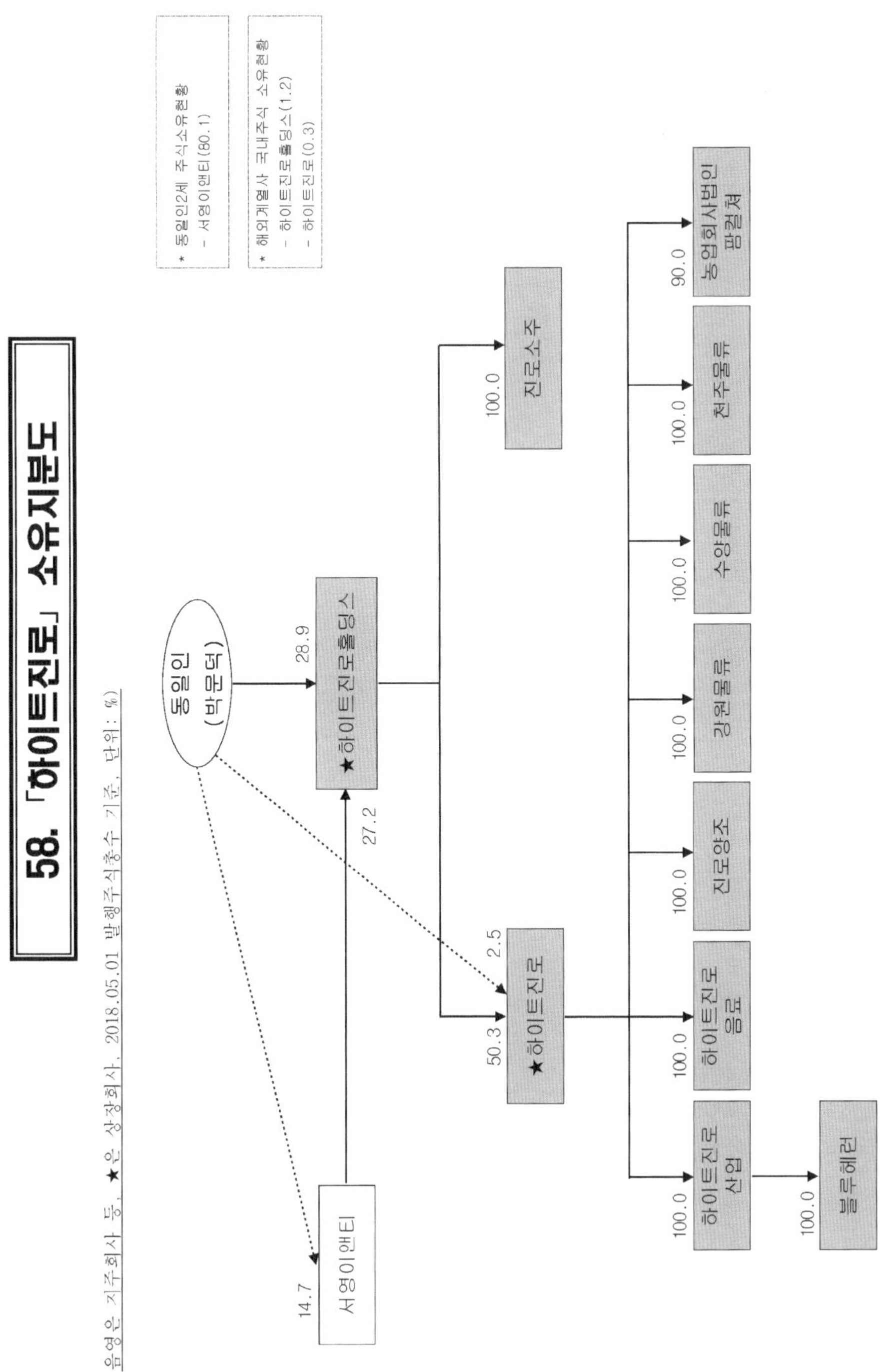

8) 하이트진로그룹, 2019년 5월: [순위] 56위, [동일인] 박문덕, [계열회사] 17개

박문덕 (28.9%) → 하이트진로홀딩스 → 하이트진로 등

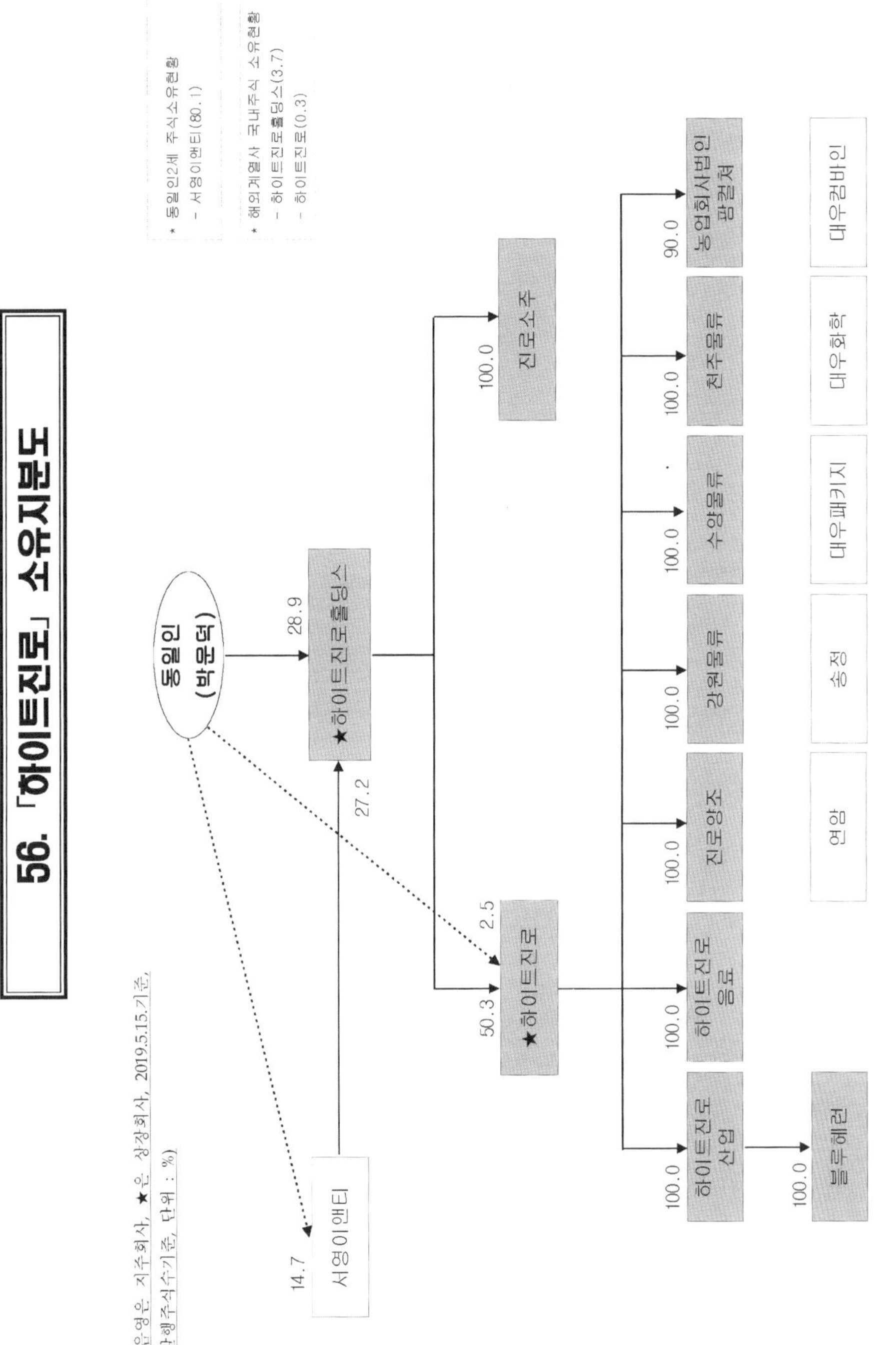

9) 하이트진로그룹, 2020년 5월: [순위] 61위, [동일인] 박문덕, [계열회사] 17개

박문덕 (28.9%) → 하이트진로홀딩스 → 하이트진로 등

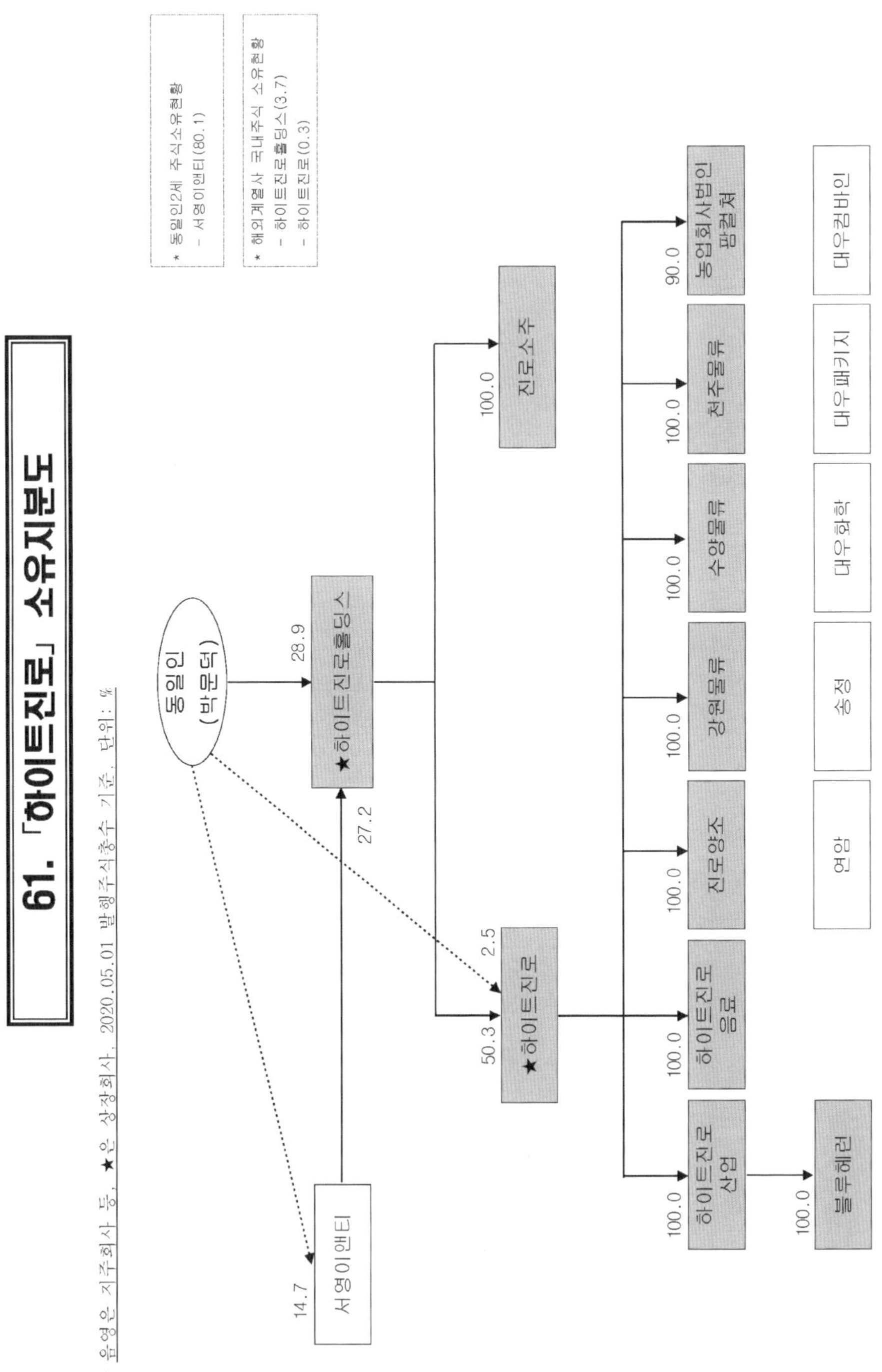

10) 하이트진로그룹, 2021년 5월: [순위] 64위, [동일인] 박문덕, [계열회사] 18개

박문덕 (28.9%) → 하이트진로홀딩스 → 하이트진로 등

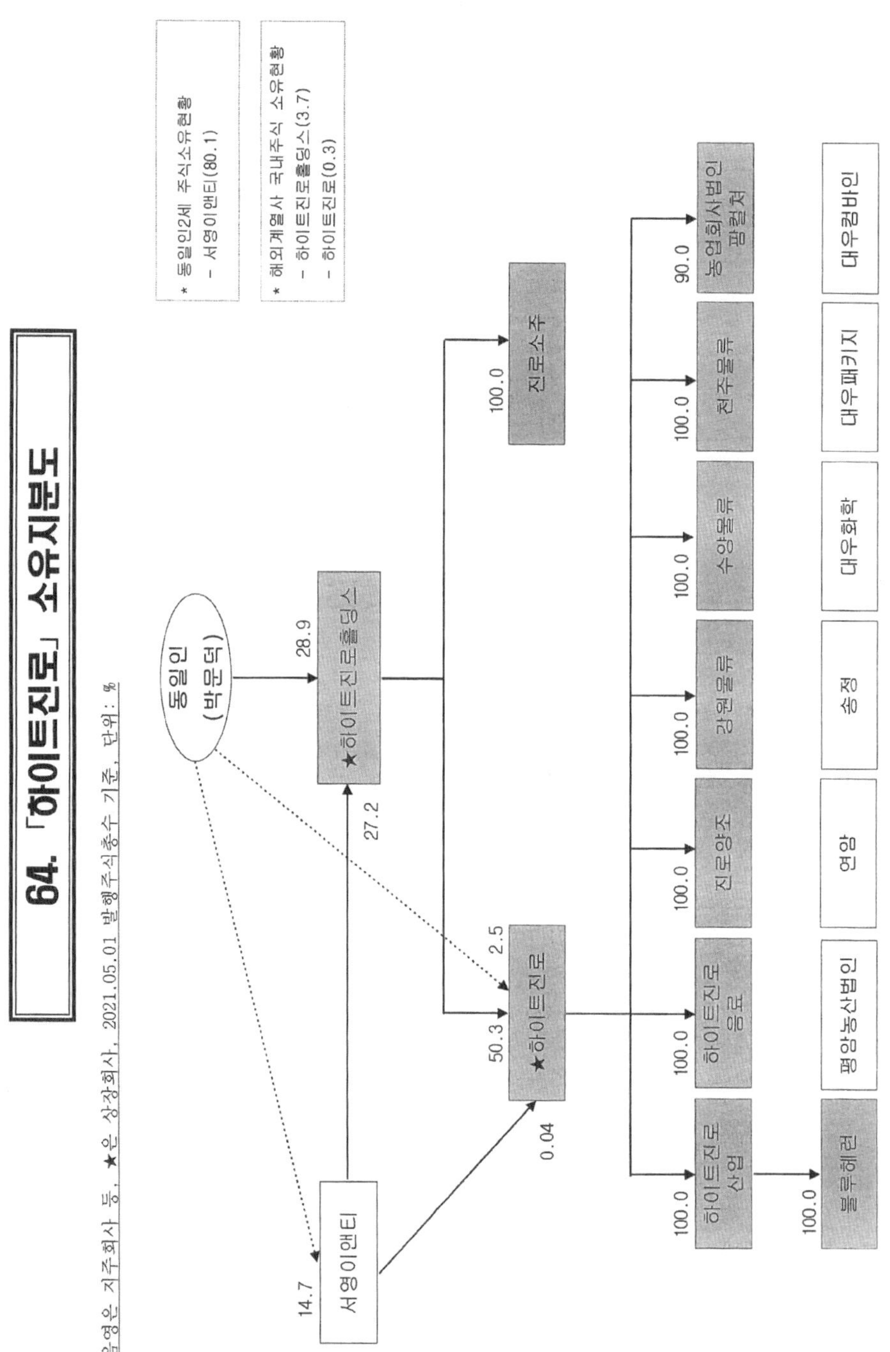

67. 한국GM그룹: 2012-2021년

연도	동일인	순위 (위)	계열회사 (개)	자산총액 (10억 원)	매출액 (10억 원)	당기순이익 (10억 원)
2004		23	3	4,605	4,317	-223
2005		17	3	5,976	6,090	-173
2006		21	3	6,492	7,569	65
2007		21	3	7,335	9,636	592
2008		24	3	7,978	12,550	541
2009		24	3	8,892	12,359	-881
2010		30	4	8,212	9,576	-339
2011		34	3	7,857	12,649	587
2012	한국GM	29	3	10,244	15,114	126
2013	한국GM	29	3	10,169	15,975	-109
2014	한국GM	32	3	9,061	15,624	102
2015	한국GM	37	2	8,212	12,940	-358
2016	한국GM	43	2	7,472	11,980	-979
2017	한국GM	41	2	7,545	12,294	-630
2018	한국GM	54	2	6,455	10,804	-1,158
2019	한국GM	52	3	6,560	9,287	-856
2020	한국GM	56	3	6,149	9,412	-314
2021	한국GM	57	3	6,299	9,456	-278

	[소유구조]
주요 주주	-
주요 지배 회사	한국GM (동일인)
주요 계열회사	GM코리아, GM테크니컬센터코리아

주: 2004-2016년 순위: 공기업집단을 제외한 순위.

1. 그룹

1) 대규모기업집단 지정 연도: 2004-2021년.

2) 연도 수: 18년.

3) 그룹 이름: GM대우 (2004-2010년), 한국GM (2011-2021년).

2. 소유지분도: 개관

1) 소유지분도 작성 연도: 2012-2021년.

연도 수: 10년.

2) 그룹 주요 지표: [동일인] 한국GM. [순위] 29-57위.

[계열회사] 2-3개. [자산총액] 6.1-10.2조 원.

[매출액] 9.3-16.0조 원. [당기순이익] (-1.2) - 0.1조 원.

3) 소유구조

◆ 한국GM ⟶ 계열회사 ◆

① [주요 주주] -

② [주요 지배 회사]

1개.

한국GM (동일인).

지분: 지분은 없으며, 계열회사의 임원 선임권을 보유하여 실질적 지배력을 행사함.

③ [계열회사]

유형: 자회사.

주요 회사: 2개 (1개씩 관련).

GM코리아, GM테크니컬센터코리아.

3. 소유지분도: 연도별, 2012-2021년

1) 2012년 4월: [순위] 29위, [동일인] 한국GM, [계열회사] 3개

한국GM ⟶

GM코리아 등.

2) 2013년 4월: [순위] 29위, [동일인] 한국GM, [계열회사] 3개

한국GM ⟶

GM코리아 등.

3) 2014년 4월: [순위] 32위, [동일인] 한국GM, [계열회사] 3개

한국GM ⟶

GM코리아 등.

4) 2015년 4월: [순위] 37위, [동일인] 한국GM, [계열회사] 2개

한국GM ⟶

GM코리아.

5) 2016년 4월: [순위] 43위, [동일인] 한국GM, [계열회사] 2개

한국GM ⟶

GM코리아.

6) 2017년 9월: [순위] 41위, [동일인] 한국GM, [계열회사] 2개

한국GM ⟶

GM코리아.

7) 2018년 5월: [순위] 54위, [동일인] 한국GM, [계열회사] 2개

한국GM ⟶

GM코리아.

8) 2019년 5월: [순위] 52위, [동일인] 한국GM, [계열회사] 3개

한국GM ⟶

GM테크니컬센터코리아 등.

9) 2020년 5월: [순위] 56위, [동일인] 한국GM, [계열회사] 3개

한국GM ⟶

GM테크니컬센터코리아 등.

10) 2021년 5월: [순위] 57위, [동일인] 한국GM, [계열회사] 3개

한국GM ⟶

GM테크니컬센터코리아 등.

1) 한국GM그룹, 2012년 4월: [순위] 29위, [동일인] 한국GM, [계열회사] 3개

한국GM → GM코리아 등

36. 한국지엠 지분도(2012.4.12.기준)

(우선주 포함, 단위: %)

한국지엠(주)

지엠오토월드코리아(주)

* 주요주주 : 지엠아시아인크 (100)

지엠코리아(주)

* 주요주주 : 지엠아시아인크 (100)

※ 동일인[한국지엠(주)]과 계열회사간 출자관계는 없으나, 동일인이 계열회사들의 임원 선임권을 보유하여 실질적 지배력을 가지므로 기업집단 형성

2) 한국GM그룹, 2013년 4월: [순위] 29위, [동일인] 한국GM, [계열회사] 3개

한국GM → GM코리아 등

36. 한국지엠 지분도(2013.4.1.기준)

* 우선주 포함, 단위: %

한국지엠(주)

* 주요주주 :
지엠인베스트먼츠PTY (48.2)
지엠오토모티브홀딩스 (19.2)
지엠아시아태평양홀딩스 (9.6)
SAIC 모터코퍼레이션 (6.0)
한국산업은행 (17.0)

지엠오토월드코리아(주)

* 주요주주 : 지엠아시아인크 (100)

지엠코리아(주)

* 주요주주 : 지엠아시아인크 (100)

※ 동일인[한국지엠(주)]와 계열회사간 출자관계는 없으나, 동일인이 계열회사들의 임원 선임권을 보유하여 실질적 지배력을 가지므로 기업집단 형성

3) 한국GM그룹, 2014년 4월: [순위] 32위, [동일인] 한국GM, [계열회사] 3개

한국GM → GM코리아 등

40. 「한국지엠」 소유지분도

* 2014.4.1. 발행주식총수 기준, 단위: %

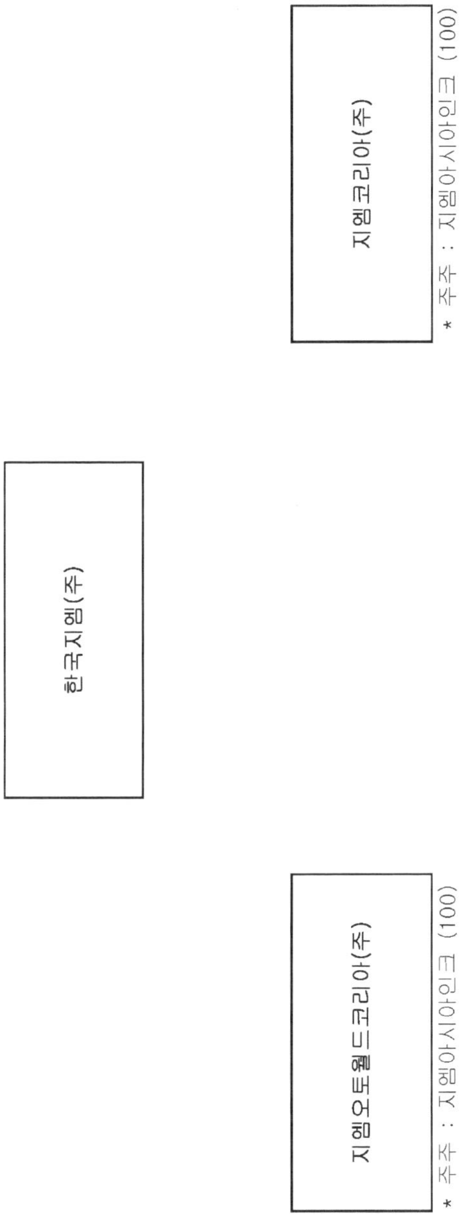

한국지엠(주)

지엠코리아(주)

* 주주 : 지엠아시아인크 (100)

지엠오토월드코리아(주)

* 주주 : 지엠아시아인크 (100)

45. 「한국지엠」 소유지분도

(음영은 지주회사 등, ★은 상장회사, 2015.4.1. 총발행주식수 기준, 단위: %)

한국지엠(주)

* 주요주주

지엠인베스트먼츠PTY (48.2)
지엠오토모티브홀딩스 (19.2)
지엠아시아태평양홀딩스 (9.6)
SAIC 모터코퍼레이션 (6.0)
한국산업은행 (17.0)

지엠코리아(주)

* 주요주주
지엠아시아인크 (100)

4) 한국GM그룹, 2015년 4월: [순위] 37위, [동일인] 한국GM, [계열회사] 2개

한국GM → GM코리아

5) 한국GM그룹, 2016년 4월: [순위] 43위, [동일인] 한국GM, [계열회사] 2개

한국GM → GM코리아

52. 「한국지엠」 소유지분도

(음영은 지주회사 등, ★은 상장회사, 2016. 4. 1. 기준, 발행주식총수 기준, 단위: %)

한국지엠(주)

* 한국지엠㈜ 주식소유현황
지엠인베스트먼츠pty (48.2)
지엠오토모티브홀딩스SL (19.2)
지엠아시아태평양홀딩스 (9.6)
SAIC MOT Cpation Ltd. (6.0)
한국산업은행 (17.0)

지엠코리아(주)

* 지엠코리아㈜ 주식소유현황
지엠아시아인크 (100)

41. 「한국지엠」 소유지분도

(★은 상장회사, 2017. 9. 1. 기준, 발행주식총수 기준, 단위: %)

한국지엠(주)

* 한국지엠㈜ 주식소유현황
지엠인베스트먼츠pty (48.2)
지엠오토모티브홀딩스SL (19.2)
지엠아시아태평양홀딩스 (9.6)
SAIC MOT Cpation Ltd. (6.0)
한국산업은행 (17.0)

지엠코리아(주)

* 지엠코리아㈜ 주식소유현황
지엠아시아인크 (100)

6) 한국GM그룹, 2017년 9월: [순위] 41위, [동일인] 한국GM, [계열회사] 2개

한국GM → GM코리아

7) 한국GM그룹, 2018년 5월: [순위] 54위, [동일인] 한국GM, [계열회사] 2개

한국GM → GM코리아

54. 「한국지엠」 소유지분도

(★은 상장회사, **2018. 5. 1. 기준**, 발행주식총수 기준, 단위: %)

한국지엠(주)

* 한국지엠㈜ 주주현황
  지엠인베스트먼츠pty (48.2)
  지엠오토모티브홀딩스SL (19.2)
  지엠아시아태평양홀딩스 (9.6)
  SAIC Mot Cop.Ltd. (6.0)
  한국산업은행 (17.0)

지엠코리아(주)

* 지엠코리아㈜ 주주현황
  지엠아시아인크 (100)

8) 한국GM그룹, 2019년 5월: [순위] 52위, [동일인] 한국GM, [계열회사] 3개

한국GM → GM테크니컬센터코리아 등

52.「한국지엠」소유지분도

(음영은 지주회사, ★은 상장회사, 2019.5.15.기준, 발행주식수기준, 단위 : %)

한국지엠(주)	한국지엠㈜ 주식소유현황: 지엠인베스트먼츠Pty (46.1) 지엠오토모티브홀딩스SL (22.4) 지엠아시아태평양홀딩스 (9.9) SAIC Mot Cop.Ltd. (4.5) 한국산업은행 (17.1)
지엠테크니컬센터코리아(주)	지엠테크니컬센터코리아㈜ 주식소유현황: 지엠인베스트먼츠Pty (46.1) 지엠오토모티브홀딩스SL (22.4) 지엠아시아태평양홀딩스 (9.9) SAIC Mot Cop.Ltd. (4.5) 한국산업은행 (17.1) 단주 (0.0)
지엠아시아퍼시픽지역본부(주)	지엠아시아퍼시픽지역본부㈜ 주식소유현황: 지엠아시아엘엘씨 (100)

9) 한국GM그룹, 2020년 5월: [순위] 56위, [동일인] 한국GM, [계열회사] 3개

한국GM → GM테크니컬센터코리아 등

56.「한국지엠」소유지분도

(발행주식총수 2020. 05. 01. 기준, 단위: %)

회사	주식소유현황
한국지엠(주)	한국지엠㈜ 주식소유현황: GM Investments Pty, Ltd. (46.1) GM Automotive Holdings, S.L. (22.4) GM Asia Pacific Holdings, LLC (9.9) SAIC Motor Corporation Ltd. (4.5) 한국산업은행 (17.0)
지엠아시아퍼시픽지역본부(주)	지엠아시아퍼시픽지역본부㈜ 주식소유현황: GM Asia, LLC (100)
지엠테크니컬센터코리아(주)	지엠테크니컬센터코리아㈜ 주식소유현황: GM Investments Pty, Ltd. (46.1) GM Automotive Holdings, S.L. (22.4) GM Asia Pacific Holdings, LLC (9.9) SAIC Motor Corporation Ltd. (4.5) 한국산업은행 (17.0)

57. 「한국지엠」 소유지분도

(발행주식총수 2021. 05. 01. 기준, 단위: %)

회사	주식소유현황
한국지엠(주)	한국지엠㈜ 주식소유현황: GM Investments Pty, Ltd. (46.1) GM Automotive Holdings, S.L. (22.4) GM Asia Pacific Holdings, LLC (9.9) SAIC Motor Corporation Ltd. (4.5) 한국산업은행 (17.0)
지엠아시아퍼시픽지역본부(주)	지엠아시아퍼시픽지역본부㈜ 주식소유현황: GM Asia, LLC (100)
지엠테크니컬센터코리아(주)	지엠테크니컬센터코리아㈜ 주식소유현황: GM Investments Pty, Ltd. (46.1) GM Automotive Holdings, S.L. (22.4) GM Asia Pacific Holdings, LLC (9.9) SAIC Motor Corporation Ltd. (4.5) 한국산업은행 (17.0)

10) 한국GM그룹, 2021년 5월: [순위] 57위, [동일인] 한국GM, [계열회사] 3개

한국GM → GM테크니컬센터코리아 등

68. 한국타이어그룹: 2012-2021년

연도	동일인	순위 (위)	계열회사 (개)	자산총액 (10억 원)	매출액 (10억 원)	당기순이익 (10억 원)
1992		(31)	2	(0)	564	30
2002		33	6	2,102	1,661	28
2003		40	7	2,068	1,852	71
2004		44	7	2,095	2,008	104
2005		48	8	2,155	2,207	167
2006		51	8	2,218	2,443	219
2007		52	9	2,425	2,531	168
2008		57	9	2,673	2,824	166
2012	조양래	50	15	5,245	4,671	315
2013	조양래	46	16	6,053	2,185	3,493
2014	조양래	38	16	7,782	4,782	681
2015	조양래	35	16	8,450	4,707	632
2016	조양래	32	14	9,403	4,444	621
2017	조양래	33	17	8,948	4,251	536
2018	조양래	35	17	9,139	4,244	420
2019	조양래	38	25	9,508	4,296	348
2020	조양래	43	24	9,385	4,323	361
2021	조양래	41	21	9,849	3,965	167

	[소유구조]	
주요 주주	조양래 (동일인), 조현식 조현범 (2세)	친족
주요 지배 회사	한국타이어/한국타이어월드와이드/ 한국테크놀로지그룹/한국앤컴퍼니	-
주요 계열회사	한국타이어/한국타이어앤크놀로지, 아트라스비엑스/한국아트라스비엑스	신양월드레저

주: 1) 2002-2016년 순위: 공기업집단을 제외한 순위.
2) 1992년: 31위 이하 순위 및 자산총액 정보 없음, (31)/(0)으로 표시함.

1. 그룹

1) 대규모기업집단 지정 연도: 1992, 2002-2008, 2012-2021년.

2) 연도 수: 18년.

2. 소유지분도: 개관

1) 소유지분도 작성 연도: 2012-2021년.

연도 수: 10년.

2) 그룹 주요 지표: [동일인] 조양래. [순위] 32-50위.

[계열회사] 14-25개. [자산총액] 5.2-9.8조 원.

[매출액] 2.2-4.8조 원. [당기순이익] 0.2-3.5조 원.

3) 소유구조

◆ {조양래, 조현식, 조현범 →

한국타이어/한국타이어월드와이드/한국테크놀로지그룹/한국앤컴퍼니 → 계열회사} +

{친족 → 계열회사2} ◆

① [주요 주주]

3명 (2-3명씩 지분 보유).

조양래 (동일인) ‖ 조현식 (2세; 아들, 형), 조현범 (2세; 아들, 동생).

지분: 16-23.6% (9년; 2012-2020년) ‖

12.9-60.96% (2세 2명 지분 합)(10년; 2012-2021년).

② [주요 지배 회사]

1개.

한국타이어 (상장) / 한국타이어월드와이드 (상장) / 한국테크놀로지그룹 (상장) / 한국앤컴퍼니 (상장).

③ [계열회사]

유형: 자회사 → 손자회사 (9년; 2012-2013, 2015-2021년),

자회사 → 손자회사 → 증손회사 (1년; 2014년).

주요 회사: 2개 (1-2개씩 관련).

한국타이어 (상장) / 한국타이어앤크놀로지 (상장),

아트라스비엑스 (상장) / 한국아트라스비엑스 (상장).

* 계열회사2: 1개.

신양월드레저.

4) 한국타이어: 한국타이어월드와이드 (2012년 9월 인적분할 후 상호 변경,

한국타이어 신설),

한국테크놀로지그룹 (2019년 5월 상호 변경),

한국앤컴퍼니 (2020년 12월 상호 변경).

한국타이어: 한국타이어앤테크놀로지 (2019년 5월 상호 변경).

아트라스비엑스: 한국아트라스비엑스 (2019년 5월 상호 변경).

3. 소유지분도: 연도별, 2012-2021년

1) 2012년 4월: [순위] 50위, [동일인] 조양래, [계열회사] 15개

{조양래 (16%), 조현식 (5.8%), 조현범 (7.1%) →

한국타이어 → 아트라스비엑스 등} +

{친족 → 신양월드레저 등}.

2) 2013년 4월: [순위] 46위, [동일인] 조양래, [계열회사] 16개

{조양래 (16%), 조현식 조현범 (12.9%) →

한국타이어월드와이드 → 아트라스비엑스 등} +

{친족 → 신양월드레저 등}.

3) 2014년 4월: [순위] 38위, [동일인] 조양래, [계열회사] 16개

{조양래 (23.6%), 조현식 조현범 (38.63%) →

한국타이어월드와이드 → 한국타이어, 아트라스비엑스 등} +

{친족 → 신양월드레저 등}.

4) 2015년 4월: [순위] 35위, [동일인] 조양래, [계열회사] 16개

{조양래 (23.59%), 조현식 조현범 (38.63%) →

한국타이어월드와이드 → 한국타이어, 아트라스비엑스 등} +

{친족 → 신양월드레저 등}.

5) 2016년 4월: [순위] 32위, [동일인] 조양래, [계열회사] 14개

{조양래 (23.59%), 조현식 조현범 (38.63%) →

한국타이어월드와이드 → 한국타이어, 아트라스비엑스 등} +

{친족 → 신양월드레저 등}.

6) 2017년 9월: [순위] 33위, [동일인] 조양래, [계열회사] 17개

{조양래 (23.59%), 조현식 조현범 (38.63%) →

한국타이어월드와이드 → 한국타이어, 아트라스비엑스 등} +

{친족 → 신양월드레저 등}.

7) 2018년 5월: [순위] 35위, [동일인] 조양래, [계열회사] 17개

{조양래 (23.59%), 조현식 조현범 (38.63%) →

한국타이어월드와이드 → 한국타이어, 아트라스비엑스 등} +

{친족 → 신양월드레저 등}.

8) 2019년 5월: [순위] 38위, [동일인] 조양래, [계열회사] 25개

{조양래 (23.59%), 조현식 조현범 (38.63%) →

한국테크놀로지그룹 → 한국타이어앤테크놀로지, 한국아트라스비엑스 등} +

{친족 → 신양월드레저 등}.

9) 2020년 5월: [순위] 43위, [동일인] 조양래, [계열회사] 24개

{조양래 (23.59%), 조현식 조현범 (38.63%) →

한국테크놀로지그룹 → 한국타이어앤테크놀로지, 한국아트라스비엑스 등} +

{친족 → 신양월드레저 등}.

10) 2021년 5월: [순위] 41위, [동일인] 조양래, [계열회사] 21개

{조현식 조현범 (60.96%) →

한국앤컴퍼니 → 한국타이어앤테크놀로지 등} +

{친족 → 신양월드레저 등}.

1) 한국타이어그룹, 2012년 4월: [순위] 50위, [동일인] 조양래, [계열회사] 15개

{조양래 (16%), 조현식 (5.8%), 조현범 (7.1%) → 한국타이어 → 아트라스비엑스 등} + {친족 → 신양월드레저 등}

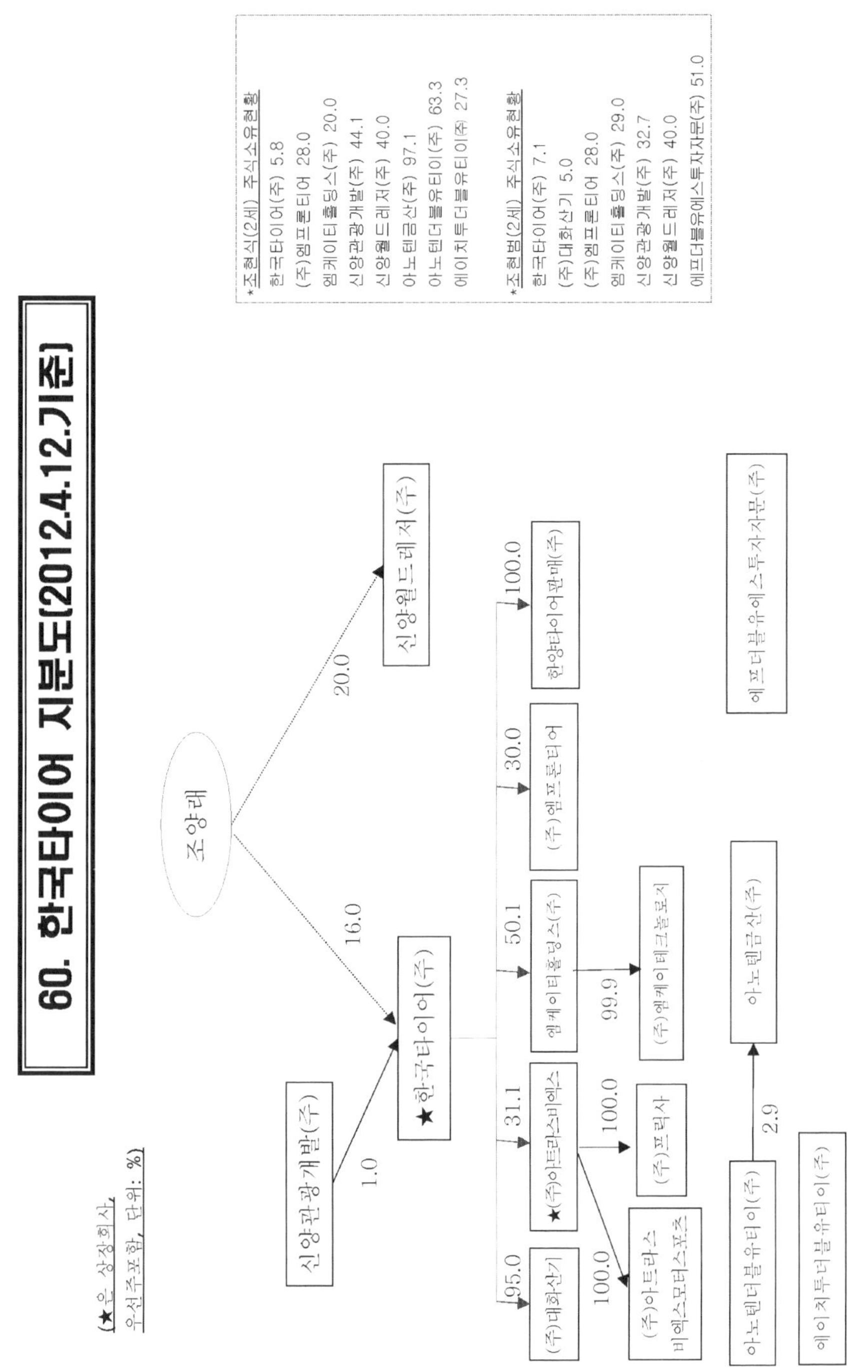

2) 한국타이어그룹, 2013년 4월: [순위] 46위, [동일인] 조양래, [계열회사] 16개

{조양래 (16%), 조현식 조현범 (12.9%) → 한국타이어월드와이드 → 아트라스비엑스 등} + {친족 → 신양월드레저 등}

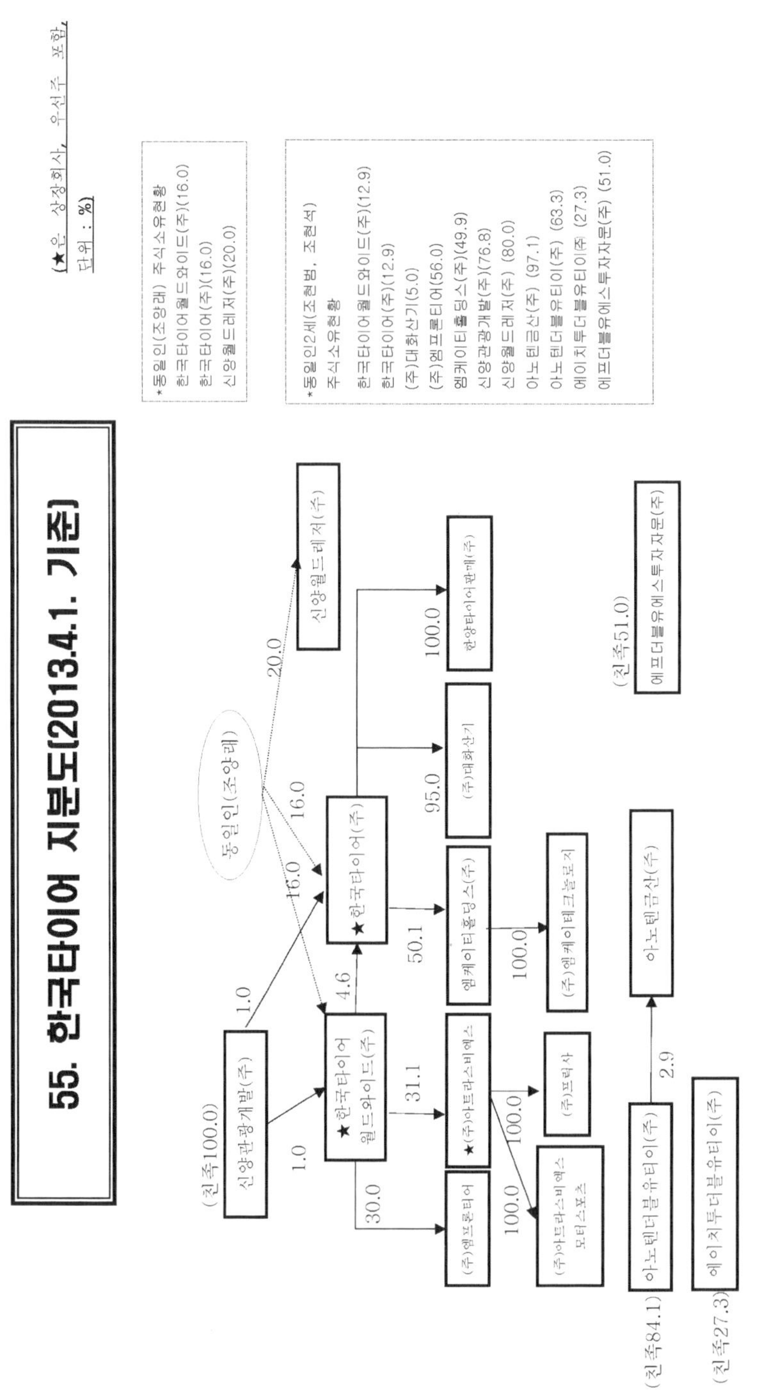

3) 한국타이어그룹, 2014년 4월: [순위] 38위, [동일인] 조양래, [계열회사] 16개

{조양래 (23.6%), 조현식 조현범 (38.63%) → 한국타이어월드와이드 → 한국타이어, 아트라스비엑스 등} +
{친족 → 신양월드레저 등}

47. 「한국타이어」 소유지분도

* 음영은 지주회사 등, ★은 상장회사, 2014.4.1. 발행주식총수 기준, 단위: %

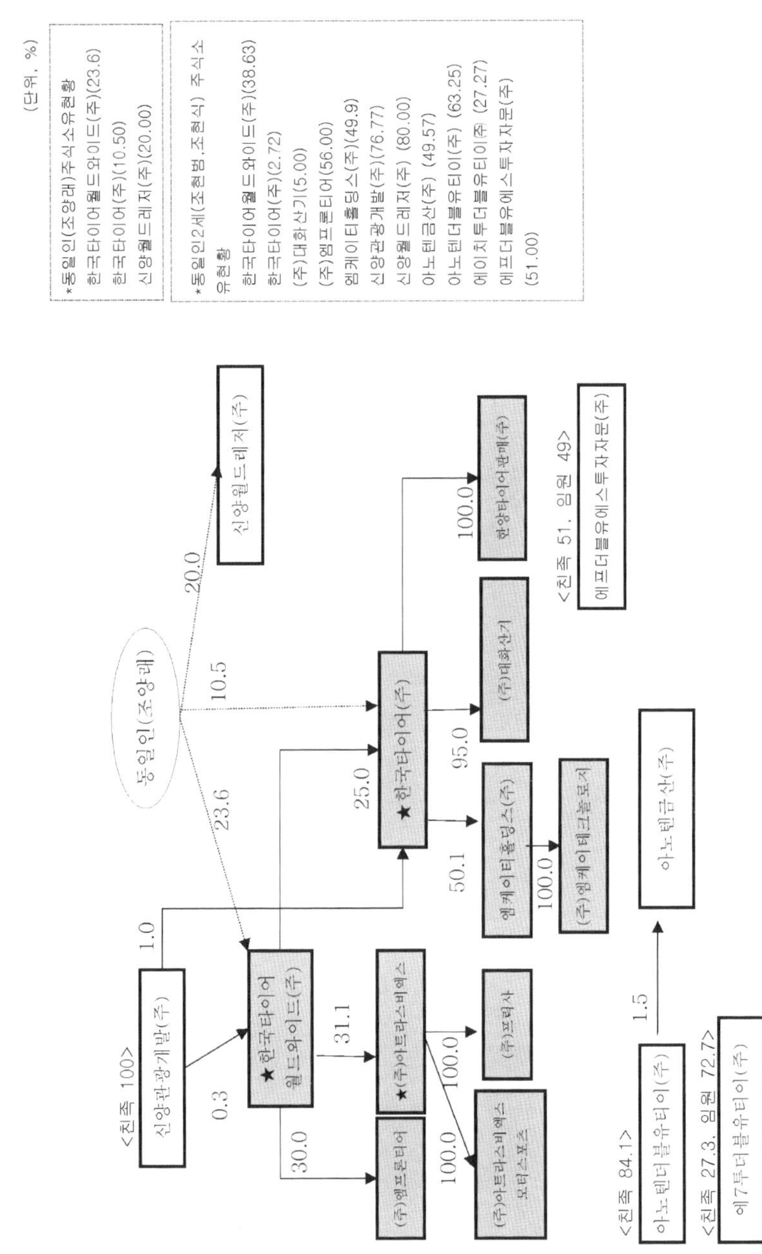

4) 한국타이어그룹, 2015년 4월: [순위] 35위, [동일인] 조양래, [계열회사] 16개

{조양래 (23.59%), 조현식 조현범 (38.63%) → 한국타이어월드와이드 → 한국타이어, 아트라스비엑스 등} + {친족 → 신양월드레저 등}

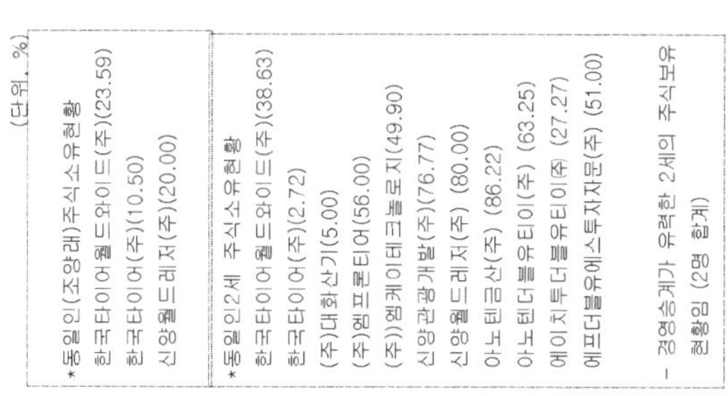

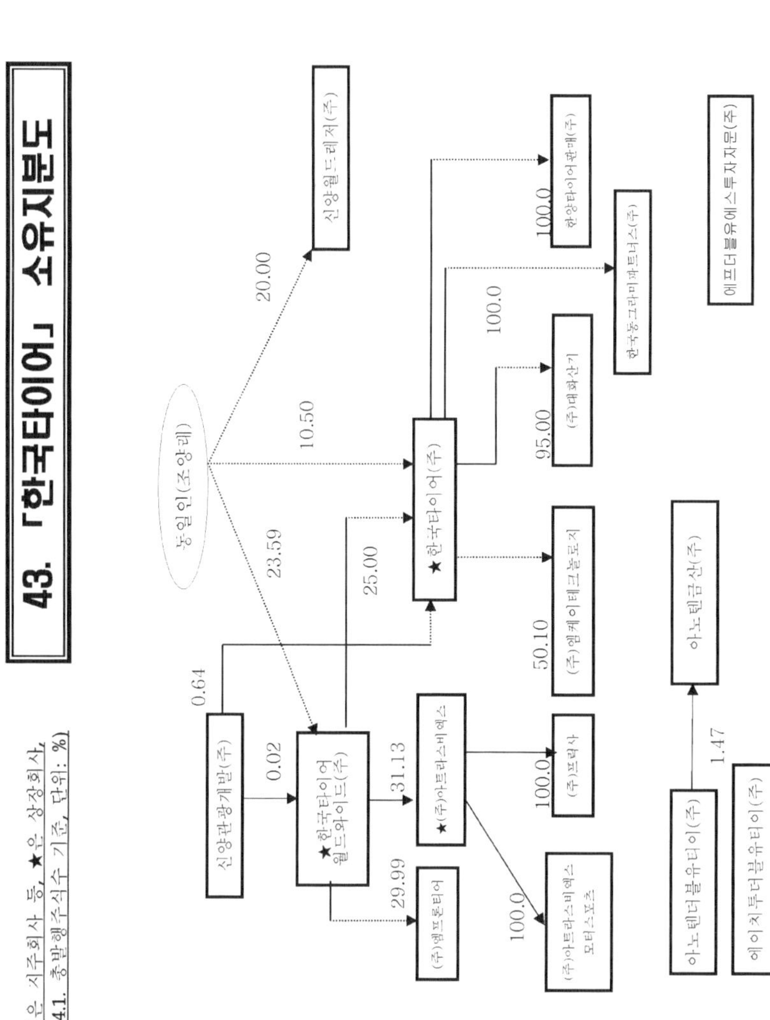

5) 한국타이어그룹, 2016년 4월: [순위] 32위, [동일인] 조양래, [계열회사] 14개

{조양래 (23.59%), 조현식 조현범 (38.63%) → 한국타이어월드와이드 → 한국타이어, 아트라스비엑스 등} +
{친족 → 신양월드레저 등}

41. 「한국타이어」 소유지분도

(음영은 지주회사 및 자회사, 손자회사, ★은 상장회사, 2016. 4. 1. 기준, 발행주식 총 수 기준, 단위: %)

(단위, %)

*동일인(조양래)주식소유현황
한국타이어월드와이드(주)(23.59)
한국타이어(주)(10.50)
신양월드레저(주)(20.00)

*동일인2세 주식소유현황
한국타이어월드와이드(주)(38.63)
한국타이어(주)(2.72)
(주)대화산기(5.00)
(주)엠프론티어(48.00)
(주))엠케이테크놀로지(49.90)
신양관광개발(주)(76.77)
신양월드레저(주) (80.00)
아노텐금산(주) (86.22)
아노텐더블유티이(주) (63.25)
에프더블유에스투자자문(주) (51.00)

* 본표는 공정거래위원회의 지분도 작성요령에 따라 작성한 것으로 경영승계가 유력한 2세의 주식보유현황임 (2명 합계)

6) 한국타이어그룹, 2017년 9월: [순위] 33위, [동일인] 조양래, [계열회사] 17개

{조양래 (23.59%), 조현식 조현범 (38.63%) → 한국타이어월드와이드 → 한국타이어, 아트라스비엑스 등} + {친족 → 신양월드레저 등}

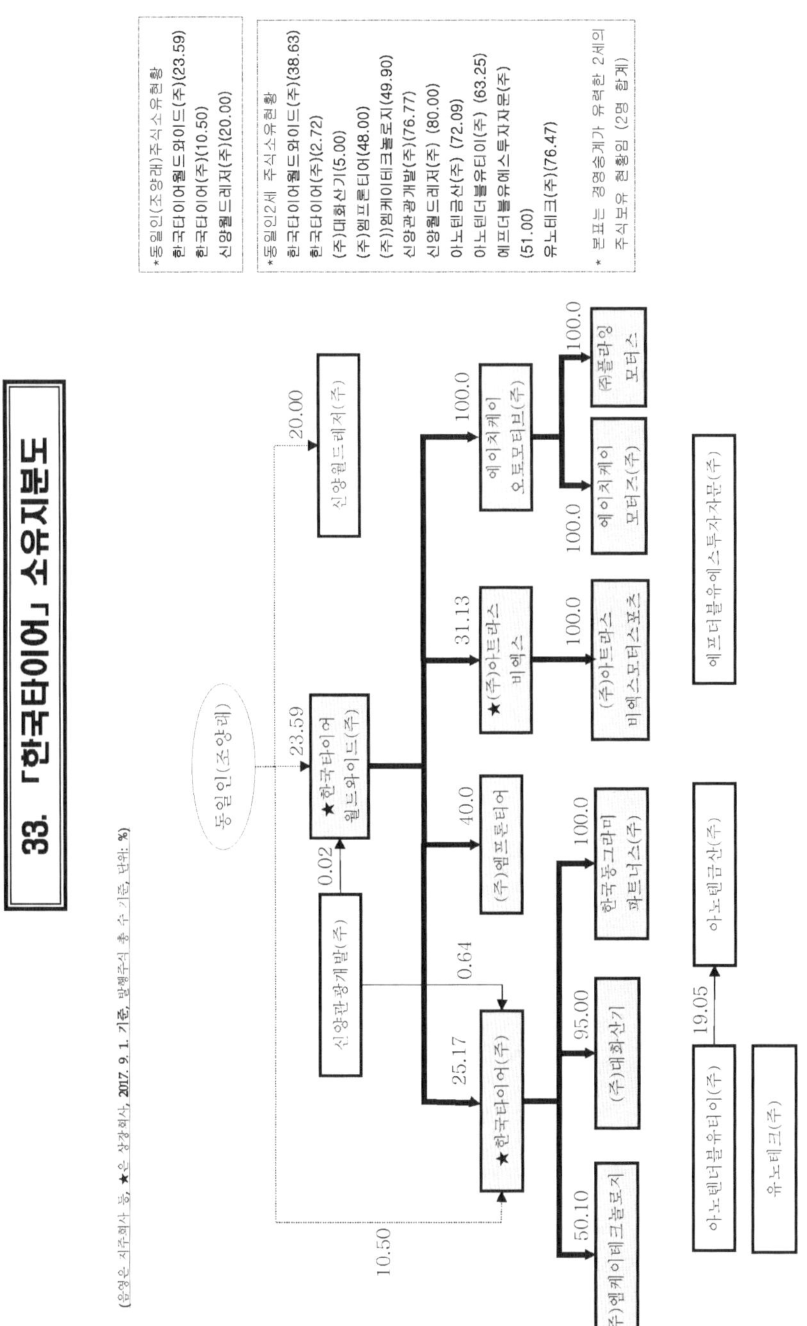

7) 한국타이어그룹, 2018년 5월: [순위] 35위, [동일인] 조양래, [계열회사] 17개

{조양래 (23.59%), 조현식 조현범 (38.63%) → 한국타이어월드와이드 → 한국타이어, 아트라스비엑스 등} +
{친족 → 신양월드레저 등}

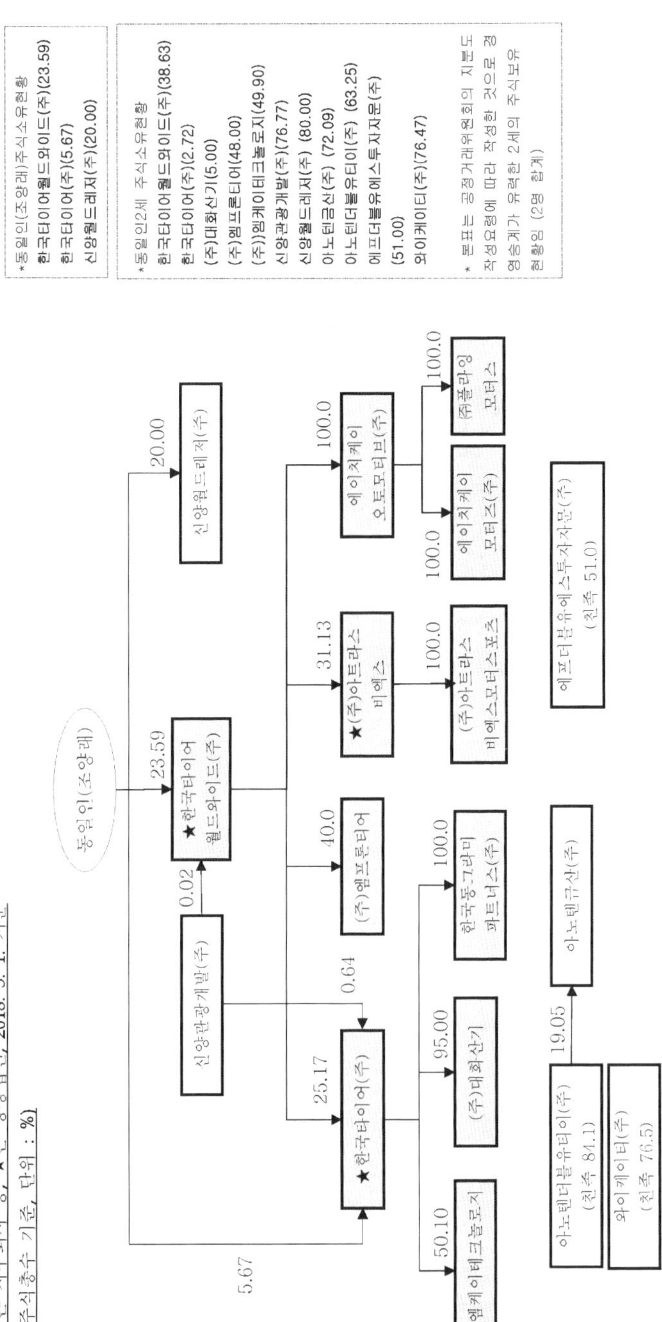

8) 한국타이어그룹, 2019년 5월: [순위] 38위, [동일인] 조양래, [계열회사] 25개

{조양래 (23.59%), 조현식 조현범 (38.63%) →
한국테크놀로지그룹 → 한국타이어앤테크놀로지, 한국아트라스비엑스 등} + {친족 → 신양월드레저 등}

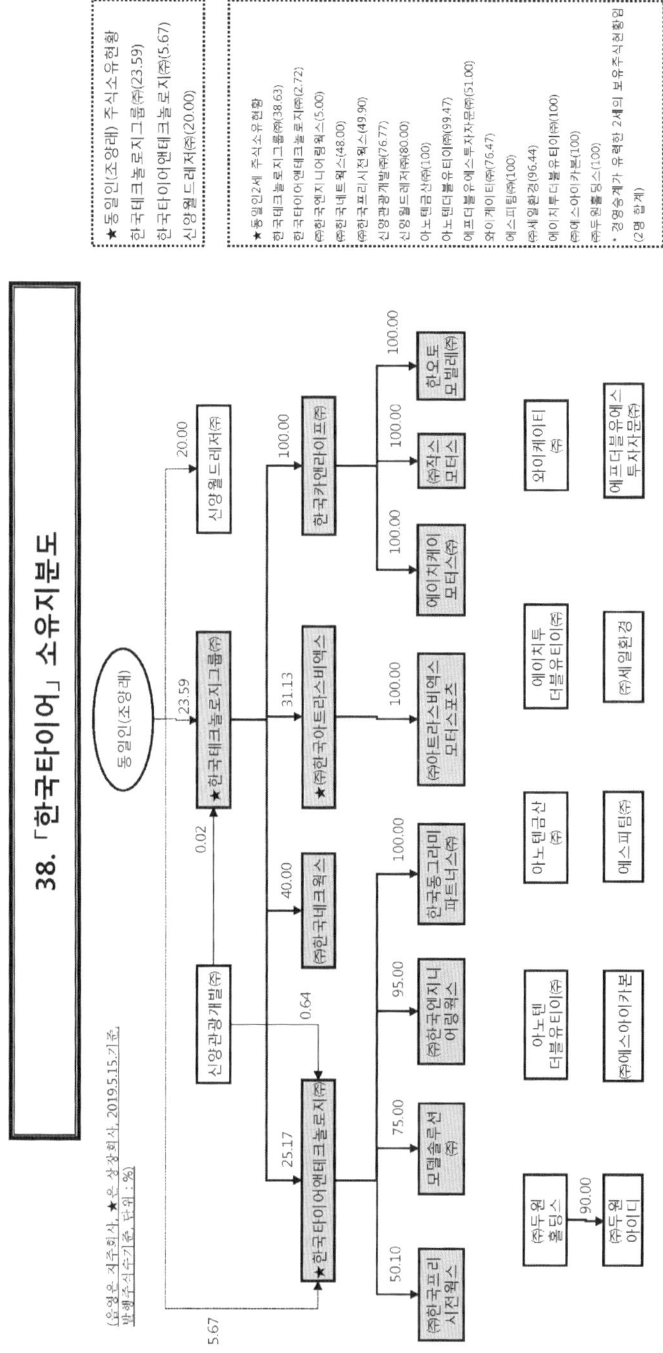

9) 한국타이어그룹, 2020년 5월: [순위] 43위, [동일인] 조양래, [계열회사] 24개

{조양래 (23.59%), 조현식 조현범 (38.63%) →
한국테크놀로지그룹 → 한국타이어앤테크놀로지, 한국아트라스비엑스 등} + {친족 → 신양월드레저 등}

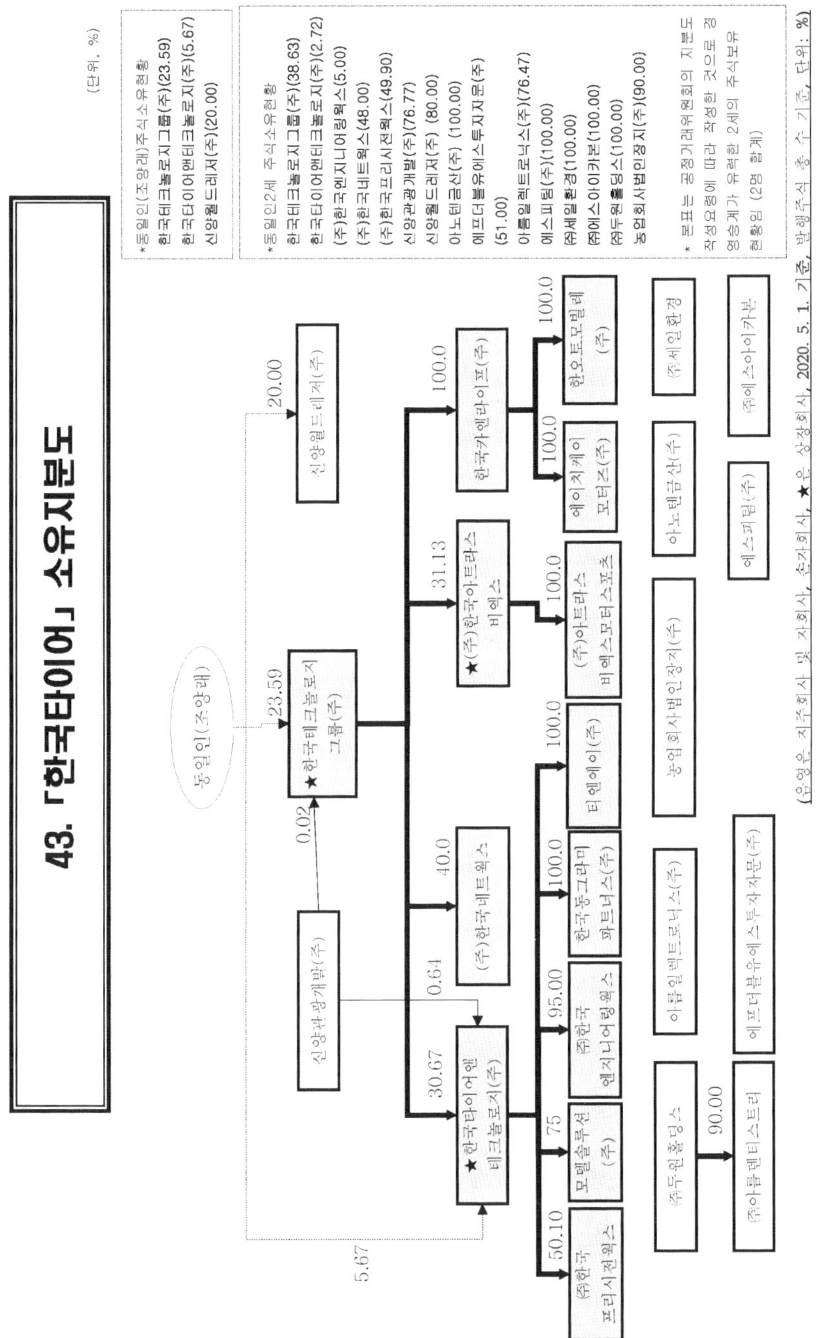

10) 한국타이어그룹, 2021년 5월: [순위] 41위, [동일인] 조양래, [계열회사] 21개

{조현식 조현범 (60.96%) → 한국앤컴퍼니 → 한국타이어앤테크놀로지 등} + {친족 → 신양월드레저 등}

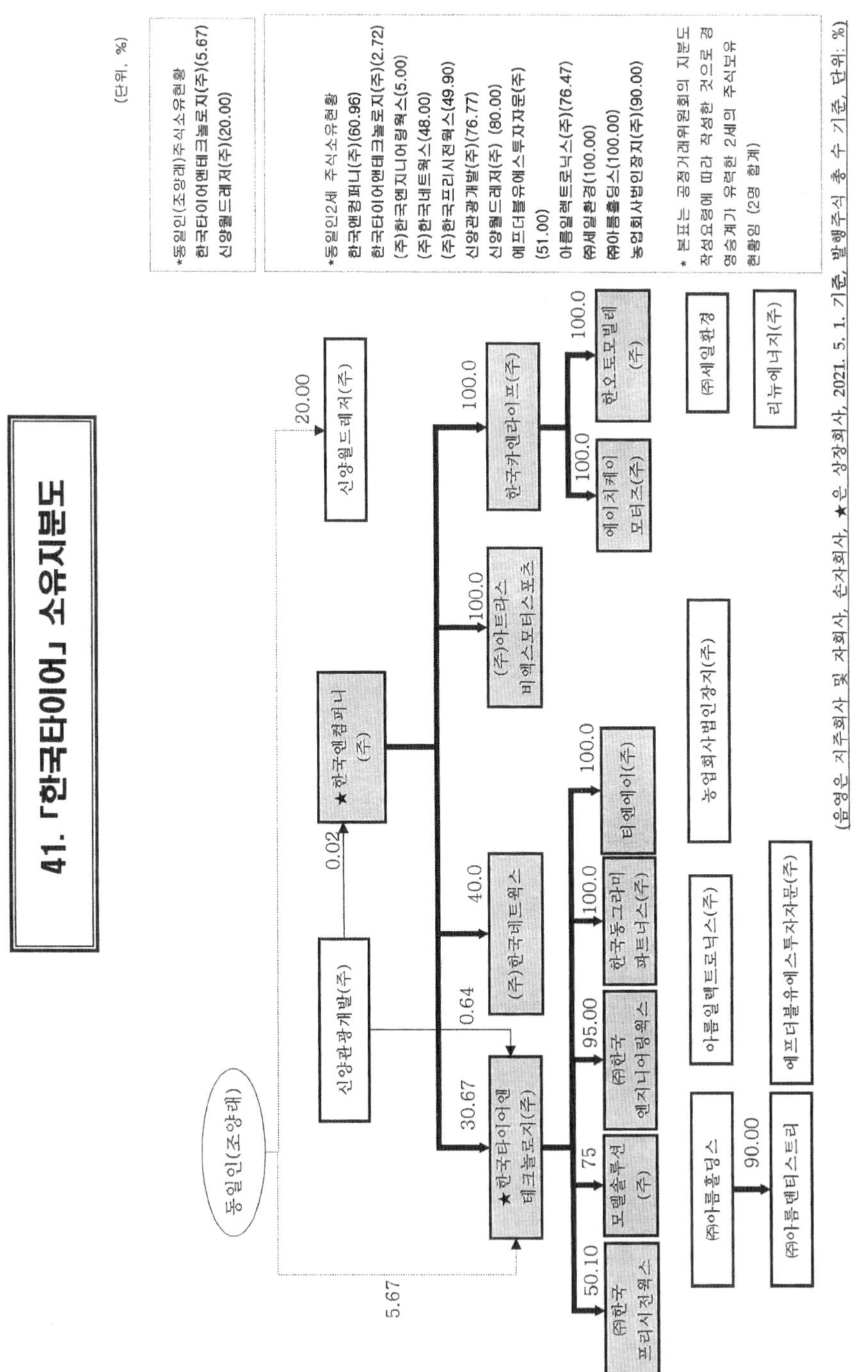

69. 한국투자금융그룹: 2012-2013, 2016-2021년

연도	동일인	순위 (위)	계열회사 (개)	자산총액 (10억 원)	매출액 (10억 원)	당기순이익 (10억 원)
2009		39	14	5,351	2,715	636
2010		45	18	5,039	4,246	-136
2011		45	18	5,571	4,148	482
2012	김남구	47	15	5,473	2,745	66
2013	김남구	45	13	6,129	2,979	574
2016	김남구	35	24	8,331	5,034	551
2017	김남구	28	28	10,736	6,886	1,744
2018	김남구	24	30	11,963	7,108	850
2019	김남구	23	30	13,322	9,638	1,153
2020	김남구	24	28	14,001	11,404	1,330
2021	김남구	25	30	14,649	16,480	1,181

	[소유구조]
주요 주주	김남구 (동일인)
주요 지배 회사	한국투자금융지주
주요 계열회사	한국투자증권, 이큐파트너스/한국투자프라이빗에쿼티

주: 2009-2016년 순위: 공기업집단을 제외한 순위.

1. 그룹

1) 대규모기업집단 지정 연도: 2009-2013, 2016-2021년.

2) 연도 수: 11년.

2. 소유지분도: 개관

1) 소유지분도 작성 연도: 2012-2013, 2016-2021년.

연도 수: 8년.

2) 그룹 주요 지표: [동일인] 김남구. [순위] 23-47위.
[계열회사] 13-30개. [자산총액] 5.5-14.6조 원.
[매출액] 2.7-16.5조 원. [당기순이익] 0.1-1.7조 원.

3) 소유구조

◆ 김남구 → 한국투자금융지주 → 계열회사 ◆

① [주요 주주]
1명.
김남구 (동일인).
지분: 18.3-18.7%.

② [주요 지배 회사]
1개.
한국투자금융지주 (상장).

③ [계열회사]
유형: 자회사 → 손자회사 → 증손회사.
주요 회사: 2개 (1-2개씩 관련).
한국투자증권, 이큐파트너스 / 한국투자프라이빗에쿼티.

4) 이큐파트너스: 한국투자프라이빗에쿼티 (2019년 12월 상호 변경).

3. 소유지분도: 연도별, 2012-2013, 2016-2021년

1) 2012년 4월: [순위] 47위, [동일인] 김남구, [계열회사] 15개

김남구 (18.3%) →
한국투자금융지주 → 한국투자증권 등.

2) 2013년 4월: [순위] 45위, [동일인] 김남구, [계열회사] 13개

김남구 (18.3%) →
한국투자금융지주 → 한국투자증권 등.

3) 2016년 4월: [순위] 35위, [동일인] 김남구, [계열회사] 24개

김남구 (18.3%) →

한국투자금융지주 → 한국투자증권, 이큐파트너스 등.

4) 2017년 5월: [순위] 28위, [동일인] 김남구, [계열회사] 28개

김남구 (18.3%) →

한국투자금융지주 → 한국투자증권, 이큐파트너스 등.

5) 2018년 5월: [순위] 24위, [동일인] 김남구, [계열회사] 30개

김남구 (18.3%) →

한국투자금융지주 → 한국투자증권, 이큐파트너스 등.

6) 2019년 5월: [순위] 23위, [동일인] 김남구, [계열회사] 30개

김남구 (18.3%) →

한국투자금융지주 → 한국투자증권, 이큐파트너스 등.

7) 2020년 5월: [순위] 24위, [동일인] 김남구, [계열회사] 28개

김남구 (18.7%) →

한국투자금융지주 → 한국투자증권, 한국투자프라이빗에쿼티 등.

8) 2021년 5월: [순위] 25위, [동일인] 김남구, [계열회사] 30개

김남구 (18.7%) →

한국투자금융지주 → 한국투자증권, 한국투자프라이빗에쿼티 등.

1) 한국투자금융그룹, 2012년 4월: [순위] 47위, [동일인] 김남구, [계열회사] 15개

김남구 (18.3%) → 한국투자금융지주 → 한국투자증권 등

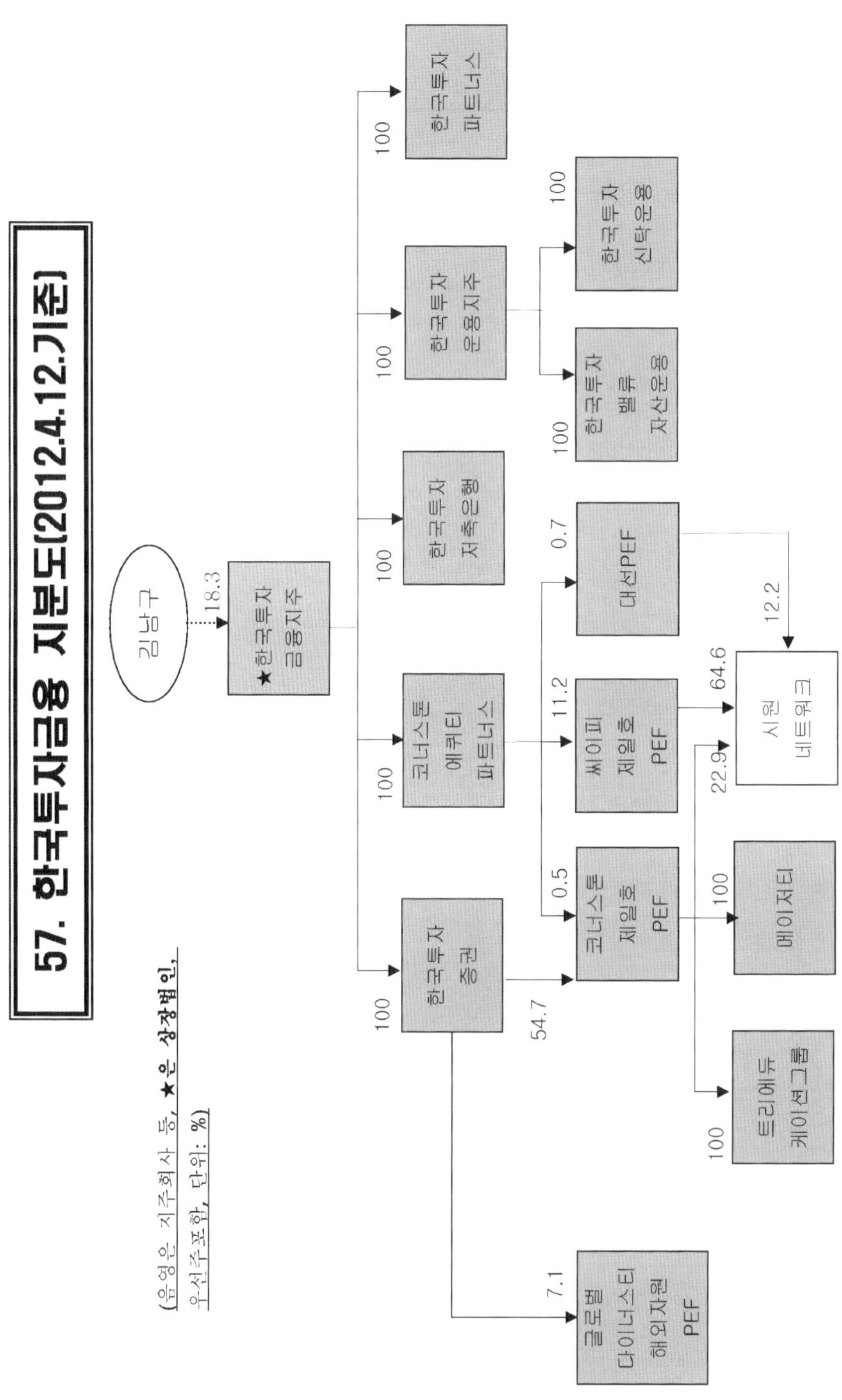

2) 한국투자금융그룹, 2013년 4월: [순위] 45위, [동일인] 김남구, [계열회사] 13개

김남구 (18.3%) → 한국투자금융지주 → 한국투자증권 등

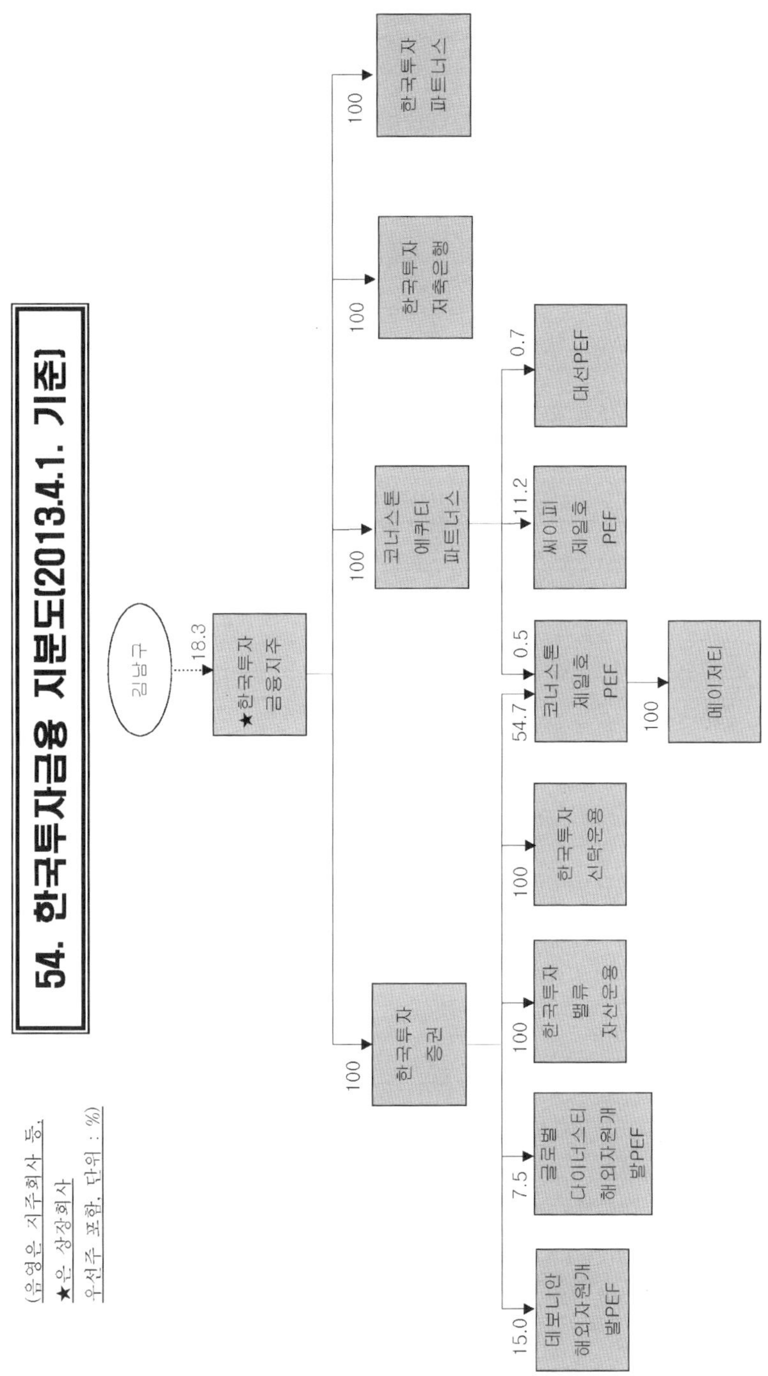

3) 한국투자금융그룹, 2016년 4월: [순위] 35위, [동일인] 김남구, [계열회사] 24개

김남구 (18.3%) → 한국투자금융지주 → 한국투자증권, 이큐파트너스 등

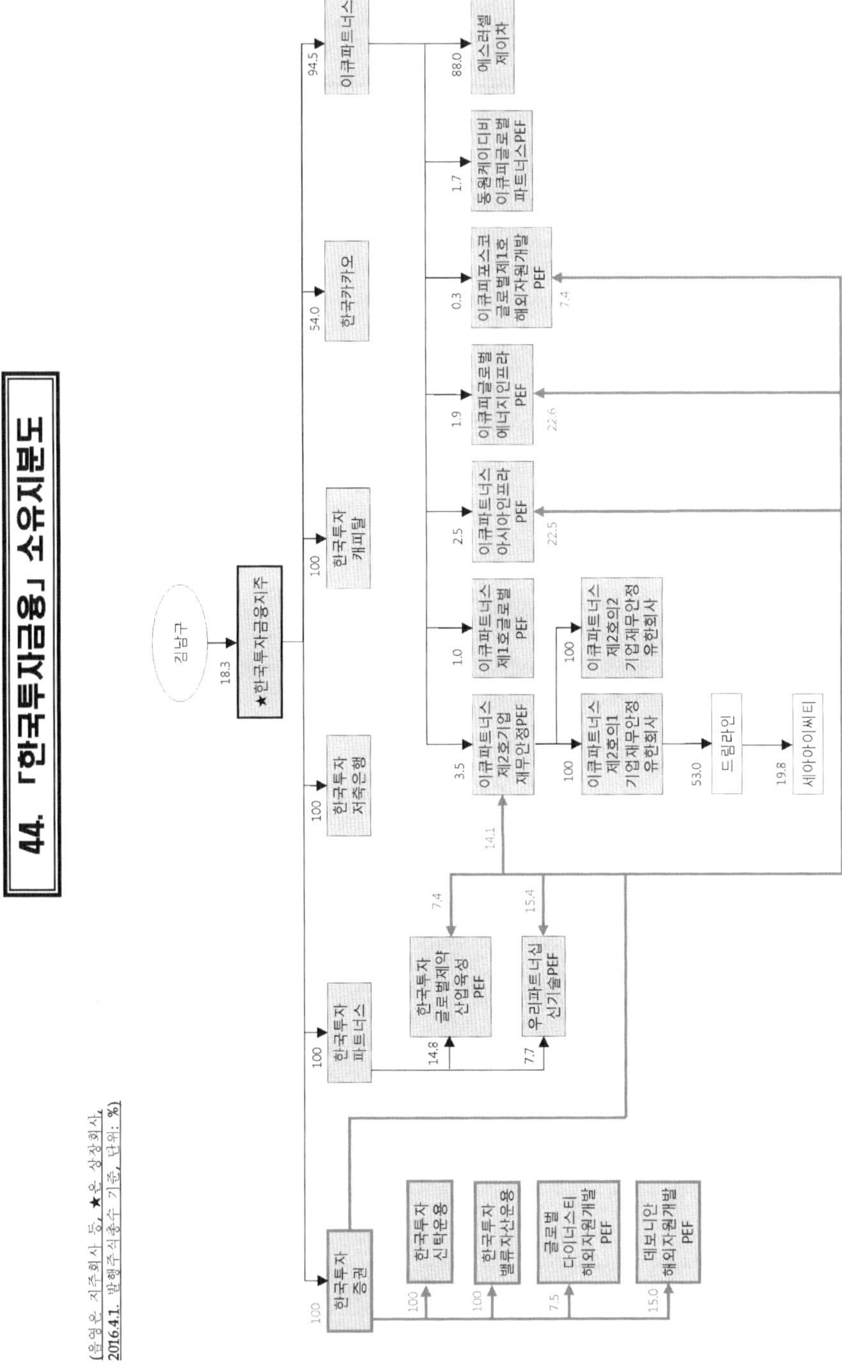

4) 한국투자금융그룹, 2017년 5월: [순위] 28위, [동일인] 김남구, [계열회사] 28개

김남구 (18.3%) → 한국투자금융지주 → 한국투자증권, 이큐파트너스 등

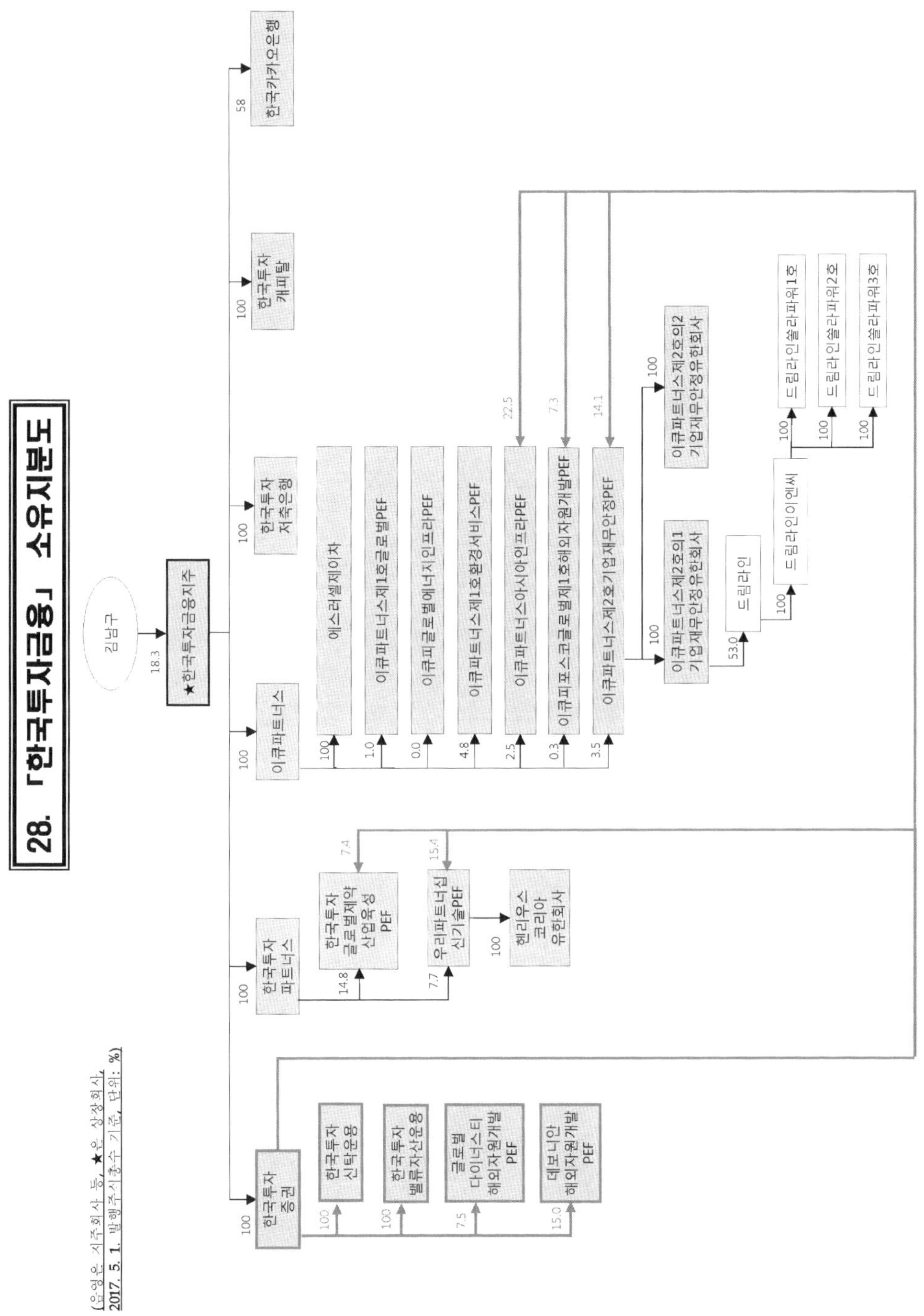

5) 한국투자금융그룹, 2018년 5월: [순위] 24위, [동일인] 김남구, [계열회사] 30개

김남구 (18.3%) → 한국투자금융지주 → 한국투자증권, 이큐파트너스 등

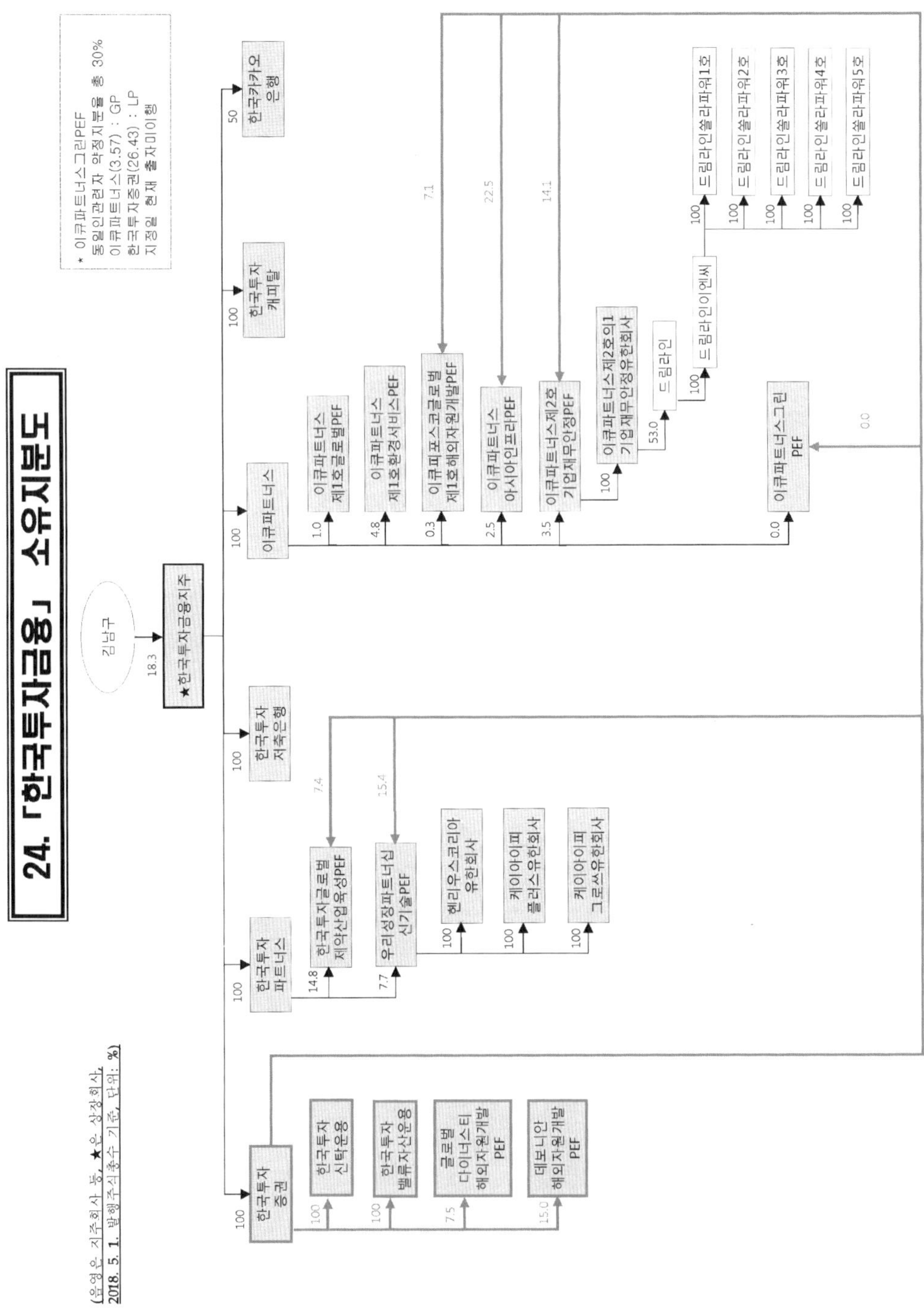

6) 한국투자금융그룹, 2019년 5월: [순위] 23위, [동일인] 김남구, [계열회사] 30개

김남구 (18.3%) → 한국투자금융지주 → 한국투자증권, 이큐파트너스 등

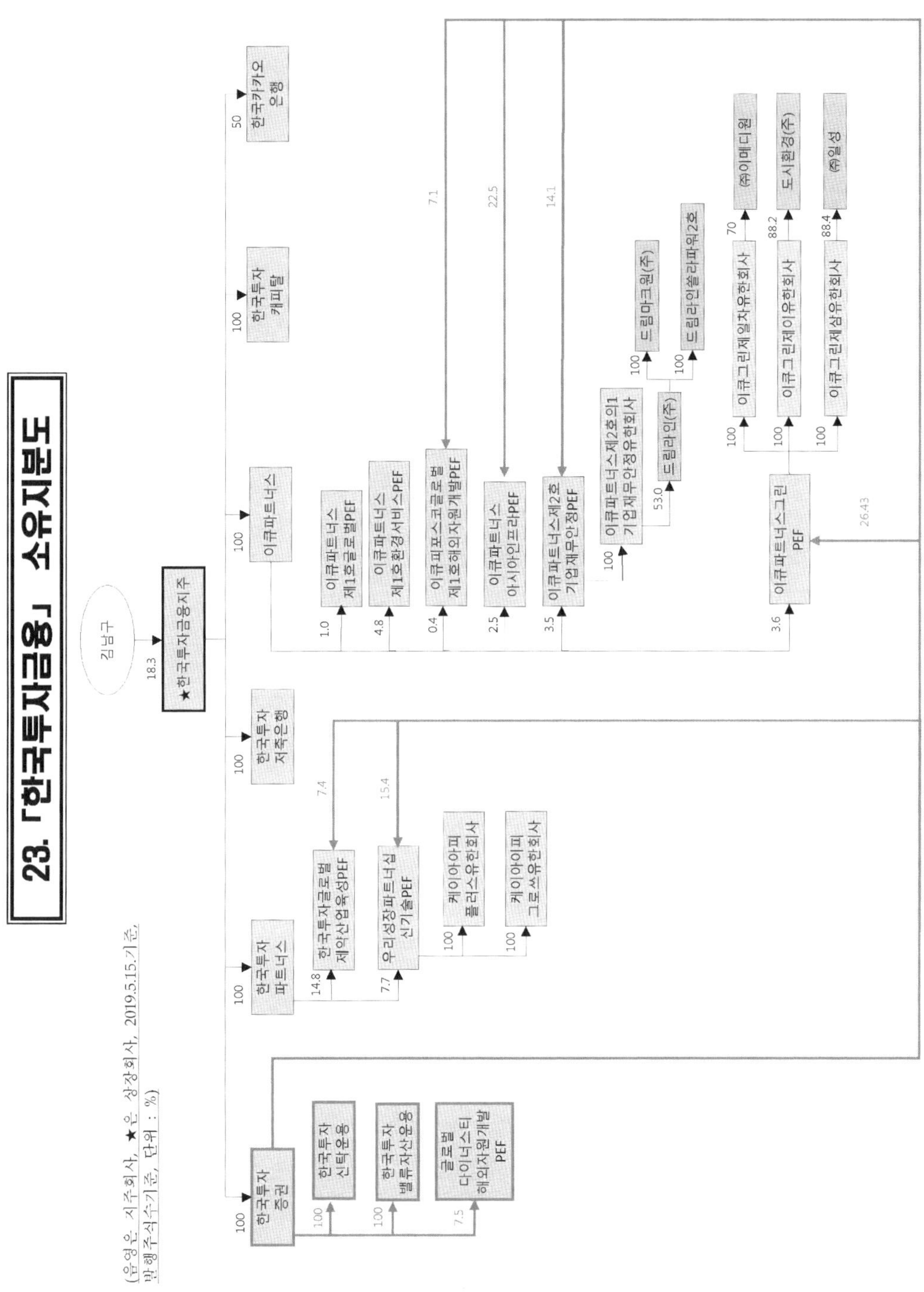

7) 한국투자금융그룹, 2020년 5월: [순위] 24위, [동일인] 김남구, [계열회사] 28개

김남구 (18.7%) → 한국투자금융지주 → 한국투자증권, 한국투자프라이빗에쿼티 등

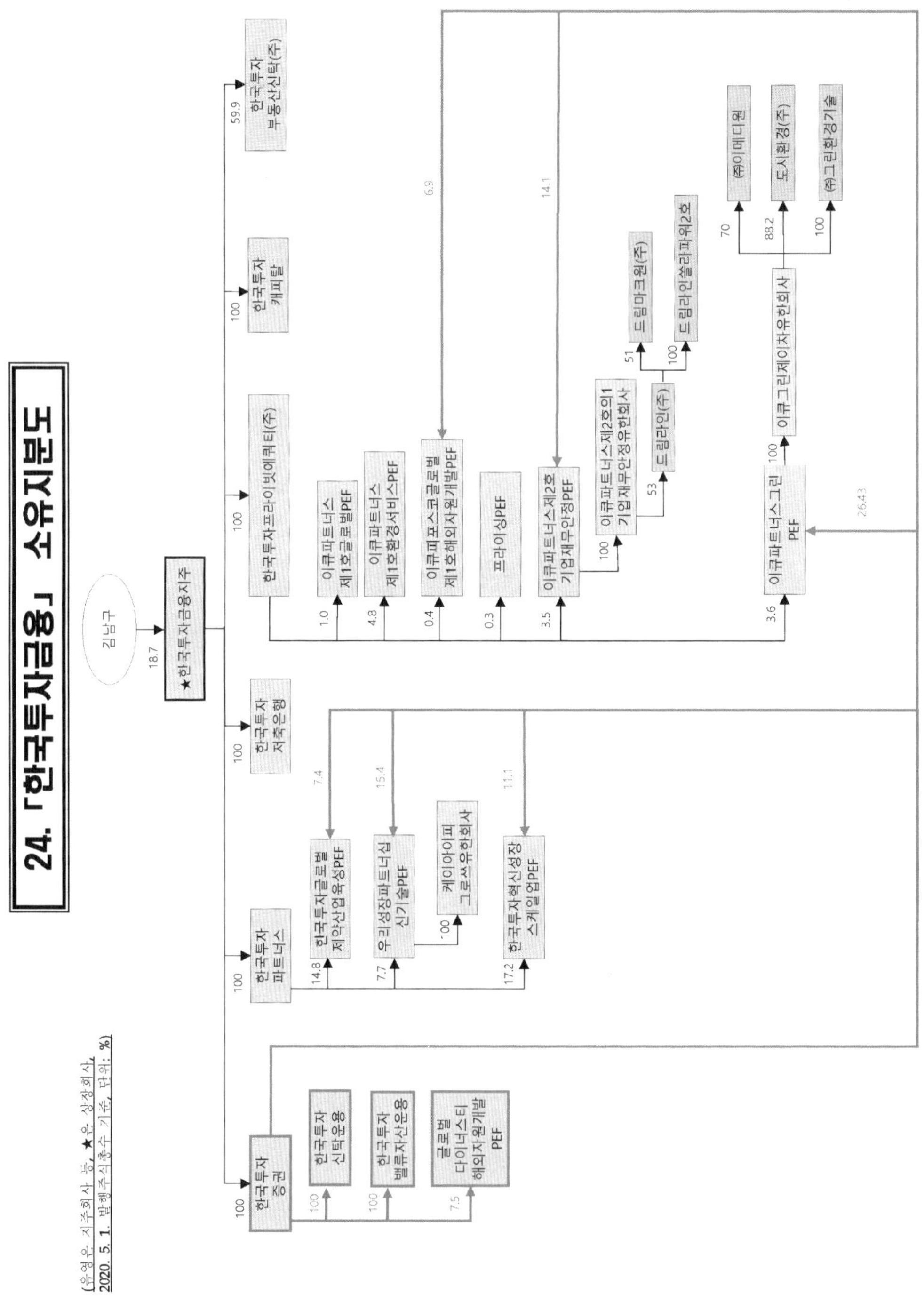

8) 한국투자금융그룹, 2021년 5월: [순위] 25위, [동일인] 김남구, [계열회사] 30개

김남구 (18.7%) → 한국투자금융지주 → 한국투자증권, 한국투자프라이빗에퀴티 등

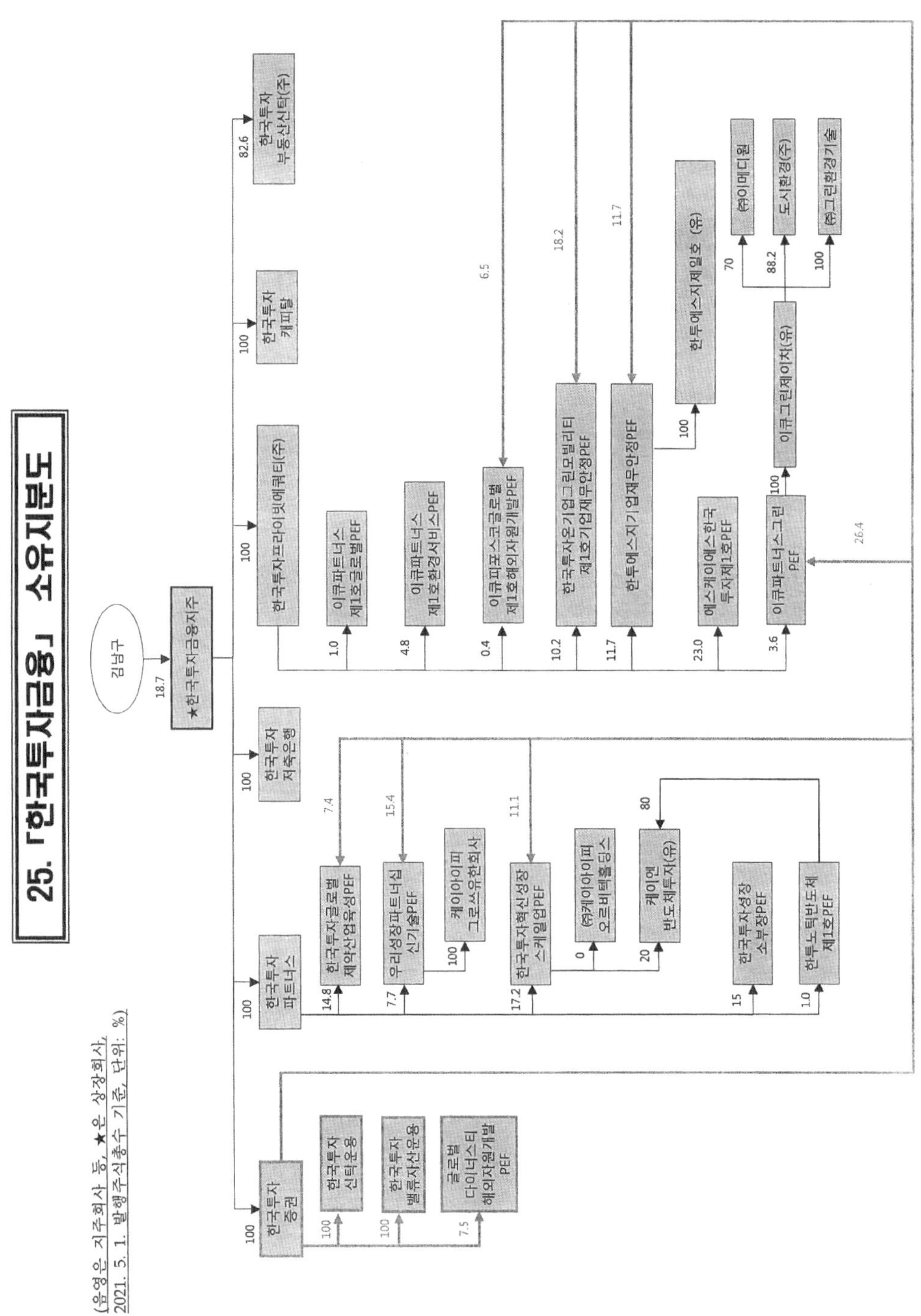

70. 한국항공우주산업그룹: 2021년

연도	동일인	순위 (위)	계열회사 (개)	자산총액 (10억 원)	매출액 (10억 원)	당기순이익 (10억 원)
2021	한국항공 우주산업	68	5	5,292	2,859	75

	[소유구조]
주요 주주	-
주요 지배 회사	한국항공우주산업 (동일인)
주요 계열회사	에스앤케이항공

1. 그룹

1) 대규모기업집단 지정 연도: 2021년.

2) 연도 수: 1년.

2. 소유지분도: 개관

1) 소유지분도 작성 연도: 2021년.

연도 수: 1년.

2) 그룹 주요 지표: [동일인] 한국항공우주산업. [순위] 68위.

[계열회사] 5개. [자산총액] 5.3조 원.

[매출액] 2.9조 원. [당기순이익] 0.1조 원.

3) 소유구조

◆ 한국항공우주산업 → 계열회사 ◆

① [주요 주주] -

② [주요 지배 회사]

1개.

한국항공우주산업 (동일인, 상장).

지분: 35-100%.

③ [계열회사]

유형: 자회사.

주요 회사: 1개.

에스앤케이항공.

3. 소유지분도: 연도별, 2021년

<u>2021년 5월: [순위] 68위, [동일인] 한국항공우주산업, [계열회사] 5개</u>

한국항공우주산업 (35-100%) →

에스앤케이항공 등.

한국항공우주산업그룹, 2021년 5월: [순위] 68위, [동일인] 한국항공우주산업, [계열회사] 5개

한국항공우주산업 (35-100%) → 에스앤케이항공 등

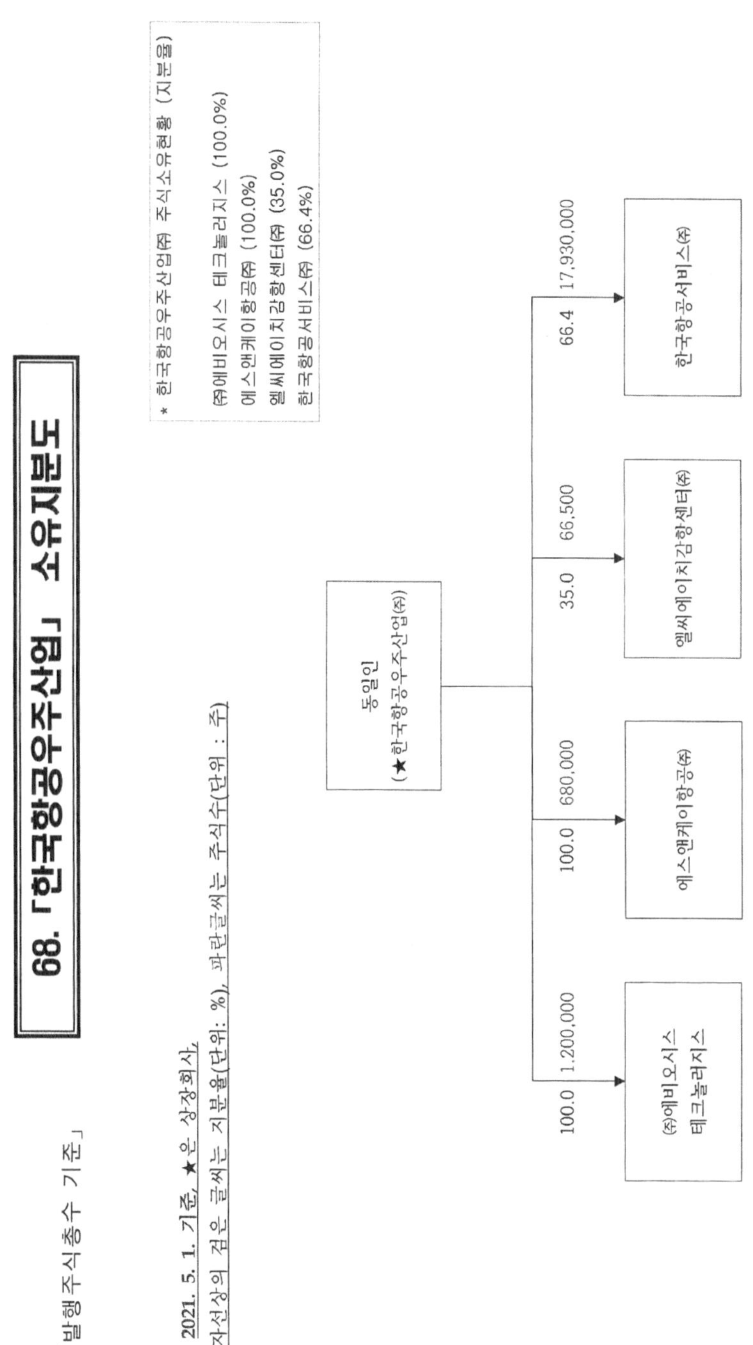

71. 한라그룹: 2012-2021년

연도	동일인	순위 (위)	계열회사 (개)	자산총액 (10억 원)	매출액 (10억 원)	당기순이익 (10억 원)
1987		(31)	5	(0)	214	-9
1988		30	5	541	306	-9
1989		(31)	6	(0)	468	-1
1990		23	7	995	666	17
1991		23	9	1,402	819	-11
1992		19	10	1,941	1,150	15
1993		19	10	2,160	-	-
1994		17	12	2,579	2,057	-59
1995		15	15	3,429	3,027	-68
1996		16	17	4,766	4,156	7
1997		12	18	6,640	5,297	23
1998		12	18	8,562	6,163	-882
1999		17	17	5,535	3,447	-62
2008		53	12	2,925	3,214	149
2012	정몽원	45	23	5,779	5,725	167
2013	정몽원	40	23	7,541	6,491	-123
2014	정몽원	35	21	8,506	6,297	-246
2015	정몽원	34	23	8,554	4,187	1,423
2016	정몽원	37	22	8,129	6,259	33
2017	정몽원	38	19	8,176	6,845	223
2018	정몽원	41	19	8,293	6,834	111
2019	정몽원	49	15	7,681	6,021	37
2020	정몽원	51	14	7,679	6,241	225
2021	정몽원	51	15	8,104	5,945	169

	[소유구조]
주요 주주	정몽원 (동일인)
주요 지배 회사	한라건설/한라, 한라홀딩스
주요 계열회사	만도, 한라, '한라마이스터 → 한라'

주: 1) 2008-2016년 순위: 공기업집단을 제외한 순위.
2) 1987, 1989년: 31위 이하 순위 및 자산총액 정보 없음. (31)/(0)으로 표시함.

1. 그룹

1) 대규모기업집단 지정 연도: 1987-1999, 2008, 2012-2021년.

2) 연도 수: 24년.

2. 소유지분도: 개관

1) 소유지분도 작성 연도: 2012-2021년.

연도 수: 10년.

2) 그룹 주요 지표: [동일인] 정몽원. [순위] 34-51위.

[계열회사] 14-23개. [자산총액] 5.8-8.6조 원.

[매출액] 4.2-6.8조 원. [당기순이익] (-0.2) - 1.4조 원.

3) 소유구조

◆ 정몽원 → 한라건설/한라, 한라홀딩스 → 계열회사 ◆

① [주요 주주]

1명.

정몽원 (동일인).

지분: 17.9-24.3%.

② [주요 지배 회사]

2개 (1개씩 관련).

한라건설 (상장) / 한라 (상장) (3년; 2012-2014년),

한라홀딩스 (상장)(7년; 2015-2021년).

③ [계열회사]

유형: 자회사 → 손자회사 → 증손회사 (6년; 2012-2017년),

자회사 → 손자회사 (4년; 2018-2021년).

주요 회사: 3개 (1-3개씩 관련).

만도 (상장), 한라, '한라마이스터 → 한라'.

4) 한라건설: 한라 (2013년 9월 상호 변경).

만도: 한라홀딩스 (2014년 9월 인적분할 후 상호 변경, 만도 신설).

3. 소유지분도: 연도별, 2012-2021년

1) 2012년 4월: [순위] 45위, [동일인] 정몽원, [계열회사] 23개

정몽원 (24.1%) →

한라건설 → 만도 등.

2) 2013년 4월: [순위] 40위, [동일인] 정몽원, [계열회사] 23개

정몽원 (24.3%) →

한라건설 → 만도 등.

3) 2014년 4월: [순위] 35위, [동일인] 정몽원, [계열회사] 21개

정몽원 (17.9%) →

한라 → 만도 등.

4) 2015년 4월: [순위] 34위, [동일인] 정몽원, [계열회사] 23개

정몽원 (22.9%) →

한라홀딩스 → '한라마이스터 → 한라', 만도 등.

5) 2016년 4월: [순위] 37위, [동일인] 정몽원, [계열회사] 22개

정몽원 (23.3%) →

한라홀딩스 → 한라, 만도 등.

6) 2017년 9월: [순위] 38위, [동일인] 정몽원, [계열회사] 19개

정몽원 (23.4%) →

한라홀딩스 → 한라, 만도 등.

7) 2018년 5월: [순위] 41위, [동일인] 정몽원, [계열회사] 19개

정몽원 (23.4%) →

한라홀딩스 → 한라, 만도 등.

8) 2019년 5월: [순위] 49위, [동일인] 정몽원, [계열회사] 15개

정몽원 (24.3%) →

한라홀딩스 → 한라, 만도 등.

9) 2020년 5월: [순위] 51위, [동일인] 정몽원, [계열회사] 14개

정몽원 (24.3%) →

한라홀딩스 → 한라, 만도 등.

10) 2021년 5월: [순위] 51위, [동일인] 정몽원, [계열회사] 15개

정몽원 (24.3%) →

한라홀딩스 → 한라, 만도 등.

1) 한라그룹, 2012년 4월: [순위] 45위, [동일인] 정몽원, [계열회사] 23개

정몽원 (24.1%) → 한라건설 → 만도 등

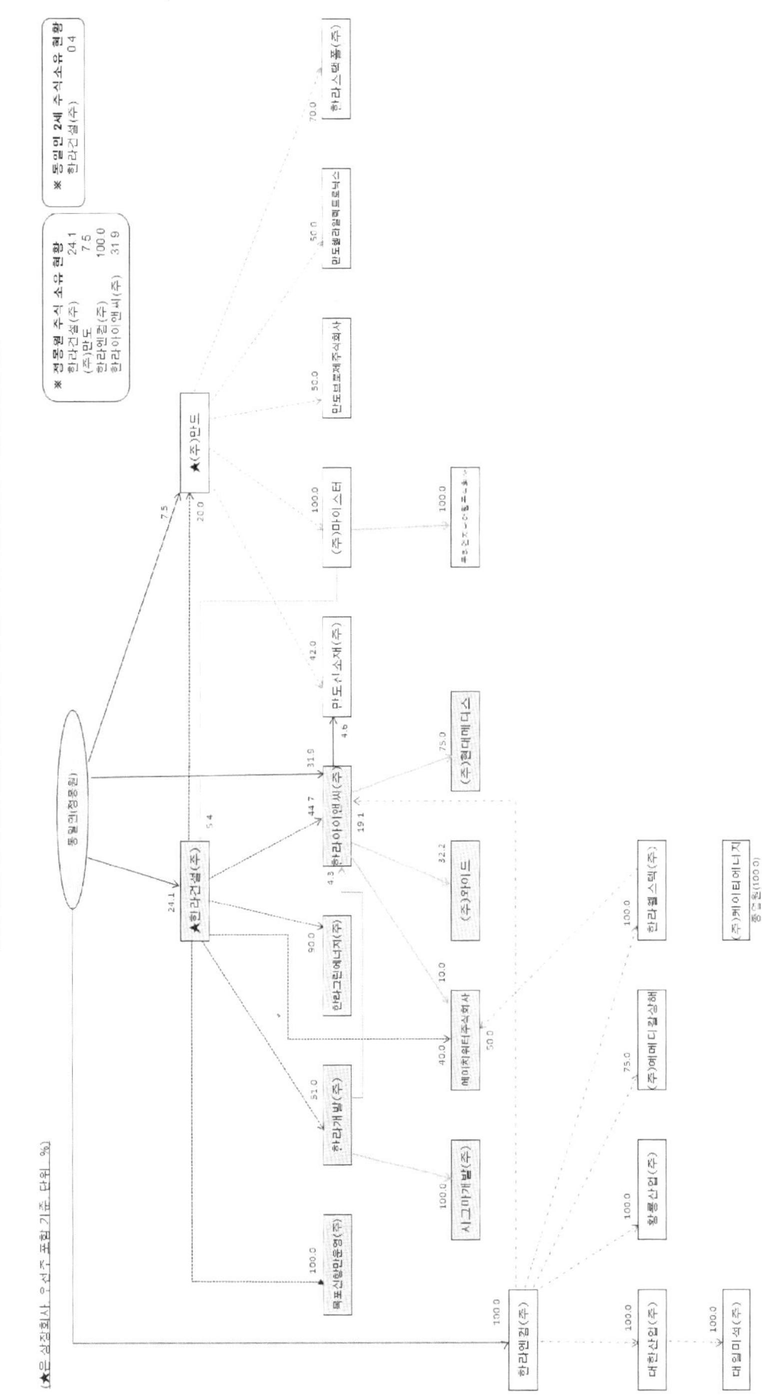

2) 한라그룹, 2013년 4월: [순위] 40위, [동일인] 정몽원, [계열회사] 23개

정몽원 (24.3%) → 한라건설 → 만도 등

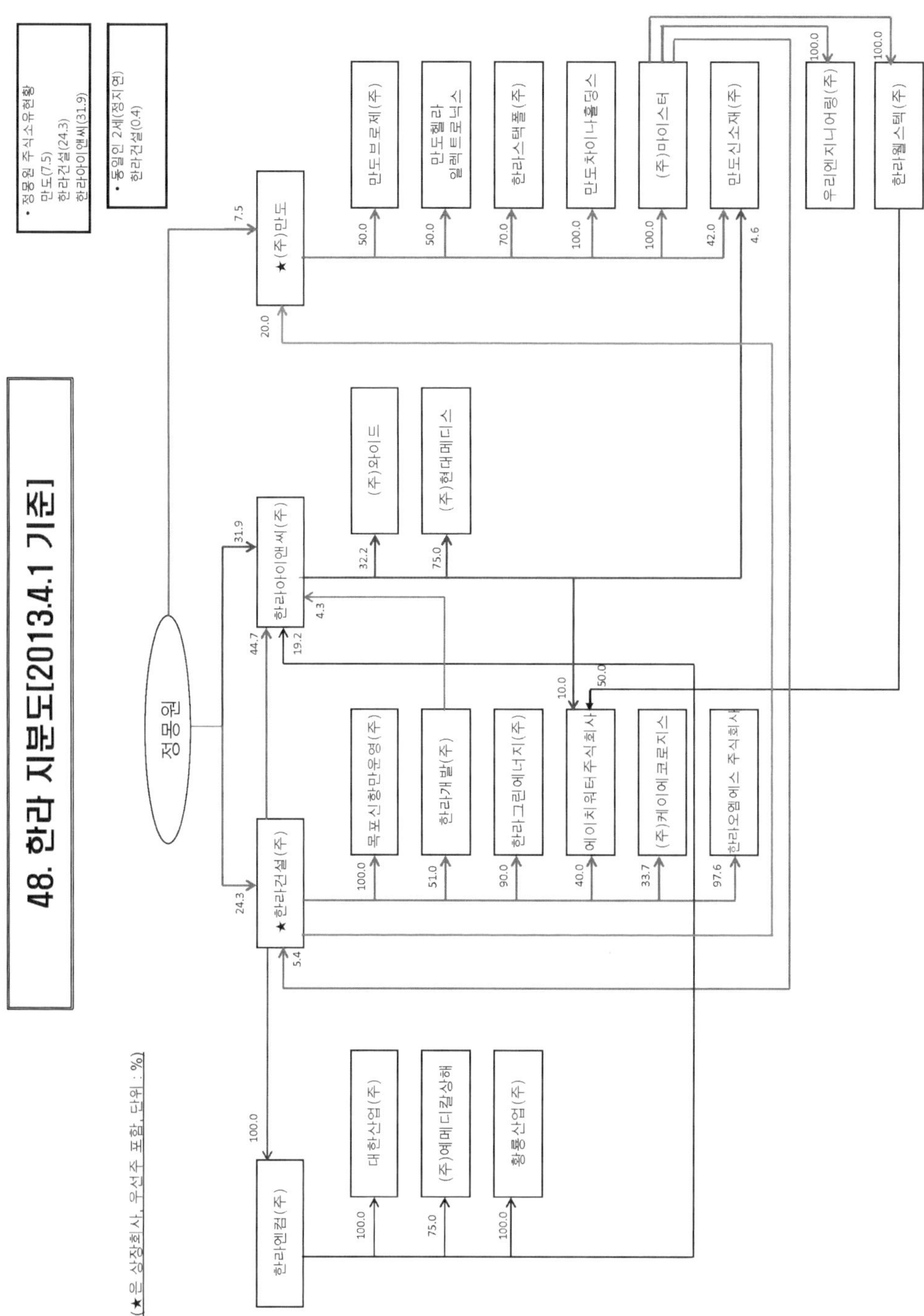

43. 「한라」 소유지분도

* ★은 상장회사, 2014.4.1. 발행주식총수 기준, 단위: %

3) 한라그룹, 2014년 4월: [순위] 35위, [동일인] 정몽원, [계열회사] 21개

정몽원 (17.9%) → 한라 → 만도 등

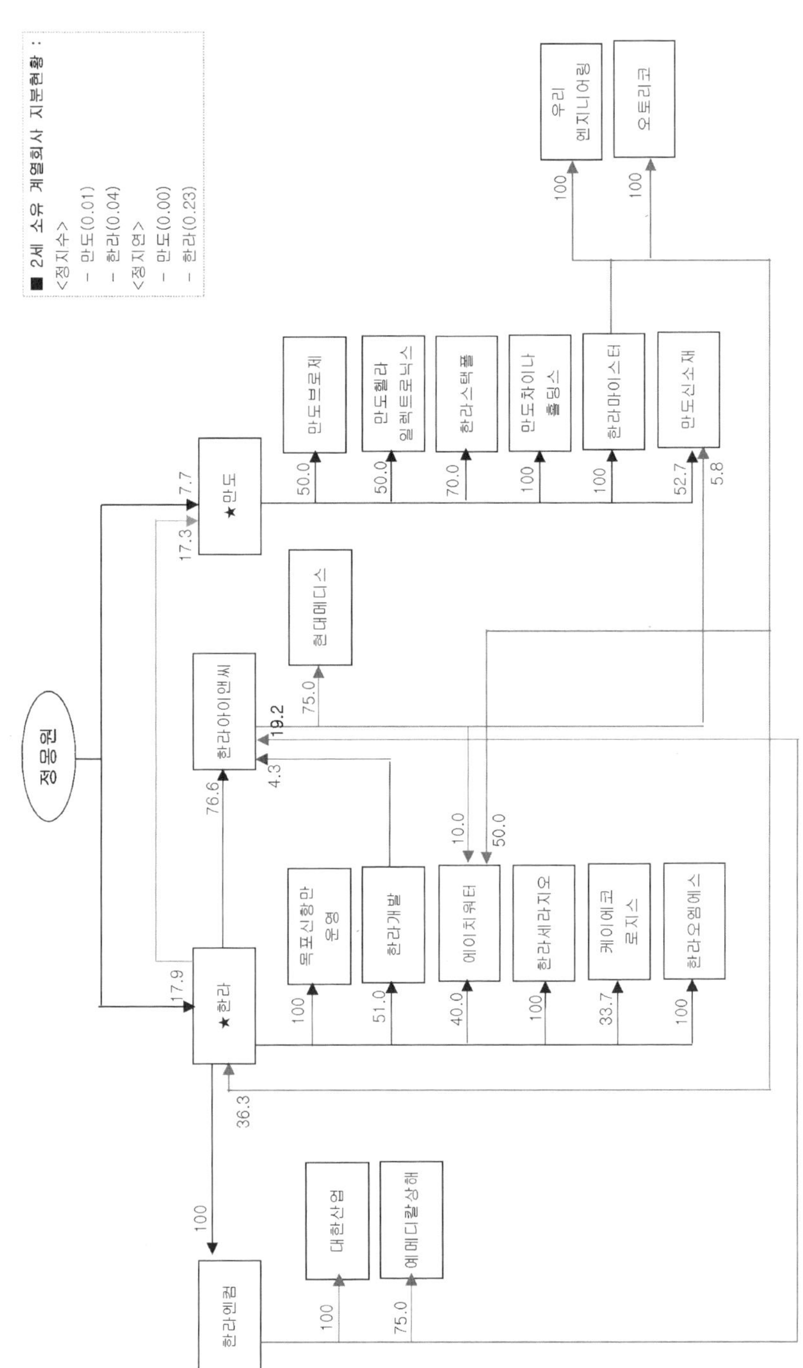

4) 한라그룹, 2015년 4월: [순위] 34위, [동일인] 정몽원, [계열회사] 23개

정몽원 (22.9%) → 한라홀딩스 → '한라마이스터 → 한라', 만도 등

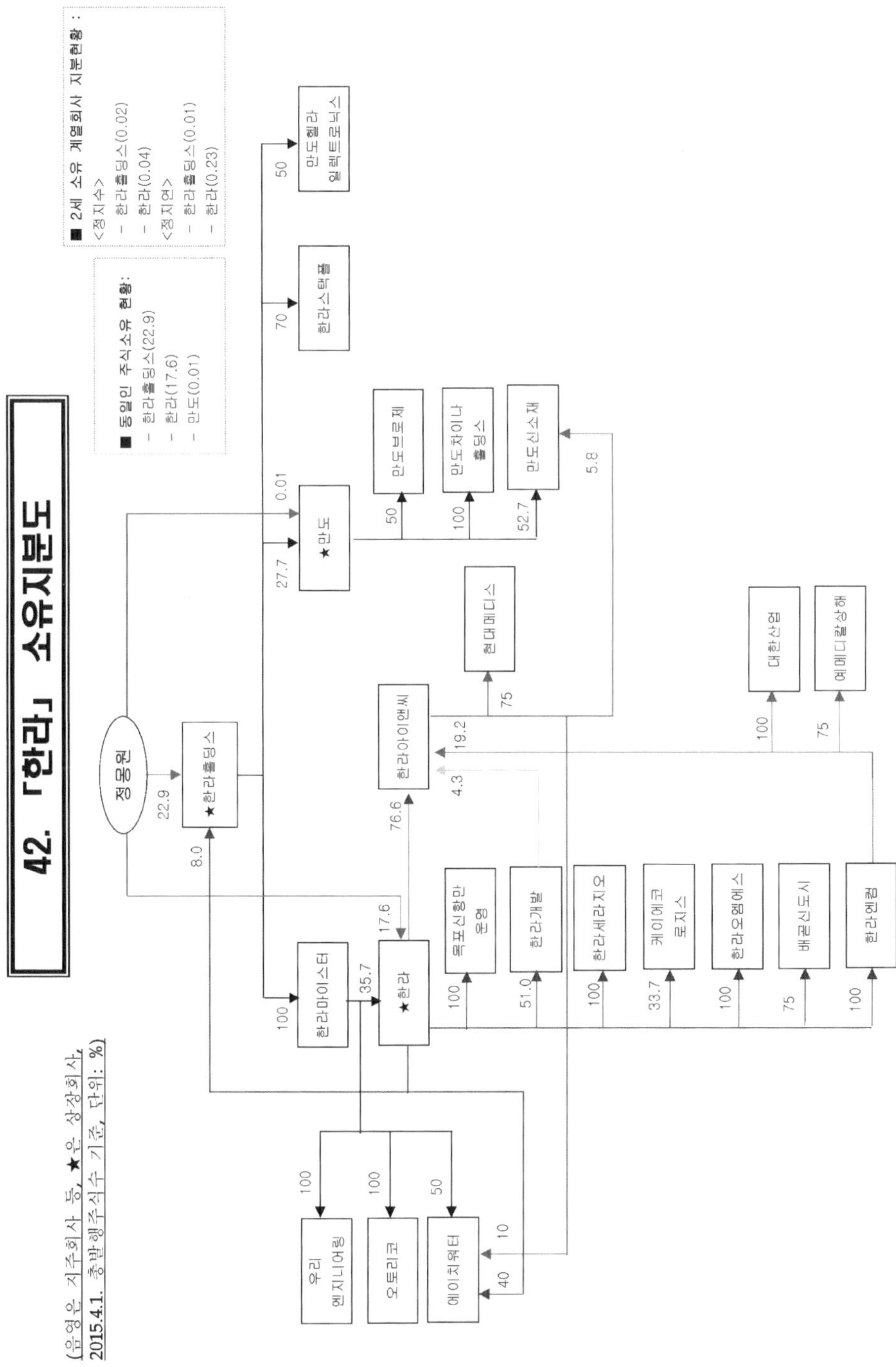

5) 한라그룹, 2016년 4월: [순위] 37위, [동일인] 정몽원, [계열회사] 22개

정몽원 (23.3%) → 한라홀딩스 → 한라, 만도 등

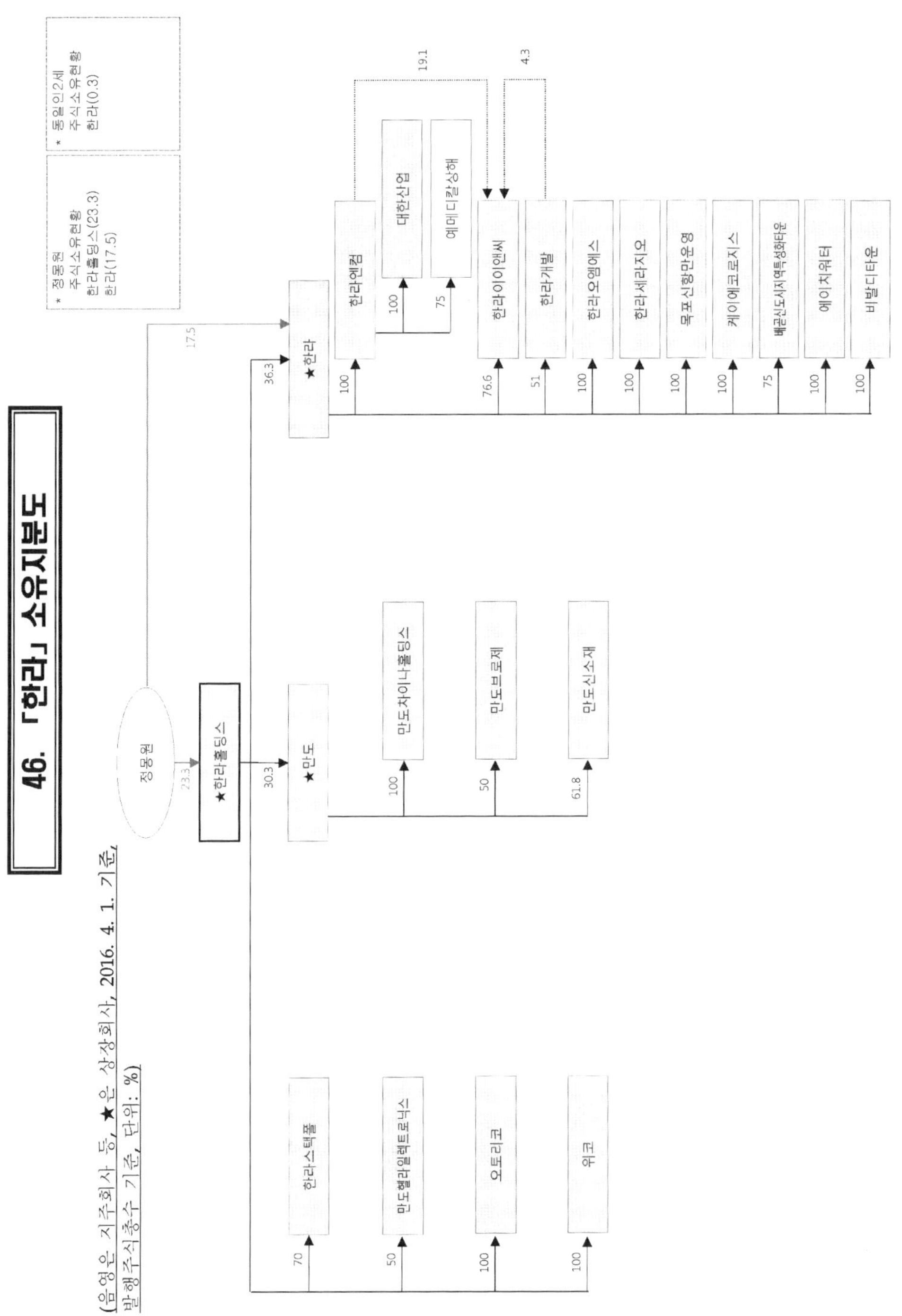

6) 한라그룹, 2017년 9월: [순위] 38위, [동일인] 정몽원, [계열회사] 19개

정몽원 (23.4%) → 한라홀딩스 → 한라, 만도 등

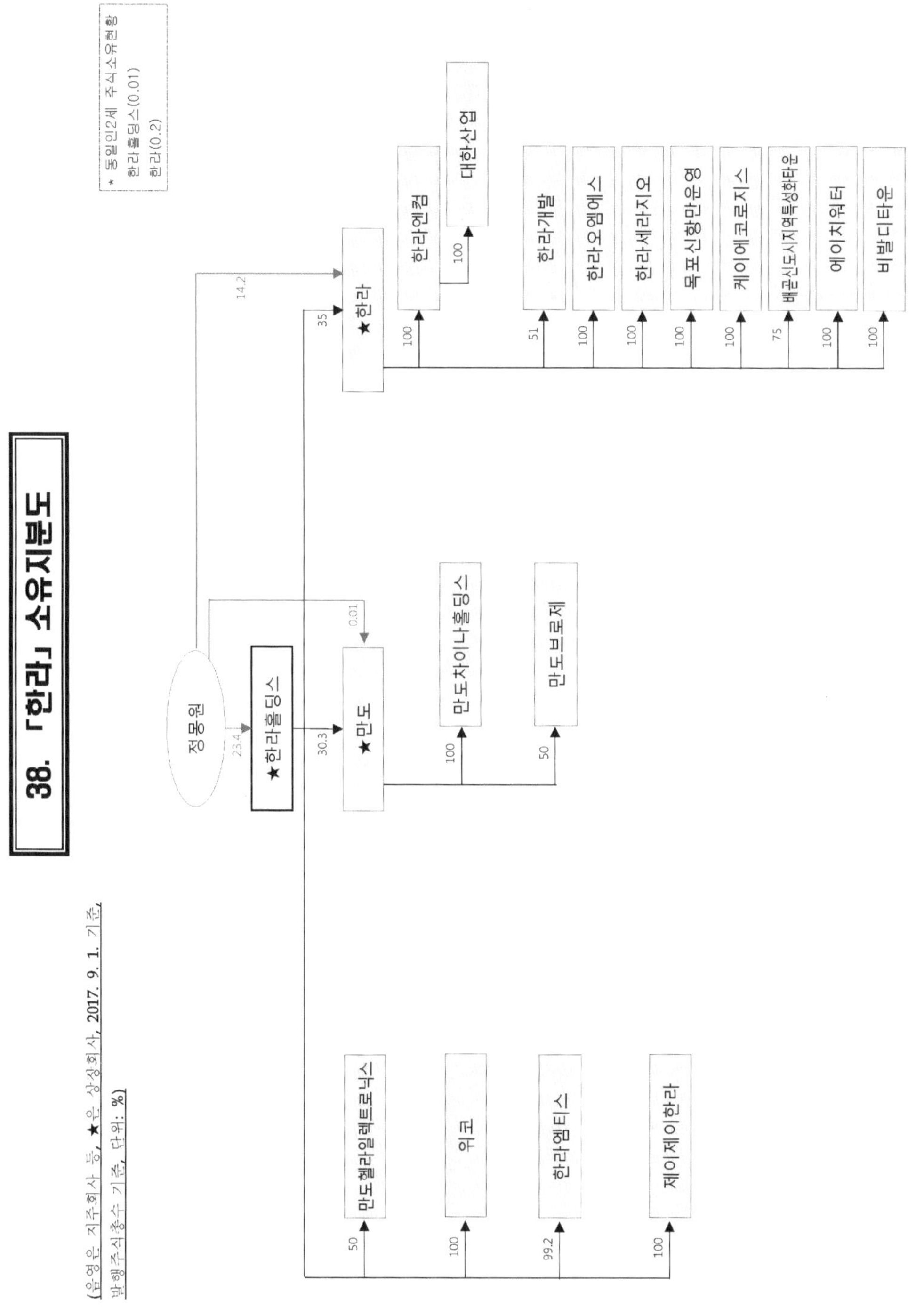

7) 한라그룹, 2018년 5월: [순위] 41위, [동일인] 정몽원, [계열회사] 19개

정몽원 (23.4%) → 한라홀딩스 → 한라, 만도 등

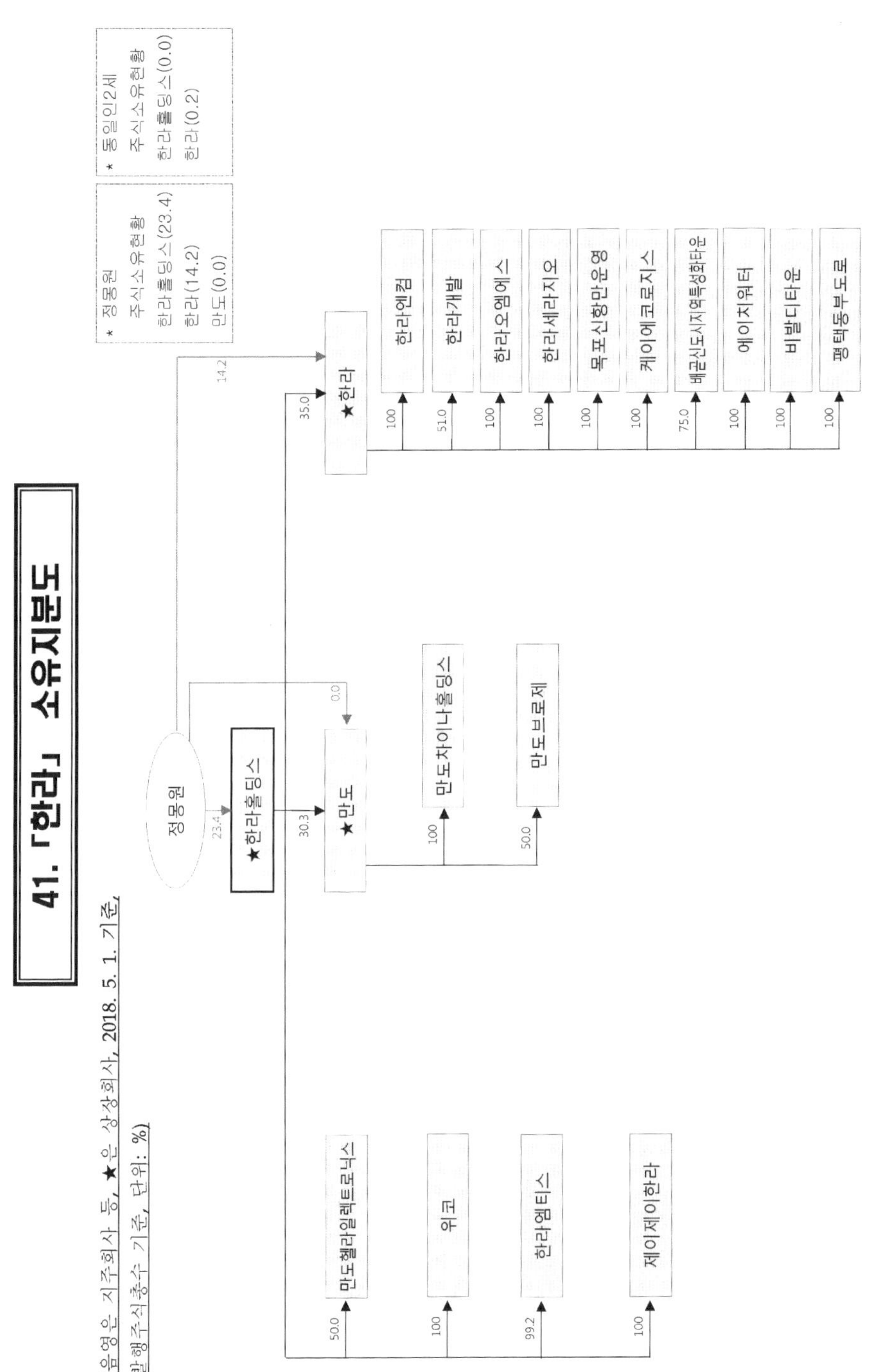

8) 한라그룹, 2019년 5월: [순위] 49위, [동일인] 정몽원, [계열회사] 15개

정몽원 (24.3%) → 한라홀딩스 → 한라, 만도 등

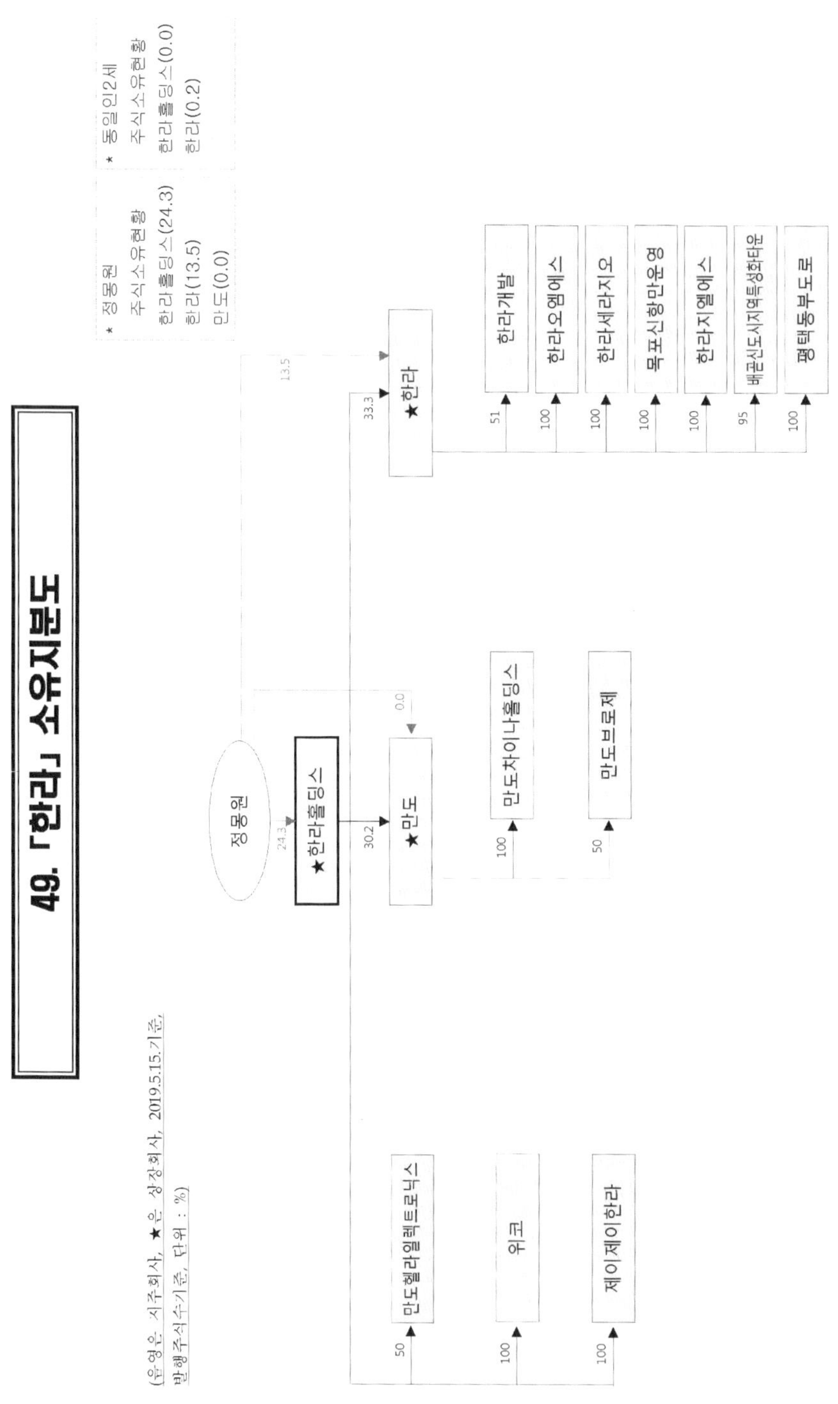

9) 한라그룹, 2020년 5월: [순위] 51위, [동일인] 정몽원, [계열회사] 14개

정몽원 (24.3%) → 한라홀딩스 → 한라, 만도 등

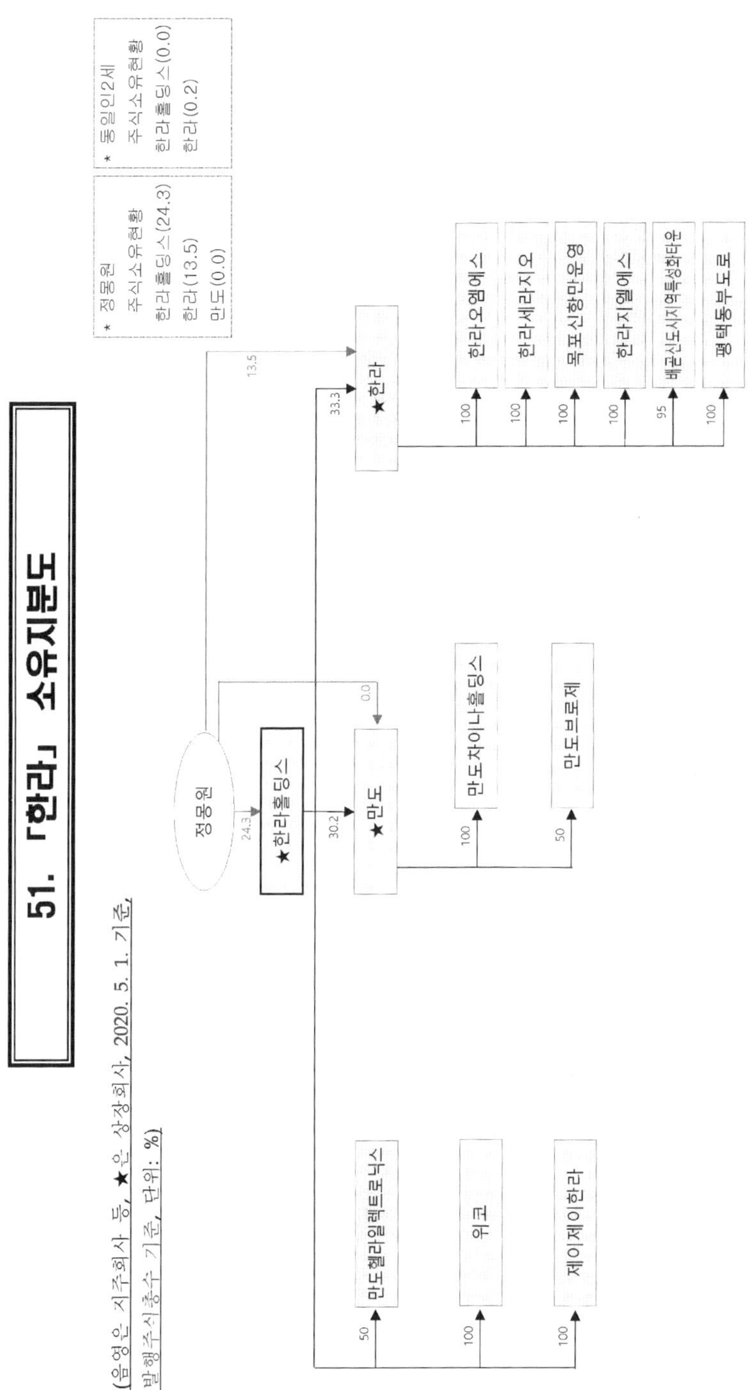

10) 한라그룹, 2021년 5월: [순위] 51위, [동일인] 정몽원, [계열회사] 15개

정몽원 (24.3%) → 한라홀딩스 → 한라, 만도 등

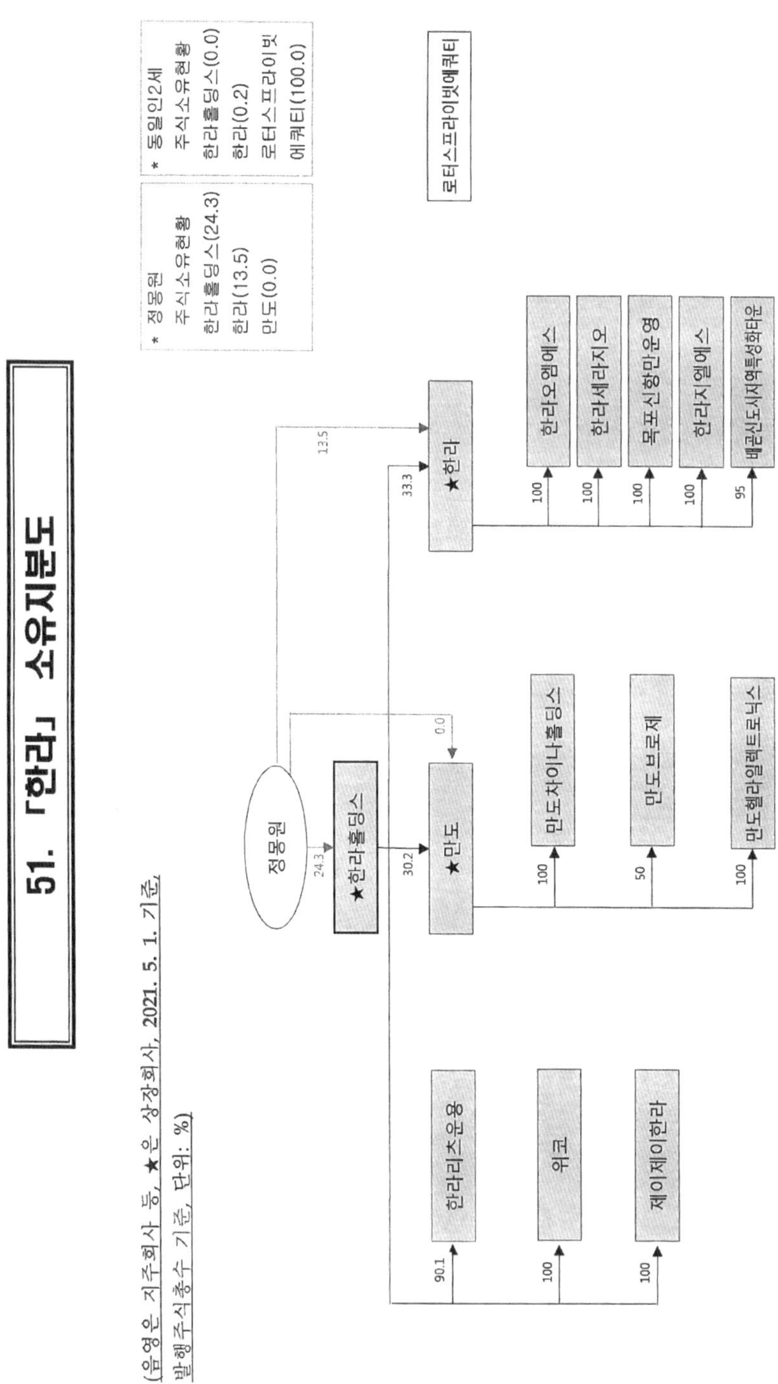

72. 한솔그룹: 2013-2018년

연도	동일인	순위 (위)	계열회사 (개)	자산총액 (10억 원)	매출액 (10억 원)	당기순이익 (10억 원)
1996		22	19	2,990	1,992	36
1997		16	23	4,346	2,700	2
1998		15	19	6,268	3,474	-34
1999		12	19	8,060	3,993	-226
2000		11	19	9,397	4,588	-184
2001		14	19	6,983	4,136	-200
2002		21	12	4,162	2,561	-668
2003		25	13	3,772	2,807	-30
2004		30	11	3,396	2,515	-132
2005		35	10	3,150	2,509	50
2006		43	12	3,092	2,718	48
2007		43	12	3,018	2,987	-117
2008		47	16	3,193	3,067	-1
2013	이인희	51	22	5,211	4,355	-27
2014	이인희	50	20	5,261	4,252	-16
2015	이인희	50	21	5,269	2,882	-66
2016	이인희	51	20	5,353	3,993	79
2017	이인희	57	20	5,327	4,039	-81
2018	이인희	60	19	5,099	4,101	-130

	[소유구조]
주요 주주	이인희 (동일인)
주요 지배 회사	한솔제지/한솔홀딩스
주요 계열회사	한솔피엔에스, 한솔라이팅, 한솔이엠이, 한솔로지스틱스

주: 2002-2016년 순위: 공기업집단을 제외한 순위.

1. 그룹

1) 대규모기업집단 지정 연도: 1996-2008, 2013-2018년.

2) 연도 수: 19년.

2. 소유지분도: 개관

1) 소유지분도 작성 연도: 2013-2018년.

연도 수: 6년.

2) 그룹 주요 지표: [동일인] 이인희. [순위] 50-60위.

[계열회사] 19-22개. [자산총액] 5.1-5.4조 원.

[매출액] 2.9-4.4조 원. [당기순이익] (-0.1) - 0.1조 원.

3) 소유구조

◆ 이인희 → 한솔제지/한솔홀딩스 → 계열회사 ◆

① [주요 주주]

1명.

이인희 (동일인).

지분: 3.5-5.6%.

② [주요 지배 회사]

1개.

한솔제지 (상장) / 한솔홀딩스 (상장).

③ [계열회사]

유형: 자회사 → 손자회사 → 증손회사 (4년; 2013-2016년),

자회사 → 손자회사 (2년; 2017-2018년).

주요 회사: 4개 (2-3개씩 관련).

한솔피엔에스 (상장), 한솔라이팅, 한솔이엠이, 한솔로지스틱스 (상장).

4) 한솔제지: 한솔홀딩스 (2015년 1월 인적분할 후 상호 변경, 한솔제지 신설).

3. 소유지분도: 연도별, 2013-2018년

1) 2013년 4월: [순위] 51위, [동일인] 이인희, [계열회사] 22개

이인희 (3.5%) →

한솔제지 → 한솔피엔에스, 한솔라이팅 등.

2) 2014년 4월: [순위] 50위, [동일인] 이인희, [계열회사] 20개

이인희 (3.5%) →

한솔제지 → 한솔피엔에스, 한솔라이팅 등.

3) 2015년 4월: [순위] 50위, [동일인] 이인희, [계열회사] 21개

이인희 (3.5%) →

한솔홀딩스 → 한솔피엔에스, 한솔라이팅 등.

4) 2016년 4월: [순위] 51위, [동일인] 이인희, [계열회사] 20개

이인희 (5.6%) →

한솔홀딩스 → 한솔피엔에스, 한솔이엠이, 한솔로지스틱스 등.

5) 2017년 9월: [순위] 57위, [동일인] 이인희, [계열회사] 20개

이인희 (5.5%) →

한솔홀딩스 → 한솔피엔에스, 한솔이엠이, 한솔로지스틱스 등.

6) 2018년 5월: [순위] 60위, [동일인] 이인희, [계열회사] 19개

이인희 (5.5%) →

한솔홀딩스 → 한솔피엔에스, 한솔이엠이, 한솔로지스틱스 등.

1) 한솔그룹, 2013년 4월: [순위] 51위, [동일인] 이인희, [계열회사] 22개

이인희 (3.5%) → 한솔제지 → 한솔피엔에스, 한솔라이팅 등

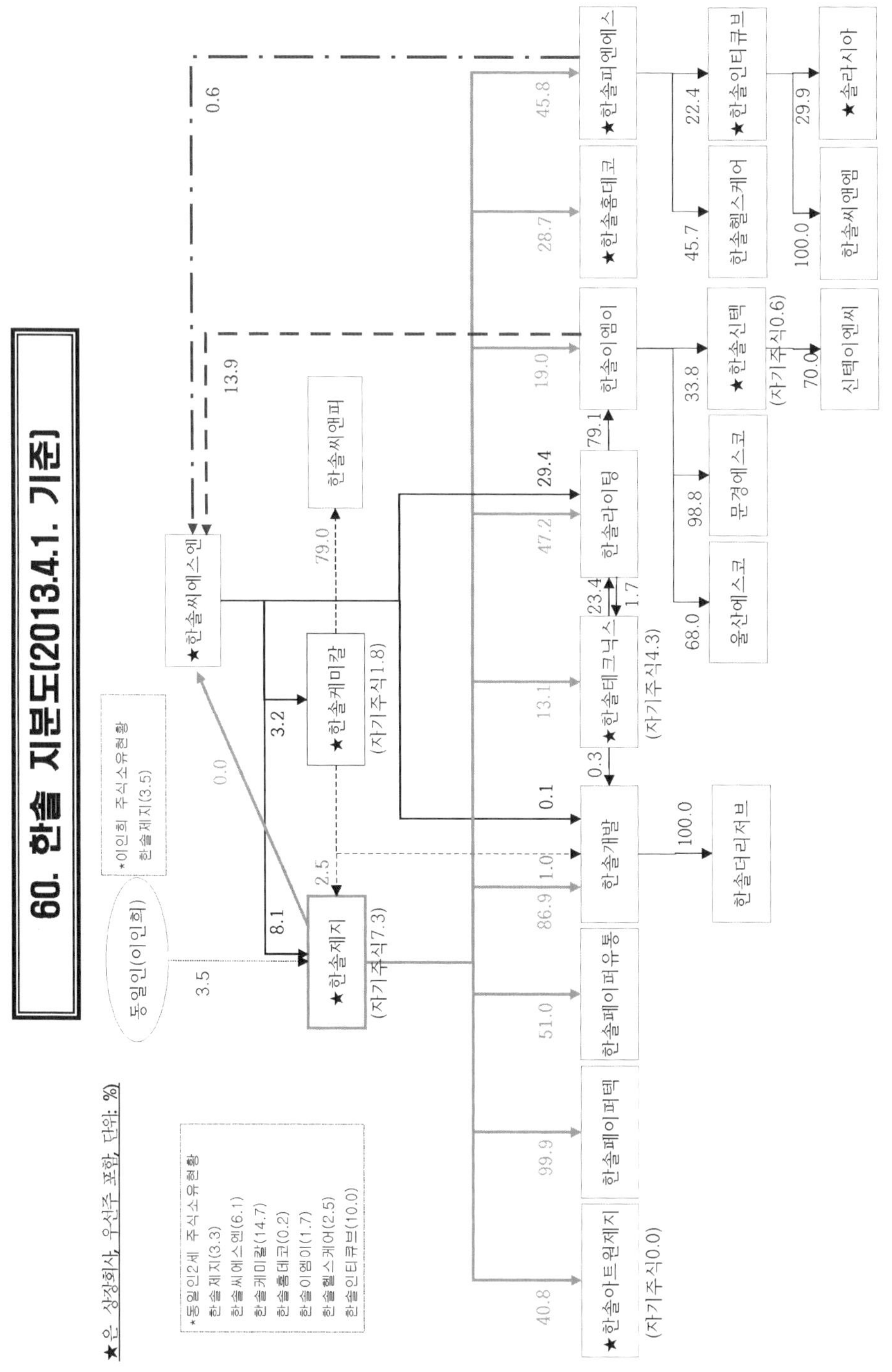

2) 한솔그룹, 2014년 4월: [순위] 50위, [동일인] 이인희, [계열회사] 20개

이인희 (3.5%) → 한솔제지 → 한솔피엔에스, 한솔라이팅 등

61. 「한솔」 소유지분도

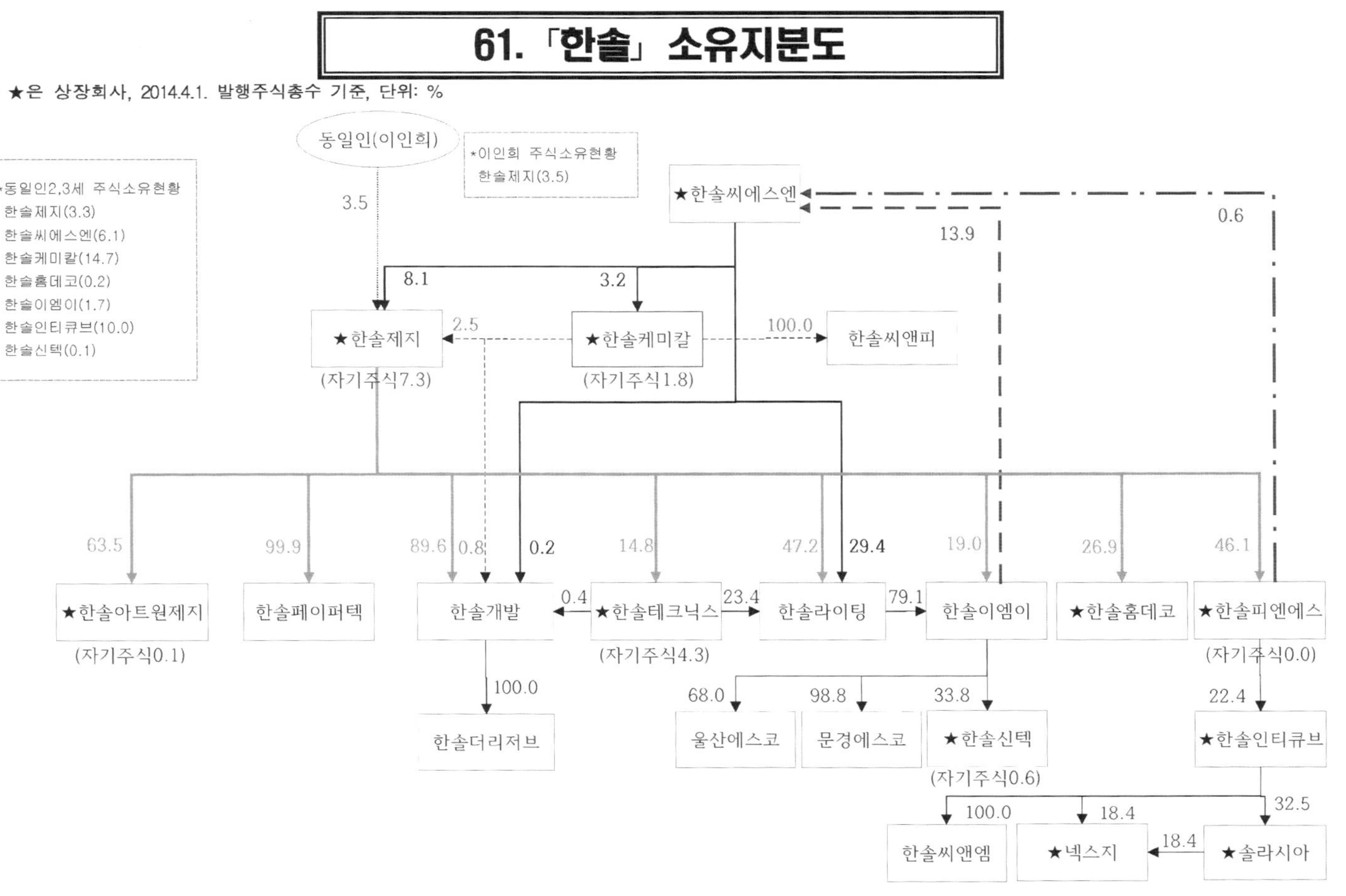

3) 한솔그룹, 2015년 4월: [순위] 50위, [동일인] 이인희, [계열회사] 21개

이인희 (3.5%) → 한솔홀딩스 → 한솔피엔에스, 한솔라이팅 등

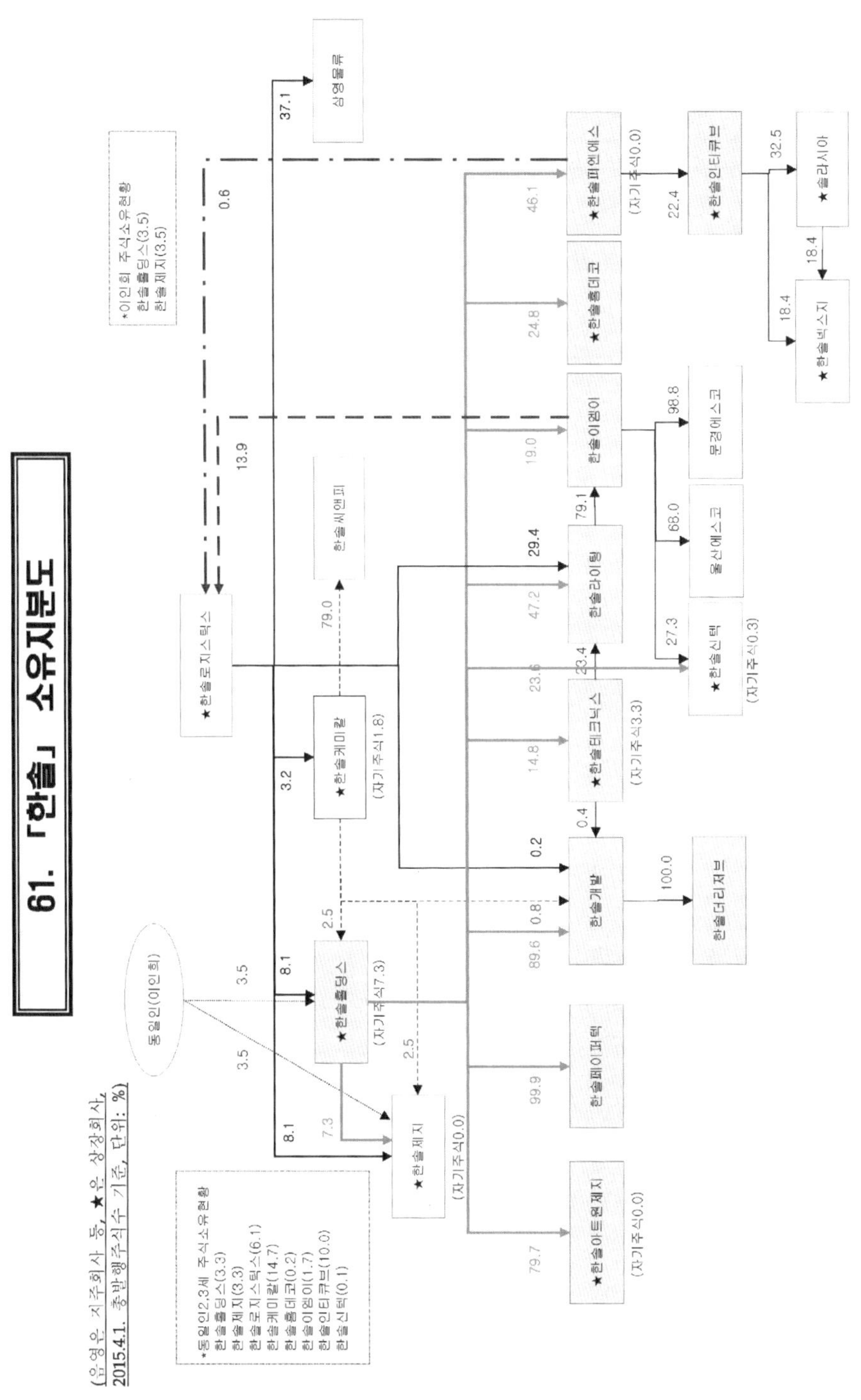

4) 한솔그룹, 2016년 4월: [순위] 51위, [동일인] 이인희, [계열회사] 20개

이인희 (5.6%) → 한솔홀딩스 → 한솔피엔에스, 한솔이엠이, 한솔로지스틱스 등

63. 「한솔」 소유지분도

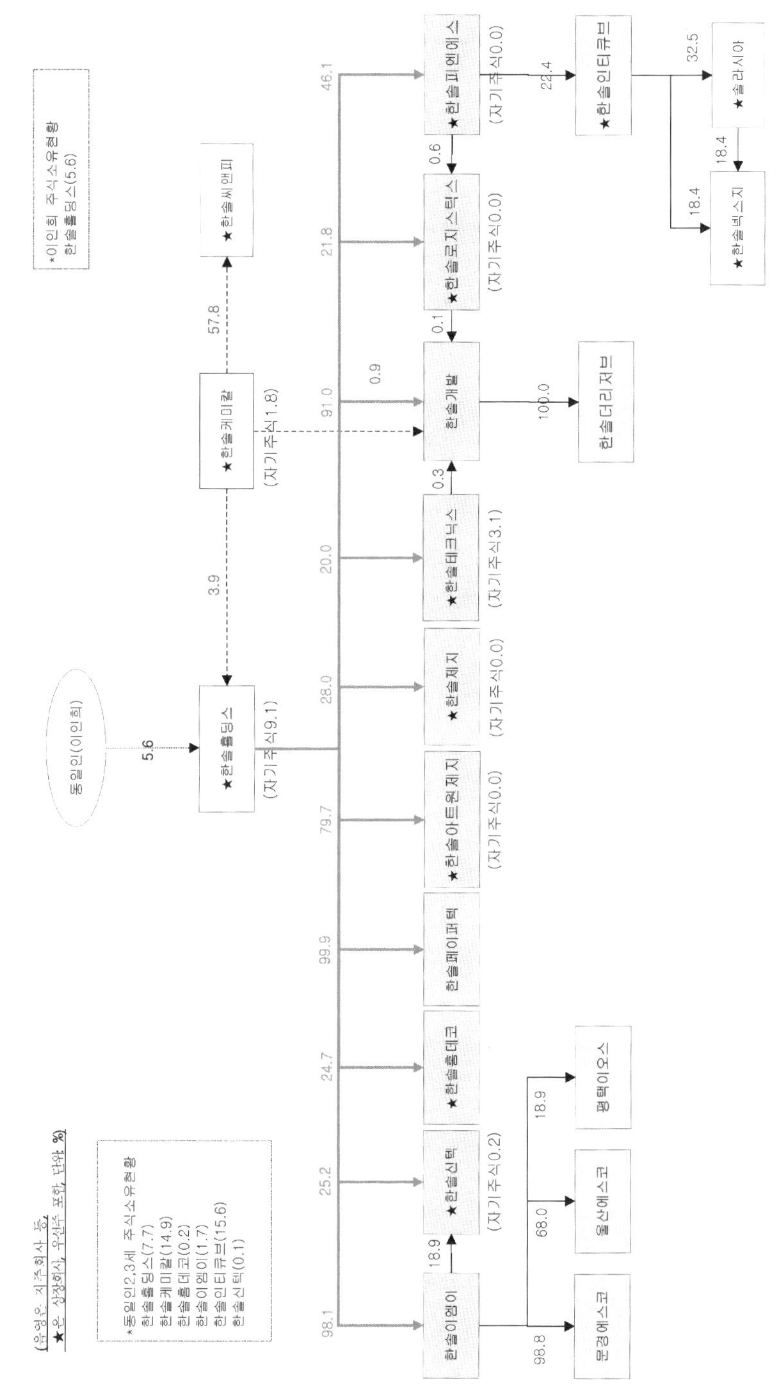

5) 한솔그룹, 2017년 9월: [순위] 57위, [동일인] 이인희, [계열회사] 20개

이인희 (5.5%) → 한솔홀딩스 → 한솔피엔에스, 한솔이엠이, 한솔로지스틱스 등

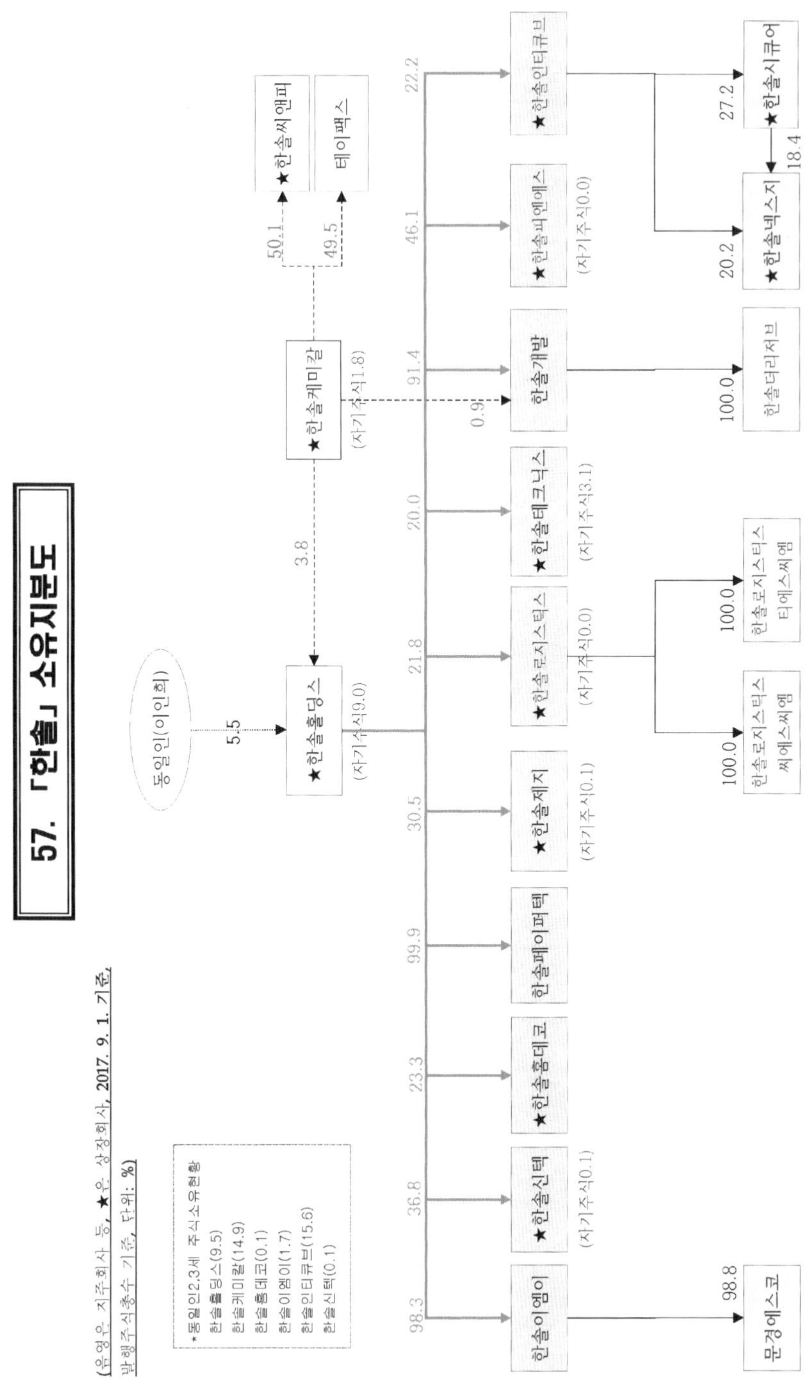

6) 한솔그룹, 2018년 5월: [순위] 60위, [동일인] 이인희, [계열회사] 19개

이인희 (5.5%) → 한솔홀딩스 → 한솔피엔에스, 한솔이엠이, 한솔로지스틱스 등

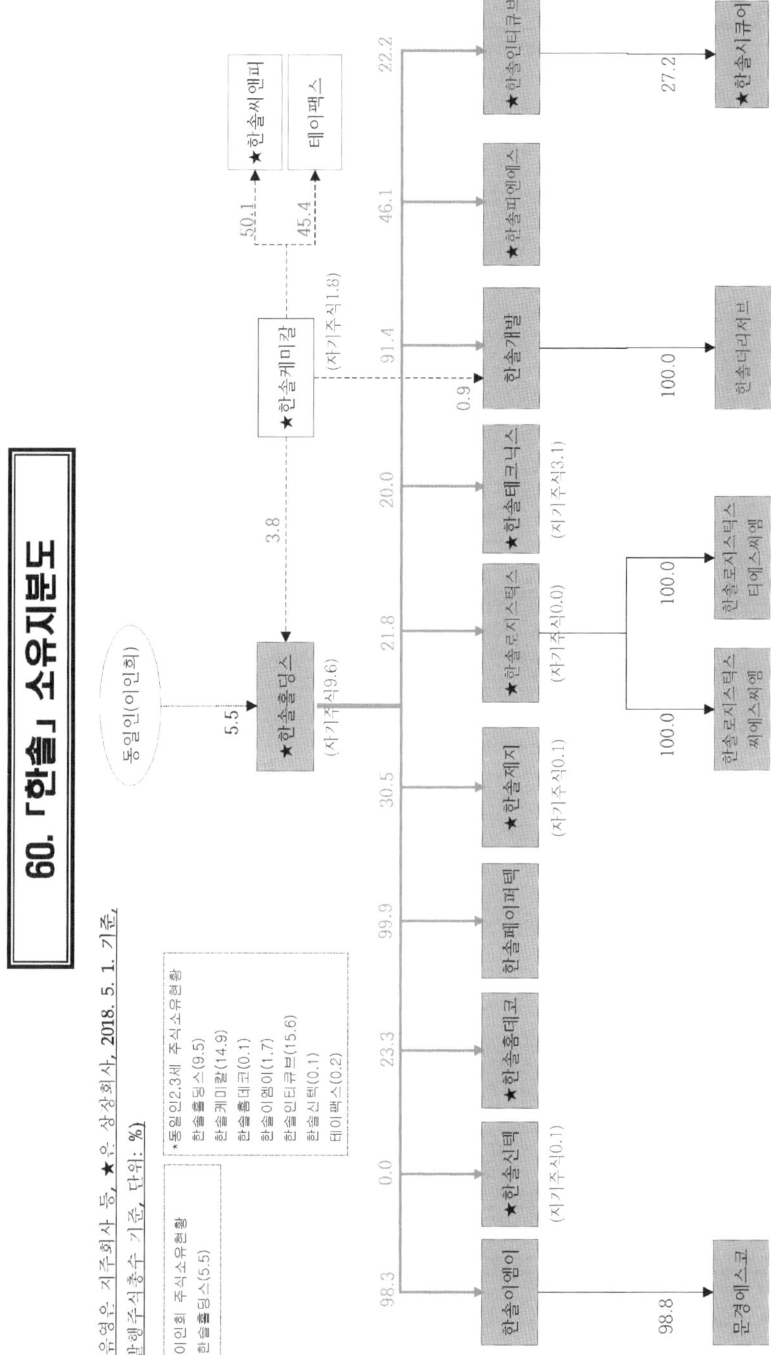

73. 한진그룹: 2012-2021년

연도	동일인	순위 (위)	계열회사 (개)	자산총액 (10억 원)	매출액 (10억 원)	당기순이익 (10억 원)
1987		6	13	2,626	2,194	9
1988		5	16	3,903	2,560	50
1989		6	16	4,166	2,795	54
1990		5	17	4,721	2,872	51
1991		6	22	6,230	3,498	-1
1992		6	23	7,579	4,666	9
1993		6	24	8,674	-	-
1994		6	21	9,398	6,526	71
1995		7	23	10,629	7,653	151
1996		7	24	12,246	8,959	134
1997		7	24	14,309	9,972	-161
1998		6	25	19,457	11,907	-494
1999		6	21	18,548	14,336	373
2000		5	18	20,771	13,198	462
2001		6	19	21,307	14,555	-557
2002		5	21	21,596	15,231	-751
2003		6	23	21,041	15,789	225
2004		6	23	25,413	16,770	121
2005		8	23	24,523	17,078	1,272
2006		9	22	20,702	15,135	819
2007		10	25	22,224	15,764	944
2008		11	27	26,299	17,535	248
2009		10	33	29,135	21,416	-1,824
2010		10	37	30,387	12,074	-1,541
2011		9	40	33,469	23,530	1,033
2012	조양호	9	45	37,494	24,035	-1,134
2013	조양호	10	45	37,987	25,502	-518
2014	조양호	10	48	39,522	24,766	-925
2015	조양호	10	46	38,382	23,268	-855
2016	조양호	11	38	37,025	22,315	-307
2017	조양호	14	34	29,114	15,092	-756
2018	조양호	14	28	30,307	15,531	1,222
2019	조원태	13	32	31,730	16,735	45
2020	조원태	14	31	33,549	16,379	-563
2021	조원태	14	31	33,600	10,537	-500

	[소유구조]
주요 주주	조양호 (동일인), 조원태 (동일인, 2세)
주요 지배 회사	정석기업, 한진, 한진칼
주요 계열회사	'한진 → 대한항공', '대한항공 → 한진해운', 한진칼, 대한항공, 한진

주: 2002-2016년 순위: 공기업집단을 제외한 순위.

1. 그룹

1) 대규모기업집단 지정 연도: 1987-2021년.

2) 연도 수: 35년.

2. 소유지분도: 개관

1) 소유지분도 작성 연도: 2012-2021년.
연도 수: 10년.

2) 그룹 주요 지표: [동일인] 조양호, 조원태. [순위] 9-14위.
[계열회사] 28-48개. [자산총액] 29.1-39.5조 원.
[매출액] 10.5-25.5조 원. [당기순이익] (-1.1) - 1.2조 원.

3) 소유구조

◆ 조양호, 조원태 → 정석기업, 한진, 한진칼 → 계열회사 ◆

① [주요 주주]

2명 (1명씩 지분 보유).

조양호 (동일인)(7년; 2012-2018년) ‖ 조원태 (동일인, 2세)(3년; 2019-2021년).

지분: 6.9-27.2% (7년; 2012-2018년) ‖ 2.3-6.5% (3년; 2019-2021년).

② [주요 지배 회사]

3개 (1개씩 관련).

정석기업 (2년; 2012-2013년), 한진 (상장)(1년; 2014년),
한진칼 (상장)(7년; 2015-2021년).

③ [계열회사]

유형: 자회사 → 손자회사 → 증손회사.

주요 회사: 4개 (2-3개씩 관련).

'한진 → 대한항공 (상장)', '대한항공 → 한진해운',
한진칼, 대한항공, 한진.

4) 대한항공, 한진칼: 2013년 8월 대한항공 인적분할 후 대한항공 존속, 한진칼 신설.

3. 소유지분도: 연도별, 2012-2021년

1) 2012년 4월: [순위] 9위, [동일인] 조양호, [계열회사] 45개

조양호 (27.2%) →

정석기업 → '한진 → 대한항공' 등.

2) 2013년 4월: [순위] 10위, [동일인] 조양호, [계열회사] 45개

조양호 (27.2%) →

정석기업 → '한진 → 대한항공' 등.

3) 2014년 4월: [순위] 10위, [동일인] 조양호, [계열회사] 48개

조양호 (6.9%) →

한진 → 한진칼, 대한항공 등.

4) 2015년 4월: [순위] 10위, [동일인] 조양호, [계열회사] 46개

조양호 (15.5%) →

한진칼 → '대한항공 → 한진해운' 등.

5) 2016년 4월: [순위] 11위, [동일인] 조양호, [계열회사] 38개

조양호 (17.7%) →

한진칼 → '대한항공 → 한진해운', 한진 등.

6) 2017년 5월: [순위] 14위, [동일인] 조양호, [계열회사] 34개

조양호 (17.67%) →

한진칼 → 대한항공, 한진 등.

7) 2018년 5월: [순위] 14위, [동일인] 조양호, [계열회사] 28개

조양호 (17.7%) →

한진칼 → 대한항공, 한진 등.

8) 2019년 5월: [순위] 13위, [동일인] 조원태, [계열회사] 32개

조원태 (2.3%) →

한진칼 → 대한항공, 한진 등.

9) 2020년 5월: [순위] 14위, [동일인] 조원태, [계열회사] 31개

조원태 (6.5%) →

한진칼 → 대한항공, 한진 등.

10) 2021년 5월: [순위] 14위, [동일인] 조원태, [계열회사] 31개

조원태 (5.8%) →

한진칼 → 대한항공, 한진 등.

1) 한진그룹, 2012년 4월: [순위] 9위, [동일인] 조양호, [계열회사] 45개

조양호 (27.2%) → 정석기업 → '한진 → 대한항공' 등

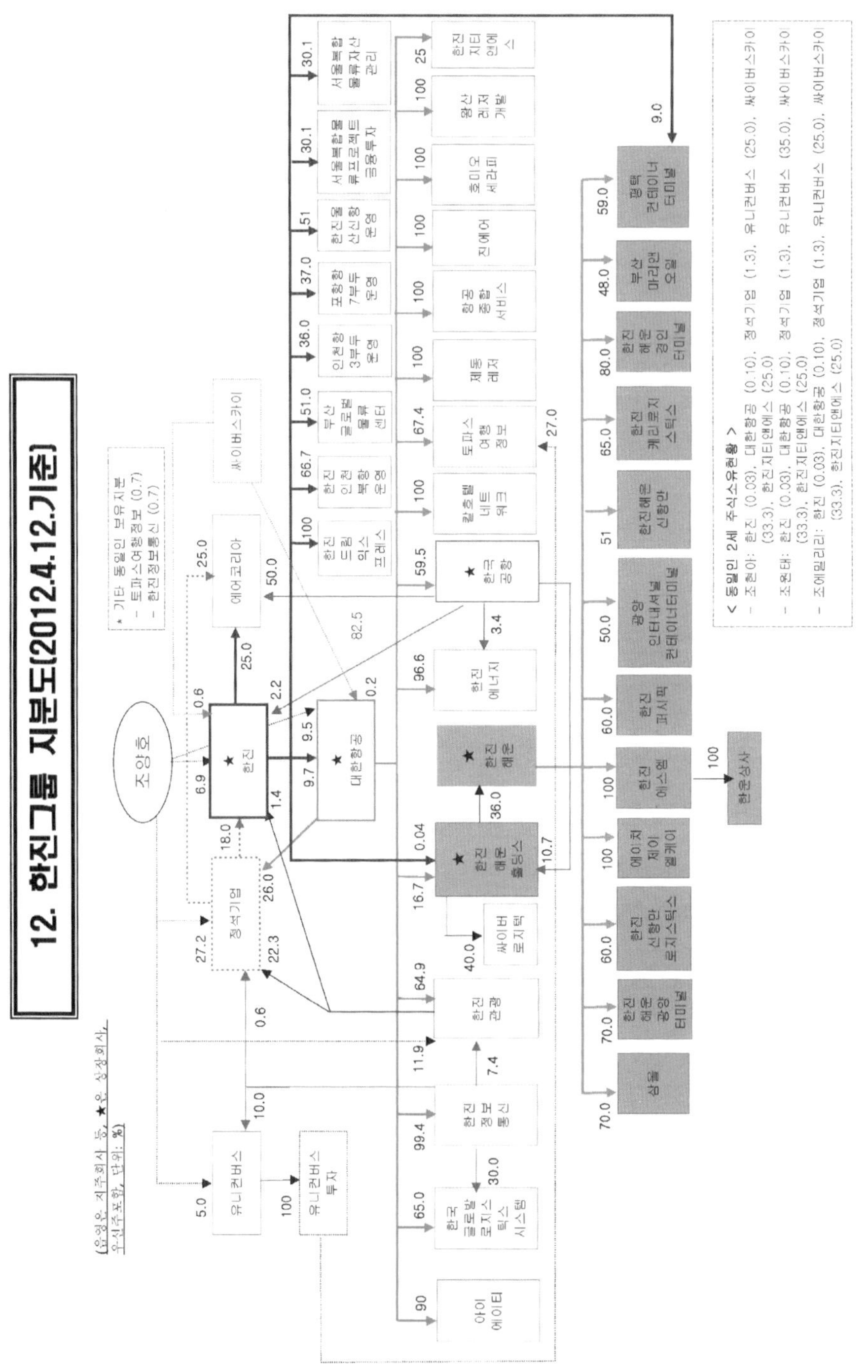

2) 한진그룹, 2013년 4월: [순위] 10위, [동일인] 조양호, [계열회사] 45개

조양호 (27.2%) → 정석기업 → '한진 → 대한항공' 등

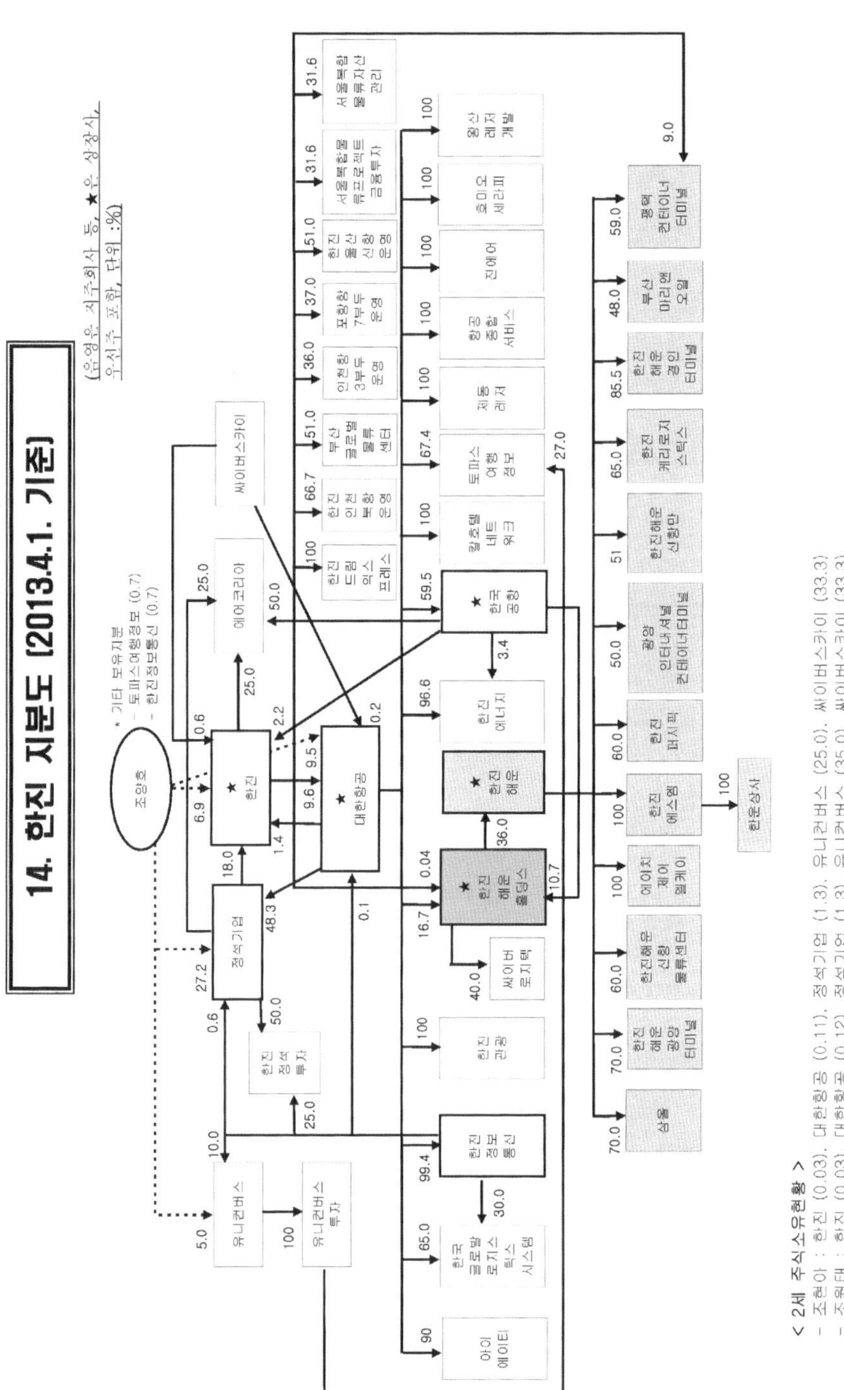

3) 한진그룹, 2014년 4월: [순위] 10위, [동일인] 조양호, [계열회사] 48개

조양호 (6.9%) → 한진 → 한진칼, 대한항공 등

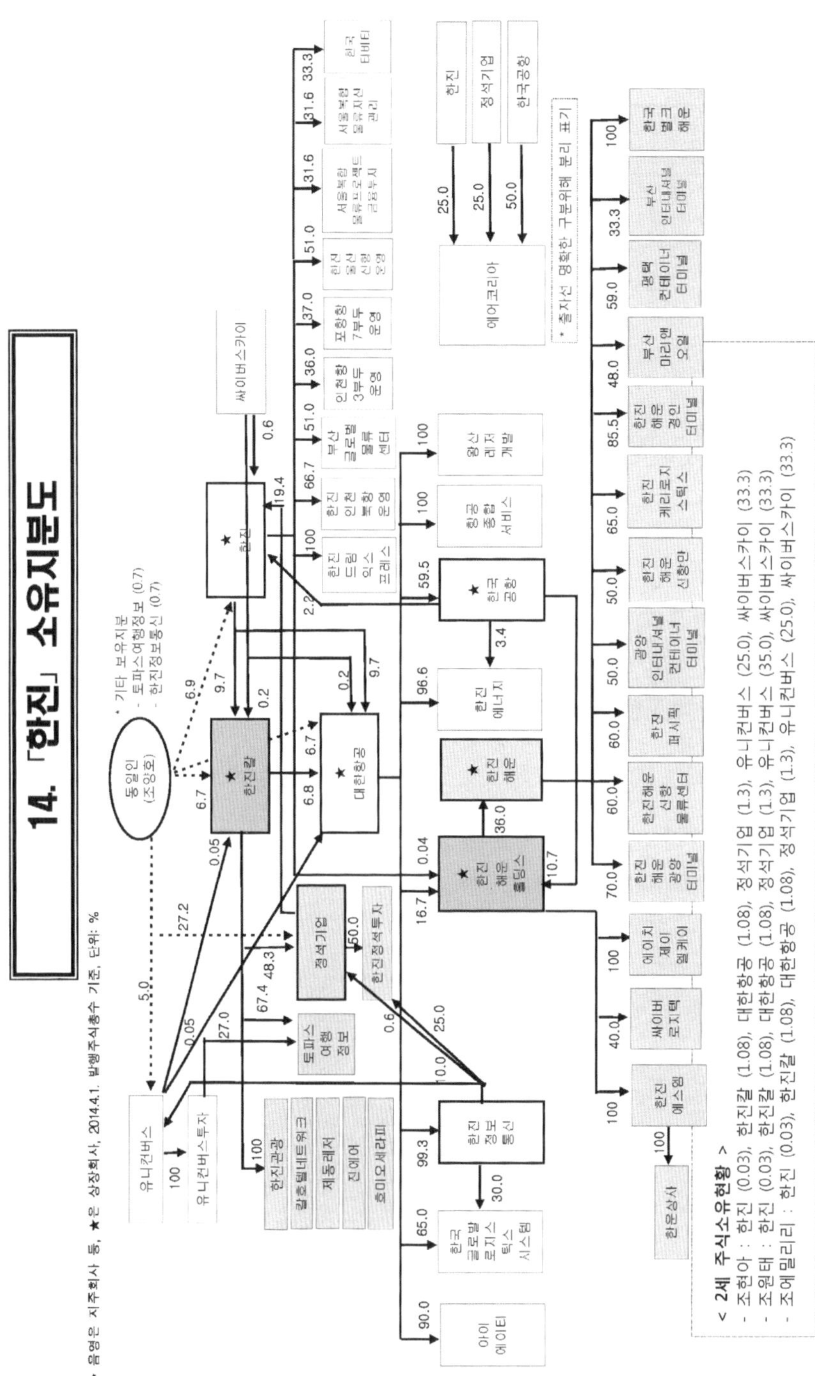

4) 한진그룹, 2015년 4월: [순위] 10위, [동일인] 조양호, [계열회사] 46개

조양호 (15.5%) → 한진칼 → '대한항공 → 한진해운' 등

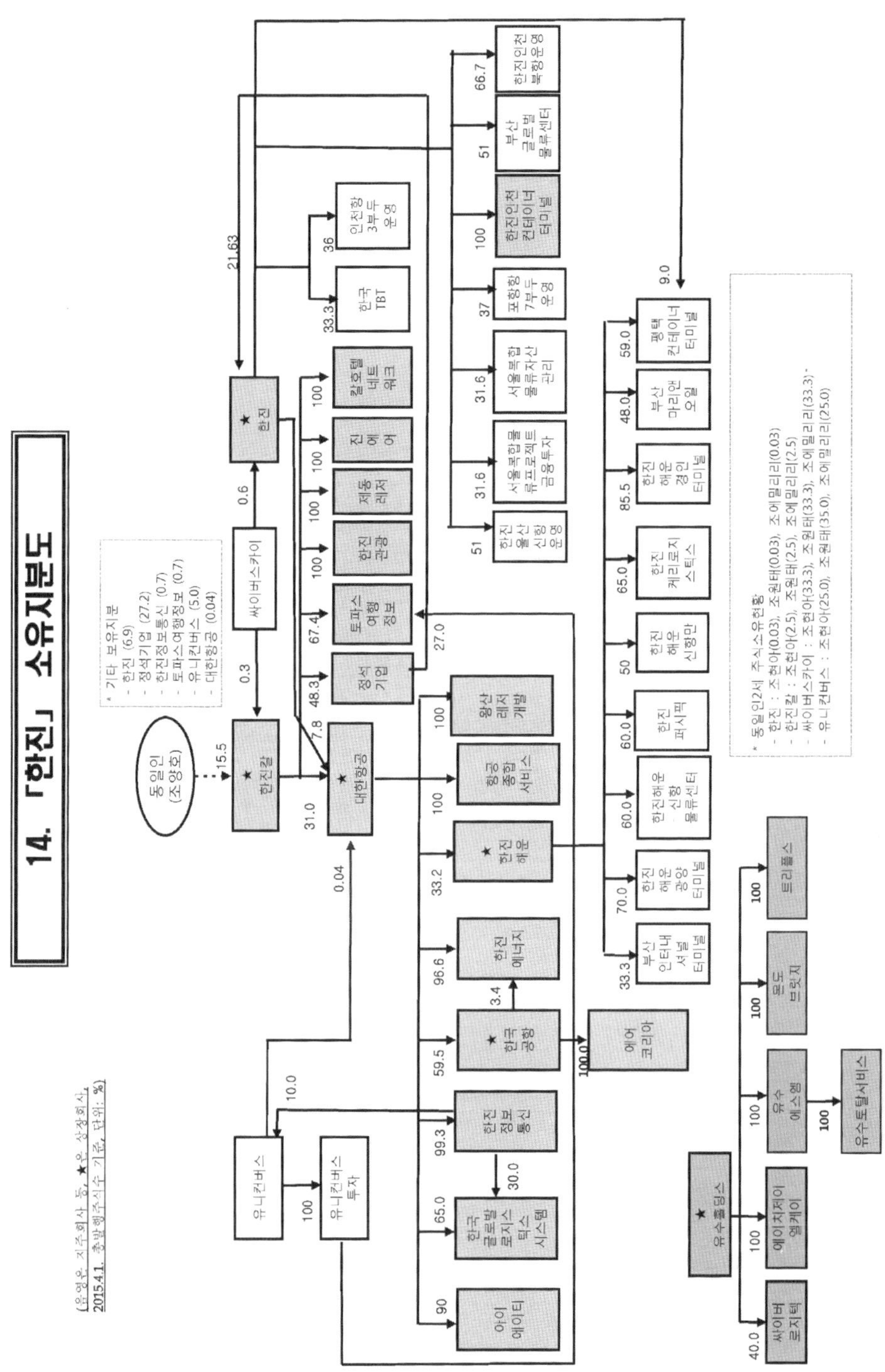

5) 한진그룹, 2016년 4월: [순위] 11위, [동일인] 조양호, [계열회사] 38개

조양호 (17.7%) → 한진칼 → '대한항공 → 한진해운', 한진 등

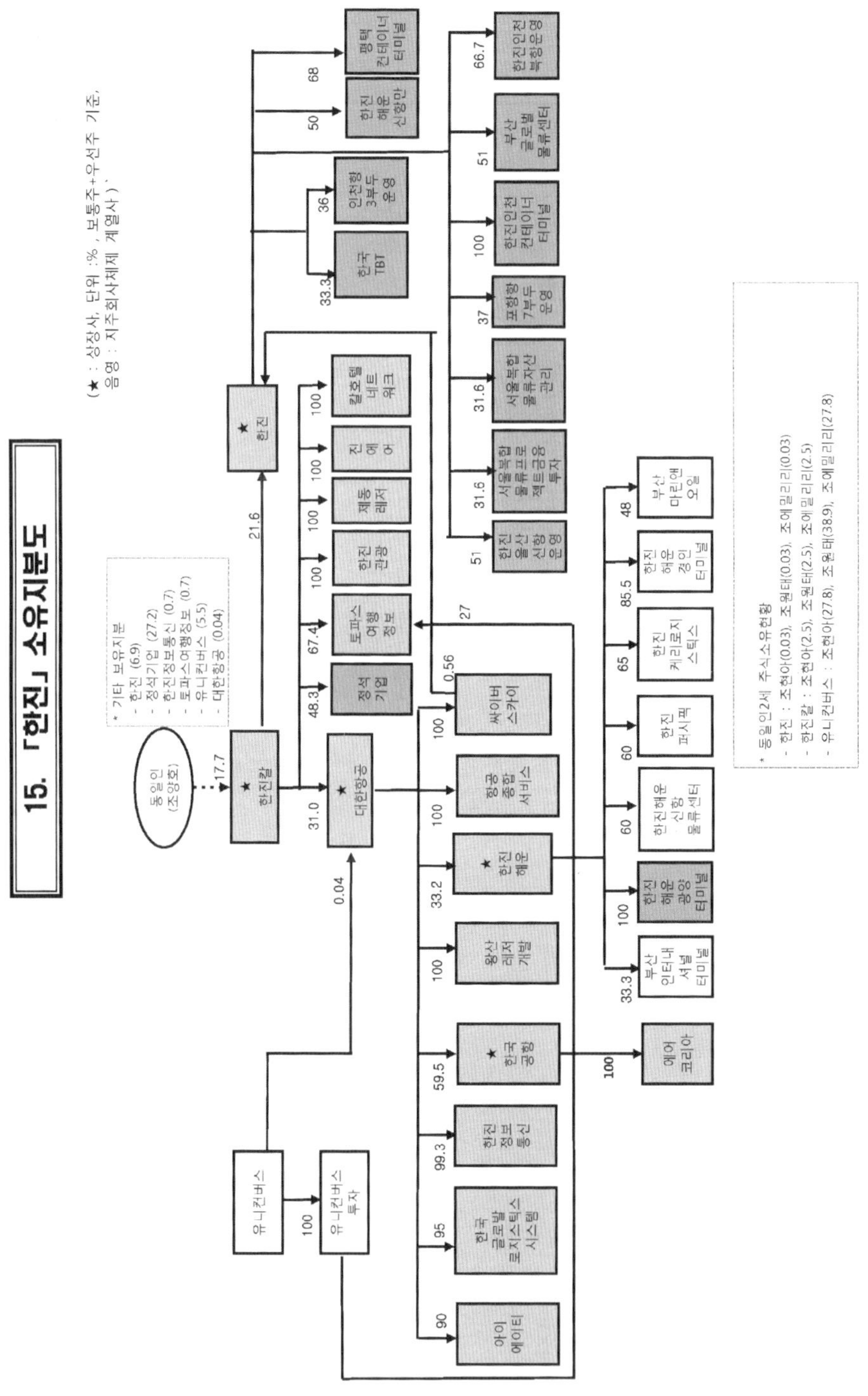

6) 한진그룹, 2017년 5월: [순위] 14위, [동일인] 조양호, [계열회사] 34개

조양호 (17.67%) → 한진칼 → 대한항공, 한진 등

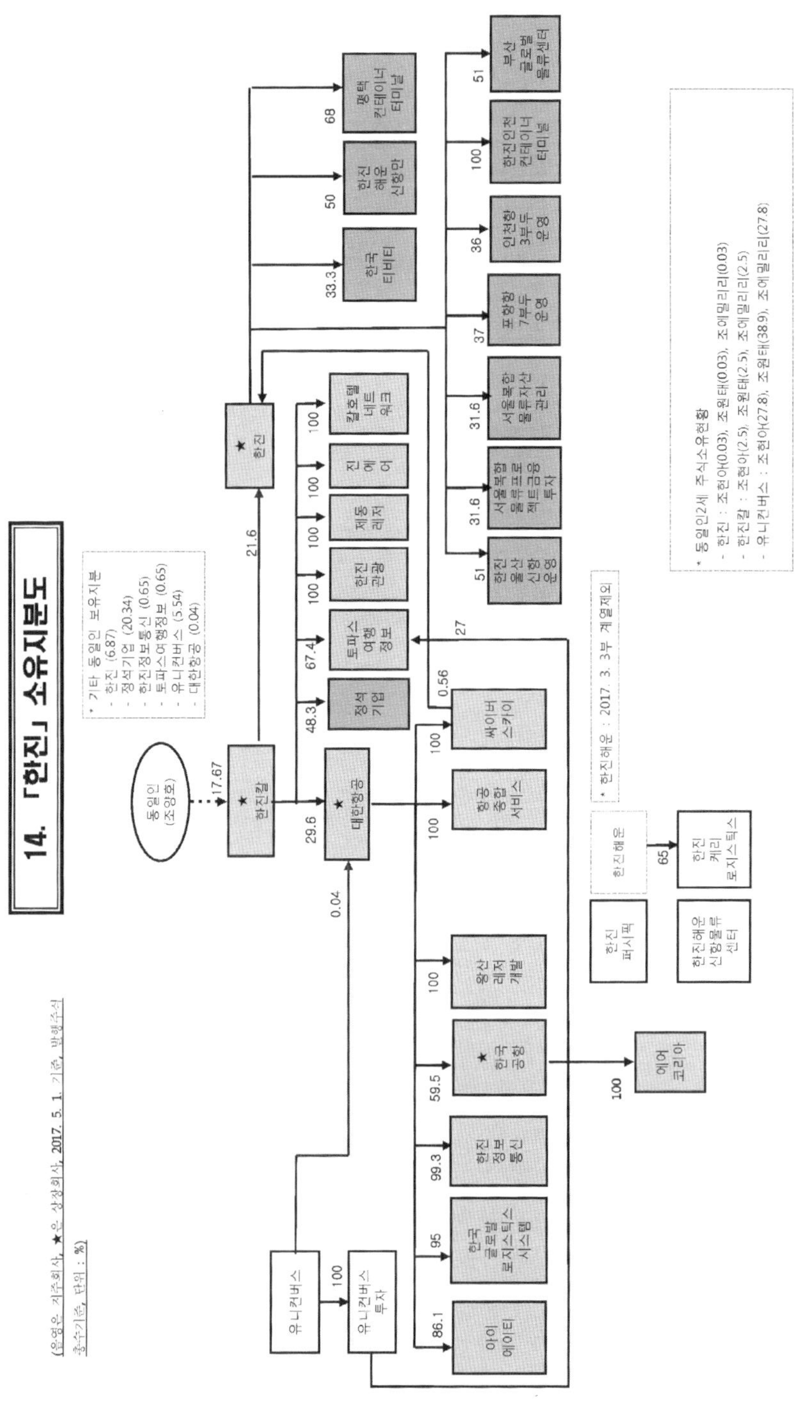

7) 한진그룹, 2018년 5월: [순위] 14위, [동일인] 조양호, [계열회사] 28개

조양호 (17.7%) → 한진칼 → 대한항공, 한진 등

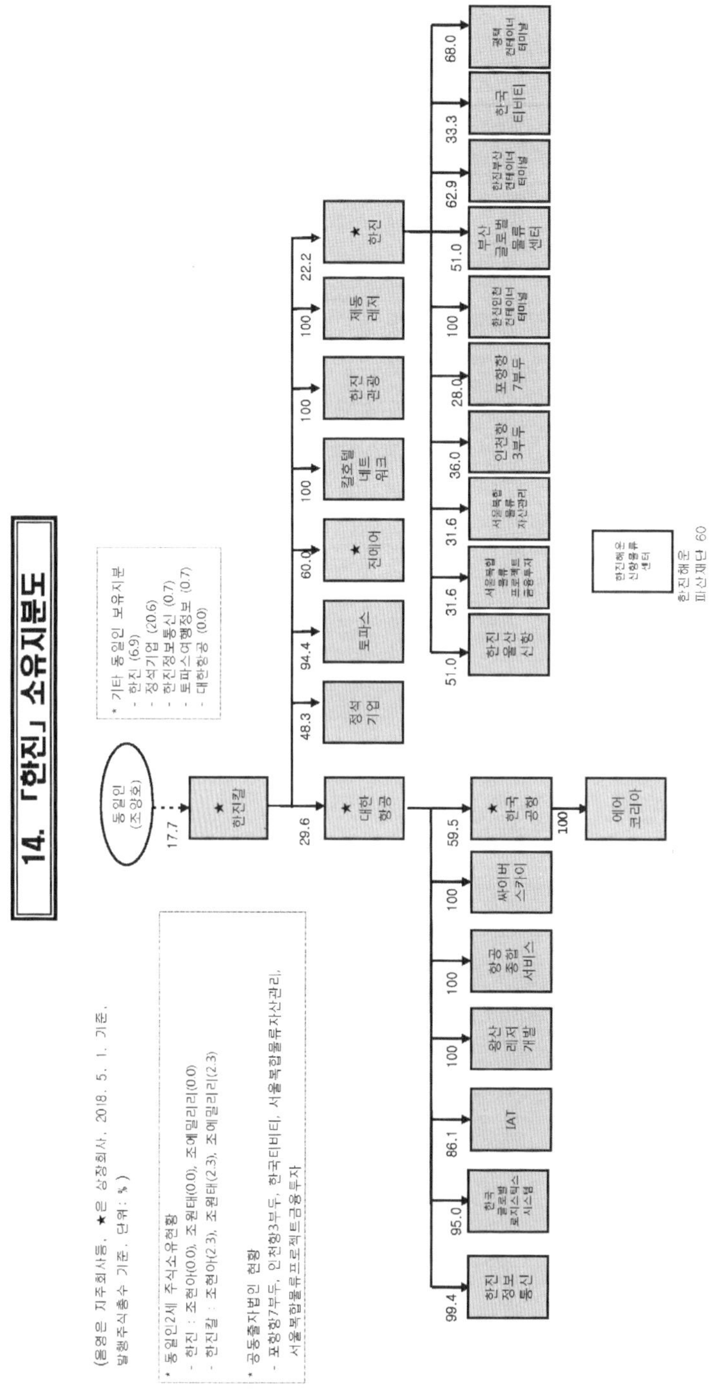

8) 한진그룹, 2019년 5월: [순위] 13위, [동일인] 조원태, [계열회사] 32개

조원태 (2.3%) → 한진칼 → 대한항공, 한진 등

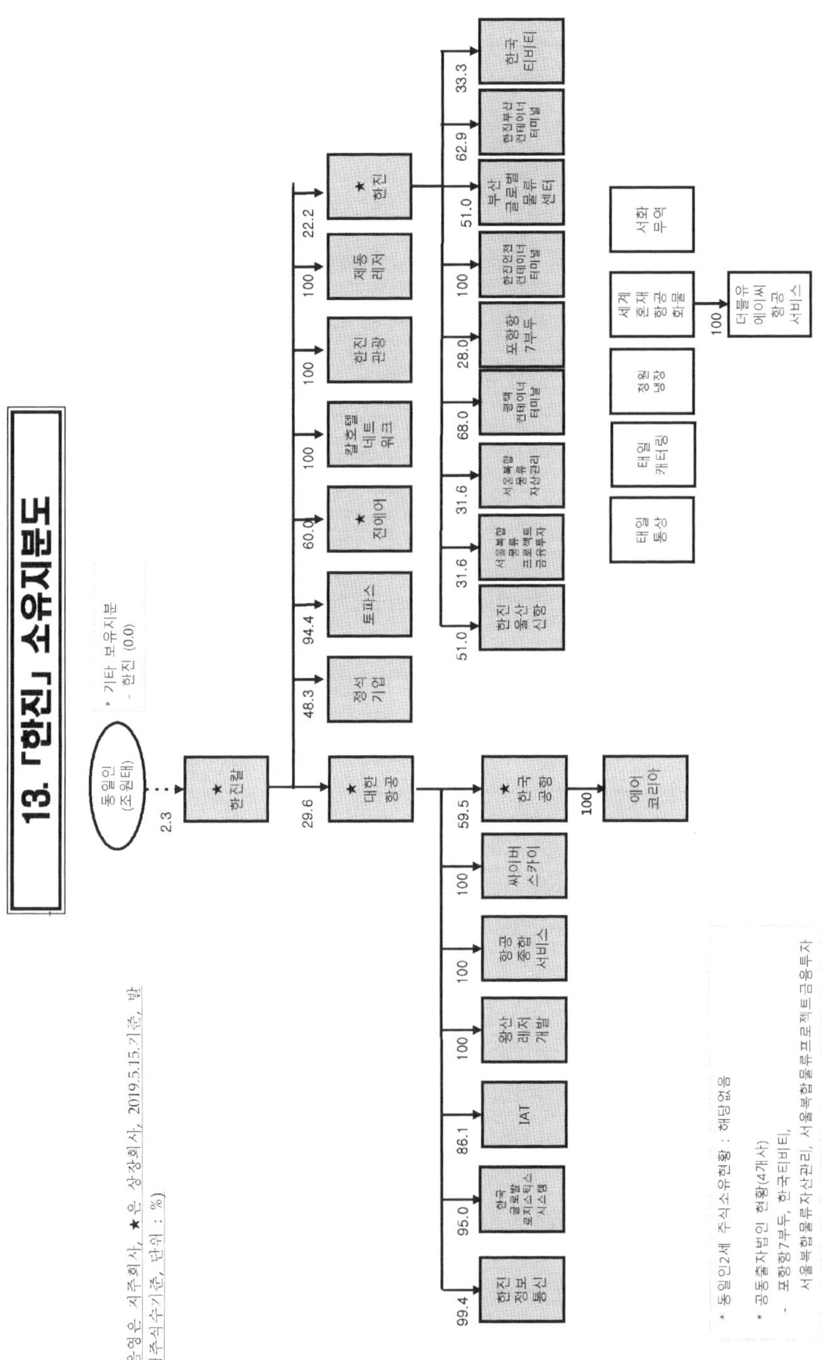

9) 한진그룹, 2020년 5월: [순위] 14위, [동일인] 조원태, [계열회사] 31개

조원태 (6.5%) → 한진칼 → 대한항공, 한진 등

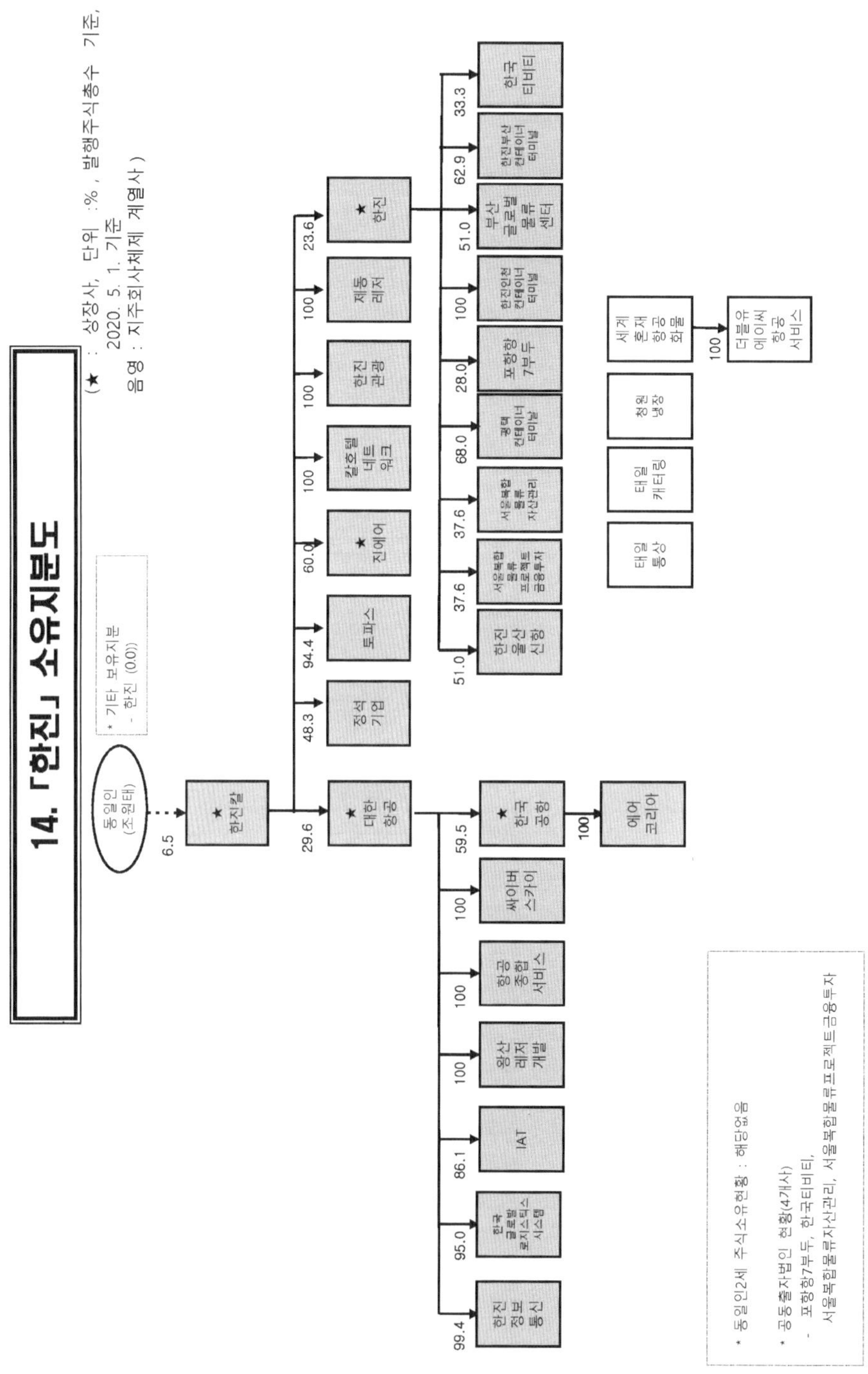

10) 한진그룹, 2021년 5월: [순위] 14위, [동일인] 조원태, [계열회사] 31개

조원태 (5.8%) → 한진칼 → 대한항공, 한진 등

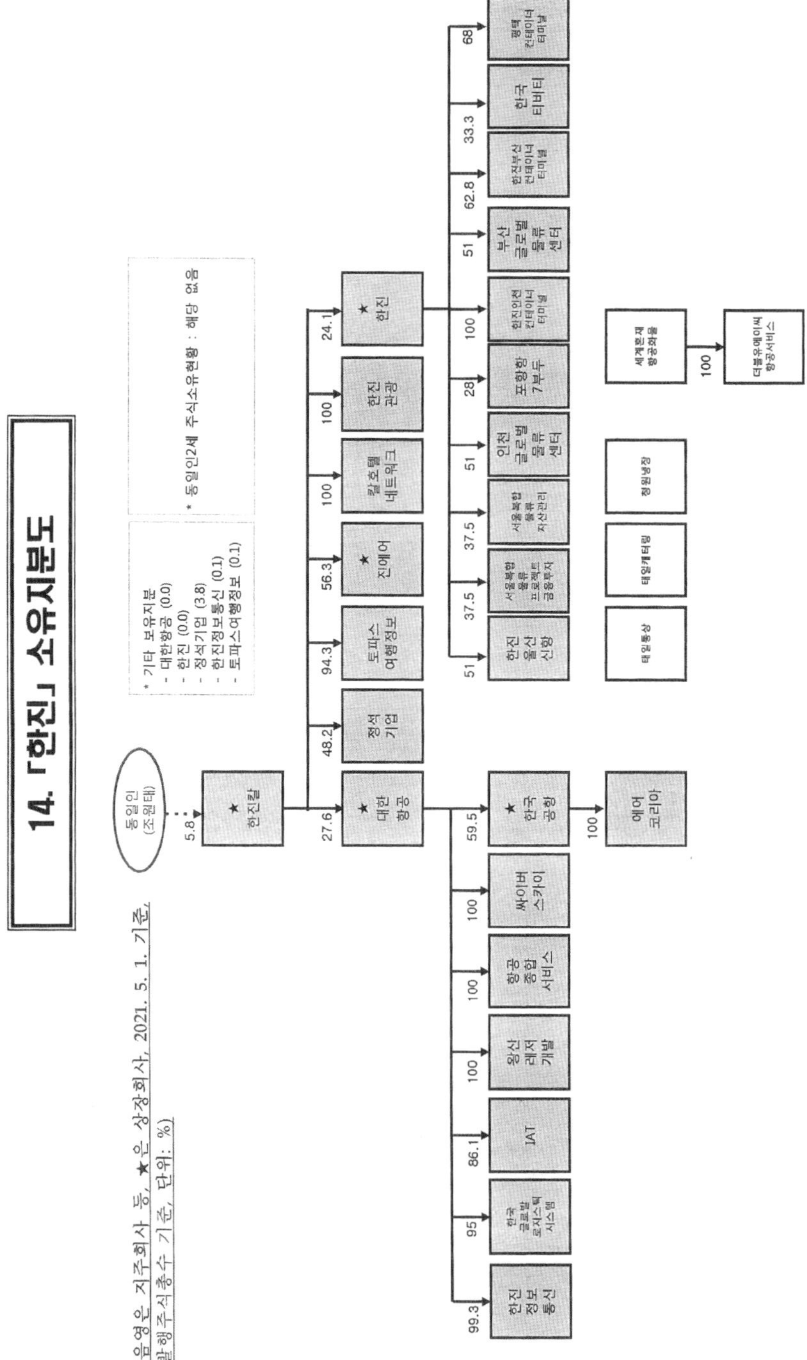

74. 한진중공업그룹: 2012-2018년

연도	동일인	순위 (위)	계열회사 (개)	자산총액 (10억 원)	매출액 (10억 원)	당기순이익 (10억 원)
2006		35	3	3,739	2,360	30
2007		32	4	4,764	3,260	121
2008		29	5	5,719	4,006	138
2009		29	6	7,904	4,715	172
2010		29	7	8,630	4,128	86
2011		31	8	8,158	3,778	-18
2012	조남호	36	8	8,147	3,328	-85
2013	조남호	33	9	8,772	3,080	31
2014	조남호	33	10	9,025	3,113	-196
2015	조남호	33	9	8,908	3,319	-228
2016	조남호	39	9	7,797	3,316	-541
2017	조남호	52	8	6,579	3,055	-811
2018	조남호	56	7	5,705	2,586	-335

	[소유구조]
주요 주주	조남호 (동일인)
주요 지배 회사	한진중공업홀딩스
주요 계열회사	한진중공업, 대륜E&S

주: 2006-2016년 순위: 공기업집단을 제외한 순위.

1. 그룹

1) 대규모기업집단 지정 연도: 2006-2018년.

2) 연도 수: 13년.

2. 소유지분도: 개관

1) 소유지분도 작성 연도: 2012-2018년.

연도 수: 7년.

2) 그룹 주요 지표: [동일인] 조남호. [순위] 33-56위.
[계열회사] 7-10개. [자산총액] 5.7-9.0조 원.
[매출액] 2.6-3.3조 원. [당기순이익] (-0.8) - 0.03조 원.

3) 소유구조

◆ 조남호 → 한진중공업홀딩스 → 계열회사 ◆

① [주요 주주]

1명.

조남호 (동일인).

지분: 46.5%.

② [주요 지배 회사]

1개.

한진중공업홀딩스 (상장).

③ [계열회사]

유형: 자회사 → 손자회사.

주요 회사: 2개 (2개씩 관련).

한진중공업 (상장), 대륜E&S.

3. 소유지분도: 연도별, 2012-2018년

1) 2012년 4월: [순위] 36위, [동일인] 조남호, [계열회사] 8개

조남호 (46.5%) →

한진중공업홀딩스 → 한진중공업, 대륜E&S 등.

2) 2013년 4월: [순위] 33위, [동일인] 조남호, [계열회사] 9개

조남호 (46.5%) →

한진중공업홀딩스 → 한진중공업, 대륜E&S 등.

3) 2014년 4월: [순위] 33위, [동일인] 조남호, [계열회사] 10개

조남호 (46.5%) →

한진중공업홀딩스 → 한진중공업, 대륜E&S 등.

4) 2015년 4월: [순위] 33위, [동일인] 조남호, [계열회사] 9개

조남호 (46.5%) →

한진중공업홀딩스 → 한진중공업, 대륜E&S 등.

5) 2016년 4월: [순위] 39위, [동일인] 조남호, [계열회사] 9개

조남호 (46.5%) →

한진중공업홀딩스 → 한진중공업, 대륜E&S 등.

6) 2017년 9월: [순위] 52위, [동일인] 조남호, [계열회사] 8개

조남호 (46.5%) →

한진중공업홀딩스 → 한진중공업, 대륜E&S 등.

7) 2018년 5월: [순위] 56위, [동일인] 조남호, [계열회사] 7개

조남호 (46.5%) →

한진중공업홀딩스 → 한진중공업, 대륜E&S 등.

1) 한진중공업그룹, 2012년 4월: [순위] 36위, [동일인] 조남호, [계열회사] 8개

조남호 (46.5%) → 한진중공업홀딩스 → 한진중공업, 대륜E&S 등

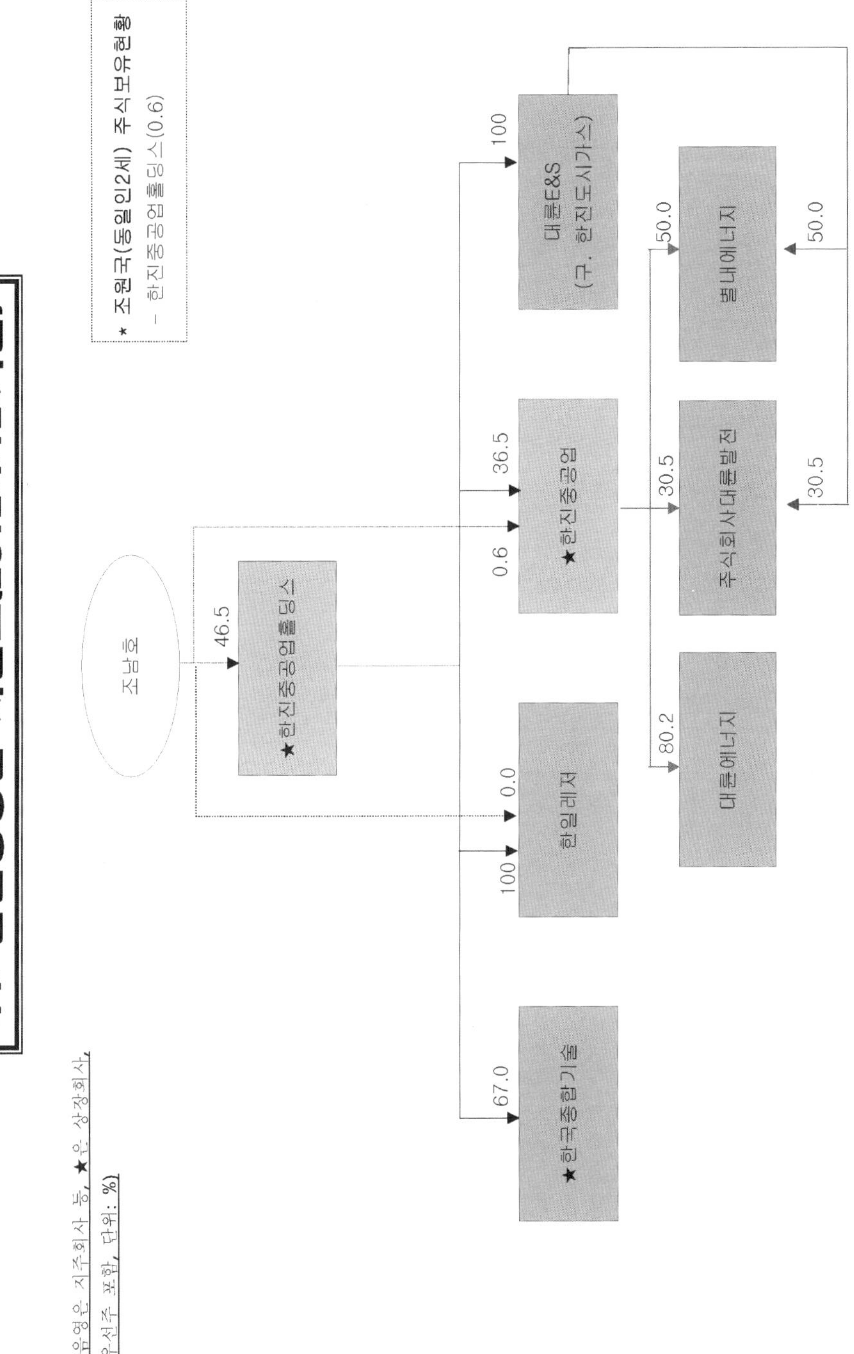

2) 한진중공업그룹, 2013년 4월: [순위] 33위, [동일인] 조남호, [계열회사] 9개

조남호 (46.5%) → 한진중공업홀딩스 → 한진중공업, 대륜E&S 등

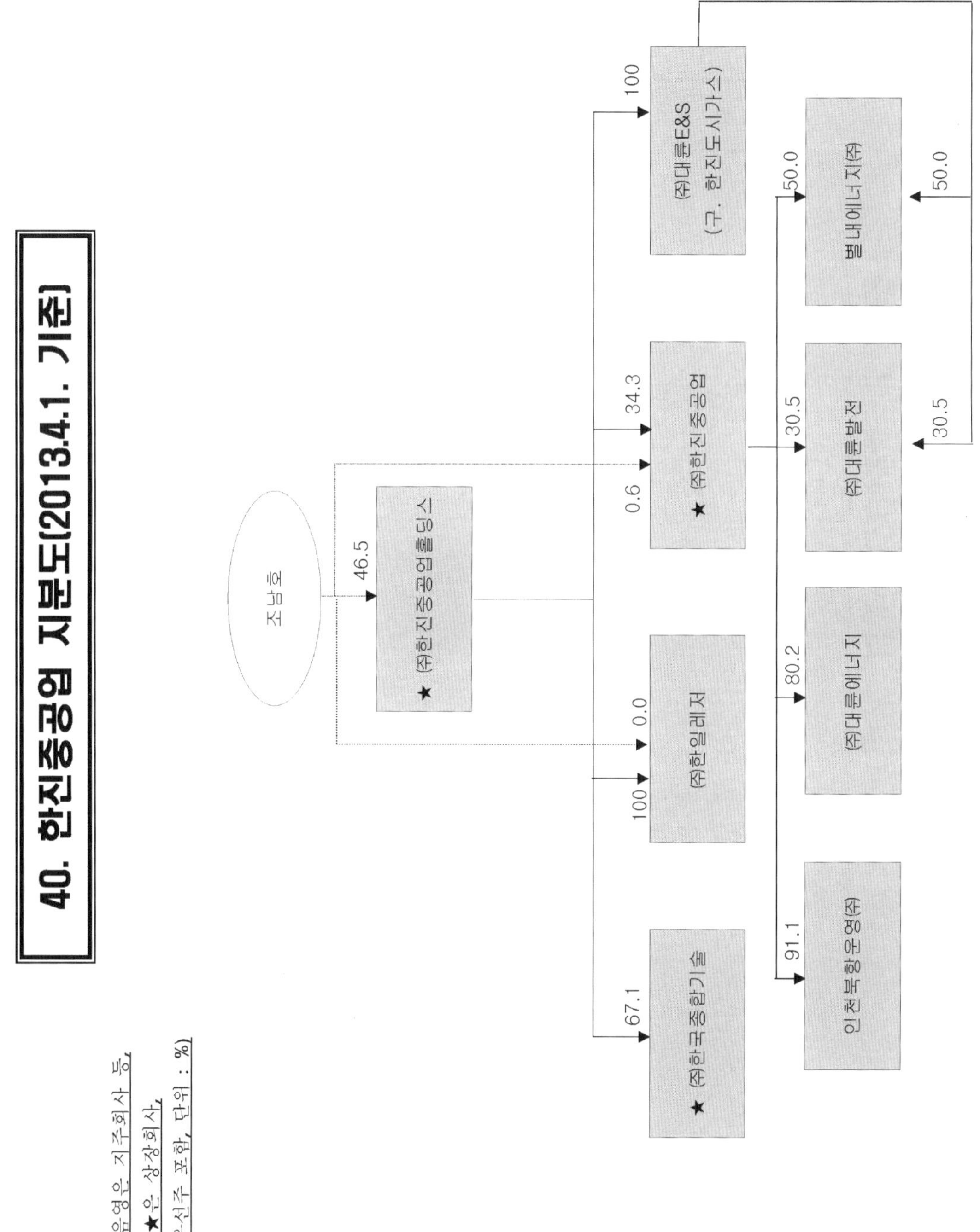

3) 한진중공업그룹, 2014년 4월: [순위] 33위, [동일인] 조남호, [계열회사] 10개

조남호 (46.5%) → 한진중공업홀딩스 → 한진중공업, 대륜E&S 등

41. 「한진중공업」 소유지분도

* 음영은 지주회사 등, ★은 상장회사, 2014.4.1. 발행주식총수 기준, 단위: %

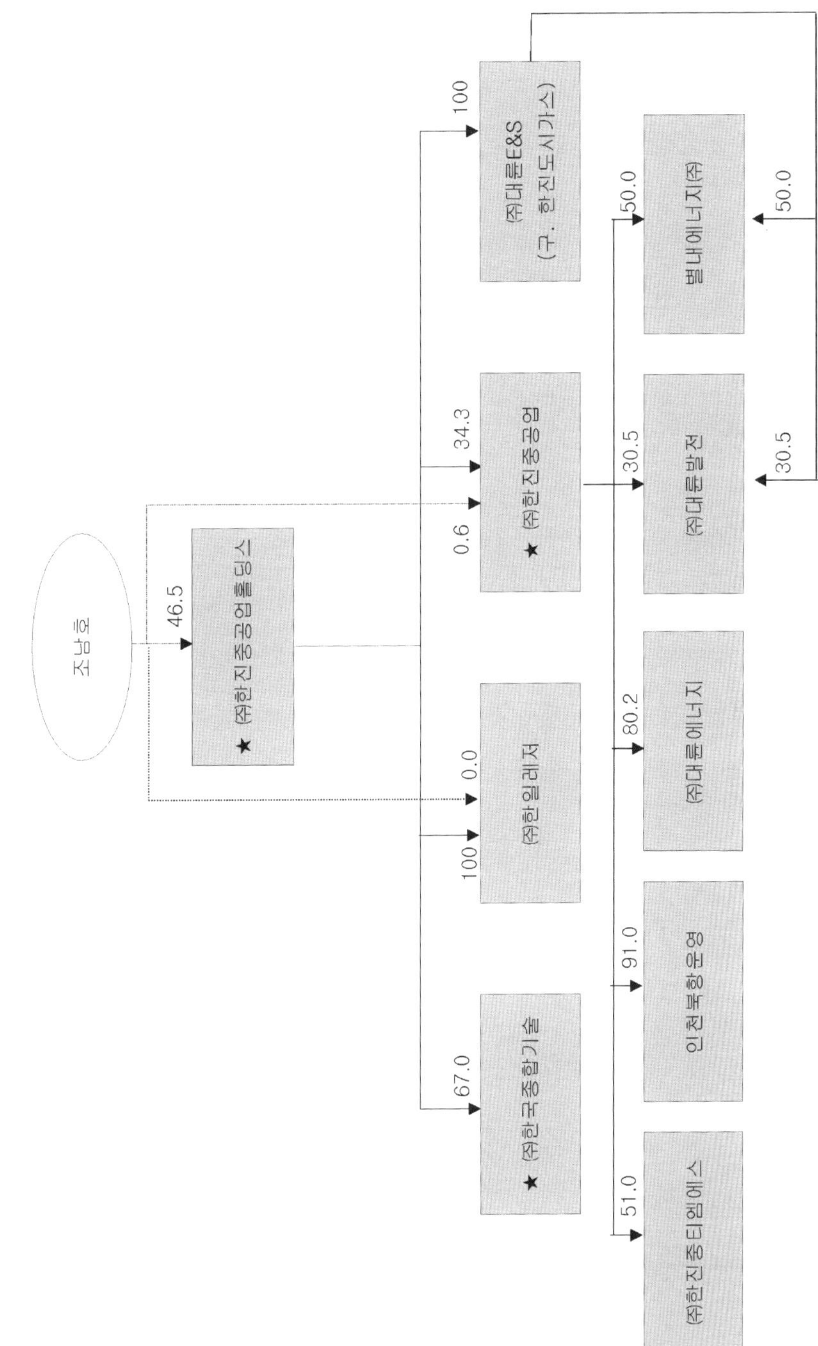

4) 한진중공업그룹, 2015년 4월: [순위] 33위, [동일인] 조남호, [계열회사] 9개

조남호 (46.5%) → 한진중공업홀딩스 → 한진중공업, 대륜E&S 등

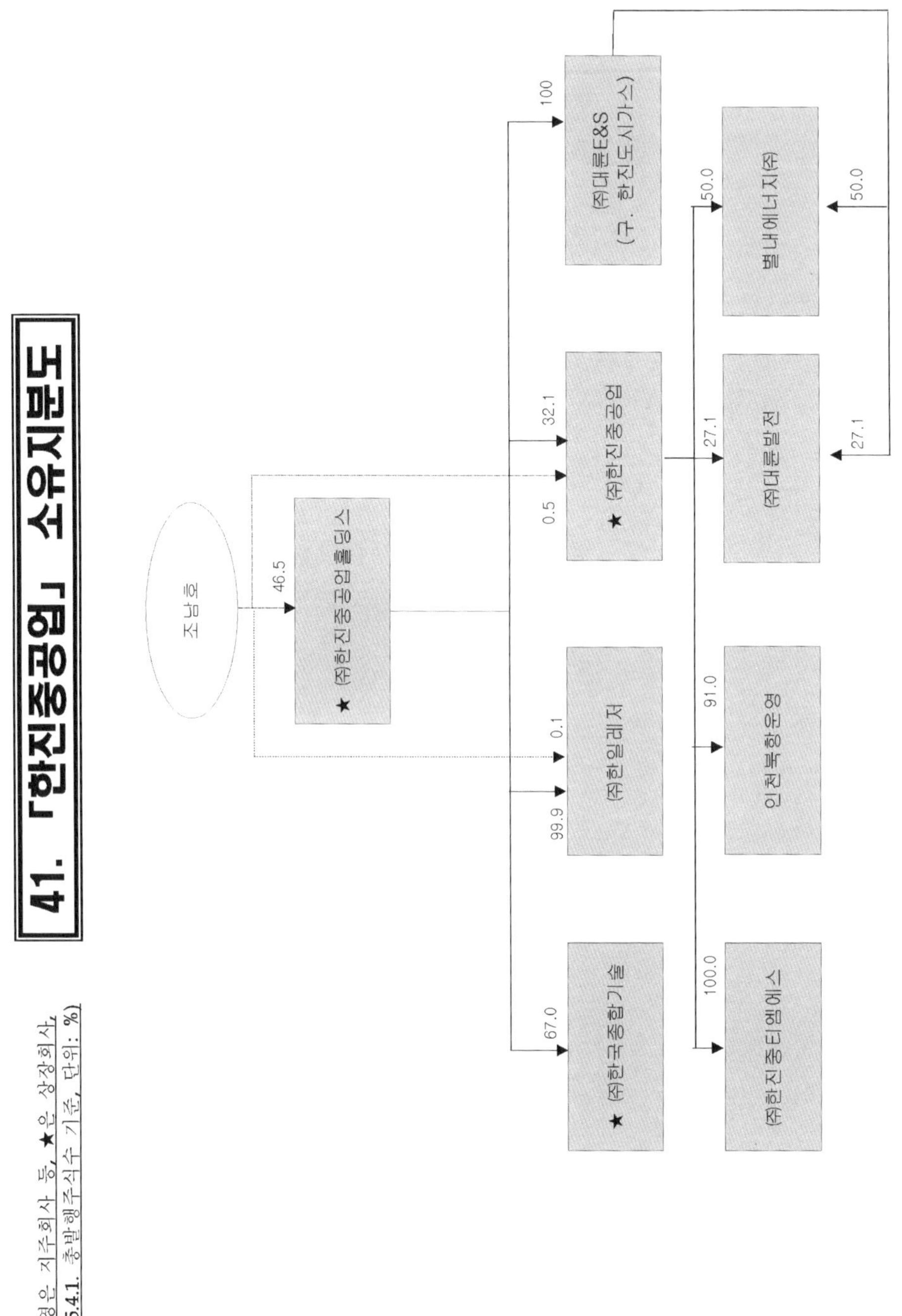

5) 한진중공업그룹, 2016년 4월: [순위] 39위, [동일인] 조남호, [계열회사] 9개

조남호 (46.5%) → 한진중공업홀딩스 → 한진중공업, 대륜E&S 등

48. 「한진중공업」 소유지분도

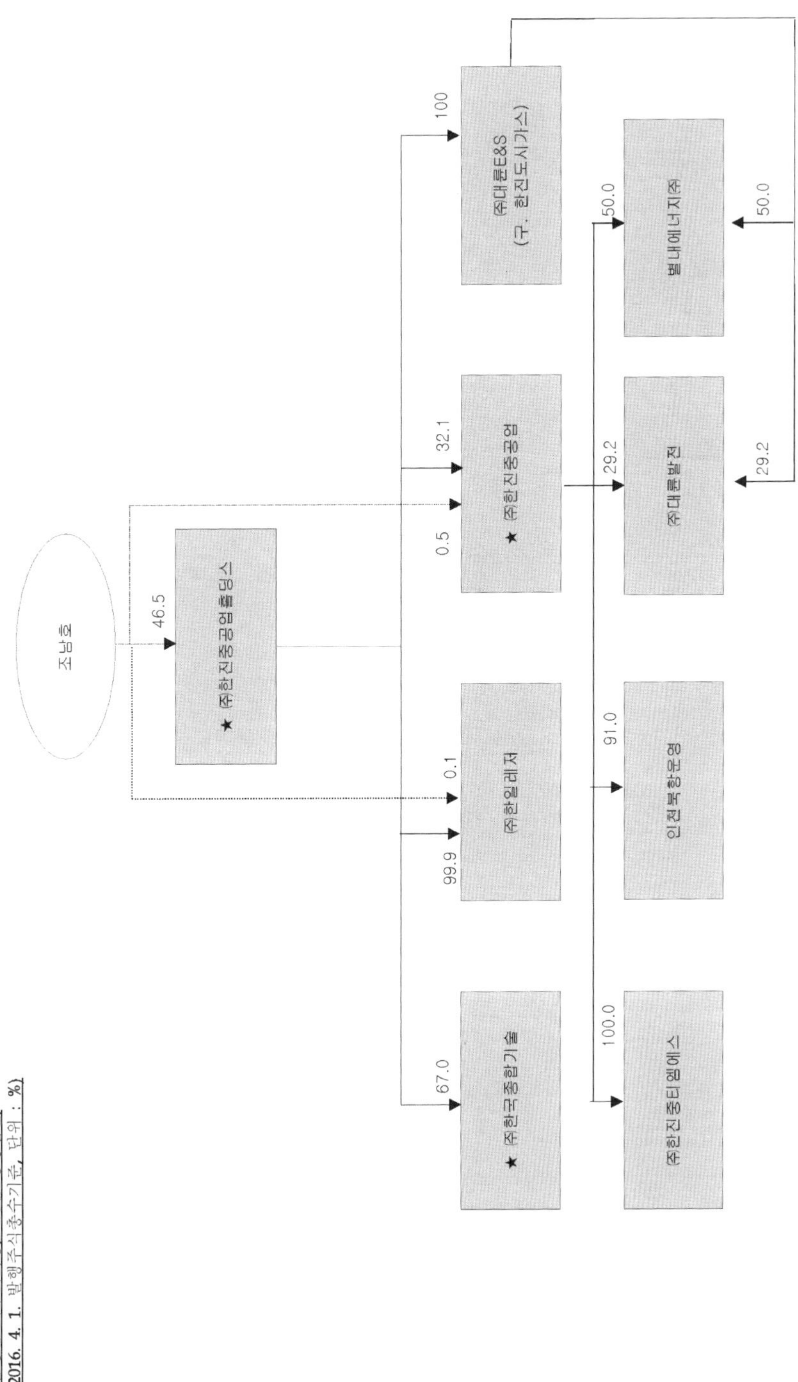

<u>6) 한진중공업그룹, 2017년 9월: [순위] 52위, [동일인] 조남호, [계열회사] 8개</u>

조남호 (46.5%) → 한진중공업홀딩스 → 한진중공업, 대륜E&S 등

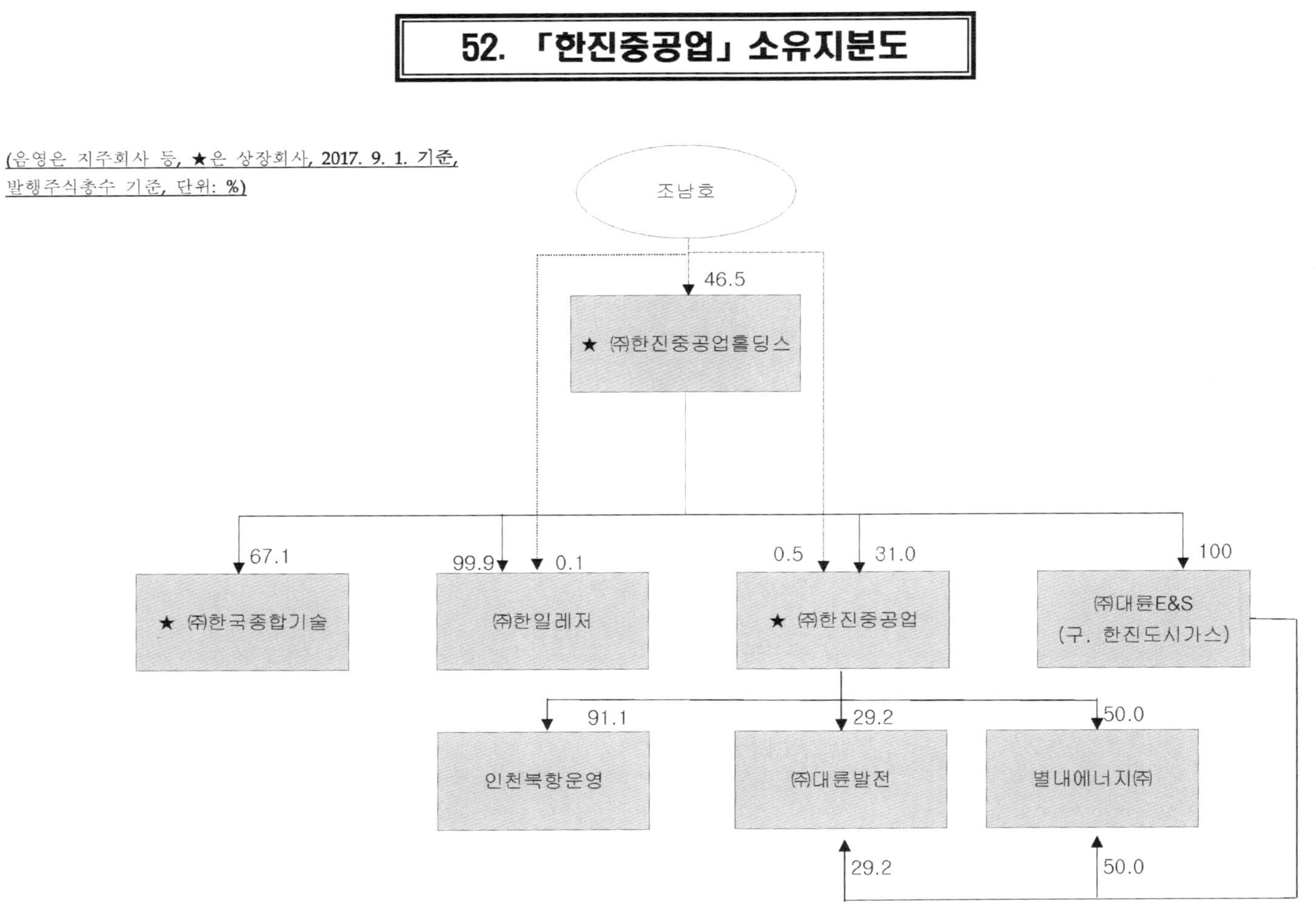

7) 한진중공업그룹, 2018년 5월: [순위] 56위, [동일인] 조남호, [계열회사] 7개

조남호 (46.5%) → 한진중공업홀딩스 → 한진중공업, 대륜E&S 등

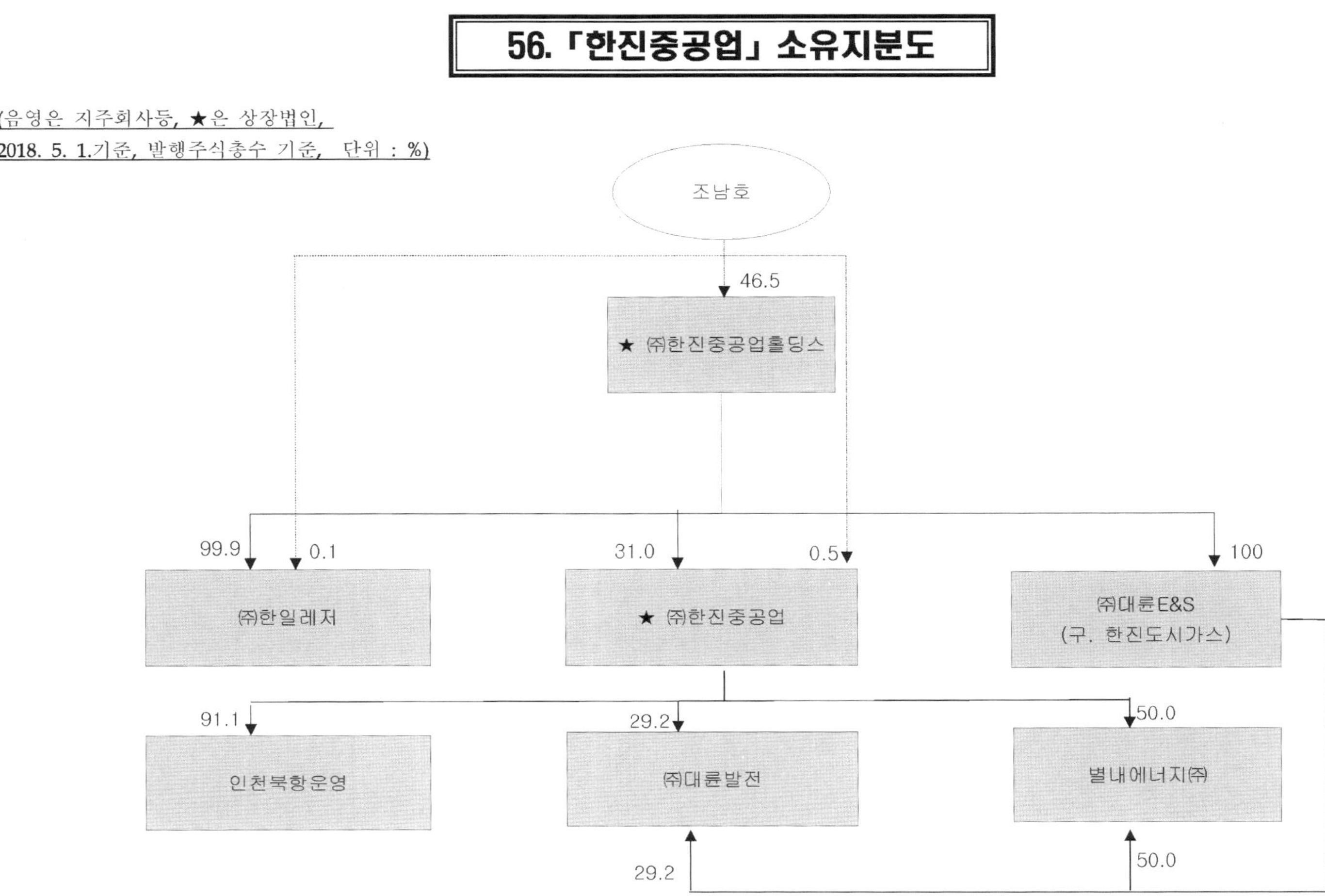

75. 한화그룹: 2012-2021년

연도	동일인	순위 (위)	계열회사 (개)	자산총액 (10억 원)	매출액 (10억 원)	당기순이익 (10억 원)
1987		8	22	1,796	1,971	33
1988		8	23	2,278	2,080	-38
1989		10	26	2,333	2,190	61
1990		10	27	3,033	2,354	39
1991		8	27	4,172	2,844	28
1992		9	27	5,469	3,534	-44
1993		9	27	6,428	-	-
1994		9	29	6,837	5,416	-157
1995		9	29	7,282	5,579	-84
1996		9	31	9,158	8,270	-66
1997		9	31	10,967	10,088	-212
1998		8	31	12,469	11,606	-365
1999		8	21	13,084	9,741	-517
2000		9	23	11,430	6,091	467
2001		10	25	11,496	7,952	336
2002		11	26	9,892	7,820	-732
2003		9	33	14,311	19,684	834
2004		9	31	15,084	19,511	1,211
2005		10	30	16,219	20,555	1,246
2006		11	31	16,526	20,558	1,336
2007		12	34	18,046	20,921	1,096
2008		12	40	20,627	23,154	877
2009		13	44	24,467	27,799	835
2010		13	48	26,391	28,989	1,092
2011		10	55	31,731	30,860	1,262
2012	김승연	10	53	34,263	35,095	995
2013	김승연	11	49	35,944	35,055	1,016
2014	김승연	11	51	37,063	38,461	951
2015	김승연	11	52	37,954	36,924	364
2016	김승연	8	57	54,697	52,364	1,314
2017	김승연	8	61	58,539	55,864	3,206
2018	김승연	8	76	61,319	59,524	3,237
2019	김승연	7	75	65,636	60,162	3,139
2020	김승연	7	86	71,686	57,921	863
2021	김승연	7	83	72,898	56,648	1,820

	[소유구조]	
주요 주주	김승연 (동일인)	친족
주요 지배 회사	한화	-
주요 계열회사	한화케미칼/한화솔루션, 한화건설	한화에스앤씨/에이치솔루션

주: 2002-2016년 순위: 공기업집단을 제외한 순위.

1. 그룹

1) 대규모기업집단 지정 연도: 1987-2021년.

2) 연도 수: 35년.

3) 그룹 이름: 한국화약 (1987-1992년), 한화 (1993-2021년).

2. 소유지분도: 개관

1) 소유지분도 작성 연도: 2012-2021년.

연도 수: 10년.

2) 그룹 주요 지표: [동일인] 김승연. [순위] 7-11위.

[계열회사] 49-86개. [자산총액] 34.3-72.9조 원.

[매출액] 35.1-60.2조 원. [당기순이익] 0.4-3.2조 원.

3) 소유구조

◆ {김승연 → 한화 → 계열회사} +

{친족 → 계열회사2} ◆

① [주요 주주]

1명.

김승연 (동일인).

지분: 18.8-22.5%.

② [주요 지배 회사]

1개.

한화 (상장).

③ [계열회사]

유형: 자회사 → 손자회사 → 증손회사.

주요 회사: 2개 (2개씩 관련).

한화케미칼 (상장) / 한화솔루션 (상장), 한화건설.

* 계열회사2: 1개.

한화에스앤씨 / 에이치솔루션.

4) 한화케미칼: 한화솔루션 (2020년 1월 한화큐셀앤드첨단소재 합병 후 상호 변경; 2019년 9월 한화큐셀앤드첨단소재 인적분할 후 한화글로벌에셋으로 상호 변경, 한화큐셀앤드첨단소재 신설).

한화에스앤씨: 에이치솔루션 (2017년 10월 물적분할 후 상호 변경).

3. 소유지분도: 연도별, 2012-2021년

1) 2012년 4월: [순위] 10위, [동일인] 김승연, [계열회사] 53개

{김승연 (22.5%) →

한화 → 한화케미칼, 한화건설 등} +

{친족 → 한화에스앤씨 등}.

2) 2013년 4월: [순위] 11위, [동일인] 김승연, [계열회사] 49개

{김승연 (22.5%) →

한화 → 한화케미칼, 한화건설 등} +

{친족 → 한화에스앤씨 등}.

3) 2014년 4월: [순위] 11위, [동일인] 김승연, [계열회사] 51개

{김승연 (22.5%) →

한화 → 한화케미칼, 한화건설 등} +

{친족 → 한화에스앤씨 등}.

4) 2015년 4월: [순위] 11위, [동일인] 김승연, [계열회사] 52개

{김승연 (22.5%) →

한화 → 한화케미칼, 한화건설 등} +

{친족 → 한화에스앤씨 등}.

5) 2016년 4월: [순위] 8위, [동일인] 김승연, [계열회사] 57개

{김승연 (22.5%) →

한화 → 한화케미칼, 한화건설 등} +

{친족 → 한화에스앤씨 등}.

6) 2017년 5월: [순위] 8위, [동일인] 김승연, [계열회사] 61개

{김승연 (18.8%) →

한화 → 한화케미칼, 한화건설 등} +

{친족 → 한화에스앤씨 등}.

7) 2018년 5월: [순위] 8위, [동일인] 김승연, [계열회사] 76개

{김승연 (18.8%) →

한화 → 한화케미칼, 한화건설 등} +

{친족 → 에이치솔루션 등}.

8) 2019년 5월: [순위] 7위, [동일인] 김승연, [계열회사] 75개

{김승연 (18.8%) →

한화 → 한화케미칼, 한화건설 등} +

{친족 → 에이치솔루션}.

9) 2020년 5월: [순위] 7위, [동일인] 김승연, [계열회사] 86개

{김승연 (18.8%) →

한화 → 한화솔루션, 한화건설 등} +

{친족 → 에이치솔루션}.

10) 2021년 5월: [순위] 7위, [동일인] 김승연, [계열회사] 83개

{김승연 (18.8%) →

한화 → 한화솔루션, 한화건설 등} +

{친족 → 에이치솔루션}.

1) 한화그룹, 2012년 4월: [순위] 10위, [동일인] 김승연, [계열회사] 53개

{김승연 (22.5%) → 한화 → 한화케미칼, 한화건설 등} + {친족 → 한화에스앤씨 등}

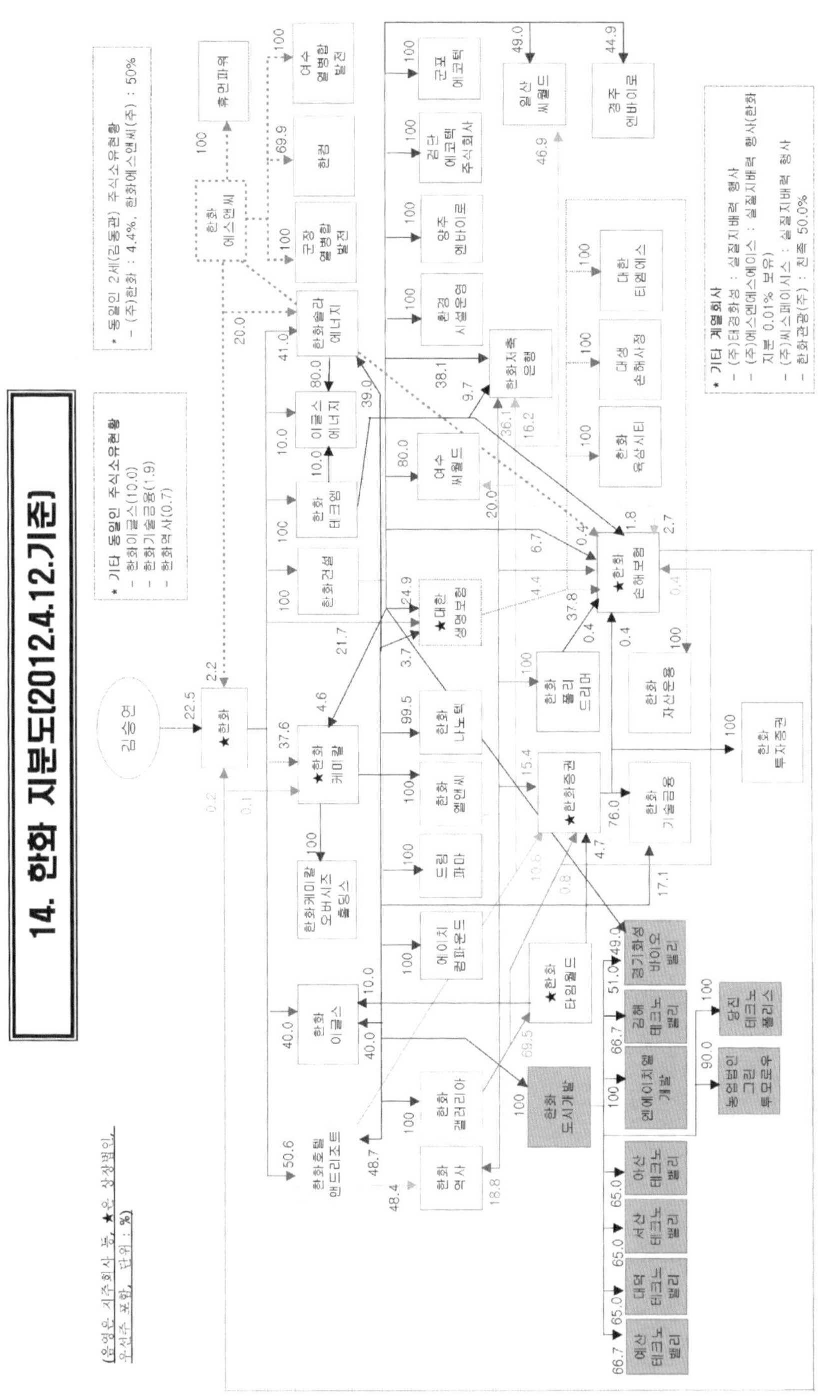

2) 한화그룹, 2013년 4월: [순위] 11위, [동일인] 김승연, [계열회사] 49개

{김승연 (22.5%) → 한화 → 한화케미칼, 한화건설 등} + {친족 → 한화에스앤씨 등}

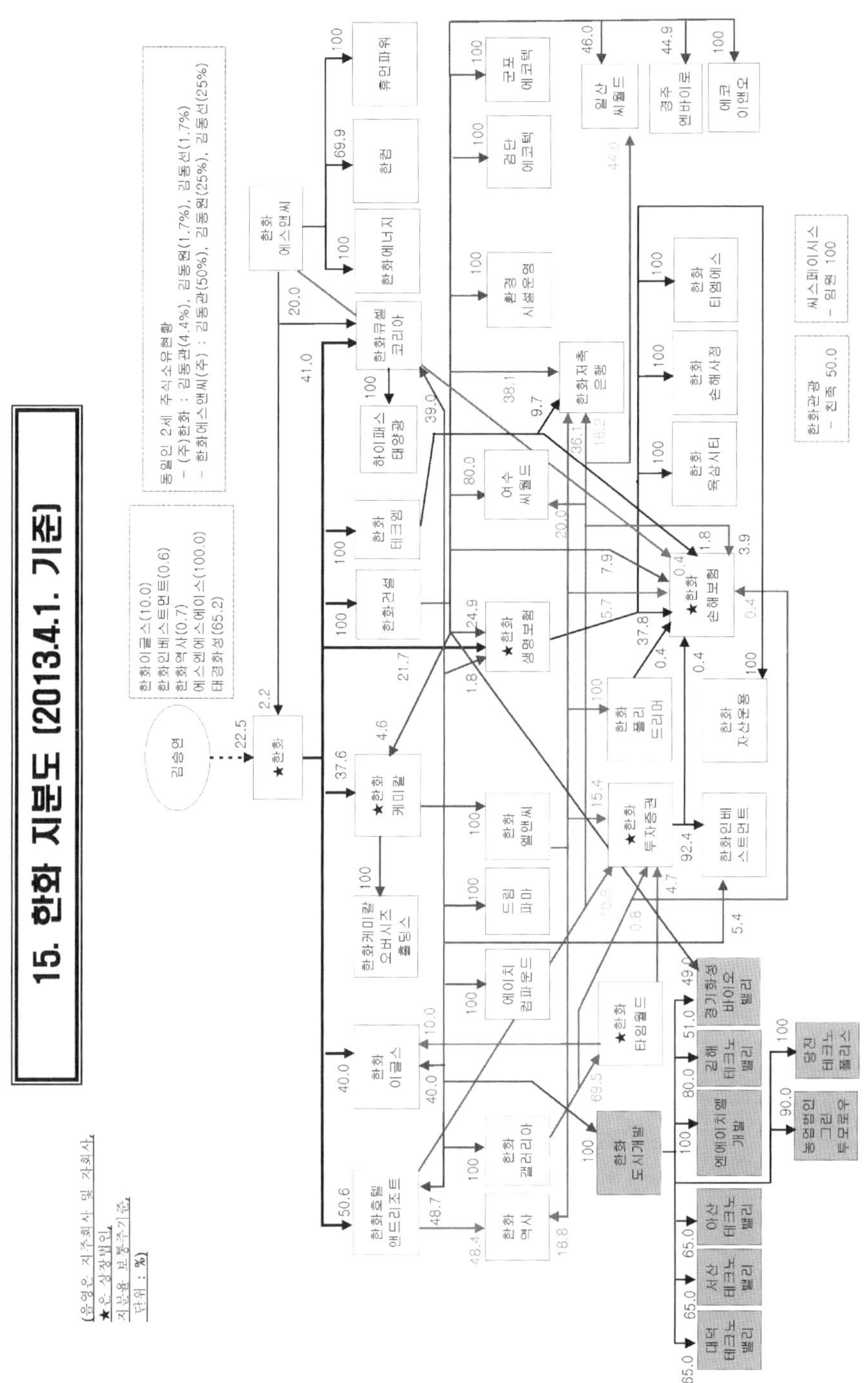

3) 한화그룹, 2014년 4월: [순위] 11위, [동일인] 김승연, [계열회사] 51개

{김승연 (22.5%) → 한화 → 한화케미칼, 한화건설 등} + {친족 → 한화에스앤씨 등}

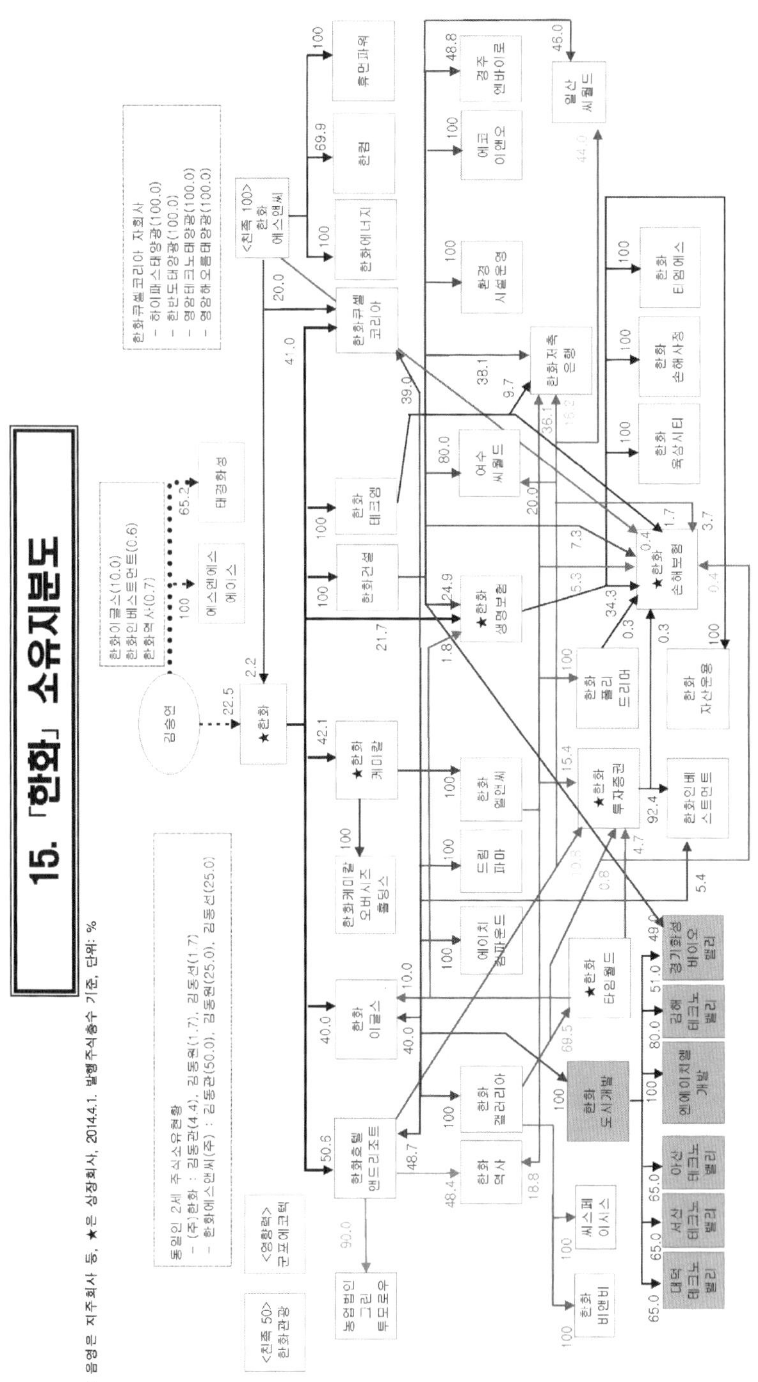

4) 한화그룹, 2015년 4월: [순위] 11위, [동일인] 김승연, [계열회사] 52개

{김승연 (22.5%) → 한화 → 한화케미칼, 한화건설 등} + {친족 → 한화에스앤씨 등}

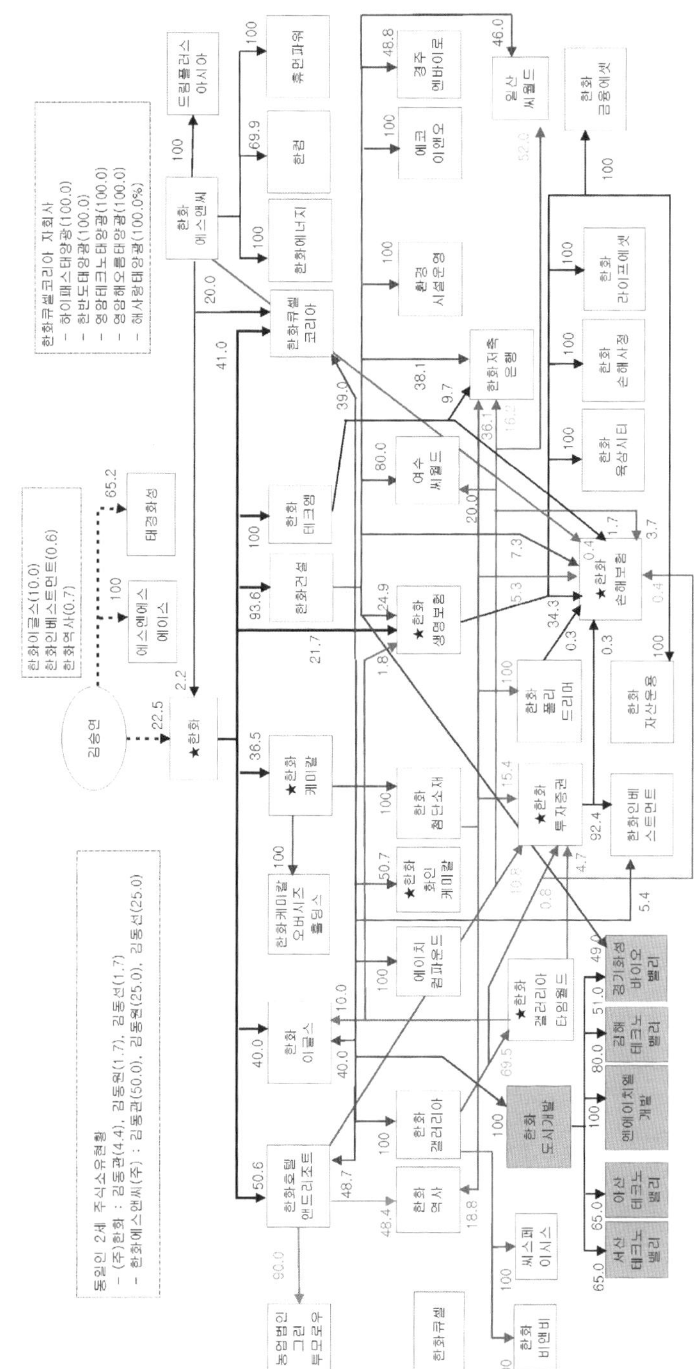

5) 한화그룹, 2016년 4월: [순위] 8위, [동일인] 김승연, [계열회사] 57개

{김승연 (22.5%) → 한화 → 한화케미칼, 한화건설 등} + {친족 → 한화에스앤씨 등}

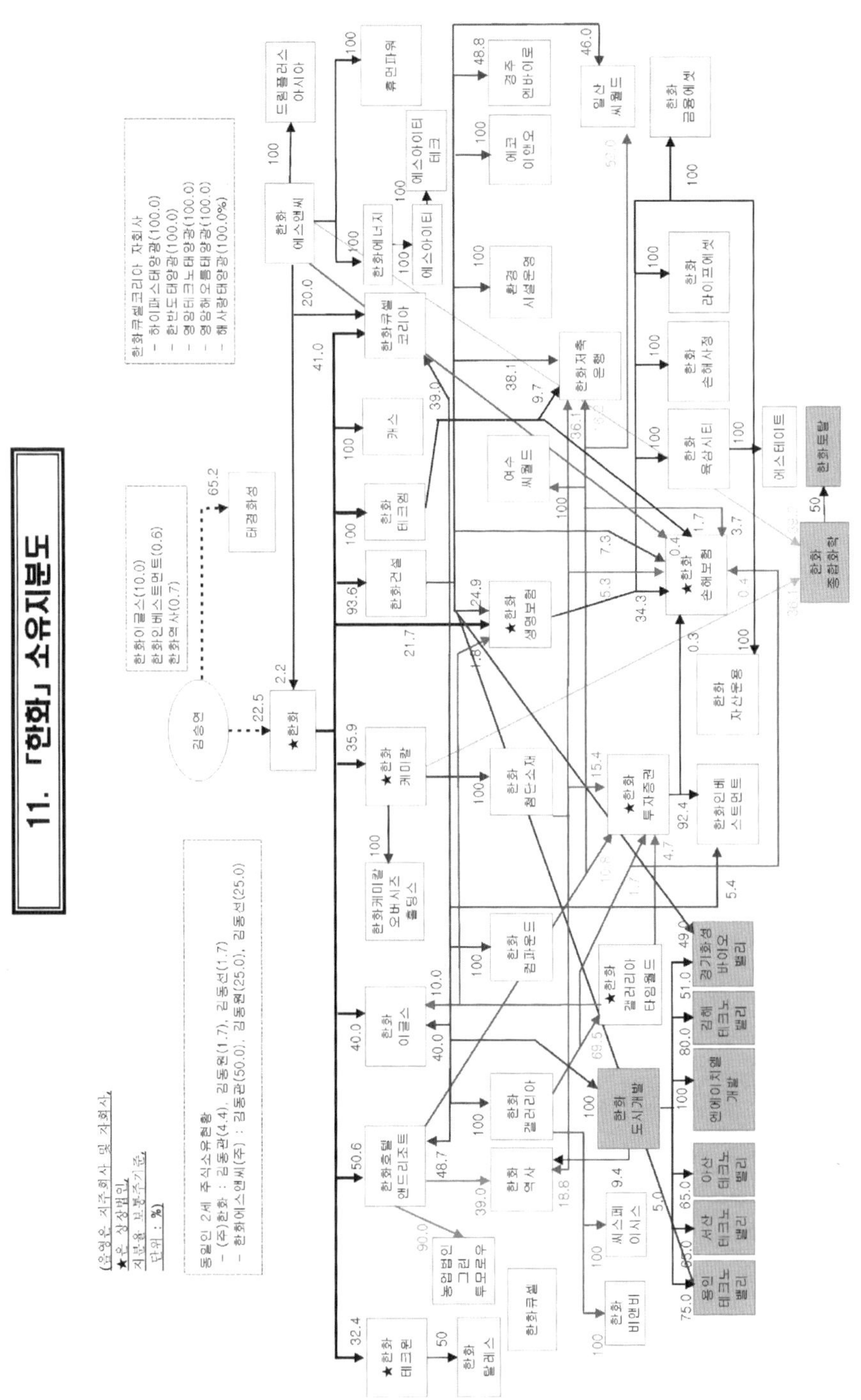

6) 한화그룹, 2017년 5월: [순위] 8위, [동일인] 김승연, [계열회사] 61개

{김승연 (18.8%) → 한화 → 한화케미칼, 한화건설 등} + {친족 → 한화에스앤씨 등}

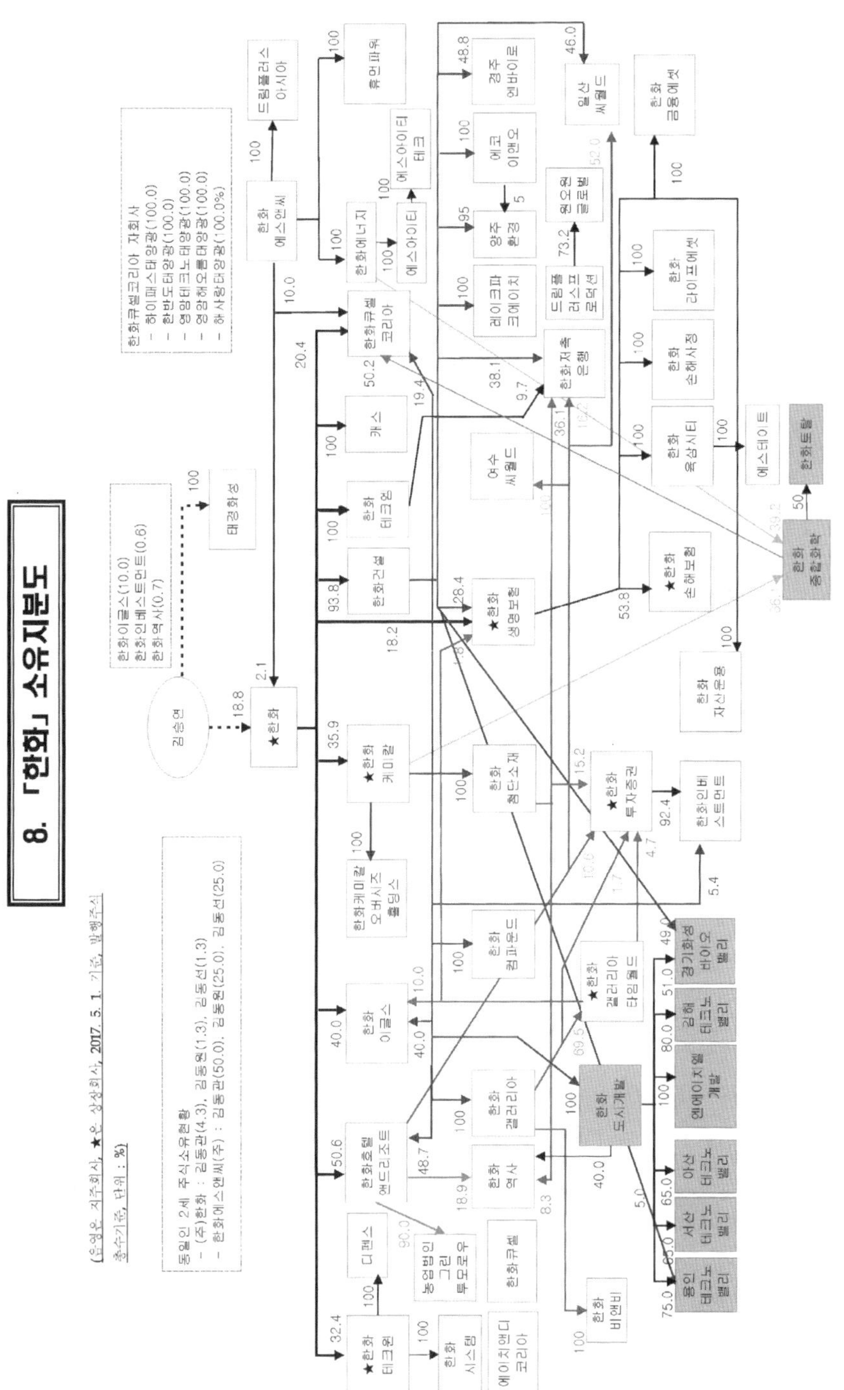

8. 「한화」 소유지분도

7) 한화그룹, 2018년 5월: [순위] 8위, [동일인] 김승연, [계열회사] 76개

{김승연 (18.8%) → 한화 → 한화케미칼, 한화건설 등} + {친족 → 에이치솔루션 등}

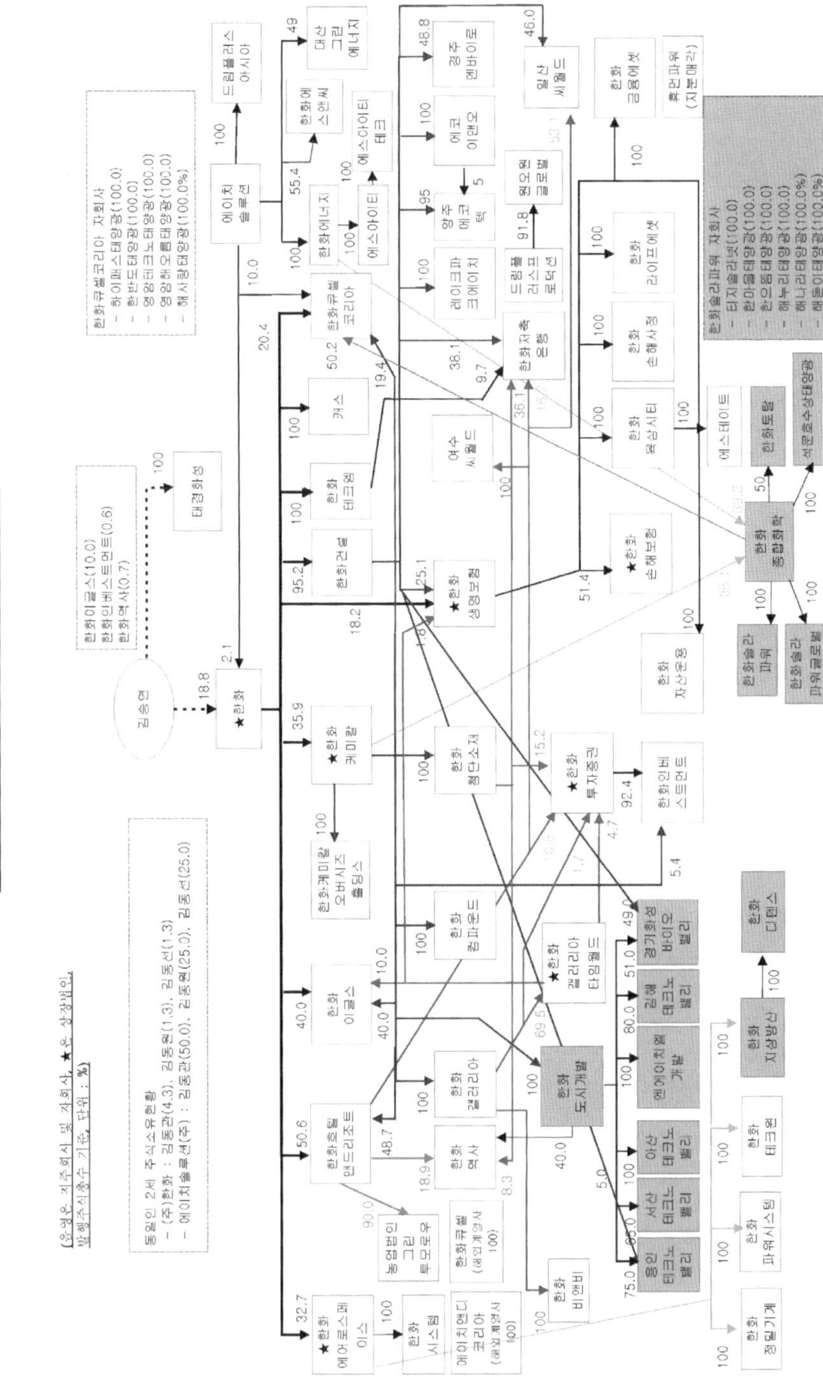

8) 한화그룹, 2019년 5월: [순위] 7위, [동일인] 김승연, [계열회사] 75개

{김승연 (18.8%) → 한화 → 한화케미칼, 한화건설 등} + {친족 → 에이치솔루션}

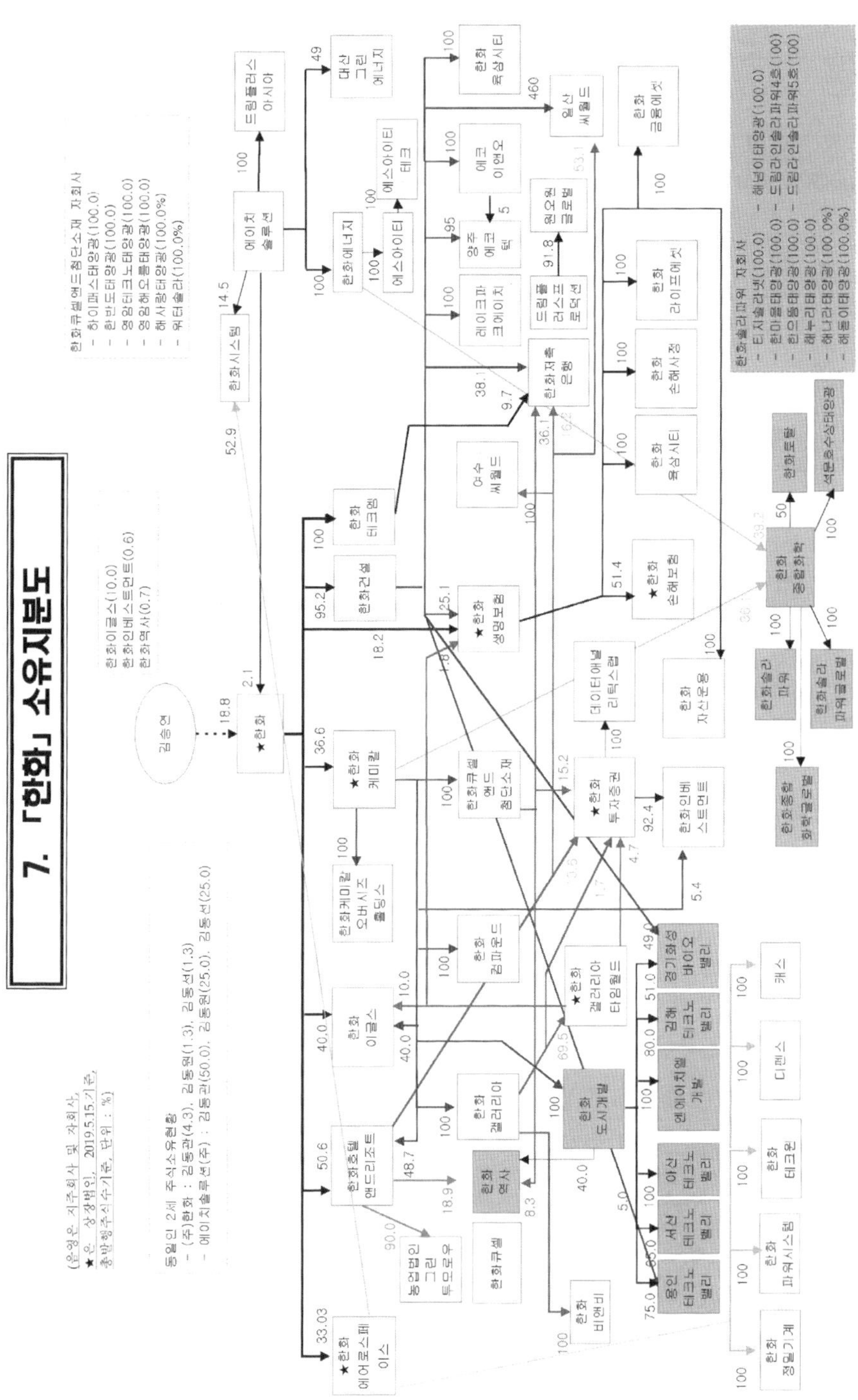

9) 한화그룹, 2020년 5월: [순위] 7위, [동일인] 김승연, [계열회사] 86개

{김승연 (18.8%) → 한화 → 한화솔루션, 한화건설 등} + {친족 → 에이치솔루션}

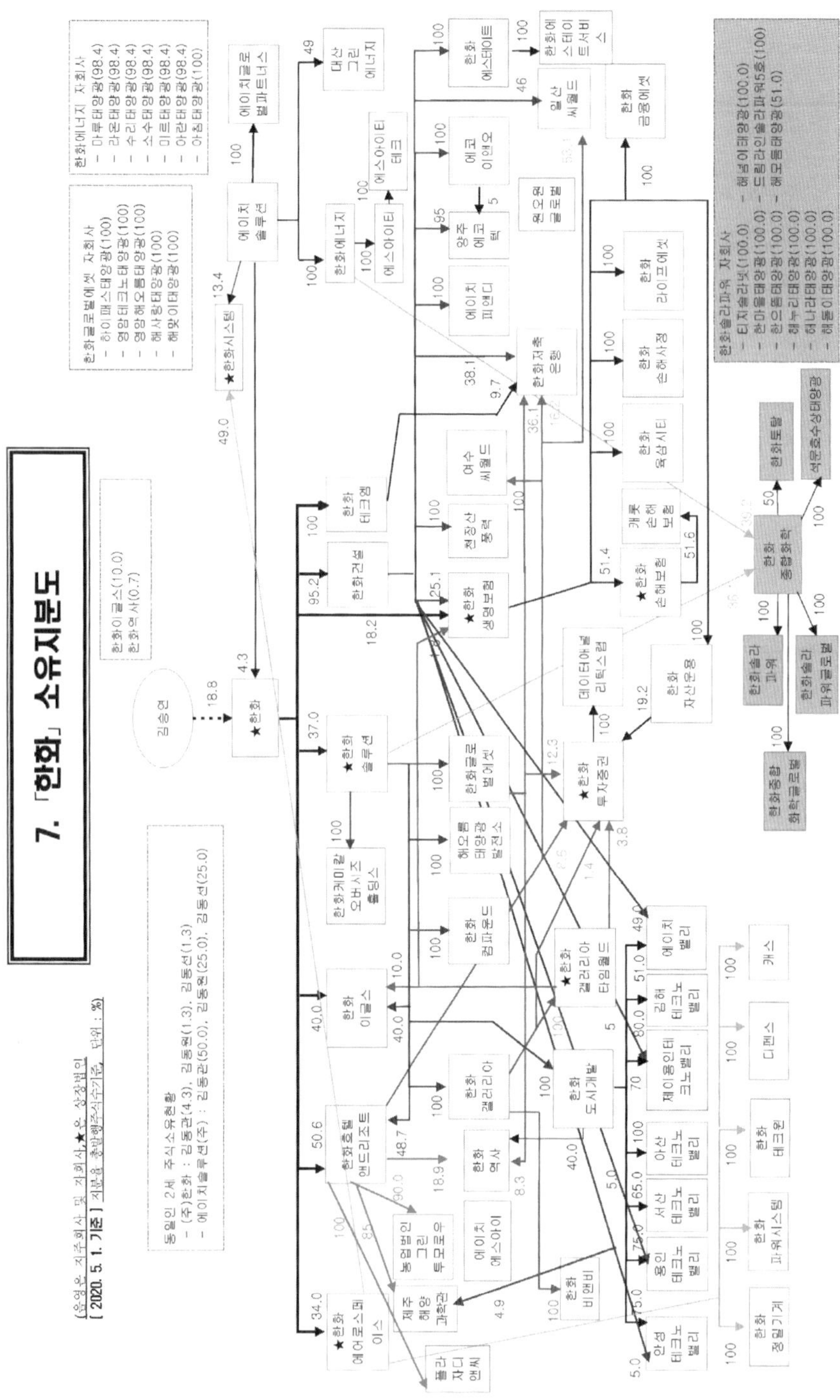

10) 한화그룹, 2021년 5월: [순위] 7위, [동일인] 김승연, [계열회사] 83개

{김승연 (18.8%) → 한화 → 한화솔루션, 한화건설 등} + {친족 → 에이치솔루션}

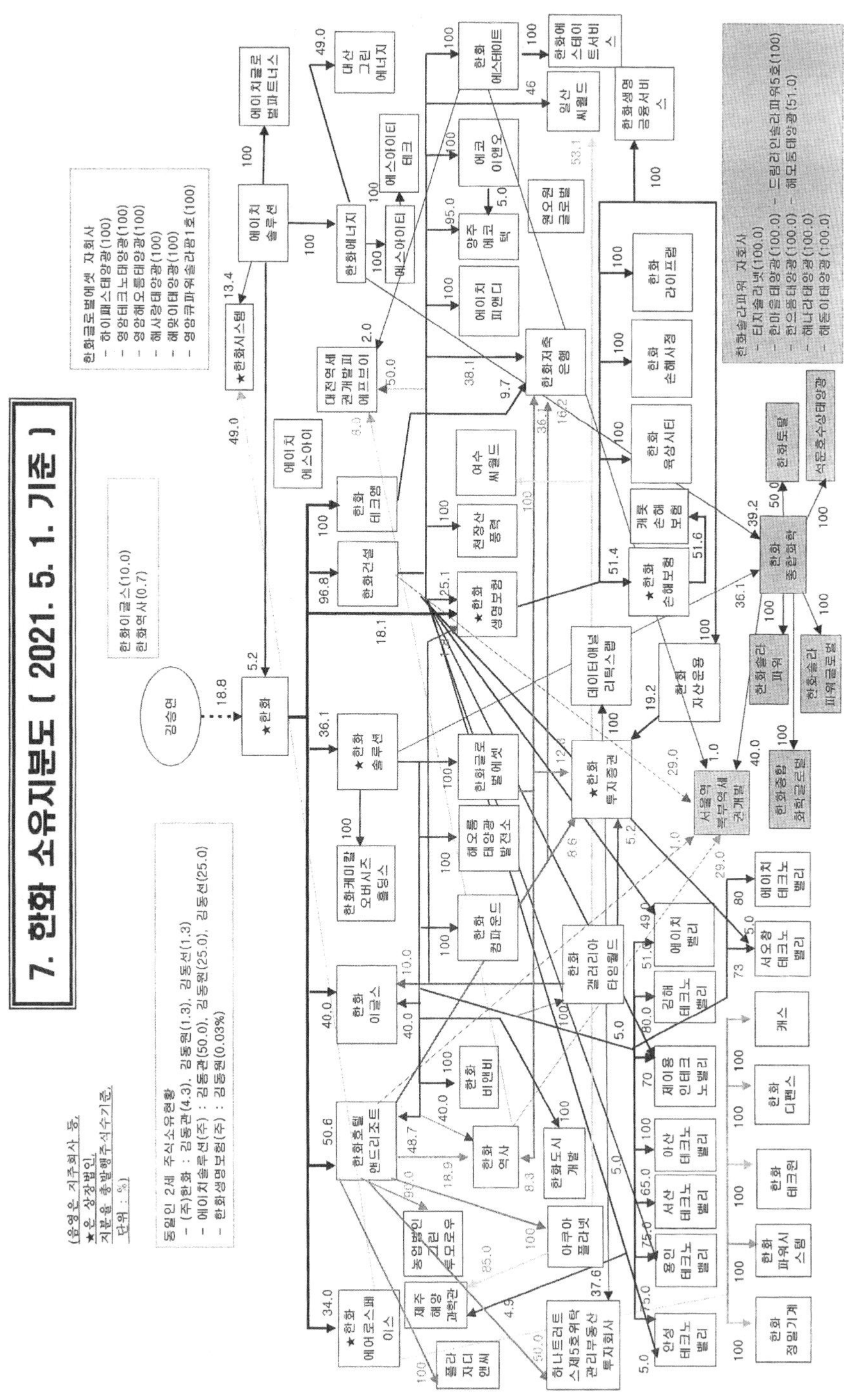

76. 현대그룹: 2012-2016년

연도	동일인	순위 (위)	계열회사 (개)	자산총액 (10억 원)	매출액 (10억 원)	당기순이익 (10억 원)
1987		1	32	8,038	11,893	52
1988		1	34	9,517	14,356	151
1989		1	37	10,831	16,043	231
1990		1	39	14,279	17,348	298
1991		1	42	19,074	22,658	315
1992		1	43	23,116	29,919	449
1993		1	45	27,517	-	-
1994		1	48	31,669	39,031	354
1995		1	48	37,221	47,001	506
1996		1	46	43,743	59,068	1,159
1997		1	57	53,597	69,798	125
1998		1	62	73,520	81,420	-891
1999		1	62	88,806	94,208	-11,322
2000		1	35	88,649	95,047	934
2001		2	26	53,632	78,188	-7,191
2002		8	12	11,784	36,517	-1,025
2003		11	12	10,160	25,476	-224
2004		14	7	6,355	5,483	-111
2005		15	7	6,072	6,840	330
2006		16	9	7,125	6,524	551
2007		17	9	8,760	6,965	483
2008		21	9	9,007	8,372	481
2009		18	11	12,574	12,649	892
2010		21	12	12,472	10,727	-919
2011		21	14	13,705	12,758	764
2012	현정은	21	20	13,948	11,095	-509
2013	현정은	22	20	14,965	11,703	-950
2014	현정은	22	20	14,113	11,596	-1,034
2015	현정은	22	20	12,566	10,606	-32
2016	현정은	22	21	12,282	11,481	-517

	[소유구조]
주요 주주	현정은 (동일인)
주요 지배 회사	현대글로벌, 현대엘리베이터
주요 계열회사	‘현대로지스틱스 → 현대엘리베이터 → 현대상선’, ‘현대엘리베이터 → 현대상선’, 현대상선

주: 2002-2016년 순위: 공기업집단을 제외한 순위.

1. 그룹

1) 대규모기업집단 지정 연도: 1987-2016년.

2) 연도 수: 30년.

2. 소유지분도: 개관

1) 소유지분도 작성 연도: 2012-2016년.

연도 수: 5년.

2) 그룹 주요 지표: [동일인] 현정은. [순위] 21-22위.

[계열회사] 20-21개. [자산총액] 12.3-15.0조 원.

[매출액] 10.6-11.7조 원. [당기순이익] (-1.0) - (-0.03)조 원.

3) 소유구조

◆ 현정은 → 현대글로벌, 현대엘리베이터 → 계열회사 ◆

① [주요 주주]

1명.

현정은 (동일인).

지분: 8.7-91.3%.

② [주요 지배 회사]

2개 (1개씩 관련).

현대글로벌 (4년; 2012-2015년), 현대엘리베이터 (상장)(1년; 2016년).

③ [계열회사]

유형: 자회사 → 손자회사 → 증손회사.

주요 회사: 3개 (1-3개씩 관련).

'현대로지스틱스 → 현대엘리베이터 → 현대상선 (상장)',

'현대엘리베이터 → 현대상선', 현대상선.

3. 소유지분도: 연도별, 2012-2016년

1) 2012년 4월: [순위] 21위, [동일인] 현정은, [계열회사] 20개

현정은 (59.2%) →

현대글로벌 → '현대로지스틱스 → 현대엘리베이터 → 현대상선'.

2) 2013년 4월: [순위] 22위, [동일인] 현정은, [계열회사] 20개

현정은 (59.2%) →

현대글로벌 → '현대로지스틱스 → 현대엘리베이터 → 현대상선'.

3) 2014년 4월: [순위] 22위, [동일인] 현정은, [계열회사] 20개

현정은 (59.2%) →

현대글로벌 → '현대로지스틱스 → 현대엘리베이터 → 현대상선'.

4) 2015년 4월: [순위] 22위, [동일인] 현정은, [계열회사] 20개

현정은 (91.3%) →

현대글로벌 → '현대엘리베이터 → 현대상선'.

5) 2016년 4월: [순위] 22위, [동일인] 현정은, [계열회사] 21개

현정은 (8.7%) →

현대엘리베이터 → 현대상선.

1) 현대그룹, 2012년 4월: [순위] 21위, [동일인] 현정은, [계열회사] 20개

현정은 (59.2%) → 현대글로벌 → '현대로지스틱스 → 현대엘리베이터 → 현대상선'

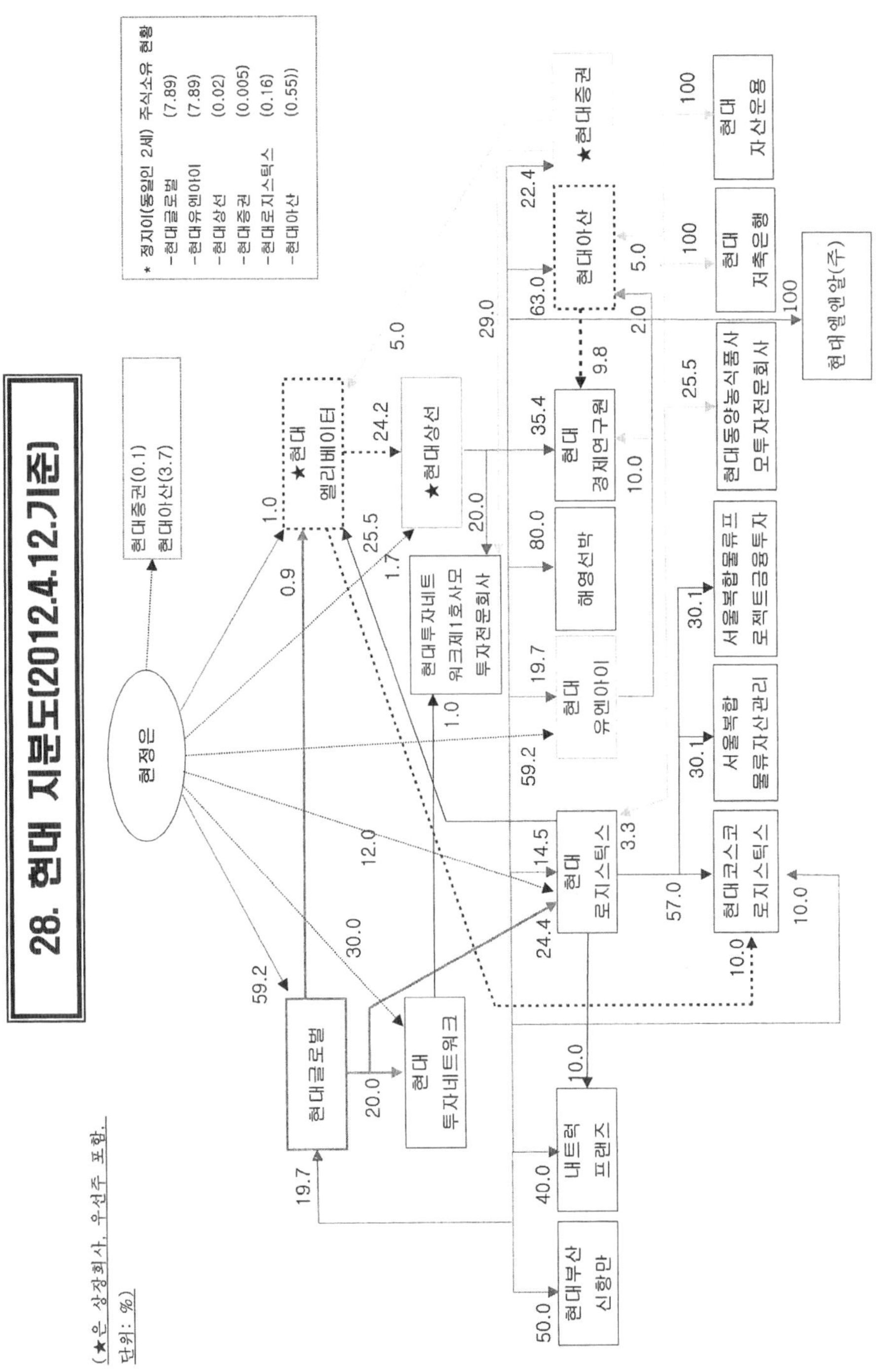

2) 현대그룹, 2013년 4월: [순위] 22위, [동일인] 현정은, [계열회사] 20개

현정은 (59.2%) → 현대글로벌 → '현대로지스틱스 → 현대엘리베이터 → 현대상선'

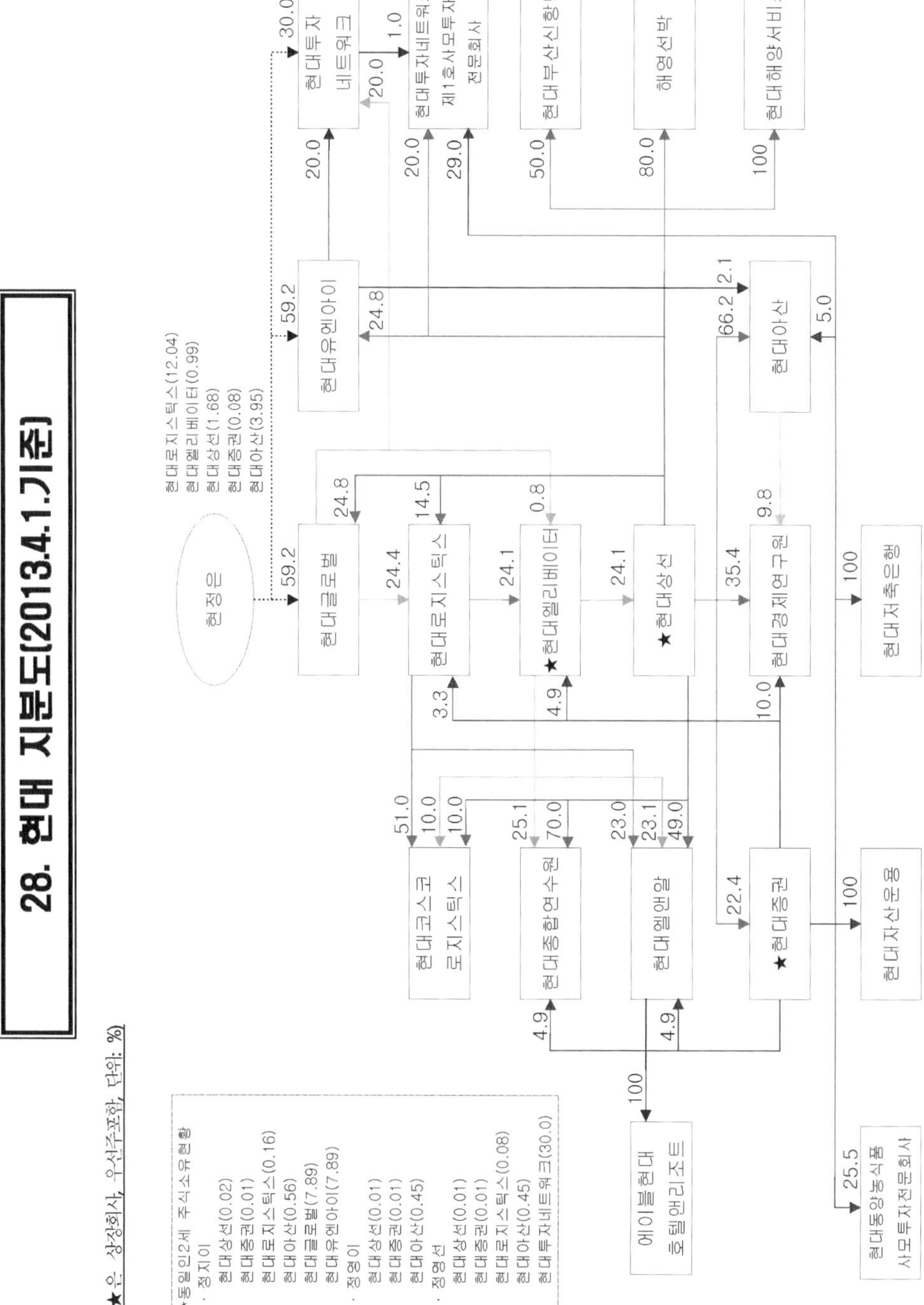

3) 현대그룹, 2014년 4월: [순위] 22위, [동일인] 현정은, [계열회사] 20개

현정은 (59.2%) → 현대글로벌 → '현대로지스틱스 → 현대엘리베이터 → 현대상선'

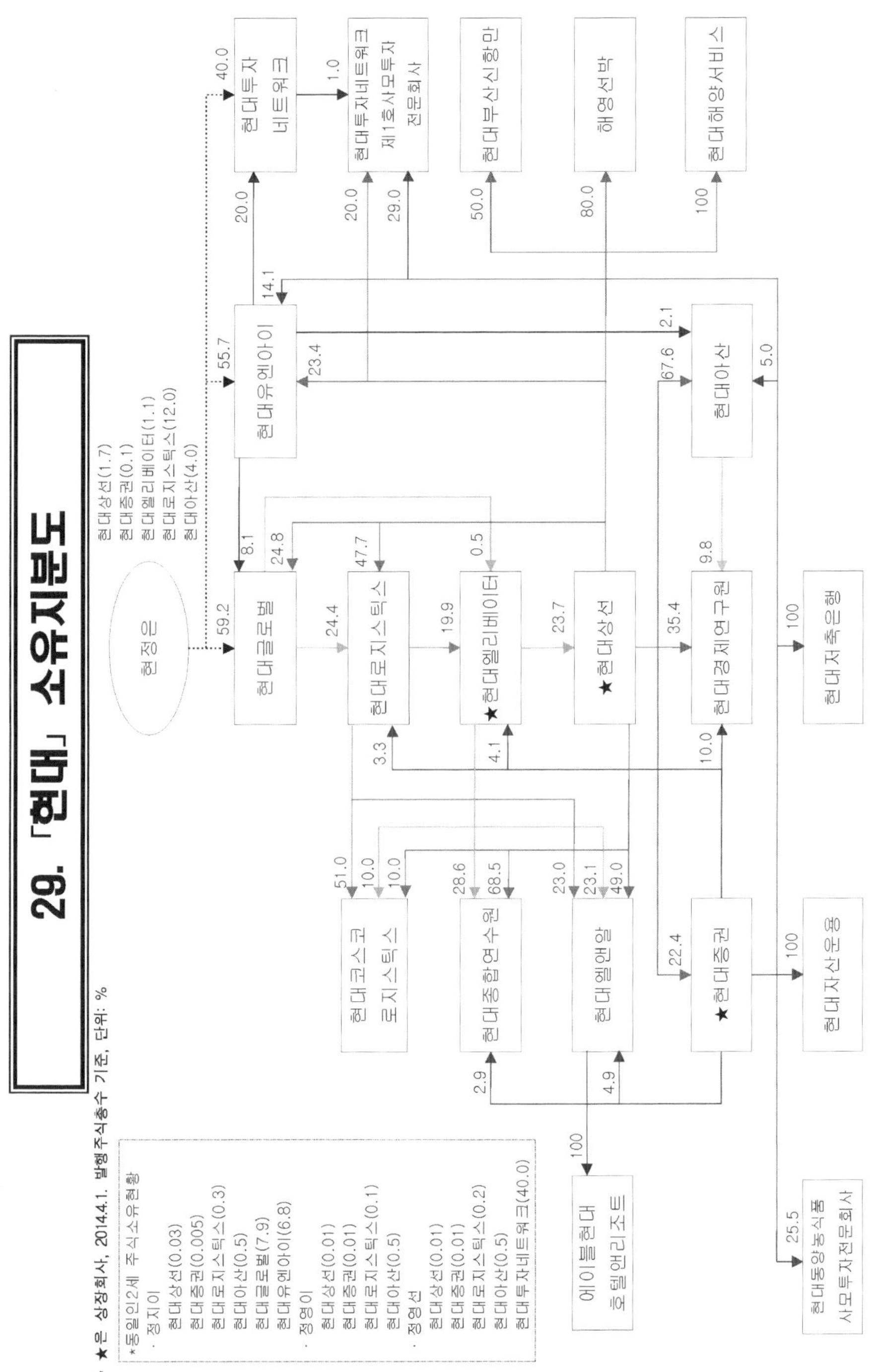

29. 「현대」 소유지분도

(음영은 지주회사 등, ★은 상장회사, 2015.4.1. 총발행주식수 기준, 단위: %)

4) 현대그룹, 2015년 4월: [순위] 22위, [동일인] 현정은, [계열회사] 20개

현정은 (91.3%) → 현대글로벌 → '현대엘리베이터 → 현대상선'

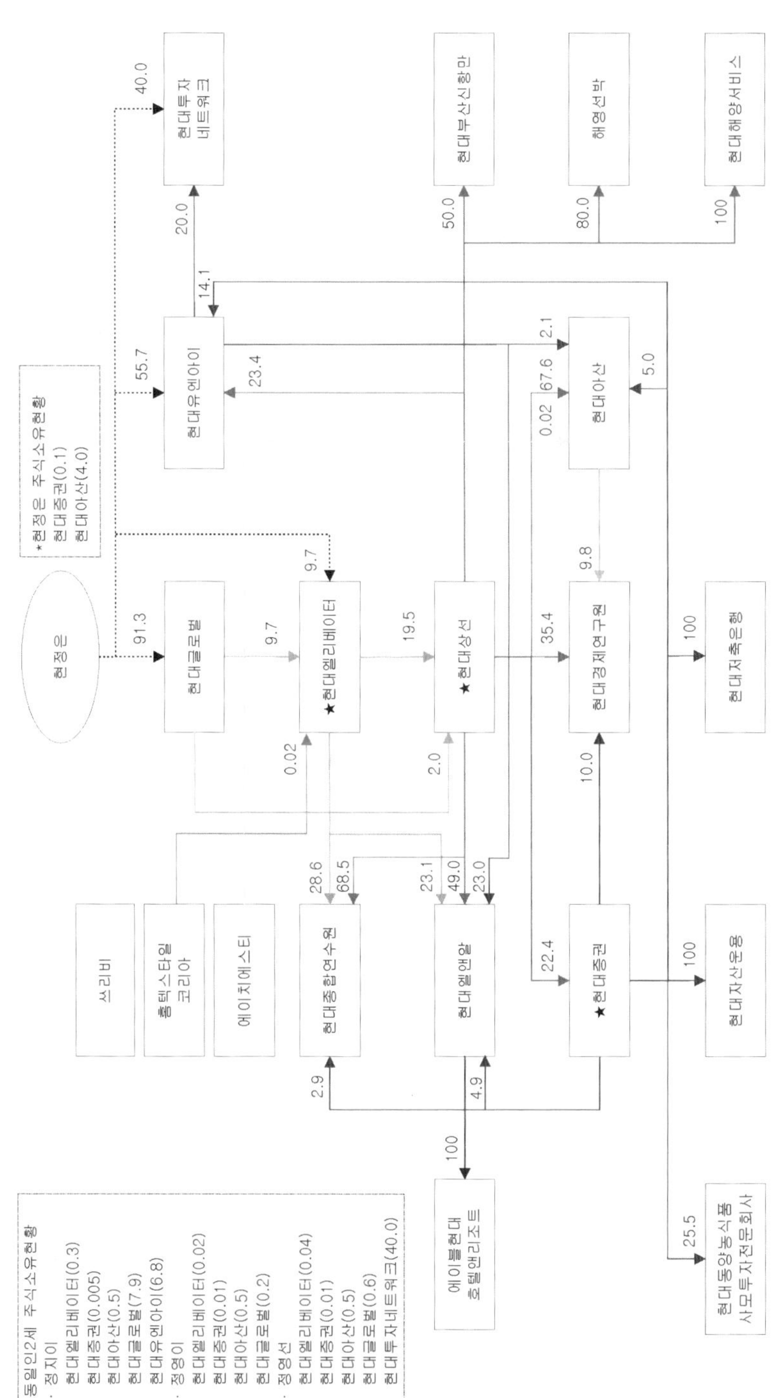

5) 현대그룹, 2016년 4월: [순위] 22위, [동일인] 현정은, [계열회사] 21개

현정은 (8.7%) → 현대엘리베이터 → 현대상선

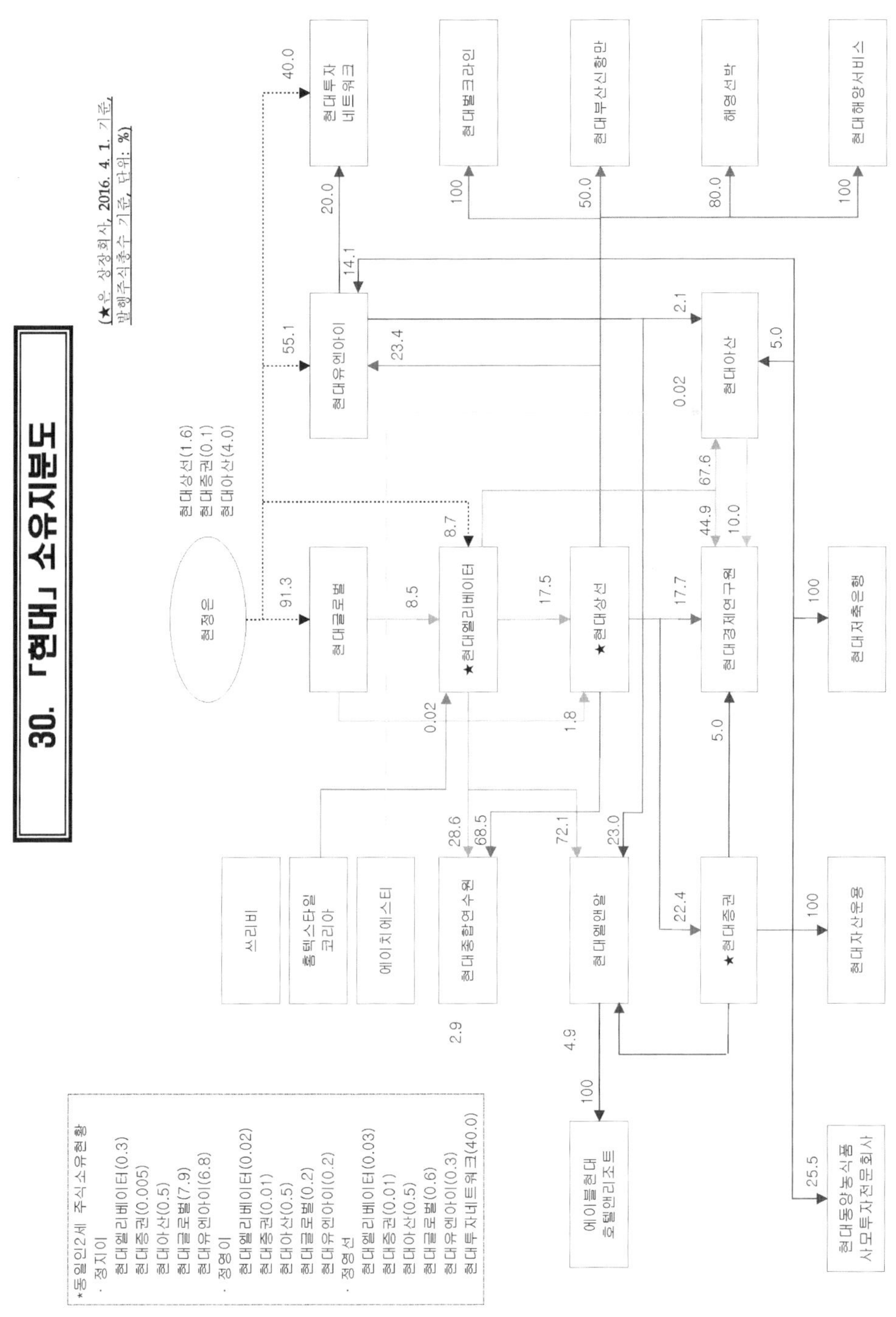

77. 현대백화점그룹: 2012-2021년

연도	동일인	순위 (위)	계열회사 (개)	자산총액 (10억 원)	매출액 (10억 원)	당기순이익 (10억 원)
2001		26	15	2,858	3,126	131
2002		24	10	3,262	3,494	156
2003		24	18	3,847	4,517	164
2004		27	17	3,647	2,674	198
2005		29	20	3,781	2,517	228
2006		31	23	4,404	2,688	393
2007		27	24	4,939	2,894	394
2008		31	25	5,582	3,030	449
2009		33	22	5,868	3,167	518
2010		34	29	6,857	3,420	587
2011		30	26	8,399	3,405	756
2012	정지선	28	35	10,457	4,740	757
2013	정지선	26	35	11,517	5,250	686
2014	정지선	25	35	11,960	5,623	715
2015	정지선	23	32	12,151	6,044	636
2016	정지선	21	35	12,777	6,837	626
2017	정지선	23	29	13,371	7,073	599
2018	정지선	21	28	14,315	7,389	674
2019	정지선	21	28	15,305	9,029	739
2020	정지선	22	25	16,027	8,920	477
2021	정지선	21	25	18,313	9,516	256

	[소유구조]
주요 주주	정지선 (동일인)
주요 지배 회사	현대백화점, 현대그린푸드
주요 계열회사	'현대홈쇼핑 → 현대에이치씨엔/현대퓨처넷', 리바트/현대리바트

주: 2002-2016년 순위: 공기업집단을 제외한 순위.

1. 그룹

1) 대규모기업집단 지정 연도: 2001-2021년.

2) 연도 수: 21년.

2. 소유지분도: 개관

1) 소유지분도 작성 연도: 2012-2021년.

   연도 수: 10년.

2) 그룹 주요 지표: [동일인] 정지선. [순위] 21-28위.

   [계열회사] 25-35개. [자산총액] 10.5-18.3조 원.

   [매출액] 4.7-9.5조 원. [당기순이익] 0.3-0.8조 원.

<u>3) 소유구조</u>

◆ 정지선 → 현대백화점, 현대그린푸드 → 계열회사 ◆

① [주요 주주]

1명.

정지선 (동일인).

지분: 12.7-17.1%.

② [주요 지배 회사]

2개 (2개씩 관련).

현대백화점 (상장), 현대그린푸드 (상장).

③ [계열회사]

유형: 자회사 → 손자회사 → 증손회사.

주요 회사: 3개 (3개씩 관련).

'현대홈쇼핑 (상장) → 현대에이치씨엔 (상장) / 현대퓨처넷 (상장)',

리바트 (상장) / 현대리바트 (상장).

4) 리바트: 현대리바트 (2014년 3월 상호 변경).

   현대에이치씨엔: 현대퓨처넷 (2020년 11월 물적분할 후 상호 변경,

   현대에이치씨엔 신설).

3. 소유지분도: 연도별, 2012-2021년

1) 2012년 4월: [순위] 28위, [동일인] 정지선, [계열회사] 35개

정지선 (16.8, 12.7%) →

현대백화점, 현대그린푸드 → '현대홈쇼핑 → 현대에이치씨엔', 리바트 등.

2) 2013년 4월: [순위] 26위, [동일인] 정지선, [계열회사] 35개

정지선 (17.1, 12.7%) →

현대백화점, 현대그린푸드 → '현대홈쇼핑 → 현대에이치씨엔', 리바트 등.

3) 2014년 4월: [순위] 25위, [동일인] 정지선, [계열회사] 35개

정지선 (17.1, 12.7%) →

현대백화점, 현대그린푸드 → '현대홈쇼핑 → 현대에이치씨엔', 현대리바트 등.

4) 2015년 4월: [순위] 23위, [동일인] 정지선, [계열회사] 32개

정지선 (17.1, 12.7%) →

현대백화점, 현대그린푸드 → '현대홈쇼핑 → 현대에이치씨엔', 현대리바트 등.

5) 2016년 4월: [순위] 21위, [동일인] 정지선, [계열회사] 35개

정지선 (17.1, 12.7%) →

현대백화점, 현대그린푸드 → '현대홈쇼핑 → 현대에이치씨엔', 현대리바트 등.

6) 2017년 5월: [순위] 23위, [동일인] 정지선, [계열회사] 29개

정지선 (17.1, 12.7%) →

현대백화점, 현대그린푸드 → '현대홈쇼핑 → 현대에이치씨엔', 현대리바트 등.

7) 2018년 5월: [순위] 21위, [동일인] 정지선, [계열회사] 28개

정지선 (17.1, 12.7%) →

현대백화점, 현대그린푸드 → '현대홈쇼핑 → 현대에이치씨엔', 현대리바트 등.

8) 2019년 5월: [순위] 21위, [동일인] 정지선, [계열회사] 28개

정지선 (17.1, 12.7%) →

현대백화점, 현대그린푸드 → '현대홈쇼핑 → 현대에이치씨엔', 현대리바트 등.

9) 2020년 5월: [순위] 22위, [동일인] 정지선, [계열회사] 25개

정지선 (17.1, 12.7%) →

현대백화점, 현대그린푸드 → '현대홈쇼핑 → 현대에이치씨엔', 현대리바트 등.

10) 2021년 5월: [순위] 21위, [동일인] 정지선, [계열회사] 25개

정지선 (17.1, 12.7%) →

현대백화점, 현대그린푸드 → '현대홈쇼핑 → 현대퓨처넷', 현대리바트 등.

1) 현대백화점그룹, 2012년 4월: [순위] 28위, [동일인] 정지선, [계열회사] 35개

정지선 (16.8, 12.7%) → 현대백화점, 현대그린푸드 → '현대홈쇼핑 → 현대에이치씨엔', 리바트 등

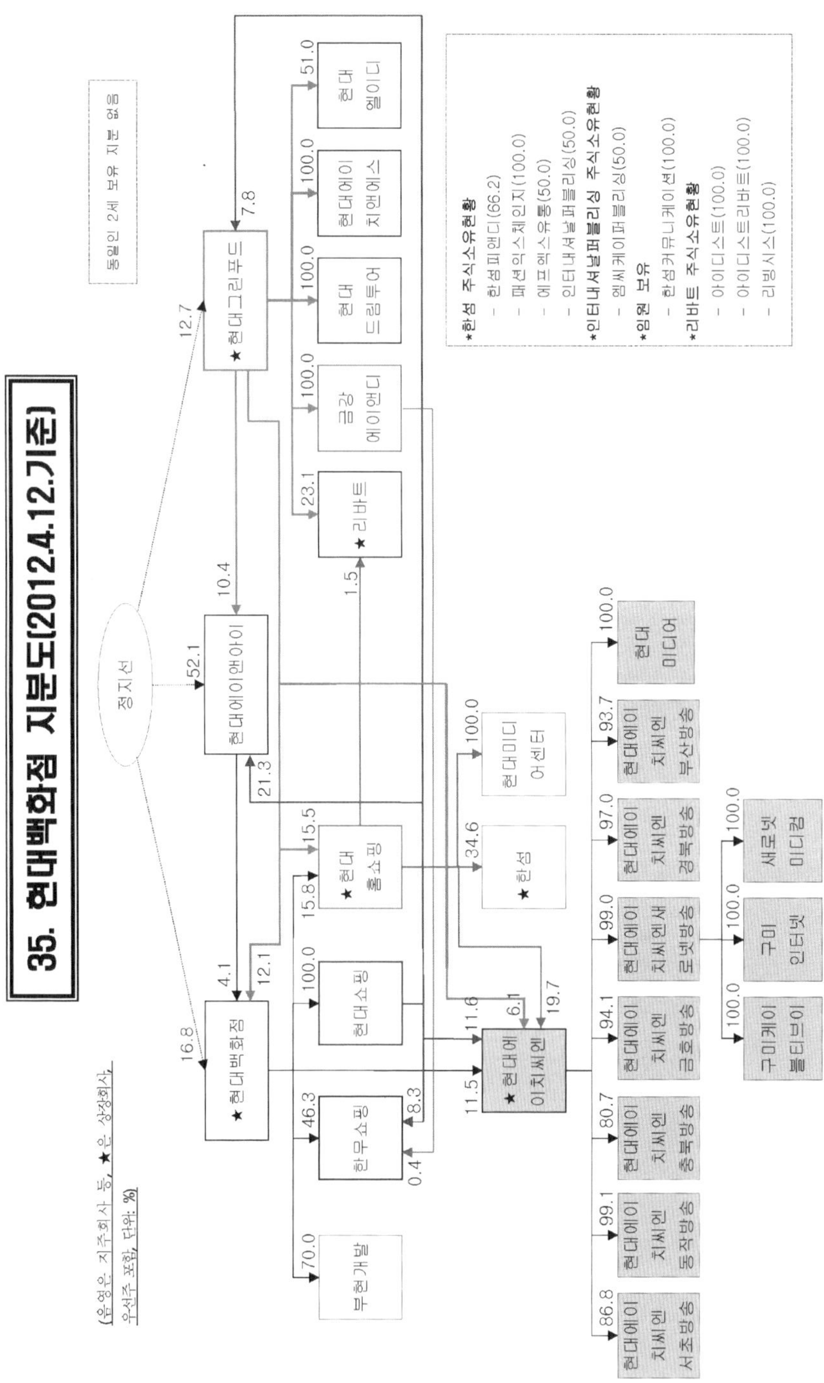

2) 현대백화점그룹, 2013년 4월: [순위] 26위, [동일인] 정지선, [계열회사] 35개

정지선 (17.1, 12.7%) → 현대백화점, 현대그린푸드 → '현대홈쇼핑 → 현대에이치씨엔', 리바트 등

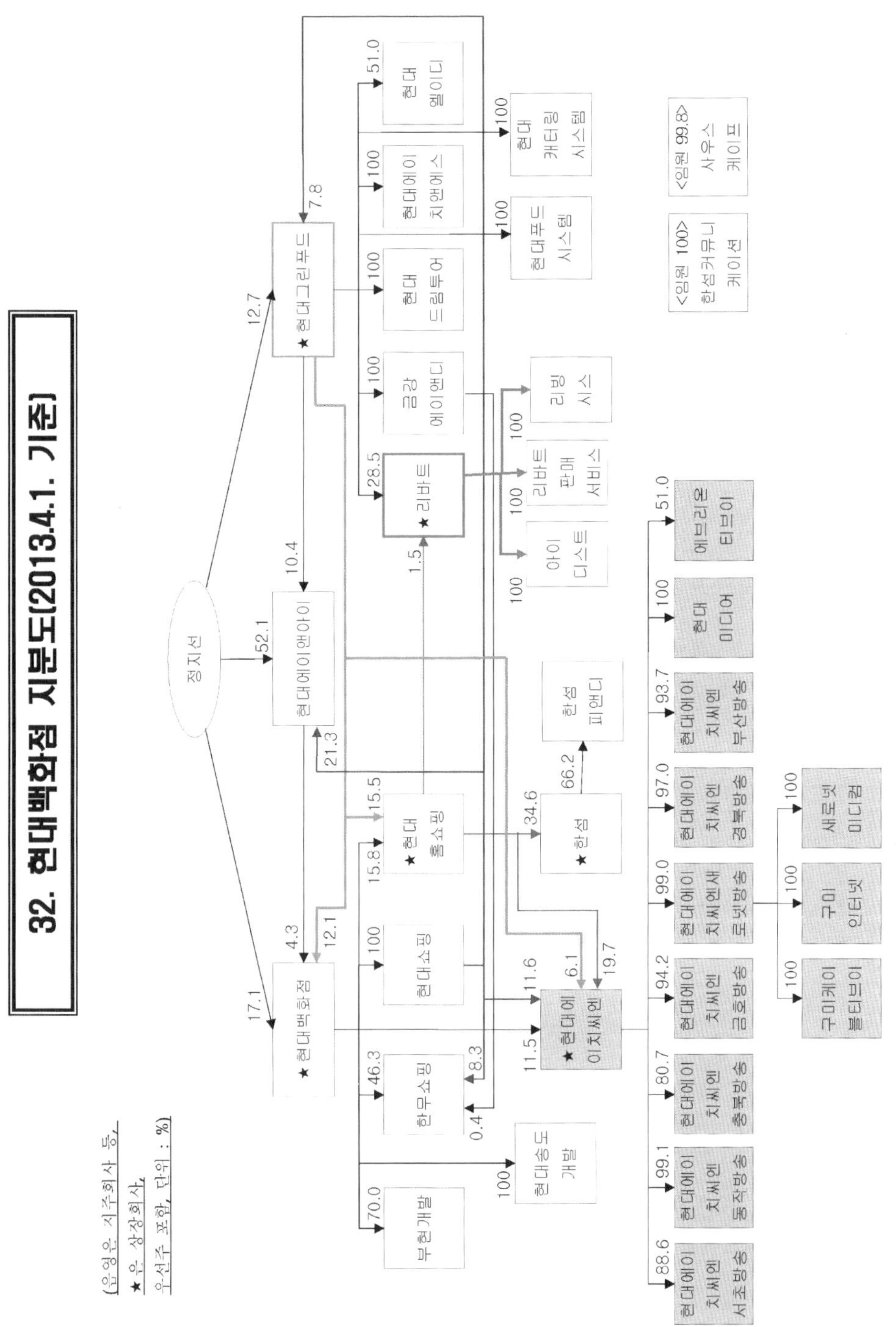

3) 현대백화점그룹, 2014년 4월: [순위] 25위, [동일인] 정지선, [계열회사] 35개

정지선 (17.1, 12.7%) → 현대백화점, 현대그린푸드 → '현대홈쇼핑 → 현대에이치씨엔', 현대리바트 등

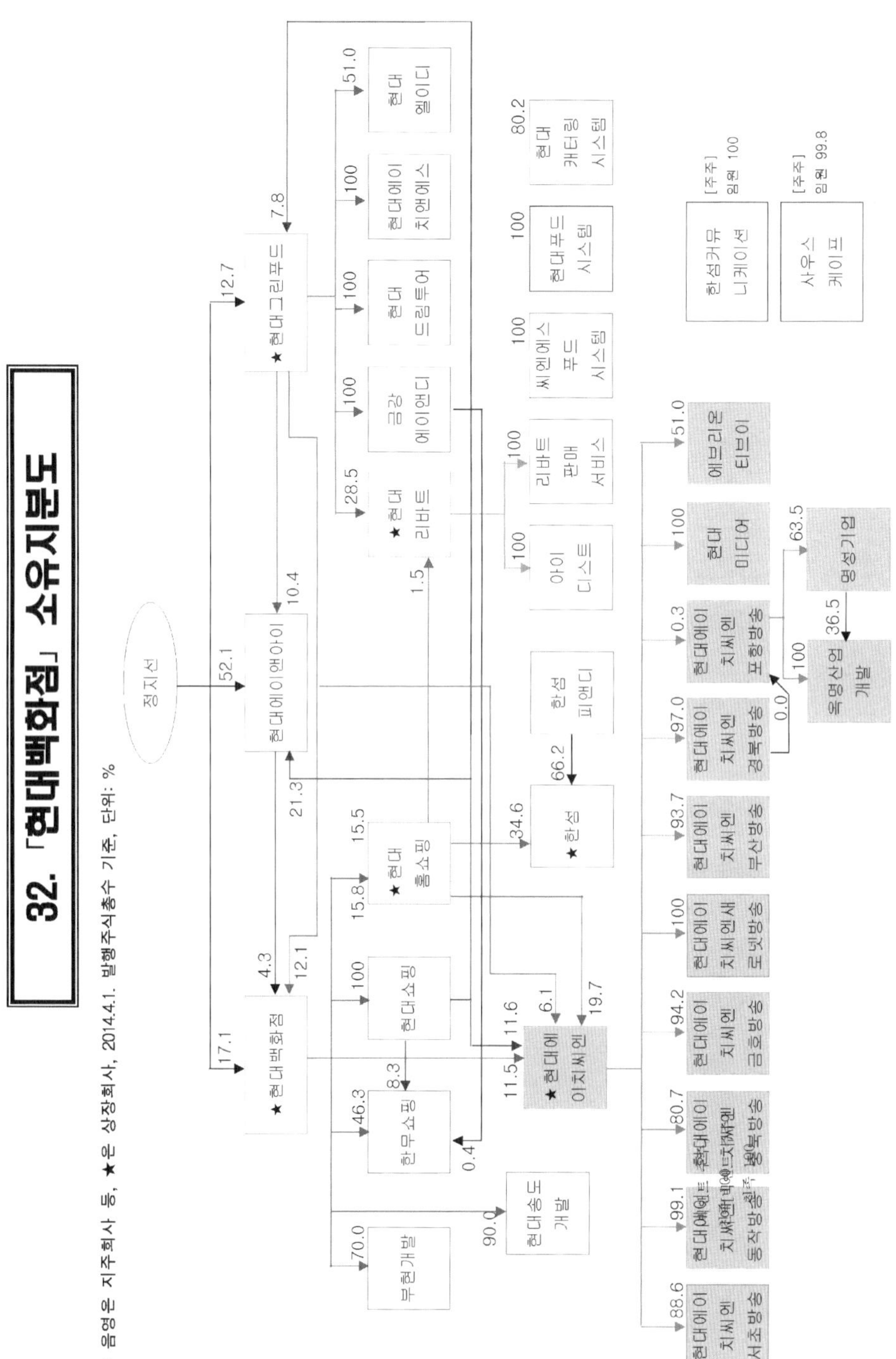

4) 현대백화점그룹, 2015년 4월: [순위] 23위, [동일인] 정지선, [계열회사] 32개

정지선 (17.1, 12.7%) → 현대백화점, 현대그린푸드 → '현대홈쇼핑 → 현대에이치씨엔', 현대리바트 등

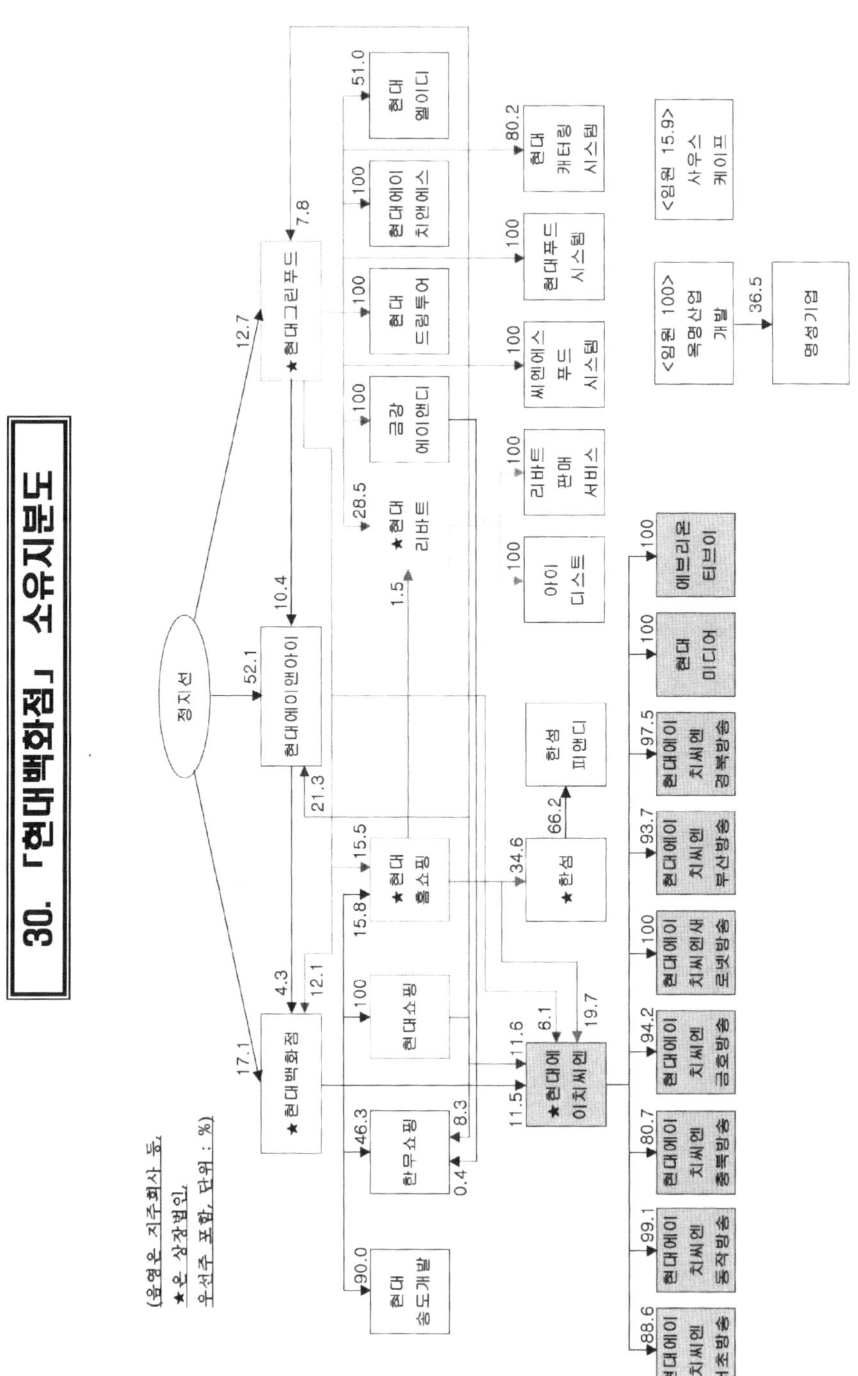

5) 현대백화점그룹, 2016년 4월: [순위] 21위, [동일인] 정지선, [계열회사] 35개

정지선 (17.1, 12.7%) → 현대백화점, 현대그린푸드 → '현대홈쇼핑 → 현대에이치씨엔', 현대리바트 등

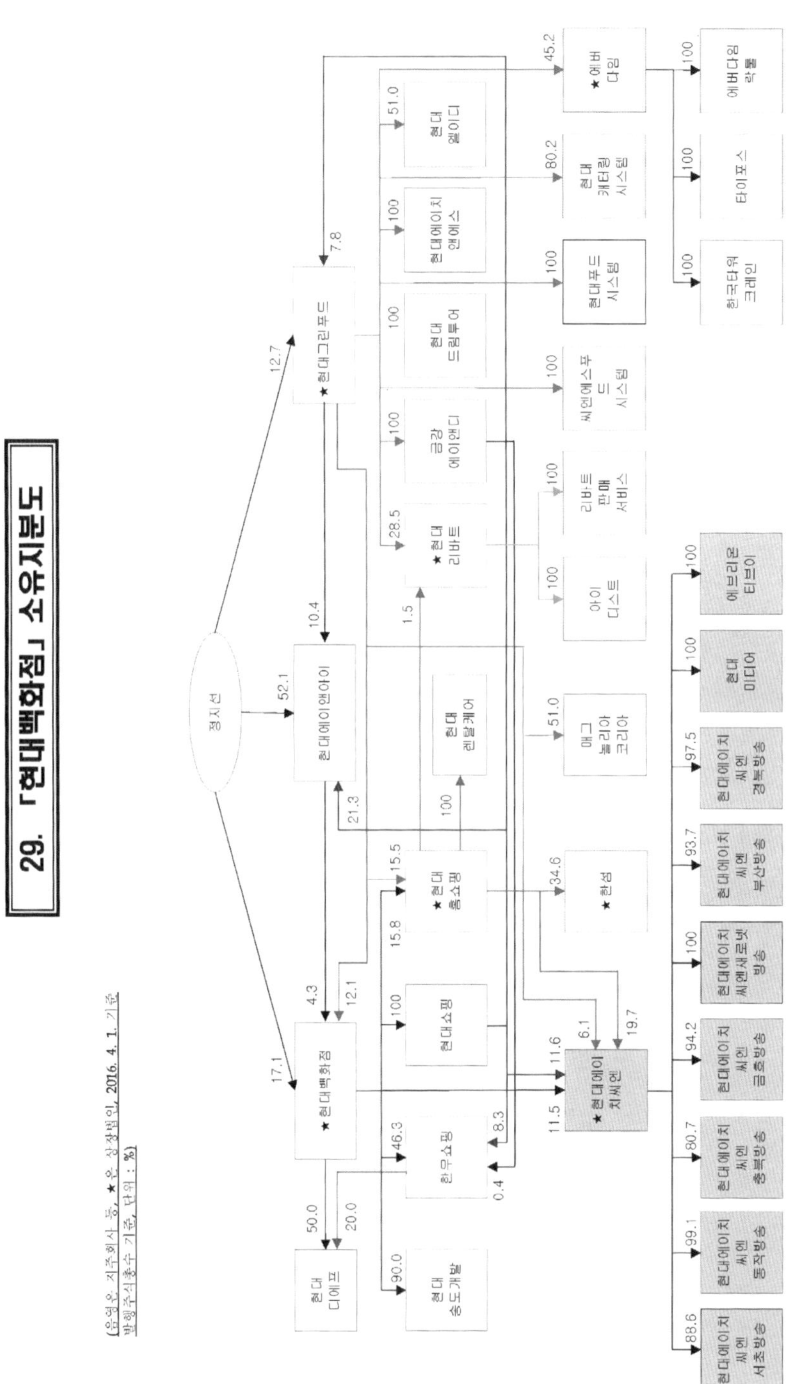

6) 현대백화점그룹, 2017년 5월: [순위] 23위, [동일인] 정지선, [계열회사] 29개

정지선 (17.1, 12.7%) → 현대백화점, 현대그린푸드 → '현대홈쇼핑 → 현대에이치씨엔', 현대리바트 등

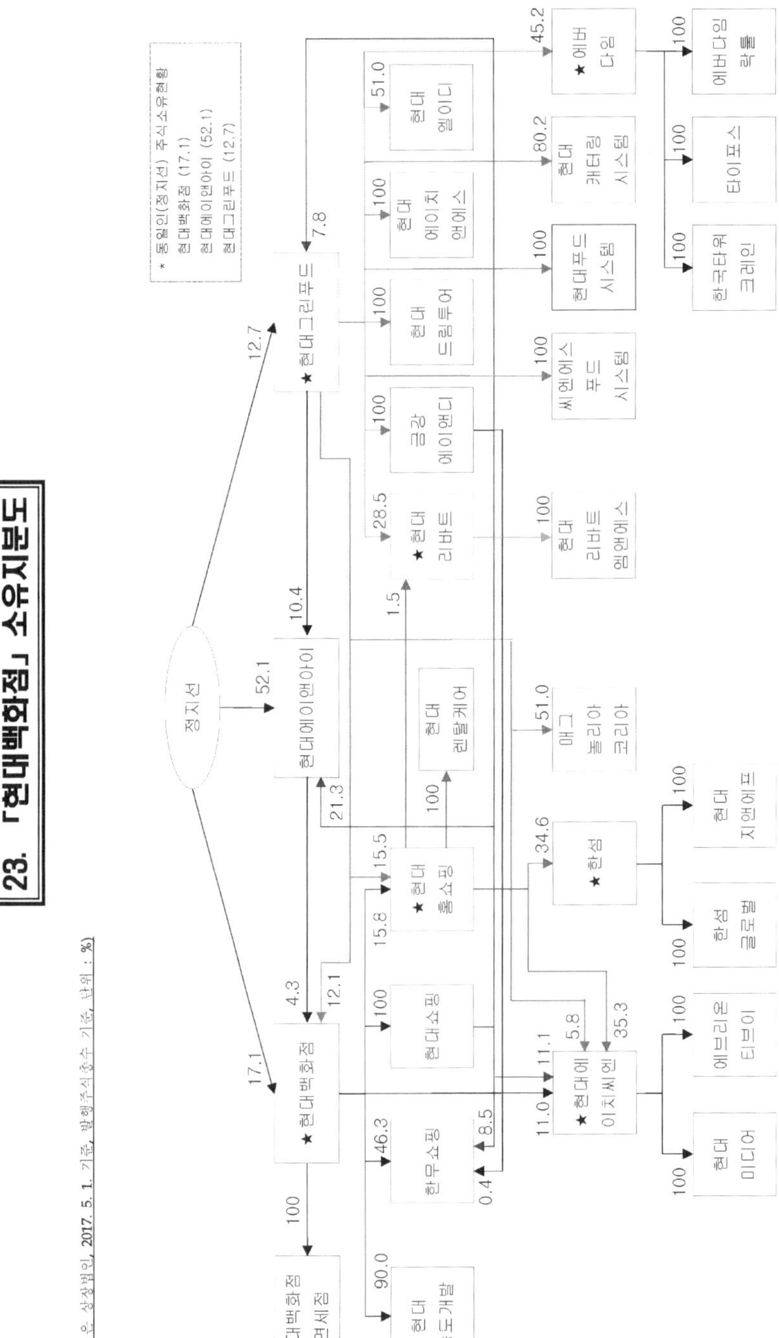

7) 현대백화점그룹, 2018년 5월: [순위] 21위, [동일인] 정지선, [계열회사] 28개

정지선 (17.1, 12.7%) → 현대백화점, 현대그린푸드 → '현대홈쇼핑 → 현대에이치씨엔', 현대리바트 등

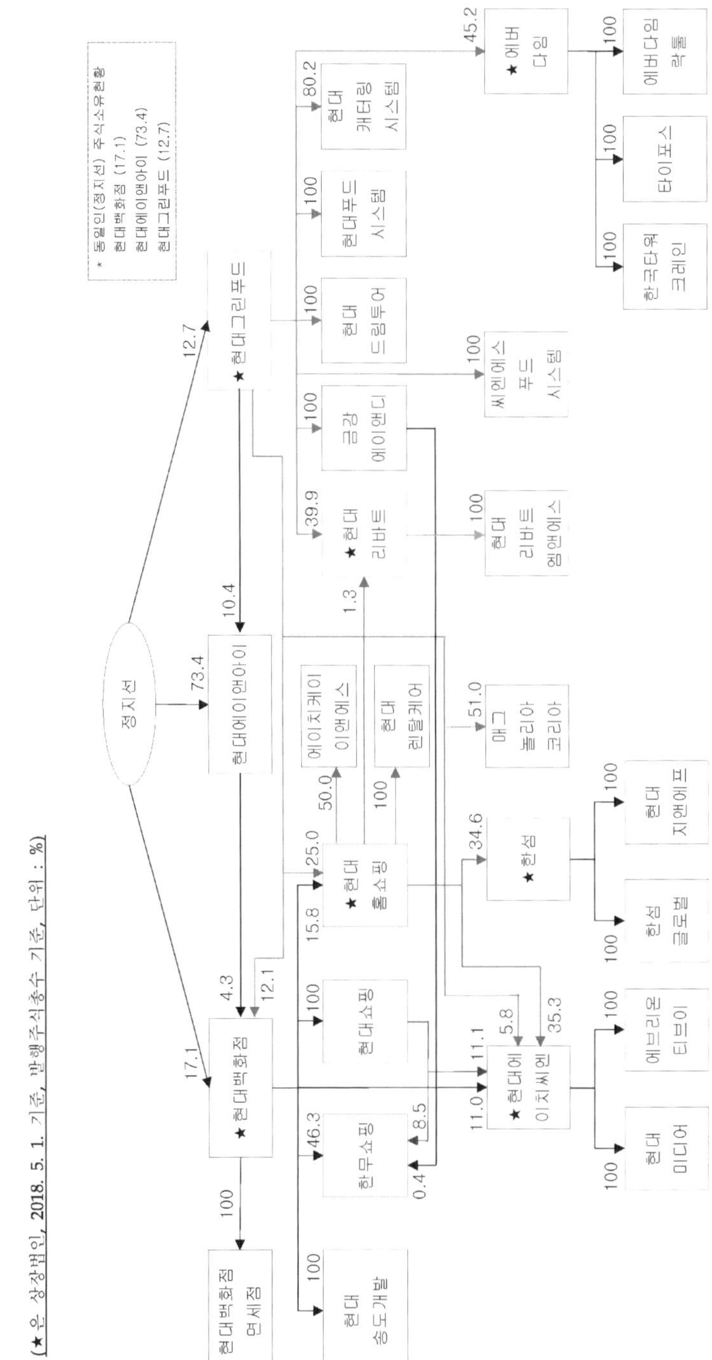

8) 현대백화점그룹, 2019년 5월: [순위] 21위, [동일인] 정지선, [계열회사] 28개

정지선 (17.1, 12.7%) → 현대백화점, 현대그린푸드 → '현대홈쇼핑 → 현대에이치씨엔', 현대리바트 등

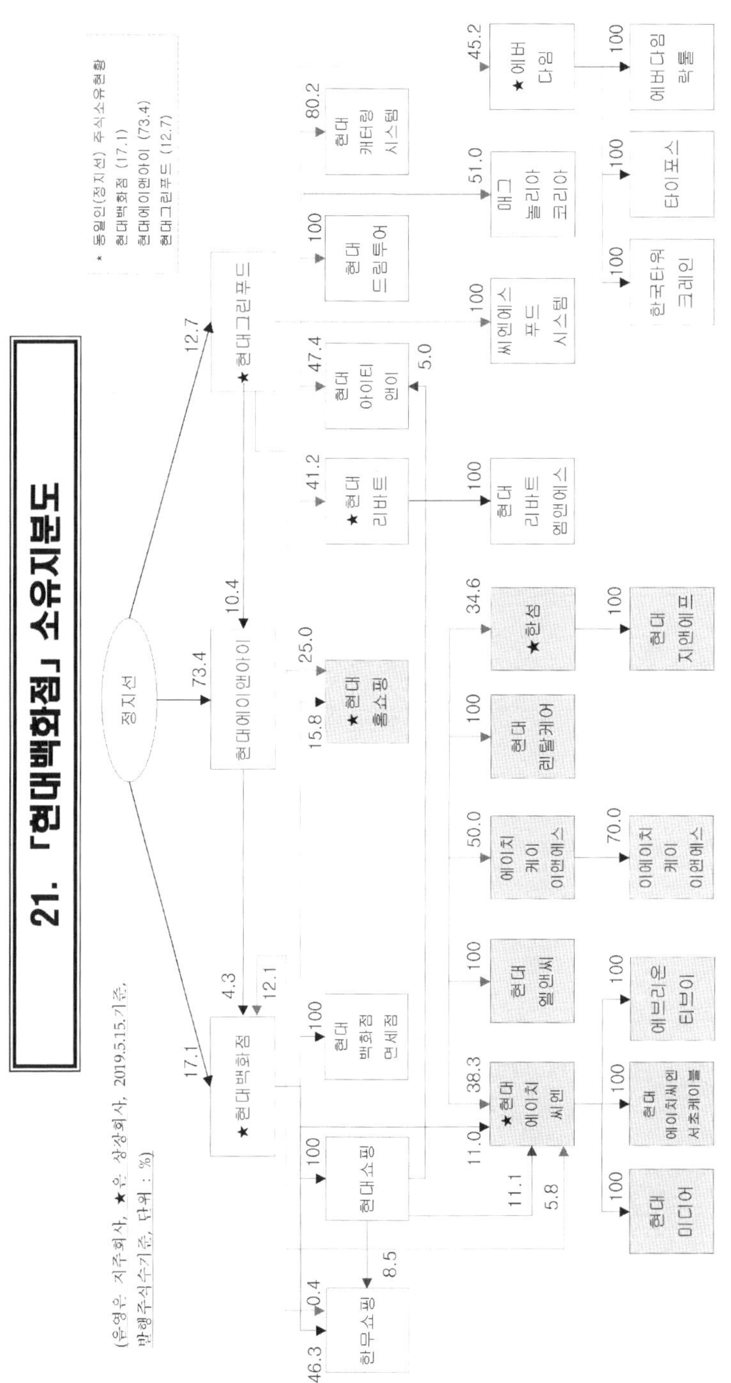

9) 현대백화점그룹, 2020년 5월: [순위] 22위, [동일인] 정지선, [계열회사] 25개

정지선 (17.1, 12.7%) → 현대백화점, 현대그린푸드 → '현대홈쇼핑 → 현대에이치씨엔', 현대리바트 등

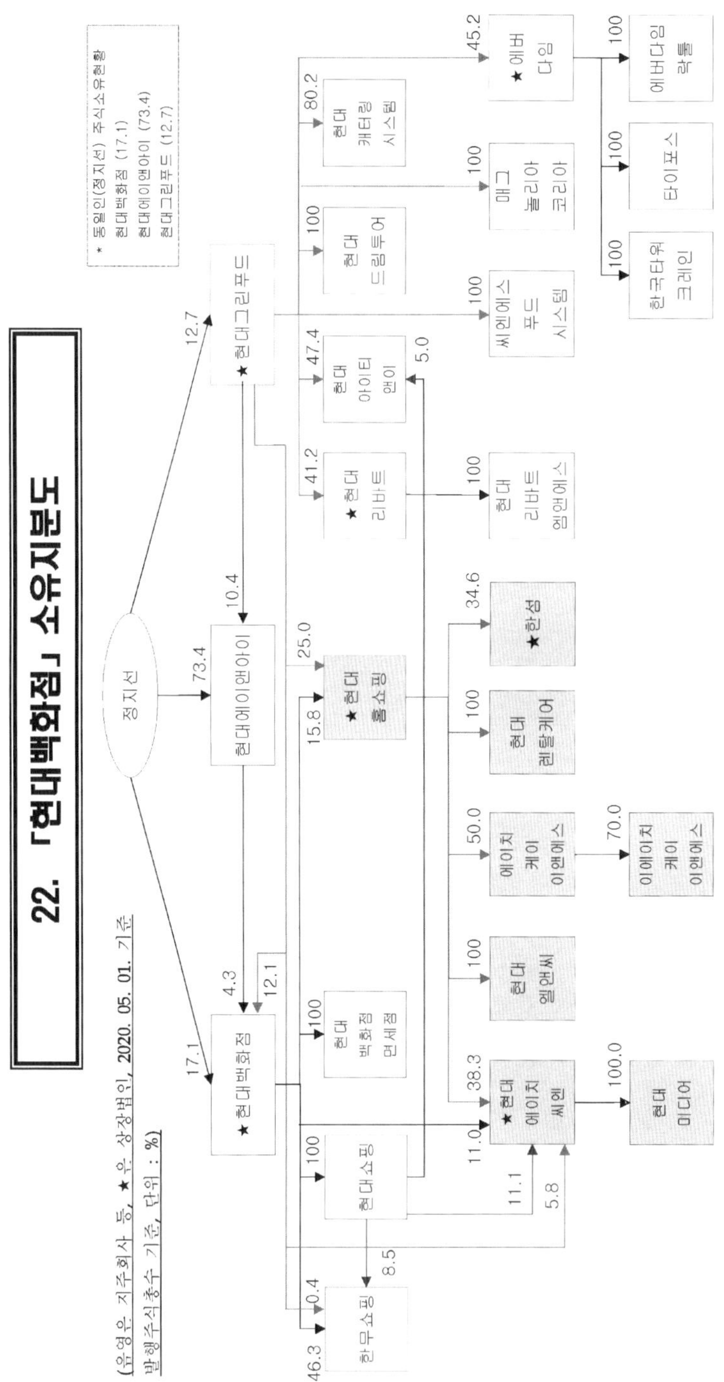

10) 현대백화점그룹, 2021년 5월: [순위] 21위, [동일인] 정지선, [계열회사] 25개

정지선 (17.1, 12.7%) → 현대백화점, 현대그린푸드 → '현대홈쇼핑 → 현대퓨처넷', 현대리바트 등

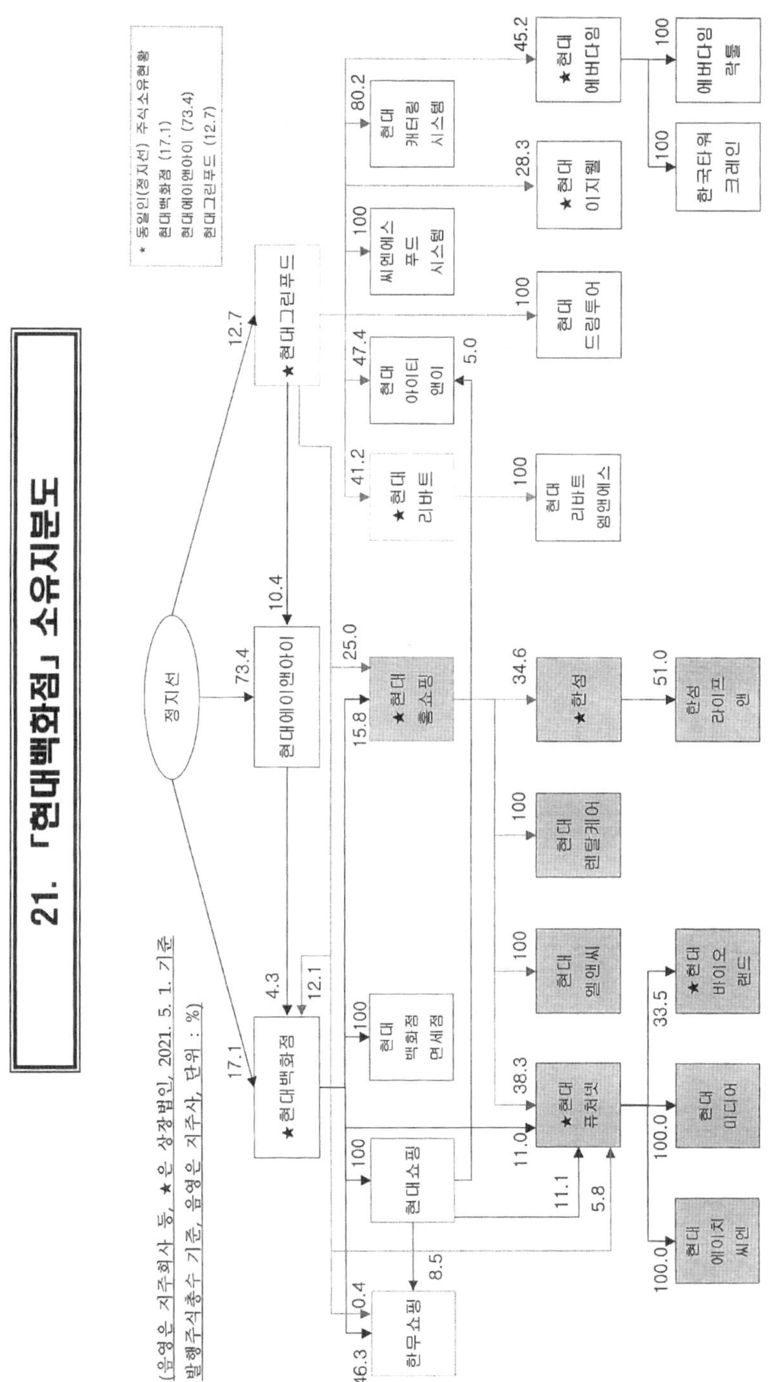

78. 현대자동차그룹: 2012-2021년

연도	동일인	순위 (위)	계열회사 (개)	자산총액 (10억 원)	매출액 (10억 원)	당기순이익 (10억 원)
2001		5	16	36,136	36,446	1,232
2002		4	25	41,266	45,904	2,859
2003		4	25	44,060	55,381	2,767
2004		3	28	52,345	56,610	2,797
2005		2	28	56,039	67,008	3,364
2006		2	40	62,235	73,769	5,797
2007		2	36	66,225	77,555	3,771
2008		2	36	73,987	84,351	3,908
2009		2	41	86,945	96,304	4,370
2010		2	42	100,775	94,652	8,429
2011		2	63	126,689	129,643	13,540
2012	정몽구	2	56	154,659	156,255	11,804
2013	정몽구	2	57	166,694	163,801	13,396
2014	정몽구	2	57	180,945	158,798	14,725
2015	정몽구	2	51	194,093	165,631	12,677
2016	정몽구	2	51	209,694	171,409	12,227
2017	정몽구	2	53	218,625	170,203	11,376
2018	정몽구	2	56	222,654	171,033	7,731
2019	정몽구	2	53	223,493	173,791	4,077
2020	정몽구	2	54	234,706	185,315	7,908
2021	정의선	2	53	246,084	181,916	3,865

	[소유구조]
주요 주주	정몽구 (동일인), 정의선 (동일인, 2세)
주요 지배 회사	현대자동차, 현대모비스
주요 계열회사	기아자동차/기아, 현대건설

주: 2002-2016년 순위: 공기업집단을 제외한 순위.

1. 그룹

1) 대규모기업집단 지정 연도: 2001-2021년.

2) 연도 수: 21년.

2. 소유지분도: 개관

1) 소유지분도 작성 연도: 2012-2021년.
   연도 수: 10년.

2) 그룹 주요 지표: [동일인] 정몽구, 정의선. [순위] 2위.
   [계열회사] 51-57개. [자산총액] 154.7-246.1조 원.
   [매출액] 156.3-185.3조 원. [당기순이익] 3.9-14.7조 원.

3) 소유구조

◆ 정몽구, 정의선 → 현대자동차, 현대모비스 → 계열회사 ◆

① [주요 주주]
   2명 (1명씩 지분 보유).
   정몽구 (동일인)(9년; 2012-2020년) || 정의선 (동일인, 2세)(1년; 2021년).
   지분: 4-7.1% (9년; 2012-2020년) || 0.3-2% (1년; 2021년).

② [주요 지배 회사]
   2개 (2개씩 관련).
   현대자동차 (상장), 현대모비스 (상장).

③ [계열회사]
   유형: 자회사 → 손자회사 → 증손회사.
   주요 회사: 2개 (2개씩 관련)
   기아자동차 (상장) / 기아 (상장), 현대건설 (상장).
   * 순환출자: 현대자동차 → 기아자동차/기아 → 현대모비스 → 현대자동차.

4) 기아자동차: 기아 (2021년 3월 상호 변경).

3. 소유지분도: 연도별, 2012-2021년

1) 2012년 4월: [순위] 2위, [동일인] 정몽구, [계열회사] 56개
   정몽구 (5.2, 7%) →
   현대자동차, 현대모비스 → 기아자동차, 현대건설 등.

2) 2013년 4월: [순위] 2위, [동일인] 정몽구, [계열회사] 57개

정몽구 (4, 7%) →

현대자동차, 현대모비스 → 기아자동차, 현대건설 등.

3) 2014년 4월: [순위] 2위, [동일인] 정몽구, [계열회사] 57개

정몽구 (4, 7%) →

현대자동차, 현대모비스 → 기아자동차, 현대건설 등.

4) 2015년 4월: [순위] 2위, [동일인] 정몽구, [계열회사] 51개

정몽구 (4, 7%) →

현대자동차, 현대모비스 → 기아자동차, 현대건설 등.

5) 2016년 4월: [순위] 2위, [동일인] 정몽구, [계열회사] 51개

정몽구 (4, 7%) →

현대자동차, 현대모비스 → 기아자동차, 현대건설 등.

6) 2017년 5월: [순위] 2위, [동일인] 정몽구, [계열회사] 53개

정몽구 (4, 7%) →

현대자동차, 현대모비스 → 기아자동차, 현대건설 등.

7) 2018년 5월: [순위] 2위, [동일인] 정몽구, [계열회사] 56개

정몽구 (4, 7%) →

현대자동차, 현대모비스 → 기아자동차, 현대건설 등.

8) 2019년 5월: [순위] 2위, [동일인] 정몽구, [계열회사] 53개

정몽구 (4.1, 7.1%) →

현대자동차, 현대모비스 → 기아자동차, 현대건설 등.

9) 2020년 5월: [순위] 2위, [동일인] 정몽구, [계열회사] 54개

정몽구 (4.1, 7.1%) →

현대자동차, 현대모비스 → 기아자동차, 현대건설 등.

10) 2021년 5월: [순위] 2위, [동일인] 정의선, [계열회사] 53개

정의선 (2, 0.3%) →

현대자동차, 현대모비스 → 기아, 현대건설 등.

1) 현대자동차그룹, 2012년 4월: [순위] 2위, [동일인] 정몽구, [계열회사] 56개

정몽구 (5.2, 7%) → 현대자동차, 현대모비스 → 기아자동차, 현대건설 등

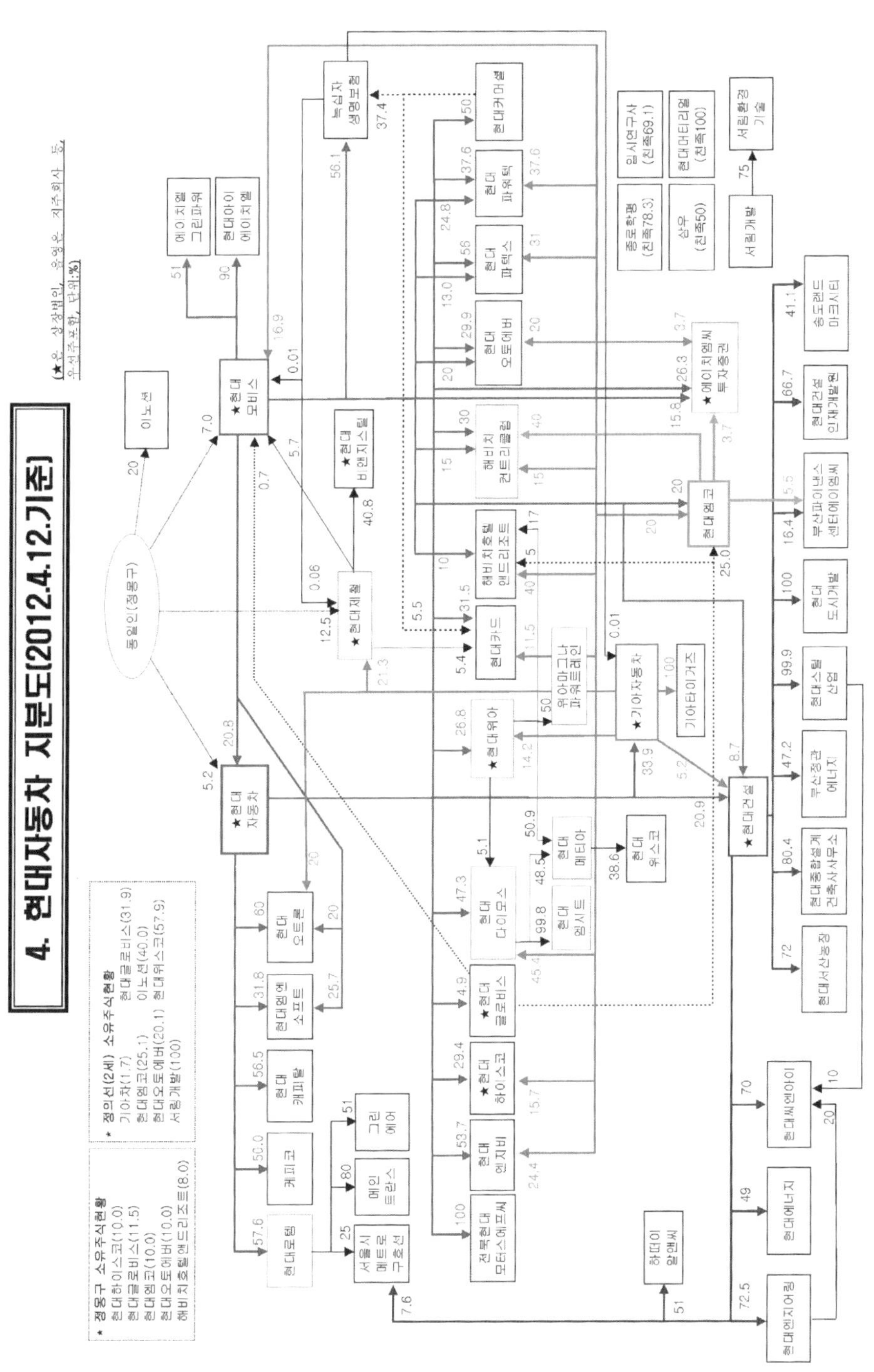

2) 현대자동차그룹, 2013년 4월: [순위] 2위, [동일인] 정몽구, [계열회사] 57개

정몽구 (4, 7%) → 현대자동차, 현대모비스 → 기아자동차, 현대건설 등

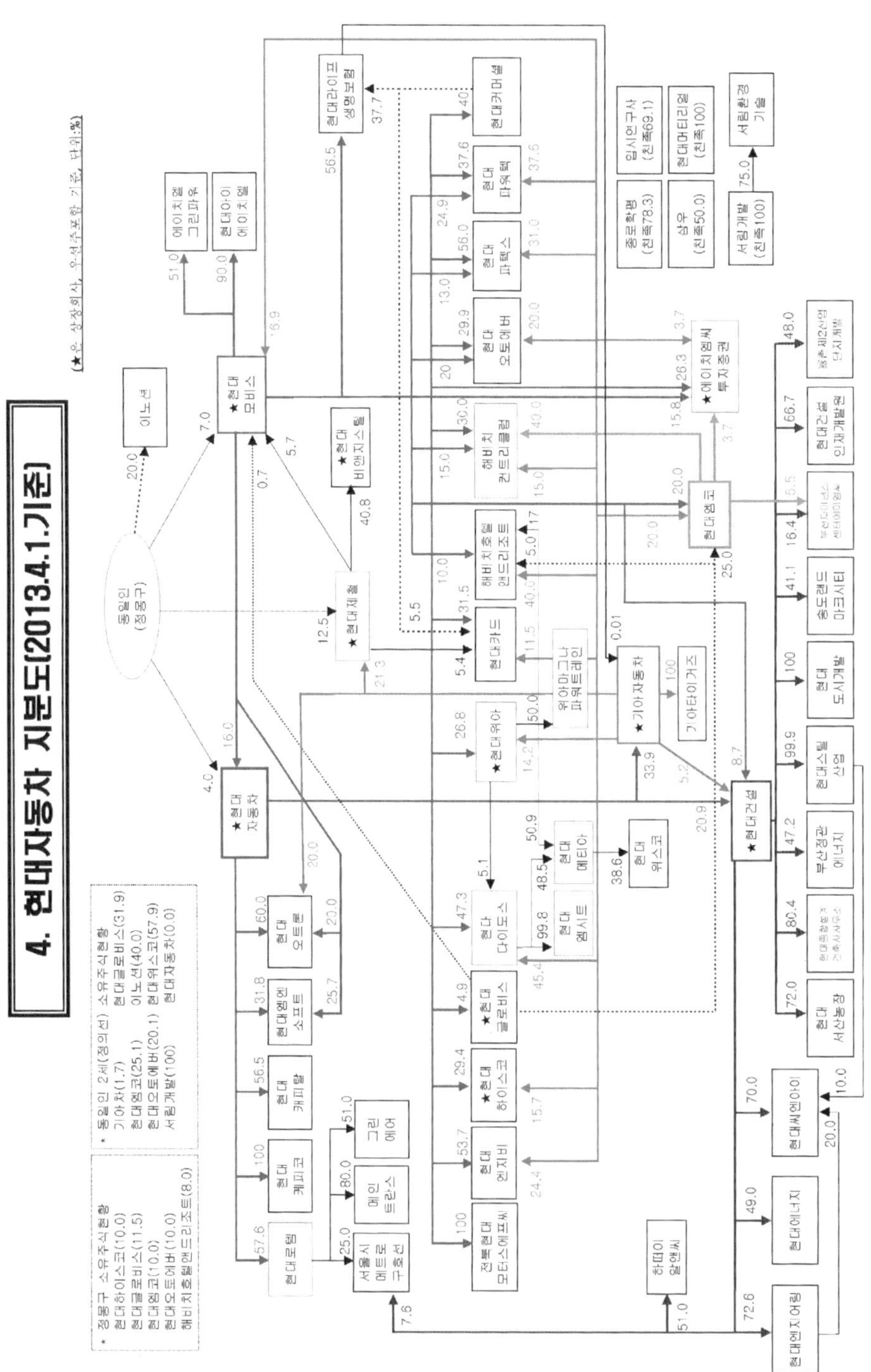

3) 현대자동차그룹, 2014년 4월: [순위] 2위, [동일인] 정몽구, [계열회사] 57개

정몽구 (4, 7%) → 현대자동차, 현대모비스 → 기아자동차, 현대건설 등

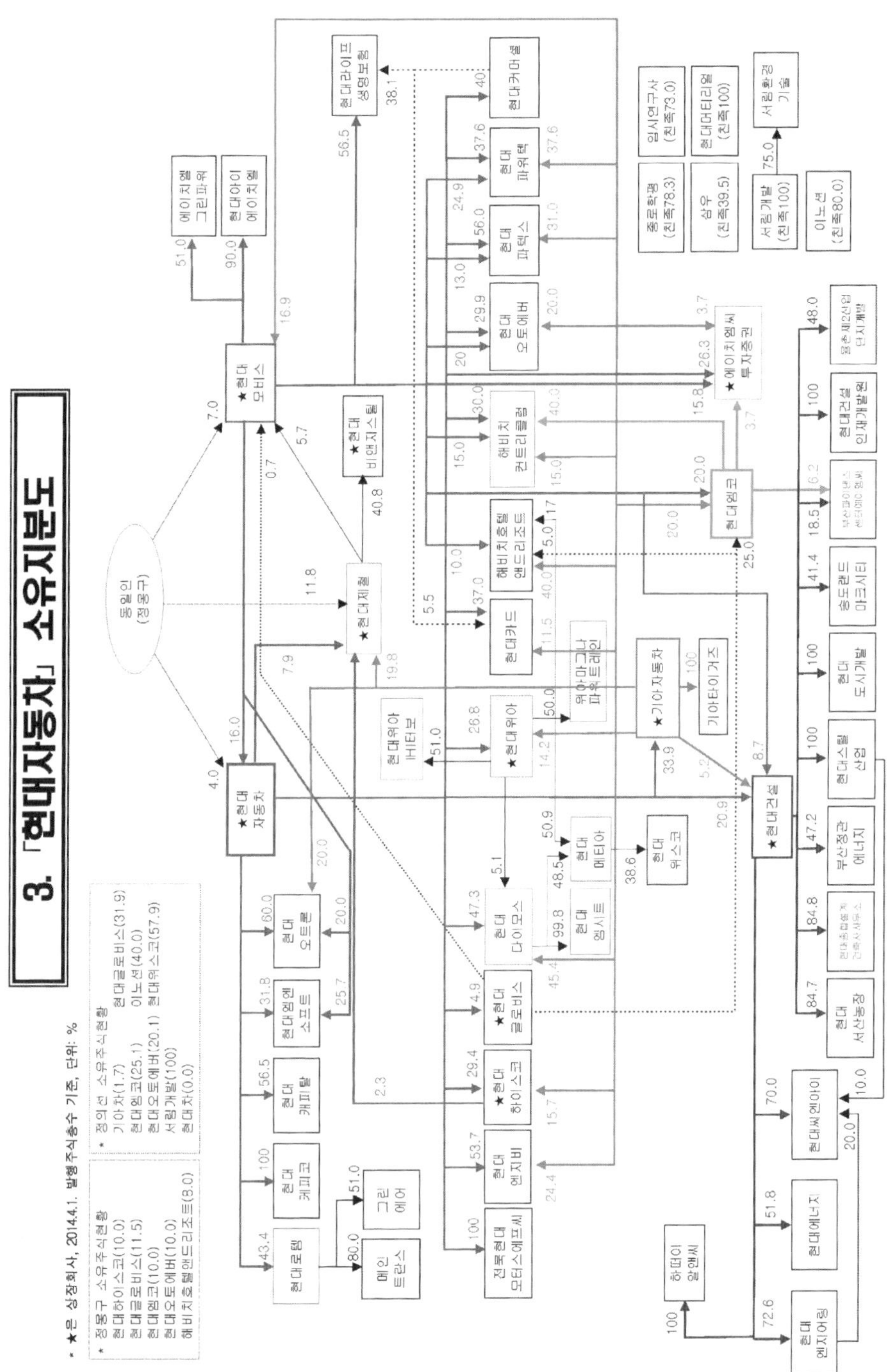

4) 현대자동차그룹, 2015년 4월: [순위] 2위, [동일인] 정몽구, [계열회사] 51개

정몽구 (4, 7%) → 현대자동차, 현대모비스 → 기아자동차, 현대건설 등

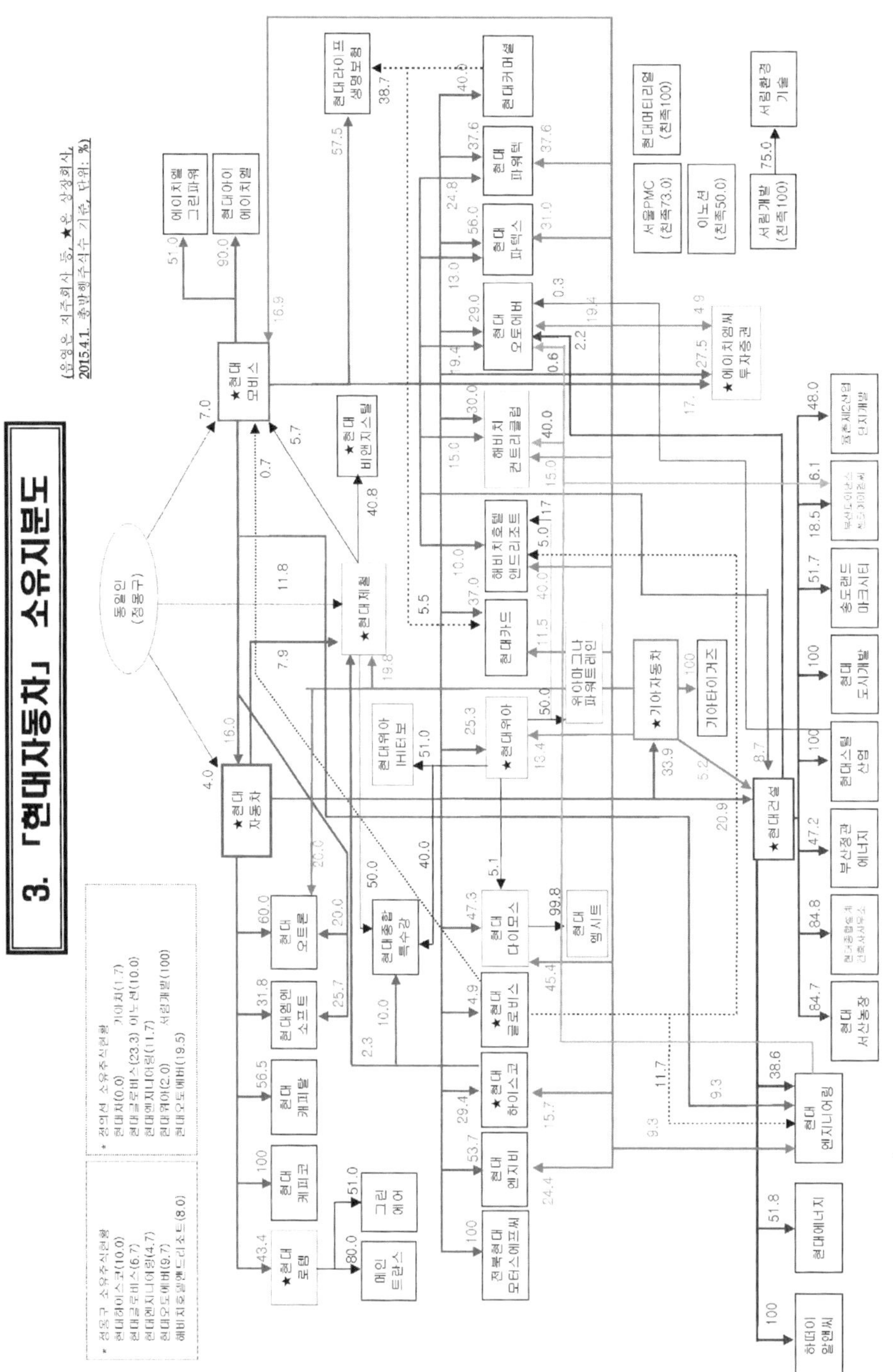

5) 현대자동차그룹, 2016년 4월: [순위] 2위, [동일인] 정몽구, [계열회사] 51개

정몽구 (4, 7%) → 현대자동차, 현대모비스 → 기아자동차, 현대건설 등

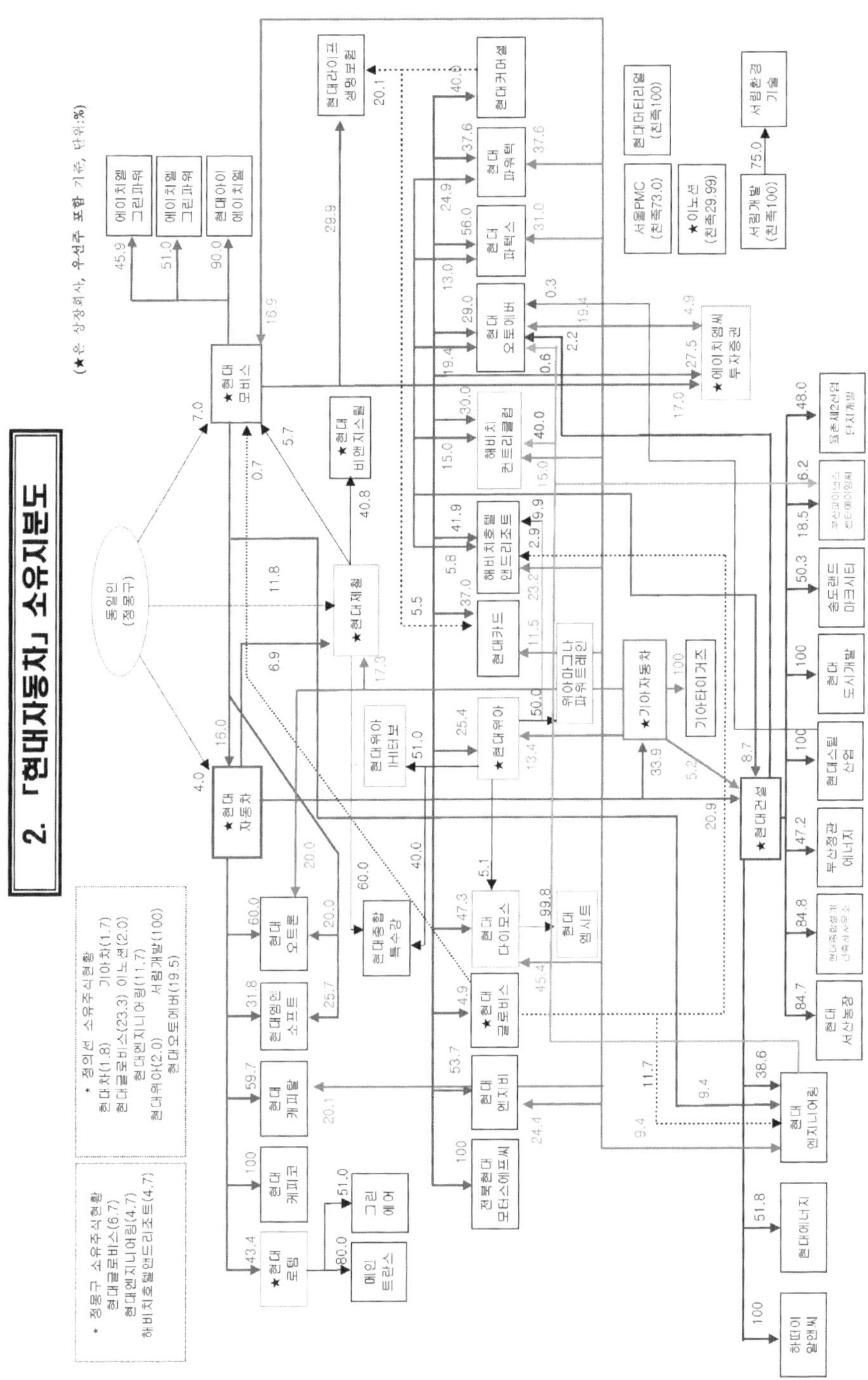

6) 현대자동차그룹, 2017년 5월: [순위] 2위, [동일인] 정몽구, [계열회사] 53개

정몽구 (4, 7%) → 현대자동차, 현대모비스 → 기아자동차, 현대건설 등

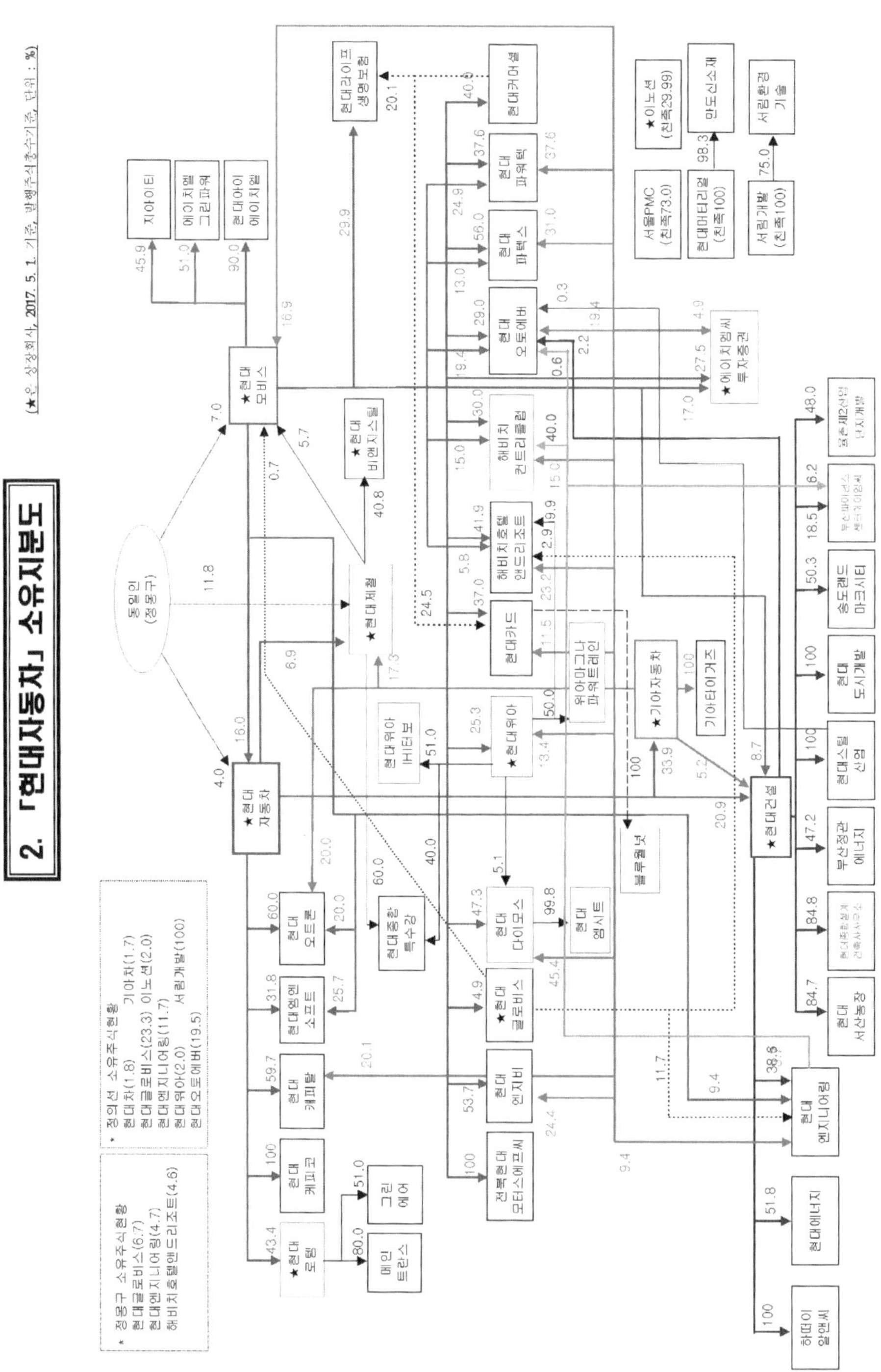

7) 현대자동차그룹, 2018년 5월: [순위] 2위, [동일인] 정몽구, [계열회사] 56개

정몽구 (4, 7%) → 현대자동차, 현대모비스 → 기아자동차, 현대건설 등

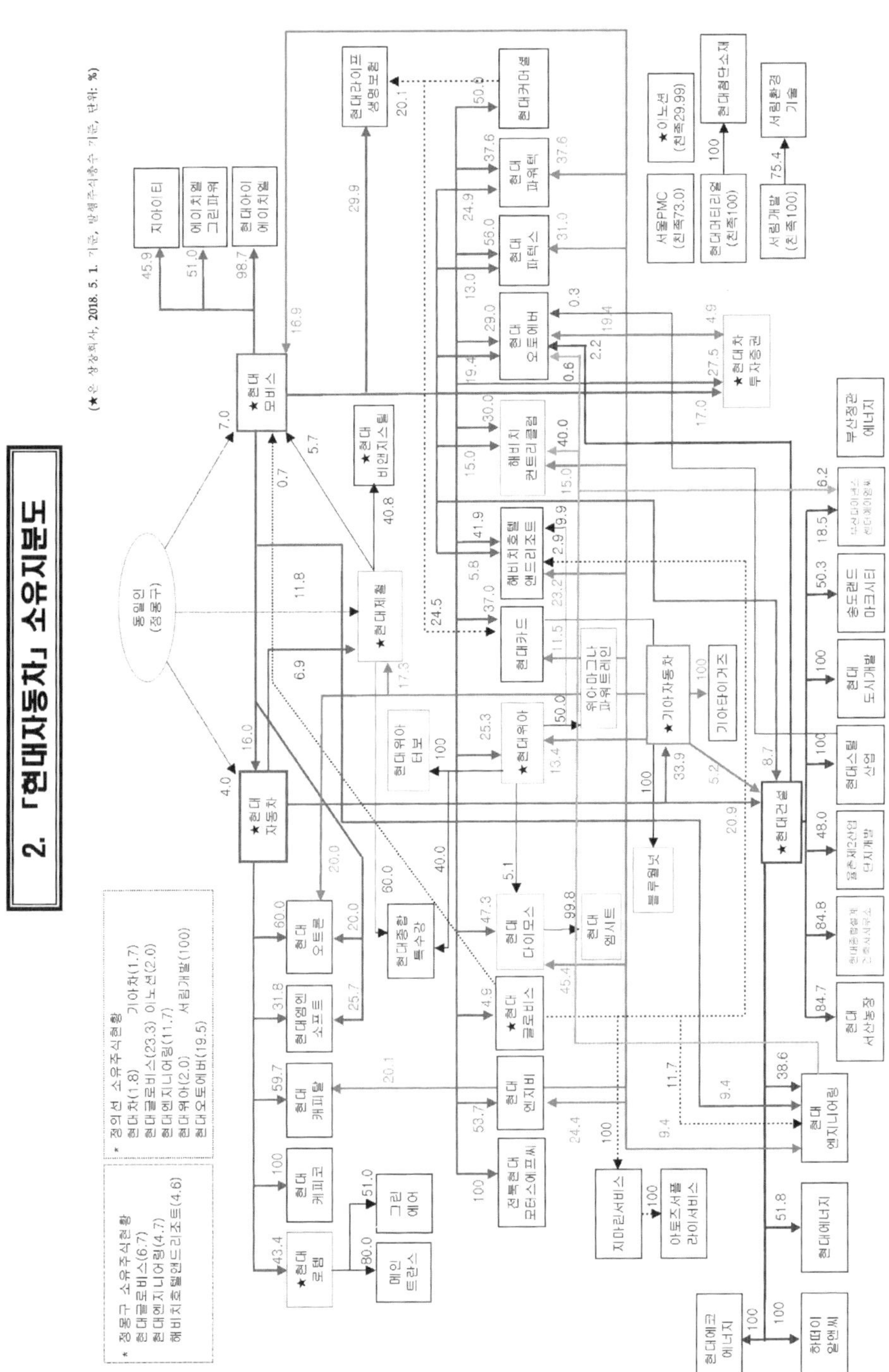

8) 현대자동차그룹, 2019년 5월: [순위] 2위, [동일인] 정몽구, [계열회사] 53개

정몽구 (4.1, 7.1%) → 현대자동차, 현대모비스 → 기아자동차, 현대건설 등

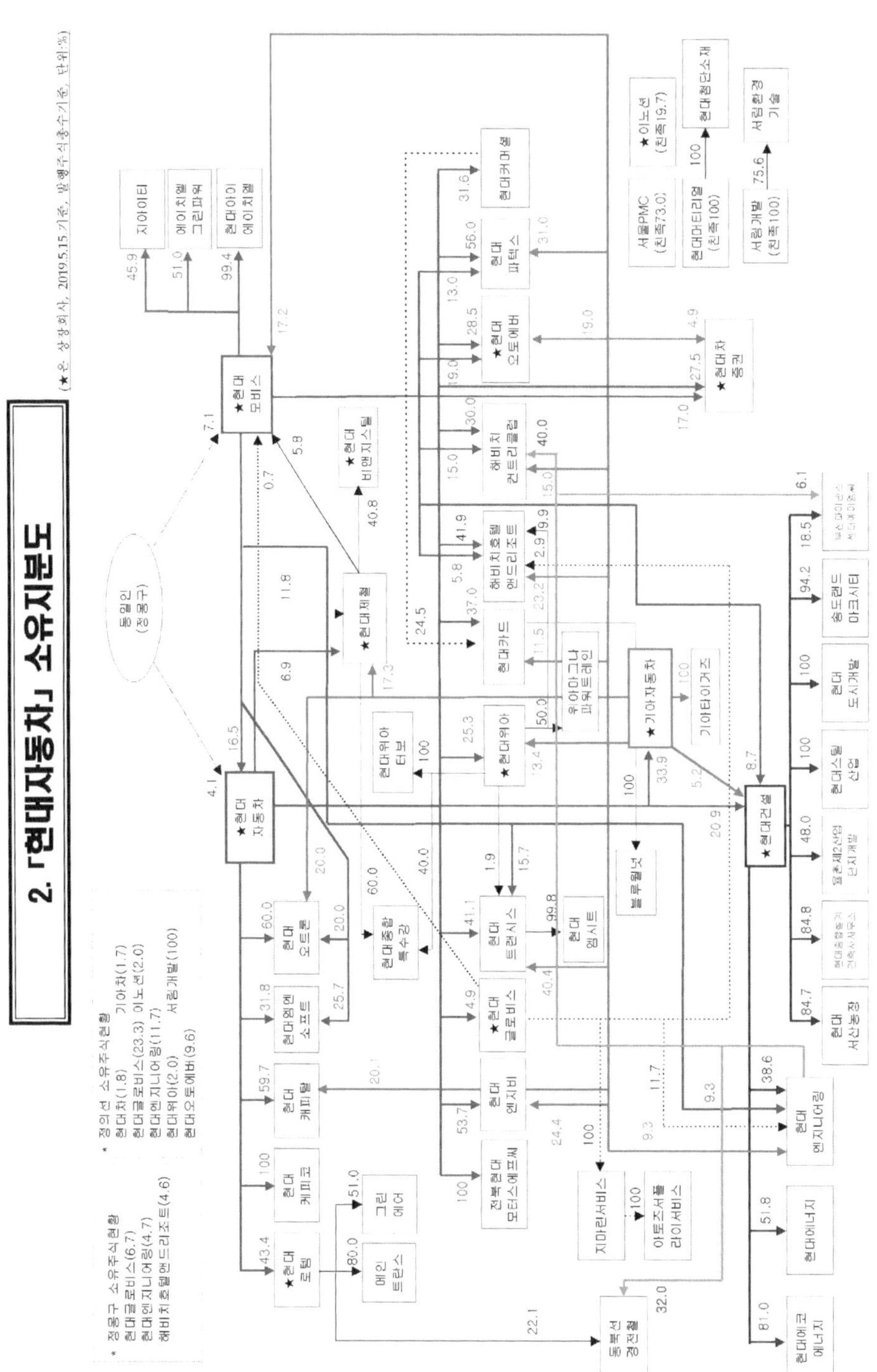

9) 현대자동차그룹, 2020년 5월: [순위] 2위, [동일인] 정몽구, [계열회사] 54개

정몽구 (4.1, 7.1%) → 현대자동차, 현대모비스 → 기아자동차, 현대건설 등

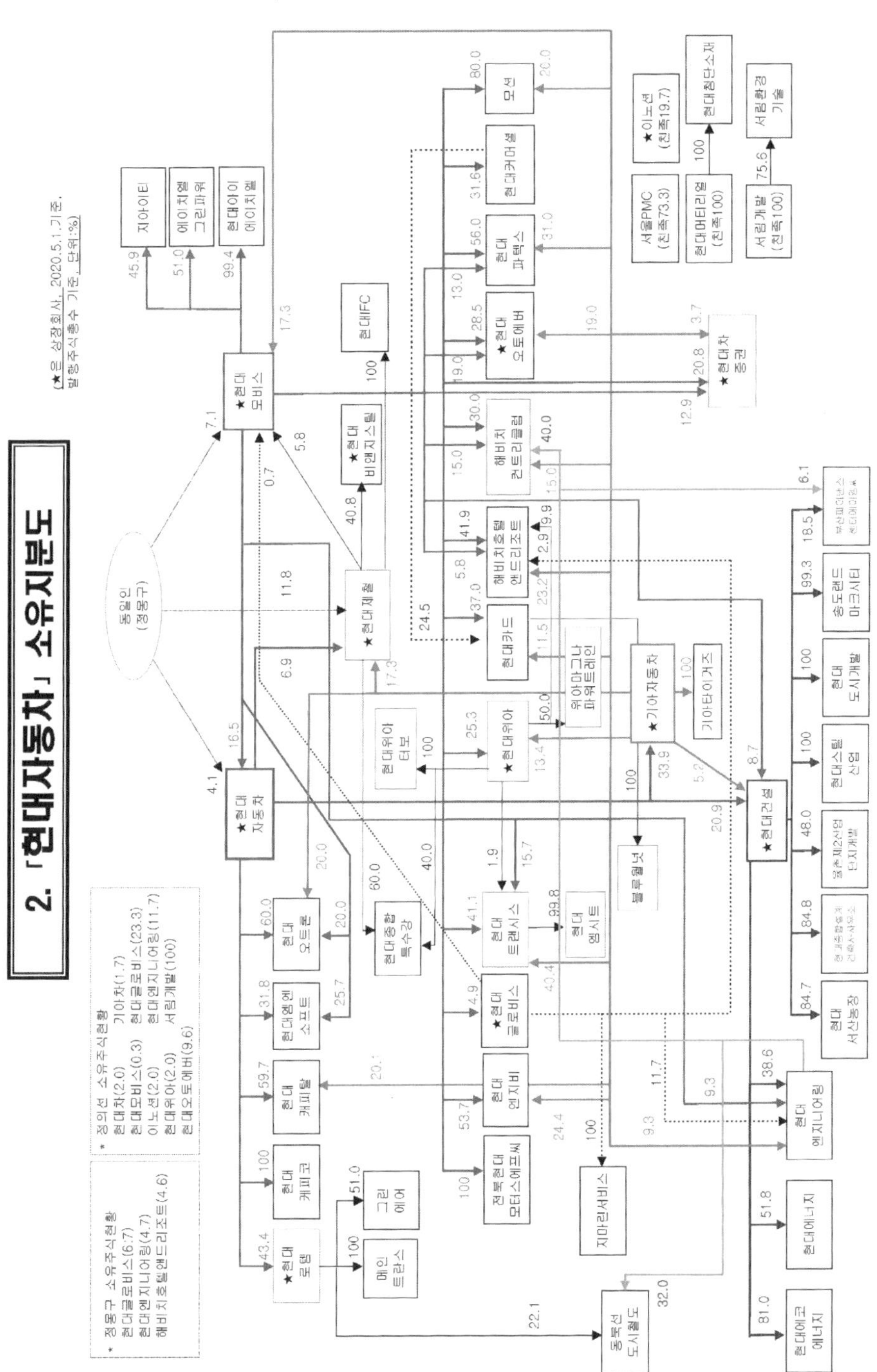

10) 현대자동차그룹, 2021년 5월: [순위] 2위, [동일인] 정의선, [계열회사] 53개

정의선 (2, 0.3%) → 현대자동차, 현대모비스 → 기아, 현대건설 등

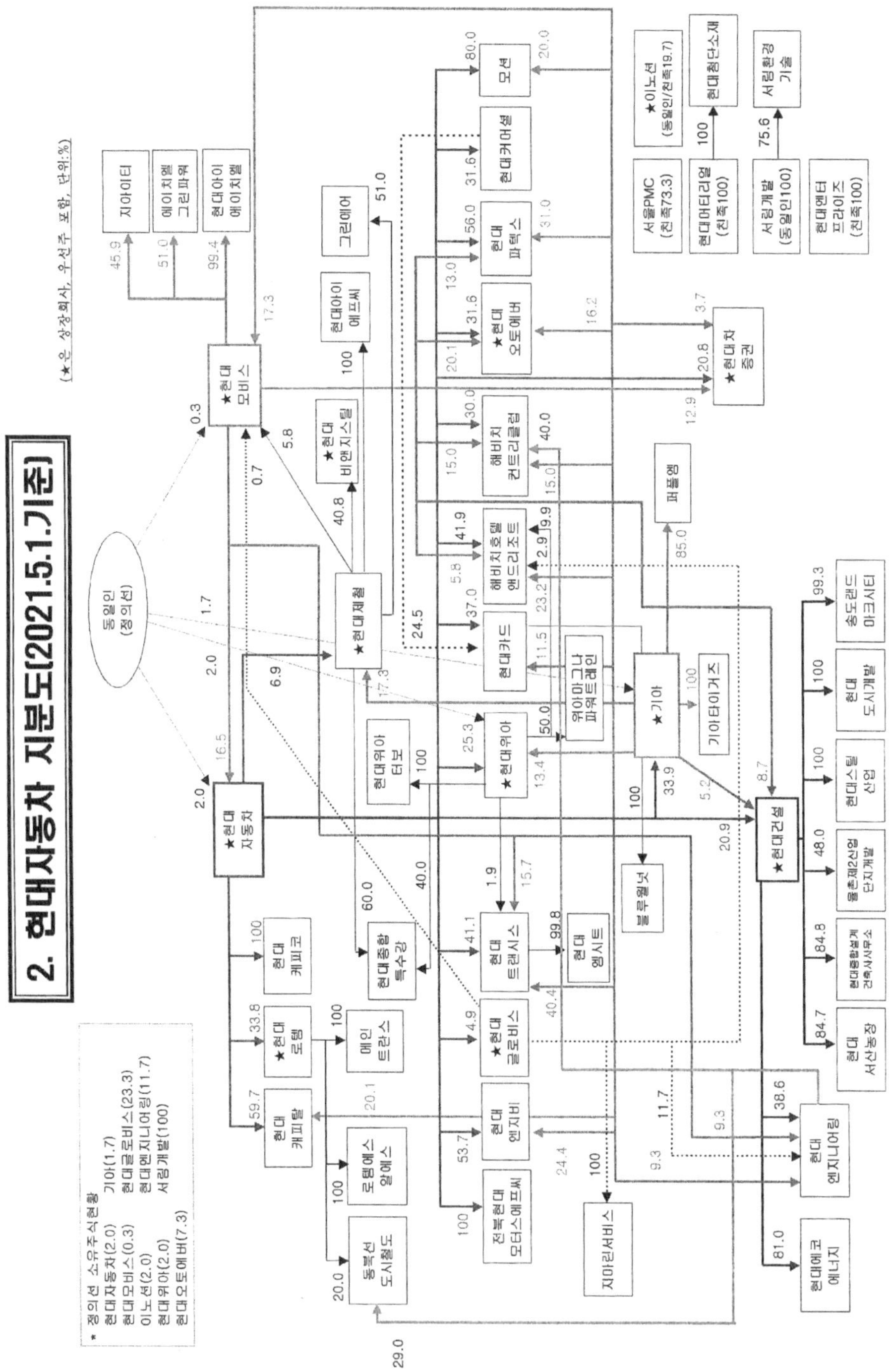

79. 현대중공업그룹: 2012-2021년

연도	동일인	순위 (위)	계열회사 (개)	자산총액 (10억 원)	매출액 (10억 원)	당기순이익 (10억 원)
2002		10	5	10,323	8,481	-131
2003		10	6	12,379	10,287	-253
2004		10	6	14,211	10,611	217
2005		11	7	15,173	12,006	216
2006		10	7	17,267	14,225	386
2007		11	7	20,573	17,151	1,154
2008		8	9	30,058	21,047	2,754
2009		7	15	40,882	27,993	3,491
2010		8	16	40,189	32,554	2,853
2011		7	21	54,406	49,769	5,370
2012	정몽준	7	24	55,771	61,439	3,254
2013	정몽준	7	26	56,451	63,417	1,516
2014	정몽준	7	26	58,395	60,804	367
2015	정몽준	8	27	57,472	58,622	-2,571
2016	정몽준	9	26	53,497	49,400	-1,363
2017	정몽준	9	29	54,347	42,818	1,228
2018	정몽준	10	28	56,055	41,747	5,750
2019	정몽준	10	31	54,808	45,966	302
2020	정몽준	9	30	62,863	47,877	695
2021	정몽준	9	33	63,803	38,676	-1,161

	[소유구조]
주요 주주	정몽준 (동일인)
주요 지배 회사	현대중공업, 현대로보틱스/현대중공업지주
주요 계열회사	현대삼호중공업, 현대오일뱅크, 현대중공업/한국조선해양

주: 2002-2016년 순위: 공기업집단을 제외한 순위.

1. 그룹

1) 대규모기업집단 지정 연도: 2002-2021년.

2) 연도 수: 20년.

2. 소유지분도: 개관

1) 소유지분도 작성 연도: 2012-2021년.

연도 수: 10년.

2) 그룹 주요 지표: [동일인] 정몽준. [순위] 7-10위.

[계열회사] 24-33개. [자산총액] 53.5-63.8조 원.

[매출액] 38.7-63.4조 원. [당기순이익] (-2.6) - 5.8조 원.

3) 소유구조

◆ 정몽준 → 현대중공업, 현대로보틱스/현대중공업지주 → 계열회사 ◆

① [주요 주주]

1명.

정몽준 (동일인).

지분: 10.15-26.6%.

② [주요 지배 회사]

2개 (1개씩 관련).

현대중공업 (상장)(5년; 2012-2016년),

현대로보틱스 (상장) / 현대중공업지주 (상장) (5년; 2017-2021년).

③ [계열회사]

유형: 자회사 → 손자회사 → 증손회사.

주요 회사: 3개 (2개씩 관련).

현대삼호중공업, 현대오일뱅크,

현대중공업 (2017-2019년 상장, 2020-2021년 비상장) /

한국조선해양 (상장).

4) 현대중공업, 현대로보틱스: 2017년 4월 현대중공업 인적분할 후 현대중공업 존속, 현대로보틱스 신설.

현대로보틱스: 현대중공업지주 (2018년 3월 상호 변경).

현대중공업: 한국조선해양 (2019년 6월 물적분할 후 상호 변경, 현대중공업 신설).

3. 소유지분도: 연도별, 2012-2021년

1) 2012년 4월: [순위] 7위, [동일인] 정몽준, [계열회사] 24개

정몽준 (10.2%) →

현대중공업 → 현대삼호중공업, 현대오일뱅크 등.

2) 2013년 4월: [순위] 7위, [동일인] 정몽준, [계열회사] 26개

정몽준 (10.2%) →

현대중공업 → 현대삼호중공업, 현대오일뱅크 등.

3) 2014년 4월: [순위] 7위, [동일인] 정몽준, [계열회사] 26개

정몽준 (10.15%) →

현대중공업 → 현대삼호중공업, 현대오일뱅크 등.

4) 2015년 4월: [순위] 8위, [동일인] 정몽준, [계열회사] 27개

정몽준 (10.15%) →

현대중공업 → 현대삼호중공업, 현대오일뱅크 등.

5) 2016년 4월: [순위] 9위, [동일인] 정몽준, [계열회사] 26개

정몽준 (10.15%) →

현대중공업 → 현대삼호중공업, 현대오일뱅크 등.

6) 2017년 5월: [순위] 9위, [동일인] 정몽준, [계열회사] 29개

정몽준 (10.2%) →

현대로보틱스 → 현대중공업, 현대오일뱅크 등.

7) 2018년 5월: [순위] 10위, [동일인] 정몽준, [계열회사] 28개

정몽준 (25.8%) →

현대중공업지주 → 현대중공업, 현대오일뱅크 등.

8) 2019년 5월: [순위] 10위, [동일인] 정몽준, [계열회사] 31개

정몽준 (25.8%) →

현대중공업지주 → 현대중공업, 현대오일뱅크 등.

9) 2020년 5월: [순위] 9위, [동일인] 정몽준, [계열회사] 30개

정몽준 (25.8%) →

현대중공업지주 → 한국조선해양, 현대오일뱅크 등.

10) 2021년 5월: [순위] 9위, [동일인] 정몽준, [계열회사] 33개

정몽준 (26.6%) →

현대중공업지주 → 한국조선해양, 현대오일뱅크 등.

1) 현대중공업그룹, 2012년 4월: [순위] 7위, [동일인] 정몽준, [계열회사] 24개

정몽준 (10.2%) → 현대중공업 → 현대삼호중공업, 현대오일뱅크 등

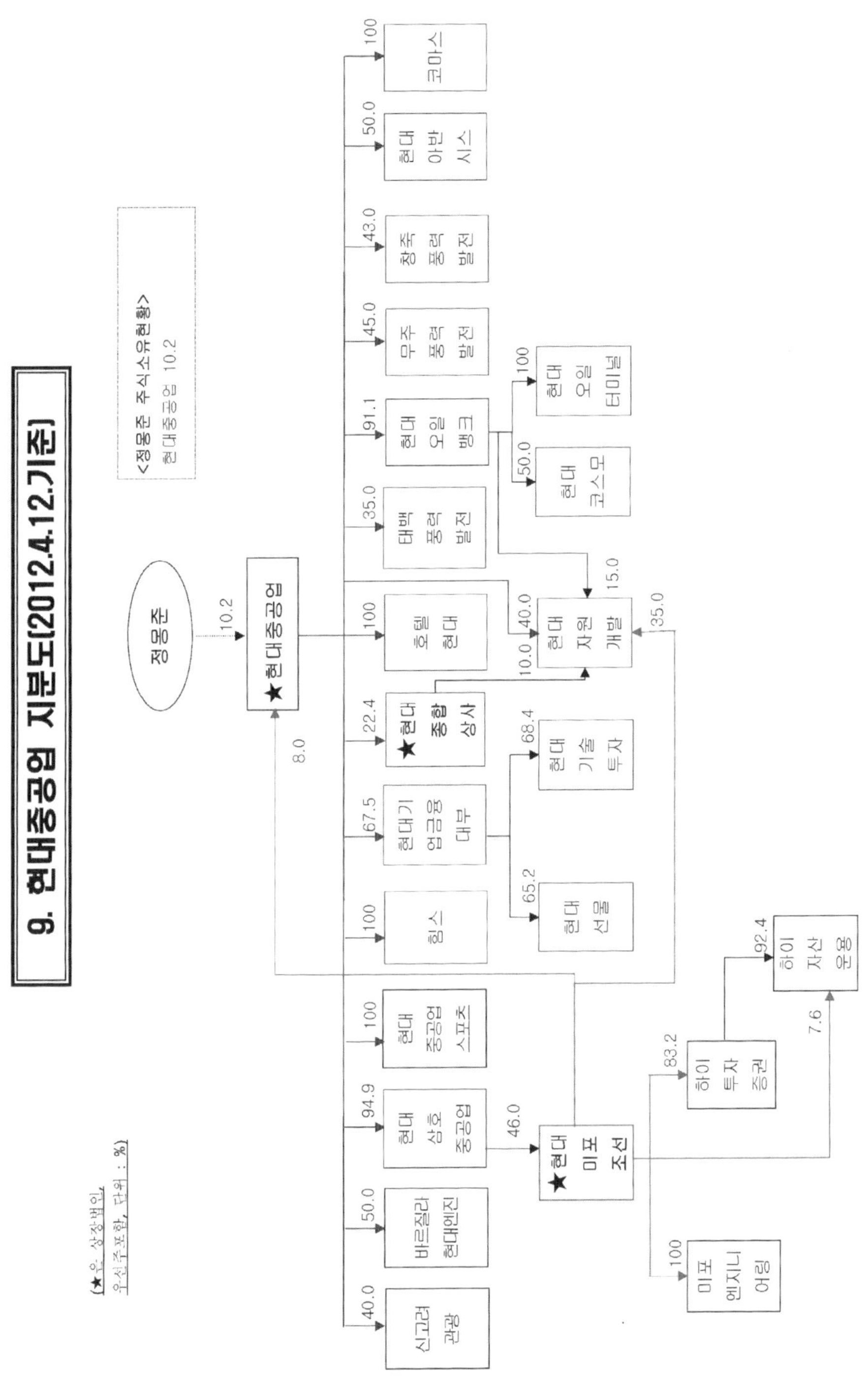

2) 현대중공업그룹, 2013년 4월: [순위] 7위, [동일인] 정몽준, [계열회사] 26개

정몽준 (10.2%) → 현대중공업 → 현대삼호중공업, 현대오일뱅크 등

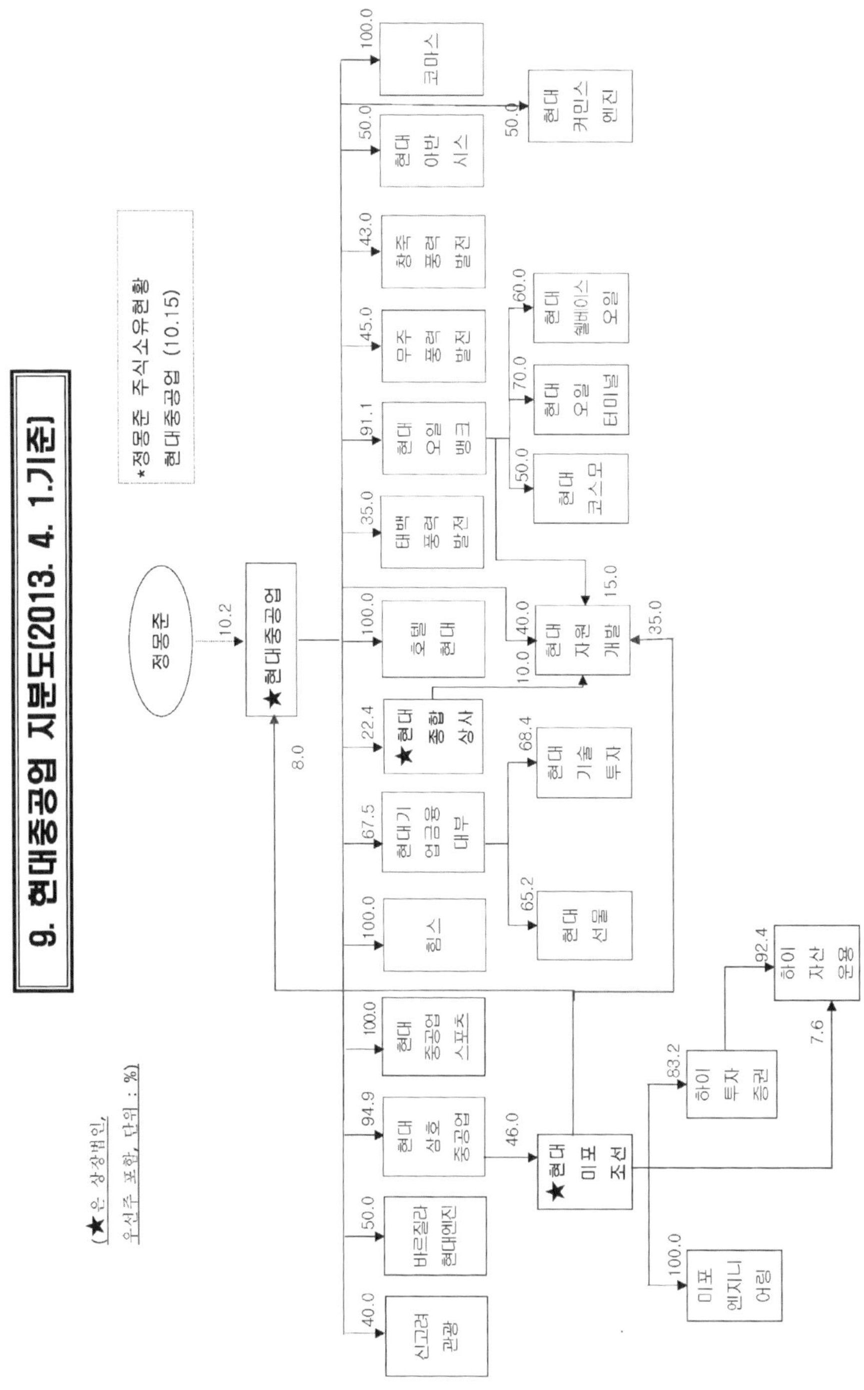

9. 「현대중공업」 소유지분도

* ★은 상장회사, 2014.4.1. 발행주식총수 기준, 단위: %

3) 현대중공업그룹, 2014년 4월: [순위] 7위, [동일인] 정몽준, [계열회사] 26개

정몽준 (10.15%) → 현대중공업 → 현대삼호중공업, 현대오일뱅크 등

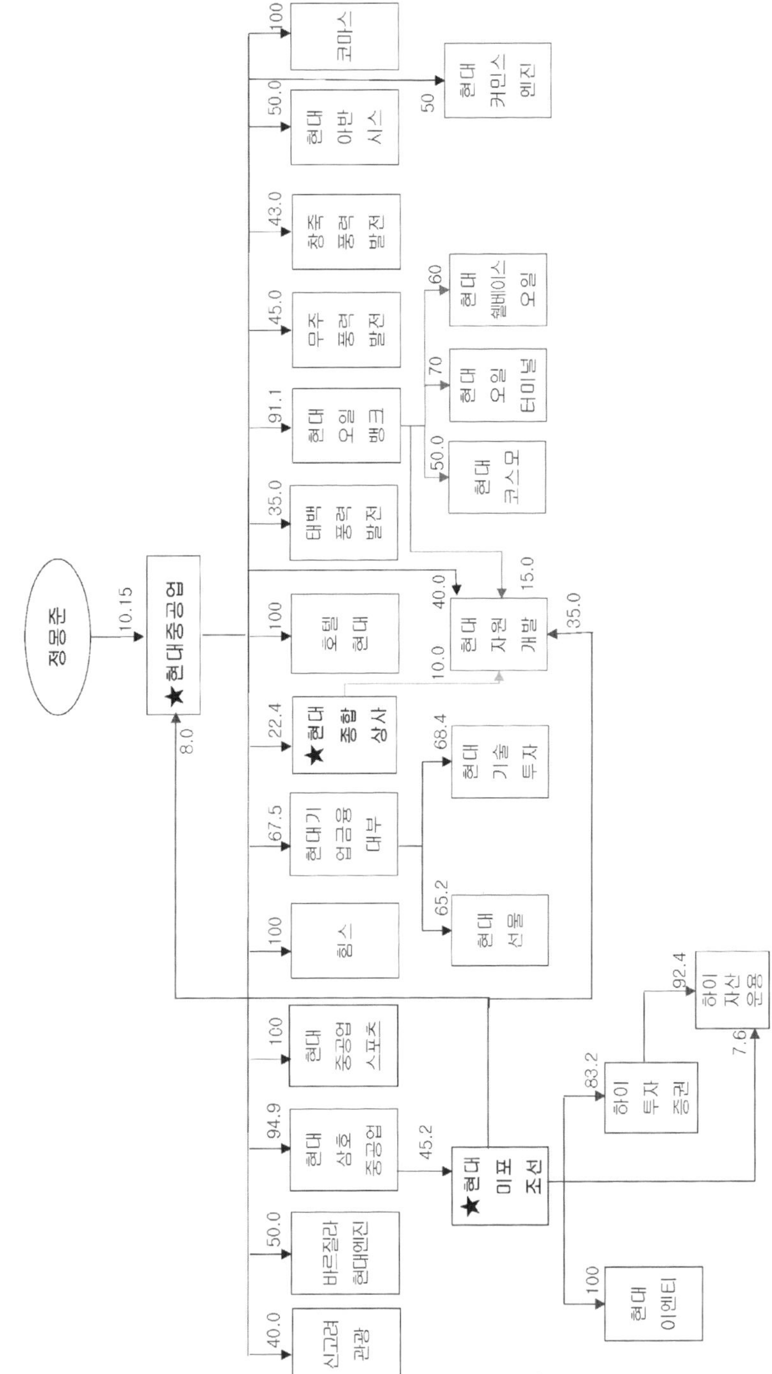

4) 현대중공업그룹, 2015년 4월: [순위] 8위, [동일인] 정몽준, [계열회사] 27개

정몽준 (10.15%) → 현대중공업 → 현대삼호중공업, 현대오일뱅크 등

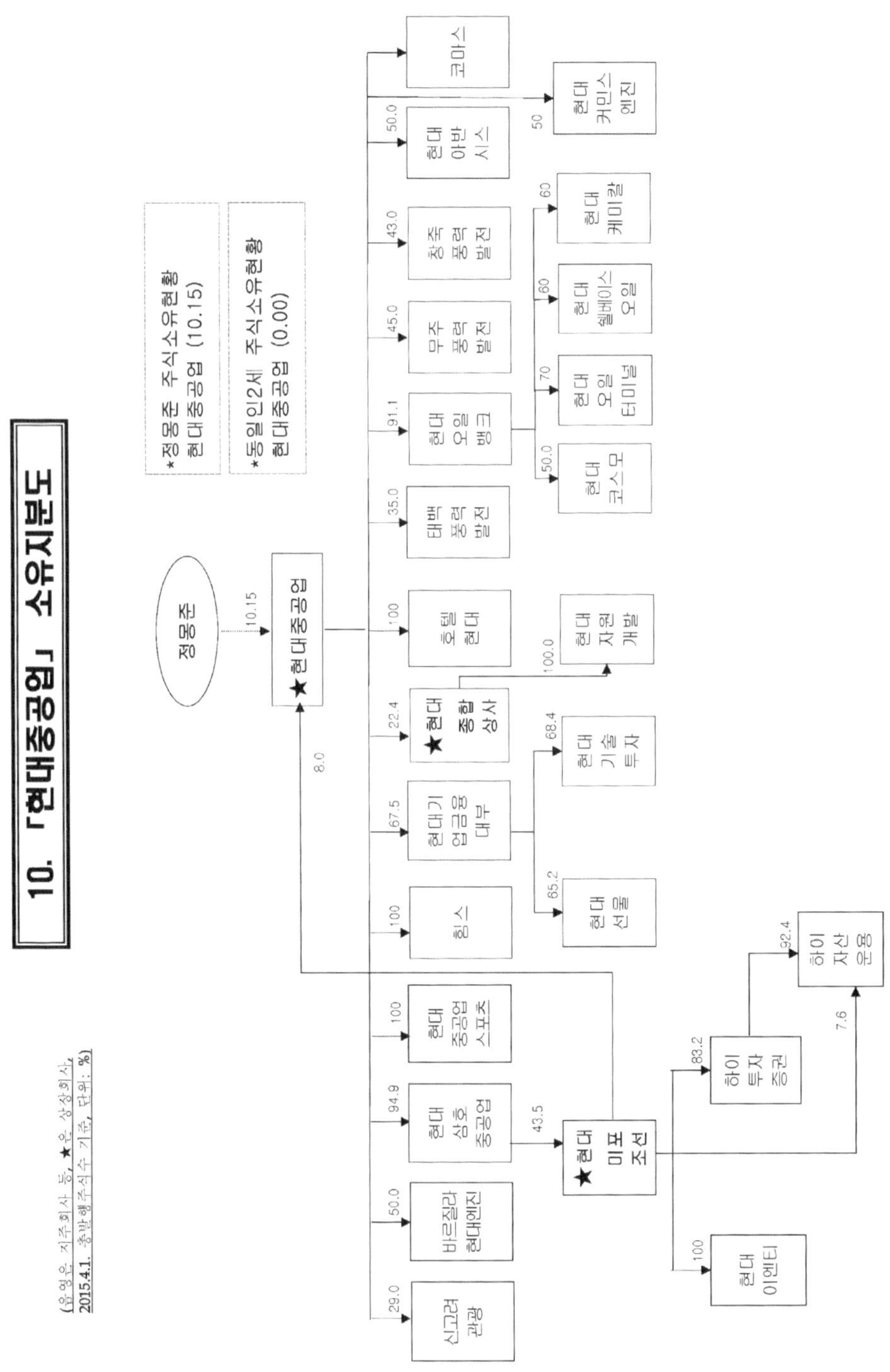

5) 현대중공업그룹, 2016년 4월: [순위] 9위, [동일인] 정몽준, [계열회사] 26개

정몽준 (10.15%) → 현대중공업 → 현대삼호중공업, 현대오일뱅크 등

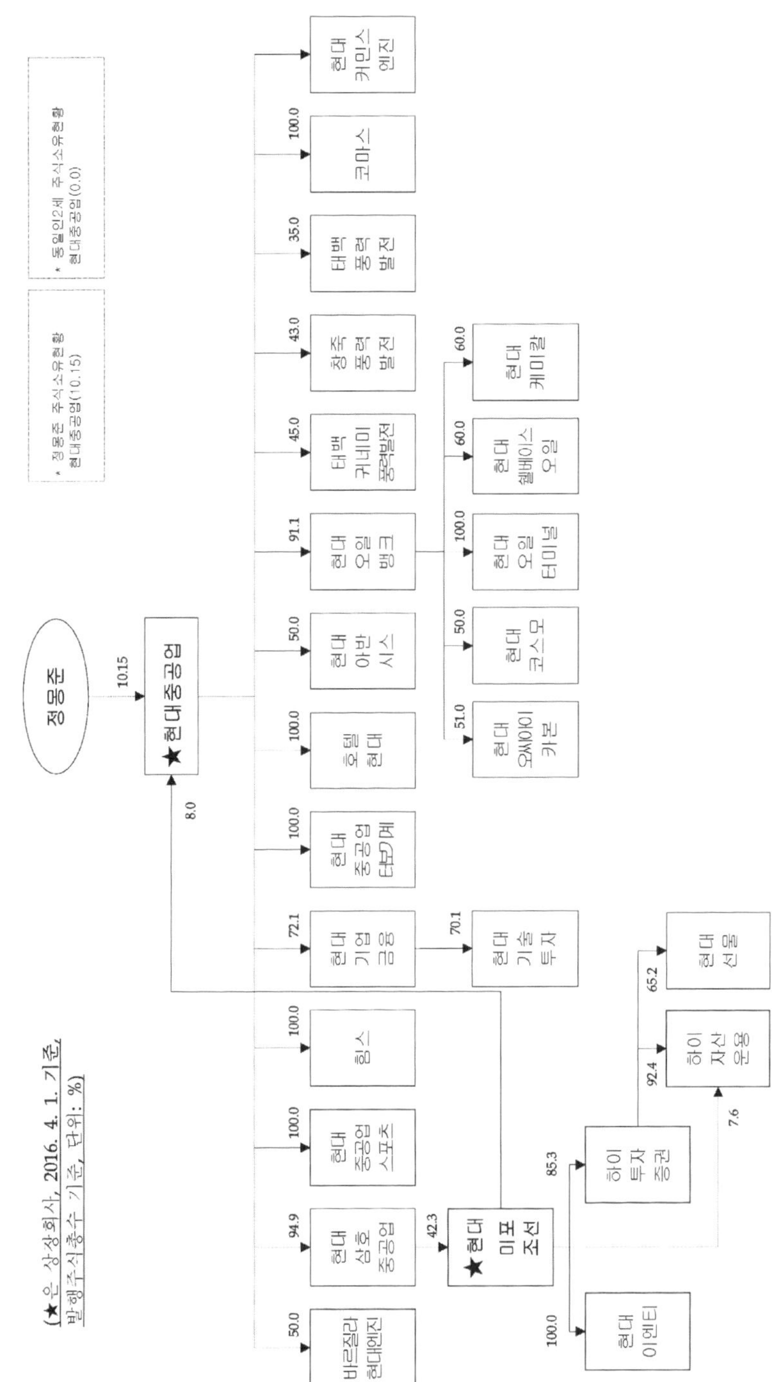

6) 현대중공업그룹, 2017년 5월: [순위] 9위, [동일인] 정몽준, [계열회사] 29개

정몽준 (10.2%) → 현대로보틱스 → 현대중공업, 현대오일뱅크 등

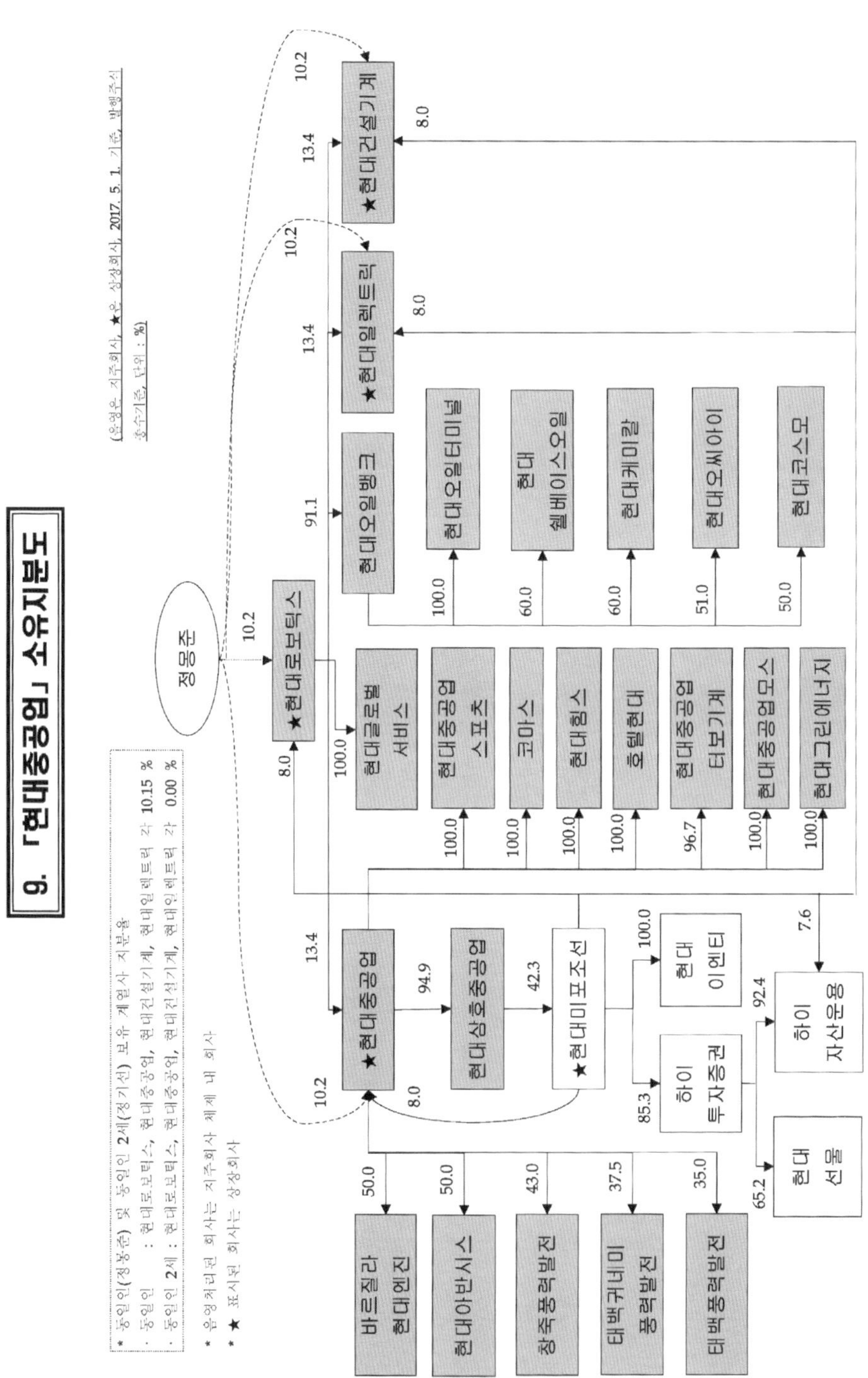

7) 현대중공업그룹, 2018년 5월: [순위] 10위, [동일인] 정몽준, [계열회사] 28개

정몽준 (25.8%) → 현대중공업지주 → 현대중공업, 현대오일뱅크 등

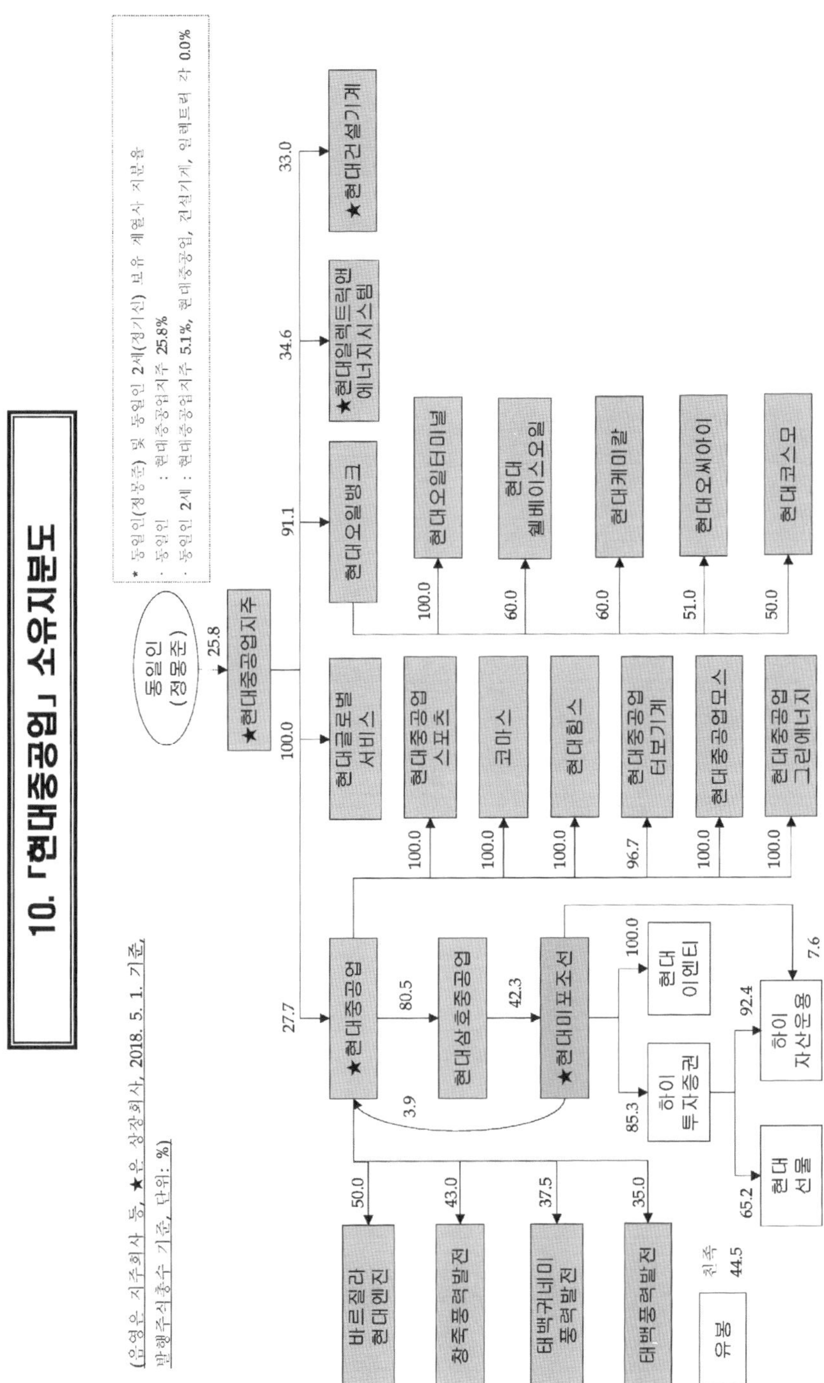

8) 현대중공업그룹, 2019년 5월: [순위] 10위, [동일인] 정몽준, [계열회사] 31개

정몽준 (25.8%) → 현대중공업지주 → 현대중공업, 현대오일뱅크 등

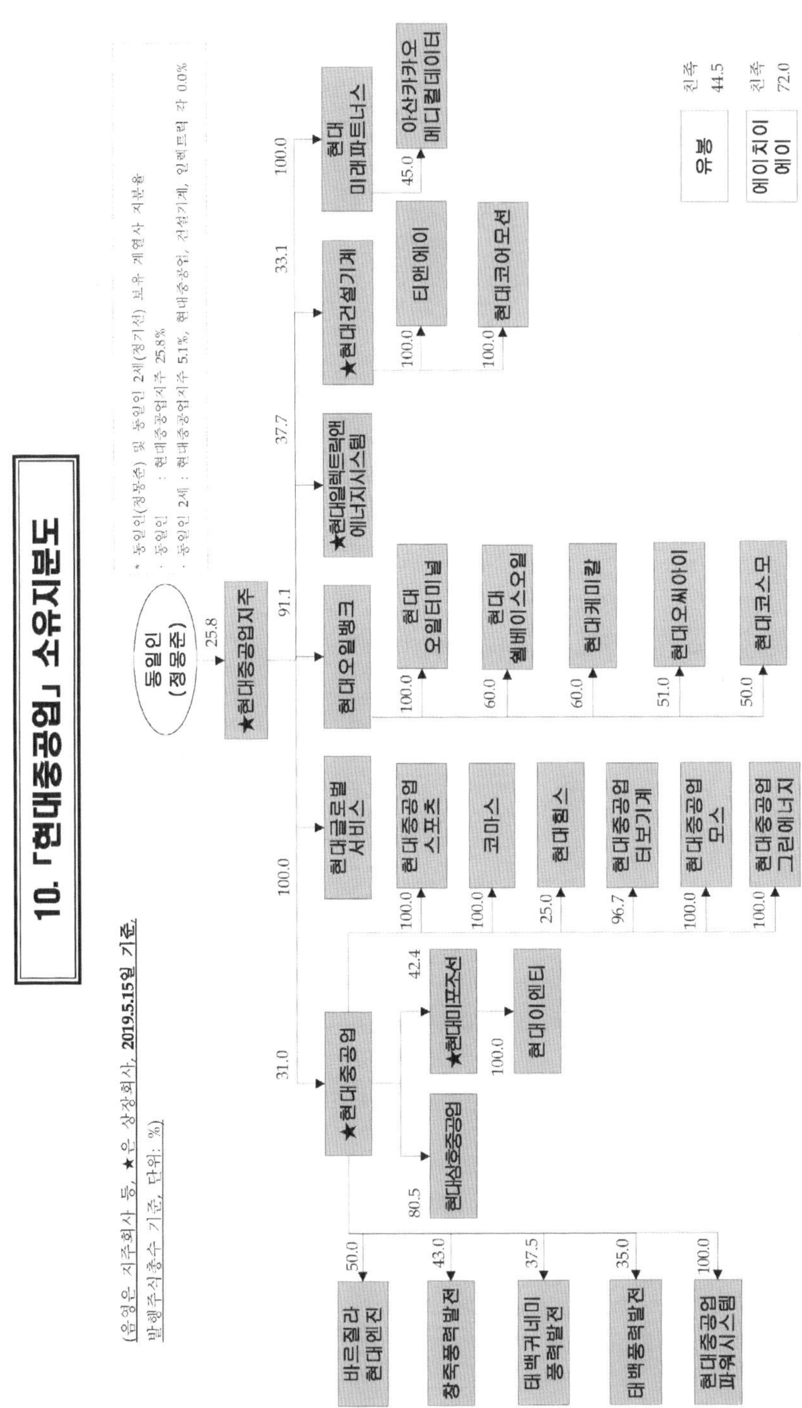

9) 현대중공업그룹, 2020년 5월: [순위] 9위, [동일인] 정몽준, [계열회사] 30개

정몽준 (25.8%) → 현대중공업지주 → 한국조선해양, 현대오일뱅크 등

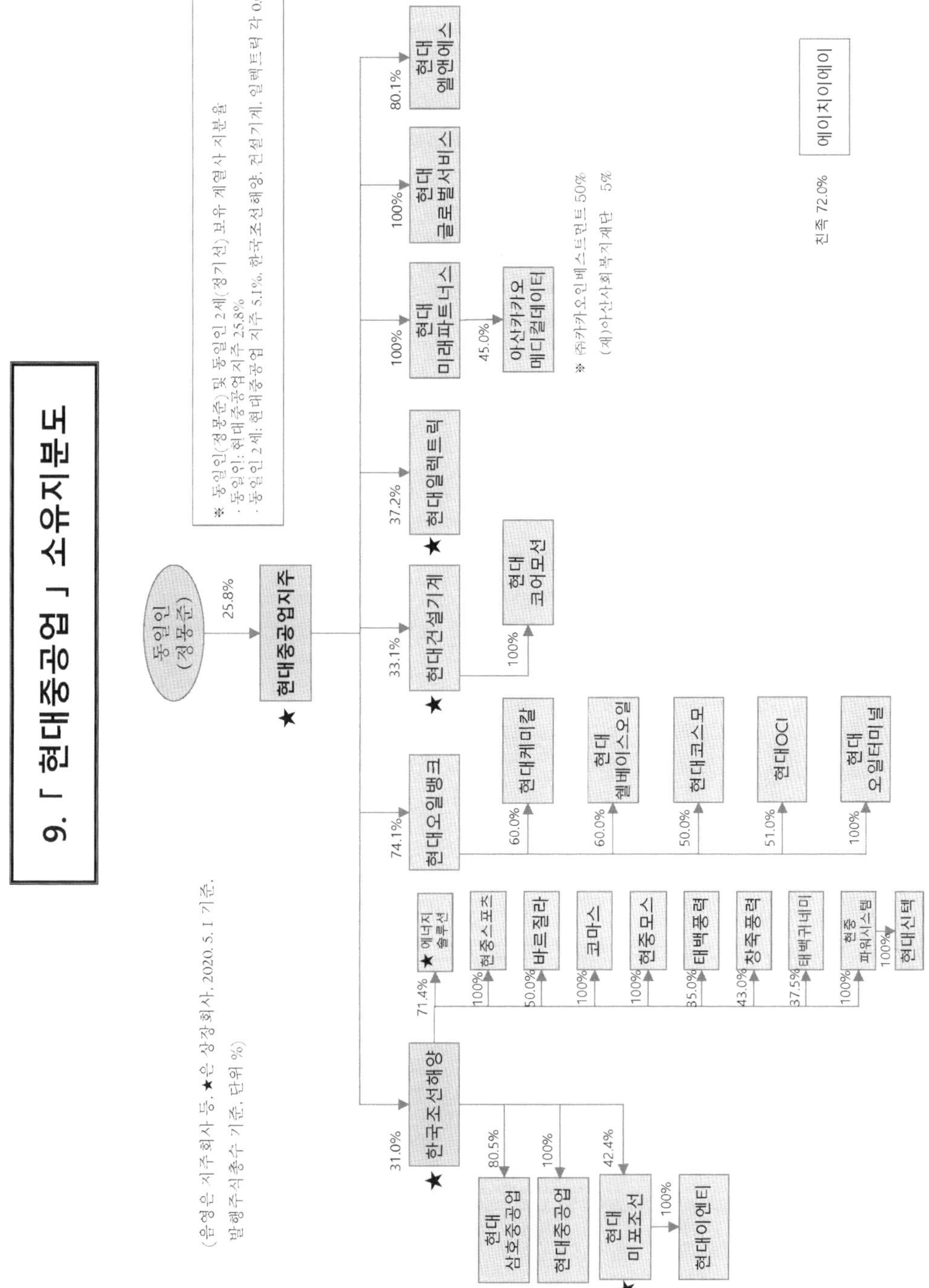

10) 현대중공업그룹, 2021년 5월: [순위] 9위, [동일인] 정몽준, [계열회사] 33개

정몽준 (26.6%) → 현대중공업지주 → 한국조선해양, 현대오일뱅크 등

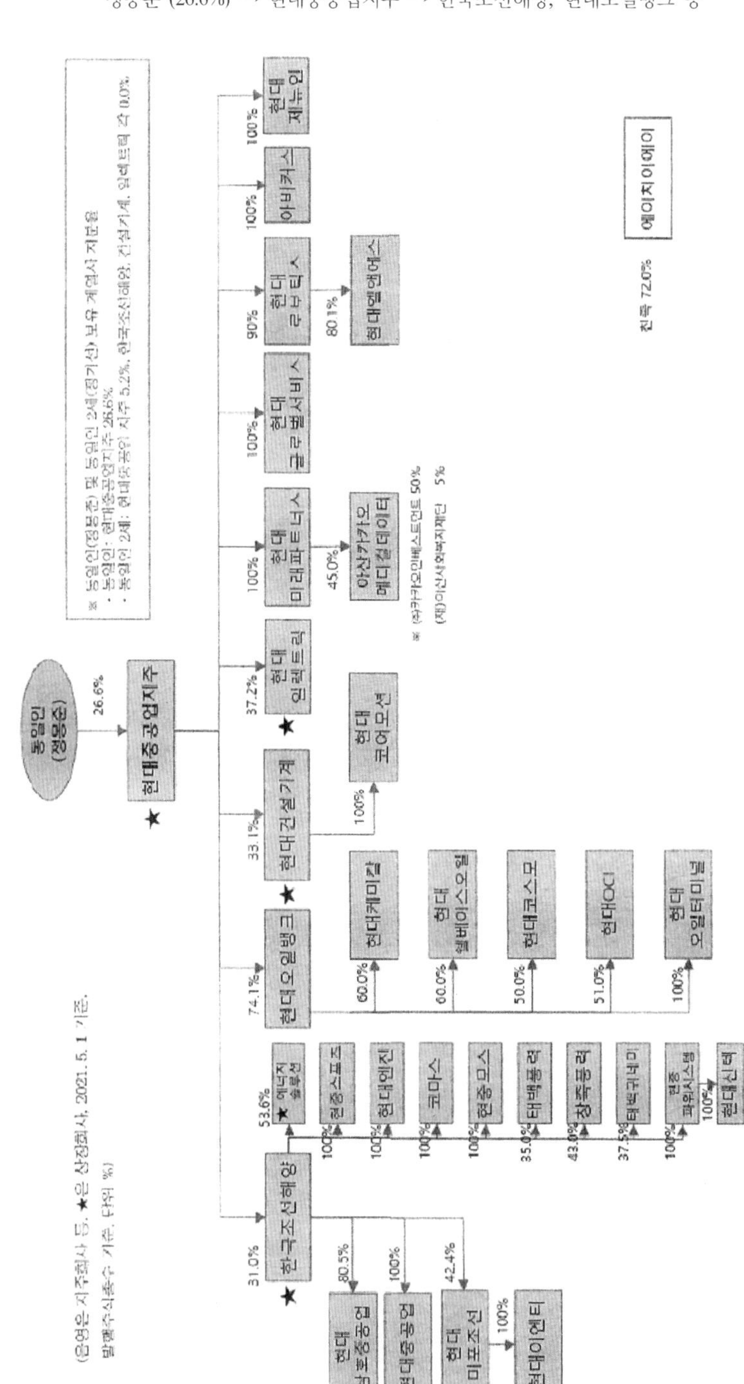

80. 현대해상화재보험그룹: 2021년

연도	동일인	순위 (위)	계열회사 (개)	자산총액 (10억 원)	매출액 (10억 원)	당기순이익 (10억 원)
2021	정몽윤	67	21	5,322	18,091	327

	[소유구조]	
주요 주주	정몽윤 (동일인)	친족
주요 지배 회사	현대해상화재보험	-
주요 계열회사	현대하이카손해사정	에이치지이니셔티브

1. 그룹

1) 대규모기업집단 지정 연도: 2021년.

2) 연도 수: 1년.

2. 소유지분도: 개관

1) 소유지분도 작성 연도: 2021년.
연도 수: 1년.

2) 그룹 주요 지표: [동일인] 정몽윤. [순위] 67위.
[계열회사] 21개. [자산총액] 5.3조 원.
[매출액] 18.1조 원. [당기순이익] 0.3조 원.

3) 소유구조

◆ {정몽윤 → 현대해상화재보험 → 계열회사} +
{친족 → 계열회사2} ◆

① [주요 주주]

1명.

정몽윤 (동일인).

지분: 21.9%.

② [주요 지배 회사]

1개.

현대해상화재보험 (상장).

③ [계열회사]

유형: 자회사 → 손자회사.

주요 회사: 1개.

현대하이카손해사정.

* 계열회사2: 1개.

에이치지이니셔티브.

3. 소유지분도: 연도별, 2021년

2021년 5월: [순위] 67위, [동일인] 정몽윤, [계열회사] 21개

{정몽윤 (21.9%) →

현대해상화재보험 → 현대하이카손해사정 등} +

{친족 → 에이치지이니셔티브 등}.

현대해상화재보험그룹, 2021년 5월: [순위] 67위, [동일인] 정몽윤, [계열회사] 21개

{정몽윤 (21.9%) → 현대해상화재보험 → 현대하이카손해사정 등} + {친족 → 에이치지이니셔티브 등}

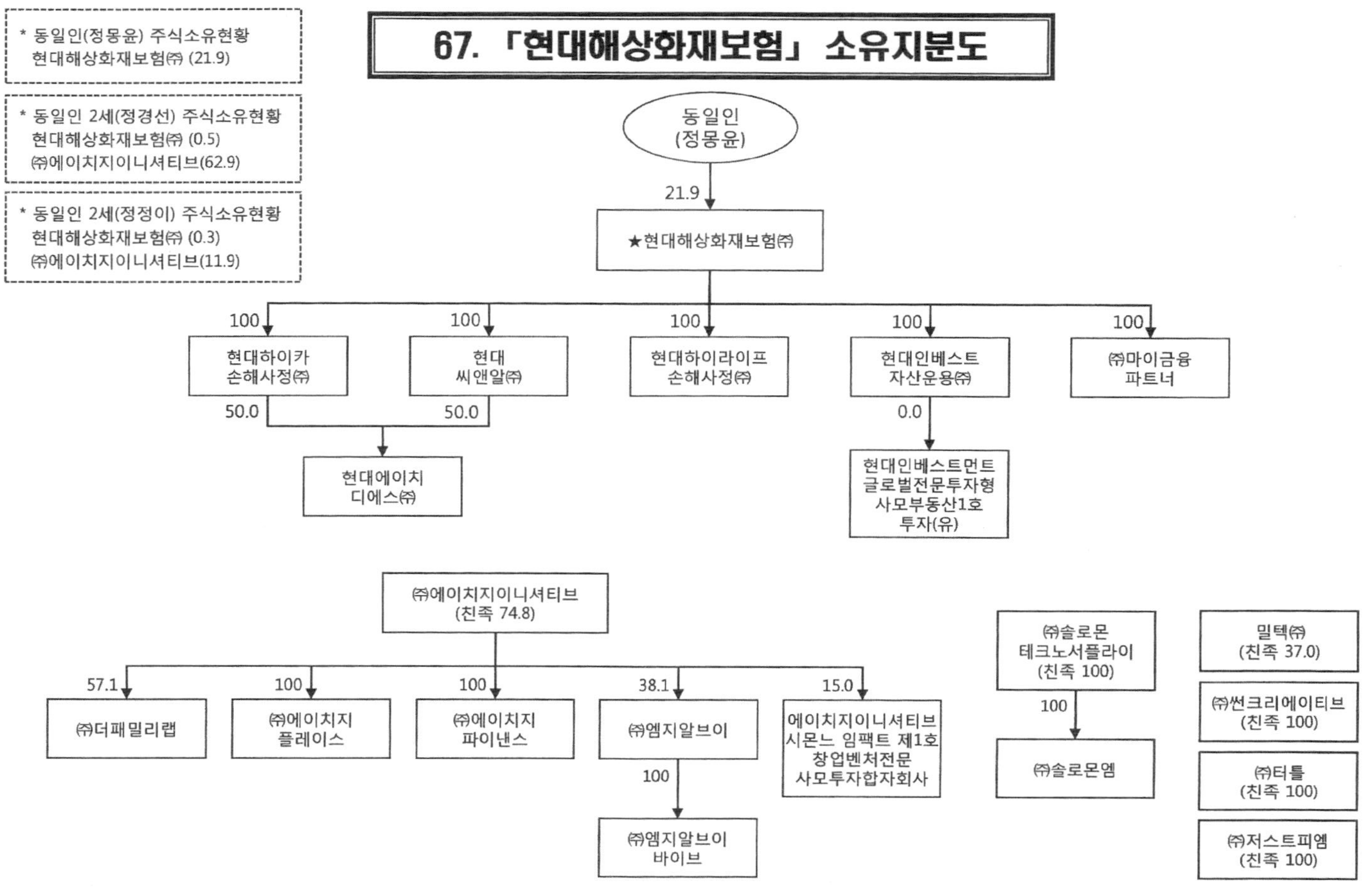

81. 호반건설그룹: 2017-2021년

연도	동일인	순위 (위)	계열회사 (개)	자산총액 (10억 원)	매출액 (10억 원)	당기순이익 (10억 원)
2017	김상열	47	48	7,001	5,448	945
2018	김상열	44	42	7,988	6,777	1,628
2019	김상열	44	33	8,472	3,617	721
2020	김상열	44	36	9,146	4,571	535
2021	김상열	37	42	10,698	3,758	322

	[소유구조]	
주요 주주	김상열 (동일인), 김대헌 (2세)	김민성 (2세)
주요 지배 회사	호반건설, 호반건설주택	호반건설산업/호반산업
주요 계열회사	우방이엔씨, 스카이리빙, 호반호텔앤리조트	티에스주택

1. 그룹

1) 대규모기업집단 지정 연도: 2017-2021년.

2) 연도 수: 5년.

2. 소유지분도: 개관

1) 소유지분도 작성 연도: 2017-2021년.
   연도 수: 5년.

2) 그룹 주요 지표: [동일인] 김상열. [순위] 37-47위.
   [계열회사] 33-48개. [자산총액] 7.0-10.7조 원.
   [매출액] 3.6-6.8조 원. [당기순이익] 0.3-1.6조 원.

3) 소유구조

◆ {김상열, 김대헌 → 호반건설, 호반건설주택 → 계열회사} +
{김민성 → 호반건설산업/호반산업 → 계열회사} ◆

① [주요 주주]

3명 (1-2명씩 독립적으로 지분 보유).

김상열 (동일인) ‖ 김대헌 (2세; 아들, 형) ‖ 김민성 (2세; 아들, 동생).

지분: 10.5-29.1% (5년; 2017-2021년) ‖ 51.4-85.7% (5년; 2017-2021년) ‖ 42-72.4% (5년; 2017-2021년).

② [주요 지배 회사]

3개 (2-3개 중 1개씩 독립적으로 관련).

호반건설 (5년; 2017-2021년), 호반건설주택 (2년; 2017-2018년), 호반건설산업 / 호반산업 (5년; 2017-2021년).

③ [계열회사]

유형: 자회사 → 손자회사 (4년; 2017-2018, 2020-2021년),
자회사 → 손자회사 → 증손회사 (1년; 2019년).

주요 회사: 4개 (1-2개씩 독립적으로 관련).
우방이엔씨, 스카이리빙, 호반호텔앤리조트, 티에스주택.

4) 호반건설산업: 호반산업 (2018년 8월 상호 변경).
호반건설, 호반건설주택: 2018년 11월 호반건설이 호반건설주택(2018년 초 호반으로 상호 변경) 합병.

3. 소유지분도: 연도별, 2017-2021년

1) 2017년 9월: [순위] 47위, [동일인] 김상열, [계열회사] 48개

{김상열 (29.1%) →
호반건설 → 우방이엔씨 등} +
{김대헌 (85.7%) →
호반건설주택 → 스카이리빙 등} +
{김민성 (72.4%) →
호반건설산업 → 티에스주택 등} +
{친족 → 계열회사}.

2) 2018년 5월: [순위] 44위, [동일인] 김상열, [계열회사] 42개

{김상열 (29.1%) →

호반건설 → 우방이엔씨 등} +

{김대헌 (51.4%) →

호반건설주택 → 스카이리빙 등} +

{김민성 (42%) →

호반건설산업 → 티에스주택 등} +

{친족 → 계열회사}.

3) 2019년 5월: [순위] 44위, [동일인] 김상열, [계열회사] 33개

{김상열 (10.5%), 김대헌 (54.7%) →

호반건설 → 스카이리빙, 호반호텔앤리조트 등} +

{김민성 (42%) →

호반산업 → 티에스주택 등}.

4) 2020년 5월: [순위] 44위, [동일인] 김상열, [계열회사] 36개

{김상열 (10.5%), 김대헌 (54.7%) →

호반건설 → 스카이리빙, 호반호텔앤리조트 등} +

{김민성 (42%) →

호반산업 → 티에스주택 등}.

5) 2021년 5월: [순위] 37위, [동일인] 김상열, [계열회사] 42개

{김상열 (10.5%), 김대헌 (54.7%) →

호반건설 → 스카이리빙, 호반호텔앤리조트 등} +

{김민성 (42%) →

호반산업 → 티에스주택 등}.

1) 호반건설그룹, 2017년 9월: [순위] 47위, [동일인] 김상열, [계열회사] 48개

{김상열 (29.1%) → 호반건설 → 우방이엔씨 등} + {김대헌 (85.7%) → 호반건설주택 → 스카이리빙 등} + {김민성 (72.4%) → 호반건설산업 → 티에스주택 등} + {친족 → 계열회사}

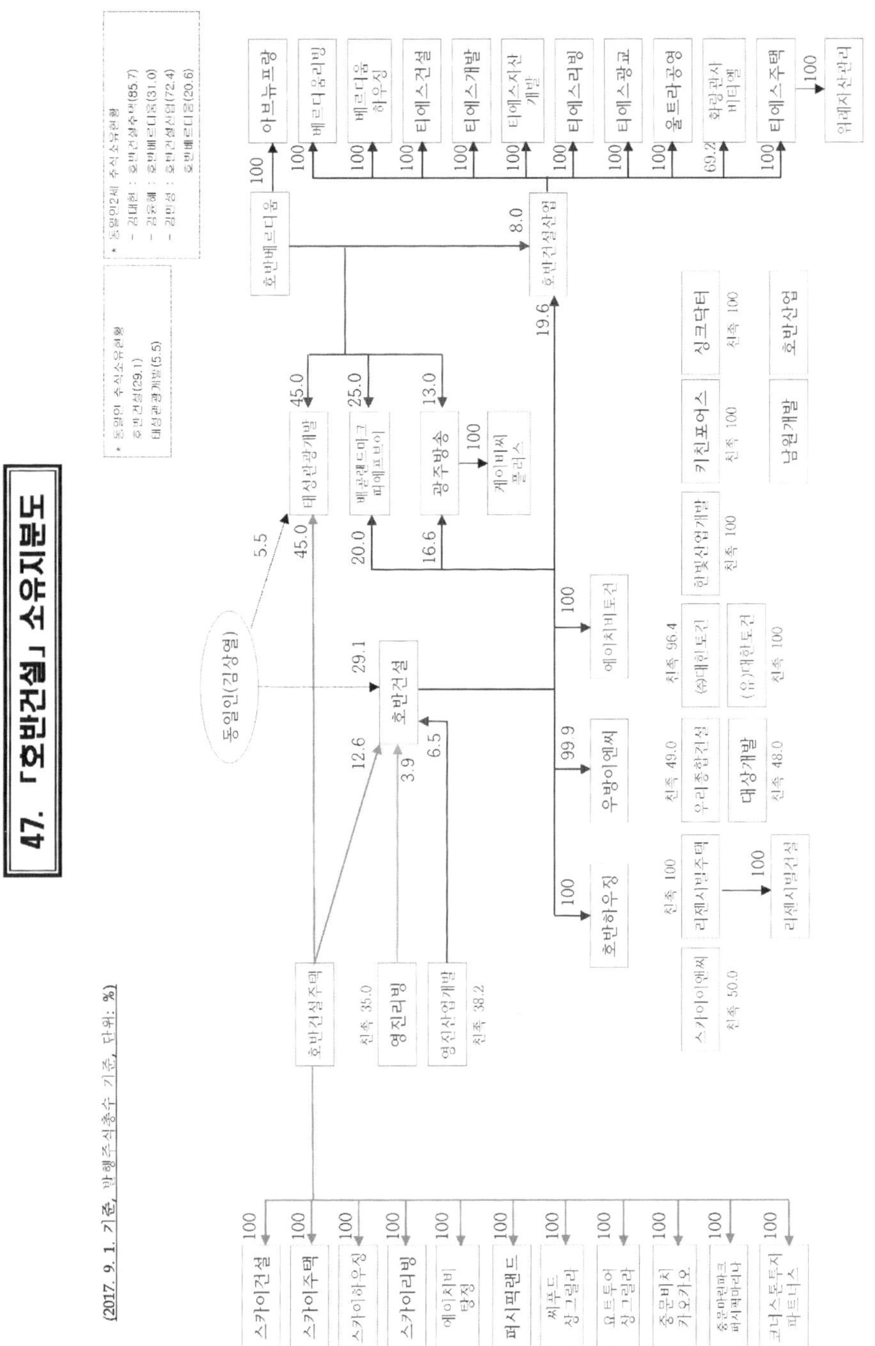

2) 호반건설그룹, 2018년 5월: [순위] 44위, [동일인] 김상열, [계열회사] 42개

{김상열 (29.1%) → 호반건설 → 우방이엔씨 등} + {김대헌 (51.4%) → 호반건설주택 → 스카이리빙 등} + {김민성 (42%) → 호반건설산업 → 티에스주택 등} + {친족 → 계열회사}

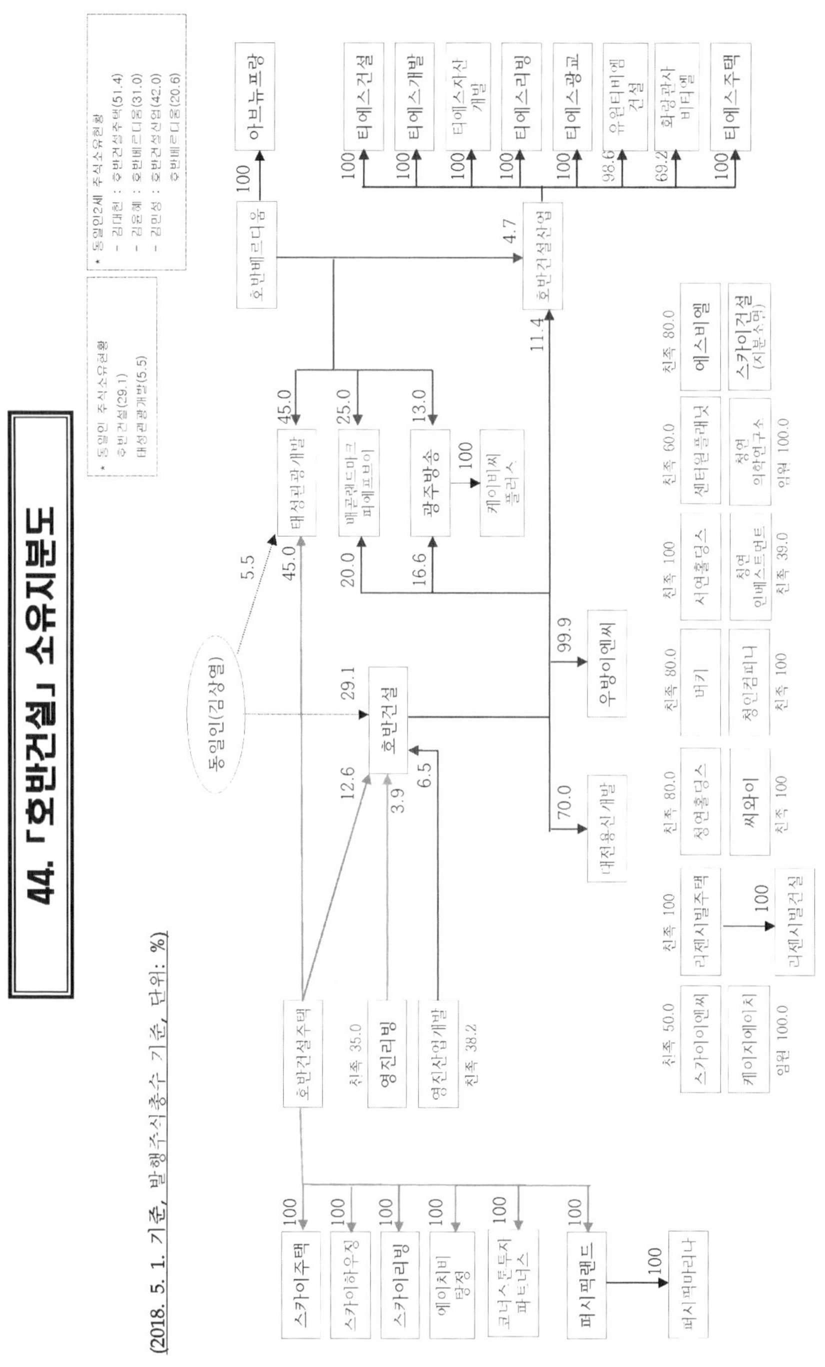

3) 호반건설그룹, 2019년 5월: [순위] 44위, [동일인] 김상열, [계열회사] 33개

{김상열 (10.5%), 김대헌 (54.7%) → 호반건설 → 스카이리빙, 호반호텔앤리조트 등} +
{김민성 (42%) → 호반산업 → 티에스주택 등}

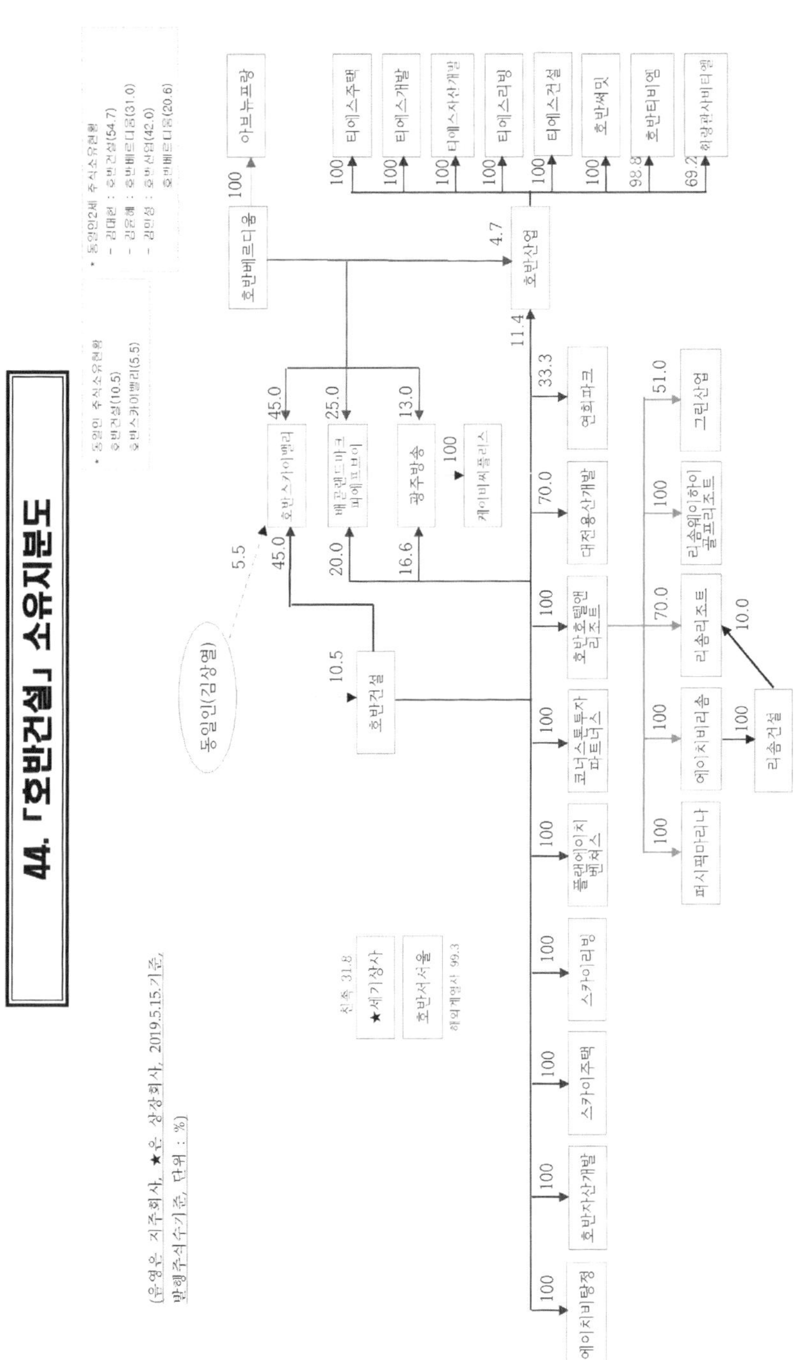

4) 호반건설그룹, 2020년 5월: [순위] 44위, [동일인] 김상열, [계열회사] 36개

{김상열 (10.5%), 김대헌 (54.7%) → 호반건설 → 스카이리빙, 호반호텔앤리조트 등} +
{김민성 (42%) → 호반산업 → 티에스주택 등}

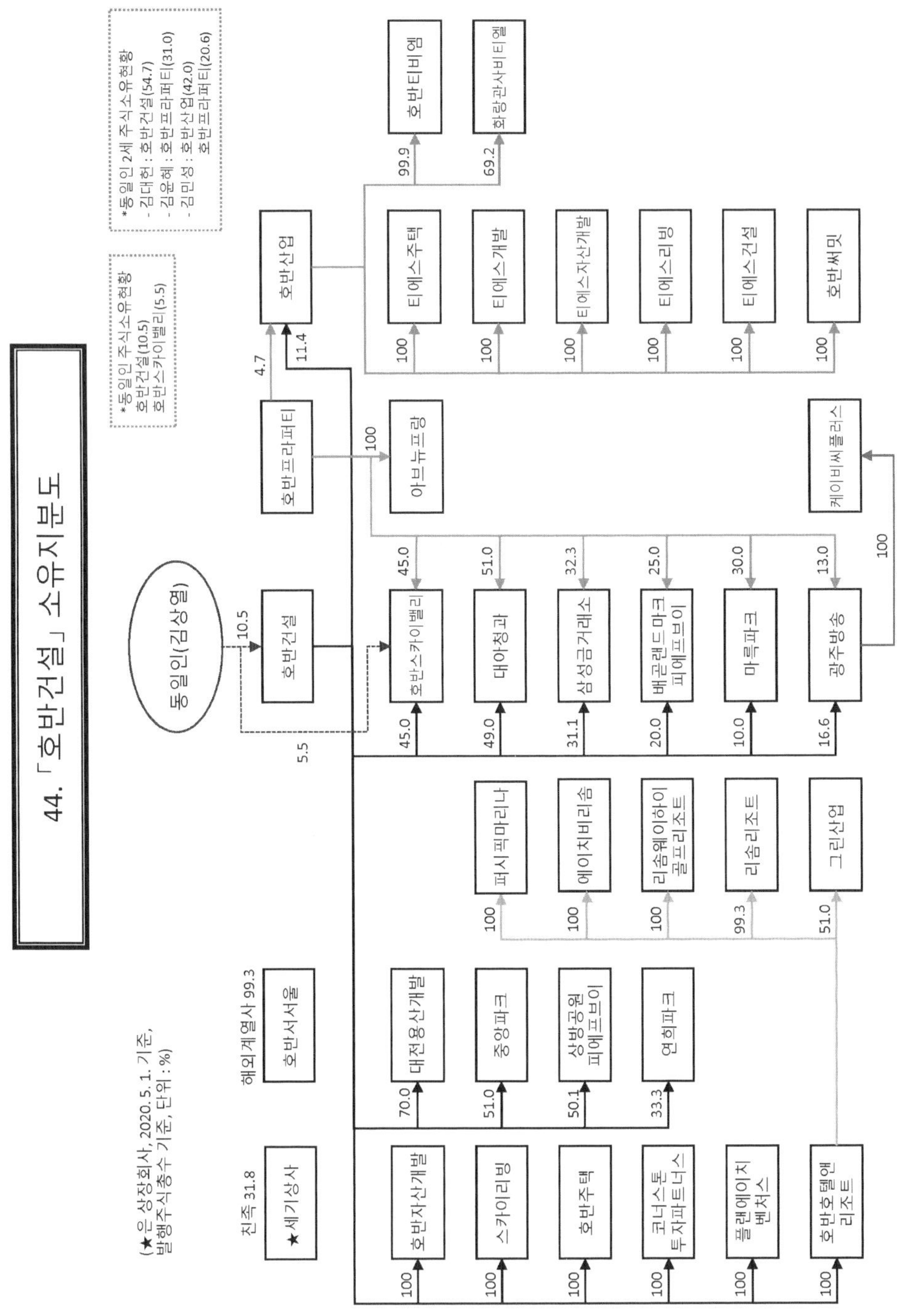

5) 호반건설그룹, 2021년 5월: [순위] 37위, [동일인] 김상열, [계열회사] 42개

{김상열 (10.5%), 김대헌 (54.7%) → 호반건설 → 스카이리빙, 호반호텔앤리조트 등} +
{김민성 (42%) → 호반산업 → 티에스주택 등}

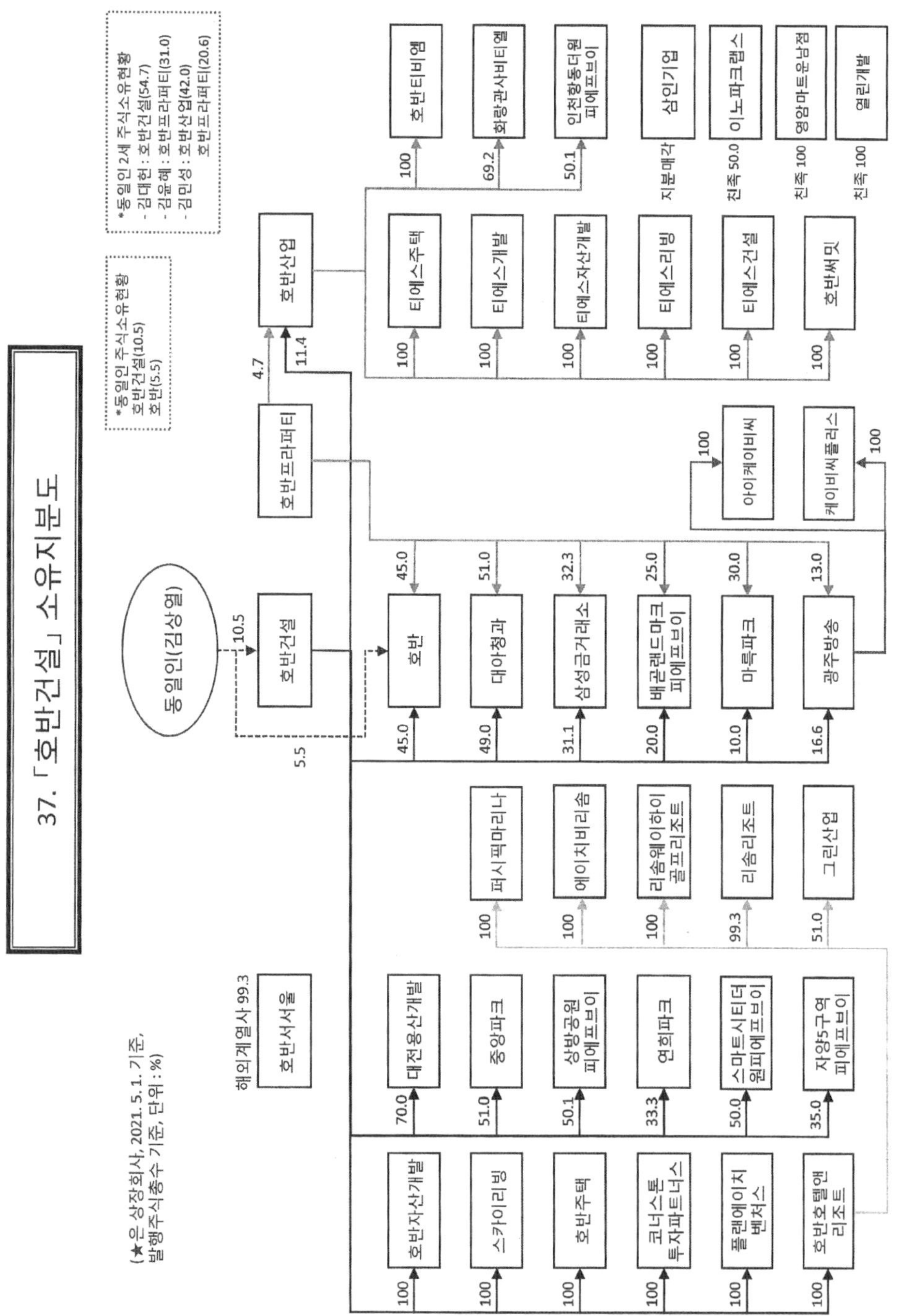

82. 홈플러스그룹: 2012-2015년

연도	동일인	순위 (위)	계열회사 (개)	자산총액 (10억 원)	매출액 (10억 원)	당기순이익 (10억 원)
2008		43	2	3,500	4,066	28
2009		37	3	5,532	6,158	-410
2010		35	3	6,836	5,479	-56
2011		35	3	7,242	7,676	79
2012	홈플러스	38	3	7,639	8,399	294
2013	홈플러스	36	3	8,102	8,992	381
2014	홈플러스	36	3	7,952	8,730	582
2015	홈플러스	38	4	8,089	9,159	499

	[소유구조]
주요 주주	-
주요 지배 회사	홈플러스 (동일인)
주요 계열회사	홈플러스테스코

주: 순위: 공기업집단을 제외한 순위.

1. 그룹

1) 대규모기업집단 지정 연도: 2008-2015년.

2) 연도 수: 8년.

3) 그룹 이름: 삼성테스코 (2008-2010년), 홈플러스 (2011-2015년).

2. 소유지분도: 개관

1) 소유지분도 작성 연도: 2012-2015년.
   연도 수: 4년.

2) 그룹 주요 지표: [동일인] 홈플러스. [순위] 36-38위.
   [계열회사] 3-4개. [자산총액] 7.6-8.1조 원.
   [매출액] 8.4-9.2조 원. [당기순이익] 0.3-0.6조 원.

3) 소유구조

◆ 홈플러스 → 계열회사 ◆

① [주요 주주] -

② [주요 지배 회사]

1개.

홈플러스 (동일인).

지분: 48.2-100%.

③ [계열회사]

유형: 자회사.

주요 회사: 1개.

홈플러스테스코.

3. 소유지분도: 연도별, 2012-2015년

1) 2012년 4월: [순위] 38위, [동일인] 홈플러스, [계열회사] 3개

홈플러스 (48.2-81%) →

홈플러스테스코 등.

2) 2013년 4월: [순위] 36위, [동일인] 홈플러스, [계열회사] 3개

홈플러스 (48.2-100%) →

홈플러스테스코 등.

3) 2014년 4월: [순위] 36위, [동일인] 홈플러스, [계열회사] 3개

홈플러스 (48.2-100%) →

홈플러스테스코 등.

4) 2015년 4월: [순위] 38위, [동일인] 홈플러스, [계열회사] 4개

홈플러스 (48.2-100%) →

홈플러스테스코 등.

1) 홈플러스그룹, 2012년 4월: [순위] 38위, [동일인] 홈플러스, [계열회사] 3개

홈플러스 (48.2-81%) → 홈플러스테스코 등

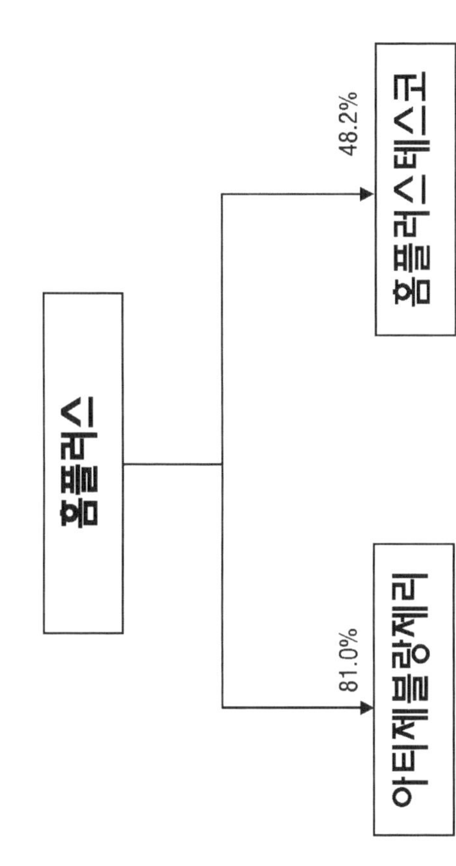

(우선주 포함, 단위: %)

2) 홈플러스그룹, 2013년 4월: [순위] 36위, [동일인] 홈플러스, [계열회사] 3개

홈플러스 (48.2-100%) → 홈플러스테스코 등

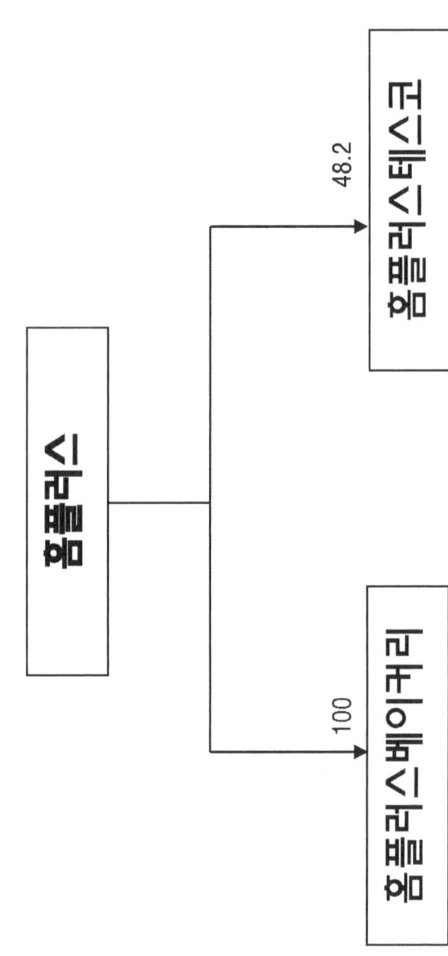

(우선주 포함, 단위: %)

3) 홈플러스그룹, 2014년 4월: [순위] 36위, [동일인] 홈플러스, [계열회사] 3개

홈플러스 (48.2-100%) → 홈플러스테스코 등

44. 「홈플러스」 소유지분도

* 2014.4.1. 발행주식총수 기준, 단위: %

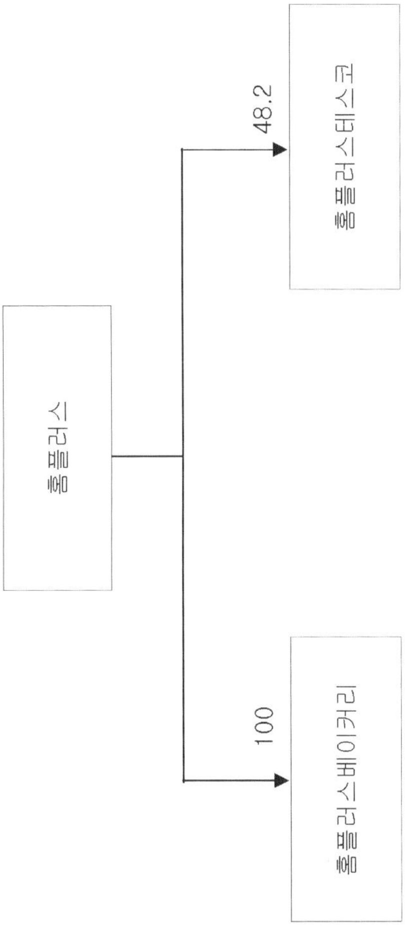

홈플러스

48.2 → 홈플러스테스코

100 → 홈플러스베이커리

4) 홈플러스그룹, 2015년 4월: [순위] 38위, [동일인] 홈플러스, [계열회사] 4개

홈플러스 (48.2-100%) → 홈플러스테스코 등

46. 「홈플러스」 소유지분도

(음영은 지주회사 등, ★은 상장회사, 2015.4.1. 총발행주식수 기준, 단위: %)

홈플러스㈜
→ 100% 홈플러스금융서비스㈜
→ 48.2% 홈플러스스테스코㈜
→ 100% 홈플러스베이커리㈜

83. 효성그룹: 2012-2021년

연도	동일인	순위 (위)	계열회사 (개)	자산총액 (10억 원)	매출액 (10억 원)	당기순이익 (10억 원)
1987		16	15	1,002	1,513	25
1988		14	15	1,324	1,844	30
1989		16	13	1,500	2,133	6
1990		15	14	1,754	2,363	-4
1991		16	14	2,113	2,680	4
1992		16	14	2,329	3,046	25
1993		16	14	2,571	-	-
1994		15	14	2,273	3,649	11
1995		17	15	3,040	4,163	20
1996		17	16	3,754	4,995	26
1997		17	18	4,131	5,478	35
1998		16	21	5,249	6,286	17
1999		19	17	5,178	1,917	-104
2000		16	13	5,716	3,847	102
2001		18	15	4,950	4,258	57
2002		15	15	4,987	4,455	72
2003		15	15	4,958	4,527	70
2004		21	16	4,805	4,926	60
2005		25	16	4,772	5,570	81
2006		29	17	4,487	5,718	-25
2007		33	23	4,596	5,929	152
2008		27	30	5,980	7,519	301
2009		26	41	8,424	9,215	152
2010		25	40	9,124	9,540	252
2011		28	39	9,719	11,130	126
2012	조석래	25	45	11,654	12,386	-162
2013	조석래	27	48	11,442	12,543	84
2014	조석래	26	44	11,211	12,336	-387
2015	조석래	25	45	11,190	11,939	231
2016	조석래	24	45	11,546	12,116	377
2017	조석래	25	46	11,475	12,234	595
2018	조석래	26	52	11,656	12,966	492
2019	조석래	22	57	13,472	10,862	3,223
2020	조석래	26	54	13,472	14,876	243
2021	조현준	29	50	13,281	12,538	357

	[소유구조]	
주요 주주	조석래 (동일인), 조현준 (동일인, 2세), 조현상 (2세)	친족
주요 지배 회사	효성	-
주요 계열회사	효성ITX, 노틸러스효성/효성티앤에스	트리니티에셋매니지먼트, 신동진

주: 2002-2016년 순위: 공기업집단을 제외한 순위.

1. 그룹

1) 대규모기업집단 지정 연도: 1987-2021년.

2) 연도 수: 35년.

2. 소유지분도: 개관

1) 소유지분도 작성 연도: 2012-2021년.

연도 수: 10년.

2) 그룹 주요 지표: [동일인] 조석래, 조현준. [순위] 22-29위.

[계열회사] 44-57개. [자산총액] 11.2-13.5조 원.

[매출액] 10.9-14.9조 원. [당기순이익] (-0.4) - 3.2조 원.

3) 소유구조

◆ {조석래, 조현준, 조현상 → 효성 → 계열회사} +

{친족 → 계열회사2} ◆

① [주요 주주]

3명 (1-3명씩 지분 보유).

조석래 (동일인)(9년; 2012-2020년) ||

조현준 (동일인, 2세; 아들, 형)(1년; 2021년) || 조현상 (2세; 아들, 동생).

지분: 9.4-10.3% (10년; 2012-2021년) ‖

7-21.9% (5년; 2012-2013, 2019-2021년) ‖ 21.4% (3년; 2019-2021년).

② [주요 지배 회사]

1개.

효성 (상장).

③ [계열회사]

유형: 자회사 → 손자회사 → 증손회사 (9년; 2012-2020년),

자회사 → 손자회사 (1년; 2021년).

주요 회사: 2개 (2개씩 관련).

효성ITX (= 효성아이티엑스; 상장), 노틸러스효성 / 효성티앤에스.

* 계열회사2: 2개 (2개씩 관련).

트리니티에셋매니지먼트, 신동진.

4) 노틸러스효성: 효성티앤에스 (2018년 4월 상호 변경).

3. 소유지분도: 연도별, 2012-2021년

1) 2012년 4월: [순위] 25위, [동일인] 조석래, [계열회사] 45개

{조석래 (10.3%), 조현준 (7%) →

효성 → 효성ITX, 노틸러스효성 등} +

{친족 → 트리니티에셋매니지먼트, 신동진 등}.

2) 2013년 4월: [순위] 27위, [동일인] 조석래, [계열회사] 48개

{조석래 (10.3%), 조현준 (7.8%) →

효성 → 효성ITX, 노틸러스효성 등} +

{친족 → 트리니티에셋매니지먼트, 신동진 등}.

3) 2014년 4월: [순위] 26위, [동일인] 조석래, [계열회사] 44개

{조석래 (10.3%) →

효성 → 효성ITX, 노틸러스효성 등} +

{친족 → 트리니티에셋매니지먼트, 신동진 등}.

4) 2015년 4월: [순위] 25위, [동일인] 조석래, [계열회사] 45개

{조석래 (10.2%) →
효성 → 효성ITX, 노틸러스효성 등} +
{친족 → 트리니티에셋매니지먼트, 신동진 등}.

5) 2016년 4월: [순위] 24위, [동일인] 조석래, [계열회사] 45개

{조석래 (10.2%) →
효성 → 효성ITX, 노틸러스효성 등} +
{친족 → 트리니티에셋매니지먼트, 신동진 등}.

6) 2017년 5월: [순위] 25위, [동일인] 조석래, [계열회사] 46개

{조석래 (10.2%) →
효성 → 효성ITX, 노틸러스효성 등} +
{친족 → 트리니티에셋매니지먼트, 신동진 등}.

7) 2018년 5월: [순위] 26위, [동일인] 조석래, [계열회사] 52개

{조석래 (10.2%) →
효성 → 효성아이티엑스, 효성티앤에스 등} +
{친족 → 트리니티에셋매니지먼트, 신동진 등}.

8) 2019년 5월: [순위] 22위, [동일인] 조석래, [계열회사] 57개

{조석래 (9.4%), 조현준 (21.9%), 조현상 (21.4%) →
효성 → 효성아이티엑스, 효성티앤에스 등} +
{친족 → 트리니티에셋매니지먼트, 신동진 등}.

9) 2020년 5월: [순위] 26위, [동일인] 조석래, [계열회사] 54개

{조석래 (9.4%), 조현준 (21.9%), 조현상 (21.4%) →
효성 → 효성아이티엑스, 효성티앤에스 등} +
{친족 → 트리니티에셋매니지먼트, 신동진 등}.

10) 2021년 5월: [순위] 29위, [동일인] 조현준, [계열회사] 50개

{조석래 (9.4%), 조현준 (21.9%), 조현상 (21.4%) →
효성 → 효성아이티엑스, 효성티앤에스 등} +
{친족 → 트리니티에셋매니지먼트, 신동진 등}.

1) 효성그룹, 2012년 4월: [순위] 25위, [동일인] 조석래, [계열회사] 45개

{조석래 (10.3%), 조현준 (7%) → 효성 → 효성ITX, 노틸러스효성 등} + {친족 → 트리니티에셋매니지먼트, 신동진 등}

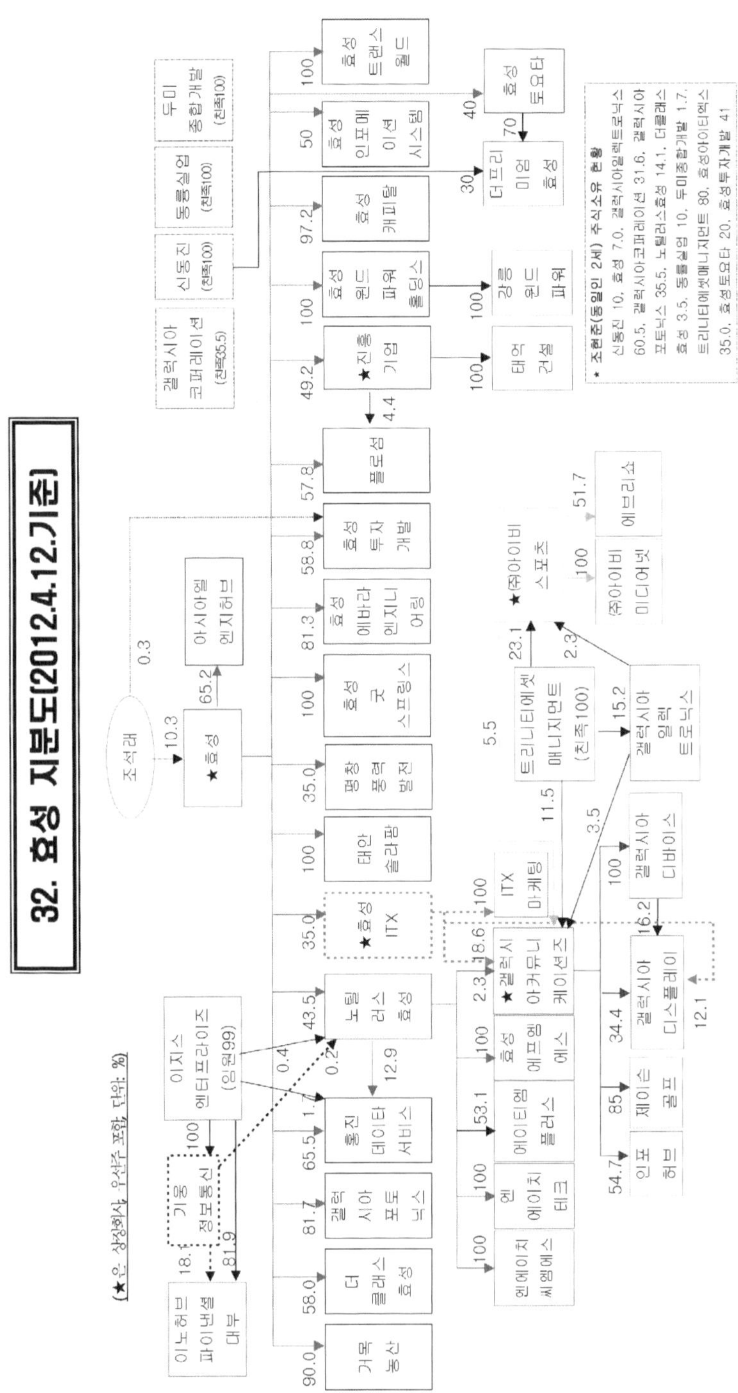

2) 효성그룹, 2013년 4월: [순위] 27위, [동일인] 조석래, [계열회사] 48개

{조석래 (10.3%), 조현준 (7.8%) → 효성 → 효성ITX, 노틸러스효성 등} + {친족 → 트리니티에셋매니지먼트, 신동진 등}

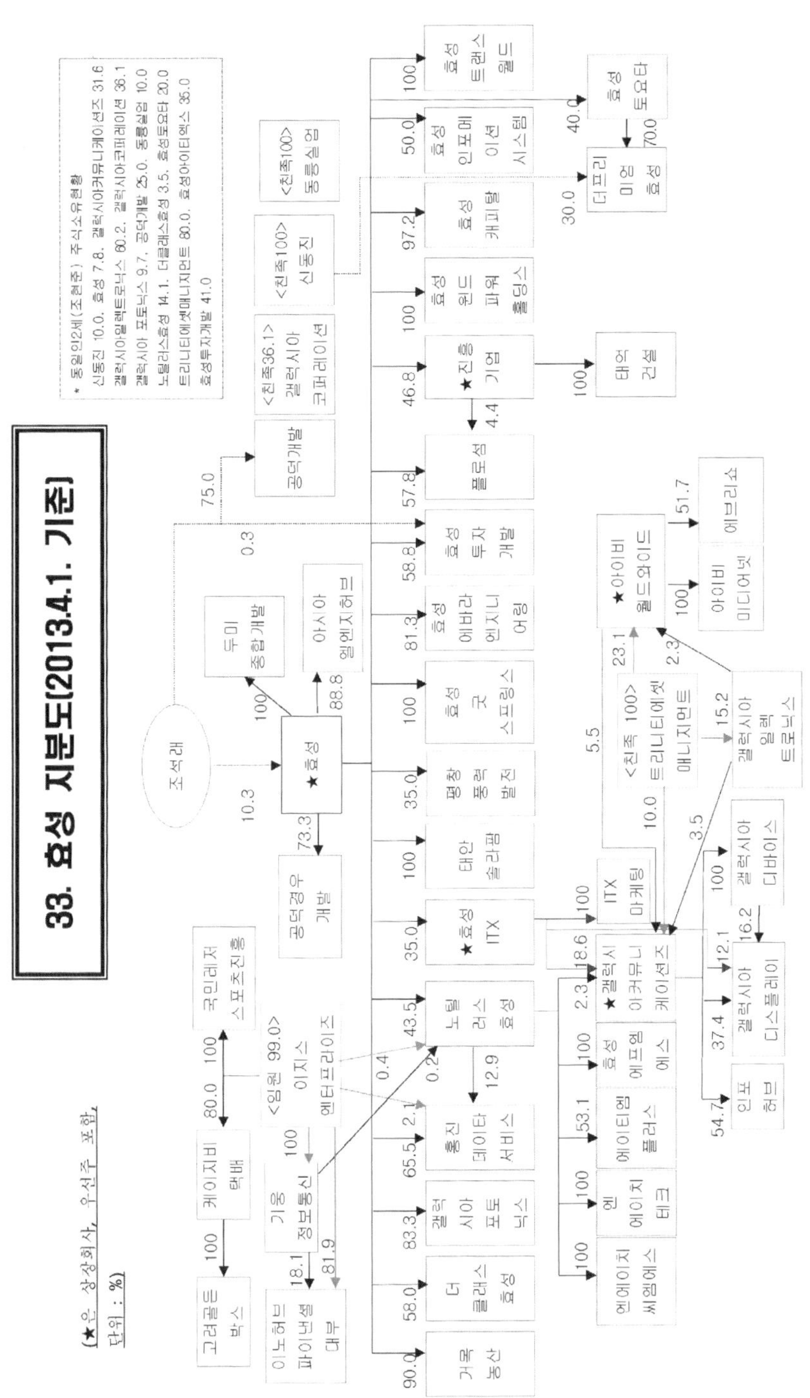

3) 효성그룹, 2014년 4월: [순위] 26위, [동일인] 조석래, [계열회사] 44개

{조석래 (10.3%) → 효성 → 효성ITX, 노틸러스효성 등} + {친족 → 트리니티에셋매니지먼트, 신동진 등}

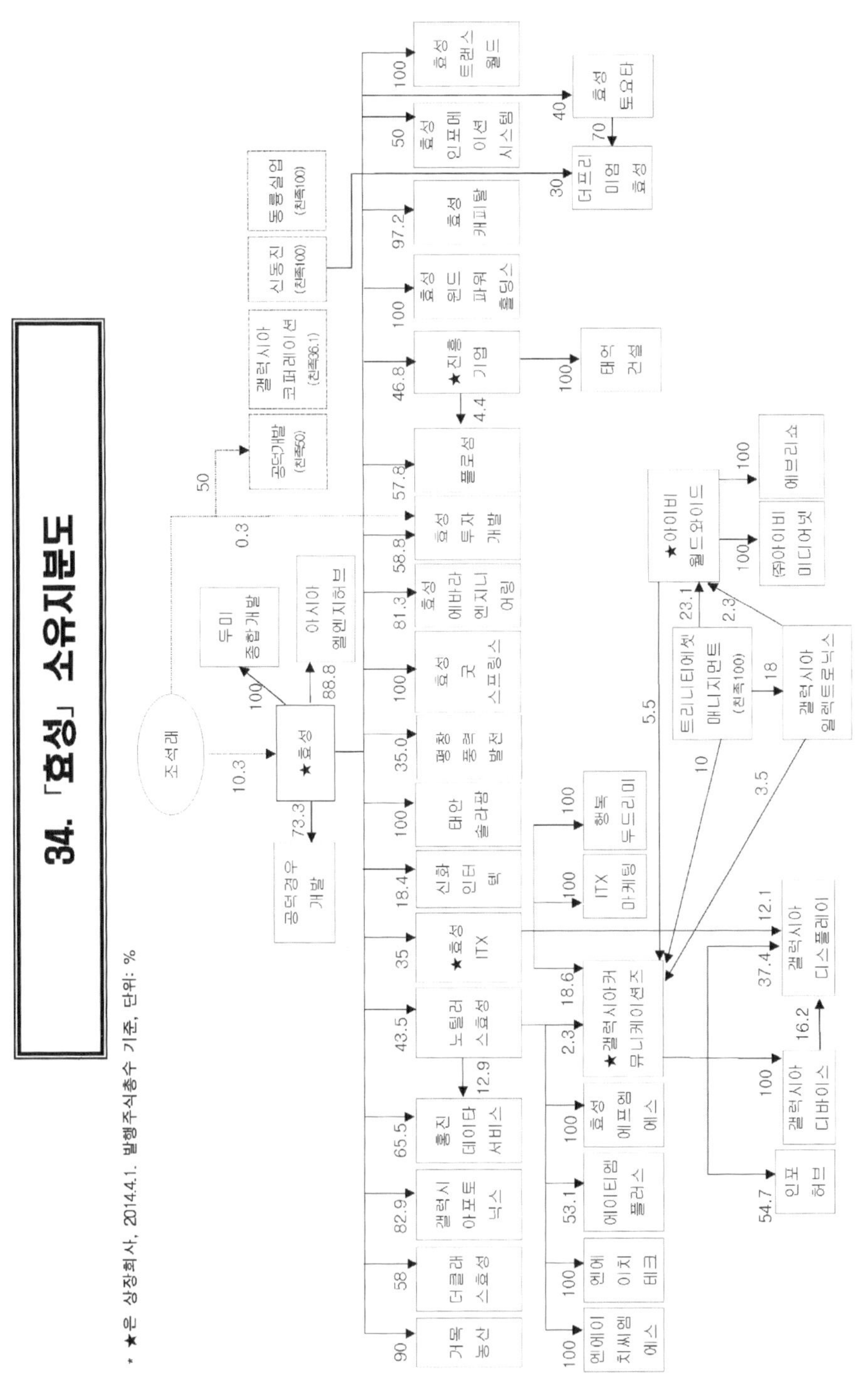

4) 효성그룹, 2015년 4월: [순위] 25위, [동일인] 조석래, [계열회사] 45개

{조석래 (10.2%) → 효성 → 효성ITX, 노틸러스효성 등} + {친족 → 트리니티에셋매니지먼트, 신동진 등}

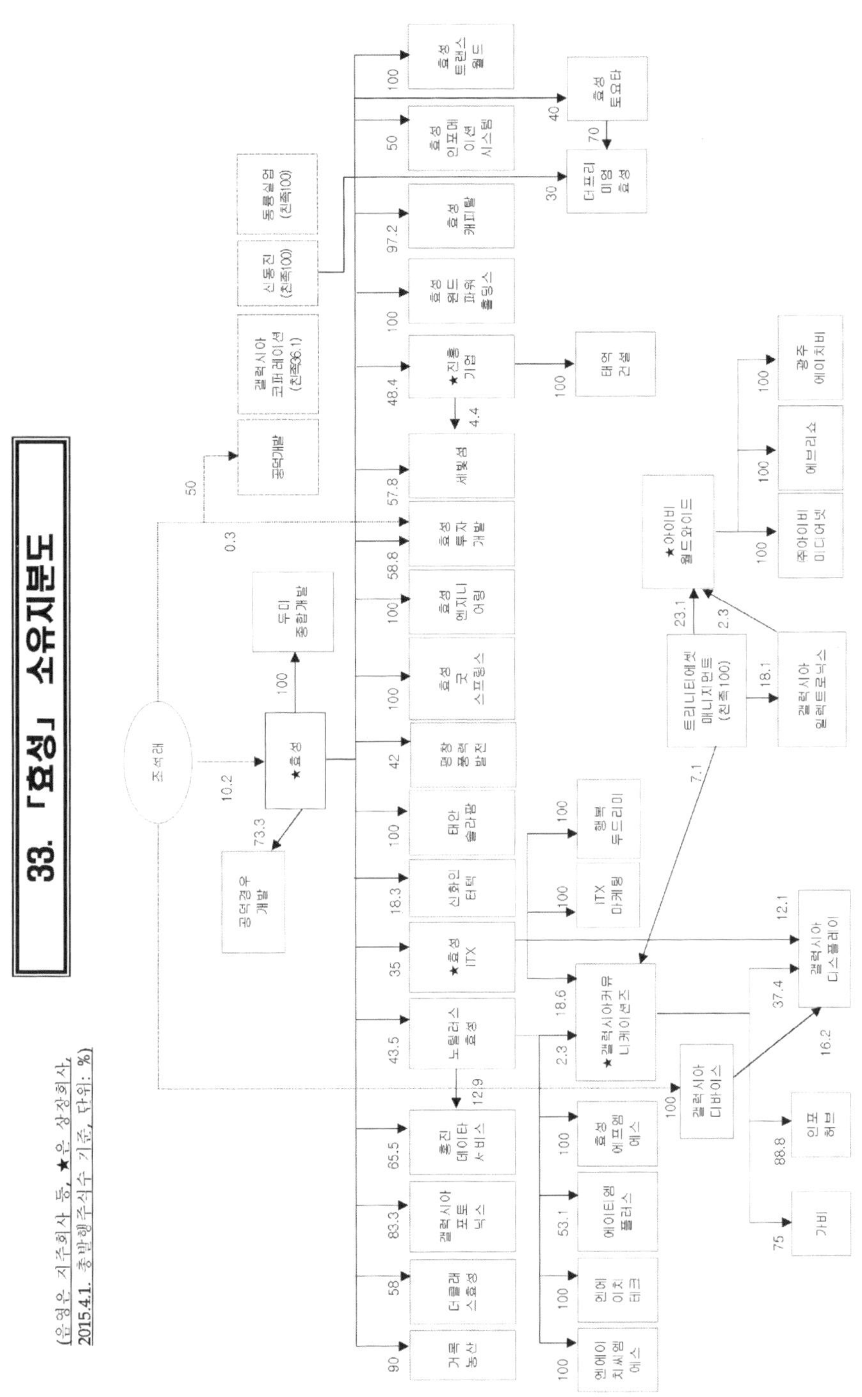

5) 효성그룹, 2016년 4월: [순위] 24위, [동일인] 조석래, [계열회사] 45개

{조석래 (10.2%) → 효성 → 효성ITX, 노틸러스효성 등} + {친족 → 트리니티에셋매니지먼트, 신동진 등}

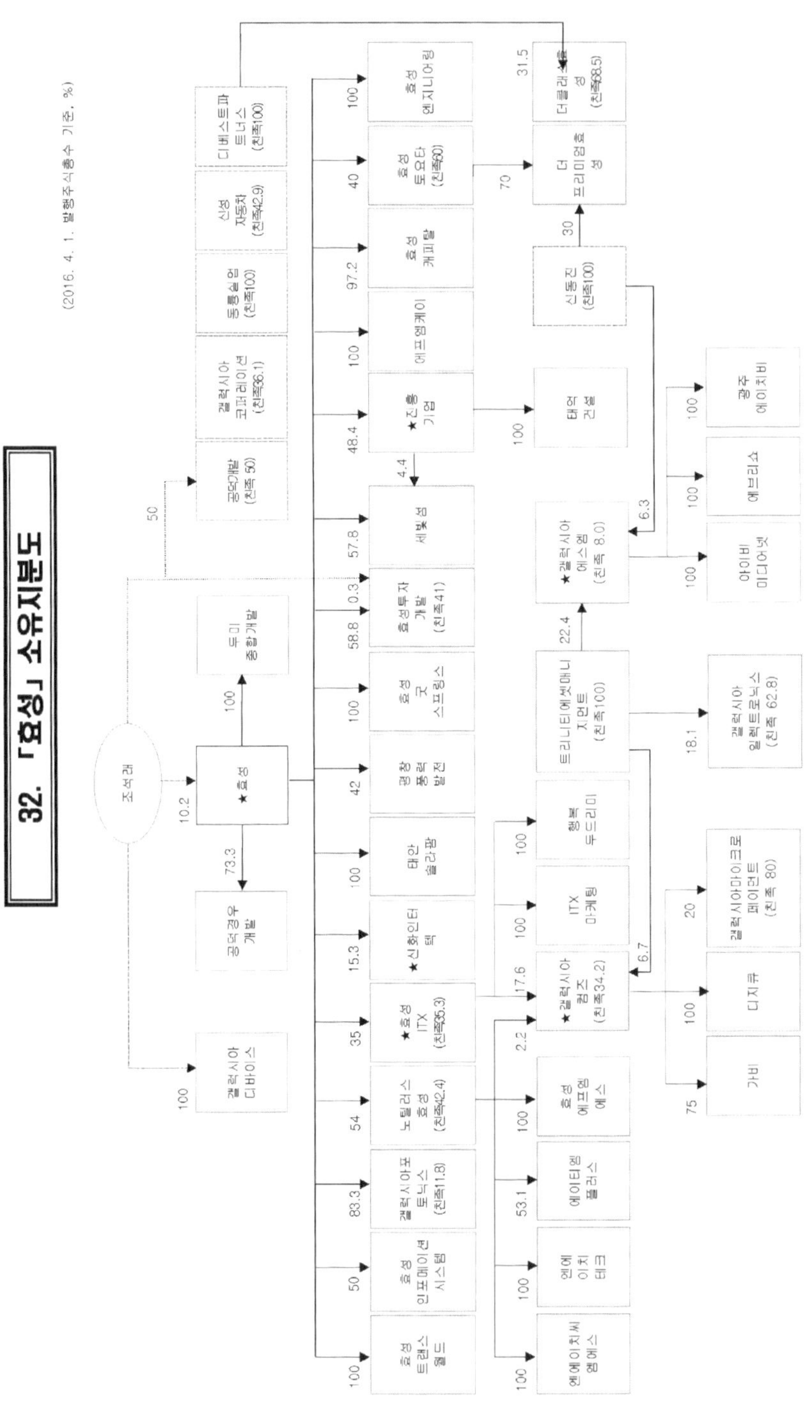

6) 효성그룹, 2017년 5월: [순위] 25위, [동일인] 조석래, [계열회사] 46개

{조석래 (10.2%) → 효성 → 효성ITX, 노틸러스효성 등} + {친족 → 트리니티에셋매니지먼트, 신동진 등}

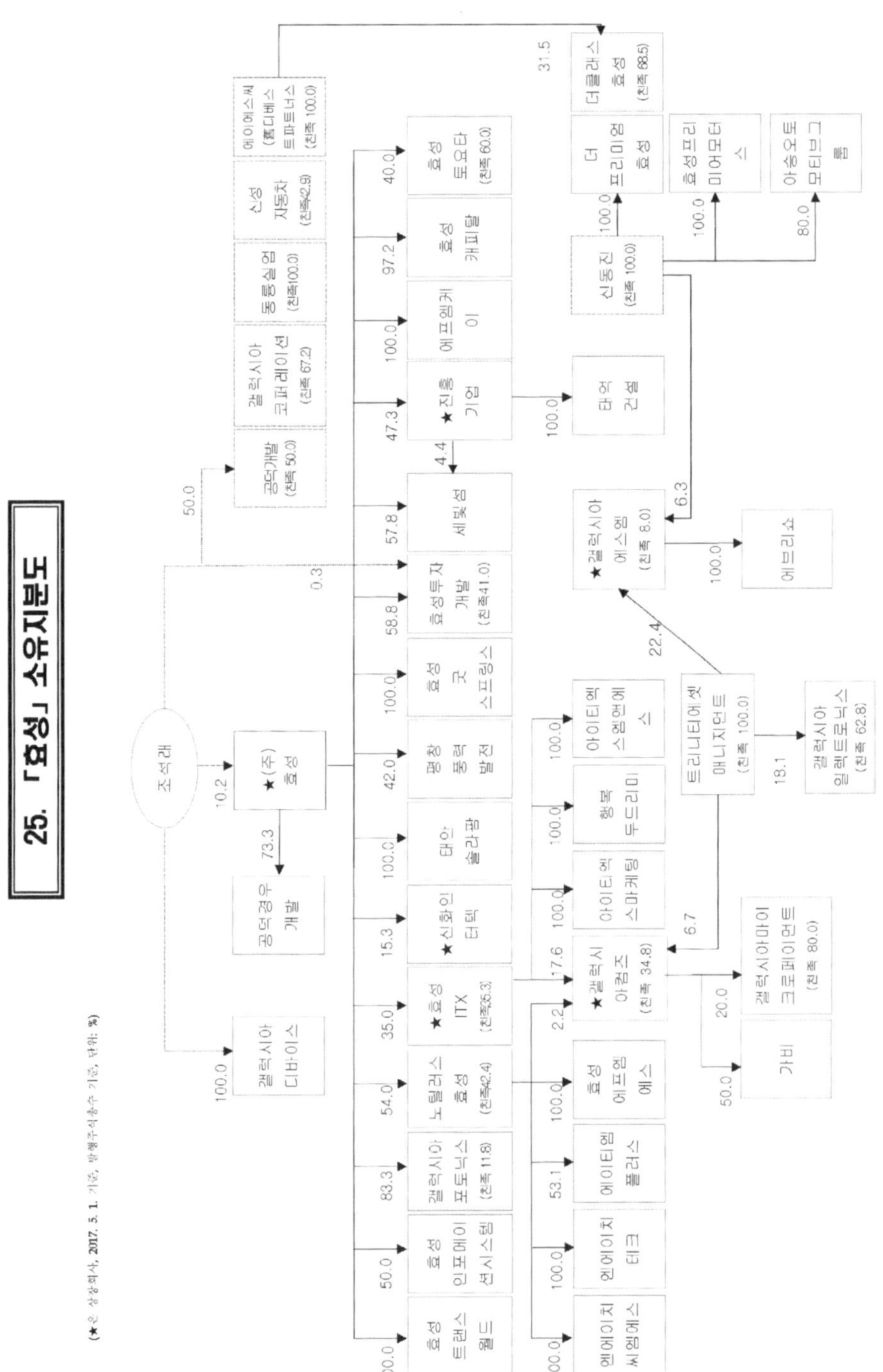

7) 효성그룹, 2018년 5월: [순위] 26위, [동일인] 조석래, [계열회사] 52개

{조석래 (10.2%) → 효성 → 효성아이티엑스, 효성티앤에스 등} + {친족 → 트리니티에셋매니지먼트, 신동진 등}

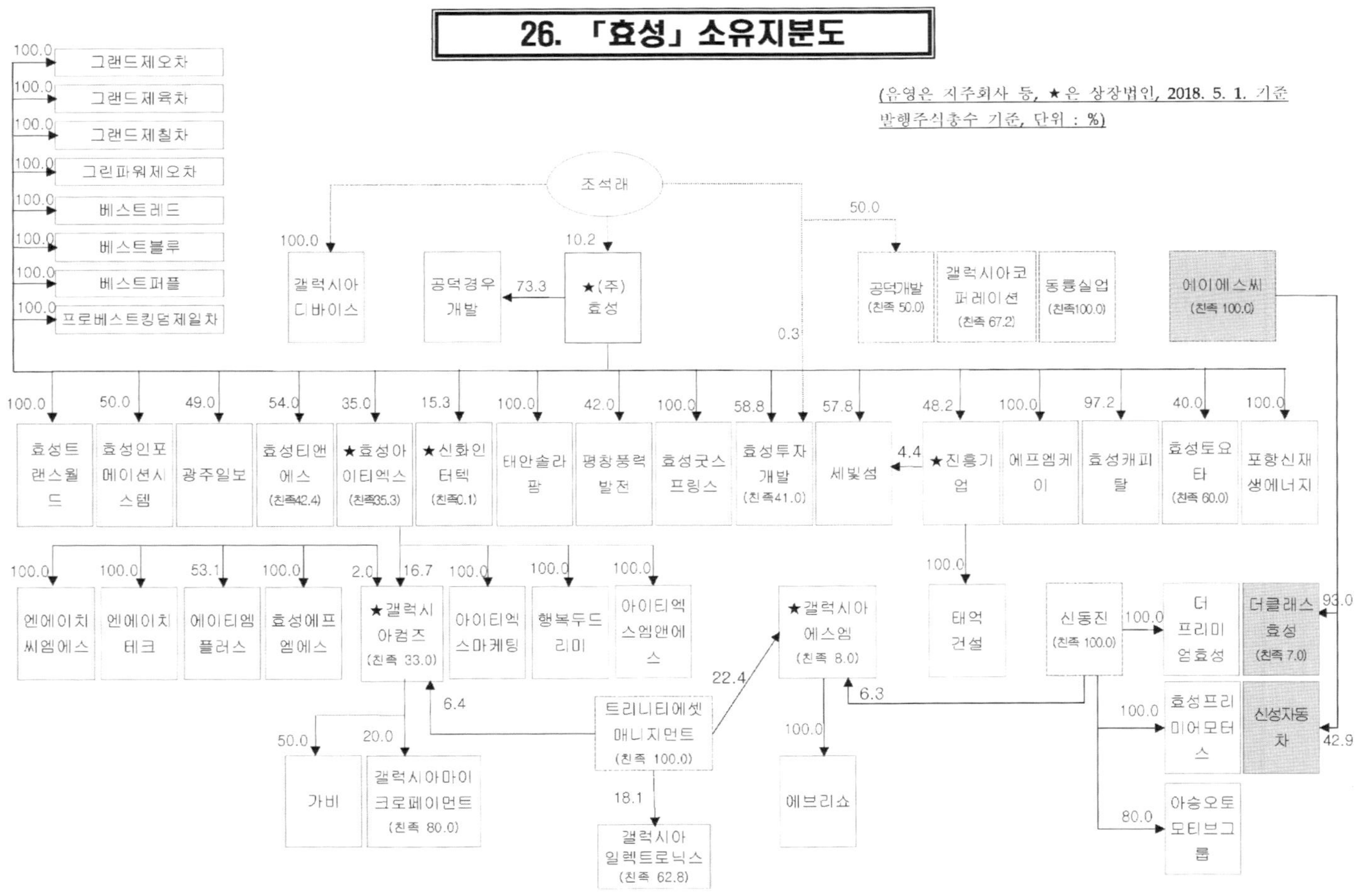

8) 효성그룹, 2019년 5월: [순위] 22위, [동일인] 조석래, [계열회사] 57개

{조석래 (9.4%), 조현준 (21.9%), 조현상 (21.4%) → 효성 → 효성아이티엑스, 효성티앤에스 등} + {친족 → 트리니티에셋매니지먼트, 신동진 등}

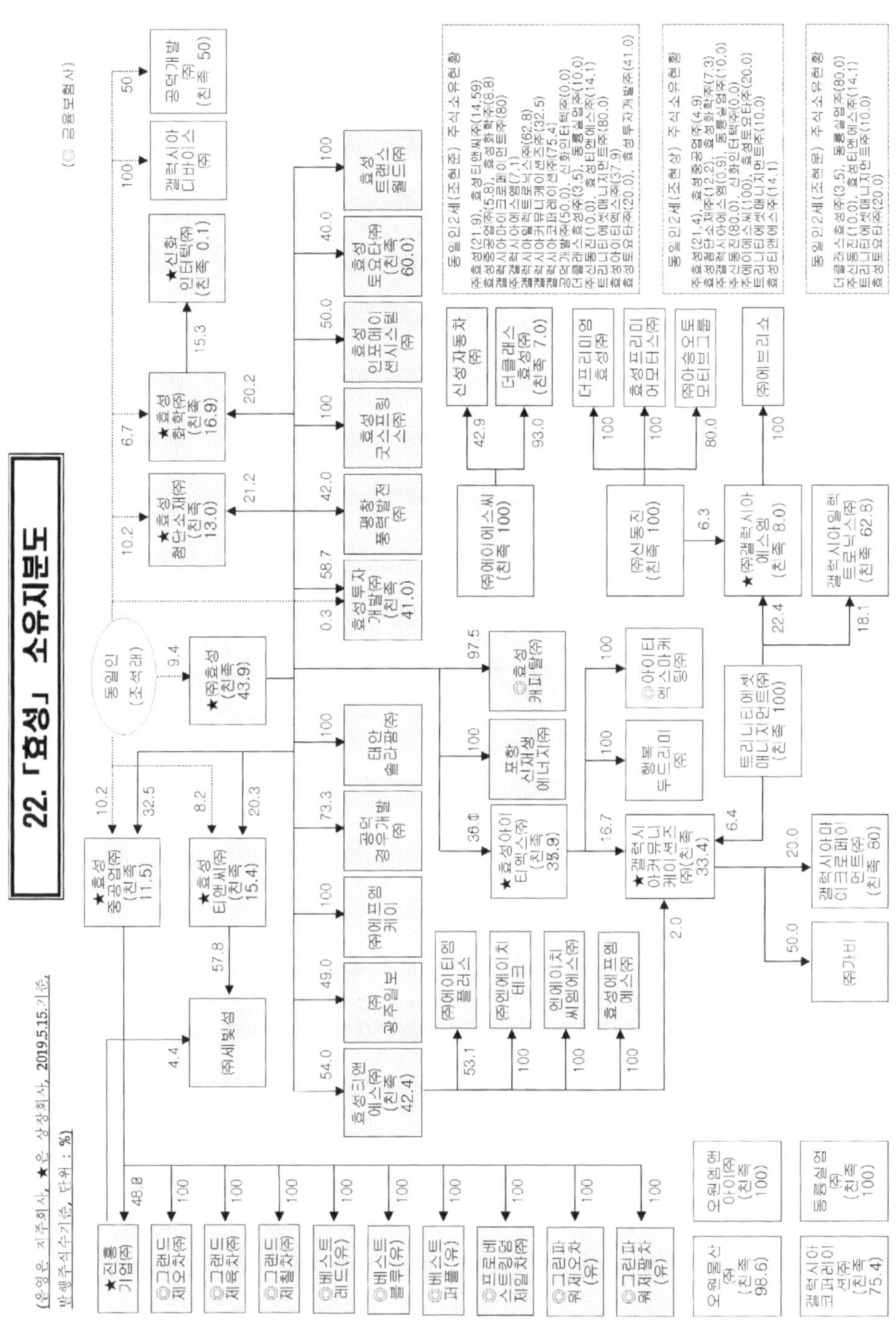

9) 효성그룹, 2020년 5월: [순위] 26위, [동일인] 조석래, [계열회사] 54개

{조석래 (9.4%), 조현준 (21.9%), 조현상 (21.4%) → 효성 → 효성아이티엑스, 효성티앤에스 등} + {친족 → 트리니티에셋매니지먼트, 신동진 등}

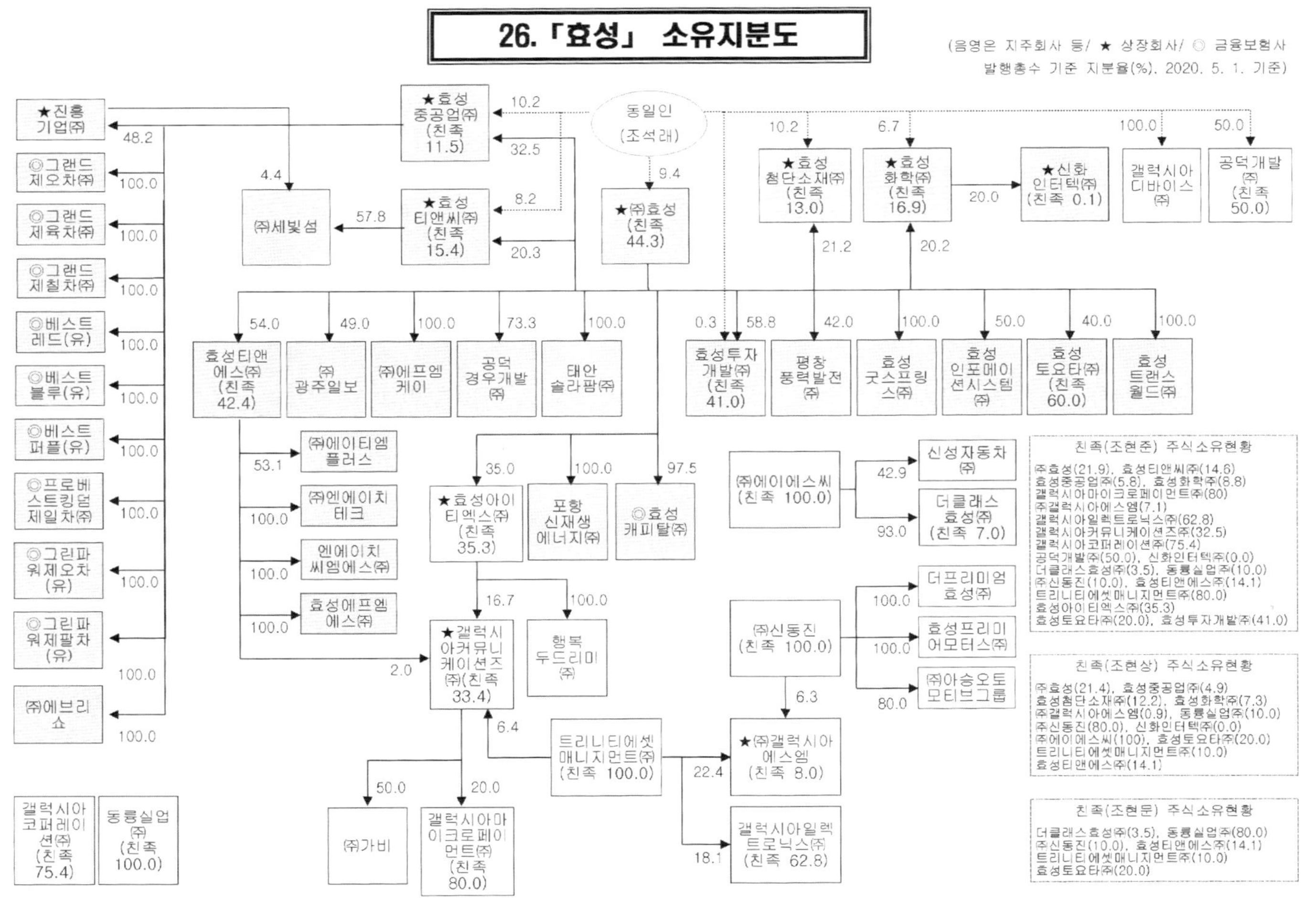

10) 효성그룹, 2021년 5월: [순위] 29위, [동일인] 조현준, [계열회사] 50개

{조석래 (9.4%), 조현준 (21.9%), 조현상 (21.4%) → 효성 → 효성아이티엑스, 효성티앤에스 등} +
{친족 → 트리니티에셋매니지먼트, 신동진 등}

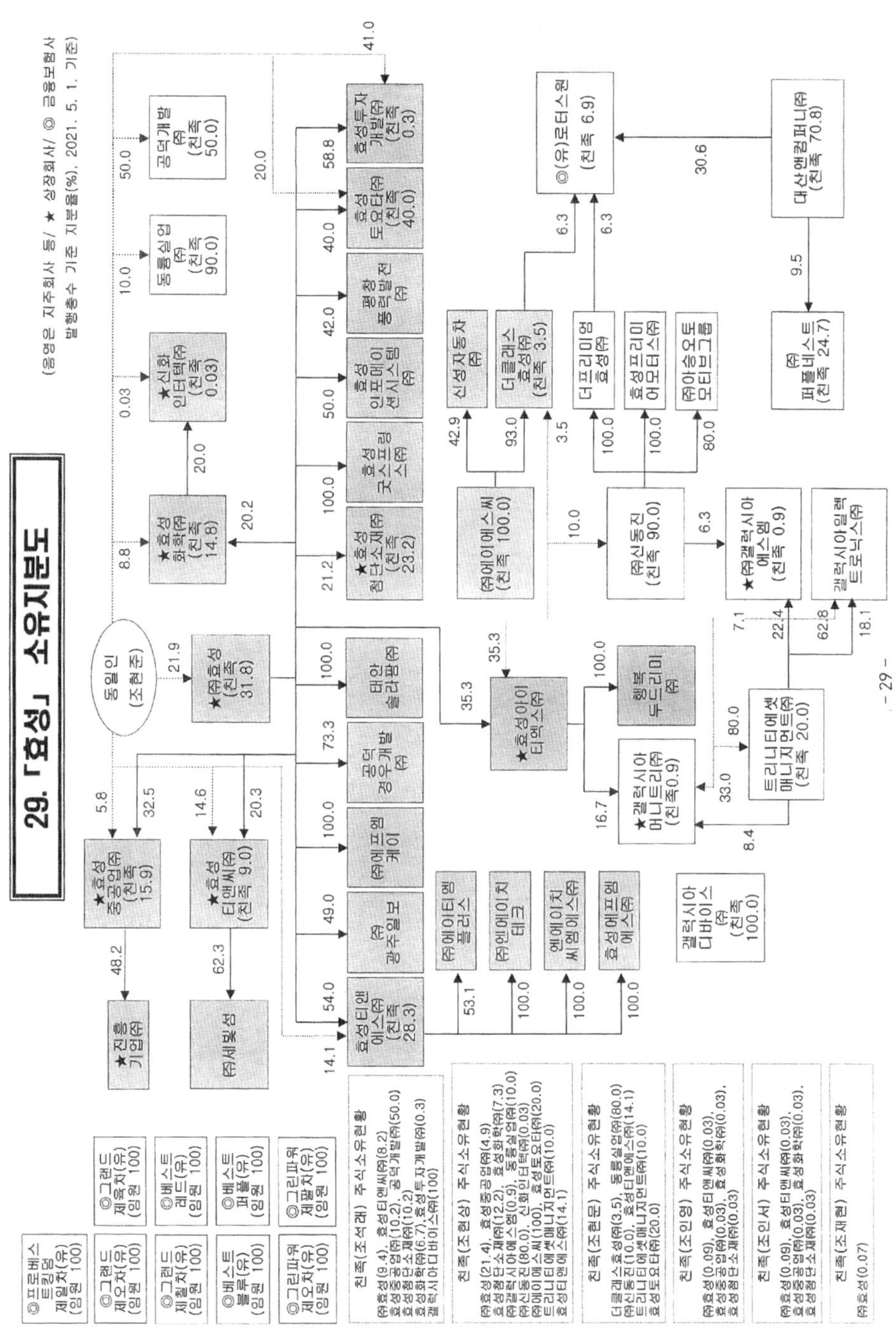

제5장

97개 기업집단: 소유지분도 – (6) 14개 공기업집단

[ㅂ – ㅎ]

84. 부산항만공사그룹: 2012-2016년

연도	동일인	순위 (위)	계열회사 (개)	자산총액 (10억 원)	매출액 (10억 원)	당기순이익 (10억 원)
2008		8	3	3,546	181	39
2012	부산항만공사	11	2	5,025	283	66
2013	부산항만공사	10	2	5,111	274	47
2014	부산항만공사	12	2	5,221	292	72
2015	부산항만공사	11	2	5,444	358	107
2016	부산항만공사	12	2	5,543	448	130

	[소유구조]
주요 주주	-
주요 지배 회사	부산항만공사 (동일인)
주요 계열회사	부산항만보안/부산항보안공사

주: 순위: 공기업집단 중에서의 순위.

1. 그룹

1) 대규모기업집단 지정 연도: 2008, 2012-2016년.

2) 연도 수: 6년.

2. 소유지분도: 개관

1) 소유지분도 작성 연도: 2012-2016년.
연도 수: 5년.

2) 그룹 주요 지표: [동일인] 부산항만공사. [순위] 10-12위.
[계열회사] 2개. [자산총액] 5.0-5.5조 원.
[매출액] 0.3-0.4조 원. [당기순이익] 0.05-0.1조 원.

3) 소유구조

◆ 부산항만공사 → 계열회사 ◆

① [주요 주주] -

② [주요 지배 회사]

1개.

부산항만공사 (동일인).

지분: 9-100%.

③ [계열회사]

유형: 자회사.

주요 회사: 1개.

부산항만보안 / 부산항보안공사.

4) 부산항만보안: 부산항보안공사 (2011년 2월 상호 변경; 부산항보안공사 홈페이지 정보이며, 지분도에서의 상호 및 상호 변경 시기와는 차이가 있음).

3. 소유지분도: 연도별, 2012-2016년

1) 2012년 4월: [순위] 11위, [동일인] 부산항만공사, [계열회사] 2개

부산항만공사 (100%) → 부산항만보안.

2) 2013년 4월: [순위] 10위, [동일인] 부산항만공사, [계열회사] 2개

부산항만공사 (100%) → 보안공사.

3) 2014년 4월: [순위] 12위, [동일인] 부산항만공사, [계열회사] 2개

부산항만공사 (100%) → 부산항만보안.

4) 2015년 4월: [순위] 11위, [동일인] 부산항만공사, [계열회사] 2개

부산항만공사 (9-100%) → 부산항보안공사 등.

5) 2016년 4월: [순위] 12위, [동일인] 부산항만공사, [계열회사] 2개

부산항만공사 (100%) → 부산항보안공사.

1) 부산항만공사그룹, 2012년 4월: [순위] 11위, [동일인] 부산항만공사, [계열회사] 2개

부산항만공사 (100%) → 부산항만보안

63. 부산항만공사 지분도(2012.4.12.기준)

(우선주포함, 단위: %)

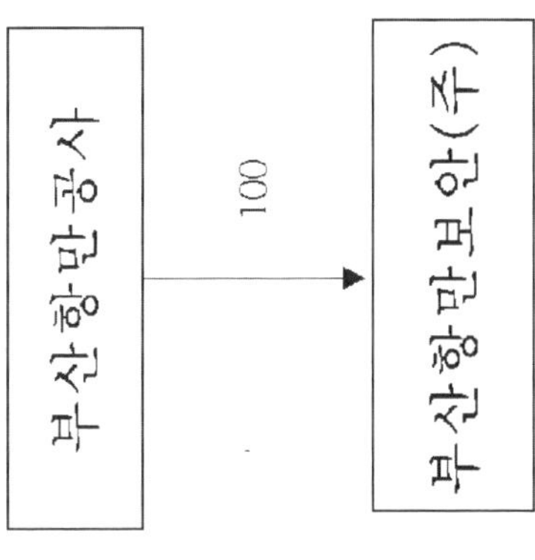

2) 부산항만공사그룹, 2013년 4월: [순위] 10위, [동일인] 부산항만공사, [계열회사] 2개

부산항만공사 (100%) → 보안공사

61. 부산항만공사 지분도(2013.4.1. 기준)

(우선주포함, 단위 : %)

부산항만공사 → (100) → 보안공사(주)

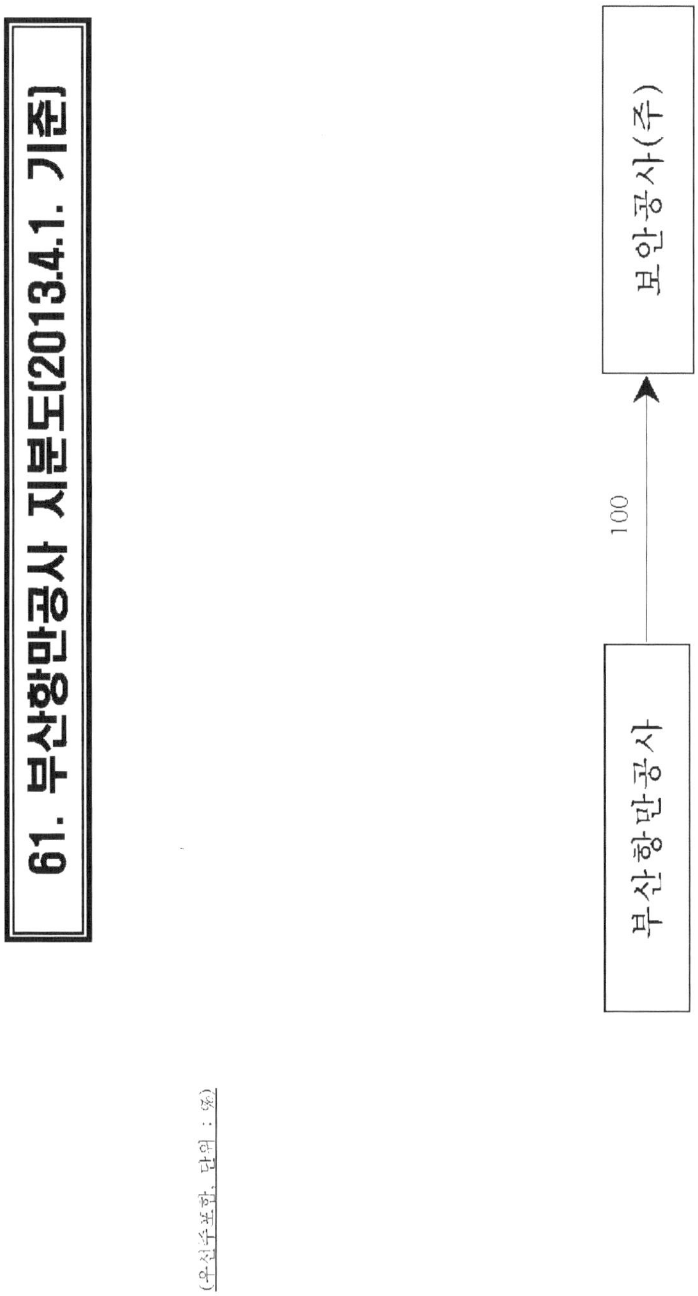

3) 부산항만공사그룹, 2014년 4월: [순위] 12위, [동일인] 부산항만공사, [계열회사] 2개

부산항만공사 (100%) → 부산항만보안

62. 「부산항만공사」 소유지분도

* 2014.4.1. 발행주식총수 기준, 단위: %

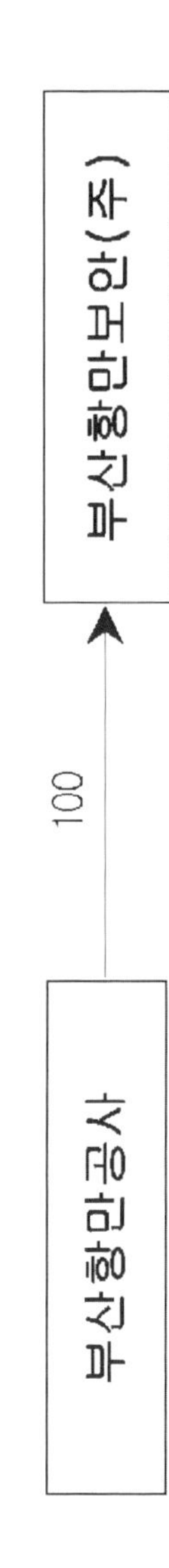

4) 부산항만공사그룹, 2015년 4월: [순위] 11위, [동일인] 부산항만공사, [계열회사] 2개

부산항만공사 (9-100%) → 부산항보안공사 등

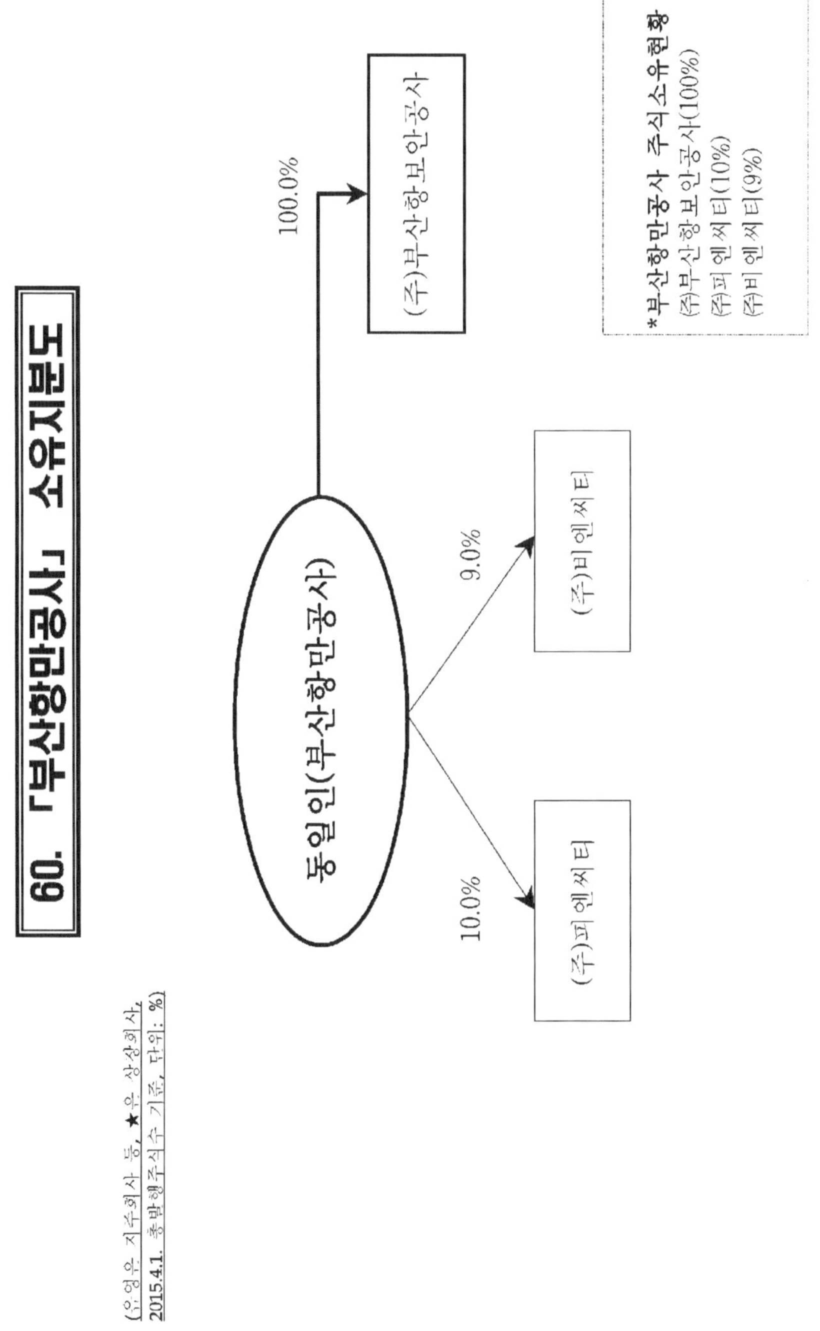

5) 부산항만공사그룹, 2016년 4월: [순위] 12위, [동일인] 부산항만공사, [계열회사] 2개

부산항만공사 (100%) → 부산항보안공사

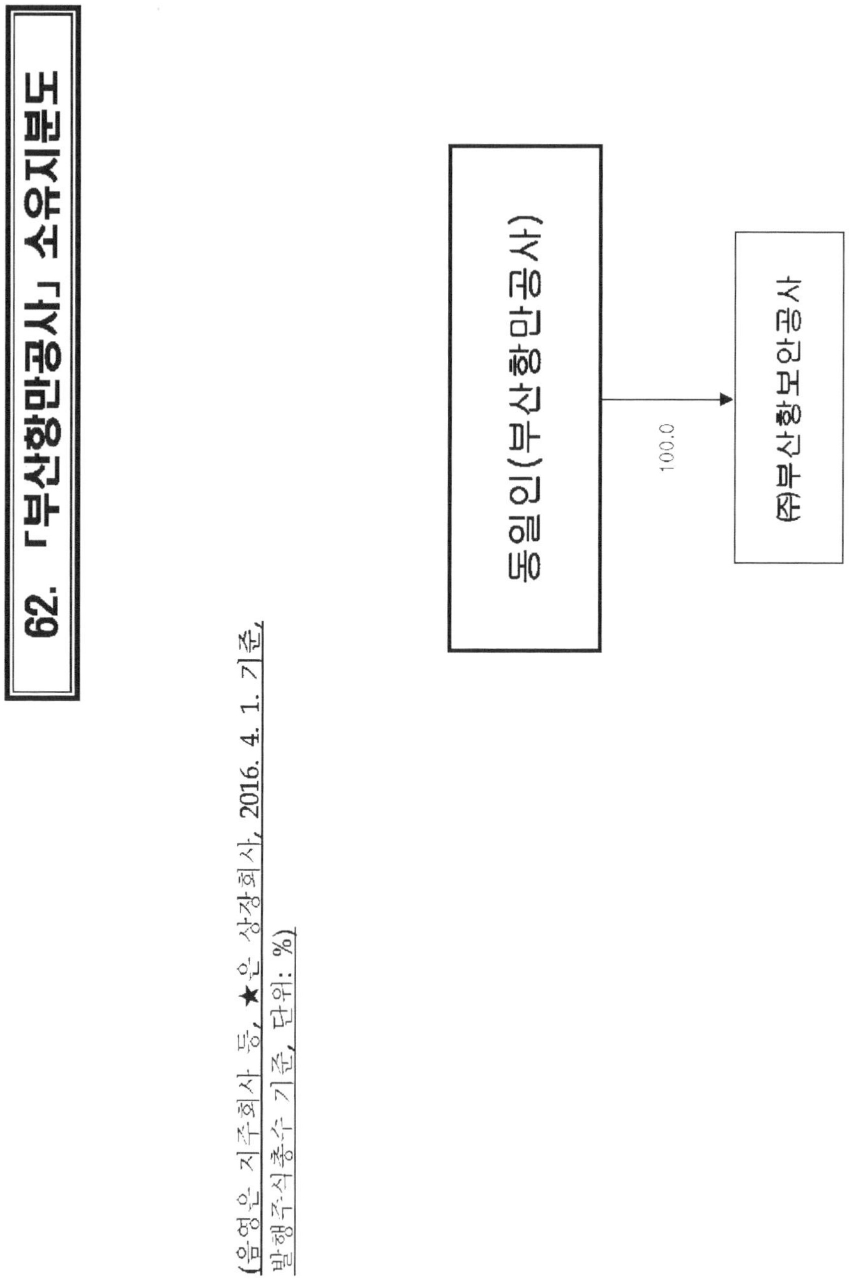

62. 「부산항만공사」 소유지분도

(음영은 지주회사 등, ★은 상장회사, 2016. 4. 1. 기준, 발행주식총수 기준, 단위: %)

동일인(부산항만공사)

→ 100.0 →

㈜부산항보안공사

85. 서울메트로그룹: 2014-2016년

연도	동일인	순위 (위)	계열회사 (개)	자산총액 (10억 원)	매출액 (10억 원)	당기순이익 (10억 원)
2014	서울메트로	11	3	6,380	1,101	-128
2015	서울메트로	10	3	6,227	1,172	-155
2016	서울메트로	10	4	6,271	1,254	-140

	[소유구조]
주요 주주	-
주요 지배 회사	서울메트로 (동일인)
주요 계열회사	서울메트로환경

주: 순위: 공기업집단 중에서의 순위.

1. 그룹

1) 대규모기업집단 지정 연도: 2014-2016년.

2) 연도 수: 3년.

2. 소유지분도: 개관

1) 소유지분도 작성 연도: 2014-2016년.
   연도 수: 3년.

2) 그룹 주요 지표: [동일인] 서울메트로. [순위] 10-11위.
   [계열회사] 3-4개. [자산총액] 6.2-6.4조 원.
   [매출액] 1.1-1.3조 원. [당기순이익] (-0.2) - (-0.1)조 원.

3) 소유구조

◆ 서울메트로 → 계열회사 ◆

① [주요 주주] -

② [주요 지배 회사]

1개.

서울메트로 (동일인).

지분: 70-100%.

③ [계열회사]

유형: 자회사.

주요 회사: 1개.

서울메트로환경.

3. 소유지분도: 연도별, 2014-2016년

1) 2014년 4월: [순위] 11위, [동일인] 서울메트로, [계열회사] 3개

서울메트로 (70-100%) → 서울메트로환경 등.

2) 2015년 4월: [순위] 10위, [동일인] 서울메트로, [계열회사] 3개

서울메트로 (70-100%) → 서울메트로환경 등.

3) 2016년 4월: [순위] 10위, [동일인] 서울메트로, [계열회사] 4개

서울메트로 (70-100%) → 서울메트로환경 등.

1) 서울메트로그룹, 2014년 4월: [순위] 11위, [동일인] 서울메트로, [계열회사] 3개

서울메트로 (70-100%) → 서울메트로환경 등

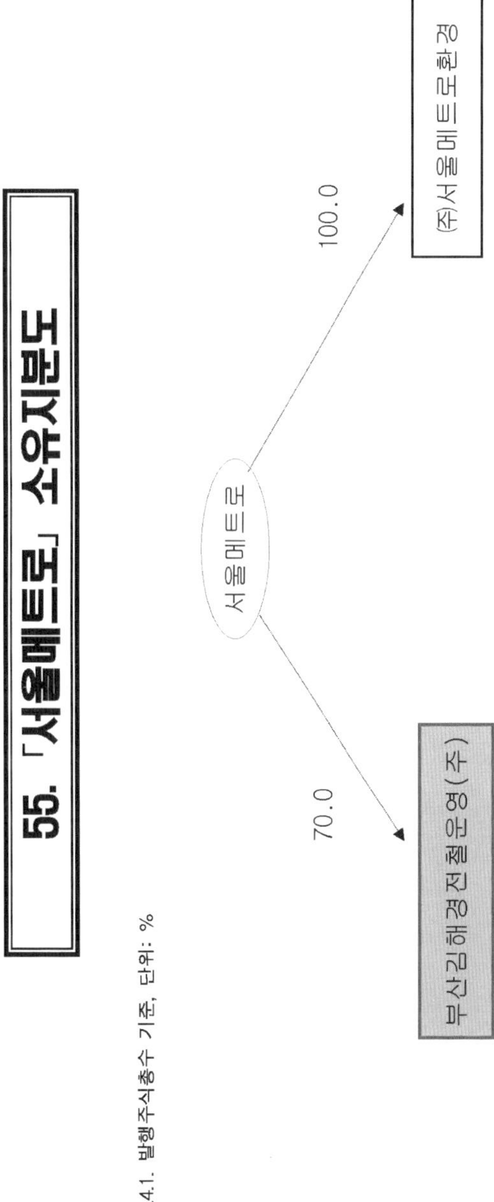

2) 서울메트로그룹, 2015년 4월: [순위] 10위, [동일인] 서울메트로, [계열회사] 3개

서울메트로 (70-100%) → 서울메트로환경 등

54. 「서울메트로」 소유지분도

(음영은 지주회사 등, ★은 상장회사, 2015.4.1. 총발행주식수 기준, 단위: %)

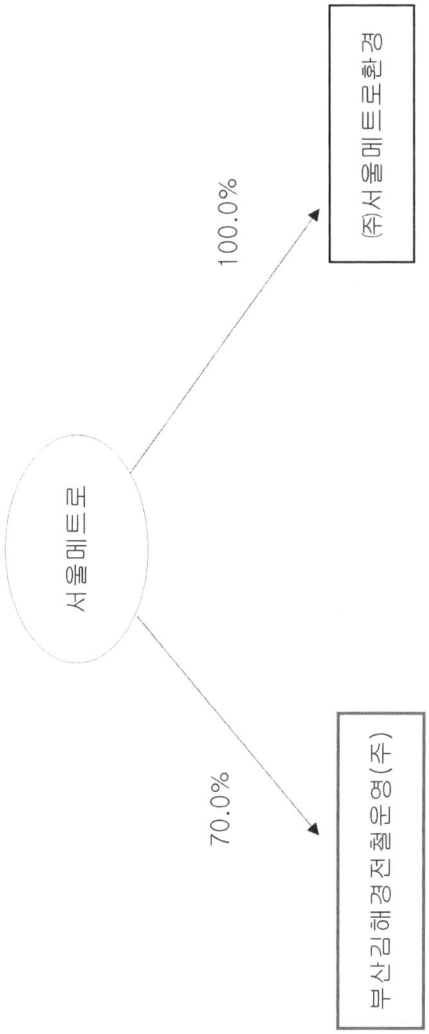

서울메트로

100.0% → ㈜서울메트로환경

70.0% → 부산김해경전철운영(주)

3) 서울메트로그룹, 2016년 4월: [순위] 10위, [동일인] 서울메트로, [계열회사] 4개

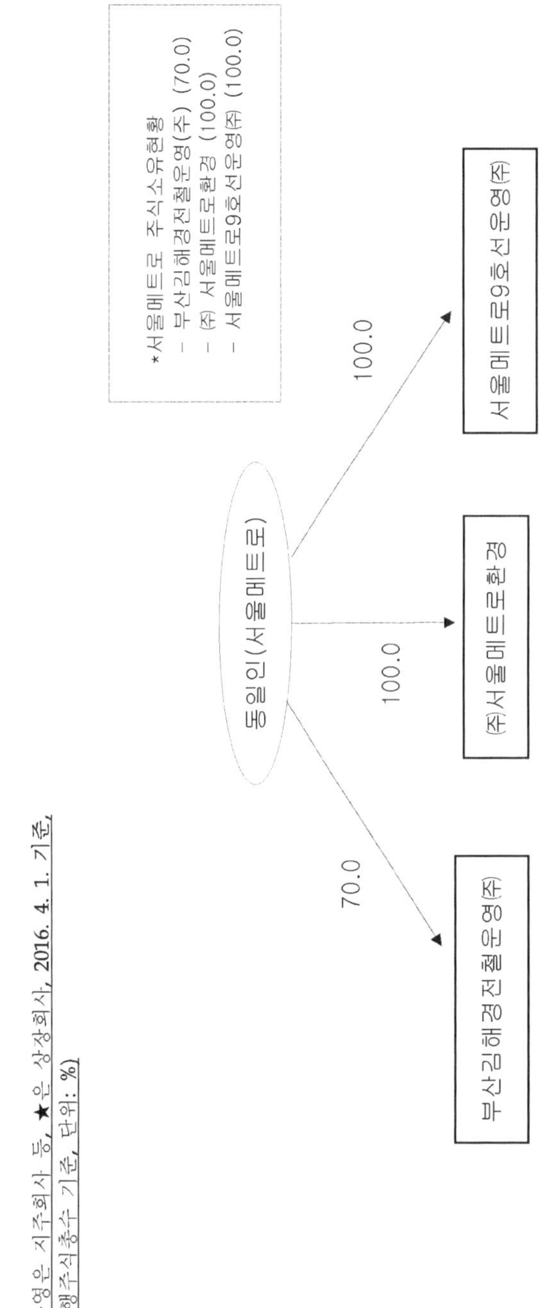

86. 서울특별시도시철도공사그룹: 2012-2016년

연도	동일인	순위 (위)	계열회사 (개)	자산총액 (10억 원)	매출액 (10억 원)	당기순이익 (10억 원)
2010		7	2	7,356	524	-214
2011		8	2	7,139	541	-222
2012	서울특별시 도시철도공사	10	2	6,863	551	-282
2013	서울특별시 도시철도공사	9	2	6,646	626	-198
2014	서울특별시 도시철도공사	10	3	6,510	645	-286
2015	서울특별시 도시철도공사	9	3	7,077	709	-270
2016	서울특별시 도시철도공사	11	3	6,111	752	-273

	[소유구조]
주요 주주	-
주요 지배 회사	서울특별시도시철도공사 (동일인)
주요 계열회사	서울도시철도엔지니어링

주: 순위: 공기업집단 중에서의 순위.

1. 그룹

1) 대규모기업집단 지정 연도: 2010-2016년.

2) 연도 수: 7년.

2. 소유지분도: 개관

1) 소유지분도 작성 연도: 2012-2016년.
연도 수: 5년.

2) 그룹 주요 지표: [동일인] 서울특별시도시철도공사. [순위] 9-11위.
[계열회사] 2-3개. [자산총액] 6.1-7.1조 원.

[매출액] 0.6-0.8조 원.　　　　　　　[당기순이익] (-0.3) - (-0.2)조 원.

3) 소유구조

◆ 서울특별시도시철도공사 → 계열회사 ◆

① [주요 주주] -

② [주요 지배 회사]

1개.

서울특별시도시철도공사 (동일인).

지분: 100%.

③ [계열회사]

유형: 자회사.

주요 회사: 1개.

서울도시철도엔지니어링.

3. 소유지분도: 연도별, 2012-2016년

1) 2012년 4월: [순위] 10위, [동일인] 서울특별시도시철도공사, [계열회사] 2개

서울특별시도시철도공사 (100%) → 서울도시철도엔지니어링.

2) 2013년 4월: [순위] 9위, [동일인] 서울특별시도시철도공사, [계열회사] 2개

서울특별시도시철도공사 (100%) → 서울도시철도엔지니어링.

3) 2014년 4월: [순위] 10위, [동일인] 서울특별시도시철도공사, [계열회사] 3개

서울특별시도시철도공사 (100%) → 서울도시철도엔지니어링 등.

4) 2015년 4월: [순위] 9위, [동일인] 서울특별시도시철도공사, [계열회사] 3개

서울특별시도시철도공사 (100%) → 서울도시철도엔지니어링 등.

5) 2016년 4월: [순위] 11위, [동일인] 서울특별시도시철도공사, [계열회사] 3개

서울특별시도시철도공사 (100%) → 서울도시철도엔지니어링 등.

52. 서울특별시도시철도공사 지분도(2012.4.12.기준)

(우선주포함, 단위: %)

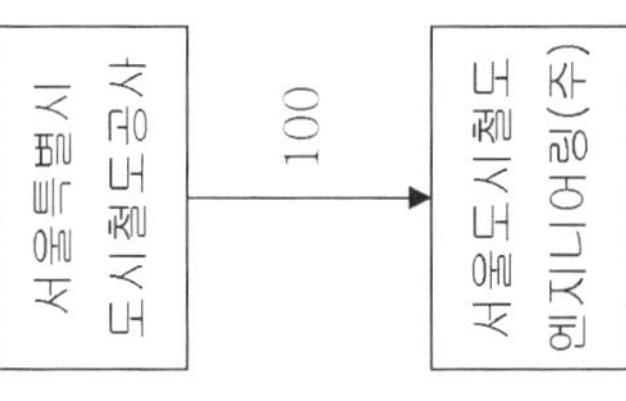

1) 서울특별시도시철도공사그룹, 2012년 4월: [순위] 10위, [동일인] 서울특별시도시철도공사, [계열회사] 2개

서울특별시도시철도공사 (100%) → 서울도시철도엔지니어링

2) 서울특별시도시철도공사그룹, 2013년 4월: [순위] 9위, [동일인] 서울특별시도시철도공사, [계열회사] 2개

서울특별시도시철도공사 (100%) → 서울도시철도엔지니어링

52. 서울특별시도시철도공사 지분도(2013.4.1. 기준)

(우선주 포함, 단위 : %)

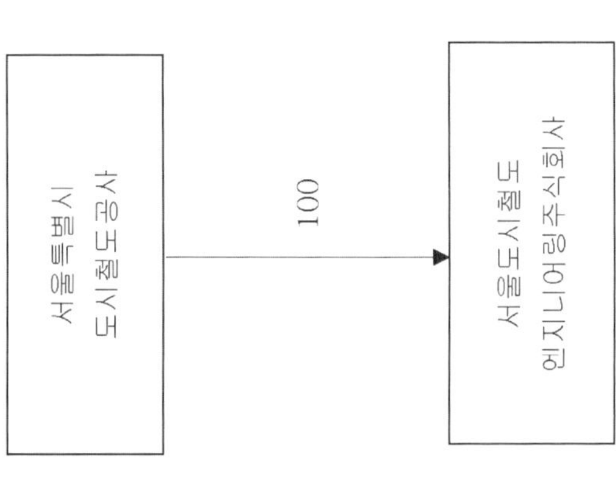

3) 서울특별시도시철도공사그룹, 2014년 4월: [순위] 10위, [동일인] 서울특별시도시철도공사, [계열회사] 3개

서울특별시도시철도공사 (100%) → 서울도시철도엔지니어링 등

54. 「서울특별시도시철도공사」 소유지분도

* 2014.4.1. 발행주식총수 기준, 단위: %

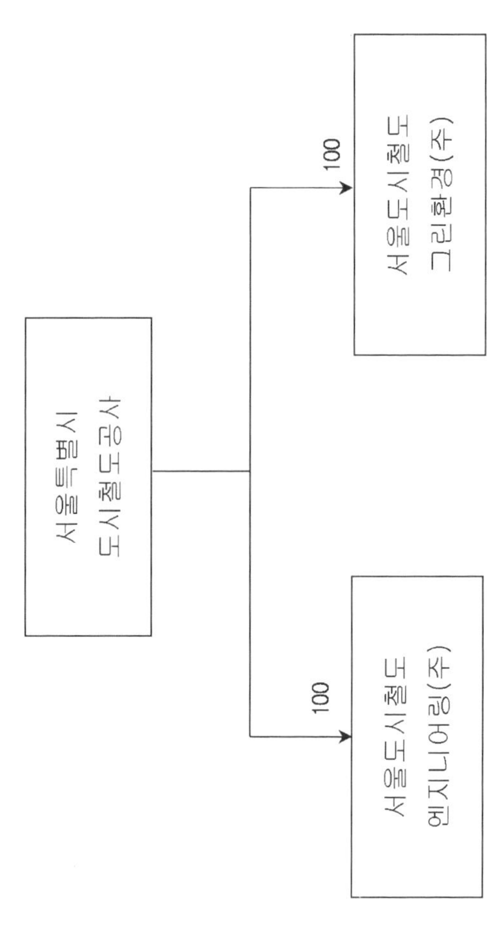

4) 서울특별시도시철도공사그룹, 2015년 4월: [순위] 9위, [동일인] 서울특별시도시철도공사, [계열회사] 3개

서울특별시도시철도공사 (100%) → 서울도시철도엔지니어링 등

49. 「서울특별시도시철도공사」 소유지분도

(음영은 지주회사 등, ★은 상장회사, 2015.4.1. 총발행주식수 기준, 단위: %)

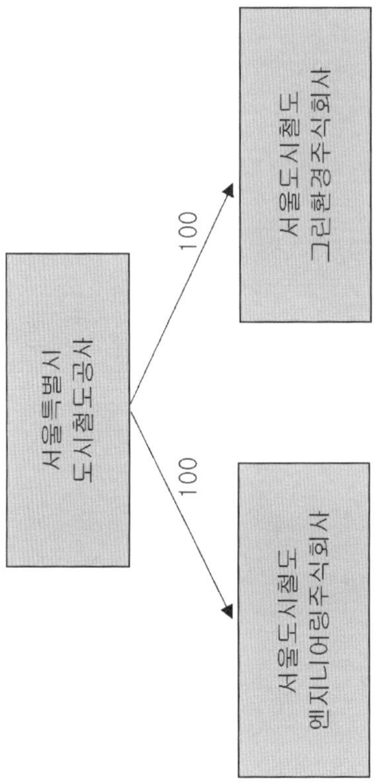

서울특별시 도시철도공사

100 → 서울도시철도 그린환경주식회사

100 → 서울도시철도 엔지니어링주식회사

5) 서울특별시도시철도공사그룹, 2016년 4월: [순위] 11위, [동일인] 서울특별시도시철도공사, [계열회사] 3개

서울특별시도시철도공사 (100%) → 서울도시철도엔지니어링 등

58. 「서울특별시 도시철도공사」 소유지분도

(2016. 4. 1. 발행주식총수 기준, 단위: %)

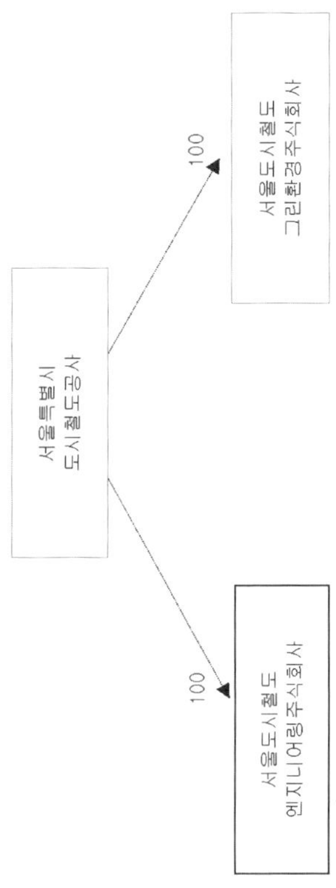

87. SH공사그룹: 2016년

연도	동일인	순위 (위)	계열회사 (개)	자산총액 (10억 원)	매출액 (10억 원)	당기순이익 (10억 원)
2016	SH공사	5	2	23,665	2,524	117

	[소유구조]
주요 주주	-
주요 지배 회사	SH공사 (동일인)
주요 계열회사	서울리츠임대주택제1호위탁관리부동산투자회사

주: 순위: 공기업집단 중에서의 순위.

1. 그룹

1) 대규모기업집단 지정 연도: 2016년.

2) 연도 수: 1년.

2. 소유지분도: 개관

1) 소유지분도 작성 연도: 2016년.
   연도 수: 1년.

2) 그룹 주요 지표: [동일인] SH공사. [순위] 5위.
   [계열회사] 2개. [자산총액] 23.7조 원.
   [매출액] 2.5조 원. [당기순이익] 0.1조 원.

3) 소유구조

◆ SH공사 → 계열회사 ◆

① [주요 주주] -

② [주요 지배 회사]

1개.

SH공사 (동일인).

지분: 100%.

③ [계열회사]

유형: 자회사.

주요 회사: 1개.

서울리츠임대주택제1호위탁관리부동산투자회사.

3. 소유지분도: 연도별, 2016년

2016년 4월: [순위] 5위, [동일인] SH공사, [계열회사] 2개

SH공사 (100%) → 서울리츠임대주택제1호위탁관리부동산투자회사.

SH공사그룹, 2016년 4월: [순위] 5위, [동일인] SH공사, [계열회사] 2개

SH공사 (100%) → 서울리츠임대주택제1호위탁관리부동산투자회사

20. 「에스에이치공사」 소유지분도

(2016. 4. 1. 기준
발행주식총수 기준, 단위: %)

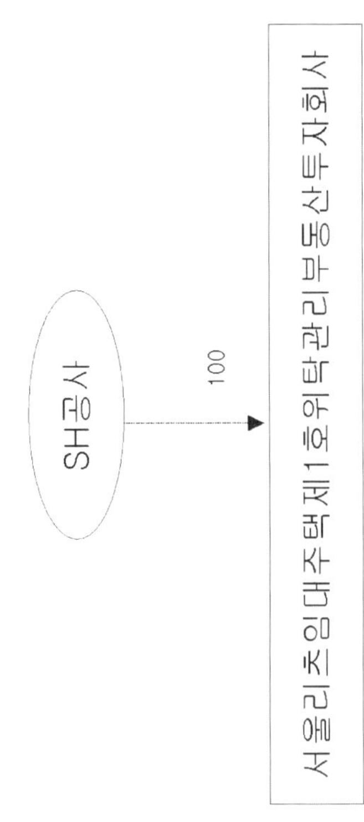

88. 인천국제공항공사그룹: 2012-2014년

연도	동일인	순위 (위)	계열회사 (개)	자산총액 (10억 원)	매출액 (10억 원)	당기순이익 (10억 원)
2010		6	2	8,188	1,257	261
2011		7	2	7,959	1,343	318
2012	인천국제 공항공사	9	2	7,806	1,559	272
2013	인천국제 공항공사	8	2	7,954	1,687	504
2014	인천국제 공항공사	9	2	7,832	1,702	474

	[소유구조]
주요 주주	-
주요 지배 회사	인천국제공항공사 (동일인)
주요 계열회사	인천공항에너지

주: 순위: 공기업집단 중에서의 순위.

1. 그룹

1) 대규모기업집단 지정 연도: 2010-2014년.

2) 연도 수: 5년.

2. 소유지분도: 개관

1) 소유지분도 작성 연도: 2012-2014년.
   연도 수: 3년.

2) 그룹 주요 지표: [동일인] 인천국제공항공사. [순위] 8-9위.
   [계열회사] 2개. [자산총액] 7.8-8.0조 원.
   [매출액] 1.6-1.7조 원. [당기순이익] 0.3-0.5조 원.

3) 소유구조

◆ 인천국제공항공사 → 계열회사 ◆

① [주요 주주] -

② [주요 지배 회사]

1개.

인천국제공항공사 (동일인).

지분: 0.3-99%.

③ [계열회사]

유형: 자회사.

주요 회사: 1개.

인천공항에너지.

3. 소유지분도: 연도별, 2012-2014년

1) 2012년 4월: [순위] 9위, [동일인] 인천국제공항공사, [계열회사] 2개

인천국제공항공사 (99%) → 인천공항에너지.

2) 2013년 4월: [순위] 8위, [동일인] 인천국제공항공사, [계열회사] 2개

인천국제공항공사 (99%) → 인천공항에너지.

3) 2014년 4월: [순위] 9위, [동일인] 인천국제공항공사, [계열회사] 2개

인천국제공항공사 (0.3-99%) → 인천공항에너지 등.

1) 인천국제공항공사그룹, 2012년 4월: [순위] 9위, [동일인] 인천국제공항공사, [계열회사] 2개

인천국제공항공사 (99%) → 인천공항에너지

45. 인천국제공항공사 지분도(2012.4.12.기준)

(우선주 포함, 단위: %)

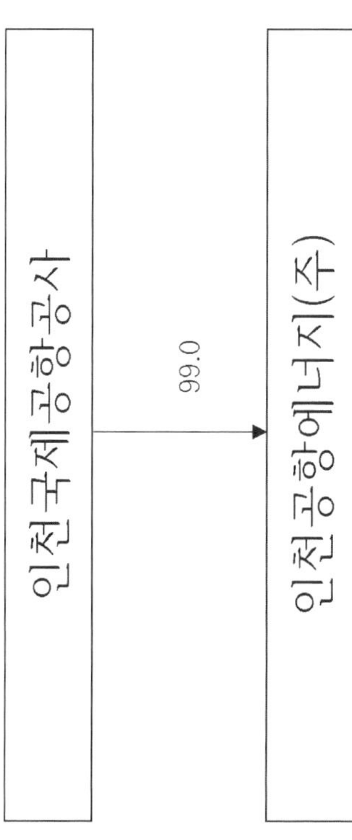

2) 인천국제공항공사그룹, 2013년 4월: [순위] 8위, [동일인] 인천국제공항공사, [계열회사] 2개

인천국제공항공사 (99%) → 인천공항에너지

44. 인천국제공항공사 지분도(2013.4.1. 기준)

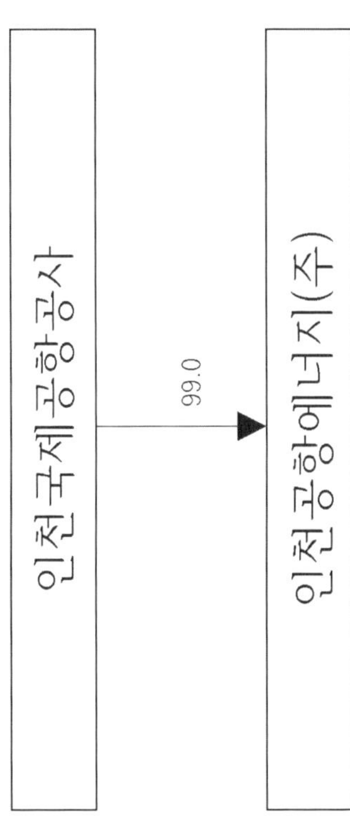

(우선주 포함, 단위: %)

3) 인천국제공항공사그룹, 2014년 4월: [순위] 9위, [동일인] 인천국제공항공사, [계열회사] 2개

인천국제공항공사 (0.3-99%) → 인천공항에너지 등

46. 「인천국제공항공사」 소유지분도

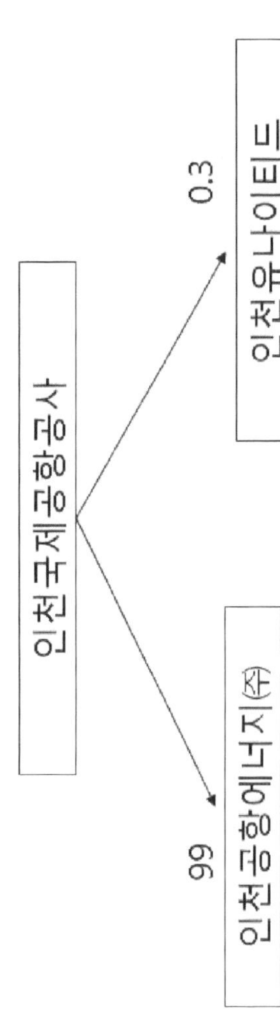

* 2014.4.1. 발행주식총수 기준, 단위: %

89. 인천도시공사그룹: 2012-2016년

연도	동일인	순위 (위)	계열회사 (개)	자산총액 (10억 원)	매출액 (10억 원)	당기순이익 (10억 원)
2010		8	3	6,798	512	34
2012	인천도시공사	8	3	10,119	465	-40
2013	인천도시공사	7	3	10,962	712	-60
2014	인천도시공사	8	3	11,252	1,303	-243
2015	인천도시공사	8	4	11,741	1,218	21
2016	인천도시공사	9	3	10,773	1,142	7

	[소유구조]
주요 주주	-
주요 지배 회사	인천도시공사 (동일인)
주요 계열회사	송도글로벌대학캠퍼스/인천글로벌캠퍼스

주: 순위: 공기업집단 중에서의 순위.

1. 그룹

1) 대규모기업집단 지정 연도: 2010, 2012-2016년.

2) 연도 수: 6년.

3) 그룹 이름: 인천광역시도시개발공사 (2010년), 인천도시공사 (2012-2016년).

2. 소유지분도: 개관

1) 소유지분도 작성 연도: 2012-2016년.
   연도 수: 5년.

2) 그룹 주요 지표: [동일인] 인천도시공사. [순위] 7-9위.
   [계열회사] 3-4개. [자산총액] 10.1-11.7조 원.
   [매출액] 0.5-1.3조 원. [당기순이익] (-0.2) - 0.02조 원.

3) 소유구조

◆ 인천도시공사 → 계열회사 ◆

① [주요 주주] -

② [주요 지배 회사]

1개.

인천도시공사 (동일인).

지분: 19.5-39%.

③ [계열회사]

유형: 자회사.

주요 회사: 1개.

송도글로벌대학캠퍼스 / 인천글로벌캠퍼스.

4) 송도글로벌대학캠퍼스: 인천글로벌캠퍼스 (2014년 12월 이후 상호 변경).

3. 소유지분도: 연도별, 2012-2016년

1) 2012년 4월: [순위] 8위, [동일인] 인천도시공사, [계열회사] 3개

인천도시공사 (33.3-39%) → 송도글로벌대학캠퍼스 등.

2) 2013년 4월: [순위] 7위, [동일인] 인천도시공사, [계열회사] 3개

인천도시공사 (19.5-33.3%) → 송도글로벌대학캠퍼스 등.

3) 2014년 4월: [순위] 8위, [동일인] 인천도시공사, [계열회사] 3개

인천도시공사 (19.5-33.3%) → 송도글로벌대학캠퍼스 등.

4) 2015년 4월: [순위] 8위, [동일인] 인천도시공사, [계열회사] 4개

인천도시공사 (19.5-33.3%) → 인천글로벌캠퍼스 등.

5) 2016년 4월: [순위] 9위, [동일인] 인천도시공사, [계열회사] 3개

인천도시공사 (19.5-33.3%) → 인천글로벌캠퍼스 등.

1) 인천도시공사그룹, 2012년 4월: [순위] 8위, [동일인] 인천도시공사, [계열회사] 3개

인천도시공사 (33.3-39%) → 송도글로벌대학캠퍼스 등

37. 인천도시공사 지분도(2012.4.12.기준)

(우선주 포함, 단위: %)

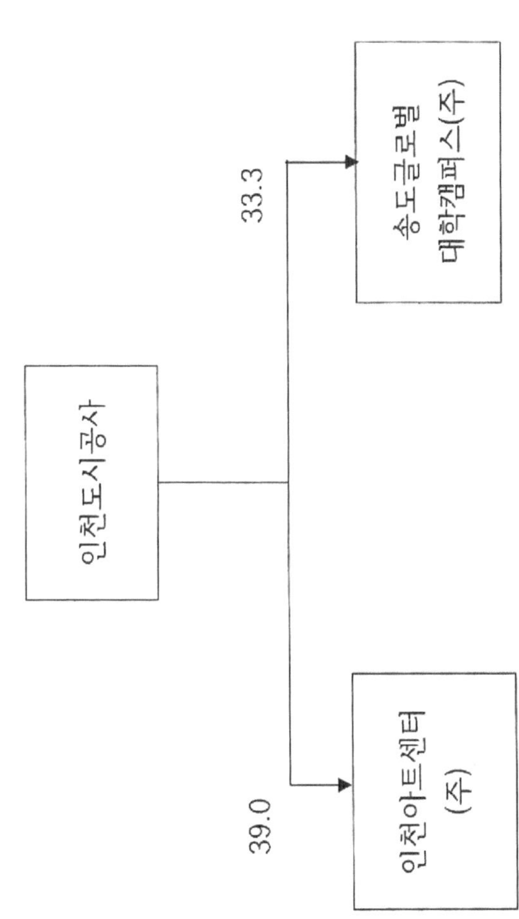

2) 인천도시공사그룹, 2013년 4월: [순위] 7위, [동일인] 인천도시공사, [계열회사] 3개

인천도시공사 (19.5-33.3%) → 송도글로벌대학캠퍼스 등

35. 인천도시공사 지분도(2013.4.1. 기준)

(우선주 포함, 단위: %)

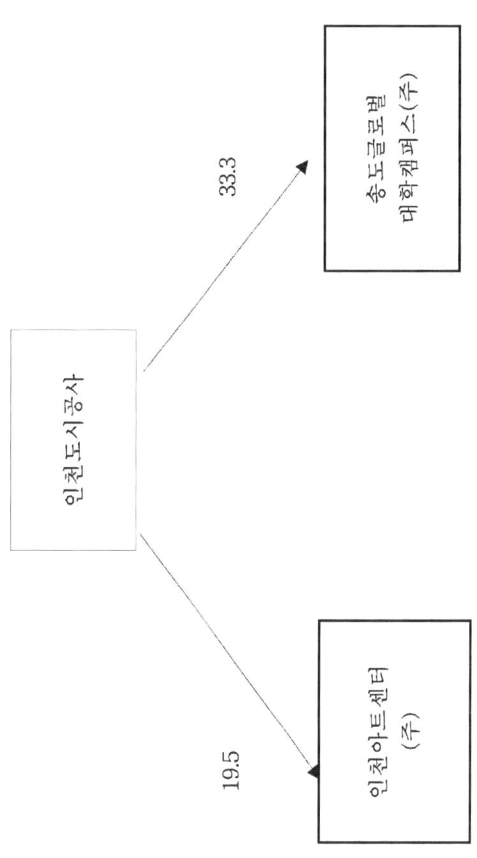

3) 인천도시공사그룹, 2014년 4월: [순위] 8위, [동일인] 인천도시공사, [계열회사] 3개

인천도시공사 (19.5-33.3%) → 송도글로벌대학캠퍼스 등

33. 「인천도시공사」 소유지분도

* ★은 상장회사, 2014.4.1. 발행주식총수 기준, 단위: %

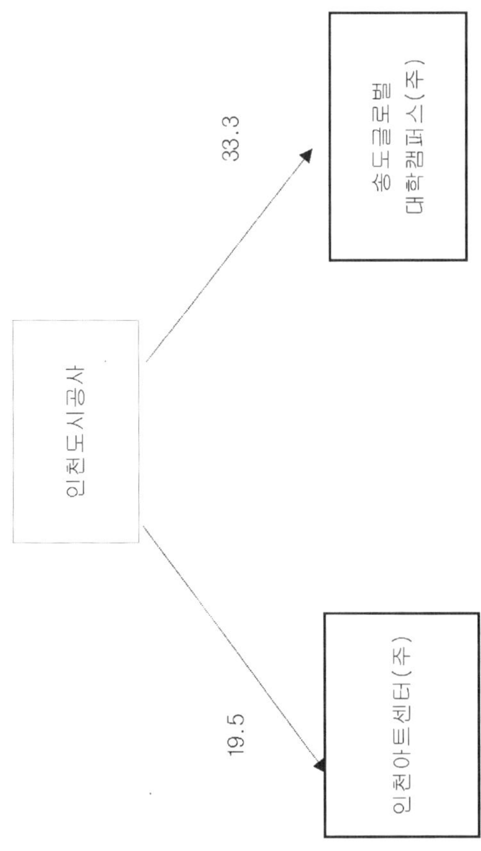

4) 인천도시공사그룹, 2015년 4월: [순위] 8위, [동일인] 인천도시공사, [계열회사] 4개

인천도시공사 (19.5-33.3%) → 인천글로벌캠퍼스 등

32. 「인천도시공사」 소유지분도

(음영은 지주회사 등, ★은 상장회사, 2015.4.1. 총발행주식수 기준, 단위: %)

인천도시공사

- → 19.5 → 인천아트센터(주)
- → 33.3 → 인천글로벌캠퍼스(주)
- → 20.2 → (주)인천도화위탁관리부동산투자회사

5) 인천도시공사그룹, 2016년 4월: [순위] 9위, [동일인] 인천도시공사, [계열회사] 3개

인천도시공사 (19.5-33.3%) → 인천글로벌캠퍼스 등

35. 「인천도시공사」 소유지분도

(2016. 4. 1. 기준, 발행주식총수 기준, 단위: %)

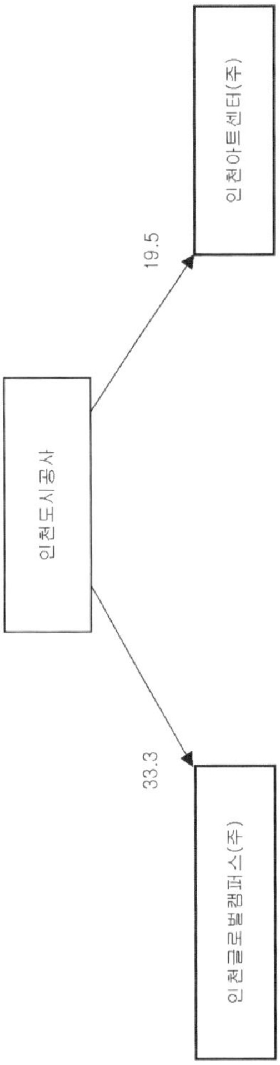

인천도시공사 → 인천아트센터(주) 19.5

인천도시공사 → 인천글로벌캠퍼스(주) 33.3

90. 한국가스공사그룹: 2012-2016년

연도	동일인	순위 (위)	계열회사 (개)	자산총액 (10억 원)	매출액 (10억 원)	당기순이익 (10억 원)
2002		7	2	9,134	7,296	300
2003		6	2	9,361	7,358	300
2004		5	2	9,700	8,284	290
2005		5	2	10,138	9,254	327
2006		6	2	11,371	11,195	253
2007		6	3	12,320	13,027	244
2008		6	3	12,680	14,391	371
2009		5	3	22,075	23,314	337
2010		4	3	23,094	19,557	242
2011		4	3	24,467	22,770	214
2012	한국가스공사	4	3	34,417	28,431	200
2013	한국가스공사	4	3	39,545	34,720	504
2014	한국가스공사	4	3	42,461	37,634	-262
2015	한국가스공사	4	2	45,245	36,924	108
2016	한국가스공사	4	4	40,532	25,670	65

	[소유구조]
주요 주주	-
주요 지배 회사	한국가스공사 (동일인)
주요 계열회사	한국가스기술공사

주: 순위: 공기업집단 중에서의 순위.

1. 그룹

1) 대규모기업집단 지정 연도: 2002-2016년.

2) 연도 수: 15년.

2. 소유지분도: 개관

1) 소유지분도 작성 연도: 2012-2016년.

연도 수: 5년.

2) 그룹 주요 지표: [동일인] 한국가스공사. [순위] 4위.
[계열회사] 2-4개. [자산총액] 34.4-45.2조 원.
[매출액] 25.7-37.6조 원. [당기순이익] (-0.3) - 0.5조 원.

3) 소유구조

◆ 한국가스공사 → 계열회사 ◆

① [주요 주주] -

② [주요 지배 회사]

1개.

한국가스공사 (동일인, 상장).

지분: 50.2-100%.

③ [계열회사]

유형: 자회사 → 손자회사 (2년; 2012-2013년),
자회사 (3년; 2014-2016년).

주요 회사: 1개.
한국가스기술공사.

3. 소유지분도: 연도별, 2012-2016년

1) 2012년 4월: [순위] 4위, [동일인] 한국가스공사, [계열회사] 3개

한국가스공사 (100%) → 한국가스기술공사.

2) 2013년 4월: [순위] 4위, [동일인] 한국가스공사, [계열회사] 3개

한국가스공사 (100%) → 한국가스기술공사.

3) 2014년 4월: [순위] 4위, [동일인] 한국가스공사, [계열회사] 3개

한국가스공사 (100%) → 한국가스기술공사.

4) 2015년 4월: [순위] 4위, [동일인] 한국가스공사, [계열회사] 2개

한국가스공사 (100%) → 한국가스기술공사.

5) 2016년 4월: [순위] 4위, [동일인] 한국가스공사, [계열회사] 4개

한국가스공사 (50.2-100%) → 한국가스기술공사 등.

13. 한국가스공사 지분도(2012.4.12.기준)

(★은 상장회사 우선주 포함,
단위: %)

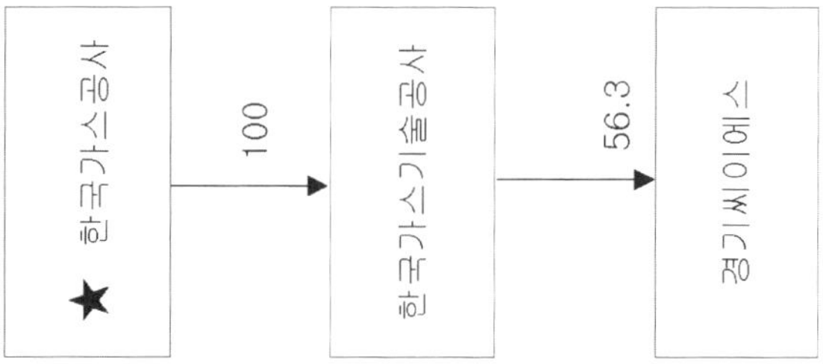

★ 한국가스공사
↓ 100
한국가스기술공사
↓ 56.3
경기씨이에스

1) 한국가스공사그룹, 2012년 4월: [순위] 4위, [동일인] 한국가스공사, [계열회사] 3개

한국가스공사 (100%) → 한국가스기술공사

2) 한국가스공사그룹, 2013년 4월: [순위] 4위, [동일인] 한국가스공사, [계열회사] 3개

한국가스공사 (100%) → 한국가스기술공사

12. 한국가스공사 지분도(2013.4.1.기준)

(★은 상장회사, 우선주 포함, 단위: %)

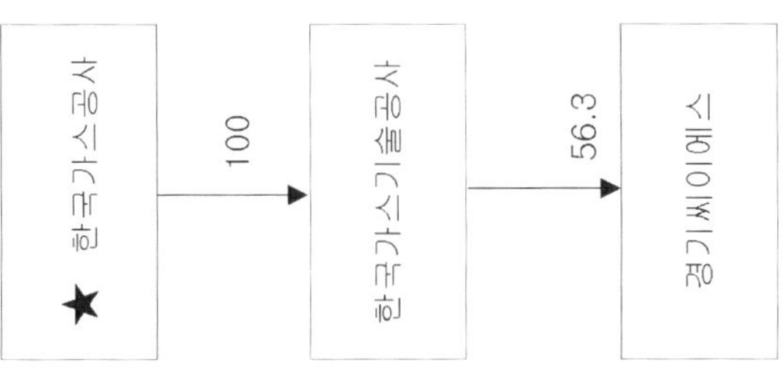

3) 한국가스공사그룹, 2014년 4월: [순위] 4위, [동일인] 한국가스공사, [계열회사] 3개

한국가스공사 (100%) → 한국가스기술공사

12. 「한국가스공사」 소유지분도

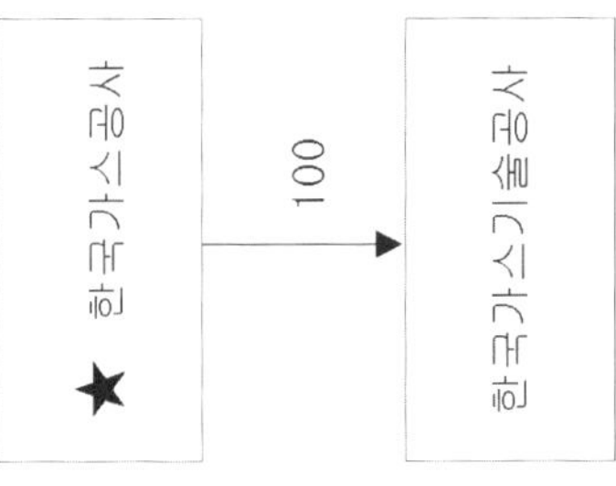

* ★은 상장회사, 2014.4.1. 발행주식총수 기준, 단위: %

4) 한국가스공사그룹, 2015년 4월: [순위] 4위, [동일인] 한국가스공사, [계열회사] 2개

한국가스공사 (100%) → 한국가스기술공사

13. 「한국가스공사」 소유지분도

(음영은 지주회사 등, ★은 상장회사, 2015.4.1. 총발행주식수 기준, 단위: %)

*한국가스공사 주식소유현황
정부 (26.2)
한전 (20.5)
일반 (21.8)
외국인 (8.4)
서울시 등 지자체(7.9)
우리사주조합 (4.6)
국민연금(5.6)
자사주(5.0)

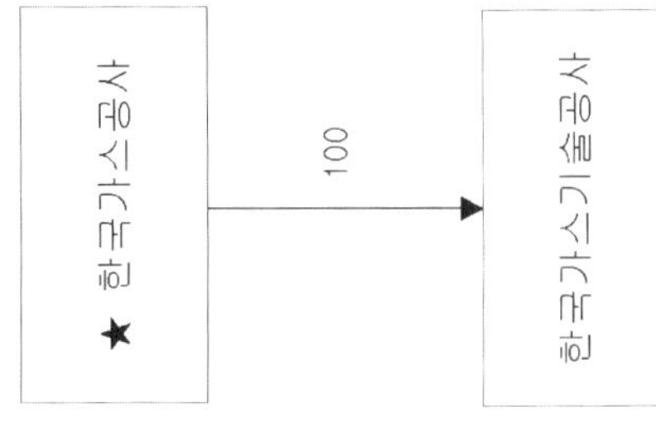

5) 한국가스공사그룹, 2016년 4월: [순위] 4위, [동일인] 한국가스공사, [계열회사] 4개

한국가스공사 (50.2-100%) → 한국가스기술공사 등

14. 「한국가스공사」 소유지분도

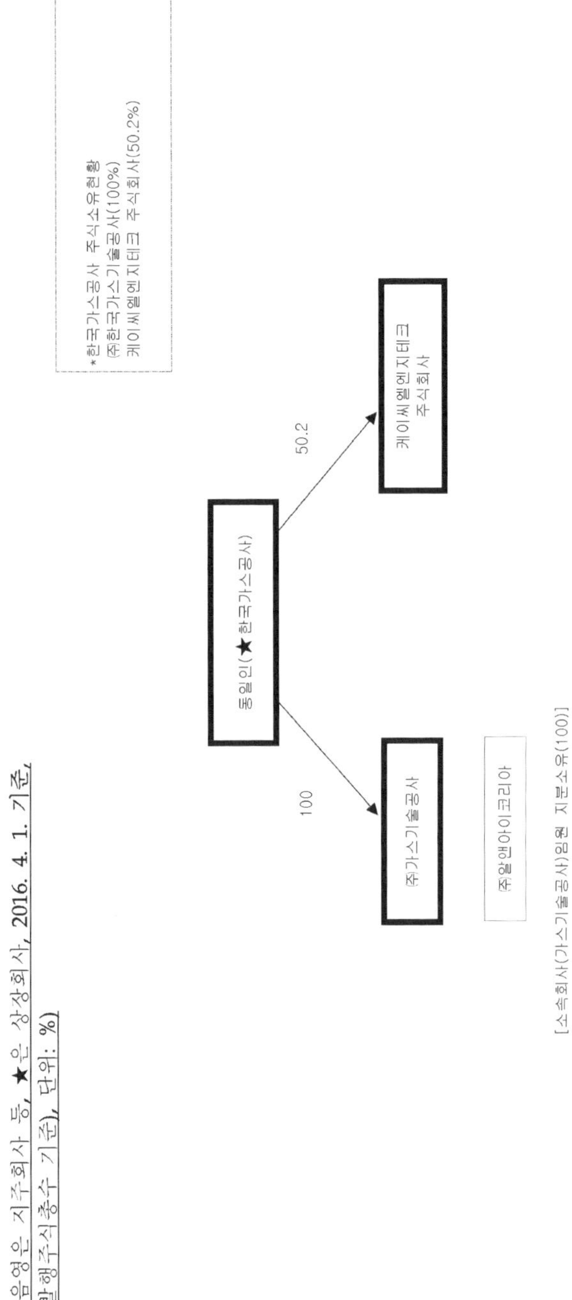

91. 한국도로공사그룹: 2012-2016년

연도	동일인	순위 (위)	계열회사 (개)	자산총액 (10억 원)	매출액 (10억 원)	당기순이익 (10억 원)
2002		3	4	26,353	2,445	43
2003		2	3	28,257	2,478	47
2004		2	3	30,419	2,603	65
2005		2	3	32,381	2,485	50
2006		2	3	34,638	2,528	48
2007		3	4	37,204	2,821	60
2008		3	4	38,824	3,364	56
2009		3	4	42,260	3,343	67
2010		3	4	45,355	3,645	62
2011		3	4	47,376	3,386	67
2012	한국도로공사	3	3	49,332	5,741	100
2013	한국도로공사	3	3	51,513	6,978	82
2014	한국도로공사	3	3	53,544	6,993	81
2015	한국도로공사	3	3	55,475	7,666	120
2016	한국도로공사	3	3	57,656	8,612	133

	[소유구조]
주요 주주	-
주요 지배 회사	한국도로공사 (동일인)
주요 계열회사	한국건설관리공사

주: 순위: 공기업집단 중에서의 순위.

1. 그룹

1) 대규모기업집단 지정 연도: 2002-2016년.

2) 연도 수: 15년.

2. 소유지분도: 개관

1) 소유지분도 작성 연도: 2012-2016년.

연도 수: 5년.

2) 그룹 주요 지표: [동일인] 한국도로공사. [순위] 3위.
[계열회사] 3개. [자산총액] 49.3-57.7조 원.
[매출액] 5.7-8.6조 원. [당기순이익] 0.1조 원.

3) 소유구조

◆ 한국도로공사 → 계열회사 ◆

① [주요 주주] -

② [주요 지배 회사]

1개.

한국도로공사 (동일인).

지분: 42.5%.

③ [계열회사]

유형: 자회사.

주요 회사: 1개.

한국건설관리공사.

3. 소유지분도: 연도별, 2012-2016년

1) 2012년 4월: [순위] 3위, [동일인] 한국도로공사, [계열회사] 3개

한국도로공사 (42.5%) → 한국건설관리공사.

2) 2013년 4월: [순위] 3위, [동일인] 한국도로공사, [계열회사] 3개

한국도로공사 (42.5%) → 한국건설관리공사.

3) 2014년 4월: [순위] 3위, [동일인] 한국도로공사, [계열회사] 3개

한국도로공사 (42.5%) → 한국건설관리공사.

4) 2015년 4월: [순위] 3위, [동일인] 한국도로공사, [계열회사] 3개

한국도로공사 (42.5%) → 한국건설관리공사.

5) 2016년 4월: [순위] 3위, [동일인] 한국도로공사, [계열회사] 3개

한국도로공사 (42.5%) → 한국건설관리공사.

11. 한국도로공사 지분도(2012.4.12.기준)

(우선주 포함, 단위: %)

1) 한국도로공사그룹, 2012년 4월: [순위] 3위, [동일인] 한국도로공사, [계열회사] 3개

한국도로공사 (42.5%) → 한국건설관리공사

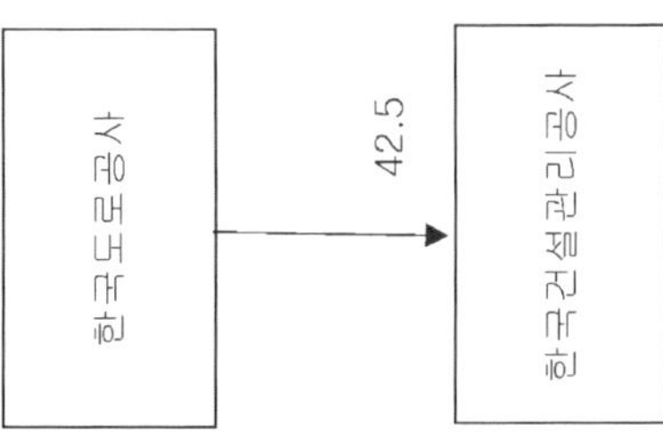

2) 한국도로공사그룹, 2013년 4월: [순위] 3위, [동일인] 한국도로공사, [계열회사] 3개

한국도로공사 (42.5%) → 한국건설관리공사

11. 한국도로공사 지분도(2013.4.1. 기준)

(우선주 포함, 단위 : %)

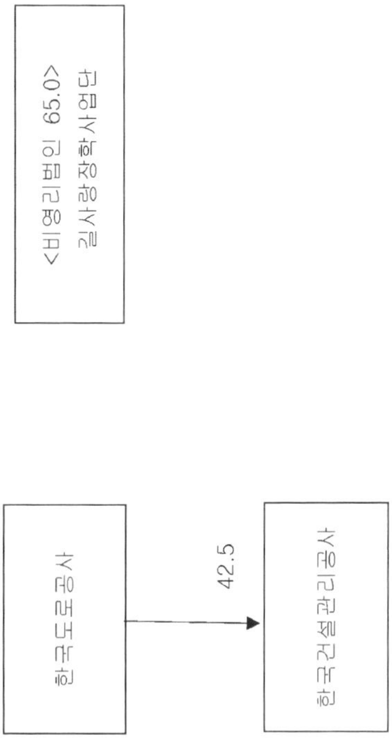

<비영리법인 65.0>
길사랑장학사업단

한국도로공사 —42.5→ 한국건설관리공사

3) 한국도로공사그룹, 2014년 4월: [순위] 3위, [동일인] 한국도로공사, [계열회사] 3개

한국도로공사 (42.5%) → 한국건설관리공사

11. 「한국도로공사」 소유지분도

* ★은 상장회사, 2014.4.1. 발행주식총수 기준, 단위: %

길사랑장학사업단(비영리법인 65.0)

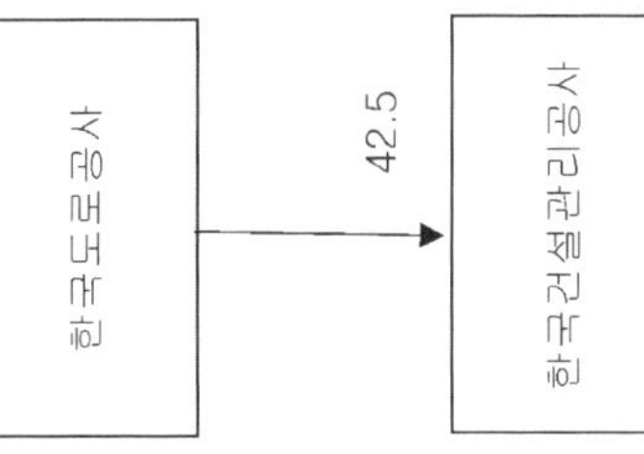

4) 한국도로공사그룹, 2015년 4월: [순위] 3위, [동일인] 한국도로공사, [계열회사] 3개

한국도로공사 (42.5%) → 한국건설관리공사

11. 「한국도로공사」 소유지분도

(음영은 지주회사 등, ★은 상장회사, 2015.4.1. 총발행주식수 기준, 단위: %)

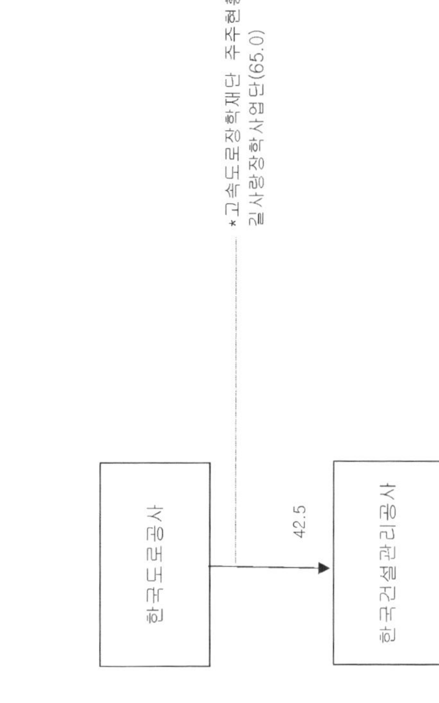

5) 한국도로공사그룹, 2016년 4월: [순위] 3위, [동일인] 한국도로공사, [계열회사] 3개

한국도로공사 (42.5%) → 한국건설관리공사

10. 「한국도로공사」 소유지분도

(2016. 4. 1. 발행주식총수기준, 단위 : %)

※ 우선주 없음

길사랑장학사업단
(행복의길장학재단 65.0)

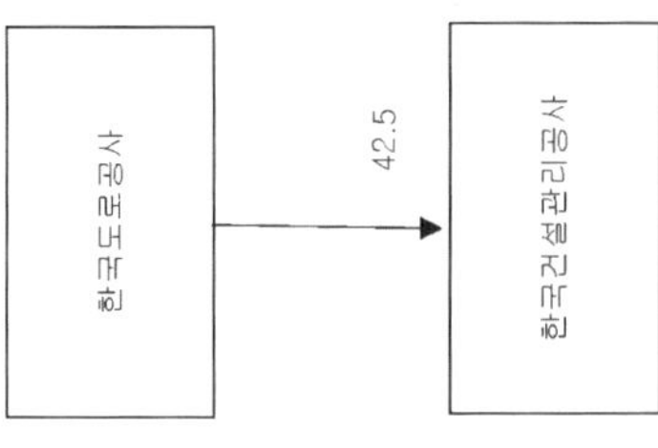

92. 한국석유공사그룹: 2012, 2014-2016년

연도	동일인	순위 (위)	계열회사 (개)	자산총액 (10억 원)	매출액 (10억 원)	당기순이익 (10억 원)
2009		7	3	13,034	1,759	201
2011		6	2	22,379	2,534	209
2012	한국석유공사	5	2	23,874	1,277	106
2014	한국석유공사	6	2	22,529	1,134	162
2015	한국석유공사	7	2	20,163	1,041	-2,703
2016	한국석유공사	8	2	17,466	1,269	-4,956

	[소유구조]
주요 주주	-
주요 지배 회사	한국석유공사 (동일인)
주요 계열회사	오일허브코리아여수, 코리아오일터미널

주: 순위: 공기업집단 중에서의 순위.

1. 그룹

1) 대규모기업집단 지정 연도: 2009, 2011-2012, 2014-2016년.

2) 연도 수: 6년.

2. 소유지분도: 개관

1) 소유지분도 작성 연도: 2012, 2014-2016년.

연도 수: 4년.

2) 그룹 주요 지표: [동일인] 한국석유공사. [순위] 5-8위.

[계열회사] 2개. [자산총액] 17.5-23.9조 원.

[매출액] 1.0-1.3조 원. [당기순이익] (-5.0) - 0.2조 원.

3) 소유구조

◆ 한국석유공사 → 계열회사 ◆

① [주요 주주] -

② [주요 지배 회사]

1개.

한국석유공사 (동일인).

지분: 51-82.3%.

③ [계열회사]

유형: 자회사.

주요 회사: 2개 (1개씩 관련).

오일허브코리아여수, 코리아오일터미널.

4) 코리아오일터미널: 코리아에너지터미널 (2019년 6월 상호 변경).

3. 소유지분도: 연도별, 2012, 2014-2016년

1) 2012년 4월: [순위] 5위, [동일인] 한국석유공사, [계열회사] 2개

한국석유공사 (55%) → 오일허브코리아여수.

2) 2014년 4월: [순위] 6위, [동일인] 한국석유공사, [계열회사] 2개

한국석유공사 (51%) → 코리아오일터미널.

3) 2015년 4월: [순위] 7위, [동일인] 한국석유공사, [계열회사] 2개

한국석유공사 (51%) → 코리아오일터미널.

4) 2016년 4월: [순위] 8위, [동일인] 한국석유공사, [계열회사] 2개

한국석유공사 (82.3%) → 코리아오일터미널.

18. 한국석유공사 지분도(2012.4.12. 기준)

(우선주 포함, 단위: %)

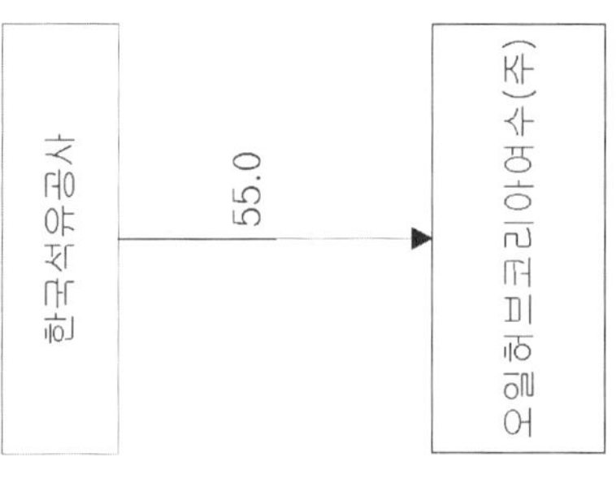

1) 한국석유공사그룹, 2012년 4월: [순위] 5위, [동일인] 한국석유공사, [계열회사] 2개

한국석유공사 (55%) → 오일허브코리아여수

2) 한국석유공사그룹, 2014년 4월: [순위] 6위, [동일인] 한국석유공사, [계열회사] 2개

한국석유공사 (51%) → 코리아오일터미널

21. 「한국석유공사」 소유지분도

* 2014.4.1. 발행주식총수 기준, 단위: %

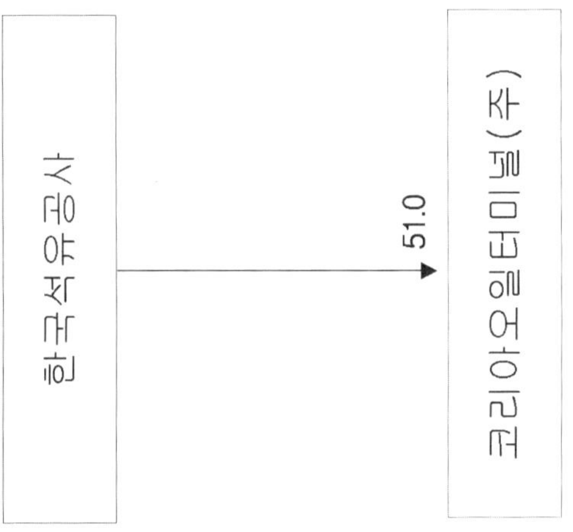

3) 한국석유공사그룹, 2015년 4월: [순위] 7위, [동일인] 한국석유공사, [계열회사] 2개

한국석유공사 (51%) → 코리아오일터미널

23. 「한국석유공사」 소유지분도

(음영은 지주회사 등, ★은 상장회사, 2015.4.1. 총발행주식수 기준, 단위: %)

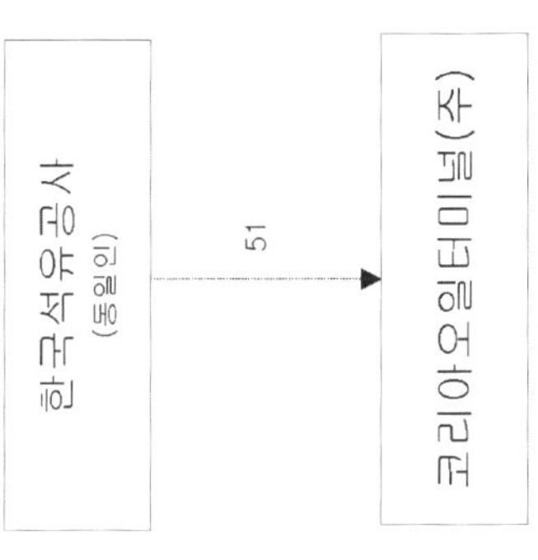

4) 한국석유공사그룹, 2016년 4월: [순위] 8위, [동일인] 한국석유공사, [계열회사] 2개

한국석유공사 (82.3%) → 코리아오일터미널

27. 「한국석유공사」 소유지분도

2016. 4. 1. 발행주식총수 기준, 단위: %

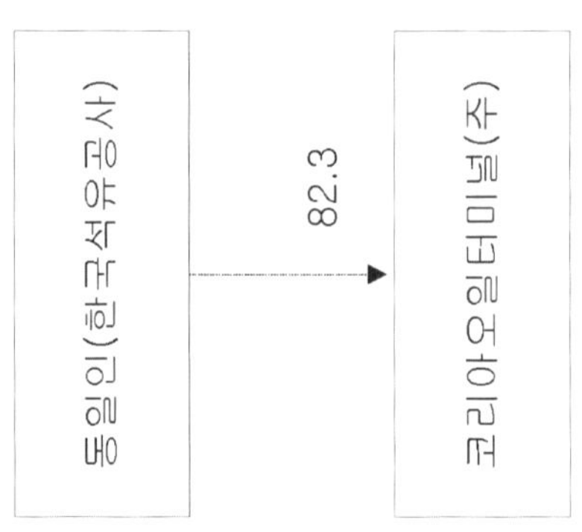

93. 한국수자원공사그룹: 2012-2016년

연도	동일인	순위 (위)	계열회사 (개)	자산총액 (10억 원)	매출액 (10억 원)	당기순이익 (10억 원)
2002		6	2	9,521	1,280	102
2003		5	2	9,725	1,544	292
2012	한국수자원공사	6	2	23,420	6,327	293
2013	한국수자원공사	5	2	24,947	3,627	308
2014	한국수자원공사	5	2	25,478	3,593	341
2015	한국수자원공사	5	2	25,281	3,666	296
2016	한국수자원공사	6	2	19,305	3,660	-5,804

	[소유구조]
주요 주주	-
주요 지배 회사	한국수자원공사 (동일인)
주요 계열회사	워터웨이플러스

주: 순위: 공기업집단 중에서의 순위.

1. 그룹

1) 대규모기업집단 지정 연도: 2002-2003, 2012-2016년.

2) 연도 수: 7년.

2. 소유지분도: 개관

1) 소유지분도 작성 연도: 2012-2016년.
연도 수: 5년.

2) 그룹 주요 지표: [동일인] 한국수자원공사. [순위] 5-6위.
[계열회사] 2개. [자산총액] 19.3-25.5조 원.
[매출액] 3.6-6.3조 원. [당기순이익] (-5.8) - 0.3조 원.

3) 소유구조

◆ 한국수자원공사 → 계열회사 ◆

① [주요 주주] -

② [주요 지배 회사]

1개.

한국수자원공사 (동일인).

지분: 100%.

③ [계열회사]

유형: 자회사.

주요 회사: 1개.

워터웨이플러스.

3. 소유지분도: 연도별, 2012-2016년

1) 2012년 4월: [순위] 6위, [동일인] 한국수자원공사, [계열회사] 2개

한국수자원공사 (100%) → 워터웨이플러스.

2) 2013년 4월: [순위] 5위, [동일인] 한국수자원공사, [계열회사] 2개

한국수자원공사 (100%) → 워터웨이플러스.

3) 2014년 4월: [순위] 5위, [동일인] 한국수자원공사, [계열회사] 2개

한국수자원공사 (100%) → 워터웨이플러스.

4) 2015년 4월: [순위] 5위, [동일인] 한국수자원공사, [계열회사] 2개

한국수자원공사 (100%) → 워터웨이플러스.

5) 2016년 4월: [순위] 6위, [동일인] 한국수자원공사, [계열회사] 2개

한국수자원공사 (100%) → 워터웨이플러스.

19. 한국수자원공사 지분도(2012.4.12.기준)

(우선주 포함, 단위: %)

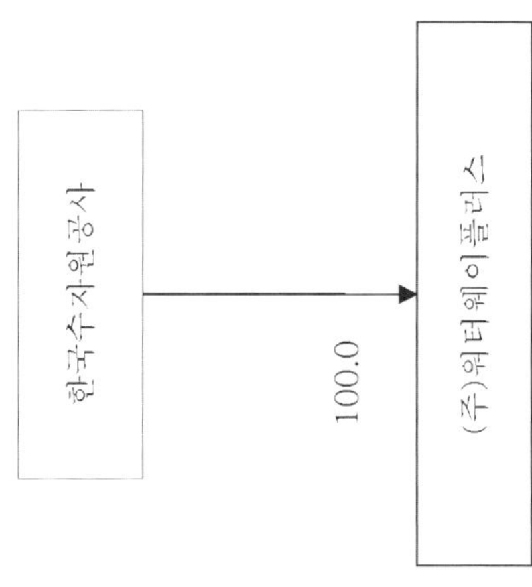

1) 한국수자원공사그룹, 2012년 4월: [순위] 6위, [동일인] 한국수자원공사, [계열회사] 2개

한국수자원공사 (100%) → 워터웨이플러스

2) 한국수자원공사그룹, 2013년 4월: [순위] 5위, [동일인] 한국수자원공사, [계열회사] 2개

한국수자원공사 (100%) → 워터웨이플러스

18. 한국수자원공사 지분도(2013.4.1.기준)

(우선주 포함, 단위: %)

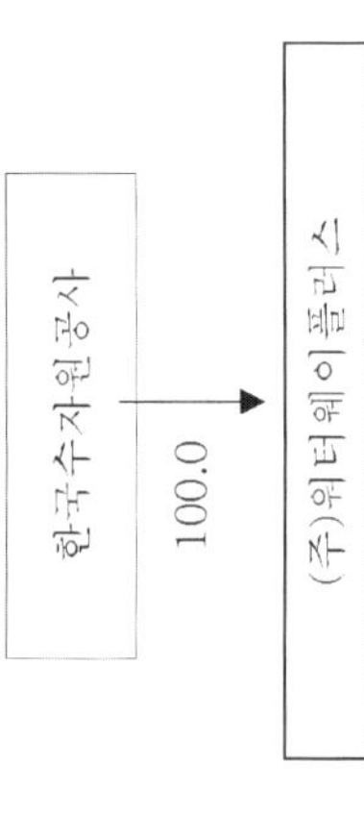

3) 한국수자원공사그룹, 2014년 4월: [순위] 5위, [동일인] 한국수자원공사, [계열회사] 2개

한국수자원공사 (100%) → 워터웨이플러스

18. 「한국수자원공사」 소유지분도

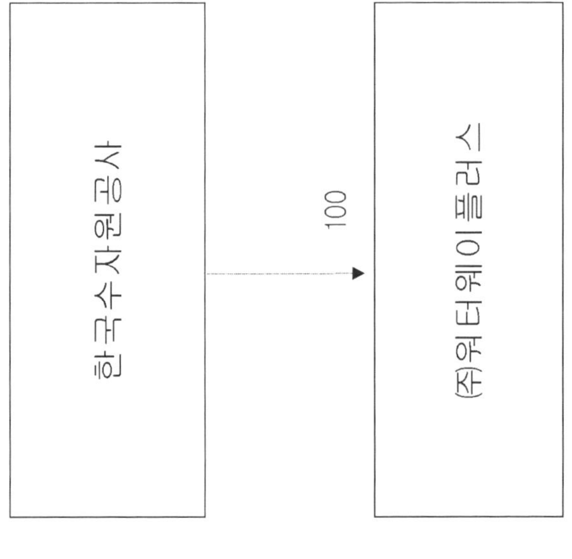

* ★은 상장회사, 2014.4.1. 발행주식총수 기준, 단위: %

4) 한국수자원공사그룹, 2015년 4월: [순위] 5위, [동일인] 한국수자원공사, [계열회사] 2개

한국수자원공사 (100%) → 워터웨이플러스

19. 「한국수자원공사」 소유지분도

(음영은 지주회사 등, ★은 상장회사, 2015.4.1. 총발행주식수 기준, 단위: %)

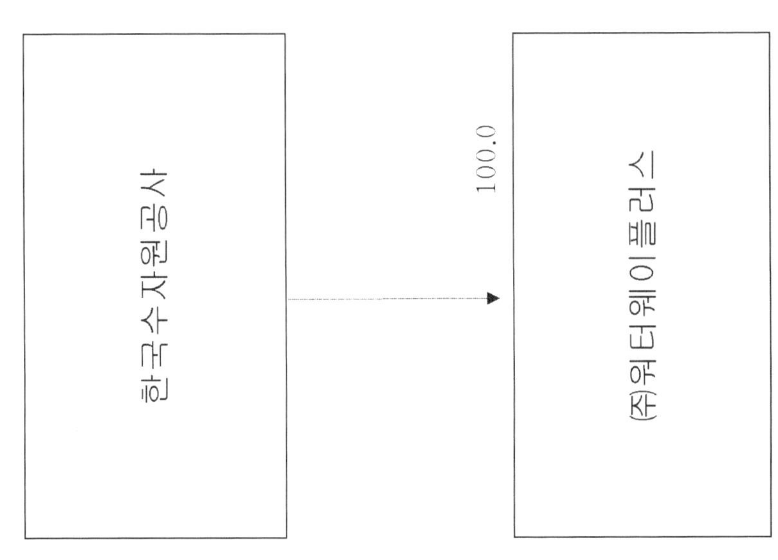

5) 한국수자원공사그룹, 2016년 4월: [순위] 6위, [동일인] 한국수자원공사, [계열회사] 2개

한국수자원공사 (100%) → 워터웨이플러스

23. 「한국수자원공사」 소유지분도

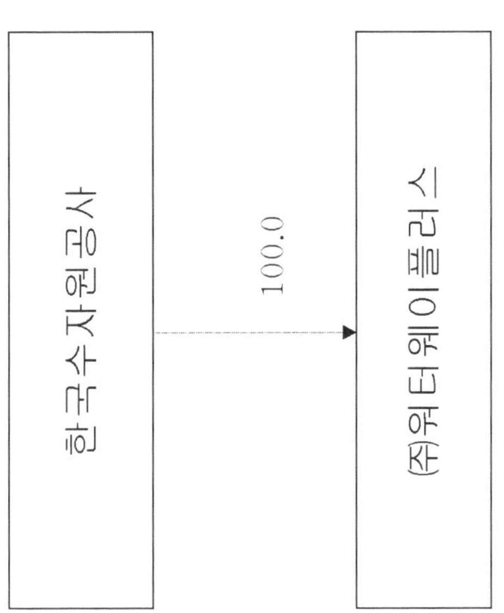

* 2016. 4. 1. 발행주식총수 기준, 단위: %

94. 한국전력공사그룹: 2012-2016년

연도	동일인	순위 (위)	계열회사 (개)	자산총액 (10억 원)	매출액 (10억 원)	당기순이익 (10억 원)
2002		1	14	90,889	31,218	2,918
2003		1	13	92,094	35,801	5,049
2004		1	11	94,774	38,104	4,308
2005		1	11	98,307	40,417	4,477
2006		1	11	102,932	43,566	4,231
2007		1	11	106,398	46,752	3,604
2008		1	12	112,621	50,711	3,167
2009		1	12	117,159	57,930	-3,162
2010		2	13	123,517	60,543	1,416
2011		2	14	131,298	69,989	2,350
2012	한국전력공사	1	17	165,931	77,373	-2,189
2013	한국전력공사	1	22	176,017	87,439	-2,131
2014	한국전력공사	1	24	186,573	90,806	638
2015	한국전력공사	1	24	196,253	94,668	3,574
2016	한국전력공사	1	27	208,286	94,740	14,653

	[소유구조]
주요 주주	-
주요 지배 회사	한국전력공사 (동일인)
주요 계열회사	한국서부발전, 한국남동발전

주: 순위: 공기업집단 중에서의 순위.

1. 그룹

1) 대규모기업집단 지정 연도: 2002-2016년.

2) 연도 수: 15년.

2. 소유지분도: 개관

1) 소유지분도 작성 연도: 2012-2016년.

연도 수: 5년.

2) 그룹 주요 지표: [동일인] 한국전력공사. [순위] 1위.
[계열회사] 17-27개. [자산총액] 165.9-208.3조 원.
[매출액] 77.4-94.7조 원. [당기순이익] (-2.2) - 14.7조 원.

3) 소유구조

◆ 한국전력공사 → 계열회사 ◆

① [주요 주주] -

② [주요 지배 회사]

1개.

한국전력공사 (동일인, 상장).

지분: 25-100%.

③ [계열회사]

유형: 자회사 → 손자회사.

주요 회사: 2개 (2개씩 관련).

한국서부발전, 한국남동발전.

3. 소유지분도: 연도별, 2012-2016년

1) 2012년 4월: [순위] 1위, [동일인] 한국전력공사, [계열회사] 17개

한국전력공사 (45-100%) → 한국서부발전, 한국남동발전 등.

2) 2013년 4월: [순위] 1위, [동일인] 한국전력공사, [계열회사] 22개

한국전력공사 (25-100%) → 한국서부발전, 한국남동발전 등.

3) 2014년 4월: [순위] 1위, [동일인] 한국전력공사, [계열회사] 24개

한국전력공사 (25-100%) → 한국서부발전, 한국남동발전 등.

4) 2015년 4월: [순위] 1위, [동일인] 한국전력공사, [계열회사] 24개

한국전력공사 (25-100%) → 한국서부발전, 한국남동발전 등.

5) 2016년 4월: [순위] 1위, [동일인] 한국전력공사, [계열회사] 27개

한국전력공사 (25-100%) → 한국서부발전, 한국남동발전 등.

1) 한국전력공사그룹, 2012년 4월: [순위] 1위, [동일인] 한국전력공사, [계열회사] 17개

한국전력공사 (45-100%) → 한국서부발전, 한국남동발전 등

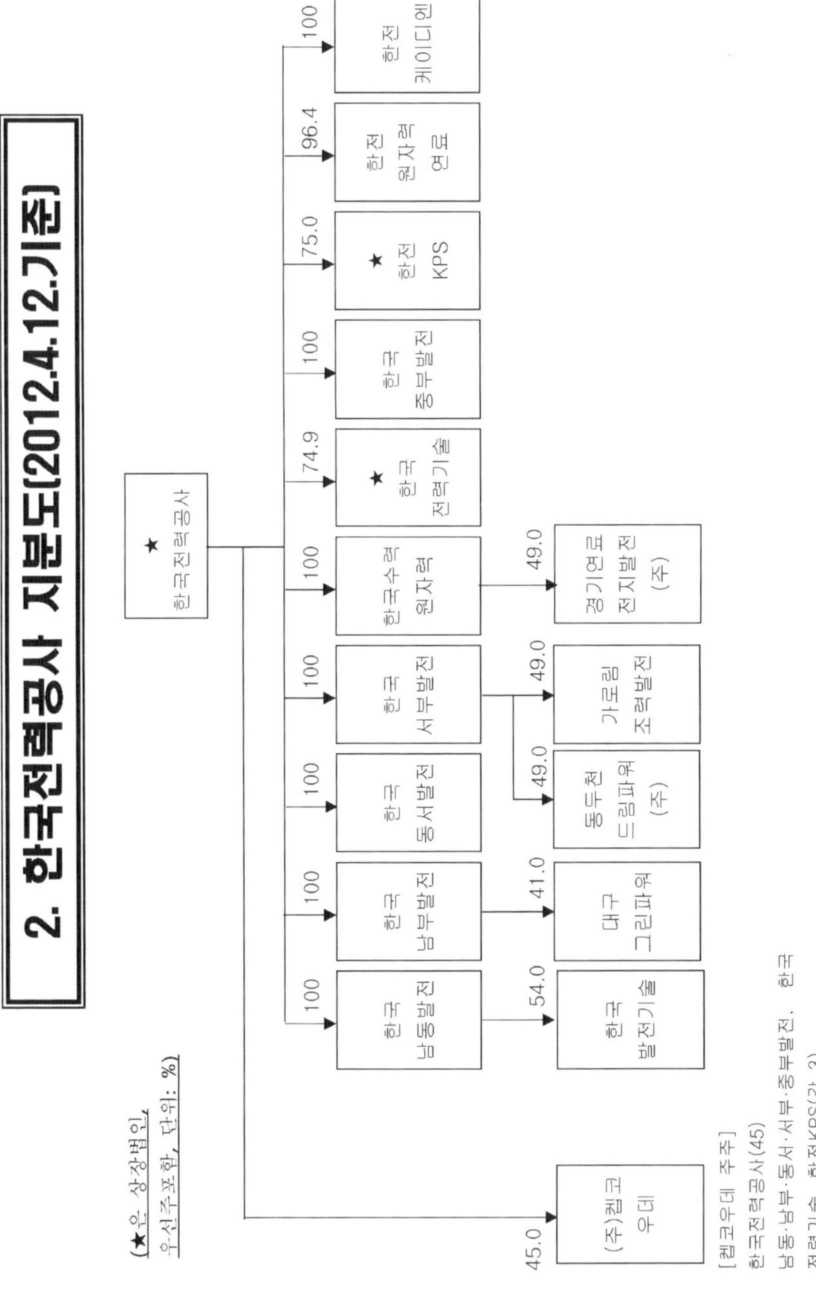

2) 한국전력공사그룹, 2013년 4월: [순위] 1위, [동일인] 한국전력공사, [계열회사] 22개

한국전력공사 (25-100%) → 한국서부발전, 한국남동발전 등

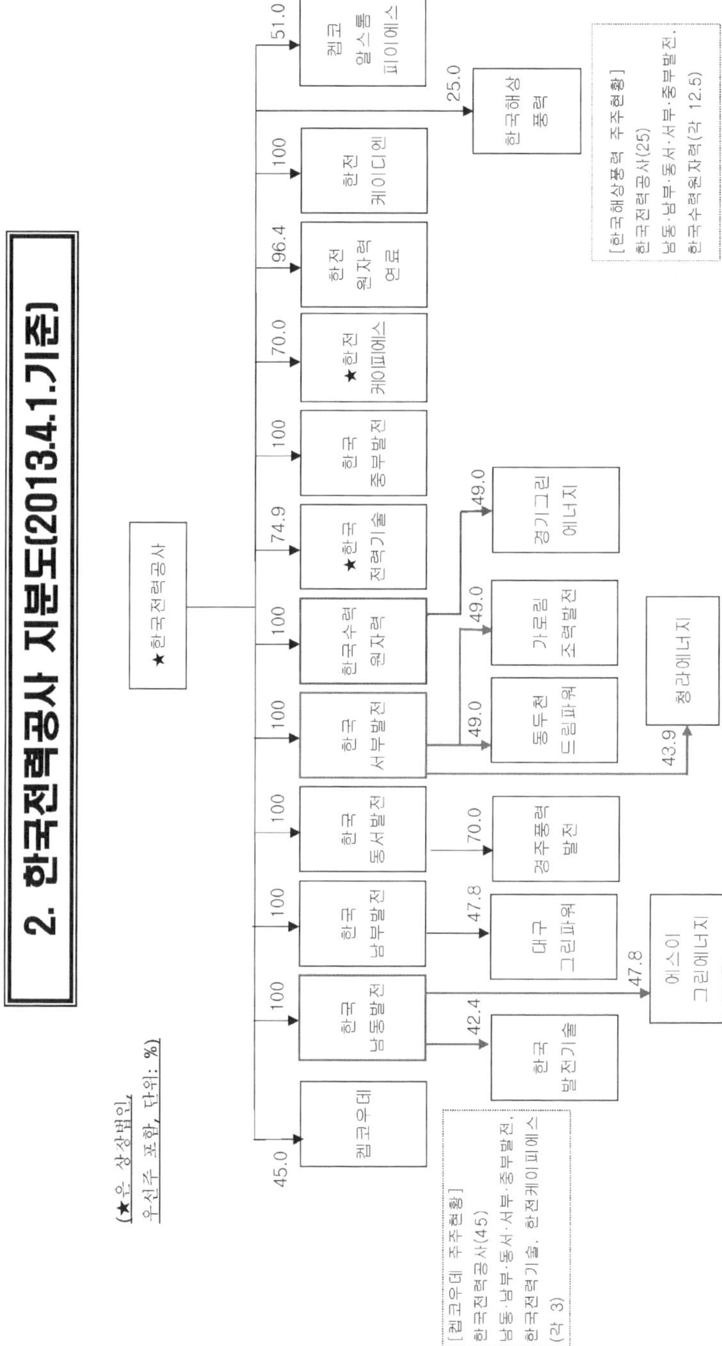

3) 한국전력공사그룹, 2014년 4월: [순위] 1위, [동일인] 한국전력공사, [계열회사] 24개

한국전력공사 (25-100%) → 한국서부발전, 한국남동발전 등

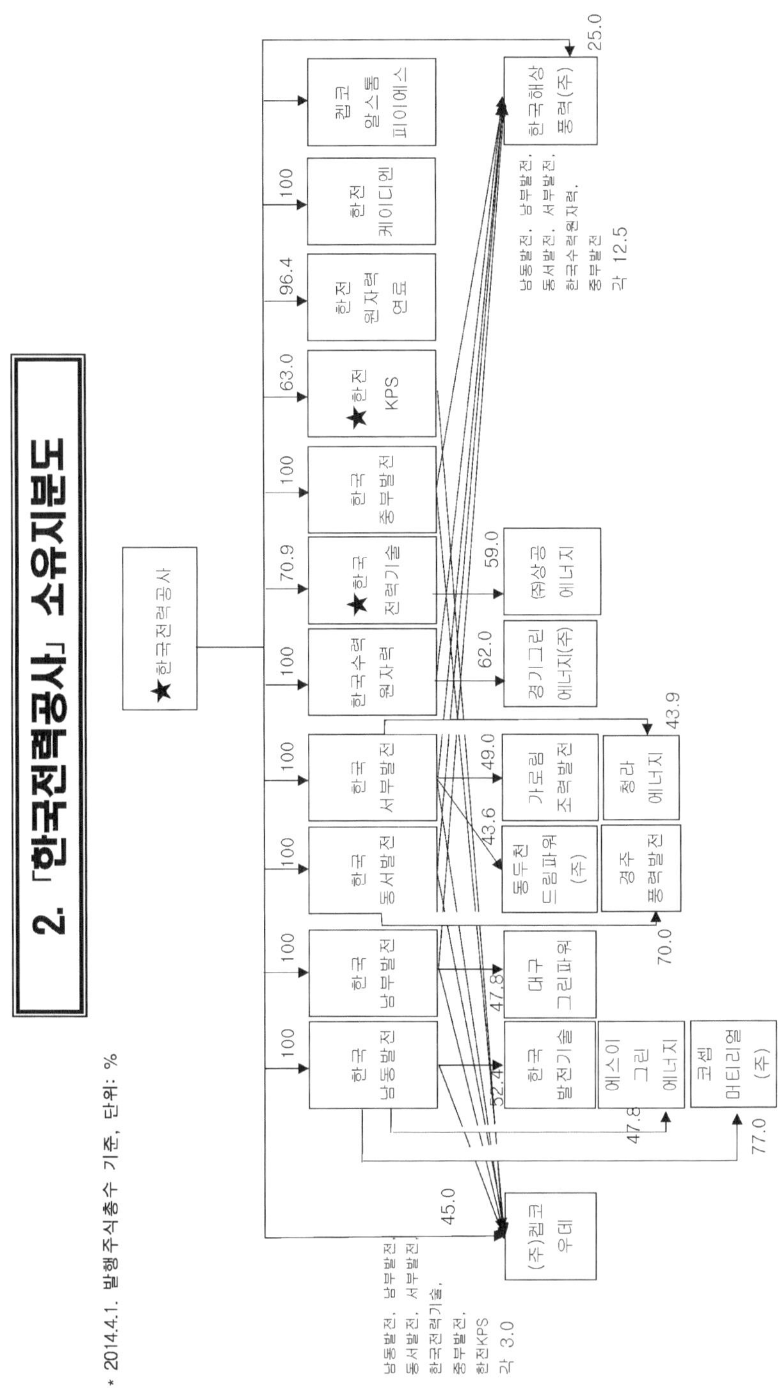

2. 「한국전력공사」 소유지분도

4) 한국전력공사그룹, 2015년 4월: [순위] 1위, [동일인] 한국전력공사, [계열회사] 24개

한국전력공사 (25-100%) → 한국서부발전, 한국남동발전 등

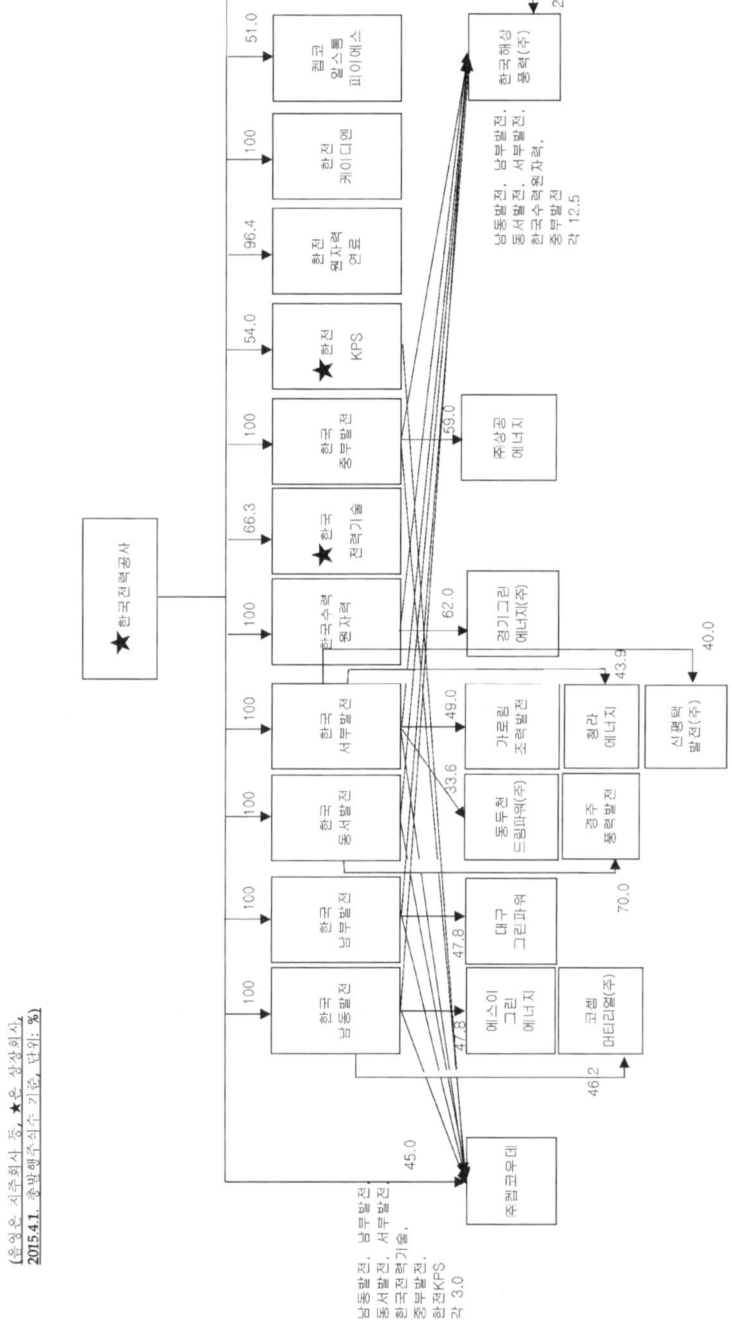

5) 한국전력공사그룹, 2016년 4월: [순위] 1위, [동일인] 한국전력공사, [계열회사] 27개

한국전력공사 (25-100%) → 한국서부발전, 한국남동발전 등

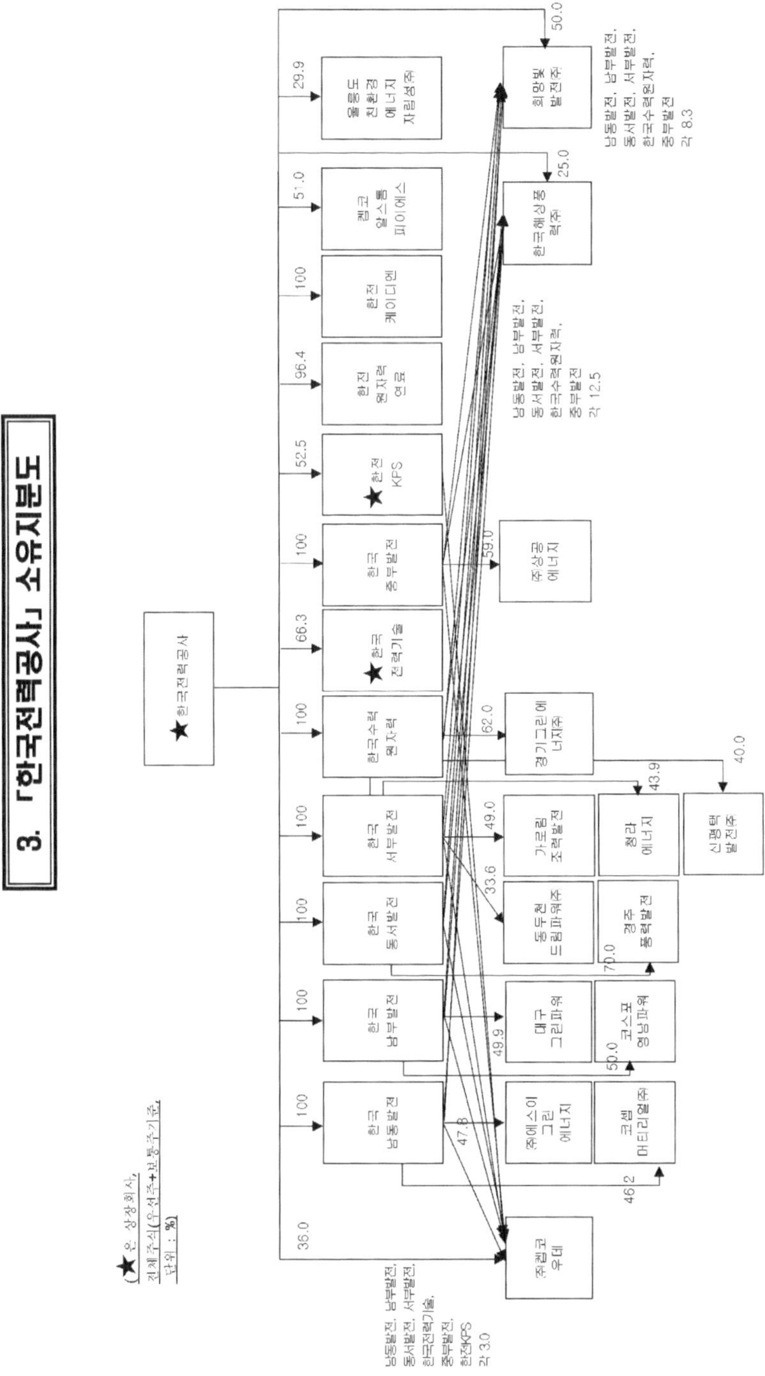

95. 한국지역난방공사그룹: 2014년

연도	동일인	순위 (위)	계열회사 (개)	자산총액 (10억 원)	매출액 (10억 원)	당기순이익 (10억 원)
2008		9	4	2,207	749	18
2014	한국지역 난방공사	13	3	5,049	2,911	120

	[소유구조]
주요 주주	-
주요 지배 회사	한국지역난방공사 (동일인)
주요 계열회사	한국지역난방기술

주: 순위: 공기업집단 중에서의 순위.

1. 그룹

1) 대규모기업집단 지정 연도: 2008, 2014년.

2) 연도 수: 2년.

2. 소유지분도: 개관

1) 소유지분도 작성 연도: 2014년.
연도 수: 1년.

2) 그룹 주요 지표: [동일인] 한국지역난방공사. [순위] 13위.
[계열회사] 3개. [자산총액] 5.0조 원.
[매출액] 2.9조 원. [당기순이익] 0.1조 원.

3) 소유구조

◆ 한국지역난방공사 → 계열회사 ◆

① [주요 주주] -

② [주요 지배 회사]

1개.

한국지역난방공사 (동일인, 상장).

지분: 50%.

③ [계열회사]

유형: 자회사.

주요 회사: 1개.

한국지역난방기술.

3. 소유지분도: 연도별, 2014년

2014년 4월: [순위] 13위, [동일인] 한국지역난방공사, [계열회사] 3개

한국지역난방공사 (50%) → 한국지역난방기술 등.

한국지역난방공사그룹, 2014년 4월: [순위] 13위, [동일인] 한국지역난방공사, [계열회사] 3개

한국지역난방공사 (50%) → 한국지역난방기술 등

63. 「한국지역난방공사」 소유지분도

* 2014.4.1. 발행주식총수 기준, 단위: %

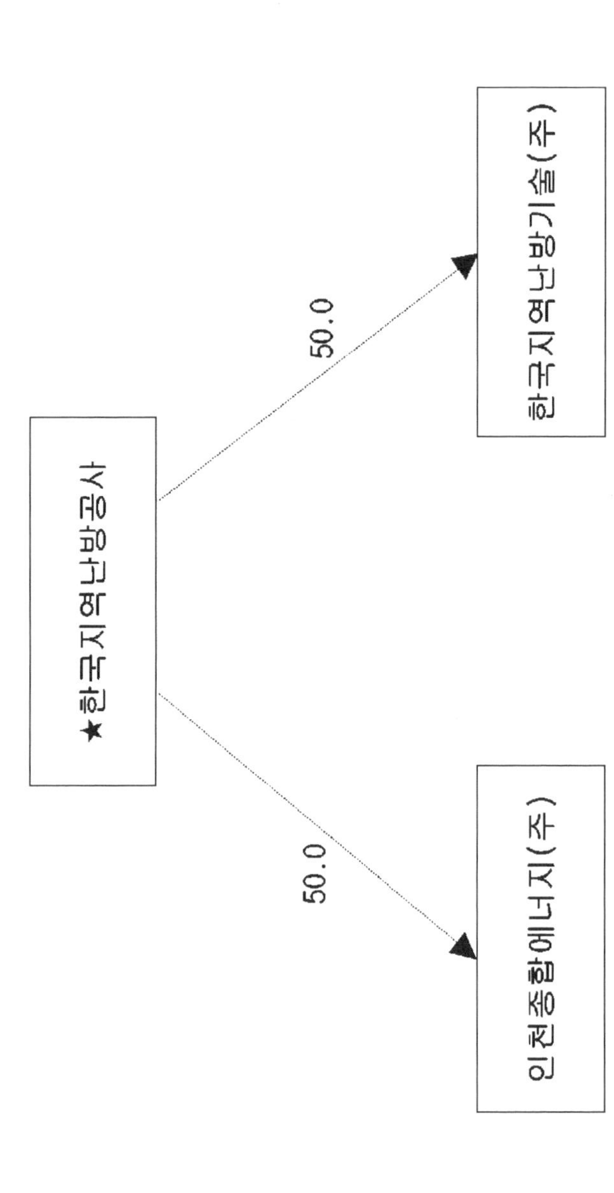

96. 한국철도공사그룹: 2012-2016년

연도	동일인	순위 (위)	계열회사 (개)	자산총액 (10억 원)	매출액 (10억 원)	당기순이익 (10억 원)
2005		6	11	8,660	3,228	-182
2006		5	12	14,270	3,701	613
2007		5	16	14,071	3,871	-542
2008		5	15	14,503	3,880	143
2009		6	12	16,279	4,067	507
2010		5	11	21,386	4,073	664
2011		5	11	23,050	4,242	412
2012	한국철도공사	7	10	22,265	4,614	165
2013	한국철도공사	6	10	20,154	5,136	-2,864
2014	한국철도공사	7	11	22,136	5,421	-4,427
2015	한국철도공사	6	11	21,939	5,680	-407
2016	한국철도공사	7	9	18,411	5,714	586

	[소유구조]
주요 주주	-
주요 지배 회사	한국철도공사 (동일인)
주요 계열회사	코레일네트웍스

주: 순위: 공기업집단 중에서의 순위.

1. 그룹

1) 대규모기업집단 지정 연도: 2005-2016년.

2) 연도 수: 12년.

2. 소유지분도: 개관

1) 소유지분도 작성 연도: 2012-2016년.

연도 수: 5년.

2) 그룹 주요 지표: [동일인] 한국철도공사. [순위] 6-7위.

[계열회사] 9-11개. [자산총액] 18.4-22.3조 원.

[매출액] 4.6-5.7조 원. [당기순이익] (-4.4) - 0.6조 원.

3) 소유구조

◆ 한국철도공사 → 계열회사 ◆

① [주요 주주] -

② [주요 지배 회사]

1개.

한국철도공사 (동일인).

지분: 29.4-100%.

③ [계열회사]

유형: 자회사 → 손자회사.

주요 회사: 1개.

코레일네트웍스.

3. 소유지분도: 연도별, 2012-2016년

1) 2012년 4월: [순위] 7위, [동일인] 한국철도공사, [계열회사] 10개

한국철도공사 (29.4-100%) → 코레일네트웍스 등.

2) 2013년 4월: [순위] 6위, [동일인] 한국철도공사, [계열회사] 10개

한국철도공사 (29.4-100%) → 코레일네트웍스 등.

3) 2014년 4월: [순위] 7위, [동일인] 한국철도공사, [계열회사] 11개

한국철도공사 (29.4-100%) → 코레일네트웍스 등.

4) 2015년 4월: [순위] 6위, [동일인] 한국철도공사, [계열회사] 11개

한국철도공사 (29.4-100%) → 코레일네트웍스 등.

5) 2016년 4월: [순위] 7위, [동일인] 한국철도공사, [계열회사] 9개

한국철도공사 (29.4-100%) → 코레일네트웍스 등.

21. 한국철도공사 지분도(2012.4.12.기준)

(우선주 포함, 단위 %)

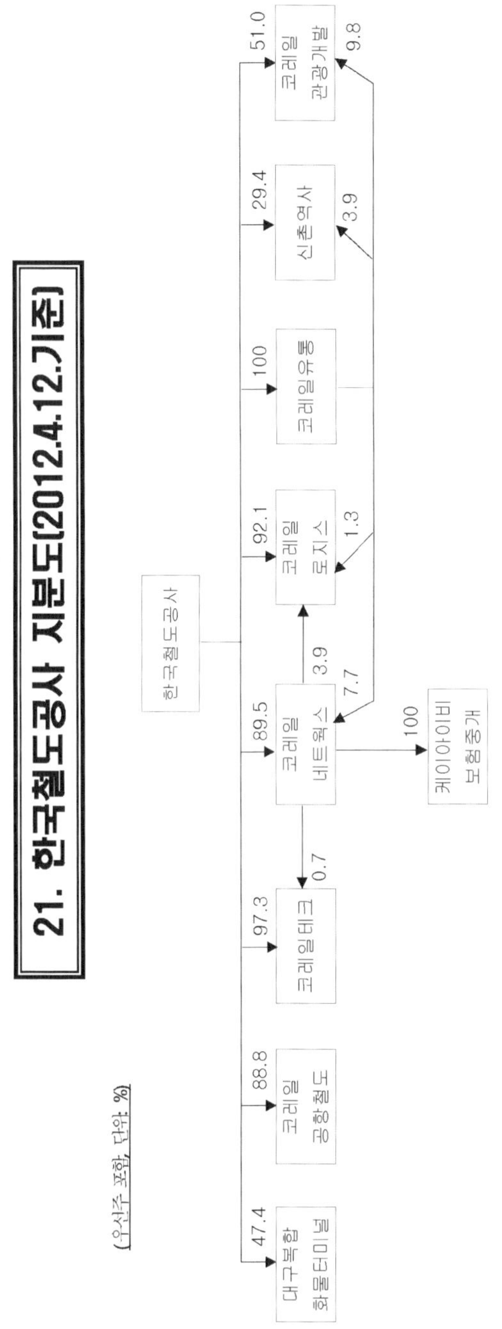

1) 한국철도공사그룹, 2012년 4월: [순위] 7위, [동일인] 한국철도공사, [계열회사] 10개

한국철도공사 (29.4-100%) → 코레일네트웍스 등

2) 한국철도공사그룹, 2013년 4월: [순위] 6위, [동일인] 한국철도공사, [계열회사] 10개

한국철도공사 (29.4-100%) → 코레일네트웍스 등

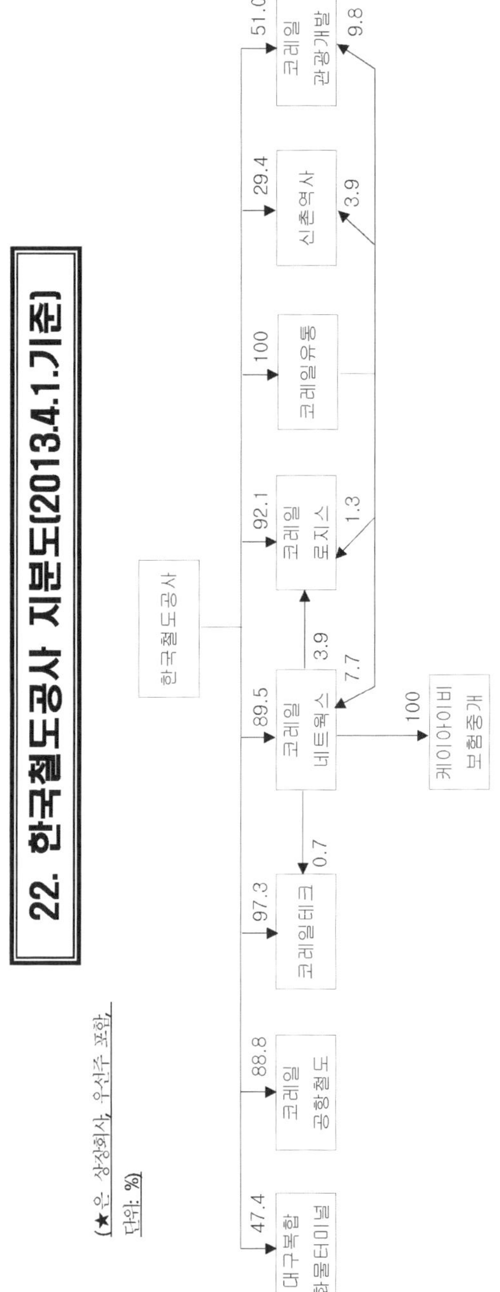

3) 한국철도공사그룹, 2014년 4월: [순위] 7위, [동일인] 한국철도공사, [계열회사] 11개

한국철도공사 (29.4-100%) → 코레일네트웍스 등

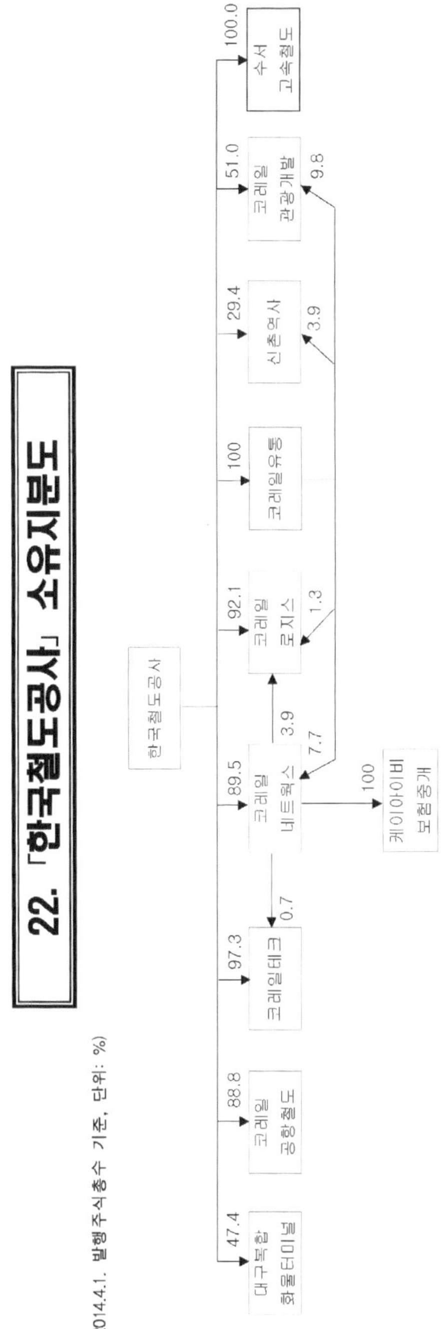

21. 「한국철도공사」 소유지분도

4) 한국철도공사그룹, 2015년 4월: [순위] 6위, [동일인] 한국철도공사, [계열회사] 11개

한국철도공사 (29.4-100%) → 코레일네트웍스 등

(음영은 지주회사 등, ★은 상장회사, 2015.4.1. 총발행주식수 기준, 단위: %)

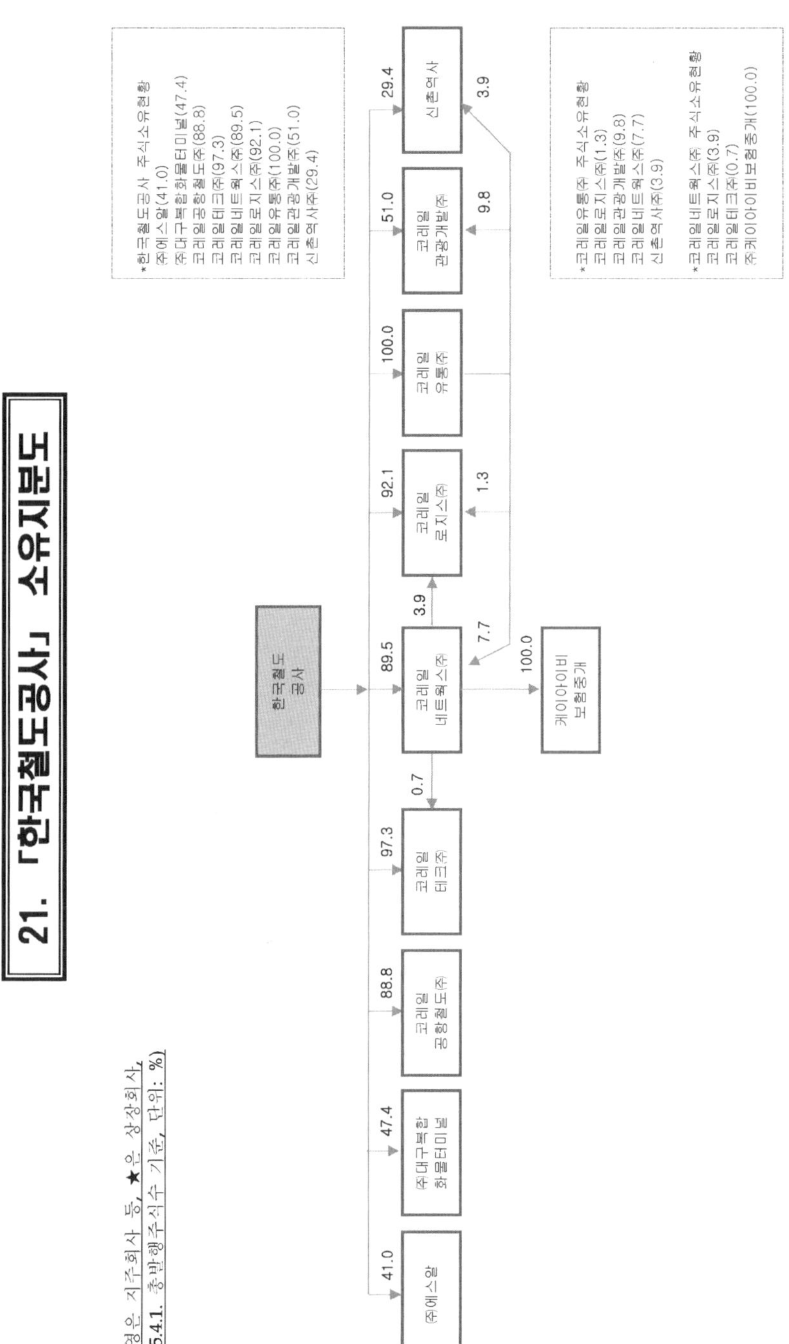

※ ㈜대구복합화물터미널은 청산진행 중(2006.04.10., 해산등기)

5) 한국철도공사그룹, 2016년 4월: [순위] 7위, [동일인] 한국철도공사, [계열회사] 9개

한국철도공사 (29.4-100%) → 코레일네트웍스 등

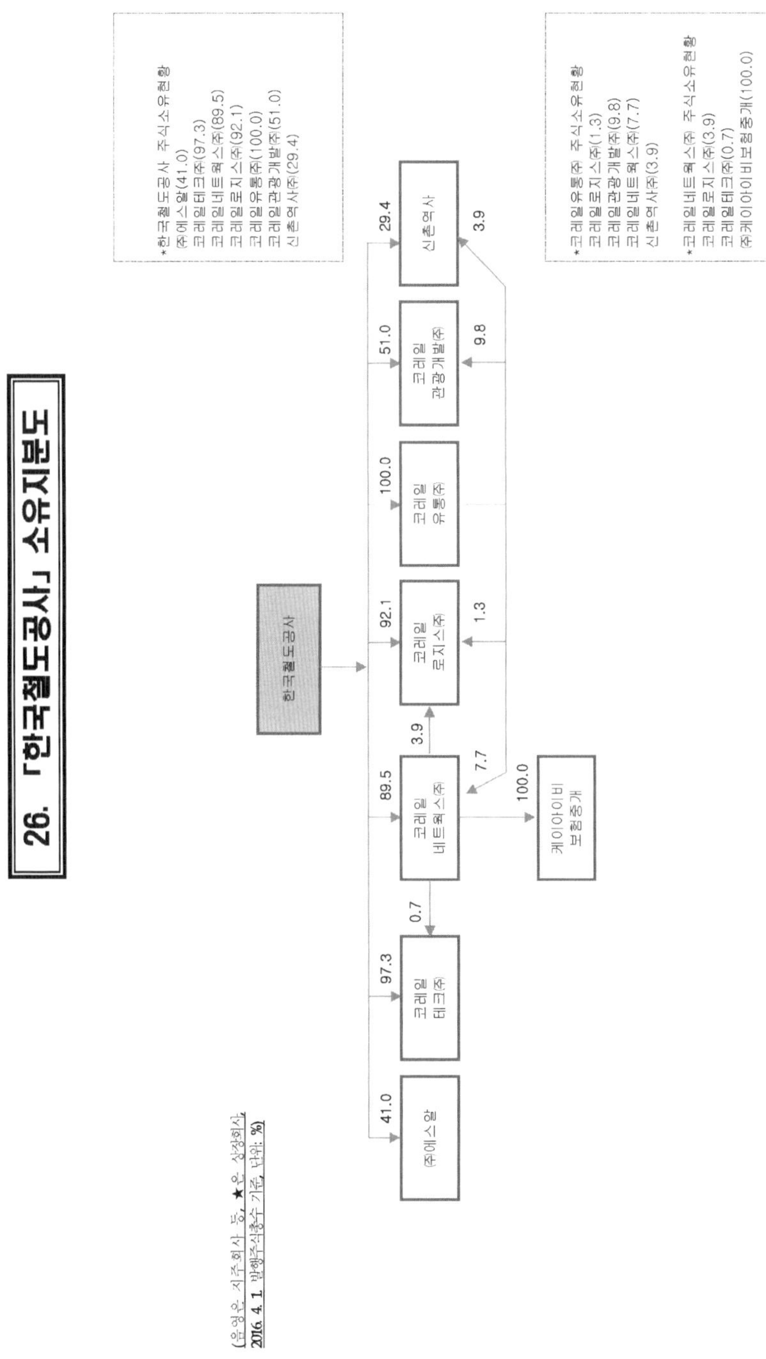

97. 한국토지주택공사그룹: 2012-2016년

연도	동일인	순위 (위)	계열회사 (개)	자산총액 (10억 원)	매출액 (10억 원)	당기순이익 (10억 원)
2010		1	4	130,338	6,882	459
2011		1	4	148,167	11,725	367
2012	한국토지주택공사	2	4	158,742	15,311	781
2013	한국토지주택공사	2	5	168,085	18,426	1,217
2014	한국토지주택공사	2	5	173,716	18,326	692
2015	한국토지주택공사	2	5	171,782	21,291	712
2016	한국토지주택공사	2	5	170,022	23,803	948

	[소유구조]
주요 주주	-
주요 지배 회사	한국토지주택공사 (동일인)
주요 계열회사	주택관리공단

주: 순위: 공기업집단 중에서의 순위.

1. 그룹

1) 대규모기업집단 지정 연도: 2010-2016년.
2) 연도 수: 7년.

2. 소유지분도: 개관

1) 소유지분도 작성 연도: 2012-2016년.
연도 수: 5년.

2) 그룹 주요 지표: [동일인] 한국토지주택공사. [순위] 2위.
[계열회사] 4-5개. [자산총액] 158.7-173.7조 원.
[매출액] 15.3-23.8조 원. [당기순이익] 0.7-1.2조 원.

3) 소유구조

◆ 한국토지주택공사 → 계열회사 ◆

① [주요 주주] -

② [주요 지배 회사]
1개.
한국토지주택공사 (동일인).
지분: 33.5-100%.

③ [계열회사]
유형: 자회사.
주요 회사: 1개.
주택관리공단.

3. 소유지분도: 연도별, 2012-2016년

1) 2012년 4월: [순위] 2위, [동일인] 한국토지주택공사, [계열회사] 4개
한국토지주택공사 (44-100%) → 주택관리공단 등.

2) 2013년 4월: [순위] 2위, [동일인] 한국토지주택공사, [계열회사] 5개
한국토지주택공사 (33.5-100%) → 주택관리공단 등.

3) 2014년 4월: [순위] 2위, [동일인] 한국토지주택공사, [계열회사] 5개
한국토지주택공사 (33.5-100%) → 주택관리공단 등.

4) 2015년 4월: [순위] 2위, [동일인] 한국토지주택공사, [계열회사] 5개
한국토지주택공사 (33.5-100%) → 주택관리공단 등.

5) 2016년 4월: [순위] 2위, [동일인] 한국토지주택공사, [계열회사] 5개
한국토지주택공사 (35.5-100%) → 주택관리공단 등.

1) 한국토지주택공사그룹, 2012년 4월: [순위] 2위, [동일인] 한국토지주택공사, [계열회사] 4개

한국토지주택공사 (44-100%) → 주택관리공단 등

3. 한국토지주택공사 지분도(2012.4.12.기준)

(우선주 포함, 단위 : %)

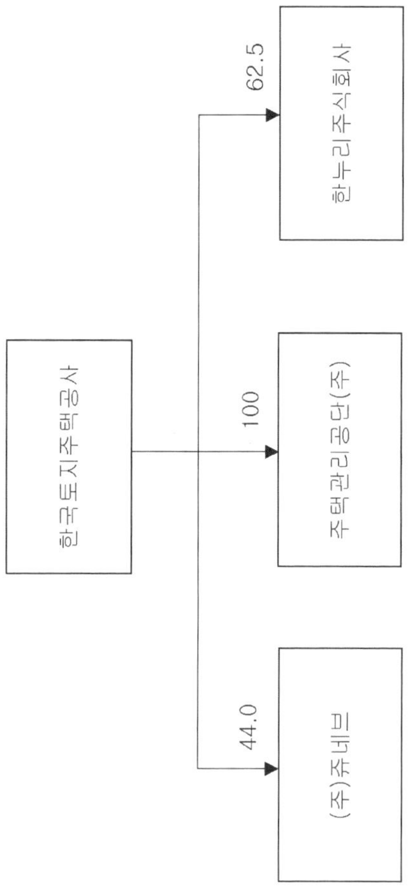

한국토지주택공사
→ 62.5 → 한누리주식회사
→ 100 → 주택관리공단(주)
→ 44.0 → (주)주네브

2) 한국토지주택공사그룹, 2013년 4월: [순위] 2위, [동일인] 한국토지주택공사, [계열회사] 5개

한국토지주택공사 (33.5-100%) → 주택관리공단 등

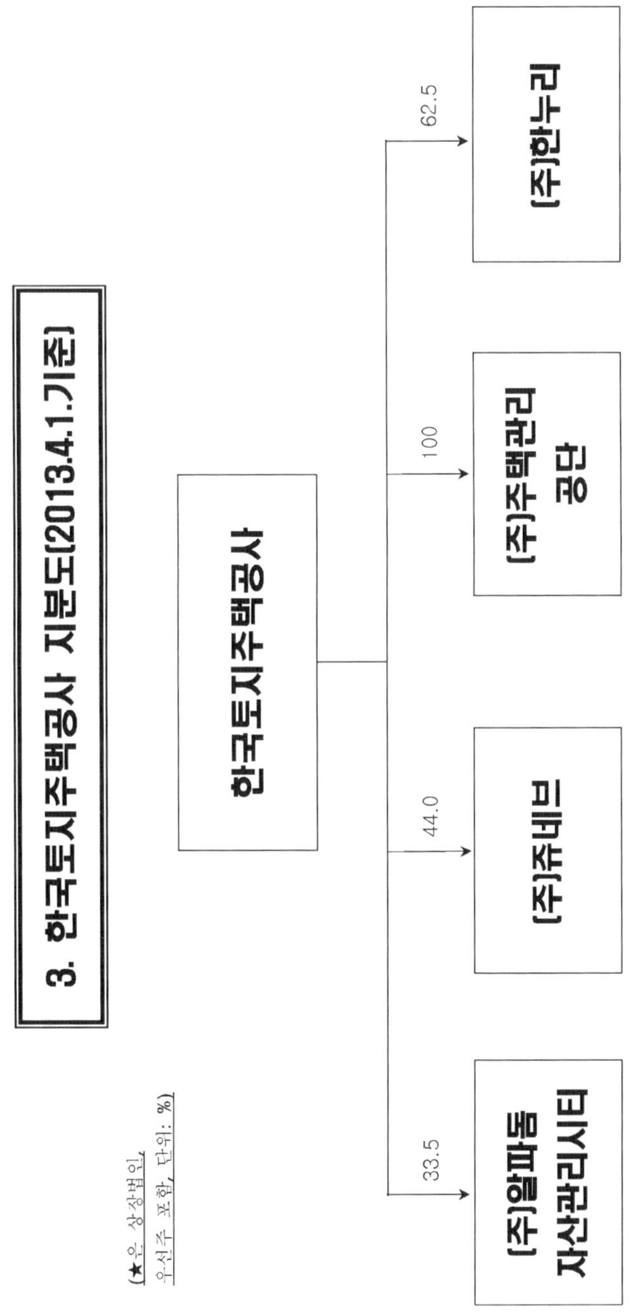

3) 한국토지주택공사그룹, 2014년 4월: [순위] 2위, [동일인] 한국토지주택공사, [계열회사] 5개

한국토지주택공사 (33.5-100%) → 주택관리공단 등

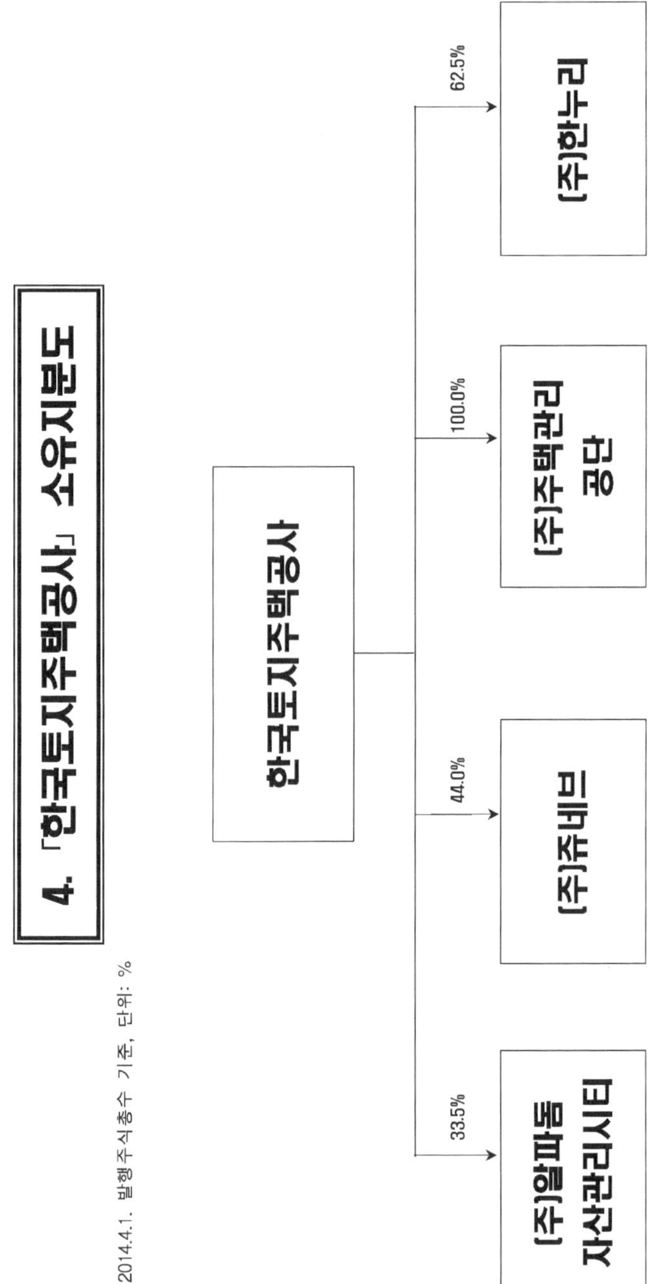

4) 한국토지주택공사그룹, 2015년 4월: [순위] 2위, [동일인] 한국토지주택공사, [계열회사] 5개

한국토지주택공사 (33.5-100%) → 주택관리공단 등

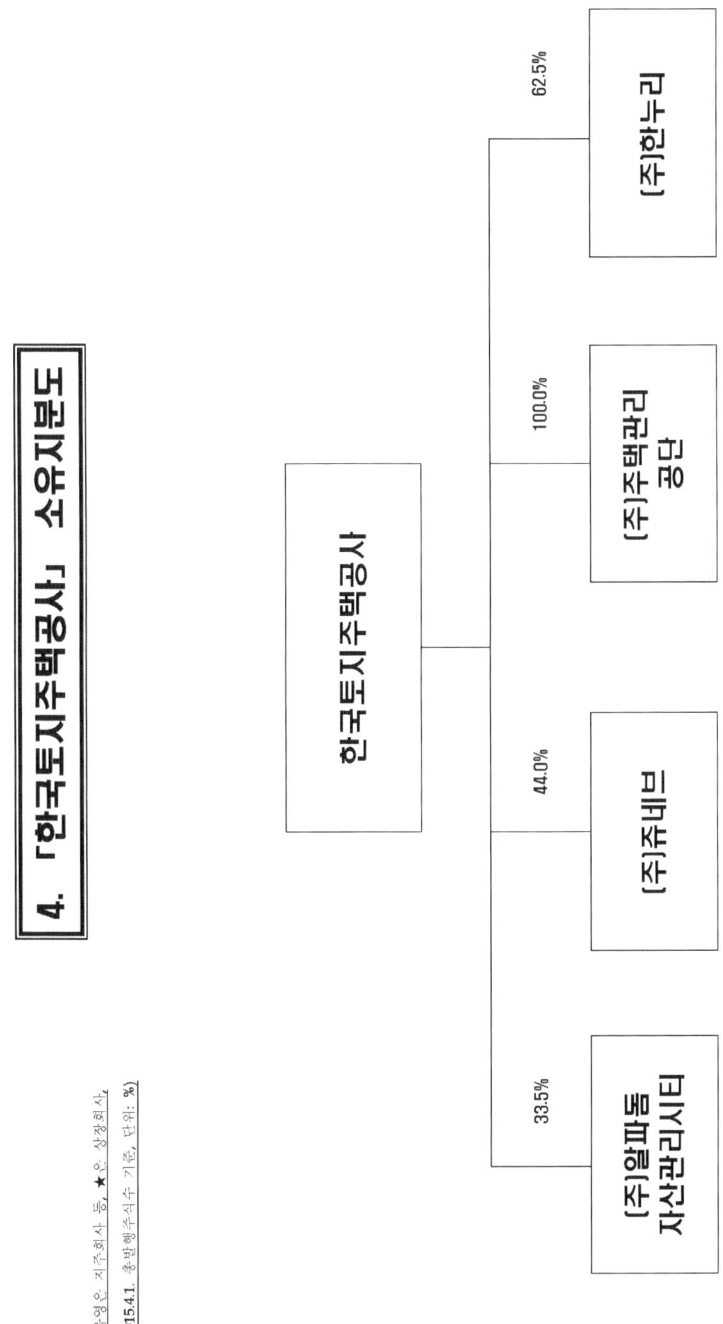

5) 한국토지주택공사그룹, 2016년 4월: [순위] 2위, [동일인] 한국토지주택공사, [계열회사] 5개

한국토지주택공사 (35.5-100%) → 주택관리공단 등

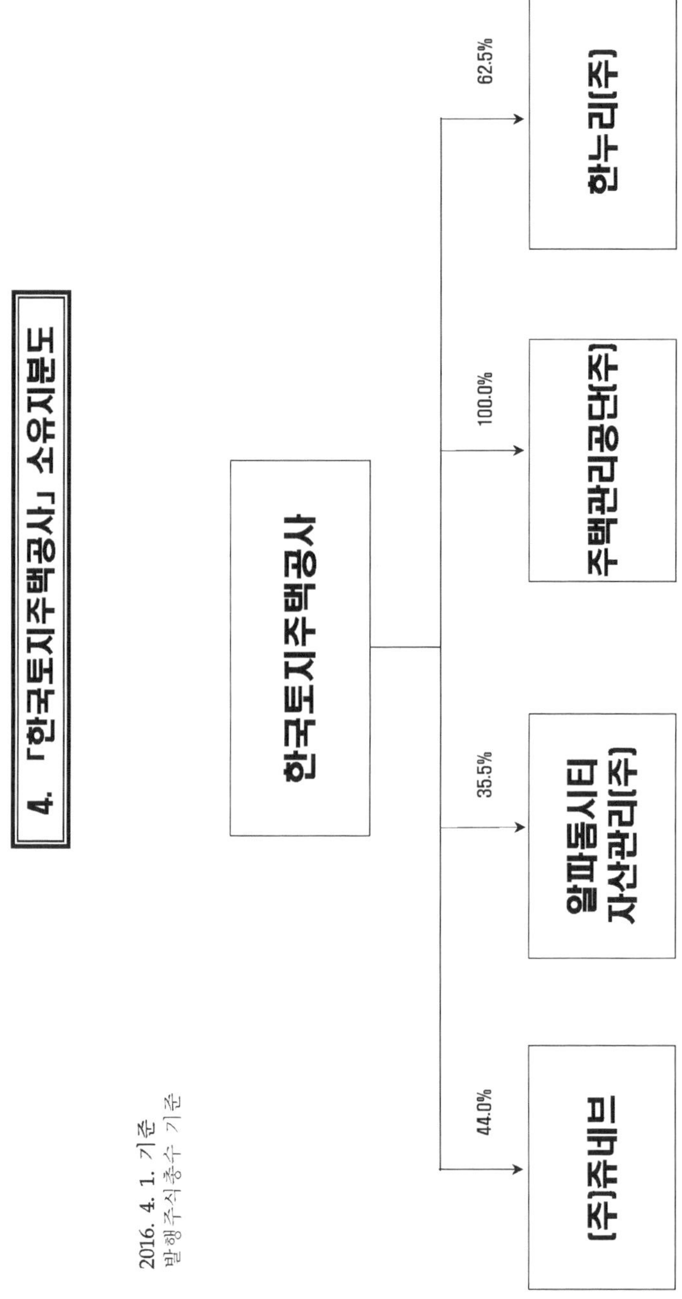

참고문헌

1. 공정거래위원회 홈페이지(www.ftc.go.kr) 자료

대기업집단의 소유지분구조 공개 (2004.12.28.).
2005년 대기업집단의 소유지배구조에 관한 정보 공개 (2005.7.13.).
2006년 대규모기업집단 소유지배구조에 대한 정보 공개 (2006.7.31.).
2007년 대규모기업집단 소유지분구조에 대한 정보 공개 (2007.9.3.).
2008년 대규모기업집단 소유지분구조에 대한 정보 공개 (2008.11.6.).
2009년 대기업집단 주식 소유 현황 등에 대한 정보 공개 (2009.10.23.).
2010년 대기업집단 주식 소유 현황 등에 대한 정보 공개 (2010.10.11.).
2011년 대기업집단 주식 소유 현황 등에 대한 정보 공개 (2011.7.28.).
2012년 대기업집단 주식 소유 현황 및 소유지분도에 대한 정보 공개 (2012.6.29.).
2013년 대기업집단 주식 소유 현황 정보 공개 (2013.5.30.).
2014년 대기업집단 주식 소유 현황 공개 (2014.7.10.).
2015년 대기업집단 주식 소유 현황 공개 (2015.6.30.).
공정위, 2016년 상호출자제한기업집단 주식 소유 현황 공개 (2016.7.7.).
공정위, 2017년 공시대상기업집단 주식 소유 현황 공개 (2017.11.30.).
2018년 공시대상기업집단 주식 소유 현황 (2018.8.27.).
2019년 공시대상기업집단 주식 소유 현황 (2019.9.5.).
2020년 공시대상기업집단 주식 소유 현황 분석·공개 (2020.8.31.).
2021년 공시대상기업집단 주식 소유 현황 분석·공개 (2021.9.1.).

지주회사 설립 동향 (2000.3.10.).
지주회사 설립 동향 (2000.5.31.).
지주회사 전환·설립 신고 현황 (2001.5.11.).
지주회사 설립·전환 신고 동향 (2001.8.7.).
2003년 지주회사 현황 (2003.8.15.).
2004년 지주회사 현황 (2004.7.1.).
2005년 8월 말 현재 지주회사 현황 (2005.9.30.).
2006년 공정거래법상 지주회사 현황 분석 (2006.11.1.).
2007년 공정거래법상 지주회사 현황 분석 (2007.10.4.).
2008년 공정거래법상 지주회사 현황 분석 결과 발표 (2008.10.30.).
2009년 공정거래법상 지주회사 현황 분석 결과 (2009.10.28.).
지주회사 증가 추세 계속 (2010.11.8.).
2011년 공정거래법상 지주회사 현황 분석 결과 발표 (2011.10.27.).
2012년 공정거래법상 지주회사 현황 분석 결과 발표 (2012.10.25.).

2013년 공정거래법상 지주회사 현황 분석 결과 발표 (2013.11.6.).
2014년 공정거래법상 지주회사 현황 분석 결과 발표 (2014.10.29.).
2015년 공정거래법상 지주회사 현황 분석 결과 발표 (2015.10.29.).
공정위, 2016년 공정거래법상 지주회사 현황 분석 결과 발표 (2016.11.2.).
공정위, 2017년 공정거래법상 지주회사 현황 분석 결과 발표 (2017.11.2.).
2018년 공정거래법상 지주회사 현황 분석 결과 발표 (2018.11.13.).
2019년 공정거래법상 지주회사 현황 분석 결과 발표 (2019.11.11.).
2020년 공정거래법상 지주회사 현황 분석 결과 발표 (2020.11.18.).
2021년 공정거래법상 지주회사 현황 분석 결과 발표 (2021.6.10.).

99년도 대규모기업집단 지정 (1999.4.6.).
2000년도 대규모기업집단 지정 (2000.4.17.).
2001년도 대규모기업집단 지정 (2001.4.2.).
2002년도 출자총액제한대상기업집단 지정 (2002.4.3.).
2003년도 상호출자제한기업집단 등 지정 (2003.4.2.).
2004년도 상호출자제한기업집단 등 지정 (2004.4.2.).
개편된 대기업집단제도에 따른 2005년도 상호출자제한기업집단 등 지정 (2005.4.8.).
2006년도 상호출자제한기업집단 등 지정 (2006.4.14.).
2007년도 상호출자제한기업집단 등 지정 (2007.4.13.).
2008년도 상호출자제한기업집단 등 지정 (2008.4.4.).
공정위, 자산 5조 원 이상 48개 상호출자제한기업집단 지정 (2009.4.1.).
공정위, 자산 5조 원 이상 53개 상호출자제한기업집단 지정 (2010.4.1.).
공정위, 자산 5조 원 이상 상호출자제한기업집단으로 55개 지정 (2011.4.5.).
공정위, 자산 5조 원 이상 상호출자제한기업집단으로 63개 지정 (2012.4.12.).
공정위, 자산 5조 원 이상 상호출자제한기업집단 62개 지정 (2013.4.1.).
공정위, 자산 5조 원 이상 상호출자제한기업집단 63개 지정 (2014.4.1.).
공정위, 자산 5조 원 이상 상호출자제한기업집단 61개 지정 (2015.4.1.).
공정위, 65개 상호출자제한기업집단 지정 (2016.4.1.).
공정위, 31개 상호출자제한기업집단 지정 (2017.5.1.).
공정위, 57개 공시대상기업집단 지정 (2017.9.1.).
공정위, 60개 공시대상기업집단 지정 (2018.4.30.).
공정위, 59개 공시대상기업집단 지정 (2019.5.15.).
2020년도 공시대상기업집단 64곳 지정 (2020.5.1.).
2021년도 공시대상기업집단 71개 지정 (2021.4.29.).
2022년도 공시대상기업집단 76개 지정 (2022.4.27.).
대규모기업집단 소속 회사 수 현황, 1987-1999.
대규모기업집단 자산총액 현황, 1987-1999.
대규모기업집단 자본총액·자본금 등 현황, 1987-1999.
대규모기업집단 내부지분율 현황, 1989-1999.

2010년 대기업집단 지배구조 현황에 대한 정보 공개 (2010.12.10.).
2011년 대기업집단 지배구조 현황에 대한 정보 공개 (2011.11.4.).

2012년 대기업집단 지배구조 현황에 대한 정보 공개 (2012.9.27.).
2013년 대기업집단 지배구조 현황 정보 공개 (2013.12.26.).
2014년 대기업집단 지배구조 현황 정보 공개 (2014.11.27.).
2015년 대기업집단 지배구조 현황 분석·발표 (2015.12.23.).
2016년 대기업집단 지배구조 현황 분석·발표 (2016.12.22.).
2017년 상호출자제한기업집단 지배구조 현황 공개 (2017.12.27.).
2018년 공시대상기업집단 지배구조 현황 공개 (2018.12.6.).
2019년 공시대상기업집단 지배구조 현황 공개 (2019.12.9.).
2020년 공시대상기업집단 지배구조 현황 공개 (2020.12.9.).
2021년 공시대상기업집단 지배구조 현황 공개 (2021.12.2.).

2. 기업집단포털(www.egroup.go.kr) 자료

1. **지분도*.**
2. 주식 소유: 집단별 소속 회사 소유지분구조 현황, 집단별 소속 회사 간 주식 보유 현황, 집단별 순환출자 현황, 내부지분(대동 비교), 특수관계인 내부지분, 내부 지분(주식수 대비).
3. 지주회사: 설립/전환 신고 현황, 자회사 및 손자회사 현황, 계열사 관계 현황.
4. 지배구조: 사외이사 현황, 이사회 내 위원회 현황, 주주총회 의결권 관련 제도 현황.
5. 기업집단: 지정 현황, 집단별 계열사 수 및 자산총액, 그룹 관련 현황, 집단별 기업공개 현황.
6. 소속 회사: 기업집단 소속 회사 조회, 소속 회사 개요, 소속 회사 재무 현황, 소속 회사 임원 현황, 소속 회사 주주 현황, 소속 회사 참여 업종 현황.
7. 경영성과 정보: 기업집단 경영성과 정보, 기업집단 간 비교, 회사 간 비교.
8. 채무보증: 집단별 소속사 간 채무보증 현황, 제한 제외 사유별 현황.

3. 금융감독원 전자공시시스템(http://dart.fss.or.kr) 자료

사업보고서, 반기보고서, 분기보고서; 감사보고서, 연결감사보고서.

4. 일반문헌: '김동운 (Dong-Woon Kim)' 집필 자료

(1999, 공저) <한국재벌개혁론>, 나남출판.
(1999, 공저) <한국 5대 재벌 백서, 1995-1997>, 나남출판.
(2001) <박승직상점, 1882-1951년>, 혜안.
(2005, 공저) <재벌의 경영지배구조와 인맥 혼맥>, 나남출판.
(2008, 공저) <대한민국기업사 1>, 중앙북스.
(2008) <한국재벌과 개인적 경영자본주의>, 혜안.
(2010, 공저> <대한민국기업사 2>, 주영사.

(2011) <한국재벌과 지주회사체제: LG와 SK>, 이담북스.
(2013) <한국재벌과 지주회사체제: CJ와 두산>, 이담북스.
(2015) <한국재벌과 지주회사체제: GS와 LS>, 이담북스.
(2016) <한국재벌과 지주회사체제: 34개 재벌의 현황과 자료>, 한국학술정보.
(2017) <한국재벌과 지주회사체제: 34개 재벌의 추세와 특징>, 한국학술정보.
(2019) <한국의 대규모기업집단 30년, 1987-2016> 1·2권, 한국학술정보.
(2020) <한국재벌과 지주회사체제 20년, 2000-2019>, 한국학술정보.
(2020) <구광모와 박정원: 재벌 4세의 소유 경영 승계>, 한국학술정보.
(2021) 'The Emergence of New Corporate Governance and the Consolidation of Personalized Managerial Capitalism in South Korea' in K. Sogner and A. Colli (eds.), <The Emergence of Corporate Governance: People, Power, and Performance>, Routledge.

(2003), 'Interlocking Ownership in the Korean Chaebol', <Corporate Governance: An International Review> 11-2.
(2007) 'LG그룹 지주회사체제의 성립과정과 의의', <경영사학> 22-1.
(2010) '한진중공업그룹 지주회사체제의 성립과정과 의의', <지역사회연구> 18-1.
(2010) '한국재벌과 지주회사체제 - SK그룹의 사례', <경영사학> 25-2.
(2010) '금호아시아나그룹과 지주회사체제', <지역사회연구> 18-3.
(2011) '대규모기업집단과 지주회사', <지역사회연구> 19-1.
(2011) '공정거래법상 지주회사의 주요 추세와 특징 - 신설·존속 지주회사, 계열회사, 지주 비율, 자산총액을 중심으로', <기업경영연구> 18-2.
(2011) 'LG그룹 지주회사체제와 개인화된 지배구조의 강화, 2001-2010년', <경영사학> 26-3.
(2012) '지주회사체제와 개인화된 지배구조의 강화: CJ그룹의 사례, 1997-2012년', <경영사학> 27-3.
(2012) '두산그룹 지주회사체제와 개인화된 소유지배구조의 강화, 1998-2011년', <질서경제저널> 15-3.
(2012) 'CJ그룹과 두산그룹의 지주회사체제 성립과정: 주요 추세 및 특징의 비교', <유라시아연구> 9-3.
(2013) '두산그룹 지주회사체제와 개인화된 경영지배구조의 강화, 1998-2011년', <질서경제저널> 16-1.
(2013) '한국재벌과 지주회사체제: 주요 추세 및 특징, 2001-2011년', <경영사학> 28-2.
(2013) 'BS금융그룹과 DGB금융그룹', <지역사회연구> 21-4.
(2014) '대규모기업집단의 변천, 1987-2013년: 지정 연도 수 및 순위를 중심으로', <경영사학> 29-2.
(2014) 'GS그룹의 소유구조, 2005-2013년', <경영사학> 29-4.
(2014) '한국재벌과 지주회사체제: GS그룹과 LS그룹의 비교', <질서경제저널> 17-4.
(2015) '재벌 오너 일가의 경영지배: GS그룹과 LS그룹의 사례', <전문경영인연구> 18-4.
(2015) '한진그룹 지주회사체제의 성립과정과 의의, 2009-2015년', <질서경제저널> 18-4.
(2015) '재벌오너 일가의 소유방정식: GS그룹과 LS그룹의 사례', <질서경제저널> 18-2.
(2016) '한진그룹 오너 조양호 일가의 소유지배에 관한 사적 고찰', <경영사학> 31-4.
(2018) '한국의 대규모기업집단, 1987-2016년', <경영사연구> 33-2.
(2019) '롯데그룹 지주회사체제의 성립 과정과 의의', <경영사연구> 34-1.
(2019) '두산그룹과 4세 경영: 승계 과정 및 의의', <경영사연구> 34-4.
(2019) 'LG그룹과 4세 경영', <전문경영인연구> 22-4.
(2020) '한국재벌과 소유·경영 승계: LG와 두산의 비교', <경영사연구> 35-1.
(2021) '롯데그룹의 소유구조', <경영사연구> 36-4.

김동운

동의대학교 경제학과 교수
이메일: dongwoon@deu.ac.kr

한국경영사학회 부회장, 『경영사연구』 편집위원

『The Emergence of Corporate Governance: People, Power, and Performance』 (공저, 2021)
『구광모와 박정원: 재벌 4세의 소유 경영 승계』 (2020)
『한국재벌과 지주회사체제 20년, 2000-2019』 (2020)
『한국의 대규모기업집단 30년, 1987-2016 1』 (2019)
『한국의 대규모기업집단 30년, 1987-2016 2』 (2019)
『한국재벌과 지주회사체제: 34개 재벌의 추세와 특징』 (2017)
『한국재벌과 지주회사체제: 34개 재벌의 현황과 자료』 (2016)
『한국재벌과 지주회사체제: GS와 LS』 (2015)
『한국재벌과 지주회사체제: CJ와 두산』 (2013)
『한국재벌과 지주회사체제: LG와 SK』 (2011)
『대한민국기업사 2』 (공저, 2010)
『Encyclopedia of Business in Today's World』 (공저, 2009)
『한국재벌과 개인적 경영자본주의』 (2008)
『대한민국기업사 1』 (공저, 2008)
『재벌의 경영지배구조와 인맥 혼맥』 (공저, 2005)
『A Study of British Business History』 (2004)
『The Oxford Encyclopedia of Economic History』 (공저, 2003)
『박승직상점, 1882-1951년』 (2001)
『한국 5대 재벌 백서, 1995-1997』 (공저, 1999)
『한국재벌개혁론』 (공저, 1999)

대규모기업집단
소유지분도

10년

2012-2021

3

초판인쇄 2022년 8월 12일
초판발행 2022년 8월 12일

지은이 김동운
펴낸이 채종준
펴낸곳 한국학술정보㈜
주 소 경기도 파주시 회동길 230(문발동)
전 화 031) 908-3181(대표)
팩 스 031) 908-3189
홈페이지 http://ebook.kstudy.com
E-mail 출판사업부 publish@kstudy.com
등 록 제일산-115호(2000. 6. 19)

ISBN 979-11-6801-602-6 93330